EINE VERÖFFENTLICHUNG DER
STIFTUNG BUNDESKANZLER-ADENAUER-HAUS

Konrad Adenauer

REDEN 1917 – 1967

Eine Auswahl

Herausgegeben von Hans-Peter Schwarz

Deutsche Verlags-Anstalt
Stuttgart

Satz: Fotosatz Schönthaler, Ludwigsburg
Druck und Bindung: Mohndruck Reinhard Mohn OHG, Gütersloh
Umschlagentwurf: Edgar Dambacher
Printed in Germany

Inhalt

1949-1963

Abkürzungen

Die nachstehend genannten Werke werden in den Anmerkungen wie folgt abgekürzt:

Konrad Adenauer: Erinnerungen 1945-1953, Stuttgart 1965 . . . . Erinnerungen I
Konrad Adenauer: Erinnerungen 1953-1955, Stuttgart 1966 . . . . Erinnerungen II
Konrad Adenauer: Erinnerungen 1955-1959, Stuttgart 1967 . . . . Erinnerungen III
Konrad Adenauer: Erinnerungen 1959-1963. Fragmente, Stuttgart 1968 . . . . Erinnerungen IV

Rudolf Morsey/Konrad Repgen (Hrsg.): Adenauer-Studien I. Mit Beiträgen von Hans Maier, Rudolf Morsey, Eberhard Pikart und Hans-Peter Schwarz. Mainz 1971 (= Veröffentlichungen der Kommission für Zeitgeschichte bei der Katholischen Akademie in Bayern. Reihe B: Forschungen. Band 10)	Adenauer-Studien I
Wolfgang Wagner: Die Bundespräsidentenwahl 1959. In: Adenauer-Studien II, hrsg. von Rudolf Morsey und Konrad Repgen. Mainz 1972 (= Veröffentlichungen der Kommission für Zeitgeschichte bei der Katholischen Akademie in Bayern. Reihe B: Forschungen. Band 13)	Adenauer-Studien II
Rudolf Morsey/Konrad Repgen (Hrsg.): Adenauer-Studien III. Untersuchungen und Dokumente zur Ostpolitik und Biographie. Mit Beiträgen von Klaus Gotto, Heinrich Krone, Rudolf Morsey, Jürgen Schwarz, Wolfgang Stump und Werner Weidenfeld. Mainz 1974 (= Veröffentlichungen der Kommission für Zeitgeschichte. Reihe B: Forschungen. Band 15)	Adenauer-Studien III

Die Zitierweise von Bundestagsprotokollen wird generell für die Zeit von 1949-1963 wie folgt vorgenommen: Angabe der Wahlperiode, Stenographisches Protokoll der ... Sitzung. Ortsangabe, Datumsangabe mit Wochentag, Seitenzahl des Protokolls.

Weiter wurden folgende Abkürzungen verwandt:

AdG	Archiv der Gegenwart
ARh	Archiv der Stiftung Bundeskanzler-Adenauer-Haus Rhöndorf
BPA	Presse- und Informationsamt der Bundesregierung
Bulletin	Bulletin des Presse- und Informationsamtes der Bundesregierung
HAStK	Historisches Archiv der Stadt Köln

Bildquellennachweis

(Hinter den Bildquellen stehen die Bildnummern)

Associated Press, Frankfurt: 16, 17, 29. Bildstelle des Deutschen Gewerkschaftsbundes, Düsseldorf: 14. dpa-Bild: 27. Erfurth, Dresden: 6. Frissell: 34. Georgii, München: 13. Helding, Frankfurt: 36, 37. Hubmann, München: 22, 25, 26. H.-V. Color-Press, Bonn: 35. Lanframont, Menaggio: 30. Lessing-Magnum Photos: 18. Liesendahl, Köln: 1. Life Photo: 19, 23, 28. Matthäus, Köln: 4. Ministerio de Informacion y Turismo, Madrid: 40. Photo-International, Köln: 3. Planet News, London: 15. Presse- und Informationsamt der Bundesregierung, Bonn: 9, 10, 11, 32, 33, 39. Publifoto, Rom: 21. Roth, Köln-Braunsfeld: 38. Sander, Köln-Lindenthal: 5. Schafgans, Bonn: 20. Stern: 31. Aus einem Fotoalbum Konrad Adenauers: 2,7. Aus Fotobeständen Konrad Adenauers (Fotograf nicht festzustellen): 8, 12, 24.

Einführung

I.

Als Konrad Adenauer seine „Erinnerungen“ verfaßte, plante er auch die Herausgabe eines Dokumentenbandes, der Reden, Protokolle, Kommuniqués und andere wesentliche Dokumente enthalten sollte. Der Tod verhinderte die Ausführung des Vorhabens.

Die hier vorgelegte Auswahl von Ansprachen aus den Jahren 1917-1967 soll diesen Plan wenigstens teilweise verwirklichen. Der Leser der „Erinnerungen“ findet darin eine Reihe von Texten, die in den Memoiren erwähnt werden und auf die sich Adenauer bei der Niederschrift gestützt hat. Ihr voller Wortlaut erlaubt ein vertieftes und in manchen Fällen auch neues Verständnis des Erinnerungswerkes. Somit kann der Band als dokumentarische Ergänzung der „Erinnerungen“ dienen und ist dementsprechend auch chronologisch angelegt.

Unsere Sammlung von Reden aus fünf Jahrzehnten strebt aber mehr an als nur eine dokumentarische Ergänzung der Memoiren. Anhand dieser ersten, umfassenden Auswahl von öffentlichen und nichtöffentlichen Ansprachen Adenauers kann der Leser einen authentischen Einblick in die politische Gedankenwelt und das politische Wirken Adenauers gewinnen. Von einer Anzahl zeitgenössischer Photographien aus dem Privatbesitz des Kanzlers unterstützt, soll die thematisch, zeitlich und stilistisch weitgespannte Anlage des Bandes ein plastisches Bild vermitteln, das die wichtigsten Bereiche der Politik und ein halbes Jahrhundert politischen Wirkens Adenauers umfaßt. Auch die wissenschaftliche Beschäftigung mit Adenauer erhält mit dieser Auswahl gesicherte Texte, von denen viele bisher nicht im Wortlaut verfügbar oder völlig unbekannt waren.

In der deutschen öffentlichen Meinung ist gegenwärtig ein eigenartiger Vorgang zu beachten. Mit zunehmendem zeitlichen Abstand erscheint die Gestalt des ersten Bundeskanzlers noch größer als während seiner Regierungszeit. Die zu seinen Lebzeiten so scharfe parteipolitische Polemik ist kaum mehr zu vernehmen. Gleichzeitig aber verschwimmt mancherorts die Erinnerung daran, worauf es Konrad Adenauer in den einzelnen Phasen seines Wirkens ankam, auf welchen Lagebeurteilungen und Kalkülen seine Politik beruhte, mit welchen Widerständen er zu kämpfen hatte und weshalb er bestimmte politische Kräfte so kompromißlos ablehnte.

So könnte das genaue Studium der hier versammelten Ansprachen einer unmittelbaren Wiederbegegnung oder auch einem ersten Kennenlernen dienen. Wer Adenauers Politik zu Lebzeiten zustimmend verfolgte und davon überzeugt ist, daß viele ihrer Grundsätze und Lagebeurteilungen auch heute noch aktuell sind, begegnet hier einem lebendigen politischen Denken, das subtiler, komplizierter, aber oft auch doppelbödiger war, als dies die vereinfachende Mythenbildung wahrhaben will. Und wer ihn zu Lebzeiten aus den unterschiedlichsten Gründen kritisiert hat, mag anhand der hier vorgelegten Materia-

lien überprüfen, inwiefern sein Urteil begründet war.
Gewiß kann sich angemessenes Verständnis eines Politikers nicht allein auf eine Auswertung seiner öffentlichen und nichtöffentlichen Ansprachen stützen. Daß aber das Verständnis eines Staatsmannes ohne sorgfältige Deutung seiner Selbstaussagen unmöglich ist, ist ebenso evident. Mit der vorliegenden Auswahl wichtiger und aufschlußreicher Reden wird für eine breitere Öffentlichkeit wie für die wissenschaftliche Forschung eine erste Voraussetzung dafür geschaffen.

II.

Die Materialien, aus denen eine Auswahl getroffen werden mußte, sind naturgemäß recht ausgedehnt. Allein im Archiv Rhöndorf der Stiftung Bundeskanzler-Adenauer-Haus sind etwa 3000 öffentliche Äußerungen verzeichnet, von denen ein großer Teil in Manuskriptform oder als stenographische Nachschrift vorliegt. Die systematische Erfassung der nichtöffentlichen Ansprachen Adenauers vor den unterschiedlichsten Gremien der Partei, der Regierung, bei internationalen Verhandlungen und in anderen Zusammenhängen hat überhaupt noch nicht begonnen.
Beim Versuch, einen möglichst weiten und zugleich abgewogenen Überblick zu vermitteln, mußten Ansprachen unterschiedlicher Natur berücksichtigt werden: Grundsatzreden und konstellationsbezogene Ansprachen zur Lage; differenzierte Analysen und polemisch vereinfachende Wahlreden; öffentliche und nichtöffentliche Ansprachen; gründlich ausgearbeitete Darlegungen und improvisierte Stellungnahmen; Erklärungen von beträchtlicher historischer Tragweite und weniger beachtete, aber charakteristische Gelegenheitsansprachen; Aussagen zu Problemen und Würdigung von Personen.
Naturgemäß nehmen in einer derartigen Sammlung die *Grundsatzreden* einen vergleichsweise breiten Raum ein. Adenauer hat, beginnend mit seiner Tätigkeit als Kölner Oberbürgermeister, zahlreiche derartige Ansprachen gehalten – Grundsatzreden zur geistigen Situation der Zeit, zur Sozialpolitik, zu nationalen Fragen, zur Bedeutung des christlichen Glaubens für die Politik, zu allgemeinen Fragen der Außenpolitik und zu deren Teilbereichen. Der Leser kann verfolgen, wie in den grundsätzlichen Betrachtungen vielfach dieselben Themen wiederkehren, beginnend mit der Eröffnungsrede, die er im Jahre 1922 als Präsident des Deutschen Katholikentages gehalten hat, bis hin zu den letzten großen Ansprachen auf den CDU-Bundesparteitagen.
Wenn man die Fülle seiner öffentlichen Äußerungen überblickt, ist man immer wieder erstaunt, wie häufig dieser große Pragmatiker von den geistigen Grundlagen politischer Existenz gesprochen hat und wie stark er bemüht war, die aktuellen Vorgänge in die historische Tiefendimension zu rücken. Wer die Reden unvoreingenommen auf sich wirken läßt, wird zu dem Schluß kommen, daß das Gewicht weltanschaulicher Überzeugungen in Denken und Handeln dieses Politikers stark und zugleich so fest gegründet war, daß er angesichts der verwirrenden Veränderungen und Herausforderungen des 20. Jahrhunderts kaum unter Anfechtungen von Orientierungslosigkeit oder Defätismus litt.

Auch seine stärker *aktualitätsbezogenen Konstellationsanalysen* und Positionsbestimmungen weisen viele durchgehend konstante Elemente auf, allerdings bei teilweise deutlich erkennbarer Veränderung in der Akzentsetzung. Letzteres wird am besten sichtbar in den weitgespannten *außenpolitischen* Konstellationsanalysen, zu denen er immer wieder ansetzte und die auch in dieser Sammlung einen hervorragenden Platz einnehmen. Sowohl in den Wahlreden wie in den „Berichten zur Lage" im Kabinett, vor dem CDU-Bundesparteivorstand oder vor dem Bundesparteiausschuß, schätzte er den relativ breit angelegten, aktuelle Fragen und weite geschichtliche Hintergründe gleicherweise berührenden Tour d'Horizon. In den Adenauerschen Konstellationsanalysen ist nicht nur die ständige Verbindung von Aktualitätsbezug und geschichtlicher Perspektive sowie von Innen- und Außenpolitik auffällig; deutlich wird auch, wie stark er dazu neigte, die Vorgänge in der internationalen Dimension ebenso wie im Binnenbereich kontroversiell aufzufassen – meist holzschnittartig vereinfacht in den Wahlreden, hingegen nuanciert und argumentativ sorgfältig abgewogen in den Ansprachen vor Führungsgremien oder auf internationalen Konferenzen.

Unsere Auswahl ist bestrebt, aus den einzelnen wichtigen Perioden oder zu den wesentlichen Problembereichen jeweils einige typische Konstellationsanalysen auszuwählen. Das beginnt mit der scharfsinnigen Untersuchung der internationalen Lage kurz nach dem Ersten Weltkrieg, die der Kölner Oberbürgermeister in einer Ansprache am 1. Februar 1919 vornahm, und bezieht im folgenden vor allem die grundlegenden Analysen und Zielaussagen zur westdeutschen Außenpolitik nach 1945 ein. Hier wurde vorzugsweise auf bisher unzugängliches Quellenmaterial zurückgegriffen. Besonders aufschlußreich und entsprechend stark in der Auswahl vertreten sind dabei Adenauers „Berichte zur politischen Lage", die er regelmäßig vor den höchsten Führungsgremien der CDU (Bundesparteivorstand und Bundesparteiausschuß) erstattet hat.

Es wurde darauf geachtet, in erster Linie Stellungnahmen auszuwählen, die Adenauers Motive und Ziele bei den wichtigen Weichenstellungen verdeutlichen. Dazu gehören: der Entschluß zur Staatsgründung 1948/49 und die Lagebeurteilung während der Berliner Blockade; die Ablösung der Besatzungsherrschaft und der Entschluß zur Wiederaufrüstung im Schatten des Korea-Krieges 1950-1953; die Ablehnung der sowjetischen Neutralisierungsinitiativen der Jahre 1952 und 1953; die kühne, innovative Politik vor den neuen Horizonten einer europäischen Föderation zwischen 1950 und 1954; die Moskauer Verhandlungen im Sommer 1955; die Weltkrise vom Herbst 1956; die Entscheidung für eine Ausrüstung der Bundeswehr mit atomaren Trägerwaffen in den Jahren 1957 und 1958; die Politik unter dem Damoklesschwert der Kriegsdrohung während der Berlin-Offensive Chruschtschows von Ende 1958 bis Ende 1962, in der sich Adenauer zäh, raffiniert und letzten Endes erfolgreich, wenn auch von der historischen Forschung noch kaum hinlänglich gewürdigt, entscheidende Verdienste um die Sicherung der Freiheit Berlins erworben hat, und die deutsche Frankreichpolitik in der Ära de Gaulle.

Natürlich wird gerade bei den konstellationsbezogenen Ansprachen der Auswahlcharakter unserer Sammlung besonders deutlich. Vieles, was an und für sich wichtig war,

aber hier nicht aufgenommen werden konnte, (etwa Saarfrage, Fernsehstreit, Präsidentschaftskrise 1959) hätte bei dokumentarisch angemessener Berücksichtigung den Rahmen des Bandes gesprengt. Mehr als ausschnitthafte Durchblicke vermitteln die konstellationsbezogenen Reden nicht. Auch können diese Reden allein die Gesamtheit der Adenauerschen Politik in den genannten Zusammenhängen nicht voll verständlich machen. Schließlich sind politische Ansprachen, selbst solche in den innersten Führungsgremien einer Partei, immer auch Instrumente im Kampf um eine politische Linie; sie sollen die Anhänger orientieren, die Gegner durch Entkräftung ihrer Argumente isolieren, und sie verfolgen gelegentlich auch den Zweck, letzte Absichten eines Staatsmannes zu verhüllen. Der genaue historische Stellenwert einer Ansprache läßt sich somit nur beim Blick auf weiteres Quellenmaterial und die Sekundärliteratur ausmachen. Die knappen Anmerkungen und Literaturverweise, die jeder Rede beigegeben sind, sollen deshalb dem Leser erlauben, selbst weiterzuforschen und die jeweilige Ansprache in den historischen Kontext einzufügen.
Auch bei der Auswahl verschiedener *Gelegenheitsansprachen* vor Verbänden, Besuchergruppen, bei offiziellen Diners, bei Staatsbesuchen, Einweihungen, Gedenktagen zur Würdigung von Verstorbenen usw., wurde darauf geachtet, jeweils Texte aufzunehmen, die entweder grundsätzliche Positionen verdeutlichen (etwa die Einstellung zu den Gewerkschaften, zur Landwirtschaft, zum Mittelstand), oder die wegen des zeitgeschichtlichen Stellenwertes bedeutsam sind.

III.
Zu den inhaltlichen Überlegungen, an denen sich die Auswahl orientiert, trat auch die Absicht, diese Reden als Instrument der politischen Führungskunst zu erfassen und zugleich die rhetorischen Möglichkeiten Adenauers darzustellen.
Adenauer war kein wortmächtiger Redner wie etwa Churchill oder de Gaulle. Doch seine sprachlichen und darstellerischen Möglichkeiten waren doch recht nuanciert und sind von ihm wirkungsvoll genutzt worden.
Man findet verschiedene Typen von Ansprachen, die sich durch unterschiedliche Intensität der Ausarbeitung unterscheiden. *Grundsatzreden* pflegte Adenauer wenn möglich selbst handschriftlich zu entwerfen. Sofern Datenmaterial erforderlich war, geschah dies auf der Grundlage von Zusammenstellungen seines Stabes. Im allgemeinen wurden Dritte an der Ausarbeitung von Ansprachen von grundsätzlicher Bedeutung nur selten beteiligt. Allerdings pflegte Adenauer vorher in intensiven Gesprächen mit wichtigen Politikern und engen Mitarbeitern, zum Beispiel mit dem Vorsitzenden der CDU/CSU-Bundestagsfraktion, mit wichtigen Bundesministern und Staatssekretären, seine Konzeption vorzuformen. Aus den handschriftlichen Notizen oder aus dem Diktat des Bundeskanzlers entstand dann das maschinenschriftliche Manuskript, das Adenauer vor der Rede nochmals mit weichem Bleistift Nr. 1 durchzuarbeiten pflegte. Er nahm dabei häufig stilistische Verbesserungen vor und hatte bei dieser letzten Durchsicht die Gepflogenheit, die wichtigsten Elemente jedes Satzes zu unterstreichen, um sich während der Ansprache im Manu-

skript leichter orientieren zu können. Abweichungen vom Text einer derart vorbereiteten Rede waren relativ selten. Beispiele für diese Art Reden sind die Ansprachen vom 25. September 1956, 23. November 1957, 23. Juni 1964 oder 16. Februar 1967.

Solche dermaßen sorgfältig vorbereiteten Ausführungen zeigen einen guten Sinn für sprachliche Nuancen, sie sind im Aufbau durchsichtig und in der Gedankenführung konsistent. Doch hat sich Adenauer auch bei diesem Redetyp nicht um rhetorisch kunstvolle Formen bemüht. Zitatenprunk oder geschickt aufgelegte Pointen sucht man hier vergeblich. Adenauer ging es auch bei derartigen Ansprachen nicht um gefällige Selbstdarstellung. Reden wurden von ihm immer als Plädoyer verstanden, mit dem er überzeugen und die von ihm verfochtene Sache durchsetzen wollte. Sprachliche Präzision, Schlüssigkeit der Argumentation, Verständlichkeit waren bei den Grundsatzreden allein wesentlich. Vorherrschend ist in diesen Reden der nüchterne Zweckstil. Ansprachen, in denen er Atmosphäre einzufangen versuchte, wie etwa die Rede zur Feier anläßlich der Räumung Kölns von britischer Besatzung am 31. Januar 1926 oder die Ansprache auf der Schlußkundgebung des 77. Deutschen Katholikentages in Köln am 2. September 1956, sind Ausnahmen – sie zeigen aber ebenso wie die von ihm besonders sorgfältig ausgearbeiteten Weihnachtsansprachen, daß er auch tiefer liegenden emotionalen Empfindungen Ausdruck zu verleihen verstand, sofern er nur wollte.

Die Zahl der in unsere Edition aufgenommenen *Regierungserklärungen* ist bewußt klein gehalten worden. Der Interessierte kann ihren Text unschwer in anderen Sammlungen auffinden und ihr Zustandekommen war im Regelfall auch komplizierter als das anderer Reden. Wünsche von Koalitionspartnern mußten naturgemäß darin ebenso berücksichtigt werden wie die einflußreicher Minister, so daß manche dieser Stellungnahmen – trotz der bekannten Eigenwilligkeit und Durchsetzungsfähigkeit des Kanzlers – in Teilen eben doch Ergebnisse eines politischen Kompromisses sind.

Im Unterschied zu den Grundsatzreden oder zu vorbereiteten Regierungserklärungen lagen den *Debattenbeiträgen* Adenauers in der Regel Stichworte zugrunde. Seine Auftritte im Bundestag waren dann weniger auf ein breites Entfalten von Argumenten als auf den Augenblickseffekt hin angelegt. Dabei hatte er das Flair des geborenen Debattenredners für die wesentlichen Punkte einer Diskussion. Er spürte, wo der Gegner am verwundbarsten war, und schätzte Zwischenrufer, die ihm eine Entfaltung seines Sarkasmus erlaubten. Da Joseph Selbach im Jahre 1967 schon eine noch von Adenauer gebilligte Auswahl von Debattenreden im Deutschen Bundestag herausgebracht hat (AZ-Studio Bonn), sind in der vorliegenden Auswahl nur wenige der ja ohnehin relativ leicht zugänglichen Bundestagsreden aufgenommen worden. Dabei handelt es sich meist um Ansprachen, die in der Geschichte der Bundesrepublik und in der politischen Entwicklung des Bundeskanzlers einen so hohen Stellenwert haben, daß darauf in einer Sammlung von Adenauer-Reden nicht verzichtet werden konnte. Hier wurde durchweg die Fassung der stenographischen Berichte des Deutschen Bundestages zugrundegelegt. Auch Bundeskanzler Adenauer hat übrigens gelegentlich von dem geschäftsordnungsmäßigen Recht Gebrauch gemacht, an der Niederschrift seiner Bundestagsreden bei der Überprüfung kleinere Berichtigungen vorzunehmen. Allerdings hat er die Durchsicht nicht selbst vorgenommen; das war Aufgabe des Persönlichen Referenten, erforderlichenfalls wurde die Berichtigung durch Staatssekretär Dr. Globke genehmigt. Es handelt sich also auch im Fall der Stenographischen Protokolle um autorisierte Fassungen; laut Geschäftsordnung des Deutschen Bundestages darf die Berichtigung den Sinn der Rede oder ihre einzelnen Teile ohnehin nicht ändern.

Ähnlich wie bei kürzeren Debattenansprachen hat auch Adenauer seine *Wahlreden* in der Regel nur durch handschriftliche Notizen vorbereitet, die häufig auf der Reise im Wagen oder im Zug geschrieben wurden. Er ließ sich gerne von der Stimmung einer großen Zuhörerschaft inspirieren, assoziierte ziemlich frei, konnte von Zwischenrufern in Fahrt gebracht werden und war dabei ganz offenkundig bestrebt, seine Darlegungen so verständlich wie irgend möglich zu formulieren.

Im Aufbau, in der sprachlichen Ausformung und hinsichtlich der Differenziertheit der Betrachtungsweise ist der Unterschied der Wahlreden zu den Grundsatzreden oder auch zu den „Berichten zur politischen Lage" im kleineren Gremium ganz unverkennbar. Eine gewisse Ausnahme zu den üblichen Wahlreden bilden jedoch die meist sorgfältig vorformulierten Eröffnungsreden zu Bundestagswahlkampagnen (die vorliegende Sammlung enthält keine Rede dieser Art). Während der Bundeskanzler bei den meist von Tausenden besuchten, stark emotionalisierten Wahlauftritten trotz seines assoziativen und vereinfachenden Redestils gut ankam, wirken die hier abgedruckten Reden, losgelöst von der erregten Atmosphäre jener Auftritte und in der zusätzlich problematischen Form der unkorrigierten stenographischen Nachschrift, teilweise unfertig und gedanklich weniger überzeugend als andere Arten von Ansprachen Adenauers.

Ohnehin ist die Gattung der Wahlrede generell dafür bekannt, daß ihr Sprachstil und ihr denkerischer Gehalt verfeinerten Ansprüchen oft nicht entspricht. Adenauer machte von dieser Regel keine Ausnahme. Eine Auswahl seiner Reden kann aber auf einige Proben auch von Wahlreden nicht verzichten. Dabei wurden jene Ansprachen ausgewählt, die – wie die Heidelberger Wahlrede vom 21. Juli 1949, die Nürnberger Rede vom 7. Juli 1957 und die Regensburger Wahlrede vom 14. August 1961 – seinerzeit erhebliche Kontroversen auslösten und bis heute bei der historischen Würdigung Adenauers eine gewisse Rolle spielen, ohne daß aber bisher der stenographische Wortlaut verfügbar war.

Die Wahlreden werden durchgehend nach der stenographischen Niederschrift wiedergegeben. Obwohl diese Fassungen ein hohes Maß an Authentizität aufweisen, ist doch daran zu erinnern, daß es sich um unkorrigierte Texte handelt, die auch Hör- und Schreibfehler enthalten können und darüber hinaus vom Bundeskanzler nicht für die wörtliche Veröffentlichung autorisiert waren.

Bei den Wahlreden, aber auch bei anderen stärker improvisierten *Gelegenheitsansprachen* vor einem größeren Publikum, sah sich Adenauer in der Situation des Berufspolitikers, der gezwungen ist, Woche für Woche vor unterschiedlich zusammengesetzten Zuhörerschaften zu sprechen. Dabei bezog er naturgemäß auch Vorlagen seiner Referenten

mehr oder weniger stark verändert mit ein. Doch pflegte er auch in diesen Fällen die vorbereiteten Texte vielfach mit großer Eigenwilligkeit umzuformen, wenn er sie nicht überhaupt beiseite ließ. Er verstand sich auf sein jeweiliges Publikum rasch und gut einzustimmen – die ersten 5-10 Minuten einer Ansprache und der häufig lokalbezogene Schluß einer Rede waren oft dazu bestimmt, dem Genius loci eine Reverenz zu erweisen oder auf spezielle Erwartungen einer bestimmten Berufsgruppe einzugehen. In solchen locker formulierten Ansprachen spielen auch pointierte Bemerkungen und launige Anspielungen eine gewisse Rolle, die in den Grundsatzreden so gut wie völlig fehlen. Vor allem bei Auftritten vor Parteifreunden oder dann, wenn er erwartete, daß ihm ein Auditorium gewogen war, schätzte es Adenauer, mit Scherzen, launigen persönlichen Anspielungen oder anderswie pointierten Bemerkungen zu beginnen. Das Genre der Tischrede bei offiziellen Diners mit dem ihm eigenen leichten Parlando von heiter und ernst beherrschte er gleichfalls, wie einige der hier abgedruckten Kostproben zeigen. Von der Darstellung her gesehen wiederum auf einer anderen Ebene lagen Ansprachen, die er in geschlossenen Führungsgremien seiner Partei, im Kabinett und bei diplomatischen Verhandlungen zu halten pflegte. In der vorliegenden Ausgabe sind dies die relativ zahlreich vertretenen *internen Ansprachen* vor CDU-Führungsgremien. Sie lassen in ihrer Mischung von präziser und differenzierter Sachaussage, gelegentlichen persönlichen Sympathiebekundungen oder Seitenhieben, Sarkasmen, beschwörendem Ernst oder kritischem Appell besonders deutliches Licht auf den Führungsstil Adenauers werfen.
Einen Sonderfall stellen die *Gedenkreden* dar, die sich vor allem gegen Ende von Adenauers Leben häuften. Adenauer hat sie meist handschriftlich entworfen oder Entwürfe, die ihm vorgelegt wurden, stark verändert. Ihr Ton ist generell zurückhaltend, durch Scheu vor großen Worten und zu starker Gefühlsbetonung gekennzeichnet. Wie aber die Manuskripte zeigen, sind die Formulierungen auch in ihrer sprachlichen Abschattierung genau überlegt. Wo die Leistung eines ganzen Lebens zu würdigen war, sollte nichts dem Zufall der Augenblickseingebung überlassen werden.

IV.

Die hier aufgenommenen Texte, deren Originale oder Kopien im Archiv Rhöndorf der Stiftung Bundeskanzler-Adenauer-Haus liegen, sind durchgehend nach Photokopien der verfügbaren Quellen abgedruckt. Der Herausgeber hat die Texte grundsätzlich nicht verändert. Auch von einer Verbesserung der Interpunktion wurde Abstand genommen, außer in gelegentlichen Fällen von ganz eindeutigen Schreib- oder Druckfehlern. Korrekturen sind nur dann vorgenommen worden, wenn – vor allem in stenographischen Niederschriften – Namen oder Bezeichnungen eindeutig falsch geschrieben wurden; ebenso sind zweifelsfrei erkennbare andere Schreibversehen berichtigt worden (Konjekturen werden in [ ]Klammern gesetzt). In allen Fällen – auch bei den in der äußeren Form am problematischsten stenographischen Niederschriften der Wahlreden – wurde der dokumentarischen Echtheit der Vorzug vor formalen Gesichtspunkten gegeben. Hingegen sind gelegentlich Abschnitte eingezogen worden, besonders bei durchlaufend geschriebenen stenographischen Niederschriften. Die in den Vorlagen durch Sperrung, Unterstreichung oder Fettdruck markierten Worte oder Sätze werden durchweg durch Kursivschrift hervorgehoben. Somit sind die hier zusammengefaßten Materialien auch als Grundlage für wissenschaftliche Arbeiten geeignet.

Nach Möglichkeit werden die Ansprachen ungekürzt wiedergegeben, da nur so die Gewichtung der einzelnen Aussagen erkennbar ist. Dieser Grundsatz mußte unvermeidlicherweise an einigen Stellen mit dem Abdruck von Nebensächlichkeiten bezahlt werden. Die wenigen Fälle, in denen unbedenklich gekürzt werden konnte oder mußte, sind durch Klammern gekennzeichnet [....] und in der Regel zusätzlich in den Anmerkungen vermerkt. Dabei wurde aber darauf geachtet, in keinem Fall durch Veränderung des Kontexts die Akzentuierung einer Aussage zu verfälschen. Zwischenüberschriften gedruckter oder vervielfältigter Reden, die von einem Bearbeiter und nicht von Adenauer selbst stammen, wurden weggelassen.

Das Archiv Rhöndorf verfügt häufig über mehrere Fassungen einer Ansprache: das handkorrigierte oder offenkundig im vorweg durchgearbeitete Redemanuskript, die vom Bundespresse- und Informationsamt (BPA) herausgegebene Fassung oder eine stenographische Niederschrift. In solchen Fällen wurde durchweg jener Text abgedruckt, der am authentischsten erschien. Da Adenauer – von wichtigen Fällen abgesehen – die vom Bundespresse- und Informationsamt meist unter starkem Zeitdruck herausgegebenen Texte nicht selbst autorisiert hat, ist häufig nicht sicher, ob die in der Regel während der Ansprache verteilten hektographischen Texte auch mit der tatsächlich gehaltenen Ansprache übereinstimmen. Die Abweichungen waren freilich sachlich meist unerheblich. Dennoch wird aus diesem Grund dann, wenn verschiedene Fassungen vorliegen (wörtliches Redemanuskript, Text des Bundespresse- und Informationsamtes oder Text des Bulletin) nach Entscheidung im Einzelfall häufig die Fassung des von Adenauer im vorweg durchgesehenen Redemanuskripts abgedruckt. Liegt eine stenographische Nachschrift und gleichzeitig ein maschinenschriftlicher Redetext vor, so wurde in der Regel die erstere zugrunde gelegt. In einigen Fällen, in denen zwischen Manuskript und stenographischer Nachschrift signifikante Abweichungen zutage treten, wird dies vermerkt.

Die Ausgabe soll einen gesicherten Text bieten, kann aber eine historisch-kritische Reden-Edition nicht vorwegnehmen. Aus diesem Grund wurde auch darauf verzichtet, auf das Vorhandensein mehrerer Fassungen hinzuweisen. Entsprechend zurückhaltend ist die Kommentierung. Sie hat nur die Aufgabe, einem Leser, dem die angesprochenen Vorgänge nicht mehr voll präsent sind oder der sie gar nicht miterlebt hat, das Verständnis des Textes zu erleichtern. Die angegebenen Quellen und die Sekundärliteratur können auch ein selbständiges Weiterarbeiten ermöglichen. Maßgebend war allein die Absicht, eine Sammlung vorzulegen, die einer breiten, politisch und zeitgeschichtlich interessierten Öffentlichkeit den direkten Zugang zu den Materialien eröffnet, zugleich aber auch dem wissenschaftlich arbeitenden Benützer gute Dienste zu leisten vermag.

Der Herausgeber dankt den Organen der Stiftung Bundeskanzler-Adenauer-Haus, die für ein editorisches Unternehmen dieser Art günstige Voraussetzungen geschaffen haben und die Arbeit verständnisvoll förderten. Es ist ihm ein besonderes Anliegen, Frau Dr. Anneliese Poppinga, Geschäftsführerin der Stiftung Bundeskanzler-Adenauer-Haus, für ihre ebenso sachverständige wie tatkräftige Hilfe bei der Herstellung der vorliegenden Auswahl zu danken. Bei der Überprüfung der Texte und Anmerkungen hat Herr Engelbert Hommel, wissenschaftlicher Mitarbeiter der Stiftung Bundeskanzler-Adenauer-Haus, freundlich geholfen.

Zu danken ist auch dem 1. Vorsitzenden der CDU, Herrn Ministerpräsident Dr. Helmut Kohl, für die Zustimmung zur Veröffentlichung der „Berichte zur politischen Lage" aus den Wortprotokollen der Sitzungen des Bundesparteivorstands und des Bundesparteiausschusses der CDU.

Bonn – Bad Godesberg, den 1. Mai 1975 Hans-Peter Schwarz

1917-1933

18. Oktober 1917

Antrittsrede[1] als Bürgermeister der Stadt Köln vor der Stadtverordneten-Versammlung

Für die ehrenden Worte, mit denen Sie, sehr verehrter Herr Regierungs-Präsident, mich entsprechend den gesetzlichen Vorschriften in mein Amt als Bürgermeister der Stadt Cöln eingeführt haben, danke ich Ihnen herzlich. Die Einführung durch ein Organ der Staatsregierung soll darauf hinweisen, daß auch die Selbstverwaltung ihre Rechte aus dem Brunnen der staatlichen Macht schöpft, und daß auch die sich selbstverwaltenden Körperschaften Teile des staatlichen Organismus sind. Nehmen Sie meine Versicherung entgegen, daß die Stadt Cöln, die *untrennbar mit dem Deutschen Reiche* vereinigte Metropole der Rheinlande, dessen immer eingedenk sein und sich stets als Glied des großen deutschen Vaterlandes fühlen wird.

Heute weilen Sie, sehr verehrter Herr Präsident, zum ersten Male in unsrer Mitte. Ich benutze gerne diesen Anlaß, um Sie herzlich willkommen zu heißen. Wir sind überzeugt, daß Sie ebenso, wie Ihr hochgeschätzter Herr Vorgänger, die Freiheit der Selbstverwaltung achten und uns dort, wo es not tut, tatkräftig unterstützen werden. Mögen Sie das alte Cöln als Ihre neue Heimat von Herzen lieb gewinnen und sich in unsrer Stadt bald ganz heimisch fühlen.

Meine verehrten Herren Stadtverordneten! Sich ganz auswirken mit den Kräften des Verstandes und der Seele, mit seiner ganzen Persönlichkeit schöpferisch tätig sein zu können, ist der schönste Inhalt menschlichen Lebens. Das Feld hierzu haben Sie, meine verehrten Herren, mir durch die Wahl zum Bürgermeister der Stadt Cöln geöffnet. Dafür danke ich Ihnen von Herzen. Mein Dank ist um so wärmer, als es meine Vaterstadt ist, deren Leitung Sie meiner Hand anvertraut haben, die Stadt, die wegen ihrer Eigenart, ihrer stolzen Vergangenheit, ihres mächtig pulsierenden Gegenwartslebens auch jetzt noch jedem ihrer Kinder „eyn Kroyn boven allen steden schoyn“ ist. Das Gefühl des Dankes gegen Sie, meine verehrten Herren, wird mich nicht verlassen.

Sie haben, obgleich zwei Parteien angehörend, mich *einmütig* gewählt. Ob ich meiner Aufgabe gerecht werde, muß die Zukunft zeigen. Das eine aber ist gewiß: Das durch meine einmütige Wahl bekundete Vertrauen in meine Gerechtigkeit und Unparteilichkeit wird Sie nicht täuschen.

Meine verehrten Herren! Der Kriegssturm rast durch die Welt und die von ihm aufgejagten schweren Wolken verwehren uns noch mehr als sonst den Blick in die Zukunft. Doch treten von ihren Aufgaben drei schon jetzt als besonders wichtig in ihren Umrissen hervor.

Gesunde Finanzen müssen die Grundlage aller staatlichen und kommunalen Betätigung sein. Die überaus günstige finanzielle Entwicklung unsrer Stadt hat der Krieg, wie Sie wissen, nachteilig beeinflußt. Unsre erste Aufgabe wird sein, unsre Finanzen in Einklang zu bringen mit den durch den Krieg geschaffenen veränderten Verhältnissen. Auf wirtschaftlichem Gebiete hat der Krieg tiefgehende Verheerungen angerichtet. Über die Größe des Schadens dürfen uns die – manchmal ungesunden – Blüten, die daneben in einzelnen Wirtschaftszweigen hervortreten, nicht hinwegtäuschen. Hier werden wir mit starker Hand und – tut es not – mit großen Mitteln eingreifen, bedrohten Existenzen helfen, zerstörte wieder aufrichten müssen. Über das Gebiet der Einzelwirtschaft hinaus wird sich unser Blick auf die gesamte wirtschaftliche Stellung Cölns zu lenken haben. Welche Umwälzung der Krieg in der wirtschaftlichen Struktur Deutschlands, dessen Wirtschaftsleben so eng mit dem Auslande verbunden war, bringen wird, steht noch dahin. Eifrig darauf zu achten, daß Cöln seine stolze Stellung im deutschen und internationalen Wirtschaftsleben wieder erhält und weiter ausbaut, wird unsere ernste Sorge sein.

Sozial bluten wir aus tausend Wunden. Aber der Krieg hat uns auch die Augen für unsre sozialen Pflichten geöffnet. Er hat uns davon überzeugt, daß wir alle Glieder eines Körpers sind, daß das Wohl und Wehe eines Standes letzten Endes auch das des andern ist. Unsre soziale Erkenntnis hat der Krieg erweitert und vertieft: der Hebung *aller* Klassen, die einer solchen bedürfen, muß unsre soziale Arbeit gelten und sie muß sich erstrecken auf *alle* Gebiete menschlichen Lebens. Mit warmem Herzen und starkem Willen wollen wir die neuen Wege sozialer Erkenntnis, die ein Geschenk des Krieges ist, gehen. Unsre ganze Arbeit mit sozialem Geiste und Verständnis zu erfüllen und zu durchdringen, wird meine vornehmste und liebste Pflicht sein.

Meine verehrten Herren! Vor mir haben auf diesem Platze gestanden Wilhelm v. Becker und Max Wallraf, Männer, deren große Arbeit und Erfolge uns allen bekannt sind. Das Erbe dieser hervorragenden Männer zu wahren und zu mehren, ist mein fester Wille. Helfen Sie mir dabei; auf Ihre Hilfe bin ich angewiesen. Bewahren Sie mir vor allem das Vertrauen, das mir heute aus Ihren Worten so warm und herzlich entgegenklingt. Die gleiche Bitte richte ich an Sie, meine verehrten Herren Beigeordneten, an alle, die im Dienste der Stadt tätig sind, an unsre Presse und die ganze Bürgerschaft.

Der Krieg hat uns tiefe Wunden geschlagen, und der Friede, der Wiederaufbau wird uns noch schwerere Aufgaben bringen als der Krieg. Und doch blicke ich getrost und frohen Mutes in Cölns Zukunft. Der Geist unsrer Vorfahren, ihr Fleiß, ihre Unternehmungslust, ihr Wagemut, der Cöln zur bedeutendsten und reichsten Stadt des deutschen Mittelalters gemacht hat, er weht auch jetzt noch durch unsre Stadt, er wird Cöln einer glücklichen Zukunft entgegenführen.

Meine verehrten Herren! Manches Kriegsgewitter hat Cölns Mauern in den vergangenen zwei Jahrtausenden umtobt. Raub und Mord, Plünderung und Brand, Pest und Hunger haben in ihren Straßen und Gassen gewütet. Wie anders heute: seit drei Jahren rast der furchtbarste Krieg, den die Welt je gesehen, und noch gehen wir hier in der Grenzmark des Reiches ungestört unsrer friedlichen Beschäftigung nach; noch hat kein Feind den Boden unsrer Stadt betreten, noch hat kein Blut die Wellen des Rheins gerötet und unversehrt ragen die Türme des Domes zum Himmel. Das danken wir dem Heldenmut des unter dem kraftvollen Zepter unsers erhabenen Kaisers *für immer geeinten* deutschen Volkes, des Volkes, das sich gleich groß gezeigt hat im Kampf und Streit wie im Dulden und Ertragen. Mit tiefem Danke wollen vor allem wir am Rheine dessen gedenken, denn dem Rhein und dessen Metropole gilt in erster Linie der Feinde Ansturm und die feindliche Eroberungsgier. Wie könnten wir diese für Köln so bedeutungsvolle Stunde würdiger schließen, als mit dem von heißer Dankbarkeit durchglühten Schwur der Treue zu Kaiser und Reich, dem Rufe: Seine Majestät, unser allergnädigster Kaiser und König, er lebe hoch, hoch, hoch!

Quelle: Verhandlungen der Stadtverordneten-Versammlung zu Cöln, 23. (Außerordentliche) Sitzung vom 18. Oktober 1917, S. 236f.

Anmerkungen

[1] Der 41jährige Adenauer, seit 1909 Erster Beigeordneter der Stadt Köln, wurde Nachfolger von Oberbürgermeister Max Wallraff, der zum Staatssekretär und Leiter des Reichsamts des Innern berufen worden war. Die Wahl erfolgte einstimmig mit 52 Stimmen des Zentrums und der Liberalen bei zwei Enthaltungen. Regierungspräsident Karl von Starck nahm die Einführung vor.

Literatur: Paul Weymar: Konrad Adenauer. Die autorisierte Biographie. München 1955, S. 60f. – Terence Prittie: Konrad Adenauer. Vier Epochen deutscher Geschichte. Stuttgart 1971, S.

1. Februar 1919

Ansprache[1] vor einer Versammlung der linksrheinischen Abgeordneten zur Nationalversammlung[2], der linksrheinischen Abgeordneten zur preußischen Landesversammlung und der Oberbürgermeister der besetzten rheinischen Städte im Kölner „Hansasaal"

Die Rede markiert die Position Adenauers, der damals als Kölner Oberbürgermeister auf die Entwicklung in den besetzten Rheinlanden wesentlichen Einfluß genommen hat. Darüber hinaus ist die Ansprache aber vor allem ein erstes Zeugnis für das außenpolitische und verfassungspolitische Denken Adenauers. Hier tauchen schon verschiedene Grundgedanken auf, die nach dem zweiten Zusammenbruch Deutschlands im Jahr 1945 erneut artikuliert werden.

Mein zu erstattendes Referat möchte ich mit einem kurzen *Überblick historischer Art* beginnen, ich halte diesen deshalb für nötig, weil infolge von Ungeschicklichkeiten und von Zufällen der Gedanke der Schaffung einer Westdeutschen Republik teilweise in der Presse in das Licht parteipolitischen Ursprungs gekommen ist. Ich würde nichts für gefährlicher und dem deutschen Interesse für unzuträglicher halten, als wenn wir bei unserer Beratung und Entscheidung uns irgendwie von parteipolitischen oder gar von konfessionellen Stimmungen und Gefühlen leiten ließen.

Am 9. November des vergangenen Jahres, am Tage nach der Revolution, erschienen bei mir auf dem Rathause eine Reihe hervorragender Mitglieder der Kölner Zentrumspartei und erklärten mir, – die Herren waren in Begleitung des Auslandsredakteurs *Froberger* von der Kölnischen Volkszeitung – daß nach ihrer Überzeugung, die sich auf die Auffassung Frobergers, der gute Beziehungen zum Auslande hat, stützten, die Gefahr der Annexion der Rheinprovinz durch Frankreich bestände, sie glaubten, dieser Gefahr könne nur dadurch entgegen getreten werden, daß die Rheinlande ein selbständiger Staat im Verbande des Deutschen Reiches würden. Die Herren baten mich, zwischen ihnen und der sozialdemokratischen und der Liberalen Partei die nötige Fühlung und Verbindung herzustellen, da dieser Plan nicht von irgendeiner Partei allein verfolgt werden dürfe, sondern nur von allen Parteien gemeinsam. Ich lege auf diese Feststellung großen Wert, weil sich daraus klar und unzweideutig ergibt, daß von den Trägern des Gedankens in Köln von vornherein beabsichtigt war, nicht etwa eine parteipolitische Gründung zu machen, sondern diese Frage aus dem Rahmen der Parteipolitik herauszuheben und sie zu behandeln im Einvernehmen mit den andern maßgebenden Parteien. Sowohl in den folgenden Verhandlungen seit dem 9. November auf dem Rathause mit Vertretern sämtlicher Parteien als auch in den Besprechungen, die ich mit einzelnen Vertretern der Zentrumspartei hatte, ist mir gegenüber niemals von einer Seite auch nur im entferntesten der Gedanke ausgesprochen oder angedeutet worden, daß der zu bildende neue Staat nicht in dem Verband des Deutschen Reiches bleiben solle, im Gegenteil, alle Ausführungen mir gegenüber, auch die Erklärungen, die von mir persönlich nahestehenden Zentumspolitikern mir gegenüber unter vier Augen gemacht wurden, waren immer getragen von deutschnationaler Überzeugung und von der Absicht, sich unter keinen Umständen vom Deutschen Reiche loszutrennen oder lostrennen zu lassen. Ebenfalls kann ich erklären, daß in den Ausführungen der Herren der Zentrumspartei mir gegenüber – auch bei ganz vertraulichen Besprechungen – immer wieder betont worden ist, daß keine einseitige konfessionelle Politik mit dem Plane verfolgt werden solle, daß die Frage ebenso wie sie aus dem Rahmen der Parteitaktik herauszuheben sei, auch aus dem konfessionellen Rahmen herausgehoben werden müsse und nur als deutsche Frage behandelt werden dürfe. Man hat im Gegenteil seitens der führenden Zentrumspolitiker mir erklärt, die zukünftige Republik müsse über die Grenzen der Rheinprovinz hinausgehen und auch Landesteile mit überwiegend evangelischer Bevölkerung erfassen, damit in dem zukünftigen Staat nicht *eine* Konfession und *eine* Partei sehr stark vorherrsche, vielmehr eine allen zum Vorteil gereichende Mischung der Konfessionen und Parteien vorhanden sei. Ich bedaure gerade mit Rücksicht auf diese Geschichte der Bewegung, daß die Kölnische Zeitung in einem Artikel ihres gestrigen Morgenblattes das konfessionelle Moment in die Frage getragen hat. (Sehr richtig!) Ich bedaure das umsomehr, als die Redaktion von mir ständig auf dem Laufenden gehalten worden ist und ganz genau weiß, daß die führenden Leute der Bewegung auf der Zentrumsseite jeden konfessionellen Gedanken absolut ausgeschieden haben. (Hört! Hört!) Ich bedaure dieses gewaltsame Hineintragen der konfessionellen Momente in die Frage ganz außerordentlich,

ich meine, wir haben unter konfessionellen, uns spaltenden Streitigkeiten in der Vergangenheit mehr als genug gelitten. Uns steht das Wasser am Halse, wir müssen uns als Deutsche fühlen und nicht als Angehörige einer Partei oder Konfession. –

Ich gehe nunmehr über zu einer *Schilderung* der gegenwärtigen *außerpolitischen und der innerpolitischen Lage*. Dabei will ich alle gefühlsmäßigen Momente, auch die patriotischen, völlig ausschalten, weil ich der Auffassung bin, daß unsere Frage nur mit dem aller nüchternsten Verstand erörtert und geprüft werden kann. Aus dem gleichen Grunde will ich auch alles das weglassen, was Auslandspolitiker, Auslandsjournalisten, ausländische Offiziere und die fremde Presse hier oder dort getan haben. Wir wissen ja nicht, ob diese Auslassungen ernst gemeint sind, ob sie von Leuten kommen, die redlich sind, ob sie nicht von selbst Getäuschten herkommen, und darum halte ich es für zweckmäßig, aus meinem Vortrag und auch aus unserer ganzen Diskussion alle diese Punkte einfach wegzulassen. Ich glaube, wir kommen zu einer richtigen Entscheidung nur dann, wenn wir uns lediglich darauf beschränken, die feststehenden offenbaren Tatbestände festzuhalten und aus diesen dann die sich notwendigerweise ergebenden logischen Schlüsse zu ziehn.

Nach dieser Vorbemerkung komme ich zunächst zur Erörterung der Stellung Frankreichs. Deutschland und Frankreich sind Erbfeinde. Der Streit und der Kampf zwischen Deutschland und Frankreich tobt schon viele hundert Jahre hin und her. In den letzten hundert Jahren hat Frankreich, wenn ich von dem gegenwärtigen Kriege absehe, den Kürzeren gezogen. Die Freiheitskriege haben damit geschlossen, daß den Franzosen das abgenommen worden ist, was sie sich bereits einverleibt hatten; der Krieg 70/71 hat damit geendet, daß wir den Franzosen die Provinzen Elsaß und Lothringen abgenommen haben, die mehrere Jahrhunderte mit ihnen verbunden waren. Seit 1870/71 ist die Entwicklung der beiden Nachbarstaaten in verschiedener Richtung vor sich gegangen; Deutschland ist außerordentlich wirtschaftlich und politisch erstarkt, in der Zahl seiner Einwohner hat es gegenüber Frankreich einen sehr großen Vorsprung gewonnen. In Frankreich ging die Entwicklung den umgekehrten Weg. Frankreich hat die Stellung, die es 1870/71 noch auf dem Wirtschaftsmarkte und in politischer Beziehung gehabt hat, immer mehr verloren. Seine Wirtschaft ist zurückgegangen, die Einwohnerzahl ist nicht gewachsen und im Verhältnis zu Deutschland stark zurückgeblieben. Trotzdem ist es Frankreich auf Grund einer Mächtekonstellation, wie sie nach menschlichem Ermessen niemals wiederkommen wird, auf Grund einer Mächtekonstellation, die alle Großmächte der Erde an der Seite Frankreichs in den Kampf gegen Deutschland geführt hat, gelungen, Deutschland vollständig zu zerschmettern. Deutschland liegt ohnmächtig am Boden. Es liegt klar auf der Hand, daß Frankreich selbst diese gegenwärtige Lage nicht als eine seine Zukunft sichernde ansehen kann. Es bleibt trotz der jetzigen völligen Ohnmacht Deutschlands bestehen, daß Deutschland 65 Millionen Einwohner hat – ich spreche in runden Ziffern – Frankreich dagegen zwischen 35 und 40 Millionen, und daß sich Deutschland von seiner gegenwärtigen Ohnmacht erholen wird. Innerhalb welcher Frist Deutschland sich wieder erholen wird, weiß kein Mensch; aber daß es sich wieder erholen wird, ist sicher. Frankreich muß sich sagen, daß Deutschland an Frankreich Revanche nehmen wird, wie es selbst jetzt nach 50 Jahren Revanche an Deutschland genommen hat. Frankreich muß sich weiter sagen, daß es, wenn der Augenblick der Revanche für Deutschland gekommen ist, nicht mehr die Mächtekonstellation zur Seite hat wie jetzt. Aus diesen Erwägungen heraus folgt für Frankreich die absolute Notwendigkeit, zum Schutze seiner nationalen Existenz Garantien zu verlangen und zu schaffen, die nach menschlichem Ermessen es Deutschland unmöglich machen, in absehbarer Zeit diese Revanche an ihm zu nehmen.

Meine Damen und Herren! Wenn Sie hier einen Augenblick in der Kriegsgeschichte rückwärts gehen und an die Zeit denken, wo Deutschland glaubte den Sieg in der Hand zu haben, so finden Sie in Deutschland genau dieselben Erwägungen. Auch in Deutschland erklärte man damals: Wir müssen Garantien haben gegenüber Frankreich und England, und diese Garantien sollte Belgien bieten, Belgien, das die einen vollständig zu Deutschland schlagen, die Gemäßigteren so von Deutschland beherrschen lassen wollten, daß deutsche Garnisonen ins Land kamen und die Bahnen unter deutsche Leitung gestellt würden. Worin könnten nun die Garantien Frankreichs gegen Deutschland bestehen? Sie können bestehen einmal in dem zu schaffenden Völkerbund und der damit zusammenhängenden Abrüstung der Heere. Aber ich glaube auch unter den Ententeländern ist keines, das davon überzeugt ist, daß der Abrüstungsgedanke auf die Dauer und in allen Ländern siegreich bleiben wird. Frankreich muß neben diesen Garantien auch reale fordern, und die erstrebenswertesten realen Garantien würden für Frankreich nur darin bestehen, daß der Rhein zur strategischen Grenze gegenüber Deutschland gemacht wird. Nun sind in Frankreich zwei Strömungen hinsichtlich der Frage zu unterscheiden, auf welche Weise man den Rhein zur strategischen Grenze machen soll. Die eine Richtung, die chauvinistische Richtung, möchte den Rhein dadurch zur strategischen Grenze machen, daß sie ihn auch zur politischen macht. Die andere, die gemäßigte Richtung, ist sich klar, daß das mit Schwierigkeiten für Frankreich verknüpft sein wird und verlangt, daß aus dem Rheingebiet ein Pufferstaat gemacht wird, der unter starkem französischen Einfluß stehen soll. Es fragt sich, ob Frankreich in der Lage ist, diesen seinen Willen, den es von seinem Standpunkte aus als durchaus berechtigt ansieht, durchzusetzen. Die Fragen kann man nur beantworten durch einen Überblick über die Lage und das Interesse der anderen in Frage kommenden Großmächte.

Ich komme zunächst auf die Frage: Kann Deutschland sich Frankreich gegenüber wehren und verhindern, daß Frankreich seinen Willen in die Tat umsetzt. Ich glaube, daß man diese Frage nur mit einem glatten Nein beantworten kann. Deutschland ist vollständig ohnmächtig. Es wird zu den Friedensverhandlungen überhaupt nicht hinzugezogen. Die Friedensverhandlungen finden unter den Verbandsmächten in Paris statt, und sie werden damit ausgehen, daß der fertige Friedensvertrag dem Deutschen Reiche diktiert wird. Deutschland muß sich also jedem Verlangen der Entente fügen. Es entsteht die weitere Frage, ob die andern in Frage kommenden Mächte, England und Amerika, in der Lage und Willens sind, Frankreich zu hindern seinen Willen zu verwirklichen. Daß sie dazu in der Lage sind, brauche ich nicht zu erörtern. Es handelt sich nur darum, ob sie auch den Willen dazu haben.

Ich wende mich zu Amerika. Wir in Deutschland glaube ich, haben Amerika verkannt, sowohl während des Krieges, wie jetzt während des Waffenstillstandes. (Sehr richtig!) Während des Krieges haben wir Amerika verkannt, indem wir seinen idealen Beweggründen und Friedensbestrebungen nicht geglaubt haben, und nach dem Kriege verfallen wir in den umgekehrten Fehler und glauben, Amerika würde uns zuliebe alles mögliche tun. Das Letztere halte ich für vollständig falsch. Die Amerikaner lieben uns nicht. Die Amerikaner sind sehr verhetzt gegen uns, der Verband hat eine ausgezeichnete Propaganda bei ihnen während des Krieges gegen uns betrieben. Wenn Amerika etwas für uns tut, tut es das nicht uns zuliebe sondern lediglich im Interesse seiner Prinzipien. Dabei dürfen wir aber nicht vergessen, daß wir am Rhein, die rheinische Bevölkerung, doch in den Augen Amerikas keine so entscheidende Rolle spielen, wie wir gerne möchten. Amerika liegt weit von Europa, und ich glaube, daß den Amerikanern das Selbstbestimmungsrecht der Tschechen, Polen und anderer Völker mehr ausmacht, als etwa das, was mit der linksrheinischen Bevölkerung von 4–5 Millionen geschieht. Ich glaube wohl, daß Amerika bereit sein wird, wenn die Verhältnisse es mit sich bringen, unter Berufung auf den von allen Staaten anerkannten Grundsatz der Selbstbestimmung uns zu helfen, ich glaube aber nicht, daß Amerika sich dafür ganz besonders in's Zeug legen wird.

Wenden wir uns zu England. Hinsichtlich Englands, haben wir ebenfalls im Kriege und vor dem Kriege uns sehr falschen Ansichten hingegeben. Ich will keine alten Sachen aufwärmen, aber ich glaube, wir müssen im Bezug auf England ebenso wie bei Amerika umdenken lernen. Die Stellung Englands gegenüber Frankreich wird nach meiner Meinung in Zukunft keine sehr freundliche sein. Frankreich war bis zu diesem Kriege kein von England zu fürchtender Konkurrent. Das wird sich in Zukunft ändern. Frankreich hat das von uns industriell hochgebrachte Elsaß-Lothringen in Besitz genommen und wird es behalten. Dadurch wird Frankreich wirtschaftlich England gegenüber außerordentlich erstarken. Ich will Sie hier nicht mit statistischen Ziffern aufhalten. Würde Frankreich zu Elsaß-Lothringen noch das linke Rheinufer, vielleicht auch noch die Brükkenköpfe auf dem rechten Rheinufer hinzubekommen, sei es im Wege der politischen Annexion, oder eines unter seiner Herrschaft stehenden Pufferstaates, so würde damit die wirtschaftliche Macht Frankreichs so groß werden, daß es für England ein sehr lästiger Konkurrent würde. Es kommt hinzu, daß das Nationalgefühl Frankreichs durch den unerwartet großen Sieg eine sehr starke Steigerung erfahren hat. Frankreich hat ferner ein ausgezeichnetes Heer, es ist unbedingt, nachdem Deutschland am Boden liegt, die erste Macht des Kontinents geworden. Frankreich hat mit England infolge seines großen Kolonialbesitzes draußen in der Welt zahlreiche Differenzpunkte. Ich erwähne weiter noch, daß in einem etwaigen Kampf zwischen England und Frankreich Frankreichs Küste für England sehr unangenehm nahe liegt. Ein weiteres Moment kommt noch hinzu. England kann keinen europäischen Krieg mehr brauchen, es hat andere Aufgaben: in Indien, China, Afrika und im Orient. Es hat, um sich an diesem europäischen Krieg zu beteiligen, aus allen Dominions und allen Kolonien alles zusammenkehren müssen an Machtmitteln. Hierüber mußte England seine übrigen weltpolitischen Aufgaben zurückstellen. Das ist ihm unerwünscht. Auch die Dominions machen einen solchen europäischen Krieg nicht mehr mit. Würde aber Frankreich durch den Friedensvertrag dem Deutschen Reich in irgend einer Form das linksrheinische Gebiet nehmen, so würde damit der Keim zum nächsten europäischen Krieg absolut sicher gelegt sein; denn Deutschland könnte sich das unter keinen Umständen auf die Dauer gefallen lassen. Der nächste europäische Krieg würde in absehbarer Zeit, sobald es Deutschland irgendwie wieder möglich wäre, so sicher kommen, wie morgen die Sonne aufgeht. Das paßt nicht in Englands Pläne. Für die zukünftige Stellung Englands gegenüber Deutschland kommt in Betracht, daß Deutschland leider Gottes in absehbarer Zeit kein Konkurrent mehr für England sein wird. Wir haben keine Kolonien mehr und keine Kriegsflotte mehr; ob wir eine Handelsflotte wieder bekommen, liegt in den Händen der Entente; unserer wirtschaftlichen Macht ist das Rückgrat gebrochen. Was hat also England in Zukunft, soweit Menschen sehen können, von Deutschland zu fürchten? Nichts! Ich resümiere mich hinsichtlich der Stellung Englands dahin: England hat von Deutschland in absehbarer Zeit nichts mehr zu fürchten, dagegen wohl vieles von Frankreich. England wird also seiner traditionellen Politik folgend, gegenüber dem zu sehr erstarkten Frankreich, sich auf die Seite der schwächeren Kontinentalmacht Deutschland schlagen. Daraus folgt m. E., daß England, wenn möglich, eine solche fundamentale Schwächung Deutschlands, wie Frankreich sie will, nicht zulassen wird. Ich wiederhole, wenn möglich, denn auch England muß zugeben, daß Frankreich Garantien gegen Deutschland verlangen muß, und England muß mit einer starken antideutschen Richtung der eigenen Bevölkerung rechnen.

Soviel zur äußeren politischen Lage. Die andern Staaten, wie Italien usw. spielen nur eine nebensächliche Rolle.

Ich komme zur *innerpolitischen Lage in Deutschland*. Dazu folgendes:

1. Es ist ausgeschlossen, daß das Deutsche Reich jetzt ein Einheitsstaat wird, daß die Bundesstaaten verschwinden. Ich für meine Person würde es begrüßen, wenn die Entwicklung dahin führen würde. Ich bin auch überzeugt, sie wird einmal kommen, aber für die nächste Zeit, für wie lange weiß ich nicht, ist sie ausgeschlossen, die süddeutschen Bundesstaaten werden es nicht zulassen[3] und ebensowenig die Entente. Auf alle Fälle aber wird das deutsche Reich eine starke Zentralgewalt bekommen, der unitarische Gedanke ist doch seit 1870 sehr gestärkt.

2. In dem neuen Deutschen Reiche wird eine Umgruppierung der Bundesstaaten erfolgen müssen. Die bisherigen Bundesstaaten, 26 an der Zahl, sind doch nicht nach wirtschaftlichen Rücksichten gebildet worden oder aus Gründen der Stammeseigentümlichkeit entstanden, sondern sie sind lediglich entstanden aus der dynastischen Entwicklung heraus. Mit dem Wegfall der Dynastien wird eine Umgruppierung, eine Verschmelzung einzelner Bundesstaaten unbedingt einsetzen. Ich komme insbesondere zu dem größten Bundesstaat, zu Preußen. Eine Teilung Preußens, meine Damen und Herrn, ist nach meiner

Überzeugung unbedingt nötig und wird auch erfolgen. Sie ist nötig, weil sonst Preußen, auch wenn es keinen Träger der Krone Preußens mehr gibt, kraft des natürlichen Schwergewichts seiner 42 Millionen Einwohner auch im neuen Deutschland ein Hegemonialstaat werden würde. Nach den Erfahrungen, die Deutschland mit dem Hegemonialstaat Preußen gemacht hat, nachdem die Hegemonie Preußens nicht zufällig, sondern als notwendige Folge eines Systems zum Zusammenbruch geführt hat, wird Preußens Hegemonie von den anderen Bundesstaaten nicht mehr geduldet werden. Es kommt hinzu, daß das hauptsächlichste Band, das bisher Preußen zusammengehalten hat, die Dynastie, nicht mehr besteht. Preußen ist ein Staatswesen, das aus ganz verschiedenen Stämmen und Wirtschaftsgebieten besteht. Ostpreußen und Rheinland sind so verschieden wie Ostpreußen und Bayern. Sofort nach dem Wegfall der Preußen zusammenhaltenden Dynastie haben sich in Preußen die separatistischen Bewegungen geltend gemacht. Ich glaube, auch diejenigen, meine Damen und Herrn, die tiefüberzeugte Verehrer des alten Preußens sind, können die Augen nicht davor verschließen, daß namentlich im Westen eine separatistische Strömung auf Loslösung Preußens besteht, deren Stärke man unter keinen Umständen unterschätzen darf; die auch nicht etwa durch Agitatoren in die Bevölkerung künstlich hereingetragen worden ist, sondern die aus dem innersten Wesen des Volkes heraus entstanden ist.

Diesen ganzen Verhältnissen Rechnung tragend, sieht der Entwurf der Reichsverfassung[4] einen gesetzmäßigen Weg vor, auf dem sich Teile der Bundesstaaten von diesen loslösen und zu selbständigen Bundesstaaten umbilden können und der Staatssekretär Preuß hat selbst einen Plan für die Teilung Preußens aufgestellt. Gegen das Projekt der Reichsregierung haben sich in Berlin Proteste erhoben, auch seitens der Preußischen Regierung und der Stadt Berlin. Das ist selbstverständlich; denn niemand, der im Besitze ist, läßt sich diesen ohne weiteres wegnehmen. Daß die Stadt Berlin den Wunsch hat, Hauptstadt des Reiches und des preußischen Staates in seinem alten Umfange zu bleiben, versteht sich von selbst und daß die preußischen Ministerien den Wunsch haben, Ministerien des großen Preußens zu bleiben, versteht sich auch von selbst. Aber ich glaube, die Entwicklung wird über diese Einsprüche hinweggehen.

Meinen eingangs ausgesprochenen Grundsätzen, alle gefühlsmäßigen Erwägungen möglichst auszuschalten, will ich auch jetzt, wo ich das Thema Preußen verlasse, treu bleiben; deswegen sage ich auch in diesem Zusammenhang nichts über die Verdienste, die Preußen sich um uns alle, um Deutschland, außer allem Zweifel erworben hat.

Ich komme, nachdem ich damit nach meiner Auffassung Ihnen ein ziemlich erschöpfendes Bild der auswärtigen und inneren Lage Deutschlands gegeben habe, zu der Frage, *ob es eine Lösung gibt, die den Forderungen Frankreichs Genüge trägt und doch eine derartige Schädigung Deutschlands, wie sie mit der Abtrennung des linken Rheinufers von Deutschland notwendigerweise verbunden sein würde, vermeidet.* Vielleicht, ich möchte das *vielleicht unterstreichen,* gibt es eine solche Lösung, einen Ausweg: ob der Ausweg betreten wird, das hängt nicht von uns ab, das hängt auch nicht von Frankreich ab, das hängt lediglich ab von England. Wenn England der Ansicht ist,

daß dieser Ausweg berechtigten Garantieansprüchen Frankreichs genügt, und wenn es weiter diesen Ausweg als in seinem – Englands – Interesse liegend erachtet, so wird es diese Lösung wählen, und damit kommt auch für uns ein Ausweg aus der Gefahr, in der das Rheinland schwebt. Wenn England den Ausweg nicht für gangbar hält, sind nach meiner festen Überzeugung wir Rheinländer verloren. Dieser Ausweg, meine Damen und Herren, würde meines Erachtens darin bestehen, daß sich die Länder am Rhein nicht etwa nur das linke Rheinufer, nicht etwa nur die Rheinprovinz, sondern auch die angrenzenden rechtsrheinischen Landesteile zu einem westdeutschen Bundesstaat, zu *einer westdeutschen Republik im Verbande des Deutschen Reiches* zusammenschließen. Um die Frage prüfen zu können, ob ein derartiger Zusammenschluß einen für alle Teile gangbaren Ausweg aus der Lage darstellt, müssen Sie sich wieder in den Gedankengang unserer Gegner versetzen, wie man überhaupt in all den außenpolitischen Erwägungen nur dann zu einem vernünftigen Schluß kommt, wenn man sich in die Lage der Gegner denkt und sich fragt: wie würdest du handeln, wenn du jetzt in der Lage Frankreichs, Englands oder Amerikas wärst?
In der Auffassung unserer Gegner ist Preußen der böse Geist Europas, Preußen ist in ihren Augen der Hort des kulturfeindlichen, angrifflustigen Militarismus, Preußen ist dasjenige Land gewesen, das zu diesem Kriege getrieben hat – ich betone nochmals, damit kein Mißverständnis entsteht, ich spreche aus dem Gedankengang unserer Gegner heraus –, Preußen wurde nach ihrer Meinung von einer kriegslüsternen, gewissenlosen, militärischen Kaste und dem Junkertum beherrscht, und Preußen beherrschte Deutschland, beherrschte auch die in Westdeutschland vorhandenen nach ihrer ganzen Gesinnungsart an sich den Ententevölkern sympathischeren Stämme. Würde Preußen geteilt werden, die westlichen Teile Deutschlands zu einem Bundesstaate der „Westdeutschen Republik" zusammengeschlossen, so würde dadurch die Beherrschung Deutschlands durch ein vom Geiste des Ostens, vom Militarismus beherrschtes Preußen unmöglich gemacht, der beherrschende Einfluß derjenigen Kreise, die bis zur Revolution Preußen und damit Deutschland beherrscht haben, wäre endgültig, auch für den Fall, daß sie sich von der Revolution wieder erholten, ausgeschaltet. Diese westdeutsche Republik würde wegen ihrer Größe und wirtschaftlichen Bedeutung in dem neuen Deutschen Reiche eine bedeutungsvolle Rolle spielen und demgemäß auch die außenpolitische Haltung Deutschlands in ihrem friedensfreundlichen Geiste beeinflussen können.
Eine solche Lösung müßte für England sehr annehmbar sein, da sie die sicherste Grundlage für den europäischen Frieden bilden würde. England würde wohl, wenn es wahrhaft friedensfreundlich ist und sein eigenes Interesse versteht, auch bei Frankreich diese Lösung als die allein mögliche durchdrücken können. Es könnte Frankreich darauf hinweisen, daß das mit Recht so gefürchtete Preußen ja nach Schaffung der westdeutschen Republik nicht mehr bestehe, daß auch der Wiedereinsetzung des gefürchteten Hohenzollernhauses durch eine solche Teilung Preußens für immer vorgebeugt sei, daß durch die Entstehung der „westdeutschen Republik" nunmehr die antimilitaristischen und friedensfreundlichen Tendenzen in Deutschland die Oberhand hätten. England würde Frankreich auf das

Selbstbestimmungsrecht der Völker hinweisen, auf diesen von Frankreich selbst anerkannten Grundsatz, und erklären können, daß er auch für die rheinische Bevölkerung nunmehr, da Frankreich gegen einen Revanchekrieg Deutschlands geschützt sei, Geltung haben müsse. Amerika würde in dieser Frage jedenfalls seinen Prinzipien zuliebe auf die Seite Englands treten.

Ob England eine solche Haltung annehmen wird, weiß ich nicht, das weiß keiner von uns, aber vernünftige Überlegung sowie eigenes Interesse müßten England dazu bringen. Aus meinen Ausführungen ergibt sich ohne weiteres, daß dieser zu gründende westdeutsche Bundesstaat nicht zu klein sein darf. Würde er zu klein sein, würde er die linke Rheinseite oder nur die Rheinprovinz umfassen, so würde er nicht den Frankreich befriedigenden Einfluß im deutschen Reiche haben. Also zunächst seinen außenpolitischen Zweck verfehlen; darüber hinaus würde aber ein kleiner westdeutscher Bundesstaat eine direkte Gefahr für das Deutschtum bilden, er würde der Gefahr der Verwelschung unbedingt ausgeliefert sein; denn darüber müssen wir uns doch klar sein: die feindliche Besatzung wird noch längere Zeit bleiben und solange wird von Frankreich aus eine starke kulturelle Propaganda hier im Westen betrieben werden. Sie wissen, daß im ganzen Rheinhessen, auch in Mainz, in allen Schulen französischer Unterricht schon jetzt zwangsweise erteilt wird; in den übrigen von Frankreich besetzten Teilen der Rheinprovinz wird das Gleiche in Bälde erfolgen, und Frankreich sucht allmählich seine Bundesgenossen aus dem besetzten Gebiet im Interesse seiner Propaganda zu verdrängen.

Die Gegner des Vorschlages eine westdeutsche Republik im Rahmen des deutschen Reiches zu gründen, machen in der Hauptsache *zwei Einwendungen*. Die erste lautet: die östlichen Teile Preußens können nicht mehr bestehen, wenn man die westlichen Teile verselbständigt. Man sagt, die östlichen Teile können sich militärisch gegenüber Rußland und Polen nicht halten, man fürchtet ferner, der „arme“ Osten könne ohne den „reichen“ Westen überhaupt nicht mehr auf seiner gegenwärtigen Kulturhöhe bleiben. Lassen Sie mich zunächst zu diesen Einwendungen Stellung nehmen. Was die militärische Seite angeht, so ist es Sache des deutschen Reiches, den militärischen Schutz zu gewähren. Das darf doch nicht Sache der Bundesstaaten sein. Damit ist dies Bedenken ohne weiteres erledigt. Nun komme ich zu der befürchteten Verarmung des Ostens nach Loslösung des preußischen Westens. Der, der dieses Bedenken hegt, übersieht nach meiner Meinung die Folgen, die der Krieg und das, was nach dem Krieg gekommen ist, auf den Westen ausüben. Ich bin der Auffassung, daß das Lied vom ‚reichen‘ Westen und ‚armen‘ Osten für lange Jahre verklungen ist. Der Westen ist nicht mehr reich. Wodurch war der Westen so steuerkräftig? Durch seine blühende Industrie; diese Industrie aber ist zu Grunde gerichtet, zum Teil jetzt schon und in wenigen Wochen wird sie ganz zu Grunde gerichtet sein. (Sehr richtig!) Mir haben berufene Vertreter der größten Unternehmungen im Industrierevier erklärt, daß sie vor der Liquidation stehen, weil sie sonst ihre Schulden nicht mehr bezahlen könnten. Ich kann die Unternehmungen nicht nennen, ich kann aber sagen, daß nach der Erklärung derselben Herrn das ganze Industriegebiet vor dem vollständigen Untergang steht. Der „reiche“ Westen, das ist für lange Zeit vorbei. Es kommt noch hinzu, daß eine wesentliche Quelle des Wohlstandes des Westens der Bergbau ist, und dieser Bergbau wird sozialisiert, wird verstaatlicht, diese Geldquelle des Westens wird in Zukunft für das ganze Reich nutzbar gemacht. Und endlich kommt ein weiteres Moment dazu, das die bisherige bevorzugte Lage des Westens gegenüber dem Osten ganz erheblich beeinträchtigen wird. Es ist Ihnen wohl bekannt, daß die alte Regierung die Verstaatlichung der Elektrizitätserzeugung plante. Maßgebend waren einmal fiskalische Erwägungen, aber zweitens auch die Absicht, dem Osten günstigere Industriebedingungen als bisher zu schaffen. Es sollte das ganze Land überzogen werden mit einem Netz von großen Kraftwerken, der Strom von diesen großen Kraftwerken sollte an die Industrie überall zu gleichen Preisen abgegeben werden. Dadurch würden die Vorteile, die der Westen infolge seiner nahen Lage bei den Kohlenwerken hat, für viele Industrien aufgehoben sein. Der neue Staatssekretär des Reichswirtschaftsamtes hat den Gedanken wieder aufgegriffen und es ist mir ganz zweifellos, daß es zu dieser Verstaatlichung der Elektrizitätserzeugung kommen wird und daß damit der Westen in seiner Vorzugsstellung gegenüber dem Osten erhebliche Einbuße erleiden wird. Ich glaube ferner, daß der agrarische Osten sich von den Kriegsschäden schneller erholen wird als der industrielle Westen. Ich kann somit nicht einsehen, daß eine Trennung des preußischen Westens vom Osten in Zukunft noch für diesen große Nachteile in sich schließen würde. Aber gesetzt den Fall, es wäre doch der Fall, es wäre alles falsch, was ich Ihnen gesagt habe, dann wäre die Frage doch zu stellen: was ist für Deutschland, und nur Deutschland allein kommt in Frage, das kleinere Übel, etwa, daß das linke Rheinufer von Deutschland vollständig abgetrennt würde oder daß der Osten Schaden leidet. Die Antwort kann doch nur sein: Für das Reich ist das Wichtigste, daß das linke Rheinufer bei ihm bleibt, zumal durch den Verlust des linken Rheinufers die dem Osten so willkommene Leistungsfähigkeit des Westens doch sicher sehr stark beeinträchtigt werden wird. Man macht gegen die westdeutsche Republik noch einen *zweiten Einwand*. Man sagt: die Entente, insbesondere Frankreich, wird in einem solchen Vorgehen des Westens nichts anderes erblicken als das Bestreben, von Deutschland loszukommen; man wird den übrigen Alliierten sagen, die Leute wollen im Grunde doch von Deutschland los, also laßt uns nur freie Hand; man würde also durch den Plan der Gründung einer Republik im Rahmen des deutschen Reiches dem Feinde gerade in die Hände arbeiten. Was soll man gegenüber einem solchen Einwand sagen! Zunächst folgendes: Wenn wir unsere Bewegung mit der uns aus innerstem Herzen kommenden Erklärung beginnen, daß wir bei Deutschland bleiben wollen, daß wir nichts anderes wollen als einen westdeutschen Bundesstaat im *Deutschen Reiche,* dann weiß ich nicht, wie die französische Presse in der Lage sein sollte, gegenüber einer solchen Erklärung des Volkswillens Amerika und England klar zu machen, wir wollten im Grunde zu Frankreich. In der Hauptsache aber ist auf diesen Einwand folgendes zu erklären: Frankreichs Absichten stehen fest; es wird sie durchführen, wenn England und Amerika es ihm erlauben; ob wir es ihnen erleichtern oder nicht, ist für Frankreich, England und Amerika gleichgültig; zudem vermag ich auch garnicht einzusehen, worin denn die angebliche Erleichterung bestehen soll. Ich schließe diesen Teil meiner Ausführungen mit der Feststellung: entweder wir kommen direkt oder als Pufferstaat zu Frankreich, oder wir werden eine westdeutsche Republik; ein drittes gibt es nicht. Wenn Sie sich mit mir auf diesen Standpunkt stellen, was ist dann zu tun? Nachdem die Wahlen zur deutschen und preußischen Nationalversammlung stattgefunden haben, nachdem Vertreter des Volkes in den besetzten linksrheinischen Gebieten gewählt worden sind, Vertreter des Volkes, die auch von der Entente anerkannt werden, muß zunächst diese Vertretung des Volkes laut und feierlich in der Öffentlichkeit gegen die ausländischen Annexionsgelüste protestieren, so laut protestieren wie immer möglich. [Sie muß] gegenüber diesen Annexionsgelüsten geltend machen, daß wir nicht von Deutschland wegwollen und daß wir uns dabei auf das Selbstbestimmungsrecht der Völker berufen. Eine solche Entschließung würde nach meiner Meinung in erster Linie aus der heutigen Versammlung herauskommen [müssen]. Und es ist Zeit, daß eine solche feierliche Erklärung erfolgt; denn die Entwicklung geht unaufhaltsam weiter. Die Ententeländer warten nicht darauf, bis in Deutschland alles in geordnete Verhältnisse zurückgekehrt ist, sie machen ihren Friedensvertrag jetzt in Paris zurecht. Weiter müßte dann nach meiner Auffassung die Initiative zur Errichtung einer westdeutschen Republik im Deutschen Reiche vom Westen aus, vom Volke selbst ergriffen werden. Die Initiative darf nicht etwa von der deutschen oder preußischen Nationalversammlung oder der Regierung ausgehen, sondern sie muß vom Westen ausgehen aus folgenden Gründen: Wenn diese Initiative von der deutschen oder preußischen Regierung oder von der deutschen oder preußischen Nationalversammlung erfolgen würde, dann fehlt die Berufung des rheinischen Volkes selbst auf das Selbstbestimmungsrecht der Völker. (Sehr richtig) Dann würde bei der Entente der Eindruck leicht erweckt werden, hier handele es sich nicht etwa um das Selbstbestimmungsrecht der Völker, sondern um einen Akt, der von der Regierung ausgeht. Es kommt ein noch viel wichtigeres Moment hinzu: *es würde sonst zu spät werden.* Wann die preußische Nationalversammlung zusammentritt, steht noch dahin. Soweit ich unterrichtet bin, wird die preußische Nationalversammlung bis auf weiteres überhaupt nicht einberufen werden; oder wenn sie einberufen wird, dann doch lediglich zur Konstituierung und dann wird sie sich wieder nach Hause begeben, bis die deutsche Nationalversammlung ihre Aufgabe erfüllt hat; die deutsche Nationalversammlung aber hat in der ersten Zeit doch wahrhaftig sehr dringende andere Aufgaben. Sie hat sich mit der Schaffung einer aktionsfähigen Regierung und einer Reichsverfassung zu befassen, darüber werden manche Wochen vergehen. Aber unterdessen geht es in Paris weiter, die Verhandlungen schreiten fort und wenn in Paris die Entente, Amerika, England und Frankreich, zu einer Einigung über den Punkt „Rheinland" erst gekommen sind, dann glaube ich, ist an dieser Einigung nichts mehr zu ändern. Denn diese Mächte haben soviele Differenzpunkte, daß sie, wenn einmal über einen eine Einigung da ist, sie diese Frage nicht mehr aufrollen werden.

Wie soll diese Initiative ergriffen werden? Ich stehe auf dem Standpunkt, daß die westdeutsche Republik unbedingt auf dem gesetzmäßigen Wege geschaffen werden muß,

wenn wir nicht durch außenpolitische bis jetzt nicht zu übersehende Verhältnisse anders gezwungen werden.
Ich schließe mit der dringenden Bitte an Sie, bei Ihren Erwägungen und Beratungen alle gefühlsmäßigen, alle parteipolitischen Regungen zurückzustellen, sich nur leiten zu lassen von dem Hinblick auf das Wohl unseres geliebten deutschen Vaterlandes. Wir müssen den gesetzmäßigen Weg gehen, d. h. die Bewegung muß den Weg einschlagen, den die Reichsverfassung vorsieht. Das darf sie nicht tun gegenüber dem anderen Deutschland und nicht gegenüber dem Eindruck auf das Ausland. Andererseits muß aber zur Zeit etwas geschehen. Wir dürfen nicht länger schweigen und daher wird sich zu diesem Protest gegen die Loslösung des linken Rheinufers von Deutschland und seine Angliederung an Frankreich eine Erklärung gesellen müssen über die Frage [Haltung], die wir zur westdeutschen Republik einnehmen. Über diese Erklärung haben in dem Komitee, dem Vertreter der verschiedenen politischen Parteien angehörten, auch Verhandlungen in Köln stattgefunden. Es ist eine Formulierung niedergeschrieben worden, die meines Erachtens vielleicht nicht vollkommen befriedigend ist, die aber doch den Zweck erfüllt, dem Auslande, insbesondere England, einen Hinweis zu geben, daß es da anhaken kann. Die Erklärung ist vervielfältigt worden und wird verteilt werden. Ich darf Sie Ihnen kurz verlesen. Sie enthält in dem ersten Teil den Protest gegen Frankreich und lautet:
„Wir unterzeichneten Vertreter des rheinischen Volkes im besetzten preußischen Gebiet erheben lauten und feierlichen Einspruch gegen die in der französischen Presse zutage tretenden Bestrebungen auf Loslösung des linken Rheinufers oder einzelner seiner Teile von Deutschland. Wir stützen uns auf das in der ganzen Welt anerkannte Selbstbestimmungsrecht der Völker und verlangen mit unseren Stammesgenossen im deutschen Reich vereint zu bleiben."
Nun kommt der 2. Passus. Das ist ein Kompromiß, der, wie alle Kompromisse, auf der einen Seite seine Schwäche hat; auf der anderen Seite aber auch den Vorzug, daß es eine einstimmige Erklärung sein würde. Der zweite Passus lautet:
„Für den Fall, daß die Reichsverfassung einer Aufteilung Preußens die gesetzliche Grundlage schafft, ist unter Beobachtung der gesetzlichen Bestimmungen die Vereinigung der Länder am Rhein zu einem Freistaate im Verbande des deutschen Reiches herbeizuführen."
Nach meiner Auffassung würde sich dieser Erklärung anzuschließen haben die Einsetzung eines Komitees durch Sie, das nun die Sache weiter beraten und soweit möglich fördern soll. Die Einsetzung eines solchen Komitees ist notwendig, um die verschiedenen wilden Komitees und wilden Bewegungen, die in der Rheinprovinz bestehen und durch die unter Umständen vielleicht manches Unheil angerichtet werden kann, auszuschalten. Es muß durch das Komitee die Sache in ein ordnungsmäßiges Bett geleitet werden. Das Komitee würde die Verhandlungen zu führen haben mit der preußischen und deutschen Regierung und würde weiter Verhandlungen zu führen haben mit den Abgeordneten der deutschen Nationalversammlung und endlich mit den am Rhein gelegenen Gebie-

ten, preußischen und nichtpreußischen, die entweder aus sich heraus den Wunsch haben, in die westdeutsche Republik hereinzukommen, oder die aus anderen Gründen eine Angliederung an die westdeutsche Republik wollen.
In dem kleinen Ausschuß, der sich mit der Vorbereitung der Versammlung beschäftigt hat, war ausgesprochen worden, das Komitee möge aus 8 Personen bestehen und zwar: aus drei Mitgliedern des Zentrums, aus zwei Mitgliedern der Sozialdemokratie, aus je einem Vertreter der demokratischen und der deutschen Volkspartei und schließlich aus einem Herren aus dem Kreise der Oberbürgermeister, ergänzt durch den Herrn Landrat Graf Beissel als Vorsitzender des Provinziallandtages. Zur Frage der Beteiligung der Oberbürgermeister und deren Legitimation zur heutigen Verhandlung in Parenthese ein kurzes Wort. Der Verfassungsentwurf sieht vor, daß auf Antrag von Kommunalverbänden, die zusammen eine bestimmte Einwohnerzahl ausmachen, das gesetzliche Verfahren aus Loslösung eingeleitet werden kann und daraus ergibt sich die Legitimation der Vertreter der Großstädte, auch an dieser Aktion teilzunehmen.
Ich schließe also damit: nach meiner Meinung müssen wir versuchen, zu einer einhelligen Stellungnahme zu kommen. Wir müssen mit dieser an die Öffentlichkeit treten und ein Komitee bilden, das die Sache weiter bearbeitet und das auch legitimiert ist, die Sache weiter zu bearbeiten. Wenn ich eingangs gesagt habe, daß bei der Erörterung der ganzen Frage alle gefühlsmäßigen Regungen und Erinnerungen zurückgestellt und daß wir bestrebt sein müßten, die Lage so nüchtern und klar als möglich zu betrachten, so darf ich doch schließen mit dem Wunsch, daß unsere Beratung ausgehen möge zum Wohle unseres geliebten deutschen Vaterlandes. (Bravo). Ich würde vorschlagen, daß dem von Ihnen genehmigten Programm entsprechend Sie sich in einzelnen Gruppen zusammenfinden, und zwar ist bereitgehalten für die Mitglieder der Zentrumspartei der Muschelsaal, für die Mitglieder der sozialdemokratischen Partei der Senatssaal, für die Mitglieder der demokratischen Partei der Schlachtensaal und für die Mitglieder der deutschen Volkspartei der Weiße Saal und für meine Herrn Kollegen endlich und Herrn Grafen Beissel ein Beratungszimmer, das durch mein Vorzimmer zu erreichen ist. Wir würden dann noch übrig haben das Zimmer 29, wo Abgeordnete der einzelnen Gruppen sich zu einem gegenseitigen Gedankenaustausch treffen können. Wenn von einer Gruppe ein derartiger Gedankenaustausch gewünscht wird, bitte ich das in meinem Vorzimmer wissen zu lassen, damit die anderen Gruppen benachrichtigt werden können. Ich setze die Besprechung aus und bitte Sie sich in einer Stunde wieder hier einzufinden.

Quelle: Niederschrift über die Sitzung am 1. Februar 1919 im Hansasaal zu Köln. HAStK. Maschinenschriftlich, nach einem von Oberbürgermeister Adenauer handkorrigierten, gleichfalls maschinenschriftlichen stenographischen Wortprotokoll.

Anmerkungen

1 Von der Sitzung am 1. 2. 1919 existieren zwei Wortprotokolle in stark unterschiedlichen Fassungen. Die maschinenschriftliche Niederschrift des Wortprotokolls, das allem Anschein nach den authentischen Wortlaut des am 1. Februar Gesagten wiedergibt, ist von Oberbürgermeister Adenauer bezüglich der eigenen Äußerungen erheblich verändert worden (Bleistiftda-

tum 2. 2.). Auf der Grundlage dieser handkorrigierten ersten Fassung wurde die offizielle Niederschrift hergestellt; sie ist von Adenauer unter dem Datum des 21. 2. abgezeichnet worden. (Beide Fassungen sind im Besitz des HAStK). – Die redaktionellen Änderungen Adenauers berühren allerdings die Substanz des Gesagten nicht, arbeiteten seine Intentionen aber an verschiedenen Stellen noch klarer heraus, suchten die Möglichkeit von Fehlinterpretationen auszuschließen und bezweckten wohl auch eine stilistische Verbesserung. – Im folgenden wird der Text der offiziellen Niederschrift abgedruckt. Die Vorlage weist allerdings zahlreiche Schreibfehler auf, v. a. auch Interpunktionsfehler. Soweit es sich dabei um evidente Fehler handelte, sind stillschweigend Verbesserungen vorgenommen worden, teilweise unter Rückgriff auf die hinsichtlich der Genauigkeit qualitativ bessere Erstfassung vom 2. 2.

[2] Die Wahl zur Weimarer Nationalversammlung hatte am 19. Januar 1919 stattgefunden.

[3] Die süddeutschen Staaten waren am 27. Dezember 1918 mit der Forderung hervorgetreten, daß das Reich ein Bundesstaat bleiben müsse.

[4] Adenauer bezieht sich dabei auf den am 20. Januar 1919 im Reichsanzeiger veröffentlichten Verfassungsentwurf von Hugo Preuß, der von Ebert als Staatssekretär des Innern berufen worden war. Der Entwurf sah einen dezentralisierten Einheitsstaat vor, wobei Preußen zerschlagen werden sollte.

Literatur: Rudolf Morsey: Die Rheinlande, Preußen und das Reich 1914-1945. In: Rheinische Vierteljahrsblätter 30 (1965); ders.: Die deutsche Zentrumspartei 1917-1923. Düsseldorf 1966. – Karl Dietrich Erdmann: Adenauer in der Rheinlandpolitik nach dem Ersten Weltkrieg. Stuttgart 1966. – Hans Georg Lehmann: Adenauer und der rheinische Separatismus 1918/19. In: Adenauer-Studien III, S. 213-225. – Henning Köhler: Autonomiebewegung oder Separatismus. Die Politik der „Kölnischen Volkszeitung" 1918/1919. Berlin 1974.

12. und 20. Juni 1919

Ansprachen aus Anlaß der Eröffnungsfeierlichkeiten der Universität Köln bei dem Festakt im Gürzenich und in der Aula der Universität

Diese Reden bezeichnen einen Höhepunkt kommunalpolitischer Tätigkeit Adenauers und lassen gleichfalls einige auch später wesentliche Grundgedanken erkennen: Kulturelle Gemeinsamkeit der westlichen Demokratien; Sorge um die Stellung Europas in der Welt bei fortdauernder Uneinigkeit; idealistisches Wissenschaftsverständnis und Kritik am Materialismus.

Eine weihevolle Stunde![1] Was ein Jahrhundert hindurch geistige Führer Kölns erstrebt und gewünscht haben, es ist *geworden:* Die Alma mater Coloniensis ist aus hundertjähriger Ruhe neu erstanden.[2] Alma mater Coloniensis! Ein halbes Jahrtausend Geschichte entrollt das Wort vor unserer Seele. Farbenprächtige Bilder wechseln in bunter Folge; die würdevollen Gestalten der Rektoren und Professoren, der Magister und Doktoren, die unübersehbare Schar der Scholaren aus aller Herren Länder steigt aus den alten Matrikeln auf, die seit dem ersten Semester der Universität Köln, seit dem Jahre 1389, in fast ununterbrochener Folge vor uns liegen. Und noch weiter rückwärts schweift unser Blick. Wir erinnern uns voll Ehrfurcht, welch' große Männer schon an der Vorläuferin der Kölner Universität gelebt und gewirkt haben; vor unserem geistigen Auge ragen empor die ehrfürchtigen Gestalten des großen Albert, des Aquinaten Thomas, des Schotten Duns.

Ein geschichtlicher Tag! Dankbar preisen wir die gütige Fügung, die uns gewürdigt hat, eine solch' ehrwürdige Körperschaft neuem kraftvollen Leben entgegenzuführen: Nächst Heidelberg, der ein Jahr früher gegründeten, ist es die älteste deutsche Universität, die ihre Hallen von neuem erschließt. Geschmückt mit des Alters Ehrenkrone, gehüllt in die Gewänder einer großen Vergangenheit, tritt die Universität Köln von neuem ein in den Kreis ihrer Mitschwestern.

Große Vergangenheit verpflichtet! Sie verpflichtet zum Streben nach gleich großer Zukunft! – Zukunft! Wie ein schwarzer Schatten fällt das Wort auf unsere Festesfreude. Haben wir noch eine Zukunft? Dunkel liegt sie vor unseren Blicken. Dunkel ist die Zukunft dieser Stadt, dunkel die Zukunft dieses Volkes: Die deutsche Macht ist gebrochen; der Feind steht im Lande; ein Frieden soll uns aufgezwungen werden, der uns versklavt; im Innern des Landes wandert der Geist der Zwietracht und des Aufruhrs, der Geist des Spartakus und Bolschewismus umher. Dunkel und schwarz liegt die *Zukunft* vor uns. Trotzdem – wir brauchen nicht zu verzagen – wir *haben* eine Zukunft, wir *glauben* an das deutsche Volk: es wird genesen von dieser Krankheit, es wird geläutert hervorgehen aus diesem Fegefeuer; voll Kraft und Gesundheit wird es seinen Platz unter den Völkern des Erdballes wieder einnehmen. An dem Werke der Genesung unseres Volkes mitzuarbeiten, das ist die nächste hohe Aufgabe der Universität Köln. Das Werk der inneren Läuterung soll sie fördern, in Gemeinschaft mit ihren Schwestern, durch Pflege der *wahren* Wissenschaft und Weisheit, der *wahren* Freiheit und Gesittung.

Aber darüber hinaus fällt der Universität Köln noch eine *besondere* Aufgabe zu. Wie auch der Friedensvertrag aussehen mag, hier am Rhein, an der alten Völkerstraße, werden während der nächsten Jahrzehnte die deutsche Kultur und die Kulturen der westlichen Demokratien zusammenstoßen. Wenn ihre Versöhnung nicht gelingt, wenn die europäischen Völker nicht lernen, über der berechtigten Wahrung ihrer Eigenart das aller europäischen Kultur *Gemeinsame* zu erkennen und zu pflegen, wenn es nicht gelingt, durch kulturelle Annäherung die Völker wieder zu einigen, wenn auf diesem Wege nicht einem neuen Kriege unter den europäischen Völkern vorgebeugt wird, dann ist *Europas* Vormacht in der Welt *dauernd* verloren. Das hohe Werk dauernder Völkerversöhnung und Völkergemeinschaft zum Heile Europas zu fördern, sei die besondere Aufgabe der Universität Köln, der Universität in der westlichsten deutschen Großstadt, die mitten in den Aufeinanderprall der verschiedenen Kulturen hineingestellt ist. Schon einmal hat die Universität Köln eine ähnliche Mission erfüllt, als sie – die nach dem Muster der berühmten Sorbonne in Paris gegründete – wie keine andere deutsche Universität zahlreiche Ausländer an sich fesselte und sie mit deutschem Wesen und deutschem Geist vertraut machte. Deutsches Wesen soll die Universität Köln den deutschen Stämmen am Rhein erhalten; *wahre* deutsche Art soll sie auch dem Ausland zeigen und vermitteln und von diesem, in beide Teile förderndem Austausch, das Gute seiner Kultur empfangen und dem deutschen Volke zuführen. Vor allem aber soll sie das Wesensverwandte aller europäischen Kultur zeigen; sie soll zeigen, daß zwischen allen europäischen Völkern schließlich doch viel mehr des Gemeinsamen als des Trennenden ist. Dem *wirklichen* Völkerbunde, dem Fortschritte der Völker zu einer höheren Stufe der Entwicklung zu dienen, sei ihr heiliger Beruf! [. . .][3]

Jetzt ist *unsere* Tat getan. Wir haben *unsere* Aufgabe gelöst: Die Universität Köln lebt nunmehr ihr eigenes Leben. In Ihre Hand, meine verehrten Kommilitonen, in die Hand der Professoren und Studenten ist jetzt ihr Schicksal gelegt. Empfangen sie das Kleinod, das wir Ihnen anvertrauen, mit Ehrfurcht vor seiner Vergangenheit, mit Vertrauen in seine Zukunft! Empfangen Sie es mit der ganzen Hingebung begeisterungsfähiger, ideal gesinnter Herzen! Ein Gelöbnis nie schwindender Liebe, nie ermüdender Arbeit und Sorge für die Universität Köln sei für Sie und für uns der Spruch, den ich im Namen der gesamten Bürgerschaft spreche: Vivat floreat crescat Alma mater Coloniensis!

Meine Damen und Herren![4] Ich möchte die heutige festliche Gelegenheit benutzen, um in meiner doppelten Eigenschaft als Kurator der Universität und als Oberbürgermeister der Stadt Köln, der Stifterin der Universität, einige grundsätzliche Worte zu Ihnen zu sprechen: Als der Plan für die Schaffung der Universität in die Öffentlichkeit drang, wurden in manchen Kreisen Zweifel laut, ob die finanziellen Kräfte der Stadt für die materielle Grundlage eines so großen Werkes ausreichten. Es fehlte nicht an Stimmen, die der Meinung waren, daß die Stadt Köln die finanzielle Belastung, die mit dem Ausbau der Universität verbunden sein würde, nicht tragen könne. Ich kann versichern, daß die Stadtverordnetenversammlung sich mit mir der finanziellen Tragweite des Beschlusses der Universitätsgründung vollauf bewußt gewesen ist, daß wir fest entschlossen sind, trotz aller namentlich in der gegenwärtigen Zeit gebotenen Sparsamkeit jetzt und in Zukunft unserer Universität diejenigen Mittel zur Verfügung zu stellen, deren sie zu ihrer Fortgestaltung und zum weiteren Ausbau bedarf. (Beifall.)

Und eine zweite noch wichtigere Erklärung möchte ich heute abgeben: Die deutschen Universitäten rühmen sich mit Stolz des kostbaren Palladiums der Freiheit – einer Freiheit, deren Grenzen durch Herkommen und Verfassung gezogen und gewährleistet sind. Sie betrachten mit Recht diese Freiheit als ihr wertvollstes Gut, denn nur bei voller Freiheit kann die Wissenschaft blühen und gedeihen. Es drängt mich daher, heute zu erklären, daß auch die Universität Köln so frei sein wird wie irgendeine andere Universität in deutschen Landen. Mit gutem Grunde kann ich sagen, daß die Universität Köln so frei sein wird wie irgendeine andere deutsche Universität; denn in all den Jahren, in denen nun in Köln akademische Einrichtungen, die Vorgängerinnen unserer heutigen Universität, bestehen, hat sich nach der Erklärung, die aus dem Munde ihres Rektors, des früheren Studiendirektors der Handels-Hochschule, also des berufensten Mannes vor wenigen Tagen gekommen ist, niemals irgendeine unberechtigte oder störende Einwirkung seitens der Stadt auf die Handels-Hochschule geltend gemacht. So wird es auch in Zukunft sein, und ich würde jedem Versuch, diese Freiheit zu beeinträchtigen, mag er von oben oder von unten kommen, mit allen Mitteln und mit aller Entschlossenheit entgegentreten. (Beifall.)

Mein Beruf, meine Damen und Herren, der heute mehr wie je meine ganze Kraft und meine ganze Zeit erfordert, läßt mir leider viel zu wenig Zeit zu wissenschaftlicher Tätigkeit, aber in der Überzeugung stimme ich mit Ihnen, die sich die wissenschaftliche Arbeit zum Lebensberuf gewählt haben, vollständig überein, daß die lautere, nicht dem Dienst des Tagesgötzen, nicht dem materiellen Fronen ergebene Wissenschaft mit zu dem Wertvollsten und Kostbarsten zählt, was wir haben. Diese Erkenntnis, das Bestreben, geistige Dämme zum Schutze des Idealen gegen den alles überflutenden Strom des rein materiellen Denkens und Strebens zu errichten, hat mich vor allem bei der Schaffung der Universität Köln geleitet.

Helfen Sie alle, die Sie hier versammelt sind, Sie, die Dozenten, und Sie, die Studenten, diesen hohen Beruf der Universität voll zu erfüllen, wir tun damit unserem armen deutschen Vaterlande den größten Dienst, den wir ihm leisten können. An der Unterschätzung des geistigen Elements, an der Überschätzung der Macht des Materiellen, ist Deutschland zugrunde gegangen: nur bewußte und völlige Umkehr von diesem Wege sichert dem deutschen Volke noch eine Zukunft.

In diesem Geiste wollen wir die Alma mater Coloniensis ausbauen, mit diesem Geiste möge sie erfüllt sein, damit sie in Wahrheit eine Alma mater in des Wortes tiefster Bedeutung werden möge.

Möge die Zukunft der Universität Köln sich würdig gestalten der größten Zeiten ihrer Vergangenheit.

Vivat, floreat, crescat, Alma mater Coloniensis!

Quelle: Eröffnungsfeier der Universität Köln. Reden gehalten bei dem Festakt im Großen Saal des Gürzenich am 12. Juni 1919 und bei der Akademischen Feier in der Aula der Universität am 20. Juni 1919, verlegt bei Heinrich Z. Gonski, Köln 1919, S. 9 ff und 53-55.

Anmerkungen

[1] Ansprache im Gürzenich vom 12. 6. 1919.

[2] Die 1389 gegründete Universität war von den französischen Militärbehörden im April 1798 geschlossen worden, weil sich die Professoren weigerten, einen Treueid auf die Französische Republik zu schwören. Zur Wiedergründung und Adenauers Anteil daran vgl. Die Universität Köln 1919-1924. Köln 1925. – Die Universität Köln 1919-1929. Köln 1930. – Wilhelm Katner (Hrsg.): Die Universität zu Köln 1919-1969. Berlin und Basel 1969.

[3] Die Ansprache im Gürzenich vom 12. 6. 1919 ist um einen Absatz mit Danksagungen an zahlreiche Persönlichkeiten des öffentlichen Lebens gekürzt.

[4] Ansprache in der Aula der Universität am 20. 6. 1919. Der erste Absatz der Ansprache, in dem Adenauer u. a. für die ihm verliehenen Ehrendoktorwürden dankt, ist nicht abgedruckt.

28. August 1922

Eröffnungsrede als Präsident des 62. Deutschen Katholikentages in München

Nach Gründung der CDU im Jahre 1945 wurde die hier erhobene Forderung, „mit Bestrebungen Gleichgesinnter im evangelischen Lager Hand in Hand zu gehen", als eine der Zeit vorauseilende Formulierung der Unionsidee verstanden. So sah es Adenauer beim Rückblick selbst (vgl. Erinnerungen I, S. 50). Die Rede spricht aber noch andere Themen an, die in vielen späteren grundsätzlichen gesellschaftspolitischen Ausführungen Adenauers im Mittelpunkt stehen: Kritik am materialistischen Geist des Zeitalters; Auseinandersetzung mit den verschiedenen Spielarten des Sozialismus; sozialpolitische Beschäftigung mit den Problemen der Großstadt. Bemerkenswert ist die dramatische Anklage gegen die französische Politik und das „Diktat von Versailles".

Gelobt sei Jesus Christus!
In alle Ewigkeit – Amen.
So recht von Herzen kam uns dieser Gruß, unserer Versammlung Ziel und Richtung weisend. Er erklang wie aus einem Munde, in uns das warme, köstliche Gefühl der *Glaubensgemeinschaft* erweckend. Er ist wie eine geistige Empfangspforte, hinter der wir für einige Tage alles zurücklassen wollen, was uns sonst beschäftigt und beansprucht, um uns ganz dem hinzugeben, was uns zusammengeführt hat; der *Gottesliebe* und der *Nächstenliebe.*

Wir sind zusammengekommen, um öffentlich *Zeugnis* abzulegen für unseren Glauben, um unsere *Treue* und *Anhänglichkeit* an die Kirche zu bekunden, um Stärke und Trost zu suchen im gemeinsamen Bekenntnis, um *unsere ganze aus religiösen Tiefen geschöpfte Kraft zur Verfügung zu stellen für unser armes, gequältes deutsches Volk!* Jung und alt, hoch und niedrig, aus Nord und Süd, aus Ost und West, viele unter großen persönlichen Opfern, sind wir nach München geeilt, gerne sind wir nach München gekommen. Wir wußten, daß wir willkommen waren, hier, wo gute Katholiken und gute Bayern, hier, wo *gute, treue Deutsche* wohnen, die eins mit uns, mit allen deutschen Stämmen sind und bleiben wollen, eins mit dem ganzen deutschen Vaterlande.

Dem deutschen Vaterlande, das in bitterster Not und Gefahr ist, gilt unser herzlichster Gruß. Haben wir schon früher treu zu ihm gestanden, jetzt, wo es in Not und Elend ist, stehen wir in doppelter, hingebender Liebe und Treue zu ihm, *alle* deutschen Gaue, *alle* deutschen Stämme. So gedrückt und gedemütigt wir sind, *niemals werden wir unsere nationale Zusammengehörigkeit, unsere nationale Einheit preisgeben.*

Man hat das deutsche Volk ausgehungert und zu Boden geworfen. Von dem zusammengebrochenen Volke hat man ein Schuldbekenntnis erpreßt, ihm Bedingungen auferlegt, die seine nationale und staatliche Existenz vernichten, seine Wirtschaft zerstören, Millionen einem langsamen Tode preisgeben, den Rest in unerträglicher Knechtschaft und Sklaverei halten. *In der europäischen Geschichte des Mittelalters und der Neuzeit gibt es kein Dokument, das so allen menschlichen, allen christlichen Grundsätzen hohnspricht, wie das Diktat von Versailles.* Eine furchtbare Schuld, die Verantwortung für ein namenloses, materielles und moralisches Elend haben seine Urheber auf sich geladen.

Die Katholiken Amerikas, Belgiens, Englands, die Katholiken der ganzen Welt, alle, die sich noch zum Namen Christi bekennen, *bitte und beschwöre ich: Helft! Seid eingedenk eures katholischen Glaubens, eures christlichen Namens! Verhütet das Sterben eines Volkes von 60 Millionen!*

An die *französischen Katholiken* wende ich mich noch ganz besonders: Frankreich martert, Frankreich quält uns, auch uns, eure Glaubensbrüder! Zu Frankreichs Ehre nehmen wir an, es handelt so, weil es glaubt, so handeln zu müssen. *Glaubt uns, Frankreich irrt, es gibt andere Wege für Frankreich, um zu dem zu kommen, was ihm gebührt.* Kommt zu uns, ihr französischen Katholiken, laßt uns gemeinsam einen Weg suchen, der unseren beiden Ländern hilft!

Mit Neid blicke ich, der ich heute als Ihr Präsident die Ehre habe, zuerst zu Ihnen zu sprechen, auf das zurück, was in besseren Zeiten vor dem Kriege meine Vorgänger bei dieser Gelegenheit sagen konnten, wie sie trotz mancher begründeten Beschwerden über das Verhältnis zwischen Staat und Kirche mit Stolz und Freude hinweisen konnten auf die *Lage und Erfolge der deutschen Katholiken.*

Ich kann das nicht. Mit Schmerz und mit Trauer muß ich das sagen, aber ich glaube, meine Pflicht gegenüber dem katholischen Volke nicht zu erfüllen, wenn ich anders spräche. Gewiß – mit Bewunderung und Ehrfurcht sage ich das, – wird auch jetzt von Geistlichen und Laien, von den Orden, von Vereinen und Verbänden das menschenmögliche getan. Aber der Strom, gegen den wir ankämpfen, ist zur Flut geworden, zu einer fast übermächtigen Flut: *Das ungeheure materielle Elend des deutschen Volkes hat ein ungeheures moralisches Elend geboren!* Es ist kein Wunder.

Erst jahrelang die Last und der Hunger des Krieges!

Wir haben alles getragen in der Hoffnung, daß die Last einmal ein Ende nehme. Das Ende des Krieges kam, aber *kein Ende der Not und kein Friede.* Wir hungern weiter, wir verelenden weiter nun schon wiederum 4 lange Jahre. *Tausende und Abertausende sterben schweigend und lautlos dahin. Unsere Kinder welken, wehe ihnen, wenn sie dereinst den Kampf mit dem Leben aufnehmen sollen.*

Verzweifelt fragen wir uns jeden Tag: Was soll morgen werden, wie werden wir uns, unsere Kinder sättigen und kleiden? Und unsere *Alten!* Mit entsetzlicher Sicherheit sehen sie jenen Tag herankommen, an dem ihre, in langer Arbeit erworbenen *Ersparnisse vollends wertlos* geworden sind und ihnen nichts übrig bleibt, als *Hungers zu sterben.* Über dies furchtbare Trauerspiel können nicht die blinkenden Reste, kann nicht die Fassade hinwegtäuschen, die uns aus einer besseren Vergangenheit geblieben ist, und hinter der wir unsere Not und unsere Armut zu verbergen suchen.

Dabei *keine Hoffnung auf Besserung,* keine Aussicht auf eine günstige Wendung! Kann es da wunder nehmen, wenn das Volk in diesem sich täglich wiederholenden aussichtslosen Kampfe zermürbt und unterliegt? Wenn es zuletzt nur noch an das Materielle denkt, wenn es schließlich Vergessen und Betäubung sucht? In diesem physisch und psychisch gemarterten Volke, auf so vorbereitetem Boden muß Materialismus und Mammonismus wachsen, muß der Sinn für das Überirdische und Religiöse schwinden, muß Sittenlosigkeit und Autoritätslosigkeit gedeihen. *Materialismus, Unsittlichkeit, Autoritätslosigkeit,* das sind die Krankheiten, die unser Volk in größtem Ausmaße befallen haben.

Und wir deutschen Katholiken?

Ich verkenne nicht auf unserer Seite die religiöse Treue, das ernste moralische Streben breiter Volksschichten, das hier und dort neue erwachende religiöse Streben. Aber wenn ich das *Ganze* überschaue, dann kann ich nur schmerzerfüllt sagen: Auch unter uns wüten die gleichen Krankheiten, weite katholische Kreise sind davon erfaßt, die vor dem Kriege treu zu uns standen, haben sich von uns gewandt. Eine traurige, aber beweisende Sprache für die kirchliche Statistik. Sie zeigt uns, daß in vielen Teilen unseres Vaterlandes, ja sogar besonders auf dem Lande, die Zahl der Kommunionen stark abgenommen hat.

Wenn ich mich zu der Lage der deutschen Katholiken im *staatlichen Leben* wende, kann ich dann so sprechen, wie meine Vorgänger auf diesem Platze? Die Hemmnisse, die unserer religiösen Betätigung früher schmachvoller Weise entgegengesetzt wurden, sind hier gefallen; auch sind Katholiken in hohe und höchste Staatsämter eingerückt. Aber überschätzen wir nicht den Einfluß katholischer, christlicher Überzeugung auf die öffentlichen Dinge!

Einflußreiche Kreise stehen uns, unserer Weltanschauung *innerlich feindlich gegenüber,* sie ertragen uns zurzeit nur aus dem Gefühle politischer Notwendigkeit heraus; man kann aber *nicht das Vertrauen* zu ihnen haben, daß sie, allein zur Herrschaft gelangt, in der Praxis *tolerant* sein würden.

Die innere Lage in Deutschland ist so voll Spannung und Gefahren, daß jeder Augenblick für uns vernichtende Situationen schaffen kann. Aber auch selbst wenn diese nicht eintreten, alles muß doch neu aufgebaut werden, und bei dieser grundlegenden, wichtigen Aufbauarbeit könnte die *Vertretung der katholischen Ideale gar nicht breit und einheitlich genug* sein. Wie ist es darum bestellt? Wo ist ihre erste Voraussetzung, die Einigkeit der deutschen Katholiken? Immer und immer wieder ist bei früheren Katholikenversammlungen auf diese Einigkeit als die wichtigste und kostbarste Errungenschaft des katholischen Deutschlands hingewiesen worden. Kann auch ich heute mit Stolz auf diese Einigkeit hinweisen? Ich kann es nicht, sie besteht nicht mehr, besteht nicht mehr in einer solchen Zeit! Gott sei's geklagt! Von diesem Platze aus rufe ich im Namen der deutschen Katholiken und mit der ganzen Autorität, die mir dieser Platz verleiht, den Führern und all den Katholiken, die jetzt abseits stehen, zu: *Stellt die alte Einigkeit, stellt die alte Einheit wieder her. Sammelt alle wieder um die alte Fahne, die siegreich war in vielen Jahrhunderten, die unsere großen dahingegangenen Führer vorangetragen* haben!

So ist die jetzige Lage der deutschen Katholiken. Sie anders sehen, heißt sich selbst täuschen.

Was sollen wir deutsche Katholiken in dieser traurigen Lage tun? Vor allem *eins:* Den

Kopf hoch halten, nicht den Mut sinken lassen! *Wir haben nicht nötig, kleinmütig zu verzagen;* Gott ist mit uns, ist mit uns mit seiner ganzen Kraft, seiner Allmacht, seiner Liebe. Wenn wir weiterarbeiten im rechten Sinne, zäh, geduldig, ausdauernd, so ist ganz sicher der Erfolg unser.

Es wird behauptet, das, was wir erlebt haben und noch erleben, beweise die Wertlosigkeit der christlichen Grundsätze, sei ein Zusammenbruch des Christentums. *Das ist eine grobe Geschichtsfälschung. Gerade das Gegenteil ist richtig; was wir erleben, ist der Zusammenbruch des Materialismus, die Götterdämmerung der materialistischen Weltauffassung.*

Will ein Mensch behaupten, daß in Deutschland, in Europa in den Jahrzehnten vor dem Kriege oder gar im Kriege christliche, katholische Grundsätze *maßgebend* gewesen wären? Wie war denn das Verhältnis von Staat und Kirche bei uns in den letzten Jahrzehnten? Lest die Geschichte der Katholikenversammlungen, sie gibt die beste Antwort. Herrschte nicht bis in die letzten Jahre hinein der mehr oder weniger *kirchenfeindliche Liberalismus?*

Denkt an die Lage unserer *Orden!* Sie wurden überhaupt nicht zugelassen, oder, wenn sie zugelassen wurden, wie notorische Verbrecher der Polizeiaufsicht unterstellt und in der kleinlichsten, gehässigsten Weise schikaniert. Galt nicht der überzeugte Katholik als *staatsgefährlich,* wurde er nicht *aus hohen Staatsstellen geflissentlich ferngehalten?* Wie sah's auf den *Universitäten* aus? Wie war das Verhältnis zwischen *Kirche und Staat* in Italien, oder gar erst in Frankreich? Nein, in den letzten 50 Jahren waren im staatlichen und öffentlichen Leben Europas *nichtchristliche Grundsätze maßgebend,* die letzten Jahrzehnte waren die Zeit der ausgesprochenen Herrschaft des Materialismus. Die Fortschritte, welche die Menschen in der *Technik* gemacht hatten, die Reichtümer, die nur dadurch zuflossen, hatten ja den Sinn, das Verständnis für die Tradition, für das Geistige, das Übernatürliche genommen; sie glaubte, in der Materie und in der Herrschaft über die Materie den Endzweck alles menschlichen Seins, die Krone alles menschlichen Strebens zu erblicken. Die Saat, die der Materialismus gestreut hat, ist furchtbar aufgegangen. Ihre letzte und scheußlichste Frucht ist der Krieg: die untrennbar mit der materialistischen Weltauffassung verbundene Herrschsucht der Völker haben ihn herbeigeführt. Für den, der aufmerksam die Geschichte der letzten Jahrzehnte verfolgt hat, war es kein Geheimnis, daß die ganze Entwicklung zu einer furchtbaren Katastrophe führen müsse. Der Zusammenbruch Europas ist ein nicht zu widerlegender Beweis für die unerschütterliche Richtigkeit der *christlichen Grundsätze;* denn das *Abweichen* von ihnen hat die Menschheit zwangsläufig in dieses Elend, dieses Chaos geführt.

Also nicht den Mut sinken lassen, sondern mit doppelter Kraft den christlichen Grundsätzen wieder zur Anerkennung zu verhelfen suchen, das ist was die Lage von uns fordert. Bei uns selbst wollen wir damit zuerst anfangen, jeder bei *sich* und seiner *Familie.* Das ist unsere erste Pflicht. Nur, wenn wir selbst christlich leben und in unseren Familien christliches Leben herrscht, haben wir das Recht dafür einzutreten, daß diese Grundsätze auch im *öffentlichen* Leben Geltung haben.

Bei sich also fange jeder selber an! Das persönliche Beispiel, das jeder, der die Ehre und die Gnade hat, Katholik zu sein, gibt, bedeutet unendlich viel.

Die christlichen Grundsätze müssen aber auch in den öffentlichen Dingen wieder maßgebend werden.

Das sind sie jetzt keineswegs mehr wie früher, auch wenn unsere Orden jetzt wieder freie Bahn haben und Katholiken hohe Staatsämter bekleiden. Ich habe schon ausgeführt, daß man das zugelassen hat „der Not gehorchend, nicht dem eigenen Triebe", und daß es jeden Augenblick wieder anders kommen kann. Auch jetzt noch ist in Deutschland der antichristliche Geist in den öffentlichen Dingen – das ist ein weiterer Begriff als in „politischen Dingen" – durchaus maßgebend. Ja, er ist seit dem Zusammenbruch noch erheblich stärker geworden. Man geht jetzt noch viel geflissentlicher und zielbewußter darauf aus, die große Masse der Bevölkerung zu entchristlichen. Man sucht ihr eine neue Religion beizubringen, eine *sozialistische Religion*. Ich weiß, daß das nicht alle Sozialisten wollen. Aber es ist eine eigene Sache um den heutigen Sozialismus in Deutschland. Früher war er, und bei einem Teil seiner Anhänger ist er auch jetzt noch, eine ehrlich gemeinte, aus idealen Gründen hochgehaltene politisch=wirtschaftliche Überzeugung, der man Achtung entgegenbringen muß. Für einen großen Teil seiner Anhänger ist er identisch mit Lohnbewegung. Eine dritte Abart von Sozialisten mengt den politischen und wirtschaftlichen sozialistischen Ansichten allerlei sonstige Fragen der Lebensauffassung, kulturelle Fragen, Fragen der Kunst, ethische Fragen bei und sucht so eine Art *nichtchristliche Religion* zu schaffen. Täuschen wir uns nicht über die Gefahr, die darin steckt!

Mit einer solchen *Diesseits-Religion* kann man unser Volk in gefährlicher Weise *entchristlichen*. Es liegt nur zu nahe, daß Menschen, deren religiöse Überzeugung verschwommen ist, die nur noch aus einem gewissen Beharrungsvermögen heraus und mehr dem Namen nach christlich sind, einer solch geschickt vorgetragenen, den natürlichen Instinkten entgegenkommenden, mit Redensart über Kultur und Schönheit und Kunst verbrämten Diesseitsreligion sich zuwenden und ihr zum Opfer fallen.

Wie setzen wir demgegenüber die Geltung der christlichen Grundsätze in den öffentlichen Dingen durch, wie verhüten wir eine Entchristlichung des Volkes?

Zunächst durch intensive, energische Arbeit im katholischen Lager, insbesondere auch durch eine starke, einheitliche und einige *Vertretung der Katholiken*. Gerade das möchte ich nochmals mit allem Ernst und mit allem Nachdruck unterstreichen.

Das genügt aber nicht. In Deutschland gibt es ein Drittel Katholiken und zwei Drittel Nichtkatholiken. Wir müssen beim Kampfe für die Geltung der christlichen Grundsätze in den öffentlichen Dingen bei den Nichtkatholiken *Bundesgenossen* suchen und die Gegnerschaft jener, die wir nicht als Bundesgenossen gewinnen können, möglichst entkräften. Vielleicht oder sogar sicher haben wir uns früher zu sehr für uns von den Nichtkatholiken ferngehalten. Dadurch haben wir die *gemeinsamen christlichen Ideale*, die auch im evangelischen Lager viele pflegen und hochhalten, nicht gefördert.

Soweit wir das irgendwie können, müssen wir mit Bestrebungen Gleichgesinnter im

evangelischen Lager *Hand in Hand gehen* und suchen, uns *gegenseitig zu unterstützen und zu fördern.*
Wir brauchen dabei keine Befürchtungen zu haben, unsere besonderen katholischen Grundsätze litten Schaden. Sie sollen und werden davon *vollständig unberührt* bleiben. Aber, von einem getrennten „Schlagen", sicher erst von einem gegenseitigen Befehden der katholischen und evangelischen Christgläubigen hat nur der gemeinsame Feind, der nichtchristliche Geist, Nutzen.
Unter unseren Gegnern gibt es viele, sehr viele, die nur deshalb unsere Gegner sind, weil sie *uns und unsere Arbeit nicht kennen.* Man glaubt gar nicht, wie groß auch jetzt noch, selbst bei klugen Leuten, die *Unkenntnis* in katholischen Dingen ist, wie jene, die kaum jemals einen Katholiken näher kennen gelernt haben, die albernsten und verstiegensten Vorstellungen von einem „waschechten" Katholiken haben. *Sie müssen uns und die Werke und Verdienste unserer Religion kennenlernen.* Wir müssen unsere bisherige Zurückhaltung auch ihnen gegenüber fahren lassen und suchen, in Berührung und, soweit möglich, in gemeinsame Arbeit mit ihnen zu kommen. Vielfach werden wir durchaus gemeinschaftlich mit ihnen raten und taten können, auf anderen Gebieten wenigstens bis zu einem gewissen Grade. Das ist das beste Mittel, ihnen ihre Vorurteile zu nehmen.
Wir müssen weiter die Welt in viel stärkerem Maße als bisher *aufklären* über unsere Tätigkeit. Die weitesten Kreise kennen nicht die Verdienste, die sich unsere Kirche um die *Menschheit* seit mehr denn 1900 Jahren erworben hat. Sie kennen nicht die *unzähligen Werke der Barmherzigkeit,* die Tag für Tag, Jahr für Jahr, in unseren Klöstern und klösterlichen Anstalten in entsagungsvollster Weise an den Kindern, den Kranken, Schwachen und Armen, den Unmündigen und Gebrechlichen aller Art getan werden und lange getan worden sind, ehe man sozialistische Lehren kannte.
Ich glaube, viele würden das Christentum mit anderen Augen ansehen als bisher, sie würden es festhalten, schätzen und lieben lernen, sicher uns aber in unserer Arbeit gewähren lassen. Ich wünsche, es würde einmal von unserer Seite ziffernmäßig und statistisch dargestellt, was *unsere Kirche und die Katholiken* für die Volkserziehung, die Volksbildung, die Volksunterhaltung, für die Pflege der Kunst, für caritative Zwecke tut. Man sollte einmal feststellen, welche Summen dafür ausgegeben werden, wie viel Personen ganz oder teilweise in der Kranken- und Armenpflege, in der Erziehung, in der Fürsorge, auf allen sozialen und caritativen Gebieten unserseits tätig sind. Wenn man unsere gesamte Arbeit einmal statistisch aufnähme, wir würden ein Material zusammenbekommen, vor dem auch der schärfste Gegner bekennen müßte, daß die Kirche noch immer jene ist, die sich am allermeisten auf allen Gebieten derer annimmt, die Not leiden.
Die meiste, umfassendste und schlimmste *Entchristlichung* wird herbeigeführt durch jene moralischen Krankheiten des Volkes, von denen ich schon gesprochen habe. Sie gedeihen am besten und üppigsten in Zeiten allgemeiner wirtschaftlicher und sozialer Not. Wir dürfen daher nicht ermüden in der Arbeit auf sozialem Gebiete, im Gegenteil,

wir müssen sie noch verstärken, ausbauen und vor allem religiös vertiefen, nicht nur aus Gründen allgemeiner Nächstenliebe, sondern auch aus rein religiösen Motiven.
Ein soziales Programm müssen wir, muß das deutsche Volk ganz anders in Angriff nehmen als bisher, das ist das *Problem der Großstadt.* Fürchten Sie nicht, daß ich jetzt als Bürgermeister einer Großstadt und von ihrem Interessenstandpunkt aus spreche. Nein, ich spreche als Sozialpolitiker, dem das Wohl des gesamten Volkes am Herzen liegt, der aber in dem Großstadtproblem das wichtigste der sozialen Probleme Deutschlands, des Landes der Großstädte, erblickt. Die Lösung dieses Problems ist entscheidend für die Zukunft unseres ganzen Volkes. Die Erfahrung der Vergangenheit zeigt, daß die *seelischen Volkskrankheiten,* jene, von denen ich sprach, und fast alle anderen in den Großstädten entstehen. In ihnen wohnt fast die Hälfte unserer Bevölkerung. Wenn ein so großer Teil seelisch erkrankt, kann der andere nicht gesund bleiben. So sehen wir, daß sich diese Krankheiten von den großen Städten aus mit unheimlicher Schnelligkeit und Kraft auf das Land, das ihnen keinen genügenden Widerstand entgegensetzen kann, verbreiten.
Wohl haben wir versucht, den Gefahren der Großstadt entgegenzuarbeiten. Wir sorgen, so gut wir können, für Volksbildung, Volksunterhaltung, gute Lektüre, wir unterstützen Spiel und Sport, wir versuchen, Theater und Kino zu heben. Aber das sind alles Palliativmittel, wir behandeln nur die *Symptome* der Großstadtkrankheit, wir gehen nicht an ihre *Wurzel.* Die eigentliche Großstadtkrankheit ist die Wurzellosigkeit ihrer Bewohner. Sie haben nicht, wie die Bewohner der kleineren Städte oder des Landes, den beruhigenden Ausgleich, die Entspannung und Regenerierung, die der Zusammenhang mit der Erde, der Natur immer wieder gewährt, nicht den Halt, den die Zugehörigkeit zu einer kleineren Gemeinschaft gibt. So muß der Großstadtbewohner wurzellos werden, körperlich und geistig entarten. Seine Entartung wird beschleunigt durch die oft traurigen, allen sittlichen Begriffen hohnsprechenden *Wohnungsverhältnisse.*
Die Großstadt braucht nicht so zu sein, wie sie ist, sie braucht ihre Bewohner nicht wurzellos zu machen. Man muß die heutige Großstadt in langsamer, weitsichtiger Arbeit umbilden in einen Organismus, der aus einem Geschäftszentrum und in sich gegliederten kleinstädtischen, ja *dörflichen Gebilden* besteht. So umgestaltet, gewährt auch die Großstadt ihren Bewohnern den Zusammenhang mit Erde und Natur, ja auch das haltgebende Zugehörigkeitsgefühl zu einer kleineren Gemeinschaft. Es handelt sich hier nicht um technische Fragen, nein, um *höchste Fragen der Kultur* und des sozialen Fortschrittes, der *Moral,* an denen wir Katholiken auch aus religiösen Gründen intensiv arbeiten müssen. Ich bin überzeigt, wenn heute *Bischof von Ketteler* oder *Kolping* mit ihrem tiefen Verständnis für soziale Arbeit unserer Zeit, wenn sie einen Blick in unsere Großstädte würfen, sie würden mit mir darüber einstimmen, daß es die *wichtigste soziale Aufgabe* ist, unsere großen Städte wieder zu einem der menschlichen Natur angepaßten Aufenthalte zu machen. *Mehrere Generationen, in den heutigen Großstädten geboren und aufgewachsen, hält das deutsche Volk nicht aus, man mag die Gesetzgebung im übrigen ausbauen, so weit man will und kann.*

Noch ein *Drittes* bleibt uns Katholiken zu tun übrig: Wir müssen die *internationalen Beziehungen der Katholiken* stärker pflegen und ausbauen, damit auch in den Verhältnissen der Völker zueinander die Grundsätze des Christentums maßgebend werden. Der Krieg und die Jahre nach dem Kriege haben uns in grausamster Weise vor Augen geführt, daß das nicht der Fall ist. Tun wir, was in unseren Kräften steht, damit es anders wird!

Gerade wir Katholiken sind dazu besonders berufen, die Katholiken der verschiedenen Länder müssen sich miteinander verbinden und vereinen, um das zu erreichen. Niemand, dem das Wohl der Menschheit am Herzen liegt, wird uns deshalb des Mangels an Vaterlandsliebe zeihen können. *Auf das tatkräftigste und entschiedenste müssen wir alle Bestrebungen des Heiligen Stuhles unterstützen, die dahin gehen, daß die Beziehungen der Völker zueinander nach den christlichen Grundsätzen, nach Recht und Gerechtigkeit geordnet werden.* ((Lebhafter Beifall.)

Welche Kräfte der Katholizismus heute nicht nur seinen Anhängern, sondern dem ganzen deutschen Volke, unserem armen Vaterlande schenken kann, das sollen die Vorträge in den öffentlichen Versammlungen im einzelnen darlegen: Kräfte in *religiöser* Beziehung, der heutige Tag wird diesen Gedanken gewidmet sein.

Kräfte in *sozialer* Beziehung, dieser Gedanke wird uns morgen beschäftigen.

Kräfte in *universaler* Beziehung, die Betrachtung darüber wird den dritten Tag ausfüllen. Es ist ein großes, fast übergroßes Arbeitsfeld, das vor uns liegt. Aber nochmals sei es als Gelöbnis wiederholt: *Wir verlieren nicht den Mut; denn mit uns ist Gottes Kraft, Gottes Allmacht, Gottes Liebe.*

Und nun lassen Sie uns, ehe wir in unsere Verhandlungen eintreten, als treue Kinder unsere Augen und Herzen dem *Heiligen Vater* zuwenden.

Ist es nicht wunderbar, daß in dieser Zeit der Waffen und der Gewalt eine souveräne Macht besteht, wie das *Papsttum,* die von weittragendem Einfluß ist auf die Beziehungen der Völker zueinander, und deren Einfluß sich nicht stützt auf Armeen und Flotten und Flugzeuge?

Ist es nicht ein tröstender Gedanke nicht nur für uns Katholiken, nein, für alle Menschen, daß es in dieser Zeit, da die Völker und Staaten kein Recht, keine Gerechtigkeit, keine Liebe mehr kennen, *eine* Macht gibt, die die Liebe und Gerechtigkeit auch für die Beziehungen der Völker untereinander predigt? Gibt es in dieser Zeit des Zornes und Hasses, in dieser Zeit des Umsturzes und der Autoritätslosigkeit, etwas *Notwendigeres und Zeitgemäßeres* als das Papsttum?

Wahrhaftig, je mehr die Welt zur Besinnung kommt, je mehr sie sich aus dem furchtbaren Taumel, der sie erfaßt hat, wieder auf sich selbst besinnt, *desto ehrerbietiger und achtungsvoller* wird sie, auch die nichtkatholische, *dem Papsttum gegenübertreten müssen.*

Wir Katholiken erweisen *der Sache der Liebe und Gerechtigkeit* unter allen Völkern einen Dienst, wenn wir das Papsttum hochhalten, es durch unsere Treue, Liebe und Anhänglichkeit stützen, durch die öffentliche Bekundung unserer Ergebenheit ehren und feiern. Das wollen wir auch diesmal wieder tun. Von ganzem Herzen und aus vollster Überzeugung wollen wir zum Papsttum halten, zum Papste stehen in *fester, nicht wandelbarer Treue!*

Einen Kranz der Dankbarkeit und Liebe legen wir heute im Geiste nieder am Grabe Benedikts XV.

Am 22. Januar dieses Jahres hat er seine Augen geschlossen. Sein Pontifikat fiel in die Zeit eines namenlosen Jammers, und als er starb, sah er noch nicht die Morgenröte eines wahren Friedens für die Menschheit. „*Wir geben unser Leben gern für den Weltfrieden hin*" waren seine letzten Worte. „*Die Mission des Friedens und der Liebe, aller Menschen Heil zu wirken*", hat er bei Übernahme seines Hirtenamtes als seine Aufgabe in seinem Programm bezeichnet. Diesem Programm ist er treu geblieben, unablässig hat er dafür gewirkt. Sein ernstes Wort an die Katholiken und sein ernstes Wort an die Kriegführenden im September 1914 waren ein *Aufruf zum Frieden.*

Im Waffenlärm verklangen seine mahnenden Worte ungehört, ungehört blieb auch sein Vorschlag einer Waffenruhe an den ersten Kriegsweihnachten. Im April 1915 forderte er die Vereinigten Staaten auf, die *Friedensvermittlung* zu übernehmen. Im *August 1917* hatte er fast sein Ziel, die Herstellung des Friedens, erreicht. Nicht durch seine Schuld scheiterte sein Werk, als es fast gesichert schien.

Offen und freimütig hat er dann später *vor dem Versailler Diktat gewarnt.* „Man möge", so sagte er, „von vornherein einsehen, daß die Nationen nicht sterben, und daher möge man *absehen* von dem gegenseitigen Willen der Vernichtung. Erniedrigt und gedrückt tragen die Nationen mit Widerwillen das aufgezwungene Joch, während der *Rachegedanke fortlebt* und als schlimmes *Erbe des Hasses* und der Rachsucht sich von Geschlecht zu Geschlecht fortpflanzt. Warum nicht von nun an mit *Gerechtigkeit* die Rechte und gerechten Forderungen der Völker prüfen und abwägen?"

Unvergessen bleibt auch, was *Benedikt XV. auf caritativem Gebiete* gewirkt hat.

Bald nach Kriegsausbruch setzten seine Bemühungen um die *Erleichterungen des Loses der Kriegsgefangenen ein.* Er erreichte den *Austausch* der dienstunfähigen Gefangenen, die *Internierung* der Schwerverwundeten in der Schweiz, den Austausch von Zivilgefangenen, *Verbesserungen* in der Seelsorge, Besuch der Konzentrations- und Gefangenenlager durch neutrale Abgesandte.

Nach dem Kriege hat er, soweit seine beschränkten Mittel es zuließen, *mit vollen Händen für Deutschland gespendet:* für die hungernden Kinder, für mittellose und tuberkulöse Studenten, für die erwerbsunfähigen Kleinrentner und Angehörige des Mittelstandes. Wahrhaftig, sein Pontifikat ist die beste Illustration, der beste Beweis der Bedeutung des Papsttums für die ganze, nicht nur für die katholische Welt. Er ist unerwartet früh von uns geschieden. Gesegnet sei sein Andenken, er war in Wahrheit ein „*Gesegneter des Herrn*".

Auf Benedikt XV. ist Pius XI. gefolgt. Seit vielen Jahrhunderten haben wir keinen Papst mehr gehabt, der die deutsche *Sprache,* die deutsche Wissenschaft, deutsche Art und deutsches Wesen so gekannt hat, wie unser jetziger Heiliger Vater.

Seiner *Zuneigung und Liebe* für Deutschland hat er unmittelbar nach seiner Wahl den deutschen Kardinälen gegenüber durch Wort und Tat Ausdruck verliehen. Er hat nach seinen eigenen Worten die Mission Benedikts XV., die Mission des Friedens und der Liebe, aufgenommen und uns, die Gedrückten und Gedemütigten, die Armen und Notleidenden, besonders in sein Herz geschlossen. *Wir begrüßen ihn heute mit Dankbarkeit und Ehrfurcht,* wir scharen uns um ihn in christlicher Liebe, wir geloben ihm *unerschütterliche Treue. Mit diesem Gelöbnis lassen Sie mich schließen.*

Quelle: Die Reden gehalten in den öffentlichen und geschlossenen Versammlungen der 62. Generalversammlung der Katholiken Deutschlands zu München 27. bis 30. August 1922. Würzburg 1923, S. 43–53.

8. März 1925

Gedenkrede für den verstorbenen Reichspräsidenten Friedrich Ebert († 28. 2. 1925)

Diese Stunde, die wir dem Andenken des ersten Reichspräsidenten weihen, sei eine Stunde nationaler Trauer. Wenn wir in Ehrfurcht und Dankbarkeit des Heimgegangenen, der als Reichspräsident dem ganzen deutschen Volke gehörte, gedenken, so erfüllen wir ein Gebot nationaler Ehre.

Am 11. Februar 1919 ist Friedrich Ebert von der verfassungsgebenden Nationalversammlung mit großer Mehrheit zum Reichspräsidenten gewählt worden, nachdem er vorher als Vorsitzender des Rates der Volksbeauftragten drei Monate lang entscheidenden Einfluß auf die Geschicke Deutschlands ausgeübt hatte. Diese Jahre haben so Ungeheures gesehen – chaotische Unordnung im Innern, schwersten Druck von außen, Aufstände der Extremen von links und von rechts, wirtschaftliche Not und Erschütterungen –, daß unser Geist auch jetzt noch nicht in der Lage ist, sich ein völlig klares Bild zu machen, alles das zu erfassen, was wir durchlebt und durchlitten haben. Erst langsam verweht der Staub, der den Zusammensturz begleitet hat, unser Auge beginnt erst klarer zu sehen, unser Verstand beginnt erst das Geschehene zu begreifen und zu würdigen.

Wir erfassen jetzt wenigstens die Bedeutung der wichtigsten Ereignisse und können uns ein Urteil bilden über den Wert und den Unwert der dabei beteiligten Personen.

Unter den Männern, die in den letzten 6 Jahren in die Geschicke unseres Vaterlandes *zu seinem Heile* eingegriffen haben, tritt die Gestalt des ersten Reichspräsidenten vor allen anderen hervor.

In *allen* Schichten und in *allen* Parteien bricht sich immer mehr die Überzeugung Bahn, daß er zu den Männern gezählt werden muß, die sich die größten Verdienste um das deutsche Volk erworben haben.

Friedrich Ebert war ein Staatsmann. Zwei Taten vor allem wird ihm die unparteiische Geschichtsschreibung als große Taten buchen!

Ihm vornehmlich ist es zu danken, daß schon so bald nach der Revolution Deutschland den Boden des Rechts und des Gesetzes wiederfand und er war es, der der Institution des Reichspräsidenten Leben und Inhalt gegeben hat.

Am 9. November 1918 vollzog sich der Zusammenbruch der alten Ordnung, am 10. November wurde Friedrich Ebert Vorsitzender des Rats der Volksbeauftragten, und bereits am 25. November 1918 drängte er in einer Reichskonferenz der Minister der Einzelstaaten mit aller Macht auf die baldige Einberufung einer konstituierenden Nationalversammlung; auf seinen Vorschlag hin wurde als Ergebnis der Reichskonferenz festgelegt: Aufrechterhaltung der Einheit Deutschlands und Berufung einer konstituierenden Nationalversammlung. Am 30. November 1918 schon erging die Verordnung über die Wahlen zur verfassunggebenden deutschen Nationalversammlung. Am 19. Januar 1919 erfolgte die Wahl, am 6. Februar 1919 trat die Nationalversammlung in Weimar zusammen, am 10. Februar 1919 erging das Gesetz über die vorläufige Reichsgewalt, das mit großer Stimmenmehrheit angenommen wurde:

Deutschland, das deutsche Volk hatte den Rechtsboden wiedergefunden!

In welch' furchtbarer Gefahr wir damals geschwebt haben, das erkennen wir mit Entsetzen und Schrecken, wenn wir das Geschick Rußlands betrachten.

Es ist eine wahrhaft große, eine historische Tat, Deutschland vor diesem Schicksal bewahrt, den Boden des Rechts und des Gesetzes wiederhergestellt zu haben. Ohne diese Tat wäre das Reich verloren gewesen, es wäre zerfallen, weite Teile wären dem Aufruhr und der Plünderung, Brand und Mord zur Beute geworden. In der Fülle der sich überstürzenden Geschehnisse haben wir zu bald vergessen, was damals auf dem Spiele stand, wie nahe wir alle am Rande des Abgrundes gewesen sind. In dieser Stunde wollen wir uns alles dessen wieder erinnern und voll tiefer Dankbarkeit des Mannes gedenken, dessen Weitblick und Vaterlandsliebe, dessen Starkmut und Gerechtigkeitsgefühl das deutsche Volk mit an erster Stelle seine Rettung verdankt. –

Die zweite große Tat Friedrich Eberts ist die Ausprägung, die er dem Amte des Reichspräsidenten gegeben hat:

Was aus der Stellung des Reichspräsidenten in diesen 6 Jahren geworden ist, ist sein Werk, er hat dem Amte Seele und Leben, dem Schemen Fleisch und Blut gegeben. Die Paragraphen der Reichsverfassung konnten nur den Boden geben, auf dem eine Einrichtung wie die des Reichspräsidenten entstehen und sich entwickeln konnte. Leben konnte ihr verleihen nicht der Verfassungsparagraph, Inhalt und Leben konnte ihr nur geben der erste Träger dieser hohen Würde.

Das hat Friedrich Ebert getan und *so hat er das Amt des Reichspräsidenten in Wirklichkeit geschaffen.*

Auch hier muß man an seinem geistigen Auge die vergangenen Jahre vorüberziehen lassen, um die ganze Bedeutung dieser Tat zu erfassen.

Der Reichspräsident hat das Reich völkerrechtlich zu vertreten, er ist nach Innen und nach Außen der Repräsentant des deutschen Volkes, er hat den Oberbefehl über die gesamte Wehrmacht des Reiches, ihm vertraut die Verfassung die wichtigsten Entscheidungen in den kritischsten Augenblicken an. Friedrich Ebert war der erste Träger dieses Amtes, es fehlte die Überlieferung, und aus der Vergangenheit strahlte herüber die Kaiserkrone, deren Glanz nur zu leicht den Blick für das Gegenwärtige, für gegebene Notwendigkeiten blenden konnte. Wenn der erste Träger dieses Amtes versagt hätte, wäre schwerster Schade für Deutschland eingetreten. *Aber er hat nicht versagt,* er hat dem Amte Würde und Ansehen gegeben im Inneren und nach Außen, er hat sich das Vertrauen der Wehrmacht gewonnen. Durch die vorbildliche Art, mit der er es bekleidet hat, hat er unendlich viel beigetragen zur inneren Beruhigung und Festigung der Verhältnisse, zur Wiederherstellung und Stütze des für die Wohlfahrt des Einzelnen und des ganzen Volkes unentbehrlichen Autoritätsgedankens.

Von den politischen Möglichkeiten, die das Amt gibt, hat er in maßvoller und kluger Weise, sich stets innerhalb der verfassungsmäßigen Grenzen haltend, Gebrauch gemacht.

Wenn er auch seine festgewurzelten Grundsätze hatte, so hat er doch nie sein Amt parteipolitisch mißbraucht, er hat das Amt herausgehoben aus der Niederung der Parteipolitik eingedenk seiner Pflicht, *Diener des ganzen Volkes* zu sein. Nicht seine Klugheit allein war es, die den Chor der höhnenden Stimmen, der den Präsidenten bei seinem Amtsantritt begrüßte, zum Verstummen brachte, die ihm ein stetig wachsendes Ansehen, eine stetig wachsende Autorität gab. Nein, zu dieser Klugheit gesellte sich noch anderes höheres, das den Staatsmann zum großen Menschen machte, das ihm in den weitesten Kreisen der Bevölkerung die Verehrung eintrug, die wir in so ergreifender Weise bei seinem Begräbnis geschaut haben, strengste Rechtlichkeit und Lauterkeit in der Lebensführung.

So ist sein Hinscheiden ein herber Verlust für unser deutsches Vaterland geworden, dem er auch nach Ablauf seiner Wahlzeit ein treuer Diener sein wollte.

Ein schwerer Verlust ist sein Tod besonders auch für uns Rheinländer; denn er hat immer erkannt, daß Rheinlands Schicksal Deutschlands Schicksal ist, er ist dem besetzten Gebiet immer – ich weiß es – ein treuer Freund gewesen. –

Die Reichsverfassung legt dem Reichspräsidenten bei seinem Amtsantritt den Schwur auf, seine Kraft dem deutschen Volke zu widmen, seinen Nutzen zu mehren, Schaden von ihm zu wenden, die Verfassung und die Gesetze des Reichs zu wahren, seine Pflichten gewissenhaft zu erfüllen und Gerechtigkeit gegen jedermann zu üben.

Wahrhaftig, diesen Schwur hat der erste Reichspräsident erfüllt, sein Name, der Name Friedrich Ebert, wird ehrenvoll genannt werden in der Geschichte des deutschen Volkes.

Quelle: ARh, maschinenschriftliches, handkorrigiertes Redemanuskript.

31. Januar 1926

Ansprache zur Feier anläßlich der Räumung Kölns von britischer Besatzung

Die Stunde ist gekommen, die so heiss, so inbrünstig ersehnte, *der Tag der Freiheit ist angebrochen!*
Unsere Herzen fliegen empor, empor zu *Gott dem Allmächtigen.* Dank sei ihm, der uns gestärkt hat in schwersten Tagen, der uns geführt hat durch Not und Gefahr! *Vereint* sind wir wieder mit unserm Staate, unserm Volke, unserm *Vaterlande, vereint und frei* nach sieben Jahren der Trennung und Unfreiheit!
In gemeinsam getragener, gemeinsam überwundener Not erwächst die treueste Kameradschaft. *Ihr, deutsche Volksgenossen in den noch besetzten Gebieten* habt mit uns Schulter an Schulter gestanden. Euch, die ihr noch der Freiheit entbehrt, *grüssen wir in dieser Stunde in Liebe und Treue!*
Schweres haben wir erdulden müssen durch die harte Faust des Siegers in sieben langen Jahren. Heute, in dieser weihevollen Stunde laßt uns davon schweigen; ja wir wollen gerecht sein, trotz vielem, was uns widerfahren ist, wir wollen anerkennen, daß der geschiedene Gegner *auf politischem Gebiet gerechtes Spiel hat walten lassen.-*
Hoffen wir, daß unsere Leidenszeit nicht umsonst gewesen ist, daß nunmehr ein wahrhaft neuer Geist in die Völker Europas einzieht. Die Grundsätze des Rechts und der Moral, die für das Verhältnis der Einzelmenschen zueinander gelten, die jeden Menschen als *frei* und *gleich* und *gleichberechtigt* erklären, diese Grundsätze müssen auch *in Wahrheit, nicht nur in Worten,* Geltung erhalten für die *Gesellschaft der Völker!-*
Brüder, Schwestern! Wir sprechen die gleiche Sprache, wir lieben die gleiche Heimat. Ob reich, ob arm, ob links, ob rechts: die innersten und tiefsten, die menschlichsten Gefühle sind uns allen gemeinsam. *Gemeinsame Not* haben wir getragen, erfahren haben wir, was *Schicksalsgemeinschaft ist.*
Wenn jetzt die Last von uns genommen wird, wenn wir hinaustreten in die Freiheit, dann laßt uns *das niemals vergessen!*
Dieser Platz wurde dereinst geweiht durch die Worte: „Dem Geiste deutscher Einigkeit und Kraft sollen diese Dompforten Tore des herrlichsten Triumphes werden."
Auf diesem geheiligten Platze haben die fremden Truppen gestanden; laßt uns ihm *von neuem die Weihe* geben!
Ein Symbol der deutschen Einheit und Einigkeit ist unser Dom, wie Schwurfinger ragen seine mächtigen Türme empor in den nächtlichen Himmel.
Wohlan! heben auch wir zum Schwur die Hand! Und Ihr Alle in deutschen Landen, die Ihr jetzt im Geiste bei uns weilt, schwört mit uns! Schwören wir *Einigkeit, Treue dem Volke, Liebe dem Vaterlande!*
Ruft mit mir: Deutschland, geliebtes Vaterland, hoch! hoch! hoch!

Quelle: ARh, maschinenschriftliches, handkorrigiertes Redemanuskript.

21. März 1926

Rede anläßlich des Besuchs Reichspräsident von Hindenburgs in Köln

Die Ansprache gibt einen Rückblick auf die Besatzungszeit. Sie bekundet, ebenso wie die zuvor abgedruckten Reden, eine ungebrochene patriotische Grundstimmung im Geist der damaligen Zeit, die auch bei einem im Prinzip verständigungsbereiten und außenpolitisch nüchtern kalkulierenden Politiker, der Adenauer damals schon war, ganz selbstverständlich gewesen ist.

Dezember 1918.
Es rieselt vom grauen Himmel! Still hängen die Fahnen in der nassen Luft, Stille liegt auf der am Dome versammelten Menge, ernst und straff sind die Gesichter der Feldgrauen, Wehmut und Tränen stehen in den Augen der sich um sie Drängenden. Dank- und Abschiedsreden werden gewechselt, das Deutschlandlied ertönt. Dann setzt sich das 371. Regiment in Bewegung: *das letzte deutsche Regiment marschiert über den Rhein.* Zum Himmel dringt – Sang und Gebet zugleich –: „Herr mach' uns frei!"
Am folgenden Tage begann unsere Gefangenschaft, unsere Leidenszeit: die Engländer kamen. Sie rückten ein mit schmetterndem Spiel, mit wehenden Fahnen – vor denen der Deutsche den Hut zu ziehen gezwungen wurde –, mit blitzenden Geschützen, mit wundervollen Pferden, sich brüstend in Überfülle von Mensch und Material. Unerträglich war der stolze Einzug der Sieger, unerträglich der triumphierende Klang ihrer Musik. Unser Herz krampfte sich zusammen: unser Köln, das heilige Köln war vom Feinde besetzt, auf unserm Rhein, dem deutschen Rhein die deutsche Flagge gestrichen!
Wir wollen der ehrenhaften Gesinnung vieler unserer Gegner, dem Versuche manchen Befehlshabers, die Besetzung milder zu gestalten, unsere Anerkennung nicht versagen. Aber: das englische Heer kam aus der Feldschlacht in feindliches Land, verhetzt von einer jahrelangen Propaganda, erstaunt, verwirrt und unsicher durch den so plötzlich eingetretenen, nicht für wahr gehaltenen Zusammenbruch der deutschen Macht. Schwer, unendlich schwer haben wir daher in den Jahren 1919 und 1920 unter der harten Faust des Siegers gelitten: ungezählten Familien brachte die Unterbringung des 55 000 Mann starken Heeres, das die Besatzung allein der Stadt Köln bildete, unerträgliche Last und psychische Marter, tausende haben in diesen beiden Jahren in britischer Untersuchungshaft gesessen, viele hundert Jahre Gefängnis sind von den britischen Gerichten über Kölner verhängt und von diesen verbüßt worden: Dank, heißen Dank allen, die Opfer gebracht haben.
In Trauer und Treue aber wollen wir in dieser Stunde vor allem der nicht geringen Zahl von Männern, Frauen und Kindern gedenken, die ihr Leben gelassen haben unter britischer Besatzung; auch sie sind für das *Vaterland* gestorben. –
Erst als im Laufe der Jahre der Engländer uns kennen gelernt hatte, änderten sich langsam und allmählich diese Verhältnisse, aber sie blieben schwer genug!
In der Zwischenzeit hatte man uns widerrechtlich mit einem Netz von Ordonnanzen

umsponnen, die Millionen Menschen im Herzen des demokratischen Europa aller Freiheiten beraubten und mit einem unerhörten psychischen Drucke belasteten. –
Es kam der Ruhreinbruch, durch den die durch frühere Sanktionen schon geschädigte Wirtschaft auch des Kölner Gebiets bis ins Mark getroffen wurde.
Es folgte der Versuch, uns loszureißen von Deutschland. Das ganze Rheinland, in Not und Gefahr zu einer Einheit zusammengeschmiedet wie nie zuvor, beseelte nur *ein* Wille: niemals zu dulden, daß es losgerissen würde vom deutschen Vaterlande. Wenn auch Köln selbst dank dem Verhalten der Besatzung freiblieb von Separatistenunruhen, so daß es zur Zentrale des Widerstandes für das ganze Rheinland werden konnte: auch für uns in Köln war es eine furchtbare Zeit, wir haben gezittert für Heimat und Vaterland.
Warum ich in dieser Stunde alles das sage? Nicht, um zu hetzen oder zu schmähen: nein, wir sind der Geschichte, wir sind uns selbst in dieser historischen Stunde Offenheit und Wahrheit schuldig, damit die ganze Welt es erkennt: Besatzung durch eine fremde Macht ist niemals ein Instrument des Friedens und der Verständigung, sie hindert die Versöhnung und die Zusammenarbeit der Völker. So stark und innig ist das Band, welches jeden Deutschen mit dem heiligen deutschen Strome verbindet, daß ihm die Besatzung rheinischen Landes Tag für Tag am Herzen frißt. Darum: Wenn Ihr der Sache des Friedens in Europa dienen wollt, verstopft diese Quelle des Unfriedens und des Hasses, *räumt das ganze Rheinland!* –
Der Mai 1924 brachte in Frankreich den Umschwung.
Es folgten London, Locarno, Genf.
Ob der Weg über London, Locarno, Genf zum Wiederaufstieg Deutschlands, ob er zur Befriedung und Wohlfahrt Europas führen wird, nur die Zukunft kann es erweisen. So weit auch die Rückwirkungen von Locarno auf das besetzte Gebiet hinter unsern berechtigten Erwartungen zurückgeblieben sind, das eine steht fest: ohne London, ohne Locarno würden wir *diese Feier noch nicht* begehen können! Weil wir immer und immer wieder gebeten haben, die folgenschweren Entscheidungen, die mit den Namen London und Locarno verknüpft sind, ohne Rücksicht auf das besetzte Gebiet, allein im Hinblick auf das deutsche Gesamtinteresse zu treffen, dürfen wir uns heute trotz allem frohen Herzens der Freude hingeben über diesen Erfolg der deutschen Politik und der Gerechtigkeit: die Räumung der ersten Zone.
Die Räumung der Kölner Zone ist ein Ereignis von historischer Tragweite. Sie bedeutet die endgültige Verneinung jener Rheinlandpläne, die über unser Land unsägliches Elend gebracht und Europa im Laufe der Zeit mit absoluter Notwendigkeit in einen neuen Krieg gestürzt haben würden.
Auch an diesem Freudentage vergessen wir nicht, daß so viele Deutsche das köstliche Gut der Freiheit entbehren müssen. Seid versichert, rheinische Landsleute, daß wir Bewohner des befreiten Gebiets uns immer so eng mit Euch verbunden fühlen werden, wie in den vergangenen, gemeinsam durchkämpften Jahren, wir werden zu Euch stehen, komme, was kommen mag! Im Gefühle dieser Zusammengehörigkeit begrüße ich hier mit besonderer Freude unsere Leidensgenossen aus der zweiten und dritten Besatzungszo-

ne sowie die Vertreter der nichtpreußischen Länder am Rhein: insbesondere den Herrn Ministerpräsidenten *Held*, den Herrn Staatspräsidenten *Trunk* und den Herrn Ministerpräsidenten von *Finckh*.

Den Vertretern Preußens und des Reichs, den Mitgliedern der Regierungen und der Parlamente, rufe ich ein herzliches, dankerfülltes Willkommen zu. Ich danke der Preußischen Staatsregierung, an ihrer Spitze Herrn Ministerpräsidenten *Braun*, der jüngst schon zu unserer mitternächtlichen Befreiungsfeier herbeigeeilt war, für die immer wieder bekundete Sorge und Liebe für das Rheinland. Den gleichen herzlichen Gruß, den gleichen innigen Dank für ihre Teilnahme und Sorge zollen wir der Reichsregierung, die mit feinem Empfinden drei Rheinländer, die Reichsminister *Brauns, Marx* und *Curtius*, davon zwei Söhne unserer Stadt, als ihre Vertreter hierhin entsandt hat.

Herrn Reichsminister *Marx* insbesondere wird im Rheinlande die Aufopferung und Sorge, die er als Reichskanzler der Lage des besetzten Gebiets gerade in dessen schwierigster Zeit bewiesen hat, unvergessen bleiben.

Vor allem aber begrüße ich mit ehrerbietiger Freude den ersten Vertreter des deutschen Volkes. In dankbarer Verehrung heiße ich Sie, Herr Reichspräsident, im Namen der ganzen Bürgerschaft, im Namen des ganzen Rheinlandes willkommen im freien Köln. Schmerzlich haben wir Ihre Anwesenheit entbehren müssen bei unserer Jahrtausendfeier, um so froher begrüßen wir Sie am heutigen Tage in unserer Mitte. Der jubelnde Willkommruf, der Ihnen aus dem Munde ungezählter Tausender heute entgegenscholl, sagt mehr, als meine Worte vermögen. Er galt nicht allein Ihrer hohen Würde, er galt auch dem *Manne*, dem Treue und Hingabe an Vaterland und Volk in guten und in schlechten Tagen die erste und vornehmste Pflicht ist, dem Herold und Künder wahrer Vaterlandsliebe, wahrer Volksgemeinschaft.

Quelle: ARh, maschinenschriftliches Redemanuskript.

10. Oktober 1929

„Die Stadtgemeinde, ihre Geschichte, ihre Aufgaben." Ansprache vor dem Katholischen Frauenbund in der Kölner Bürgergesellschaft

Die Ausführungen entwickeln im Zusammenhang Adenauers Ideen zur kommunalen Selbstverwaltung und zu den Aufgaben moderner Großstadtpolitik.

Das Thema „Die Stadtgemeinde, ihre Geschichte, ihre Aufgaben", über das ich zu Ihnen sprechen soll, ist so groß und umfangreich, daß es nicht möglich ist, im Zeitraum einer Stunde mehr als einen knappen Umriß zu geben. Die Stadtgemeinde hebt sich im Laufe der Entwicklung aus den übrigen Gemeinden heraus durch eine Reihe besonderer Umstände, aber sie ist und bleibt ihrem inneren Wesen nach eine Gemeinde. Bei einer Betrachtung ihrer Geschichte und ihres Wesens müssen wir daher auf Geschichte und Wesen der Gemeinde zurückgehen.

Was ist die Gemeinde ihrem Wesen nach? Die Gemeinde ist nächst der Familie die älteste, ursprünglichste und natürlichste Form menschlichen Zusammenlebens, nachdem die Menschen seßhaft geworden waren. Staaten sind mehr oder weniger willkürliche Bildungen, sie verdanken ihr Entstehen vielfach äußeren Umständen, dynastischen Gründen, politischen Erwägungen, Faktoren äußerer Macht. Die Gemeinde ist wie die Pflanze ein natürliches Erzeugnis des Bodens, auf dem sie steht. Das Lebensalter der Gemeinden ist darum auch größer als das der Staaten. Denken Sie daran, daß gerade hier am Rhein zahlreiche Gemeinden sind, die, aus vorrömischer Zeit stammend, durch Jahrtausende hindurch alle die Staatenbildungen, die kamen und gingen, überdauert haben.

Überall, bei allen Völkern, deren Kultur sich über einen gewissen Stand hinaus entwickelt hatte, hob sich aus den Gemeinden ein kleiner Kreis hervor: die Stadtgemeinden. Die Gründe sind verschieden. Je nach den Völkern und auch beim selben Volke waren nicht immer die gleichen Gründe die Ursache dieser Entwicklung. Bei uns in Deutschland waren es ursprünglich Gründe geographischer und wirtschaftlicher Art. Ich erinnere Sie an unsere alte Rheinstadt. Erst das spätere Mittelalter und das Zeitalter des Absolutismus kennt dynastische Städtegründungen durch Landesherren. Ich nenne Berlin, Königsberg, Dresden, Karlsruhe, Düsseldorf. Gemeinsam war im früheren Mittelalter allen Städten der Aufstieg ihrer Bewohner von der Unfreiheit zur Freiheit, die Befestigung, Ummauerung oder Umwallung – das Wort „Bürger“ kommt von der Befestigung des Ortes, der „Burg“ –, die Entwicklung von Handel und Gewerbe, denen diese Mauern Schutz gewährten.

Die Blütezeit der Städte fällt in das 14. und 15. Jahrhundert. Sie waren damals die Mittelpunkte deutscher Macht, deutscher Kultur und deutschen Fortschritts.

Der mittelalterliche Städtebund „Die Hansa“ war eine Macht weit über Deutschlands Grenzen hinaus. Sie beherrschte die Meere, sie führte Krieg mit auswärtigen Staaten. In der großen Halle unseres Rathauses wurde auf einer Versammlung der Hansa im Jahre 1367 der Krieg gegen Dänemark beschlossen, durch den die Vorherrschaft der Hansa in der Ostsee begründet wurde.

Mit dem Aufsteigen der Territorialmacht, dem Aufkommen der stehenden Heere – die Städte waren immer für den Frieden, nur im Frieden konnten sie blühen und gedeihen –, der wachsenden Macht der Landesherren und der des Berufsbeamtentums sank die Macht und Bedeutung der Städte. Der dreißigjährige Krieg, das Aufkommen des Absolutismus beschleunigten ihren Abstieg und Verfall.

Ein neues Zeitalter brachte für die Städte die Reform des Freiherrn vom und zum Stein. Wenn sie auch nur für die preußischen Städte galt, so wirkte doch ihr Geist sich mehr oder weniger auch in den übrigen deutschen Ländern aus. Der Grundgedanke des Freiherrn vom und zum Stein war in Anknüpfung an das genossenschaftliche System des Mittelalters, den Bürger zur freiwilligen Mitarbeit bei der Erfüllung der Aufgaben heranzuziehen, um so den „Formenkram und Dienstmechanismus zu zertrümmern" – das sind seine eigenen Ausdrücke – und ferner um auf dem Wege über die Selbstverwaltung die „bisherigen Untertanen" zu „Staatsbürgern" zu erziehen. Seine Städteordnung von 1808 ist in den späteren Jahren während der Reaktion vielfach rückwärts revidiert worden im Sinne der Staatsomnipotenz und Staatsbureaukratie, der die Freiheit der Selbstverwaltung ein Dorn im Auge war. Heute bestehen in Deutschland 25 Städteordnungen, davon in Preußen 9. Die preußischen stammen aus den 50er Jahren des vorigen Jahrhunderts. Sie stimmen in den Grundzügen überein, nehmen aber auf provinzielle Verschiedenheiten Rücksicht und enthalten zwar nicht alles, aber doch vieles der Stein'schen Gedanken. Unter diesen Städteordnungen sind die Städte groß geworden. Sie haben im vergangenen Jahrhundert große Aufgaben gemeistert. Sie waren führend auf vielen Gebieten, nicht auf allen. Es ist ihnen namentlich nicht gelungen, die neuen Aufgaben zu erkennen, welche ihnen das seit den 70er Jahren einsetzende Wachstum der Städte zu Großstädten brachte. Da sie die damit verbundenen Gefahren nicht erkannten, haben sie auch nicht den Versuch gemacht, sie zu meistern. Im Weltkriege haben die deutschen Städte ihre Feuerprobe bestanden. Was sie hier geleistet haben, wird für immer ein Ruhmesblatt in ihrer Geschichte bleiben. Der frühere Preußische Innenminister von Loebell hat im März 1926 diese Arbeit der Selbstverwaltung in einem amtlichen Erlaß mit folgenden Worten anerkannt:

„Wenn Städte, Landgemeinden, Kreise und Provinzen in diesem Kriege im Dienste des Vaterlandes Vorbildliches geleistet haben, wenn sie sich der im Kriege hervorgetretenen Notwendigkeit zu gemeinwirtschaftlichem Ausbau unserer Volkswirtschaft anpassen und zahlreiche neue Aufgaben auf dem Gebiete der Kriegswohlfahrtspflege übernehmen konnten, so danken sie das jener Kraftquelle, die vor einem Jahrhundert, gleichfalls in schwerer Zeit, durch die Preußische Städteordnung erschlossen und von da aus den anderen öffentlichen Körperschaften zugeführt worden ist – der *Selbstverwaltung*. Niemals hätte es diesen Körperschaften gelingen können, den gewaltigen Aufgaben des Krieges in solchem Maße gerecht zu werden, wenn ihnen nicht die Selbstverwaltung die Möglichkeit freier Entschließung und das stärkende Bewußtsein eigener Verantwortung gegeben hätte. Darum muß es die Aufgabe der Staatsregierung sein, in den Gemeinden und Gemeindeverbänden weiterhin das kostbare Gut der Selbstverwaltung zu wahren und nach Möglichkeit zu mehren."

Im Zusammenbruch haben die Städte ihre Pflicht gegenüber ihrer Bevölkerung in ausgezeichneter Weise erfüllt. Hätten sie damals, als viele Behörden versagten, auch versagt, ein Chaos wäre die Folge gewesen.

Ich kann diesen aufs äußerste zusammengedrängten Abriß der Geschichte der Stadtgemeinde nicht schließen, ohne einen Blick in die Gegenwart und Zukunft zu tun. Das oben von mir angeführte Versprechen eines preußischen Innenministers ist nicht erfüllt. Die hingebende Arbeit der Städte im Kriege und nach dem Kriege ist nicht erfüllt worden, und zwar gewähren die Reichsverfassung und die Preußische Verfassung der Selbstverwaltung verfassungsrechtlichen Schutz. Der Artikel 127 der Reichsverfassung sagt: „Gemeinden und Gemeindeverbände haben das Recht der Selbstverwaltung innerhalb der Schranken der Gesetze, und ähnlich drückt sich auch Artikel 70 der Preußischen Verfassung aus. Man findet auch überall schöne und treffende Worte für das der Selbstverwaltung zu Grunde liegende Prinzip. Aber es bleibt bei diesen Worten. In Wirklichkeit hat die Selbstverwaltung mit außerordentlich großen und starken Widerständen zu kämpfen. Das liegt zum Teil in der Natur unserer Zeit begründet. Die Aufgaben sind groß und dringend. Aber das Geld und die Mittel sind knapp. Der Streit der Meinungen wogt heftig hin und her. Parteigezänk, Parteihader und Vergiftung des politischen Kampfes feiern Orgien in unseren Tagen. Das muß natürlich sich auch bei der Selbstverwaltung auswirken. In so schweren Zeiten wie den unsrigen hat naturgemäß auch die Selbstverwaltung Fehler gemacht. Das kann und muß offen zugegeben werden. Kein Mensch ist ohne Fehler. Aber diese Fehler der Selbstverwaltung sind doch, wenn sie nicht geflissentlich hervorgezerrt und unterstrichen werden, klein im Verhältnis zu ihren Leistungen. Die größte Gefahr droht der Selbstverwaltung von der Seite des Staates her. Es fing damit an, daß man der Selbstverwaltung die finanzielle Selbständigkeit nahm. Es setzte sich fort in allen möglichen Gesetzen und Bestimmungen, indem man immer mehr die Selbstverwaltung von der staatlichen Bureaukratie abhängig zu machen versuchte. Diese Bestrebungen werden zum Teil unterstützt durch falschverstandene Demokratie und falschverstandenen Parlamentarismus. In einer sehr angesehenen Zeitung Deutschlands erschien vor einigen Wochen ein Artikel, in dem allen Ernstes ausgeführt war, daß die Selbstverwaltung ihre Aufgaben erfüllt und diese überlebt habe, weil jetzt ja das ganze Volk zur Teilnahme an seinen Staatsgeschäften berufen sei. Man kann in wenigen Worten nicht eine größere Verkennung unserer Verhältnisse zeigen, ob es besser wird für die Selbstverwaltung, einstweilen vielleicht nicht, auf die Dauer ja. Es wird sich, wenn die Zeiten endlich einmal besser und die Gemüter ruhiger geworden sind, dasselbe erweisen, was sich zu Zeiten des Freiherrn vom und zum Stein erwiesen hat: daß es unmöglich ist, alles und jedes zentral zu verwalten und zu regieren und daß die Menschen nur zu wirklich einsichtigen und ihrer Verantwortung bewußten Staatsbürgern erzogen werden können, wenn es gelingt, sie zur Mitarbeit an den örtlichen Aufgaben des Gemeinwesens, in dem sie wohnen, zu interessieren und zur Erfüllung dieser Aufgaben heranzuziehen.

Ich wende mich zu den Aufgaben der Städte. Hier ist bei der Fülle und Verschiedenartigkeit der Aufgaben eine erschöpfende Darstellung ganz unmöglich, ja auch bei starker Beschränkung ist die Gefahr groß, zu viel zu geben und dadurch unübersichtlich zu werden. Wenn ich die hundert verschiedenen Aufgaben, die eine Stadt zu erfüllen versucht, Ihnen jetzt aufzählte, Sie würden nichts davon haben. Sie wissen ja schon, daß wir Straßen bauen und pflastern und reinigen, Müll abfahren, Kanäle bauen, eine Feuerwehr unterhalten, Markthalle betreiben, Gas, Elektrizität, Wasser verkaufen, Bahnen betreiben, Theater und Museen, Schulen der verschiedensten Art unterhalten usw. usw. Und wenn ich Ihnen viele Ziffern darüber gäbe, was das alles kostet, Sie würden in

Ihrem Innern denken, auch das ist uns nichts Neues, wir seufzen ja unter der Last der Gebühren und Steuern. Ich will daher versuchen, meine Aufgabe in anderer Weise zu lösen. Ich werde versuchen, Ihnen zunächst zu zeigen, aus welchen Quellen die Aufgaben der Städte entspringen, welche leitenden Ideen ihnen zu Grunde liegen und dann diese Aufgaben ganz in großen Komplexen zusammenzufassen. In späteren Vorträgen werden Sie ja noch über einzelne Aufgaben der Städte gesondert hören, ich kann mich daher darauf beschränken, nur auf einige besonders uns auch als Kölner interessierende Aufgaben mit einigen Worten einzugehen.

Die Stadt ist in erster Linie die Gemeinschaft der auf ihrem Boden wohnenden Bürger. Ihre vornehmste Aufgabe ist daher die möglichst gute und möglichst umfassende Befriedigung *der* Bedürfnisse ihrer Bürger, *die sich aus diesem Zusammenleben in örtlicher Gemeinschaft* ergeben. Hier entspringen ihr ihre größten und wichtigsten Aufgaben. Diese Aufgaben sind groß und mannigfaltig, wandelbar und wechselnd, wie es das ewig sich neu gestaltende und verändernde Leben mit sich bringt. Hier liegen auch für die Selbstverwaltung die starken Wurzeln ihrer Kraft. Sie steht unmittelbar und direkt den Forderungen und Klagen ihrer Bürger gegenüber, alle ihre Maßregeln und ihre Unterlassungen machen sich sofort dem Bürger gegenüber fühlbar, nirgends ist daher auch die Kritik so lebhaft wie hier. Dieses unmittelbare Verbundensein der Arbeit der Selbstverwaltung mit dem Leben ist die Wurzel ihres Erfolges.

Die Stadtgemeinde hat aber noch einen weiteren Aufgabenkreis. Sie ist ein Teil und ein Glied des Staates. Der Staat bedient sich ihrer aus Zweckmäßigkeitsgründen auch zur Erfüllung dem Staate obliegender Aufgaben. Auch bei dieser Tätigkeit wird sie keine staatliche Behörde, ihre Beamten werden keine staatlichen Beamten, aber sie ist doch in dieser Tätigkeit nicht frei, sie hat diese Aufgaben zu erfüllen im Sinne und nach den Anweisungen ihres Auftraggebers, des Staates, und sie ist ihrem Auftraggeber Rechenschaft schuldig über die Erfüllung dieser Aufgaben. Auch der Kreis dieser Aufgaben ist naturgemäß Wandlungen unterworfen, aber er ist doch starrer, enger begrenzt wie jener andere Aufgabenkreis. Im wesentlichen ist er für alle Städte gleich, den individuellen Bedürfnissen und Anforderungen einer Stadt ist kein Spielraum gelassen, ebensowenig den individuellen Kräften der in ihr lebenden und arbeitenden Persönlichkeiten.

Auftragsangelegenheiten

Unter den vom Staate den Städten übertragenen Angelegenheiten, den Auftragsangelegenheiten, nenne ich in erster Linie die Geschäfte der Ortspolizei, die Schulangelegenheiten, die Vorbereitung öffentlicher Wahlen, Aufsicht über das Wohnungswesen, Fürsorgewesen.

Die Lösung dieser Aufgaben wird erschwert dadurch, daß der Staat sie vielfach nur zum Teil den Gemeinden übertragen hat, zum Teil sie selbst betreut. Die Polizei z.B. war ursprünglich in vollem Umfange Sache der Städte, der Staat ist aber im Laufe der Zeit immer mehr, und zwar in steigendem Ausmaße, dazu übergegangen, wesentliche Teile der Polizei den Gemeinden wieder zu entziehen, d. h. nicht ganz, denn er überläßt ihr weiter die Pflicht, einen erheblichen Teil der Kosten *seiner*, d. h. der staatlichen Polizei, zu tragen. In Köln tragen wir zu den Kosten der staatlichen Polizei jährlich rd. 2 Millionen Mk. bei. Ähnlich ist es bei den anderen Auftragsangelegenheiten: Wenig Rechte der Städte, viele Rechte des Staates, aber Pflicht der Städte zu bezahlen. Lassen Sie mich Ihnen darüber einige Ziffern aus dem Schulwesen geben, die vielleicht weniger bekannt sind:

Von den Kosten des Kölner Volksschulwesens 1929 trägt der Staat 5 050 000 Mk., die Stadt 12 601 000 Mk. [:] 71% – 28,8%. Von den Kosten des Mittelschulwesens der Staat 72 000 Mk., die Stadt 1,1 Millionen Mk. Es gibt in Köln 20 höhere Lehranstalten, davon ist eine einzige ganz zu Lasten des Staates: das Friedrich-Wilhelm-Gymnasium, drei weitere Gymnasien sind staatlich, (Marzellen-Gymnasium, Aposteln-Gymnasium, Kaiser-Wilhelm-Gymnasium) aber es sind gestiftete Anstalten, der Staat gibt nur verhältnismässig geringe Zuschüsse.

Alle anderen höheren Lehranstalten sind städtisch, d. h. ganz zu Lasten der Stadt oder wie eine Anzahl höherer Lehranstalten...[1]

Lassen Sie mich zu dem viel interessanteren und erfreulicheren Kapitel der Selbstverwaltungsangelegenheiten übergehen.

Was gehört dazu? Eine erschöpfende Darstellung ist unmöglich. Das Oberverwaltungsgericht gibt in einem Urteil folgende Definition:

„Die Gemeinde kann alles in den Bereich ihrer Wirksamkeit ziehen, was die Wohlfahrt des Ganzen, die materiellen Interessen und die geistige Entwicklung des Einzelnen fördert. Sie kann gemeinnützige Anstalten, welche hierzu dienen, einrichten, übernehmen und unterstützen."

Mit Recht ist hier die *Wohlfahrt des Ganzen* an die Spitze gestellt. *Der Wohlfahrt des Ganzen zu dienen,* nicht der Wohlfahrt eines einzelnen Standes oder einer einzelnen Klasse muß das Leitprinzip sein. Aber auch umgekehrt, darf die Stadtgemeinde sich bei Erfüllung ihrer Aufgaben nicht leiten lassen von Mißachtung oder Abneigung gegen einzelne Klassen oder Stände oder religiöse oder politische Anschauungen. Gerechtigkeit und Duldsamkeit müssen oberstes Gesetz in der Arbeit der Stadtgemeinde sein.

Noch ein weiteres allgemeines Prinzip, das m.E. für die Arbeit der Stadtgemeinde gilt. Sie soll im wesentlichen nur die Aufgaben übernehmen, und sie nur insoweit übernehmen, als sie von anderen nicht gelöst *werden können* oder *nicht gelöst werden.* Lassen Sie mich diesen Satz an einigen Beispielen erläutern. Die Sorge für das leibliche und das geistige Wohl der Kinder steht in erster Linie der Familie zu, es wäre falsch, wenn die Stadt sich ohne zwingenden Grund hier hereindrängte und den Eltern die Sorge für ihre Kinder abnähme. Sie soll und darf das nur soweit tun, als die Eltern und sonstigen Angehörigen nicht imstande sind, die Pflichten gegenüber den Kindern zu erfüllen. –

Es würde falsch sein, wenn die Stadt unter Benutzung der Steuerkraft ihrer Bürger Betriebe einrichtete, die genau so gut von Privaten eingerichtet und geführt werden können.

Erst recht unerträglich wäre es, wenn das zur Tat würde, was jetzt von einzelnen kommunalen Ärzten gefordert wird: Die Kommunalisierung des ganzen Gesundheitswesens, d.h. jeder Bürger der Stadt, ob er will oder nicht, wird von beamteten Ärzten in regelmäßigen Zeitabständen untersucht und je nachdem behandelt usw. Leute, die solche Forderungen stellen, schaden durch diese maßlosen Übertreibungen den wohlverstandenen kommunalen Interessen am allermeisten.

Eine ganz wesentliche Beschränkung bei der Erfüllung kommunaler Aufgaben wird auch immer die Rücksicht auf die finanzielle Lage verlangen. Auf unabsehbare Zeit hinaus wird unsere finanzielle Lage so sein, daß wir bei der Auswahl der kommunalen Aufgaben und bei der Art ihrer Durchführung Rücksicht auf sie nehmen müssen.

Man wird auch bei der Auswahl und der Erfüllung kommunaler Aufgaben die Wichtigkeit aber auch die Dringlichkeit der einzelnen Aufgaben gegeneinander abwägen müssen. Lassen Sie mich das an einem Beispiele erklären: Als die Entfestigung Kölns zur Tatsache wurde, erwuchsen der Stadt Aufgaben, die absolut genommen vielleicht nicht die allerwichtigsten waren; aber sie wurden die Wichtigsten, weil sie die dringlichsten waren, sie konnten nur jetzt und in diesem Augenblicke gelöst werden oder überhaupt nicht. Dadurch werden sie zu den wichtigsten, die den Vorrang vor allen anderen erhalten mußten.

Vielfach wird die Stadt, wie aus meinen obigen Ausführungen hervorgeht, nur ergänzend und unterstützend auftreten dürfen, sie wird immer bestrebt sein müssen, private Initiative nicht zu unterdrücken, sondern zu fördern und so dem allgemeinen Wohle zu dienen.

Ich wende mich nun zu einzelnen Aufgabenkreisen. Trotz aller Fortschritte der Technik, aller Erfindungen, aller Rationalisierung und Mechanisierung: wertvoller bleibt der Mensch und das wertvollste ist der jugendliche Mensch. Ihm muß daher vornehmlich die Arbeit der Stadt gelten. Daher muß zu seiner körperlichen und geistigen Ertüchtigung alles geschehen, was geschehen kann. Ich glaube, daß wir auf diesem Gebiete hier in Köln dem Vergleich mit allen anderen Städten ruhig entgegensehen können. Nicht, als wenn bei uns alles vollkommen wäre. Trotz aller Arbeit bleibt noch vieles zu tun übrig, aber das, was geschehen ist, kann sich doch sehen lassen. Das gilt insbesondere auch auf dem Gebiete des Schulwesens, insbesondere auch des Volksschulwesens. Gewiß sind im Kern der Altstadt und in einigen Vororten aus der Zeit ihrer Selbständigkeit her noch einige Schulgebäude, die modernisiert werden müssen, aber in welcher großen Stadt wäre das nicht, und vor allem wir hoffen diese Aufgabe in wenigen Jahren erfolgreich durchgeführt zu haben.

Nächstdem erachte ich für die Großstadt und insbesondere für Köln die städtebaulichen Aufgaben für die dringendsten. Hier muß gesorgt werden, daß die Großstädte nicht die Steinwüsten und lichtlosen Höhlen bleiben, die sie in der Vergangenheit waren. Geistige und körperliche Degeneration ist die zwingende Folge des Wohnens in einem solchen Steinmeer, in sonnen- und luftlosen Behausungen, losgelöst von der Erde und der Natur. Mit einem wirklich aus dem Herzen kommenden Gott sei Dank kann ich sagen, daß wir hier in Köln auf dem richtigen Wege sind zum Aufbau einer neueren und schöneren Stadt, an deren Gesundheit und Schönheit alle, die wollen, teilhaben können: Groß und Klein, Reich und Arm. Wenn wir auf dem von uns eingeschlagenen Wege noch einige Jahre trotz der Wichtigkeit auch anderer Aufgaben und trotz der Enge unserer finanziellen Lage fortschreiten, dann werden unsere Kinder und Kindeskinder diese unsere Arbeit segnen.

Diese Aufgabe – vielleicht wird man mich deswegen angreifen – ist noch wichtiger als der Wohnungsbau; denn sie schafft erst die nötige Grundlage für diese. Darin liegt keine Verkennung der Bedeutung des Wohnungsbaues. Mit elementarer Wucht ist dieser Aufgabe, die wir vor dem Kriege nicht annähernd in ihrer Wichtigkeit erkannt haben, nach dem Kriege über uns gekommen. Sie wird noch auf Jahre hinaus unsere ganze Kraft erfordern, weil der Bau guter und gesunder Wohnungen in Verbindung mit der Erfüllung der oben von mir genannten städtebaulichen Aufgaben die Gesundung von den meisten Krankheitserscheinungen der Großstadt bringen wird. Zu erstreben ist auch hier, daß der private Wohnungsbau wieder in Tätigkeit tritt und daß den Städten dann die Aufgabe, für die Wohnungen zu sorgen, für die der private Wohnungsbau nicht sorgt, verbleibt. Auf Jahre hinaus wird es nicht möglich sein, einen so erheblichen Teil der finanziellen Kraft der Städte im Wohnungsbau festzulegen, wenn nicht andere wichtige Aufgaben Schaden leiden sollen.

Auch schon vor dem Kriege erkannte man als Aufgabe der Städte die Förderung der Wirtschaft. Ich brauche nur hinzuweisen auf die von den Rheinstädten schon früher geschaffenen Hafenanlagen. Aber die Not der Zeit, der starke Kampf der Städte auch untereinander nötigt jede Stadt zur stärkeren Betätigung auf diesem Gebiete. Das gilt insbesondere auch für Köln. Noch vor wenigen Jahrzehnten war Köln der gegebene, an Bevölkerungszahl und wirtschaftlicher Kraft alle anderen Städte bei weitem überragende Mittelpunkt der gleichmäßig besiedelten Rheinprovinz. Durch die Entstehung des rheinisch-westfälischen Industriegebietes hat sich der wirtschaftliche Schwerpunkt nach dem Norden und Osten der Provinz verlagert. Im Regierungsbezirk Düsseldorf, der einen Teil des Industriegebietes umfaßt, wohnen mehr Menschen als in den übrigen 4 Regierungsbezirken der Rheinprovinz zusammengenommen. Früher lag Köln, vom wirtschaftlichen Standpunkte aus gesehen, zentral. Jetzt liegt es an der Peripherie. Darum muß Köln mit allen ihm zu Gebote stehenden Mitteln die wirtschafts- und verkehrspolitische Stellung, die es z.Zt. noch hat, befestigen und ausbauen. Unter diesem Gesichtspunkte müssen sie die Schaffung des neuen Hafens und des Industriegeländes, der linksrheinischen Gürtelbahn, der Messen- und Ausstellungshallen, der Veranstaltung von großen Ausstellungen betrachten.

Auf dem Gebiete der wirtschaftlichen Betätigung der Städte liegt auch der Betrieb von Wasser, Gas und Elektrizitätswerken. Die ersten Gaswerke und auch Wasserwerke, die Mitte des vorigen Jahrhunderts entstanden, ebenso die ersten Bahnen, waren in privater Hand. Man erkannte dann in den Städten, welche Bedeutung diese Werke in kommunalpolitischer und finanzieller Beziehung für die Städte abhingen [sic!] und suchte das unter dem Dreiklassenwahlrecht, sie in den Besitz der Städte zu bringen.

Neuerdings wird von einem Teile der öffentlichen Meinung den Kommunen empfohlen, sich dieser Werke wieder zu entäußern. Ich verkenne nicht, daß im einzelnen Falle Umstände eintreten können, die eine Stadt zur Veräußerung zwingen. Aber ich bin der Auffassung, daß man sie, wenn eben möglich, vermeiden soll. Ich würde es für einen der folgenschwersten Schäden, der den Städten gegenüber befolgten Anleihepolitik halten, wenn dadurch die Städte gezwungen würden, sich dieser Vermögensstücke zu entäußern. Dagegen glaube ich, daß Verbindungen zwischen Städten und Privatgesellschaften hinsichtlich dieser Werke möglich sind, die wirtschaftliche Vorteile bieten und doch die kommunalen Belange nach jeder Richtung hin wahren. Sie können versichert sein, daß das Letztere bei dem unlängst von uns abgeschlossenen Gasfernversorgungsvertrag nach jeder Richtung hin geschehen ist.

Eine wesentliche Aufgabe der Städte und insbesondere der Großstädte ist auch die allgemeine Kulturpflege, die Förderung von Kunst und Wissenschaft. Sicher ist die allgemeine Not groß und sind die öffentlichen Mittel knapp. Aber in gewissem Umfange muß doch auch diese Aufgabe erfüllt werden, damit nicht der Faden der Entwicklung abreißt und das gesamte deutsche Volk in seiner Kultur hinter den übrigen Völkern zurückbleibt. Förderung des allgemeinen Kulturstandes ist, auch vom wirtschaftlichen Standpunkte aus gesehen, keine Verschwendung. Denn je höher der allgemeine Kulturstand ist, desto höher ist auch der Stand der wirtschaftlichen Leistung. Es ist falsch zu sagen, daß Förderung der Kunst, Wissenschaft und Kultur nur einem kleinen Kreise von Auserwählten zugute käme. Man kann das geistige Leben einer Nation nicht in verschiedene von einander unabhängige Teile teilen. Das geistige Leben einer Nation ist eine Einheit. Es gibt keine guten Volksschulen ohne gute Universitäten und keine guten Universitäten ohne diese Volksschulen. Pflege von Kunst, Wissenschaft und Kultur durch die Städte kommt letzten Endes doch der gesamten Bürgerschaft zu gute.

Ich komme zum Schlusse und danke für die Aufmerksamkeit, mit der Sie mir gefolgt sind. Ich danke recht herzlich aber auch den Veranstaltern dieser staatsbürgerlichen Vortragsreihe.[1][. . .] Unser innerpolitisches Elend, der wüste Parteikampf, die Auflehnung gegen jede Autorität beruht zum großen Teil auf Unkenntnis. Es wird bei uns nur besser werden, wenn die *allgemeine* politische Bildung eine tiefere und bessere wird, wenn derjenige und diejenige, die berufen sind, mit dem Stimmzettel die Geschichte des Staates und der Stadt mit zu entscheiden, auch weiß, was er tut, wenn er wirklich die Probleme kennt, um die gerungen wird. Die deutsche Frau hat volle politische Gleichberechtigung mit dem Manne. Sie übertrifft ihn an Zahl. Möge es ihr gelingen durch Erweckung allgemeiner politischer Bildung einen maßgeblichen Einfluß auf unsere innere Politik zu erlangen. Ich verspreche mir davon[2] eine wesentliche Verbesserung unserer innerpolitischen Verhältnisse.

[1] [. . .] Unleserliche Randbemerkung.
[2] Rand-Ergänzung von Adenauer: Entschuldigung an die Herren(?)

Quelle: ARh, maschinenschriftliches, handkorrigiertes Redemanuskript.

4. Oktober 1932

Trauerrede im Hause des verstorbenen Geheimrats Dr. Louis Hagen in Köln

Louis Hagen, Präsident der Industrie- und Handelskammer Köln von 1915 – 1931, war einer der wichtigsten Förderer und politischen Verbündeten Adenauers, der ihn als Vorbild rastloser Pflichterfüllung im öffentlichen Leben hochschätzte.

Vor der Majestät des Todes schwinden die bunten Farben, mit denen wir Menschen so gern unser Dasein verzieren, es schwindet der äußere Schimmer, und der innere Wert der Dinge tritt hervor.

Des Todes Hand nimmt uns auch die Binde, den Schleier von den Augen, den eigensüchtiges Empfinden oft über sie legt und durch den hindurch wir Tun und Lassen, Charakter und Eigenschaften unseres Mitmenschen nur unvollkommen erkennen und beurteilen. Der Tod vollendet das Leben, und erst nach seiner Vollendung dürfen wir versuchen, das Leben eines Menschen zu würdigen.

Es ist etwas Großes, wenn man von einem Menschen, wie hier von unserm heimgegangenen Freunde, sagen kann, daß er getrost dem Urteil entgegensehen darf, das über sein Leben gesprochen wird: Nicht, als wenn sein Leben ohne Fehl' und ohne Irren gewesen wäre! Er selbst wäre der letzte, das zu sagen und welches sterblichen Menschen Leben wäre ohne Fehl', welches Licht ohne Schatten! Aber wenn wir sein Leben nunmehr, da es vollendet ist, als Ganzes würdigen, dann dürfen wir sagen: Er war ein großer und ein guter Mensch.

Es war ein reiches Leben, das nunmehr zu Ende gegangen ist, reich an Erfolg, aber noch reicher und inhaltsvoller durch Arbeit. Die Arbeit hat ihn ganz erfüllt, unermüdlich war er tätig vom frühen Morgen bis zum späten Abend, keine Stunde war für ihn zu früh und keine zu spät; er hat gearbeitet und gesorgt sein ganzes langes Leben hindurch bis zum letzten Tage für seine Familie, für seinen Beruf, für die öffentlichen Interessen. Warum hat er gearbeitet? Geld und materieller Erfolg waren nicht letztes Ziel und Leitstern seiner Arbeit und seines Lebens. Sicher freute ihn der Erfolg, wen freute der Erfolg nicht!, aber er arbeitete aus innerem Schaffensdrang heraus, so wie es den Künstler drängt zu gestalten, und er arbeitete aus einem ganz tiefen und starken Gefühl der Pflicht: Pflichterfüllung, das war der Leitstern seines Lebens, war auch das Geheimnis seines Erfolges.

Bewundernswert war, wie er jede, auch die kleinste und geringste Pflicht, die er einmal übernommen hatte, erfüllte, erfüllte unter Hintenansetzung aller persönlichen Wünsche, die er erfüllte auch, wenn ihm Opfer und in vorgerücktem Alter körperliche Beschwerden dadurch erwuchsen.

Dies Gefühl der Pflicht war es, das ihn aufrecht erhielt, als er schon tödlich getroffen war, an jenem Tage, der seine Tätigkeit als Präsident der Handelskammer krönte. Niemals werden diejenigen, die an diesem Tage unmittelbare Zeugen seines Kampfes mit seinem Körper waren, seine beispiellose Willenskraft vergessen.

Pflichtgefühl war es, das Gefühl der Verpflichtung gegenüber seinen Volksgenossen und seinem Vaterlande, das ihn gegen seine Neigung und gegen seinen Willen veranlaßte, in den schweren Jahren des Kampfes um die Rheinlande mitten hinein in diesen politischen Kampf zu gehen.

Ich weiß aus vertrauter Unterhaltung mit ihm, daß ihm dieser Schritt schwer fiel, weil er die kommenden Anfeindungen voraussah, aber er tat ihn, nachdem er ihn als seine Pflicht erkannt hatte. Diese Jahre waren die größten seines Lebens, die Arbeit dieser Jahre war die wertvollste und weittragendste. Gewiß, er war ein großer Wirtschaftsführer, er hat in unendlich vielen Stellungen des wirtschaftlichen und des öffentlichen Lebens Außerordentliches und Bewunderungswürdiges geleistet. Das gesamte deutsche Wirtschaftsleben schuldet ihm dafür unauslöschlichen Dank. Aber so groß und verdienstvoll diese seine Tätigkeit war, ich glaube, an Bedeutung und dauerndem Wert überragt doch seine Tätigkeit in den Jahren nach dem Kriege bis zur Räumung der Kölner Zone alles andere. Denn was in diesen Jahren hier geschah, ist bestimmend gewesen für das rheinische, für das deutsche Geschick: Bei der Rettung des Rheinlandes hat er in vorderster Reihe gestanden: hier hat er sich ein geschichtliches Verdienst erworben, das die Zeit überdauern wird. Ich bin berufen, Zeugnis abzulegen für seine Tätigkeit in diesen Jahren; denn ich weiß um jeden seiner Schritte und jede seiner Taten in dieser Zeit. Seine Tätigkeit hat harte Kritik gefunden, und diese harte Kritik hat ihn geschmerzt. Die objektive Geschichte dieser Epoche ist noch nicht geschrieben worden, und sie konnte noch nicht geschrieben werden. Aber des bin ich sicher: er wird in dieser Geschichte einen Ehrenplatz erhalten, und sein Name wird darin verzeichnet werden mit goldnen Lettern, als der Name eines Mannes, der, ohne sich seiner Vaterlandsliebe mit tönenden Worten zu rühmen, in schwerster Notzeit für sein Vaterland handelte mit ganzer Kraft und unter Einsatz seiner ganzen Persönlichkeit. Davon Zeugnis abzulegen an seinem Sarge in dieser Abschiedsstunde und ihm nochmals den Dank der rheinischen Heimat zuzurufen, ist mir Pflicht und Herzensbedürfnis.

Louis Hagen war Kölner, und er ist es geblieben trotz aller Lockungen sein ganzes Leben lang. Mit seiner Heimat war er verwurzelt, so tief und fest verwurzelt, wie es nur Menschen sein können, die ein warmes und empfindendes Herz haben. Er war ein vorbildlicher Bürger seiner Vaterstadt.

Sein regsamer, der Wirtschaft wie der Wissenschaft, der Kunst und Geschichte gleich aufgeschlossener Geist nahm tätigsten Anteil an allem, was in Köln geschah. Immer wieder hat er seine überragenden Gaben des Geistes und des Herzens, seinen Weitblick, seine Erfahrung, seine ganze Persönlichkeit in den Dienst der Bürgerschaft und der Allgemeinheit gestellt. 19 Jahre lang ist er Stadtverordneter gewesen. Auch hier hat sich seine Pflichttreue gezeigt; denn wenn auch schon überlastet mit Arbeit: auch dies Amt hat er mit solcher Gewissenhaftigkeit und Uneigennützigkeit wahrgenommen, daß er sich der größten Achtung auch bei den Angehörigen anderer Parteien erfreuen durfte.

Echter Bürgersinn, der ihn nie verließ, war die Grundlage seiner Arbeit in allen öffentlichen Ämtern, die er bekleidete. Ein besonderes Wort des Dankes bin ich ihm schuldig wegen seiner Tätigkeit als Präsident der Kölner Handelskammer. Er hat nie vergessen, daß Handelskammer und Stadtverwaltung nur dann die gemeinsamen Interessen der Wirtschaft und der Bürgerschaft wirksam vertreten und fördern können, wenn sie in vertrauensvoller Zusammenarbeit einander ergänzen und befruchten.
Herr Hagen war ein großer Wohltäter. Er hat viel gegeben, nicht nur Geld, auch, was oft noch wertvoller war, seinen Rat und seine Hilfe. Er verkannte nicht, daß seine Stellung ihm Pflichten des Wohltuns in der Öffentlichkeit auferlegten, aber lieber war es ihm, im stillen helfen zu können; denn er half aus innerem Mitgefühl, aus Teilnahme an fremder Not. In ihm vereinigten sich in seltener Weise klarster und nüchterner Verstand mit einem warmen und guten Herzen.
Seiner bestrickenden Liebenswürdigkeit lag wirkliche Wärme des Herzens zu Grunde, und seine innere Güte erwärmte jeden, der ihm näher trat. So gewann er, der ein treuer Freund war, viele Freunde. Wir, die wir uns seine Freunde nennen dürfen, haben sehr viel verloren, wir werden seiner nicht vergessen und sein Andenken in hohen Ehren halten.
Nun ist er von uns gegangen, eine schmerzliche große Lücke zurücklassend. Aber Gott hat es gut mit ihm gemeint, weil er ihn in den Sielen hat sterben lassen. Unser Trost aber sei, daß sein Leben vollendet war, als er abberufen wurde in die Ewigkeit.

Quelle: HAStK, maschinenschriftliches, handkorrigiertes Redemanuskript.

10. März 1933

Entwurf einer für den 10. März 1933, fünf Tage nach den Reichstagswahlen vom 5. März und zwei Tage vor den Kölner Kommunalwahlen, geplanten Ansprache[1]

Diese Rede wollte ich auf der später verbotenen Versammlung am 10. 3. 1933 halten.

„Fort mit Adenauer"
Zeitungsartikel des „Westdeutschen Beobachter",
600 Plakate der N.S.D.A.P. rufen das als Parole für den Wahlkampf um den spanischen Bau aus.
Übrigens ist diese Devise entlehnt, und, was für ihre Künder noch schlimmer ist, sie ist bei den Sozialdemokraten entlehnt: Die letzte Stadtverordneten-Wahl im Jahre 1929 ist unter genau der gleichen Devise von den Sozialdemokraten geführt worden. –

Diese Wahlparole „Fort mit Adenauer" zwingt mich, aus meiner Zurückhaltung herauszutreten, von mir und meiner Arbeit zu sprechen, Ihnen und der ganzen Öffentlichkeit Rechenschaft zu geben über das, was in Köln seit dem Zusammenbruch 1918 geleistet worden ist.

Am 8. 11. 1918 wurde mir, ich war damals 1 Jahr Oberbürgermeister, gemeldet, in Köln habe sich ein Arbeiter- und Soldatenrat gebildet, der die gesamte Macht übernommen habe. Ich habe mich darauf sofort telefonisch mit dem damaligen Gouverneur der Festung Köln, Generalleutnant Kruge, dem als Gouverneur der Festung die ganze vollziehende Gewalt zustand, in Verbindung gesetzt und ihn nach dem Stande der Dinge gefragt. Er hat mir erwidert, er werde im Gouvernement festgehalten, seine ganzen Offiziere seien fort, irgendwelche Machtmittel ständen ihm nicht zur Verfügung, ich müsse im Interesse der Bürgerschaft sehen, mit dem Arbeiter- und Soldatenrat fertig zu werden, so gut es gehe. – In Köln sah es damals trostlos aus. Als Hauptfestung des Westens und größte Stadt in der Nähe der Westfront war Köln Sitz einer sehr starken Garnison 50–60000 Mann, aber diese Truppen waren binnen 24 Stunden von ihren Führern verlassen – nur wenige rühmliche Ausnahmen gab es –; die großen Militärgefängnisse waren mit tausenden von Gefangenen angefüllt, darunter manche schwere Verbrecher, diese Gefängnisse waren geöffnet worden, ihre Insassen trieben sich in der Stadt umher. Seit Tagen hielten sich tausende von Deserteuren in der Stadt auf. Jede Stunde zeigte ein traurigeres Bild der Auflösung und Desorganisation. Jeder Zug, der auf der Fahrt zur Front oder von der Front Köln passierte, wurde stillgelegt, und seine Insassen vermehrten die Gefahren, die in der Zusammenballung einer führerlosen Soldatenmenge liegt. Aus der Etappe kamen dann die Flüchtlinge, vielfach höchst unerwünschte Elemente. Alles Mögliche wurde auf der Straße verkauft: Militär-Pferde, Feldküchen, Maschinengewehre, Waffen, Pistolen, Gewehre, Munition, Handgranaten.

Nacht um Nacht fanden während der ersten Zeit Plünderungen statt, krachten Handgranaten und Pistolen. Plündernde und brandstiftende Haufen bedrohten die Lebensmittellager, raubten und verwüsteten in den Geschäften und Läden. Die Polizei war schwach, nicht entsprechend organisiert und ausgebildet und der Lage nicht gewachsen.

Die Bevölkerung hungerte. Das gebrechliche Gebäude der staatlichen Zwangsbewirtschaftung der Lebensmittel, das bis dahin der Bevölkerung wenigstens den allernotwendigsten Lebensbedarf gesichert hatte, war zusammengebrochen, die Zufuhren stockten, die täglichen Vorräte schwanden dahin.

Gesetze und Verordnungen wurden nicht mehr beachtet, die rationalisierten Lebensmittel ohne Marken verkauft, alle Autorität war geschwunden, auf dem Regierungsgebäude wehte die rote Fahne – auf dem Rathause ist sie infolge meines Widerstandes nicht gehißt worden-, die verwaltungsmäßigen Verbindungen mit Berlin funktionierten nicht mehr. Die Bürgerschaft und ich als ihr Vertreter waren ganz auf uns selbst gestellt. Der Winter stand vor der Türe, keine Kleidung, kein Brand, keine Kartoffeln, kein Mehl für die hungernden Massen.

Das gesamte Wirtschaftsleben, das bis dahin ganz auf den Krieg eingestellt war, stockte plötzlich; die Arbeitslosigkeit war katastrophal, die heimkehrenden Soldaten ohne Arbeit, ohne Kleidung, vielfach ohne Obdach. Die Mutlosigkeit, die Enttäuschung, die Erbitterung über den Ausgang des Krieges, die Verzweiflung über die umsonst gebrachten Opfer, die Hoffnungslosigkeit der Zukunft, die Zügellosigkeit verbrecherischer Elemente, die besonderen, oben von mir geschilderten Verhältnisse der Festungsstadt Köln: alles das zusammen war furchtbar, Köln stand vor einem Abgrund.

Das, meine Damen und Herren, das war in Wahrheit ein Trümmerfeld, ein einziges, großes Trümmerfeld!

Ich habe damals kein Titelchen meiner Überzeugung preisgegeben, ich bin nicht geflohen wie so mancher andere. Ich habe im Verein mit anderen wackeren und mutigen Männern versucht, dem Unheil Einhalt zu tun, für Ruhe und Ordnung und Sicherheit zu sorgen. Und unsere Arbeit die auch von besonnenen Elementen der sozialdemokratischen Partei unterstützt wurde, hat Erfolg gehabt. Am 10. 11. 1918 haben wir einen Wohlfahrtsausschuß unter meinem Vorsitz gebildet, dem im Gegensatz zum Arbeiterrat neben Sozialdemokraten Vertreter aller bürgerlichen Parteien angehörten; unmittelbar darauf folgte die Bildung einer Bürgerwehr, die aus Mitgliedern aller Parteien und Schichten bestand.

Unseren vereinten Kräften gelang es, allmählich wieder Ruhe und Ordnung zu schaffen, den Arbeiter- und Soldatenrat auszuschalten, die militärischen Lager zu retten, die Versorgung mit Lebensmitteln wieder in Gang zu bringen, die nötigen Vorbereitungen zu treffen, um den reibungslosen Durchzug der 6. und 17. Armee, die bis zu einem bestimmten Tage auf dem anderen Rheinufer sein mußten, zu sichern.

Den Tagen des Durchzuges unserer Armeen, die in tadelloser Disziplin einzogen und die von der ganzen Bürgerschaft mit wärmster Begeisterung begrüßt wurden, folgte der Einzug der Engländer, folgten die Jahre der Besatzung. Ach, meine Damen und Herren! Wer von denen, die sich heute so übernational gebärden, hat eine Ahnung davon, wie es einem zu Mute ist, wenn feindliche Heere einrücken, wenn der Feind Herr auf deutschem Boden ist! Wer von ihnen weiß, welche Bitterkeit einen durchdringt bei den Verhandlungen mit dem Feind! Wer von Ihnen weiß, daß es Mut kostet, vor den Befehlshaber der Sieger hinzutreten und ihm zu sagen: „Deine Soldaten tun Unrecht, sie rauben und bedrücken meine Mitbürger!" Wer von ihnen, die das alles nicht miterlebt haben, weiß, was es heißt, seine Stadt und seine Mitbürger durch alle diese Fährnisse glücklich hindurchzubringen.

Erinnern Sie sich noch, meine Damen und Herren, an die Inflation? Erinnern Sie sich daran, welche Anforderungen damals an die Verwaltung der Stadt Köln gestellt wurden? Und auch damals dasselbe Lügengewebe gegen mich, die Behauptung, daß die Stadt sich durch den Druck des Papiergeldes bereichere, eine unwahre, durch die Statistik, die nachweist, daß in Köln auf den Kopf der Bevölkerung erheblich weniger Notgeld gedruckt worden ist, als in den anderen westlichen Städten, längst widerlegte Behauptung.

Lassen Sie mich jetzt einige Worte über die eigentliche kommunale Arbeit seit 1918 sagen. Auch hier war ein Trümmerfeld. Die eigentliche Verwaltung von geschulten

Beamten entblößt, das Krankenhauswesen durch die lange Kriegszeit schwer geschädigt, das Straßennetz durch mangelnde Pflege und den Rückzug der deutschen Heere in schlechtestem Zustande, das Elektrizitätsnetz unzureichend und veraltert, das Schulwesen in allen seinen Zweigen durch den Krieg schwer geschädigt, die Bahnen in schlimmem Zustande, die Wohnungsnot ungeheuer, kurz, wohin man blicken konnte, auch hier ein Trümmerfeld. Die Trümmer mußten beiseite geschafft, der Boden geebnet, alles mußte neu aufgebaut werden. Es ist geschehen in hingebendster Arbeit der Beamtenschaft und der Stadtverordnetenversammlung. Ich behaupte und ich habe ein Recht, es zu behaupten, daß es wenige Städte in Deutschland gibt, deren Verwaltung in allen Zweigen so geordnet ist wie die Verwaltung der Stadt Köln. Daneben erwuchsen neue und andere Aufgaben, Aufgaben wie keiner anderen deutschen Stadt und wie sie auch in Köln noch nicht dagewesen waren. Seit über 100 Jahren war Köln Festung gewesen. Alle Nachteile einer solchen hafteten ihr an: Übervölkerung der Stadt selbst, mangelnde Grünflächen, unorganische Entwicklung der Vororte.

Die Hemmungen der Festung fielen jetzt fort. Daraus erwuchsen städtebauliche Aufgaben größten Stils. Der Körper der Stadt mußte gestreckt werden, Sportplätze, Grünflächen mußten geschaffen werden. Die Großstadt und die Großstädter mußten entgiftet werden. Die Einwohner Kölns mußten aus ihren Pflaster- und Asphaltwüsten befreit, sie mußten mit der Natur wieder verbunden, ihre Stadt mußte ihnen wieder zur Heimat werden. Die Spiel- und Sportanlagen wurden von 2,4 qm auf den Kopf der Bevölkerung auf 5,3 qm erhöht. Die öffentlichen Anlagen wuchsen von 342 ha auf 2110 ha. In einem Flugblatte der Deutschnationalen Volkspartei nennt man diese Politik „Wahnsinn“. Ich bin überzeugt, es wird hier gehen wie mit dem Stadion: bei seiner Anlage bin ich auf das Heftigste bekämpft worden, nur mit schwerster Mühe habe ich sie durchsetzen können. Gibt es einen Kölner, der diese Anlage jetzt noch missen möchte! Städtebau darf niemals nur Arbeit für die Gegenwart sein. Wie das Geschrei über den inneren Grüngürtel[2], wie das Geschrei über die Köln-Mülheimer Hängebrücke[3] verstummt ist, so wird auch das Geschrei über den äußeren Grüngürtel rechts- und linksrheinisch verstummen. In 10 Jahren wird keiner mehr wagen, diese Grünpolitik zu bekämpfen.

Das Kölner Wirtschaftsleben war schon vor dem Kriege in eine gefährliche Lage geraten. Von Düsseldorf bis Dortmund war in wenigen Jahrzehnten das Industriegebiet emporgewachsen. In Köln war bei Abbruch des Krieges kein qm Gelände vorhanden, das gleichzeitig Wasser und Bahnanschluß hatte und darum für die neu emporkommenden Industriezweige eine geeignete Niederlassungsmöglichkeit bot. Die Anlage des Industriegeländes und des kleinen Vorhafens – für den späteren Hafen ist nur das Gelände reserviert – war darum nur eine absolute Notwendigkeit für das Kölner Wirtschaftsleben. Die Anlage ist trotz der schlechten Wirtschaftskonjunktur ein voller Erfolg gewesen – sie hat es ermöglicht, daß die neuen Zweige industrieller Betätigung, Auto- und Kunstseidenindustrie sich mit Werken größten Ausmaßes in Köln niederließen.

Köln hat keine bodenständige Industrie. Es lebt von Handwerk, von Veredlungsindustrie, von Handel und Verkehr. Für Handwerk und Veredlungsindustrie wurde durch den

Ausbau des Berufsschulwesens Pflege getragen, für Handel und Verkehr durch Messen und Ausstellungshallen. Vor dem Kriege wurde in Köln geklagt und geschimpft, daß die Ausstellungen in Düsseldorf seien, daß Köln überhaupt keine Möglichkeit habe Ausstellungen abzuhalten, und es wurde mit Recht darüber geklagt; denn die größte Stadt des Westens muß Ausstellungen, muß Räume für Kongresse und Versammlungen haben.

Auf kulturellem Gebiet brachte die Zeit nach 1918 die größten Gefahren für den Eigencharakter einer Stadt. Die alte Kulturstadt Köln mit ihrer großen Tradition mußte ihre Eigenart erhalten und weiter entwickeln. Darum die Gründung der Universität, die der Stadt einen geistigen Mittelpunkt geben soll, darum die Gründung der Musikhochschule und Musikschule für das alte musikalische Leben Kölns, darum die Pflege von Oper und Schauspiel, darum der Ausbau unserer Museen. Köln kann heute von sich sagen, daß es ein eigenes bodenständiges kulturelles und geistiges Leben hat. Es kann sich getrost neben München und Dresden stellen.

Über den kulturellen Ausbau ist die Sorge für die Bedürftigen nie vergessen worden. Das Krankenhauswesen ist in ausgezeichneter Verfassung. Riehl bietet 2100 Bedürftigen einen ruhigen Lebensabend. Unsere Betreuungshäuser sind vorbildlich für Deutschland. 43461 Wohnungen sind in der Zeit von 19 - 32 neu geschaffen worden.

Lassen Sie mich noch einige weitere Ziffern geben, die Ihnen am besten veranschaulichen, welche Arbeit in den letzten 14 Jahren in Köln geleistet worden ist: 71 km neue Straße sind angelegt worden. Die Gleislängen der städtischen Bahnen betrugen im Jahre 1918 246 km jetzt 436 km. An Einwohnern hat Köln in dieser Zeit zugenommen 110000 Einwohner, Bonn hat insgesamt etwas über 90000. Alles das, was eine Bevölkerung von 110000 Einwohnern braucht, hat in den Jahren der Revolution, der Besatzung, der Inflation, der Deflation neu geschaffen werden müssen. Ich glaube diese Leistung wird vor dem Urteil einer späteren Zeit, die reifer und vorurteilslos urteilt, mit Ehre bestehen können.

Was werfen mir meine Gegner vor, die diesen Wahlkampf auf meine Person zugespitzt haben und alles, aber auch alles hervorzerren, mit dem sie glauben, irgendwie Eindruck machen zu können.

Vor mir liegt ein Flugblatt der Deutschnationalen Volkspartei. Darin wird mir vorgeworfen: Übertriebene Verschuldung. Ich komme darauf noch besonders zurück. Städtische Regiebetriebe, nur die sogenannten Versorgungsbetriebe seien berechtigt. Ich stelle fest, daß wir nur Versorgungsbetriebe haben. Städtischer Grunderwerb in großem Stile auf Kredit. Damit verhält es sich folgendermaßen: Unser Grundbesitz betrug im Jahre 1918 8029 ha jetzt 10736 ha. Die Vergrößerung des Grundbesitzes ist zurückzuführen zum sehr großen Teil auf den Erwerb des Geländes der Festungswerke und [des] Rayongeländes, wie er bei der Entfestigung Kölns notwendig wurde, zum Teil darauf, daß die städtische Grundstücksverwaltung den infolge Inflation und Deflation zum Verkauf kommenden privaten Grundbesitz soweit auffing, als nötig war, um eine allgemeine Entwertung des Grundbesitzes mit seinen katastrophalen Folgen insbesondere für die

privaten Grundbesitzer hintanzuhalten.
Das Flugblatt nennt Messehalle, neuen Hafen, Müllverwertung verdammungswürdigen Luxus auf Kosten der Steuerzahler. Ich begnüge mich mit der Feststellung, daß die Vertreter der Deutschnationalen Volkspartei in der Stadtverordnetenversammlung diesen Angaben [Ausgaben] restlos zugestimmt haben.
Welche Irrtümer in der Beurteilung finanzieller Dinge dem Nichteingeweihten nur allzu leicht unterlaufen, zeigen Ausführungen, die Dr. Quester in einer Versammlung der Kampffront Schwarz-Weiß-Rot am 9. 3. 33 gemacht hat. Nach dem Bericht der Kölnischen Zeitung hat er ausgeführt: „Auch heute noch könnte man bei vielen städtischen Ämtern einen inflationistischen Charakter feststellen. Das zeige sich am besten, wenn man die Ausgaben das Hochbauamtes 1913/14 mit denjenigen von 1931/32 vergleiche: Die gesamten Personalkosten seien hier von 400000.- Mark auf 1,75 Millionen Mark gestiegen. Es sei streng zu verwerfen, wenn die städtischen Ausgaben die Steuerzahler zugrunde richteten. Hier wolle die Kampffront Schwarz-Weiß-Rot eine grundlegende Änderung schaffen! Dabei übersieht Dr. Quester, daß im Jahre 1913/14 im Etat des Hochbauamtes nur ein Teil der Kosten des Hochbauamtes ausgewiesen, der größte Teil aber bei den Neubaukassen verrechnet wurde.
Eine besonders große Rolle spielt in den Angriffen die Errichtung der Müllverwertungsanstalt. Es ist richtig, daß die zur Verwertung des Mülls eingerichtete Steinfabrik und Schmelzanlage unrentabel ist; richtig ist auch, daß die Lieferantin dieser Anlage, die A.G. Humboldt in Köln, von ihren eigenen Angestellten bzw. den Angestellten ihrer Tochtergesellschaft getäuscht worden ist und infolgedessen die Stadt Köln getäuscht hat. Die Stadt Köln hat sich, als diese Täuschung zu Tage trat, mit Zustimmung des Rechtsausschusses wegen ihrer Ersatzansprüche mit Humboldt verglichen. Die gesamten Akten sind, weil gegen 2 Beamte und Angestellte der Stadt der Vorwurf der Bestechung erhoben worden war, am 1. 19. 31 [19. 9. 31] dem Oberstaatsanwalt übersandt worden, der ein Ermittlungsverfahren einleitete. Der Oberstaatsanwalt hat am 22. 12. 31 das Verfahren eingestellt, da ein Vergehen gegen § 331 des Strafgesetzbuches nicht nachzuweisen sei. Neuerdings sind die Akten nochmals dem Oberstaatsanwalt übermittelt worden. Das Ermittlungsverfahren schwebt noch.
Und nun zum Hauptpunkte der Vorwürfe: Der angeblichen Überschuldung der Stadt Köln. Die Schulden der Stadt Köln betragen insgesamt 390 Millionen Mark, und nicht, wie in einer Versammlung der Nationalsozialistischen Partei am 10. 3. behauptet worden ist 548 Millionen. Das Vermögen der Stadt Köln ist im Dezember 1932 durch den Vertreter der Inhaber der städtischen Schuldverschreibungen nachgeprüft worden. Er kommt zu dem Ergebnis, daß die Schätzung der Stadt in ihrer Gesamtsumme von 975 Millionen Mark richtig sei. Das Vermögen der Stadt beträgt demnach nach Abzug der Schulden rd. 600 Millionen RM. Es wird behauptet, das Vermögen liege vollkommen fest. Auch das ist durchaus unrichtig. Die Versorgungsbetriebe der Stadt Köln können auch in der jetzigen wirtschaftlich so schlechten Zeit aus ihren Reinerträgnissen den gesamten Schuldendienst der Stadt Köln decken; sie stellen also einen höchst greifbaren

Vermögenswert dar. Dabei sind die Tarife zwar bei Gas und Wasser höher als vor dem Kriege, beim Strom aber liegen sie erheblich unter den Vorkriegspreisen. Die finanzielle Lage der Stadt ist ungünstig nicht wegen ihrer Verschuldung, denn die im Anleihewege aufgenommenen Summen sind zum größten Teil ertragbringend verwandt. Die finanzielle Lage ist vielmehr schlecht wegen der trostlosen Wirtschaftslage in Deutschland. Diese trostlose Wirtschaftslage hat zur Folge, daß die Steuereinnahmen katastrophal zurückgegangen sind, die Reichsüberweisungssteuern betrugen im Jahre 1928 39,2 Mill. Mark, im Jahre 32 8,7 Mill. Mark, und daß die Ausgaben für die Erwerbslosen in unerträglicher Weise, nämlich von 10 Millionen im Jahre 1928 auf 33,6 Millionen im Jahre 1932 gestiegen sind. Bei einer Besserung der Wirtschaftslage oder bei einer Übernahme der Erwerbslosenkosten auf das Reich würde die Finanzlage der Stadt so gut sein, daß sofort eine erhebliche Senkung der Gemeinde-Grund-Steuer und der Gewerbesteuer eintreten könnte.

Ich komme zu einem neuen Kapitel meiner Tätigkeit, meiner politischen Tätigkeit, namentlich während der Separatistenzeit. Wenn ich auf einen Teil meiner Lebensarbeit mit warmer, innerer Befriedigung zurücksehe, dann sehe ich zurück auf mein Verhalten in dem Separatistenjahre.

Es ist gelungen trotz größter Gefahr, unsere Heimat dem Reiche zu erhalten, und ich bin stolz darauf, sagen zu können, daß meine Arbeit mit zu diesem Erfolge beitragen konnte. Was über meine Tätigkeit im Jahre 18/19 verbreitet worden ist, ist unwahr. Wie man mit der Wahrheit umgeht, das bitte ich Sie, aus einem Artikel des Westdeutschen Beobachter zu ersehen, der heute erschienen ist, und der so beginnt: „Schon eine Stunde, bevor Scheidemann am 9. 11. 1918 in Berlin die Republik ausgerufen hat, waren im Kölner Rathaus einige Herren zusammengekommen. Alle vom Zentrum. Der Plan der Errichtung einer selbständigen Rheinischen Republik wurde besprochen. Es ist die Geburtsstunde des Separatismus. Der Schauplatz war das Zimmer vom Oberbürgermeister Adenauer.“ Der Artikelschreiber muß wissen, daß ich damals den Herrn, die zu mir kamen, gesagt habe, ich hielte alles, was sie sagten für unrichtig und falsch, wolle unter keinen Umständen etwas mit diesen Dingen zu tun haben, man solle mich mit solchen Gedankengängen verschonen.[3] Das sagt er nicht, und so ruft er durch Verschweigung meiner Worte einen ganz unrichtigen Eindruck hervor. Ich will Ihnen sagen, meine Damen und Herren, wann das Rheinland in allergrößter Gefahr geschwebt hat. Ich glaube, man ist jetzt verpflichtet, den Schleier zu lüften von Dingen, die nur wenigen bekannt sind. Am 13. November 1923 hat Herr Reichskanzler Stresemann eine kleine Anzahl von Rheinländern, darunter auch mich, in das Reichskanzlerpalais gebeten. Dort hat er uns in Gegenwart mehrerer Reichsminister und des Ministerpräsidenten Braun folgendes eröffnet: Wenn man die eben eingeführte Rentenmark nicht wieder gefährden wolle, könne man keine Zahlungen an das besetzte Gebiet weiter leisten. Die Reichsregierung sei deshalb schweren Herzens zu dem Entschluße gekommen, die Sorge für das besetzte Gebiet dem Feinde zu überlassen. Wir Rheinländer sollten de facto, nicht de jure einen eigenen Staat bilden, am anderen Tage zur Rheinlandkomission

nach Koblenz fahren und uns von dieser ein Besteuerungsrecht bewilligen lassen. Er und die übrigen Mitglieder des Reichskabinetts hofften, daß das Rheinland später wieder einmal zum Reich kommen würde. Es seien die Vertreter aller in- und ausländischen Zeitungen in Berlin für den Nachmittag bestellt, um diese Erklärung der Reichsregierung entgegen zu nehmen. Es war der tragischste und schicksalschwerste Augenblick, meine Damen und Herren, den ich je erlebt habe: Wir waren von der Reichsregierung aufgegeben. Wir alle, die wir damals anwesend waren, haben in der erbittertsten und heftigsten Weise mit Stresemann und den übrigen anwesenden Mitgliedern der Reichsregierung gerungen und schließlich nach zehnstündigem Kampf erreicht, daß wenigstens die Ausführung des mitgeteilten Beschlusses zunächst vertagt wurde. Stresemann trat zurück, Marx trat an seine Stelle. Von neuem hob der Kampf der Rheinländer mit der Reichsregierung an, bis schließlich Reichskanzler Marx in einer denkwürdigen Sitzung entschied, daß der Beschluß des Reichskabinetts einer Nachprüfung unterzogen werden solle. Hätten wir uns damals dem Beschluß der Reichsregierung gefügt, so wären wir Rheinländer jetzt nicht mehr deutsch, die Karte Europas sähe anders aus. Entscheidend mitgewirkt zu haben, bei diesem Kampfe mit der Reichsregierung, beim Kampf um die Erhaltung beim Deutschen Reich, das ist mein Stolz.[5] Sie werden verstehen, meine Damen und Herren, welch innere Erbitterung mich erfaßt, wenn mir Separatismus vorgeworfen wird. Ich habe bis jetzt über diese Vorgänge geschwiegen, ich muß jetzt darüber reden, um der historischen Wahrheit willen: wenn das Rheinland deutsch geblieben ist, so verdankt es das nur sich selbst, seinen eigenen Kämpfen, seinen eigenen Leiden und seiner eigenen Aufopferung, und niemand hat das Recht, uns Rheinländern irgendwie einen Mangel an Nationalgefühl oder seperatistische Neigung vorzuwerfen.
Es waren schwere Jahre, schwere Zeiten, in denen wir den Boden der Heimat unter uns zittern fühlten. Aber es war eine große Zeit. Wir wußten, wofür wir kämpften, wofür wir stritten. Das ganze Rheinland, alle Parteien, waren einig und geschlossen. Damals fühlten wir uns wirklich als Brüder, fühlten wir uns nur als Deutsche, stellten in der Not der Heimat unseres Vaterlandes alles Trennende weit zurück. Und heute? Fast auf den Tag ist es 7 Jahre her, da hat in diesem Saale unser greiser Reichspräsident gesprochen, er hat gesagt: „Alle diese Opfer sind vergeblich nicht gebracht worden, sie haben der Welt gezeigt, daß das Volk am Rhein fest und unbeugsam seine Volksgemeinschaft behauptet; sie haben die Vaterlandsliebe des ganzen Rheinlandes im Feuer der Not gestählt und gehärtet; sie haben durch ihre vorbildliche Geschlossenheit im Kampf und Gefahr die Einigkeit, die uns allen so not tut, gefördert und gestärkt." Lassen Sie mich noch zwei Sätze wiedergeben, die er damals gesprochen hat: „Im Rahmen der Geschichte erscheint der Rhein uns als unser Schicksalsstern; oft aber auch ein dunkles Bild deutschen Leides, dann nämlich, wenn unser alter Erbfehler, die Uneinigkeit, die deutsche Stärke lähmte." Und weiter lassen Sie uns hoffen, daß das deutsche Volk auch über den inneren Zwist und die Fehde des Tages hinweg durch einen neuen Geist brüderlichen Verstehens emporgetragen werde zur Einigkeit und zu starkem gemeinsamen Empfinden seines Volkstums."

Quelle: ARh, maschinenschriftliches Redemanuskript (Durchdruck)

Anmerkungen:

[1] Die Versammlung, auf der die Ansprache gehalten werden sollte, wurde verboten.

[2] Die Auseinandersetzung um die Schaffung des Kölner Grüngürtels war lebhaft; vor allem bäuerliche Interessenten wandten sich damals gegen die Kommunalisierung ihrer Felder.

[3] Zu den heftigen kommunalpolitischen Differenzen um den Bau der Köln-Mülheimer Hängebrücke vgl.: Verhandlungen der Stadtverordneten–Versammlung zu Köln vom Jahre 1927. Herausgegeben von dem Oberbürgermeister zu Köln. Köln o.J. 9. Sitzung vom 28. 4. 1927, S. 231–259, und 10. Sitzung vom 6. 5. 1927, S. 260–292.

[4] Zu diesem Vorgang vgl. Karl Dietrich Erdmann: Adenauer in der Rheinlandpolitik, a.a.O., S. 29f. sowie die im Historischen Archiv der Stadt Köln liegende, von Erdmann abgedruckte Denkschrift Adenauers über sein Verhältnis zu den Rheinstaatbestrebungen (HAStK 2/253/2; Erdmann, a.a.O., S. 238f.). Erdmann, der Adenauers damaligen Kurs bisher am genauesten untersucht hat, kommt zu dem Schluß, daß sich der Kölner Oberbürgermeister gegenüber der Idee einer Lostrennung von Preußen anfänglich vorsichtig-abwartend verhielt und stets bestrebt war, „die Vorgänge im Rheinland mit den legalen Möglichkeiten, die sich in Berlin eröffneten, möglichst abzustimmen." Die Vorwürfe eines Seperatismus vom Reich haben der wissenschaftlichen Überprüfung hingegen nicht standgehalten; die von Adenauer im Rückblick stets vertretene Selbsteinschätzung seiner Rolle, er habe während der Besatzung nachhaltig auf ein Verbleiben der Rheinlande beim Reich hingewirkt, hat sich bestätigt.

[5] Eine ausführliche Darstellung und Bewertung dieser Auseinandersetzungen im Schloß der Reichsregierung, bei denen auf dem Höhepunkt des Ruhrkampfes und der Inflation ein Autonomiestatus erwogen wurde, findet sich bei Erdmann, Adenauer in der Rheinlandpolitik nach dem Ersten Weltkrieg, a.a.O., S. 87–203.

Literatur: Paul Weymar: Konrad Adenauer. Die autorisierte Biographie, a.a.O., S. 144–156. Terence Prittie: Konrad Adenauer. Vier Epochen deutscher Geschichte, a.a.O., S. 102–114. Hugo Stehkämper (Hrsg.): Konrad Adenauer, Oberbürgermeister von Köln (erscheint mit verschiedenen für das Thema wesentlichen Beiträgen im Herbst 1975).

1945–1949

1. Oktober 1945

Ansprache des Oberbürgermeisters Adenauer vor der von der britischen Militärregierung ernannten Kölner Stadtverordneten-Versammlung

Wir, meine Damen und Herren, sind auf Anordnung der britischen Militärregierung versammelt. Sie sollen die städtische Verwaltung bei der Erledigung ihrer Aufgaben unterstützen. Der Rechtsgrund und der Umfang unserer Tätigkeit ist durch die Anordnungen der Militärregierung gegeben. Ich begrüße aufrichtig, daß diese Versammlung ins Leben gerufen ist. Der bisherige Zustand verbot es, Vertreter der Bürgerschaft zu den Arbeiten der öffentlichen Verwaltung hinzuzuziehen. Es ist ein großer Fortschritt, daß uns durch die Anordnungen der Militärregierung diese Möglichkeit jetzt gegeben wird. Der bisherige Zustand entsprach nicht meinen Neigungen und meinen Wünschen. Ich bin, wie viele von Ihnen wissen werden, immer ein überzeugter Vertreter der Grundsätze gewesen, die unserer altbewährten Selbstverwaltung, wie sie bis zu dem unseligen Jahre 1933 bestanden hat, zugrunde lagen.

Diese Versammlung ist nicht eine gewählte, aber ihre Mitglieder sind unter Berücksichtigung ihrer Berufe und, soweit angängig, ihrer parteipolitischen Einstellung ausgesucht. Wir von der Verwaltung sind glücklich, wieder Rat und Hilfe aus der Bürgerschaft zu haben. Wir sind froh, wieder Kritik zu haben, meine Damen und Herren, aufbauende Kritik. Aufbauende Kritik schafft Gutes. Ich glaube, die Verhältnisse sind so, daß Sie selbst sich davon überzeugen werden, daß nur aufbauende Kritik in einer solchen Lage am Platze ist. Wir begrüßen Ihren Zusammentritt, weil wir durch Sie die Öffentlichkeit aufklären und die gesamte Bürgerschaft zur Mitarbeit aufrufen können. Ich hoffe und ich wünsche, daß die Anordnungen der Militärregierung es erlauben werden, daß in absehbarer Zeit eine frei gewählte Stadtverordneten–Versammlung zusammentritt.

Unsere Aufgaben, die eben vom Kommandanten der britischen Militärregierung der Stadt Köln kurz umrissen wurden, sind unendlich schwer. Köln ist diejenige große Stadt Deutschlands, die am meisten zerstört worden ist, und ehe Köln zerstört wurde, ist planmäßig alles auf das rechte Rheinufer in das Innere des Landes geschafft worden. Als die amerikanischen Truppen hier einzogen, hatte das linksrheinische Köln nur etwa 40000 Einwohner. Das rechtsrheinische Köln war noch von der deutschen Wehrmacht besetzt. Wir schätzen, daß auf der rechten Rheinseite noch etwa 30000 Einwohner gewesen sind. Wenn Sie sich vorstellen, daß bei Beginn des Krieges die Stadt Köln 760000 Einwohner hatte und daß beim Ausgang des Krieges noch 70000 hier in diesem Trümmerfeld zurückgeblieben waren, und daß seit der Zeit noch über 300000 Menschen hierhin zurückgekommen sind, dann können Sie in etwa die Fülle der Arbeit ermessen, die diese vergangenen Monate gebracht haben. Ich werde Ihnen in den nächsten Sitzungen durch die einzelnen Dezernenten eine Übersicht über den Zustand geben lassen, in dem wir die Verwaltung und die Stadt Köln vorfanden, über das, was geschaffen worden ist und über die Aufgaben des nächsten Winters.

Wenn Sie, meine Damen und Herren, den Greuel der Verwüstung, diese apokalyptischen Zustände gesehen haben, die im März hier in Köln gewesen sind, und wenn Sie damit den heutigen Zustand der Stadt vergleichen, so werden Sie anerkennen müssen, daß in diesen Monaten viel gearbeitet worden ist, viel von den einzelnen Bürgern, die, nachdem sie sich von der ersten Erschütterung erholt haben, mit Mut und Vertrauen darangegangen sind, sich eine neue Existenz zu schaffen, viel auch von uns, die wir diese vollkommen zertrümmerte Stadt hier vorfanden.

Der Winter, der vor uns liegt, ist sehr schwer. Es gilt vor allem, wie Major Prior eben schon ausgeführt hat, für Nahrung, für Brand und für Wohnungen zu sorgen. Wir, Sie und wir, werden alles tun, was in unserer Kraft steht, um wenigstens einigermaßen erträgliche Verhältnisse zu schaffen. Es wird nicht in dem Maße möglich sein, wie Sie und wie wir es wünschen. Aber – und ich spreche jetzt aus diesem Saale an die gesamte Kölner Bürgerschaft – bedenken Sie und alle unsere Mitbürger doch immer das folgende: Schuld an diesem namenlosen Jammer, an diesem unbeschreiblichen Elend sind jene Fluchwürdigen, die in dem unseligen Jahre 1933 zur Macht kamen, jene, die den deutschen Namen vor der ganzen zivilisierten Welt mit Schmach bedeckt und geschändet haben, unser Reich zerstörten, die unser verführtes und gelähmtes Volk, als ihr eigener, mehr als verdienter Untergang gewiß war, planmäßig und bewußt in das tiefste Elend gestürzt haben. Sie haben das getan, nicht, wie man vielfach annimmt, damit das deutsche Volk mit ihnen untergehen solle – der Gedanke mag bei ihren Entschlüssen und Taten mitgespielt haben –, aber ihre Absicht war noch viel teuflischer: Sie wollten und wollen dadurch im deutschen Volke den Gedanken der Rache und der Vergeltung an den Kriegsgegnern von neuem entstehen lassen. Wir, Sie und ich, sind nicht die Schuldigen an diesem Elend. Wir, Sie und ich, sind dazu verurteilt und gezwungen, gezwungen durch die Liebe zu unserem Volke, das wir nicht vollends untergehen lassen wollen, diese schwere und furchtbare Bürde auf uns zu nehmen, um wenigstens die allerschlimmsten Notstände zu beseitigen.

Meine Damen und Herren! Die Aufgaben, die unser harren, sind so drückend, so schwer, aber auch so zwingend, daß für politische Erörterungen wenig Raum übrigbleiben wird. Der Zwang der Verhältnisse und die uns allen, gleichgültig, welcher Partei wir zugehören, gemeinsame Liebe zu unserem Volke und zu unserer Stadt wird uns zu gemeinsamer Arbeit führen. Trotzdem lassen Sie mich einige Sätze über eine politische Frage sagen, die mir besonders am Herzen liegt, einige Sätze über das Wesen der Demokratie.

Das Wort „Demokratie“ ist in diesen Zeiten so oft gebraucht worden, daß es droht, zu einer abgegriffenen Münze zu werden. Das darf nicht sein. Man soll nicht immer und überall von Demokratie nur sprechen. Man soll immer und überall nach den Grundsätzen der Demokratie handeln. (Zurufe „Sehr richtig“, Beifall.) Demokratischen Grundsätzen entspricht es, daß der Wille der frei gewählten Mehrheit entscheidet. Aber, meine Damen und Herren, lassen Sie mich hier ein Wort einschieben, lassen Sie mich einschieben „letzten Endes“, daß also der Wille der frei gewählten Mehrheit letzten Endes entscheidet; denn die demokratischen Grundsätze verlangen auch, daß man dem politisch Andersdenkenden mit Achtung und mit Vertrauen gegenübertritt, daß man sich bestrebt, seine Gedanken, seine Gründe zu verstehen, daß man versucht, zu einer Verständigung mit ihm zu kommen und daß man zu dem doch immerhin gewaltsamen Mittel der Überstimmung nur dann greift, wenn es nicht anders geht. Ich hoffe, daß die neugeschaffenen Gemeindeausschüsse und so auch unsere Versammlung zum Hort und zur Pflanzstelle einer wahrhaft guten demokratischen Gesinnung werden.

Meine Damen und Herren! Wir sind dazu bestimmt, der Stadt Köln nach Möglichkeit zu helfen. Wenn man auf der rechten Rheinseite steht, mitten unter den Trümmern, unter Hunderten von Rückwanderern, die bleich, müde, abgehärmt ihre Habseligkeiten, das Wenige, das sie noch besitzen, mit sich schleppen, wenn man dann vor sich im Strom die gespenstischen Trümmer unserer einst so schönen Brücken sieht, und drüben, drüben auf dem linken Rheinufer ein unendliches Meer von zerstörten Häusern, in denen einst glückliche Menschen gewohnt haben, von Gebäuden und Kirchen, die fast tausend Jahre gestanden haben, und wenn man über allem in einsamer Größe den Dom sieht, unseren Dom, auch geschändet und zum Teil zerstört, – wem krampft sich da nicht das Herz zusammen? Wer von uns möchte dann nicht verzweifeln ob der Größe dieser Not! Und doch wollen wir nicht verzweifeln. Wir wollen arbeiten. Es ist ein harter und steiniger Weg, der vor uns liegt. Wir sehen nur seinen trümmerbedeckten Anfang. Wir sehen nicht sein Ende. Wir wollen diesen Weg gehen. Wir wollen ihn gehen mit aller Kraft, die uns noch verblieben ist. Wir wollen ihn gehen mit Geduld, die stärker ist als alles. Mit hingebender Liebe zu unserem Volke und zu unserer Stadt. Eines soll uns dabei trösten und stärken: Es ist ja doch noch derselbe Strom, der zu unseren Füßen fließt, unser Rhein, der Strom, dem Köln seinen Wohlstand und seinen Glanz, dem es den offenen und heiteren Geist verdankt, der seine Bewohner auszeichnet. Er strömt nach wie vor durch Köln, und nach wie vor weisen die Türme, die unser Dom gen Himmel reckt, ungebrochen zum Himmel empor. So wollen wir gemeinsam ans Werk gehen. Gebeugt, tief gebeugt, aber – meine Damen und Herren – nicht gebrochen. (Beifall.)

Quelle: Verhandlungen der Stadtverordneten-Versammlung zu Köln vom Jahre 1945. Köln (o.J.). 1. Sitzung vom 1. 10. 1945. S. 5ff.

24. März 1946

Grundsatzrede des 1. Vorsitzenden der Christlich-Demokratischen Union für die Britische Zone in der Aula der Kölner Universität

Nachdem Adenauer am 1. März 1946 zum Vorsitzenden der CDU in der Britischen Zone gewählt worden war, trat er mit einigen großen programmatischen Reden an die Öffentlichkeit. Die hier abgedruckte, vor 4000 Zuhörern in Köln gehaltene Ansprache enthält die meisten wesentlichen Elemente der damaligen Lagebeurteilung und des politischen Konzepts, das er während der ersten Nachkriegsjahre mit nur geringfügiger Abwandlung in einer Vielzahl öffentlicher Reden darlegte. Die Hauptgedanken waren: Aufriß einer hundertjährigen geschichtlichen Fehlentwicklung Deutschlands; Kritik am Materialismus und an der „Staats-Omnipotenz"; christlicher Personalismus; Antikollektivismus und Antisozialismus; Verständigung mit dem Westen durch „organische Verflechtung der Wirtschaft" und Aufbau der „Vereinigten Staaten von Europa". Die bruchlose Wiederaufnahme vieler seiner politischen Zielvorstellungen aus den zwanziger Jahren ist dabei unverkennbar.

Meine lieben Freunde!
Ich danke Ihnen für diesen herzlichen Willkomm. Er gilt naturgemäß in erster Linie dem Vorsitzenden unserer Partei, er gilt aber auch – das fühle ich – dem Kölner, der früher unter Ihnen und mit Ihnen gearbeitet hat. Und dafür danke ich Ihnen von ganzem Herzen. Ich darf auch den Mitgliedern des Kölner Männergesangvereins danken. Es war mir eine Freude zu sehen, daß der Kölner Männergesangverein sich verjüngt hat. Er hat sehr viele junge Stimmen unter sich. Ich hoffe, daß es mit unserer Partei auch einmal so wird, daß wir Alten abtreten können und daß dann sehr viele junge Kräfte an unsere Stelle treten. Der Kölner Männergesangverein sang als zweites Lied das schöne Morgenlied von Eichendorff, und zum Schluß klang hieraus hervor, was uns alle beleben muß: Morgenrot funkle empor! Trotz aller Nacht, die auch jetzt noch über uns liegt, meine lieben Freunde, wollen wir daran festhalten, daß doch Morgenrot wieder empor tritt.

Als ich heute vormittag von Deutz in die Stadt einfuhr, war es mir wie immer: es legte sich wie würgend auf mich dieses Bild unserer armen, geschändeten Stadt. Ich habe manche große Stadt gesehen seit Kriegsende, ich habe Vergleiche gehört von unbefangenen Ausländern: keine große Stadt ist vom Krieg so schwer getroffen wie Köln. Und dabei hatte sie von allen deutschen Großstädten es am wenigsten verdient; denn nirgendwo ist dem Nationalsozialismus bis 1933 so offener und seit 1933 so viel geistiger Widerstand geleistet worden, nirgendwo waren die nationalsozialistischen Stimmen sogar noch bei den letzten freien Wahlen im Jahre 1932 prozentual so niedrig wie in Köln. Aber Katastrophen, Entfesselung elementarer, dämonischer Gewalten treffen den Schuldigen wie den Nichtschuldigen. So hart auch Köln getroffen ist, ich bitte Euch, verzaget nicht! Unglück, Leid und Not wecken schlummernde Kräfte im Menschen.

Lassen Sie mich an die Jahre 1918–1924 erinnern. Sicher ist heute das Geschick Kölns, die Lage ganz Deutschlands, die Lage eines jeden Einzelnen unvergleichlich viel härter und dunkler. Aber es ist doch gut, wenn man einmal zurückdenkt an diese schweren Jahre, und wenn man dann weiter daran denkt, was das deutsche Volk, was wir besonders hier in Köln in anderthalb Jahrzehnten geschaffen haben.

Auch damals war Not, ungeheure Arbeitslosigkeit, Unsicherheit und Verbrechen, eine unvorstellbare Inflation, Separatismus, Sorge um Deutschlands Zukunft. Den vereinten Kräften der gesamten Bürgerschaft ist es damals gelungen, alle diese Nöte und Gefahren zu überwinden. Diesen vereinten Kräften ist noch mehr gelungen. Wir haben trotz aller Schwierigkeiten große Aufgaben gelöst. Lassen Sie mich einiges in Ihr Gedächtnis zurückrufen: Die Messe, die Mülheimer Brücke, der Niehler Hafen, die Universität, die großen Wohnsiedlungen, der Grüngürtel. Die Messe ist heute zerstört, die Mülheimer Brücke, die unser Stolz war, ist dahin, aber die Wohnsiedlungen, wenn auch beschädigt, stehen noch. Der Niehler Hafen, der bei seiner Planung so heiß umkämpfte Niehler Hafen, ist gerade jetzt von lebenswichtiger Bedeutung für Köln geworden. Die Universität steht auch, der Grüngürtel, wenn auch verwildert, lebt noch, hoffentlich bald wieder in alter Ordnung und Schönheit. Ich bin niemals so glücklich gewesen, daß es uns gelungen ist, allen Schwierigkeiten zum Trotz gerade den Grüngürtel zu schaffen, wie jetzt, da so weite Teile der Stadt zerstört sind, da so viele Kölner verurteilt sind, unter Trümmern ihre Tage zu verbringen. Jetzt kann er noch mehr als vordem seine Bestimmung erfüllen, den Kölnern, die es ja jetzt mehr nötig haben als je zuvor, seelischen und körperlichen Ausgleich, seelische und körperliche Erholung zu bringen.

Die Universität lebt. Pflegt sie! Denkt daran, daß sie eine große Aufgabe hat, daß wir sie ins Leben zurückgerufen haben in schwerer und gefahrvoller Zeit als Hort deutschen Geistes am Rhein.

Wie war es möglich, daß das Aufleben deutschen Geistes so kurz war? Wie ist es möglich, daß die nach 1918 entstandene Deutsche Republik nur 15 Jahre Bestand hatte, wie war es möglich, daß das Bismarcksche Reich, 1871 gegründet, bald schon der mächtigste Staat der Welt, bereits 1918 nach 47 Jahren zusammenbrach, ein Reich, das so stark und fest schien wie kaum ein anderes europäisches Land jener Zeit! Wie war das nationalsozialistische Reich, zuerst von vielen Harmlosen mit Jubel begrüßt, dann wegen seiner abgrundtiefen Gemeinheit und Niedertracht von vielen, sehr vielen Deutschen zwar gefürchtet, aber auch verachtet und verflucht, wie war das im deutschen Volke möglich?

Wie war es möglich, daß dieser Krieg von der nationalsozialistischen Regierung begonnen werden konnte, ein Krieg, der trotz anfänglicher blendender Erfolge notwendigerweise verloren werden mußte? Wie war es möglich, daß in diesem Kriege Wunder an Tapferkeit und Pflichttreue geleistet werden konnten, und daß dicht daneben im selben Volke Verbrechen über Verbrechen größten Ausmaßes begangen wurden? Wie war es möglich, diesen Krieg weiter fortzuführen, trotzdem sein Verlust lange feststand, fortzuführen bis zur eigenen Selbstvernichtung!

Wie war dieser Absturz des deutschen Volkes bis ins Bodenlose möglich? Und wie trägt jetzt das deutsche Volk sein furchtbares Geschick: Hunger und Kälte, Not und

Tod, ein Leben einstweilen ohne jede Hoffnung auf eine bessere Zukunft, in völliger politischer Machtlosigkeit, verachtet von allen Völkern der Erde!

Das deutsche Volk trägt diese schwerste Zeit seiner Geschichte mit heldenhafter Stärke, Ausdauer und Geduld, mit einer geduldigen Stärke, die stärker ist als alle Not. Ich habe mich seit 1933 oft geschämt, ein Deutscher zu sein, in tiefster Seele geschämt: vielleicht wußte ich mehr als manche andere von den Schandtaten, die von Deutschen an Deutschen begangen wurden, von den Verbrechen, die an der Menschheit geplant wurden.

Aber jetzt, jetzt bin ich wieder stolz darauf, ein Deutscher zu sein. Ich bin so stolz darauf, wie ich es nie zuvor, auch nicht vor 1933 und nicht vor 1914 gewesen bin. Ich bin stolz auf den Starkmut, mit dem das deutsche Volk sein Schicksal erträgt, stolz darauf, wie jeder einzelne duldet und nicht verzweifelt, wie er versucht, nicht unterzugehen, sich und die Seinigen aus diesem Elend hinüberzuretten in eine bessere Zukunft. Gerade Köln, das heilige Köln; das zerstörte, das geschändete, das in Trümmern liegende Köln, hat uns so unzählige Beispiele stillen, duldenden Heldentums gezeigt!

Wenn man so die Geschichte Deutschlands seit mehr denn hundert Jahren an sich vorüberziehen läßt, dann drängt sich jedem, der nur etwas nachdenkt, die Frage auf, was ist denn nun mit dem deutschen Volke, wie ist das alles gekommen? Das ist keine müßige Frage, das ist eine Frage, die man sich stellen muß, trotz Wohnungsnot, trotz Kälte, trotz Hunger –. Wir wollen doch wieder heraus aus diesem Elend, aus dieser Tiefe; aber wie können wir den rechten Weg finden zum Aufstieg, wenn wir nicht erkennen, was uns in die Tiefe geführt hat?

Wir wollen nicht verzweifeln, wir wollen nicht dahindämmern, wir wollen wieder aufwärts. Und wenn wir nicht mehr bessere Tage erleben, dann sollen unsere Kinder und Kindeskinder dereinst wieder bessere Zeiten sehen. Das ist doch unser aller Wille, aber den richtigen Weg zu unserem Ziel finden wir nur, wenn wir erkennen, wie wir in diese verhängnisvollste Periode der Geschichte des deutschen Volkes hineingekommen sind.

Ich verlange kein Schuldbekenntnis des gesamten deutschen Volkes, obgleich viele Deutsche eine sehr schwere, viele eine Schuld trifft, die zwar minder schwer ist, aber doch Schuld bleibt. Ich glaube auch nicht, daß die vernünftigen und ruhiger denkenden Menschen in den nichtdeutschen Ländern ein solches öffentliches Schuldbekenntnis verlangen.

Aber eine Gewissenserforschung müssen wir für uns anstellen in unserem eigenen Interesse, damit wir den richtigen Weg finden zum Wiederaufstieg.

Was sind die tiefsten Gründe dafür, daß wir schließlich in einen solchen Abgrund gestürzt sind? Auf die Einzelheiten kommt es bei einer solchen Untersuchung nicht an; sie sind auch vielfach noch nicht klar gestellt, aber die tieferen, die wirkenden Ursachen dieser Katastrophe liegen klar zutage. Sie reichen weit zurück vor das Jayr 1933. Der Nationalsozialismus hat uns unmittelbar in die Katastrophe hineingeführt. Das ist richtig. Aber der Nationalsozialismus hätte in Deutschland nicht zur Macht kommen können, wenn er nicht in breiten Schichten der Bevölkerung vorbereitetes Land für seine Giftsaat gefunden hätte. Ich betone, in breiten Schichten der Bevölkerung. Es ist nicht richtig, jetzt zu sagen, die Bonzen, die hohen Militärs oder die Großindustriellen tragen allein die Schuld. Gewiß, sie tragen ein volles Maß an Schuld, und ihre persönliche Schuld, deretwegen sie vom deutschen Volk vor deutschen Gerichten zur Rechenschaft gezogen werden müssen, ist um so größer, je größer ihre Macht und ihr Einfluß waren. Aber breite Schichten des Volkes, der Bauern, des Mittelstandes, der Arbeiter, der Intellektuellen, hatten nicht die richtige Geisteshaltung, sonst wäre der Siegeszug des Nationalsozialismus in den Jahren 1933 und folgende im deutschen Volk nicht möglich gewesen.

Das deutsche Volk krankt seit vielen Jahrzehnten in allen seinen Schichten an einer falschen Auffassung vom Staat, von der Macht, von der Stellung der Einzelperson. Es hat den Staat zum Götzen gemacht und auf den Altar erhoben. Die Einzelperson, ihre Würde und ihren Wert hat es diesem Götzen geopfert. Die Überzeugung von der Staatsomnipotenz, von dem Vorrang des Staates und der im Staat gesammelten Macht vor allen anderen, den dauernden, den ewigen Gütern der Menschheit, ist in zwei Schüben in Deutschland zur Herrschaft gelangt. Zunächst breitete sich diese Überzeugung von Preußen ausgehend nach den Freiheitskriegen aus. Dann eroberte sie nach dem siegreichen Krieg von 1870/71 ganz Deutschland.

Der Staat wurde durch den von Herder und den Romantikern aufgedeckten Volksgeist, vor allem durch Hegels Auffassung vom Staat als der verkörperten Vernunft und Sittlichkeit, in dem Bewußtsein des Volkes zu einem fast göttlichen Wesen. Mit der Überhöhung des Staates war zwangsläufig verbunden ein Absinken in der Bewertung der Einzelperson. Macht ist mit dem Wesen des Staates untrennbar verbunden. Die Einrichtung, in der sich staatliche Macht am sinnfälligsten und eindruckvollsten äußert, ist das Heer. So wurde der Militarismus zum beherrschenden Faktor im Denken und Fühlen breitester Volksschichten.

Nach der Gründung des Kaiserreichs unter preußischer Vorherrschaft wandelte sich der Staat aus seinem ursprünglich lebendig gefügten Wesen mehr und mehr in eine souveräne Maschine. Die großen äußeren Erfolge, die, wenn auch historisch gesehen nur für kurze Zeit dem Bismarckschen Reich, seiner Auffassung vom Staat und der Macht beschieden waren, die schnell zunehmende Industrialisierung, die Zusammenballung großer Menschenmassen in den Städten und die damit verbundene Entwurzelung der Menschen machten den Weg frei für das verheerende Umsichgreifen der materialistischen Weltanschauung im deutschen Volk. Die materialistische Weltanschauung hat zwangsläufig zu einer weiteren Überhöhung des Staats- und Machtbegriffs, zur Minderbewertung der ethischen Werte und der Würde des einzelnen Menschen geführt.

Die materialistische Weltauffassung des Marxismus hat zu dieser Entwicklung in sehr großem Umfange beigetragen. Wer eine Zentralisierung der politischen und der wirtschaftlichen Macht beim Staate oder bei einer Klasse erstrebt, wer demzufolge das Prinzip des Klassenkampfes vertritt, ist ein Feind der Freiheit der Einzelperson, er bereitet zwangsläufig den Weg der Diktatur im Fühlen und Denken seiner Anhänger vor, wenn

schließlich auch ein anderer den so vorbereiteten Weg der Diktatur beschreitet. Daß diese Entwicklung zwangsläufig ist, zeigt die Geschichte solcher Staaten, in denen Karl Marx der Messias und seine Lehre das Evangelium ist.
Der Nationalsozialismus war nichts anderes als eine bis ins Verbrecherische hinein vorgetriebene Konsequenz der sich aus der materialistischen Weltanschauung ergebenden Anbetung der Macht und Mißachtung, ja Verachtung des Wertes des Einzelmenschen. In einem Volk, das so erst durch die preußische überspitzte und übertriebene Auffassung vom Staat, seinem Wesen, seiner Macht, den ihm geschuldeten unbedingten Gehorsam, dann durch die materialistische Weltanschauung geistig und seelisch vorbereitet war, konnte sich, begünstigt durch die schlechte materielle Lage weiter Volkskreise, verhältnismäßig schnell eine Lehre durchsetzen, die nur den totalen Staat und die willenlos geführte Masse kannte, eine Lehre, nach der die eigene Rasse die Herrenrasse und das eigene Volk das Herrenvolk ist und die anderen Völker minderwertig, zum Teil vernichtungswürdig sind, nach der aber auch in der eigenen Rasse und im eigenen Volk der politische Gegner um jeden Preis vernichtet werden muß.
Der Nationalismus hat den stärksten geistigen Widerstand gefunden in denjenigen katholischen und evangelischen Teilen Deutschlands, die am wenigsten der Lehre von Karl Marx, dem Sozialismus, verfallen waren!!!
Das steht absolut fest!
Diese Auffassung von der Vormacht, von der Allmacht des Staates, von seinem Vorrang vor der Würde und der Freiheit des einzelnen widerspricht dem christlichen Naturrecht. Wir wollen die Grundsätze des christlichen Naturrechtes wiederherstellen.
Nach der dem Programm der CDU zugrunde liegenden Auffassung ist die Person dem Dasein und dem Range nach *vor* dem Staat. An ihrer Würde, Freiheit und Selbständigkeit findet die Macht des Staates sowohl ihre Grenze als ihre Orientierung. Freiheit der Person ist nicht Schrankenlosigkeit und Willkür, sie verpflichtet jeden beim Gebrauche seiner Freiheit, immer eingedenk zu sein der Verantwortung, die jeder einzelne für seine Mitmenschen und für das ganze Volk trägt.
Der Fundamentalsatz des Programms der CDU, der Satz, von dem alle Forderungen unseres Programms ausgehen, ist ein Kerngedanke der christlichen Ethik: die menschliche Person hat eine einzigartige Würde, und der Wert jedes einzelnen Menschen ist unersetzlich. Aus diesem Satz ergibt sich eine Staats-, Wirtschafts- und Kulturauffassung, die neu ist gegenüber der in Deutschland seit langem üblichen. Nach dieser Auffassung ist weder der Staat, noch die Wirtschaft, noch die Kultur Selbstzweck; sie haben eine dienende Funktion gegenüber der Person. Die materialistische Weltanschauung macht den Menschen unpersönlich, zu einem kleinen Maschinenteil in einer ungeheuren Maschine, sie lehnen wir mit der größten Entschiedenheit ab.
Sinn des Staates ist es, die schaffenden Kräfte des Volkes zu wecken, zusammenzuführen, zu pflegen und zu schützen. Das ganze Volk soll zu Verantwortungsbewußtsein und zu Selbständigkeit erzogen werden. Der Staat soll sein eine auf Recht und Freiheit ruhende Schicksalsgemeinschaft verantwortlicher Personen, die die verschiedenen Interes-

sen, Weltanschauungen und Meinungen zusammenfaßt. Wir wollen Erziehung, aber nicht zu der Bereitwilligkeit, sich kontrollieren und führen zu lassen, sondern zu dem Willen und der Fähigkeit, sich als freier Mensch verantwortungsbewußt in das Ganze einzuordnen. Diese Erziehung soll in christlichem und demokratischem Geiste geschehen, und sie soll insbesondere allen jüngeren Menschen den Zugang in ihnen bisher verschlossene, jedoch allgemein gültige menschliche Überzeugungen und Haltungen öffnen.

In der heimatlosen, durcheinandergeschobenen, atomisierten Masse, als die sich jetzt unser Volk darstellt, muß jedes Einzelwesen angesprochen und zu Selbstbewußtsein und Verantwortungsgefühl geführt werden. Wie weit das gelingt, ist heute die Schicksalsfrage unseres Volkes und nicht etwa die Frage, wieviele und welche der wenigen uns noch verbliebenen Betriebe sozialisiert oder wieviel Hektar Land enteignet werden sollen.

Wenn aber diese Aufgabe überall in Angriff genommen und mit Sachkunde und Hingabe durchgeführt wird, werden nach und nach aus dem lebendig erfaßten Volk *die* Menschen sich herausheben, die durch Charakterstärke und Urteilssicherheit zur politischen, sittlichen und geistigen Leitung geeignet und gewillt sind.

Es ergeben sich aus unserer Grundeinstellung folgende Sätze für das Verhältnis zwischen Einzelperson und Staat: der Staat besitzt kein schrankenloses Recht, seine Macht findet ihre Grenze an der Würde und den unveräußerlichen Rechten der Person. Die Mehrheit hat kein willkürliches und uneingeschränktes Recht gegenüber der Minderheit. Auch die Minderheit hat Rechte und Pflichten. Gleiches Recht, Rechtssicherheit und Anerkennung der grundlegenden Bedeutung der Familie für das Volk; Recht der Frau auf freie Betätigung im beruflichen und öffentlichen Leben.

Die Demokratie erschöpft sich für uns nicht in der parlamentarischen Regierungsform oder gar in der Herrschaft einer Mehrheit über eine Minderheit. Wie die parlamentarische Regierungsform sogar zur Herbeiführung der Dikatur mißbraucht werden kann, wenn die Menschen nicht wirklich demokratisch denken und fühlen, das haben uns die ersten Monate des Jahres 1933 gezeigt. Demokratie ist mehr als parlamentarische Regierungsform; sie ist eine Weltanschauung, die ebenfalls wurzelt in der Auffassung von der Würde, dem Werte und den unveräußerlichen Rechten eines jeden einzelnen Menschen, die das Christentum entwickelt hat. Demokratie muß diese unveräußerlichen Rechte und den Wert eines jeden einzelnen Menschen achten im staatlichen, im wirtschaftlichen und kulturellen Leben. Wer wirklich demokratisch denkt, muß sich immer leiten lassen von der Achtung vor dem anderen, vor seinem ehrlichen Wollen und Streben.

Ich glaube, daß aus meinen bisherigen Ausführungen hervorgeht, warum wir uns *christlich demokratisch* nennen.

Wir nennen uns christliche Demokraten, weil wir der tiefen Überzeugung sind, daß nur eine Demokratie, die in der christlich-abendländischen Weltanschauung, in dem christlichen Naturrecht, in den Grundsätzen der christlichen Ethik wurzelt, die große erzieherische Aufgabe am deutschen Volke erfüllen und seinen Wiederaufstieg herbeiführen kann.

Wir nennen uns *Union*, weil wir alle diejenigen, die auf diesem Boden stehen, zu politischer Arbeit zusammenführen wollen, gleichgültig welchem Bekenntnis sie angehören.
Wir legen Wert darauf, sogar entscheidenden Wert, in unserem Namen unsere weltanschauliche Einstellung offen und klar zu bekennen.
Die politische Tätigkeit jeder Partei wird wohl auf längere Zeit hinaus in gewisser Weise abhängig sein von der Beurteilung, die ihr Programm bei den Militärregierungen erfährt. Ich habe zeitweise den Eindruck gehabt, als ob man nicht bei allen britischen Stellen die Betonung der christlichen Weltanschauung bei einer politischen Partei verstehe. Es gibt auch deutsche Kreise, die meinen, es sei nicht nötig, in unserem Namen das Wort „*christlich*" zu führen. Es sind das Kreise der Freien Demokraten und – man höre und staune – des Zentrums. Ja, die Sozialdemokratie empfindet es nach Herrn Dr. Schumacher fast als beleidigend für die anderen Parteien, daß wir uns christlich nennen; wir unterstellten damit anderen Parteien, sie seien weniger christlich oder gar christentumsfeindlich.
Nun, meine Damen und Herren, um auf das letztere vorweg zu antworten: wir alle würden uns von Herzen freuen, wenn die Sozialdemokratie erklären würde, sie sei ebenso christlich ihrer Gesinnung nach wie wir. Ich werde im Verlaufe meiner Rede noch Gelegenheit haben, wenn ich auf das Verhalten der Sozialdemokratie uns gegenüber eingehe, hierauf zurückzukommen.
Ich könnte mir denken, daß diese religiös-weltanschauliche Untermauerung einer politischen Partei für England fremd und nicht ohne weiteres verständlich ist. In England gibt es eine ähnliche Partei nicht. Das hat meines Erachtens einen einfachen Grund. In England ist religiöses, christliches Empfinden in weiteren Kreisen verbreitet als in Deutschland. Daher stehen in allen seinen Parteien viele Mitglieder auf christlichem Fundament. Das ist aber im übrigen Westeuropa und insbesondere in Deutschland anders. Ich meine, es ist nicht zufällig und ohne inneren Grund, daß sich in Holland, in Belgien, in Frankreich, in Italien, in Österreich, in Deutschland Parteien gebildet haben, die auf christlichen Grundsätzen sich aufbauen und das auch in ihrem Namen zum Ausdruck bringen.
Für Deutschland kommt noch eins hinzu. Deutschland ist eines der religionslosesten und unchristlichsten Völker Europas. Das war es schon vor 1914. Trotzdem die Berliner manche wertvollen Eigenschaften aufwiesen, habe ich damals schon immer in Berlin das Gefühl gehabt, in einer heidnischen Stadt zu sein. So haben sich in Deutschland Parteien gebildet, die bewußt und gewollt das Christentum bekämpften. Dazu gehörte die nationalsozialistische Partei, die zwölf Jahre lang mit allen Mitteln versucht hat, das Christentum in Deutschland zu unterdrücken und auszurotten; sie hat das öffentliche Leben in Deutschland planmäßig entchristlicht. Dazu gehörte früher die Deutsche Sozialdemokratie; dazu gehört der deutsche Kommunismus. Die SPD betont jetzt, daß sie nicht christentumsfeindlich sei, sie ist aber sicherlich auch nicht christentumsfreundlich. Es ist doch schon bezeichnend, wenn sich in ihr religiös eingestellte Mitglieder zu einer besonderen Gruppe zusammenschließen müssen. Das kann doch nur daran liegen, daß

diese Mitglieder der SPD fürchten, ohne engeren Zusammenschluß gänzlich einflußlos zu bleiben. Aber auch sie nennen sich „Gruppe religiöser Sozialisten", nicht etwa Gruppe christlicher Sozialisten; und wie stark sie sind, das ist nicht zu erfahren.
Es liegt auf der Hand, daß sich als Gegenpol zu solchen, dem Christentum ablehnend oder weniger freundlich gegenüber stehenden Parteien in Deutschland Parteien bilden, die auf dem Christentum fußen und das auch betonen. Es kommt ein weiteres hinzu, was ich besonders auch im Ausland zu beachten bitte. In Deutschland ist nun einmal die Parteipolitik „weltanschaulich" fundiert, in England meines Wissens nicht. Der anerkannte Führer der SPD, Herr Dr. Schumacher, predigt immer wieder den Sozialismus als Weltanschauung, nicht etwa als politische oder wirtschaftliche Idee.
Ich führe noch eine weitere entscheidende Tatsache an, die es notwendig macht, daß eine große Partei sich zusammenfindet und bildet auf dem Boden des Christentums.
Das deutsche Volk ist zur Zeit in einem derartigen geistigen und seelischen Zustand, es ist derartig alles, schlechthin alles bei ihm zusammengebrochen, die Erziehung der jüngeren Generation ist so vernachlässigt, es ist in einer solchen materiellen Not, daß man schon die tiefsten Kräfte, die in jedes Menschen Seele schlummern, erwecken muß: das sind die religiösen, um es wieder der Gesundung entgegenzuführen. In erster Linie ist das Sache der Kirchen. Aber bei unseren chaotischen Zuständen überschneiden sich noch mehr als sonst öffentliches Leben und religöse Bereiche. Das deutsche Volk muß in seinem ganzen Denken und Fühlen umerzogen werden. Das ist auch eine wesentliche Aufgabe der politischen Parteien. Diese Aufgabe kann aber nur von einer weltanschaulich fundierten Partei wirklich gelöst werden. Die SPD bezeichnet den Sozialismus als ihre Weltanschauung, wir das Christentum.
Für das wirtschaftliche und soziale Leben stellen wir folgende Grundsätze auf: Es ist nicht damit getan, daß sich jemand Sozialist nennt, ohne zu sagen, was er will. Wir ziehen es vor, mit klaren und einfachen Worten zu sagen, was wir auf wirtschaftlichem und sozialem Gebiet wollen.
Wir sind der Auffassung, daß die Wirtschaft der Bedarfsdeckung des Volkes zu dienen hat. Die Wirtschaft soll dem Menschen dienen, nicht der Mensch der Wirtschaft. Unsere grundsätzliche Auffassung verbietet es uns, als Sinn der Wirtschaft nur das ungehemmte Gewinnstreben des Einzelnen zu sehen. Die Wirtschaft hat sich dem Gemeinwohl unterzuordnen. Eine vernünftige Planung und Lenkung der Wirtschaft, ein ständiges Koordinieren der Kräfte in unserer Zeit ist unerläßlich. Dies geschieht vielleicht am besten in Selbstverwaltungskörperschaften, in denen Arbeitgeber und Arbeitnehmer und unbeteiligte Konsumenten gleichberechtigt vertreten sind. Wir wollen Beteiligung der Arbeiterschaft an Führung und Verantwortung, und zwar nicht nur im Rahmen der genannten Selbstverwaltungskörperschaften, sondern auch in großen anonymen Kapitalgesellschaften, in denen das Eigentumsrecht mehr oder weniger an Einfluß hinter dem Direktionsrecht zurückgetreten ist. Wir wollenn weiter Beteiligung der Arbeiterschaft am Ertrag, gerechten Ausgleich zwischen Unternehmer und Arbeiter. Für uns ist der Arbeitsvertrag nicht ein rein schuldrechtliches Verhältnis, sondern auch ein Gemeinschaftsvertrag. Der

Arbeiter verkauft seine Arbeit nicht als Ware, wie es der Anschauung des Hochkapitalismus und auch des ökonomischen Materialismus entspricht. Er geht vielmehr mit dem Unternehmer ein Gemeinschaftsverhältnis ein.

Diese Auffassung steht in engem Zusammenhang mit unserer Ansicht über das Zustandekommen des wirtschaftlichen Ertrages. Das Kapital und der dahinter stehende unternehmerische Geist können nicht ohne die Arbeit und die Arbeit kann nicht ohne das Kapital und die schöpferische Initiative des Unternehmers bestehen. Hierin liegt die sittliche Grundlage für eine gerechte Verteilung des Arbeitsertrages.

Unsere Auffassung von der Freiheit und Würde der Einzelperson verbietet eine die wirtschaftliche und die politische Freiheit gefährdende Zusammenballung wirtschaftlicher Macht an einzelnen Stellen, sei es an privaten oder auch an öffentlichen. Daß der Staat, der die politische Macht hat, ein grausamer Arbeitgeber sein kann, hat uns das nationalsozialistische Regime bewiesen. Verstaatlichung der Produktionsmittel ist in unseren Augen deshalb nicht unbedingt und immer mit sozialem Fortschritt gleichzusetzen. Solange die deutsche Wirtschaft nicht frei ist, kann im übrigen die Frage der Vergesellschaftung kaum praktisch werden. Um auch nicht kapitalkräftigen, aber arbeitsfreudigen Menschen eine unternehmerische Betätigung zu ermöglichen, ist das Genossenschaftswesen zu fördern.

Besondere Bedeutung messen wir dem Neubau des deutschen Gewerkschaftswesens zu. Die Zusammenfassung der Arbeiterschaft in parteipolitisch neutralen Gewerkschaften wird von uns begrüßt, aber auch nur unter der Voraussetzung, daß diese Gewerkschaften wirklich parteipolitisch neutral sind.

Die CDU verfügt in ihren Reihen über eine große Zahl gewerkschaftlich geschulter Arbeiterführer aus den früheren Christlichen Gewerkschaften. Es wird von weiten Kreisen der Arbeiterklasse in allen Teilen der britischen Zone mit Recht verlangt, daß diese Männer in den neuen Gewerkschaften an leitenden Stellen tätig sind, um den reichen Schatz an Erfahrungen, den sie als Führer der Christlichen Gewerkschaften sich erworben haben, zur Geltung zu bringen und um auf alle Fälle einer Gefährdung der politischen Neutralität vorzubeugen.

Ich rufe deshalb die früheren christlichen Gewerkschaftsführer zur Mitarbeit und zur Verantwortung in den neuen deutschen Gewerkschaften auf und erinnere sie an die stolze Tradition der ehemaligen Christlichen Gewerkschaften.

Bei der Kohle handelt es sich um einen wirtschaftlichen Grundstoff von entscheidender Bedeutung. Daher erstreben wir die möglichst baldige Vergesellschaftlichung der Bergwerke.

Die Sicherung der wirtschaftlichen und politischen Freiheit des einzelnen wie der Gesamtheit verlangt die Anerkennung des Privateigentums. Das Eigentumsrecht verdient den gleichen Schutz und erleidet die gleiche Einschränkung wie andere Privatrechte. Es hat zu weichen gegenüber einem auch nach ethischen Grundsätzen höheren Recht. Mäßiger Besitz möglichst vieler ist eine wesentliche Sicherung des demokratischen Staates. Der Erwerb mäßigen Besitzes ist daher nach Möglichkeit zu fördern. Das gilt besonders

auch für den Erwerb eines Eigenheims.
Wir wollen Arbeit für jeden, der arbeiten will.
Weil beim Handwerker, beim Bauern, beim Mittel- und Kleinbetrieb die Forderung nach einer größeren Freiheit der Arbeit und der Leistung für Arbeitnehmer wie für Arbeitgeber aus der inneren Struktur heraus leichter zu verwirklichen ist, verlangen wir für sie eine besondere Förderung. Der Handarbeiter, der Handwerker und der Bauer darf sich nicht der Erkenntnis verschließen, daß Würde nicht nur in der Arbeit liegt, die Materie verwandelt und wirtschaftliche Werte unmittelbar erzeugt, sondern auch in der Arbeit, die dem Geiste dient und geistige Werte schafft. Ein Wort noch zum Berufsbeamtentum, welches heute morgen mit einer Kundgebung in diesem Saal an die Öffentlichkeit getreten ist. Ich bin gewiß der Ansicht, daß das Berufsbeamtentum von einigen Schlacken zu befreien ist. Es ist uns aber ein Bedürfnis festzustellen, daß wir das Berufsbeamtentum für unentbehrlich beim Neuaufbau halten. Experimente in dieser Hinsicht lehnen wir als gefährlich ab.
Ich gehe über zur Auswirkung unserer Grundeinstellung auf die kulturelle Arbeit. Wir wollen, daß unsere alte Kultur zurückfindet zu ihrer Grundlage, zur christlich-abendländischen Kultur, deren Kern die hohe Auffassung von der Würde der Person und dem Werte jedes einzelnen Menschen ist. Der Schule und der Erziehung, die während der nationalsozialistischen Zeit so vernachlässigt worden sind, gilt unsere besondere Sorge, weil wir trotz aller wirtschaftlichen Not nur in wahrhaft guten Schulen aller Art, die das Wissen und die Erziehung des Charakters in gleicher Weise pflegen, das Heil des deutschen Volkes sehen. Auf allen Gebieten macht sich infolge der geistigen Oede der letzten zwölf Jahre und der Verluste, die der Krieg gebracht hat, ein erschreckender Mangel an wirklich tüchtigen und auf ihren Gebieten führenden Menschen bemerkbar. Trotz der wirtschaftlichen Not wird der Staat den über den Durchschnitt Begabten durch materielle Hilfe den Weg zum Aufstieg ebnen müssen. Es besteht sonst die große Gefahr, daß das deutsche Volk tief unter das Niveau sinkt, das es früher einmal eingenommen hat.
Die Regelung der Volkschulfrage hat in der Vergangenheit zu erbitterten Kämpfen der Parteien geführt, bis es zu einer vorläufigen Verständigung kam, die durch die Zustimmung der sozialdemokratischen Landtagsfraktion zu dem preußischen Konkordat 1929 auch nach außen hin ihren sichtbaren Ausdruck fand. Die sich auf diese Verständigung gründende bekenntnismäßige Schule hat die nationalsozialistische Regierung im Jahre 1939 durch Einführung der sogenannten deutschen Einheitsschule unter Bruch des Rechts beseitigt. Was soll jetzt werden?
Auf allen anderen Gebieten werden die Rechtsbrüche, die die nationalsozialistische Regierung begangen hat, beseitigt. Der frühere Rechtszustand wird wieder hergestellt. Das wollen wir auch für das Volksschulwesen. Es geht nicht an, gerade den Rechtsbruch der Nationalsozialisten zu sanktionieren, der von den breitesten Schichten der Bevölkerung als besonders schwer empfunden wird. Darum verlangen wir für die preußischen Teile der britischen Zone Wiederherstellung der bekenntnismäßig gegliederten Volks-

schule als Regelschule entsprechend dem preußischen Gesetz von 1906 und dem preußischen Konkordat von 1929. Dieser Rechtszustand muß wieder hergestellt werden und muß bleiben, es sei denn, daß ein frei gewähltes Parlament ihn auf verfassungsmäßigem Wege ändert. Für eine solche Neuregelung, die durch ein gewähltes Parlament etwa vorgenommen würde, fordern wir, daß der Wille der Erziehungsberechtigten, der Eltern, über die weltanschauliche Gestaltung der Volksschule entscheiden soll. Die Erziehung ist bei der Volksschule wesentlicher als die Vermittlung von Wissen. Für die Erziehung der Kinder sind aber in erster Linie die Eltern verantwortlich und nicht der Staat. Ihr Wille muß daher entscheidend sein auch hinsichtlich der weltanschaulichen Art der Schule, auf die sie ihre Kinder schicken wollen.

Es ist bei der Bedeutung, die das Wirken der christlichen Kirchen und aller Religionsgesellschaften für das deutsche Volk hat, die Pflicht des Staates, sie zu schützen. Das vertrauensvolle Zusammenwirken von Staat und Kirchen ist eine Grundforderung unseres Programms. Die staatliche Erziehung soll Achtung vor den Kirchen, die kirchliche Erziehung Achtung vor dem Staat sorgfältig pflegen. Die christlichen Bekenntnisse sollen unbeschadet und unter voller Wahrung ihres Wesens und ihrer Eigenart im öffentlichen Leben zusammenwirken.

Die größte Aufmerksamkeit werden wir der Ausmerzung des nationalsozialistischen und militaristischen Geistes in Deutschland widmen müssen. Die aktiven Nationalsozialisten und die aktiven Militaristen, die für den Krieg und seine Verlängerung Verantwortlichen, dazu gehören insbesondere auch gewisse Wirtschaftsführer, müssen aus ihren Stellungen entfernt werden. Sie müssen je nach Lage des Falles von deutschen Gerichten bestraft, ihr Vermögen muß ganz oder teilweise beschlagnahmt werden. Das Elend, das sie über Deutschland, über die ganze Welt gebracht haben, schreit zum Himmel. Deutsche Gerichte sollen ihnen das Urteil sprechen. Die nationalsozialistischen Konjunkturgewinne und die Kriegsgewinne müssen eingezogen werden. Aber wir wollen nur den treffen, der wirklich schuldig ist; die Mitläufer, diejenigen, die nicht andere unterdrückten, die sich nicht bereicherten, keine strafbaren Handlungen begangen haben, soll man endlich in Ruhe lassen. Sie selbst sollen Zurückhaltung üben, weil sie, wenn auch nur zu einem manchmal sehr kleinen Teil, mit Schuld tragen, an dieser entsetzlichen Entwicklung. Sie können in unsere Partei eintreten, wenn sie zunächst auch keine Funktion darin ausüben sollen. Aktiver Militarist ist nicht der Soldat, gleichgültig welchen Ranges, ob Offizier oder nicht, der in anständiger Weise seine Pflicht erfüllt und nichts anderes getan hat. Er darf deswegen keine Zurücksetzung erfahren.

Wenn man harmlose Mitläufer und Soldaten, die glaubten, ihre Pflicht zu erfüllen, deswegen zurückstößt, so züchtet man geradezu einen verstiegenen und extremen Nationalismus.

Eine ernste Sorge sind für uns die Altersjahrgänge, die ihre Ausbildung und Erziehung ganz oder zum größten Teil unter der Herrschaft des Nationalsozialismus erhalten haben. Man muß sich einmal vor Augen führen, daß der heutige 22jährige 1933 erst zehn Jahre alt war. Zunächst ist ihre berufliche Ausbildung schlecht infolge des Krieges und der Vernachlässigung der Schulen durch den Nationalsozialismus. Daher sind ihre Aussichten für die Zukunft besonders trüb. Wir müssen versuchen, dem abzuhelfen. Vor allem aber besitzen sie eine völlig falsche politische Sicht. Die Altersjahrgänge, um die es sich handelt – sie gehen bei Männern und Frauen bis über das 30. Lebensjahr hinauf – werden verhältnismäßig bald die Träger des politischen Lebens in Deutschland sein; ihre Einstellung, ihre Denkungsart wird maßgebend werden. Es ist abwegig, ihnen Vorwürfe zu machen. Sie haben alle die Jahre hindurch in politischer Hinsicht nichts gehört als das, was der Nationalsozialismus ihnen sagte. Wie kann man da von ihnen politische Urteilsfähigkeit verlangen, da sie noch Kinder waren, als der Nationalsozialismus die Macht an sich riß.

Es würde ganz falsch sein, nach einer Bestrafung zu rufen, wie es vielfach gerade sogar von deutscher Seite geschieht. Man züchtet dadurch einen wütenden Nationalismus. Es gibt nur ein Mittel gegen diesen Geist, und das ist Aufklärung und Belehrung. Man muß sie darüber aufklären, was der Nationalsozialismus und seine Führer in Wirklichkeit waren, ihnen zeigen, daß die heutige Situation Deutschlands, ihre eigene traurige Lage, eine Folge der nationalsozialistischen Politik und Führung sind. Diese Aufklärung und Belehrung wird vergebens sein, wenn sie von alliierter Seite kommt. Die Jugend wird ihr nicht glauben. Und auch das muß man verstehen. Sie muß von autoritativen deutschen Stellen planmäßig und ruhig, nicht agitatorisch erfolgen, sonst erreicht man nichts. Bei dieser Aufklärung, nicht nur der Studenten, müssen unsere Universitäten und Hochschulen aller Art, führende Männer und Frauen aller Richtungen mitwirken. Strafe für den, der Schuld hat, aber Belehrung und Aufklärung für die weiten Kreise unseres Volkes, die ohne eigene Schuld planmäßig irregeleitet worden sind.

Gut wäre es, wenn die politisch Interessierten aus den jüngeren Jahrgängen sich in Arbeitskreisen der CDU zusammenfänden, wie dies in ausgezeichneter Weise und ohne jede Einwirkung der älteren Generation in Köln geschehen ist, um sich in gemeinsamer Arbeit die Grundlage einer neuen politischen Sicht zu erarbeiten. Die Voraussetzungslosigkeit der jüngeren Generation scheint mir dabei ein besonders wertvoller Ansatzpunkt zu einer ungetrübten Sicht und einer wahrhaft realpolitischen Haltung werden zu können.

Noch ein Wort zu der Zugehörigkeit jüngerer Menschen zu nationalsozialistischen Formationen. Ich meine, es entspricht dem Gebot der natürlichsten Gerechtigkeit, hier mit besonders milden Maßstäben zu messen. Es ist ein Unding, einen jungen Menschen heute ins soziale Elend zu stoßen, weil er als Kind hinter einer Maultrommel und einem Wimpel hergelaufen und vielleicht sogar dabei Häuptling einer Jugendhorde gewesen ist. Ich würde es begrüßen, wenn die britische Besatzungsmacht besondere Anweisung für die Behandlung der Jüngeren in dieser Beziehung erteilte.

Unser Land wird im Höchstfall 40 Millionen Menschen ernähren können, aber unsere Einwohnerzahl wird über 60 Millionen sein. Das Gespenst des Hungertodes für viele Millionen können wir nur bannen, wenn wir unserem Boden auch das Letzte abringen und wenn andererseits die Alliierten uns genügend industrielle Produktionsstätten belassen, um durch Export und Import unsere Menschen ernähren und kleiden zu können.

Wenn wir 40 Millionen aus eigener Scholle ernähren wollen, dürfen wir bodenreformerische Experimente nicht machen. Die Bodenverteilung in der britischen Zone ist auch nicht so, daß hierzu Veranlassung bestünde, abgesehen von gelegentlichen Korrekturen.
Was wir bisher über den zukünftigen Umfang unserer Industrie und unseres Exportes gehört haben, übersteigt unsere schlimmsten Befürchtungen. Wir hoffen, daß das letzte Wort noch nicht gesprochen ist.
Über die Beseitigung der unmittelbaren Kriegsschäden hat die CDU Ihnen folgendes zu sagen: Wir wollen einen billigen Ausgleich der Kriegsschäden. Es handelt sich dabei um eine so elementare Forderung der Gerechtigkeit, daß ich zur Begründung kaum etwas zu sagen brauche.
Ich möchte auf folgendes hinweisen: wenn man durch die britische Zone fährt, so sieht man beträchtliche Strecken Landes, die äußerlich vom Kriege unberührt sind. Allerdings haben auch sie an der Sorge für die Flüchtlinge zu tragen. Dennoch ist ein gerechter Ausgleich mit den zerstörten Gebieten, besonders des Westens, notwendig. Auch die Wirtschaftsverwaltungen sollten sich darüber klar sein, daß ein Schematismus hier ungerecht ist. Ich führe als Beispiel Köln an. Köln ist mehr zerstört als andere Städte. Es kann nur hochkommen, wenn es mehr Zuteilungen an Baustoffen und anderen Dingen erhält als weniger zerstörte Städte, und zwar solange, bis deren Vorsprung aufgeholt ist.
Wir wollen Sorge und Hilfe in materieller, sozialer und kultureller Hinsicht für die Millionen von Flüchtlingen, die aus allem herausgerissen sind und vielfach überhaupt nichts mehr besitzen. Die Sorge für sie ist ebenso ein Gebot christlicher Barmherzigkeit wie politischer Klugheit, um das Überhandnehmen asozialer Elemente zu verhindern.
Wenn wir an den Wiederaufbau unserer zerstörten Städte und Ortschaften, unserer industriellen Unternehmungen gehen, dann wollen wir lernen aus den Fehlern der Zeit der Industrialisierung, des Entstehens unserer großen Städte. Die Zusammenballung großer Menschenmassen auf engstem Raum darf sich unter keinen Umständen wiederholen, und ebenso wenig darf die sich daraus ergebende Wertsteigerung des Grund und Bodens einzelnen zugute kommen. Ich erblicke seit vielen Jahren in dieser verfehlten Boden- und Siedlungspolitik der früheren Zeit eine der Hauptquellen für die materialistische Einstellung weiter Kreise unseres Volkes, für seine Entwurzelung und innere Haltlosigkeit. Hier sehe ich eine bodenreformatorische Aufgabe größten Ausmaßes von vitaler Bedeutung für unsere Zukunft.
Eine Partei muß Stellung nehmen zu den anderen Parteien, zu ihren Programmen, ihren Ansprüchen und soweit es die Selbstachtung erfordert, auch zu den Agitationsmethoden der anderen Parteien. Bei den notwendigen Auseinandersetzungen muß man sich von der Überzeugung leiten lassen, daß keine Partei für sich allein Deutschland aus seiner Not retten kann, daß daher im Interesse des deutschen Volkes alle Parteien zur ehrlichen Zusammenarbeit bereit sein müssen.
Ich will zuerst über die Sozialdemokratische Partei sprechen. Ich werde mich dabei auf das absolut Notwendigste beschränken und soweit es das Gebot der Selbstachtung

irgendwie zuläßt, alles vermeiden, was die im Interesse des deutschen Volkes einmal notwendig werdende Zusammenarbeit mit ihr unsererseits gefährden könnte. Eins möchte ich an die Spitze meiner Ausführungen stellen. Seit einiger Zeit gefährdet die SPD diese zukünftige Zusammenarbeit sowohl durch ihre Ansprüche wie ihre Agitationsmethoden. Und zwar tut das keine Geringerer als Herr Dr. Schumacher, der anerkannte Führer der SPD, seit einigen Monaten in Wort und Schrift. Er hat das getan u. a. in Reden in Bonn und in Köln, in Nr. 2 der Schriftenreihe für die Unterrichtung und die Arbeit der sozialdemokratischen Funktionäre. Das ist nicht immer so gewesen. Ende September 1945 war in Godesberg eine Zusammenkunft von führenden Männern der SPD und der CDU: führende Männer beider Parteien hatten gemeinsam zu dieser Besprechung eingeladen. Als Führer der SPD war nicht Herr Dr. Schumacher anwesend, wohl aber Herr Severing. Dort kam man aus der Überzeugung heraus, daß die CDU und die SPD in gemeinsamer Arbeit das deutsche Volk retten müssen, zu dem Gentleman Agreement gegenseitiger Rücksichtnahme ohne Verwischung der Verschiedenheit der politischen Auffassungen in prinzipiellen Fragen.

Im September 1945 hat Herr Dr. Schumacher vertrauliche Richtlinien für die SPD in ihrem Verhältnis zu den anderen politischen Faktoren für den Gebrauch der führenden Funktionäre herausgegeben. Auch auf diese Richtlinien werde ich im Laufe meiner Ausführungen noch zurückkommen. Auch sie melden zwar schon einen für uns unerträglichen Führungsanspruch für die SPD an, sie sind aber in dem gegen uns angewandten Ton noch erträglich.

Das alles ist im Laufe der letzten Monate völlig, von Grund auf anders geworden. Herr Dr. Schumacher beleidigt uns fortgesetzt in der gröblichsten Weise. Er hat damit nicht nur das Godesberger Abkommen gebrochen, er gefährdet damit auch die künftige, im Interesse des deutschen Volkes notwendige Zusammenarbeit auf das stärkste. Wenn ich mich lediglich als Parteiführer fühlte, könnte ich mich über diese neue Methode des Herrn Dr. Schumacher freuen; denn sie liefert uns ein prachtvolles Agitationsmaterial, aber als Deutscher bedauere ich sie tief. Ich appelliere an die SPD und den Herrn Dr. Schumacher vom Herbste 1945: wir sind bereit, das Godesberger Abkommen weiter zu halten, wenn es kein einseitiges Abkommen bleibt, sondern auch von der SPD gehalten wird.

Mit Herrn Dr. Schumacher muß ich mich über folgende Punkte auseinandersetzen:

1. er behauptet, die CDU betreibe eine rücksichtslose und reaktionäre Politik bei der Besetzung wichtigster Ämter;

2. die CDU von heute sei nicht die Partei, wie sie bei ihrer Gründung geplant worden sei.

3. Die CDU sei keine weltanschauliche, sondern eine reine Besitzverteidigungspartei, die sich des Christentums nur als Tarnung bediene.

4. Die SPD habe in Deutschland den Führungsanspruch, weil sie allein von allen Parteien seit 80 Jahren die Prinzipien des Friedens und der Demokratie hochgehalten habe.

Lassen Sie mich zunächst die Behauptung Dr. Schumachers von der rücksichtslosen

und reaktionären Personalpolitik der CDU abtun. Hören Sie, was Dr. Schumacher darüber am 3. Februar 1946 von dieser Stelle aus gesagt hat:
„Es gibt in Deutschland keine Stelle, in der die Sozialdemokratie sich so benehmen würde wie die CDU in der Rheinprovinz. Es ist keine gute Demokratie, wenn alter Wein in neue Schläuche gegossen wird. Man wird nicht ein christlicher Aufbaupolitiker, wenn man, um Oberpräsident zu werden, von den Deutschnationalen in eine neue Partei übergeht. Diese Figur ist ja nicht vereinzelt."
An einer anderen Stelle: „Was soll ich denn dazu sagen, wenn eine solch belastete und in sich der Zukunft so wenig zugewandte Figur wie dieser Oberbürgermeister a. D. Jarres der Beichtvater und politische Berater der CDU im Rheinland ist."
Demgegenüber stelle ich folgendes fest: Ehe der Oberpräsident der Nord-Rheinprovinz, Dr. Lehr, – diesen hat Herr Dr. Schumacher gemeint – auf den Posten berufen wurde, hat die britische Militärregierung Vertreter der KPD, der SPD und der CDU kommen lassen und sie gefragt, ob sie mit der Berufung von Herrn Dr. Lehr auf den Posten eines Oberpräsidenten der Nord-Rheinprovinz einverstanden seien. Alle drei Parteivertreter haben erklärt: jawohl. Der Vertreter der britischen Militärregierung hat dann weiter gefragt, ob die Herren auch für ihre Parteiangehörigen im Lande sprächen. Auch diese Frage ist von allen drei Parteivertretern ausdrücklich bejaht worden. Was nun Herrn Dr. Jarres angeht, so könnte ich mir Herrn Jarres in allen möglichen Stellungen vorstellen, aber nicht in der, die ihm Herr Dr. Schumacher zuweist, Beichtvater der CDU im Rheinland zu sein. Ich bin der Vorsitzende der CDU in der Nord-Rheinprovinz, und wenn Herr Jarres unser parteipolitischer Beichtvater wäre, so würde man sich doch schon mal sehen oder sprechen. Ich erkläre hiermit ausdrücklich, daß ich Herrn Dr. Jarres seit Jahren weder gesehen, noch gesprochen, noch mit ihm Briefe gewechselt habe.
Ich will mich nicht in Einzelheiten ergehen, aber darf ich Herrn Dr. Schumacher in aller Zurückhaltung an die Verhältnisse im Regierungsbezirk Aachen und der Stadt Aachen erinnern? Regierungspräsident in Aachen ist ein höchst aktiver Sozialdemokrat. Oberbürgermeister der Stadt Aachen ist ebenfalls ein Sozialdemokrat. Dabei hat sowohl der Regierungsbezirk Aachen wie die Stadt Aachen immer eine prozentual sehr geringe sozialdemokratische Stimmenzahl bei den freien Wahlen gehabt.
Hören Sie weiter, was Herr Dr. Schumacher über die CDU bei ihrer Gründung und die heutige CDU sagt: „Als die CDU gegründet worden ist, da meinten sicher wackere und wohlmeinende Männer, die Dinge der Politik auf eine neue Plattform zu heben, aber in der Zwischenzeit sind die Nazis, die Deutschnationalen und die Deutsche Volkspartei böser kapitalistischer und klassenkämpferischer Färbung in diese CDU hineingeströmt. Die Struktur und die politische Physiognomie dieser CDU hat sich seit diesen Tagen grundlegend geändert... Die CDU hat, ob mit oder ohne ihren Willen, das Bett gemacht, in dem die Reaktionäre der Harzburger Front bereits kräftig schnarchen."
Nun, meine Damen und Herren, an sich wäre es doch auch sicher im Sinne des Herrn Dr. Schumacher erwünschter, wenn die Reaktionäre im Bett lägen, schliefen und

schnarchten, als wenn sie wühlten und tätig wären. Er müßte uns also, von seinem Standpunkt aus eigentlich dafür danken, daß wir die Reaktionäre der Harzburger Front zur Ruhe gebracht hätten. Aber seine ganzen Behauptungen sind völlig falsch. Die Struktur und die politische Physiognomie der CDU hat sich seit den Tagen ihrer Gründung in keiner Weise geändert. Wir achten mit der größten Sorgsamkeit darauf, daß wir die Partei eigener Prägung entsprechend unserem Programm sind und bleiben. Es ist nicht wahr, daß Mitglieder der von Herrn Dr. Schumacher genannten Parteien in unsere CDU hineingeströmt wären. Gewiß, wir nehmen genau wie die SPD und die KPD unbelastete frühere Nationalsozialisten als Mitglieder auf; sie können aber bis auf weiteres keine führenden Stellungen bei uns erhalten. Wir lehnen es durchaus ab, eine Rechtspartei zu sein, wir lehnen es auch ab, eine Linkspartei zu sein. Über alles dies herrscht bei uns vollste Einmütigkeit.

Hören Sie, was Herr Dr. Schumacher von unserer Partei weiter sagt: Er behauptet, die CDU sei eine reine Besitzverteidigungspartei, der eigentliche Beweggrund ihrer Existenz seien die wirtschaftlichen Interessen derjenigen, die noch etwas hätten und von ihrem Besitz möglichst nichts abgeben wollten. Bei uns herrsche nicht der Geist der Bergpredigt, wohl aber der Geist einer Besitzverteidigung, die Deutschland zugrunde gehen ließe, wenn bloß das eigene Portemonnaie geschont bliebe. Jetzt müsse bei uns der Begriff christlich zur Tarnung für unsere Besitzverteidigungsbestrebungen herhalten. Diese beleidigenden Behauptungen werden immer und immer wieder vorgetragen und in die Welt geschleudert, damit sie sich allmählich in den Gehirnen festsetzen und zur Überzeugung werden. Irgend einen Beweis für seine Behauptungen versucht Dr. Schumacher nicht einmal zu erbringen. Die ganze Methode erinnert in peinlicher Weise an die Propagandamethoden einer hinter uns liegenden Zeit. Ich bedaure die schweren Beleidigungen, die Herr Dr. Schumacher gegen die CDU schleudert, aufs tiefste. Er wirft uns nicht mehr und nicht weniger vor, als daß wir krasse, egoistische Motive hätten und uns heuchlerischer Weise christlich tarnten.

Ist sich eigentlich Herr Dr. Schumacher klar, was er mit solchen Beleidigungen anrichtet? Ich kann es mir gar nicht vorstellen, daß ein politisch denkender Kopf im heutigen Deutschland derartig mit der Ehre einer großen Partei umspringt. Man möge sich doch einmal klarmachen, welches Echo ein Führer der CDU haben würde, wenn er etwa behauptete, die Sozialdemokraten seien im Grunde genommen gar keine Sozialisten; sie seien reine Opportunisten und Machtpolitiker, genau wie die früheren preußischen Junker, den Sozialismus hängten sie sich nur als Mäntelchen um, um ihre rein machtpolitischen Ziele dahinter zu verbergen. Die Behauptungen Herrn Dr. Schumachers sind besonders absurd, weil die westlichen Provinzen Deutschlands, in denen der Hauptteil unserer Anhänger wohnt, unendlich viel mehr durch den Krieg gelitten und verloren haben als diejenigen Landesteile, in denen hauptsächlich Anhänger der Sozialdemokratie wohnen.

Ich weise diese Behauptungen für meine Parteifreunde mit Entrüstung zurück, und ich mache die Sozialdemokratische Partei mit Nachdruck auf die Folgen aufmerksam, die

die Wiederholung derartiger Beleidigungen bei uns nach sich ziehen müssen.
Ich komme zu dem von Herrn Dr. Schumacher immer wieder wiederholten Führungsanspruch der Sozialdemokratie in Deutschland. Wir haben zu beanstanden sowohl die Erhebung dieses Führungsanspruches, wie seine Begründung. Zur Begründung führt Herr Dr. Schumacher aus: die bürgerlichen Parteien, das sind nach ihm alle Parteien mit Ausnahme der SPD und der KPD, hätten zusammen mit dem Kapitalismus den Nationalsozialismus geschaffen, um sich an der Herrschaft zu halten. Die Sozialdemokratie dagegen habe allein von allen Parteien seit 80 Jahren die Prinzipien des Friedens und der Demokratie vertreten. Die bürgerlichen Parteien, die Vertreter des Kapitalismus, seien mit ihrer Politik restlos zusammengebrochen. Die von der Sozialdemokratie allein vertretenen Prinzipien des Friedens und der Demokratie hätten sich bewährt, darum gebühre der SPD jetzt die Führung in Deutschland.
Derartige Ausführungen werden in der britischen Zone in der Öffentlichkeit, sowohl wie in den zahlreichen Besprechungen, die sozialdemokratische Funktionäre mit Vertretern der britischen Militärregierung haben, immer wieder wiederholt. In London werden diese Gedanken von sozialdemokratischen Emigranten verbreitet. Die SPD hat damit bisher nennenswerte Erfolge in der öffentlichen Meinung Englands und wohl auch bei der britischen Militärregierung gehabt. Der „Economist" führte am 2. Februar 1946 in einem „Zerstückeltes Deutschland" überschriebenen Artikel aus: „Es muß nochmals gesagt werden, daß ein Entschluß zur Verlängerung der Zonenverwaltung keineswegs einem Versuch gleichkommen darf, aus der Zonenaufteilung eine ständige Zerstückelung werden zu lassen. Er kann lediglich auf der Überzeugung aufgebaut werden, daß eine auf Sozialdemokratie, Verstaatlichung und Erweiterung der Produktion aufgebaute Politik das richtige für ganz Deutschland ist, und die beste Methode, diese Politik auf ganz Deutschland zu übertragen, wäre, in der britischen Zone den Beweis ihres einwandfreien Funktionierens zu erbringen."
Hier wird also in dem sehr angesehenen Blatt ausdrücklich erklärt, daß die Politik der britischen Regierung auf der Sozialdemokratie aufgebaut werden müsse.
Bei den Behauptungen, die Herr Dr. Schumacher zur Begründung des Führungsanspruches der SPD in Deutschland aufstellt und die ich oben wiedergegeben habe, handelt es sich um eine Geschichtsklitterung schlimmster Art. Darum muß ich ausführlicher auf sie eingehen.
Es ist nicht richtig, wie Herr Dr. Schumacher behauptet, daß das Großkapital den Nationalsozialismus ins Leben gerufen habe, um die bürgerlichen Parteien am Ruder zu halten. Ich bin kein Freund von Großkapitalisten und ebenso wenig ein Freund der Trusts und Kartelle. Ich erkläre, daß sie zum weitaus größten Teil einen falschen und nicht genügend sozialen Gebrauch von ihren Machtmitteln gemacht haben, daß ich nicht wünsche, daß wieder „Großkapitalisten" entstehen – zur Zeit weiß ich wirklich keine –, daß Großkapitalisten niemals eine die Freiheit bedrohende politische Macht gewinnen dürfen. Aber: den Nationalsozialismus hat das Großkapital nicht geschaffen. Der Nationalsozialismus war nicht ihre Erfindung, das läßt sich klar und eindeutig

beweisen. Der Nationalsozialismus war vom ersten Augenblick an scharf gegen die Juden eingestellt. Im Großkapital aber waren Juden durchaus maßgebend. Glaubt einer, daß diese maßgebenden jüdischen Herren ihren Todfeinden, nämlich den Nationalsozialisten, zur politischen Macht verholfen haben? Nein, das hieße doch die Intelligenz und Klugheit dieser Herren gewaltig unterschätzen.

Die Erfinder des Nationalsozialismus waren militärische Kreise, waren hohe Militärs. Sie erkannten, daß es zwei Schlagworte von fabelhafter Zugkraft für die große Masse des deutschen Volkes gab, die Worte „national" und „Sozialismus". Übrigens gibt es jetzt sozialdemokratische Führer, die die gleiche Erkenntnis haben. Sie betonen in ihren Reden sehr stark den nationalen Akzent, und sie stellen den Sozialismus hin als die Erlösung der Menschheit von allen Übeln. Verzeihen Sie die kurze Abschweifung; ich wiederhole: diese Militaristen, die in sehr hohen militärischen Stellen waren oder gewesen waren, erkannten die propagandistische Zugkraft der Worte „national" und „Sozialismus". Sie verbanden sie zu einem Wort und schufen eine neue Art von Sozialismus, den Nationalsozialismus. Sie sagten sich, daß man, um dem Instinkt breiter Massen entgegenzukommen, einen namenlosen Soldaten an die Spitze stellen müsse. So verfielen sie auf Hitler, der in politischen Diskussionsabenden, die von Formationen der Reichswehr in München veranstaltet wurden, durch seine populäre Rhetorik aufgefallen war.

Seine ganze militärische Organisation hat der Nationalsozialismus von seinen militärischen Vätern, nicht von Hitler, der niemals systematisch arbeiten konnte, nicht von Göring, der sich jahrelang vorsichtig zurückhielt, bis er sah, daß diese Partei eine Macht zu werden versprach und daß er durch den Anschluß an sie persönliche Chancen habe. Das Geld, das nötig war, um eine solche ungeheure Organisation wie die nationalsozialistische Partei aufzubauen, kam *zuerst* aus den Schwarzen Fonds der Reichswehr, *der* Reichswehr, die von sozialdemokratischen Ministern und auch von dem mir hochverehrten Reichspräsidenten Ebert immer mit größter Zartheit und Rücksicht behandelt wurde.

Die Wirtschaftskreise sind erst der nationalsozialistischen Partei mit finanziellen Mitteln zur Hilfe gekommen, als diese Partei die stille Approbation und Unterstützung der Reichswehr gefunden hatte. Ich verurteile scharf diese militärischen und die wirtschaftlichen Kreise; sie tragen große Schuld und müssen deshalb zur Rechenschaft gezogen werden, ich mußte aber diese Feststellungen treffen, einmal um der historischen Wahrheit willen, dann aber auch um entschieden gegen die Behauptungen Dr. Schumachers Front zu machen, es gebe nur noch ein Heilmittel für das deutsche Volk, den Sozialismus, weil der Kapitalismus das Nazitum über Deutschland und die Welt gebracht habe, um sich und die bürgerliche Klasse zu retten.

Und wie steht es mit der Behauptung, die SPD sei die einzige Partei in Deutschland, welche seit 80 Jahren unentwegt die Prinzipien des Friedens und der Demokratie vertreten habe? Die kriegerischen Wirren, welche Europa und fast die ganze Welt überzogen haben, haben mit dem Kriege 1914/18 begonnen. Wer hat zusammen mit allen anderen Parteien im Reichstag für die Kriegskredite gestimmt? Die Sozialdemokratische Reichstagsfraktion unter Zustimmung des Parteivorstandes und des Parteiausschusses. 1870 hat sie noch gegen die Kriegskredite gestimmt, 1914 hat sie dafür gestimmt, und die beiden Mitglieder der Fraktion, die sich dagegen wandten, Liebknecht und Rühle, aus der Fraktion ausgeschlossen. Es liegt mir natürlich völlig fern, irgendwie einen Vorwurf gegen die damalige sozialdemokratische Reichstagsfraktion zu erheben, aber ich stelle doch fest, daß es mit den achtzig Jahren, während denen die SPD immer nur die Prinzipien des Friedens vertreten und allein von allen Parteien vertreten habe, nicht so recht stimmt.

Die Sozialdemokratische Partei sollte wirklich nicht das Monopol der Vollkommenheit für sich beanspruchen. Alle Menschen haben Fehler, und alle Parteien haben auch Fehler, die Hauptsache ist, daß man weiß, daß man Fehler hat, und daß man sich nicht so hoch erhaben über alle anderen vorkommt. Ich habe sozialdemokratische Minister gekannt, die feurige Militaristen waren, mit denen ich mich persönlich deswegen auseinandergesetzt habe, und es hat außerhalb der sozialdemokratischen Partei Männer und Einrichtungen gegeben, die mit Mut und Unerschrockenheit für den Friedensgedanken eingetreten sind. Ich weise hier hin auf den „Friedensbund deutscher Katholiken" und auf den Universitätsprofessor Dr. Benedikt Schmittmann von der Universität Köln. Er war führend tätig im Friedensbund deutscher Katholiken. Er wurde deswegen sofort bei Beginn des Krieges verhaftet und im Konzentrationslager Oranienburg getötet. Er gehört zu den wenigen Universitätsprofessoren, die im Kampfe gegen den Nationalsozialismus ihr Leben dahingegeben haben. Er war Professor der Universität Köln. Die Universität Köln kann stolz darauf sein, daß sie diesen Märtyrer einst zu ihren Dozenten zählen durfte.

Welche Partei in der britischen Zone und in Deutschland die Führung übernehmen wird, – ich meine, man sollte mit dem Wort Führer und Führung in Deutschland endlich einmal Schluß machen und statt dessen sagen, welche Partei in der britischen Zone und in Deutschland die Hauptverantwortung übernehmen soll, – werden die demnächst stattfindenden Wahlen zeigen. Bis Wahlen stattgefunden haben, gibt es meines Erachtens für alle Fragen, deren Regelung Rücksicht nehmen muß auf die Stärke der Parteien, nur einen objektiven Maßstab. Das ist das Ergebnis der letzten freien Wahlen vor 1933. Ich bitte die britische öffentliche Meinung und die britische Militärregierung, in Zukunft sich dieses Maßstabes zu bedienen, er ist der einzige, der vom Standpunkt der Objektivität und der Demokratie aus berechtigt ist.

Wenn Herr Dr. Schumacher sagt, die SPD sei heute zweifellos die stärkste Partei in Deutschland, so erlaube ich mir, ihm demgegenüber auf folgende Ziffern hinzuweisen. Bei den Wahlen in Süddeutschland am 20. und 27. Januar 1946 haben insgesamt an Stimmen erhalten:

KPD	153 010
SPD	1 127 295
CDU	1 554 370

Wie steht es denn nun eigentlich mit der Demokratie der SPD? Ist es wirklich so, wie Herr Dr. Schumacher behauptet: „Effektiv ist die Demokratie in Deutschland heute nicht sehr viel stärker als die Sozialdemokratische Partei." Sieht denn Herr Dr. Schumacher gar nicht ein, daß auch eine derartige Behauptung kränkend für uns ist? Mir scheint, daß ihm das Wesen der Demokratie noch nicht völlig klar ist. Zum Wesen der Demokratie gehört Achtung vor der Überzeugung anderer Parteien. – Hat diese Achtung vor uns Herr Dr. Schumacher in seinen Reden gezeigt? Und weiter: Herr Dr. Schumacher begründet den Anspruch auf Führung für die Sozialdemokratie damit, daß sie allein im Besitz der richtigen Weltanschauung sei. Ganz gleiche Begründungen für den Anspruch auf Führung im Staate habe ich früher schon von anderen Parteien gehört: von den preußischen Konservativen, die die Führung im Staate für sich verlangten, weil sie allein die richtige Auffassung vom Königtum und Staate hätten, von Nationalliberalen, die behaupteten, daß sie allein Bildung und Besitz besäßen und deswegen allein führen könnten. Es scheint sich doch in der Welt manches, wenn auch in abgeänderter Form, immer wieder zu wiederholen.

Wenn eine Partei für sich die Führung im Staate nur deshalb in Anspruch nimmt, weil sie im Besitze der richtigen Weltanschauung sei, die anderen Parteien aber nicht, so verträgt sich das nicht mit dem Wesen der Demokratie.

Warten Sie ab, Herr Dr. Schumacher, wie die demnächstigen Wahlen ausfallen. Ergeben sie wirklich eine größere Stimmenmehrheit für die Sozialdemokratie, nun, dann gebührt Ihnen auch die Tragung der Ver[antwortung].

Ich habe schon gesagt: Wenn ich lediglich Parteipolitiker wäre, könnte ich mich über die Ausführungen des anerkannten Führers der SPD freuen; denn sie bieten ein ganz ausgezeichnetes Kampfmaterial gegen die SPD, aber ich bin in erster Linie Deutscher, und als Deutscher kann ich nur mit dem größten Bedauern feststellen, daß aus den offiziellen Verlautbarungen der SPD der alte preußische Geist, das rücksichtslose undemokratische Streben nach der alleinigen Macht spricht, wie es nur je das preußische Junkertum besessen hat.

Das, meine Damen und Herren, ist tief bedauerlich und eröffnet wenig erfreuliche Aussichten für die Zukunft unseres Volkes. Ich bitte die Sozialdemokratische Partei und ihren Führer Herrn Dr. Schumacher herzlich, zurückzukehren zu der Auffassung vom Zusammenarbeiten mit der CDU, wie [wir] sie im Herbst vorigen Jahres gehabt haben, wie sie auf der Godesberger Tagung laut wurde, wie sie auch noch, wenn auch etwas abgeschwächt, aus den politischen Richtlinien für die SPD in ihrem Verhältnis zu den anderen politischen Faktoren von Dr. Schumacher aus dem Herbst 1945 sprechen. Diese Richtlinien waren zwar nur für den Gebrauch der führenden Funktionäre gedacht, aber ich würde mich freuen, wenn sie der breiten Öffentlichkeit nicht vorenthalten würden.

Ich wende mich nun zu dem Parteiprogramm der SPD. Ich möchte es gerne kennen lernen. Daß wir es kennen lernen möchten, ist vielleicht kein Grund für die SPD, ein Parteiprogramm zu veröffentlichen, aber das deutsche Volk hat ein Recht darauf, ein ganz klares und ganz unzweideutiges Recht. Es muß, ich betone das immer wieder, von allen Parteien wissen, was sie wollen. Alle Parteien sind es dem deutschen Volk

schuldig, klar und offen und ehrlich das auszusprechen.
Wir wollen, daß für die Rechte und Pflichten der Einzelperson, für die Leitung des Staates, für die Abgrenzung seiner Rechte, für die gesamte Wirtschaft und Kultur die christlichen Grundsätze, die Grundsätze der christlichen Ethik maßgebend sein sollen. Wir gehen also ganz prinzipiell nicht aus vom Interesse des Staates oder den Interessen einer einzelnen Klasse, sondern von der Freiheit und von der Würde der Einzelperson. Wovon geht die Sozialdemokratische Partei aus? Für sie ist anscheinend nach wie vor Sozialisierung der Produktionsmittel die Hauptsache. Ich bitte jeden einsichtigen Sozialdemokraten, sich doch mal in Ruhe zu überlegen, was es denn in Deutschland heutzutage zu sozialisieren gibt.

Die Sozialdemokratie will den Mittelstand, das Handwerk, die bäuerlichen Schichten für sich gewinnen. Sie schränkt darum ihre offiziellen Programme, die Enteignung des Grund und Bodens und aller Produktionsmittel verlangen, in ihren Reden ein. Sie gibt aber diese Programme nicht ausdrücklich preis. Es wäre sehr wünschenswert, wenn die deutsche Öffentlichkeit hier Klarheit bekäme, was von den alten Parteiprogrammen aufgegeben wird und was nicht.

Ich habe noch eine weitere Frage. Herr Dr. Schumacher hat in einer Rede in Bonn erklärt, daß er aus der Schule des Marxismus komme. Am 24. Februar 1946 hat in einer öffentlichen sozialdemokratischen Versammlung auf dem Burgplatz in Essen der Vorsitzende der SPD Essen, Nießwand, unter starkem Beifall der Versammlungsteilnehmer erklärt, wir sind Marxisten und Anhänger der materialistischen Geschichtsauffassung. Wie steht es damit? Ist die Sozialdemokratie offiziell Anhängerin der materialistischen marxistischen Geschichtsauffassung, oder gibt sie diese preis? Herr Dr. Schumacher spricht auch wiederholt vom Klassenkampf. Hält die Sozialdemokratie am Klassenkampf fest oder nicht? Ich halte Klassenkampf mit Demokratie für nicht vereinbar. Ich bitte die Sozialdemokratie, ehe sie Entscheidungen trifft, doch sich folgendes klarzumachen: die materialistische Weltauffassung, die vor 1933 dem deutschen Arbeiter gepredigt worden ist, mit deren Hilfe man ihn aus den religiösen Bindungen losgelöst hat, hat große Schichten des Volkes erst reif gemacht für den nationalsozialistischen Gedanken der Staatsallmacht. Das ist es, worum es sich in Zukunft handeln wird: soll in Deutschland herrschen die christliche Auffassung oder soll herrschen die marxistische und materialistische Auffassung. Wenn die Sozialdemokratie jetzt die Bauern, die Handwerker, den Mittelstand gewinnen will, dann stehen ihr allerdings ihre alten Programme hindernd im Wege. Ich glaube, es wäre für die parteipolitische Situation in Deutschland gut, wenn sie Schluß machte mit diesem Programm und allem politischen Dogmatismus und sich bekennte zu einer fortschrittlichen sozialen Reformpartei.

In den oben von mir angeführten Richtlinien des Herrn Dr. Schumacher für den Gebrauch der führenden Funktionäre findet sich folgender Satz: „Die Voraussetzung für den Aufbau der neuen Ordnung ist absolut die demokratische Mittelschicht. Erfolg oder Niederlage, im besonderen des sozialdemokratischen Sektors, in dieser neuen Ordnung wird von dem Ergebnis dieser Beeinflussung der Mittelschichten abhängen.“ Dieser Satz deutet doch unzweifelhaft auf eine Weiterentwicklung der Sozialdemokratischen Partei in dem oben von mir gekennzeichneten Sinne hin, während das Heidelberger Programm ja nur die Ziele und den Kampf der Arbeiterklasse betont.

Ich kann nicht über alle Parteien sprechen; es sind schon sehr viele in Deutschland zugelassen, aber einige Worte muß ich über das Zentrum sagen. Sie werden verstehen, daß ich das mit aller Reserve tue, schon deswegen, weil ich verschiedene Aussprachen gehabt habe – mit Dr. Hamacher und mit Herrn Spieker –, Aussprachen, die, wie ich hoffe, noch fortgesetzt werden. Zweierlei will ich hier hervorheben.

Die noch lebenden Führer der alten Zentrumspartei stehen alle bei uns, der CDU. Reichskanzler Marx, Reichskanzler Brüning, Thomas Esser, unsere altbewährten rheinischen Führer Mönnig und Rings. Justizrat Carl Bachem, der verdiente Geschichtsschreiber der Zentrumspartei, der unlängst gestorben ist, hat, wie seine Frau mich autorisiert hat, zu erklären, bis zu seinem Tode für die CDU und gegen das neue Zentrum sich ausgesprochen. Das gleiche hat unser hochverdienter Freund Ruffini, der ja leider auch nicht mehr unter den Lebenden weilt, getan. Ein zweites muß ich noch sagen. Das neue Zentrum verteilt mancherlei Flugblätter. Nach dem einen ist an uns auszusetzen, daß wir nicht genügend katholisch seien, nach den anderen ist es falsch, daß wir uns christlich nennen, das gehöre sich nicht für eine politische Partei, sie versperre dadurch denjenigen den Zutritt, die nicht auf christlichem Boden stünden.

Beide einander derartig widersprechende Richtungen im neuen Zentrum behaupten sie, stützten sich bei ihren Beanstandungen der CDU auf das Programm des alten Zentrums.

Beide Richtungen weise ich hin auf die letzte programmatische Erklärung des alten Zentrums, auf die Richtlinien der Deutschen Zentrumspartei vom 19. Januar 1922. Darin heißt es:

„Die Zentrumspartei ist die christliche Volkspartei, die bewußt zur deutschen Volksgemeinschaft steht und fest entschlossen ist, die Grundsätze des Christentums in Staat und Gesellschaft, in Wirtschaft und Kultur zu verwirklichen."

Die Übersicht über politische Fragen, die ich Ihnen zu geben mich bemüht habe, würde in einem wesentlichen Punkte unvollständig sein, wenn ich nichts über das Verhältnis Deutschlands zu den Alliierten, insbesondere in unserer Zone, sagen würde. Beim Zusammenbruch des Nationalsozialismus war Deutschland ein Chaos. Hitler und seine Leute haben alles getan, um seinen Ausspruch wahrzumachen, daß Deutschland untergehen solle, wenn es sich weigere, weiter mit ihm zu kämpfen. Die Aufgabe, Deutschland aus diesem Zustand wieder herauszuführen, war und ist unendlich schwer. Ich habe die Überzeugung, daß die britische Militärregierung der Zone an diese Aufgabe mit Gewissenhaftigkeit und Ernst herangeht und sich nach besten Kräften bemüht, sie zu lösen. Ich habe weiter die Überzeugung, daß sie sich bemüht, die fürchterliche Nahrungsmittelknappheit soweit wie irgend möglich zu lindern. Man darf aber nie vergessen, daß eine allgemeine Hungersnot auf der Erde ausbrechen muß, wenn in allen Ländern eine nicht zu schätzende Zahl von Millionen durch den Krieg der friedlichen Arbeit über sechs Jahre lang entzogen wird. Ich glaube, diese Ausführungen der Gerechtigkeit willen hier machen zu sollen, obgleich die Besatzung bei dem Grade der Zerstörung unserer Wohnstätten eine besonders drückende Last für uns ist. Das deutsche Volk hat trotz der Untaten des Nationalsozialismus einen Anspruch darauf, nicht allein nach dieser Epoche seiner Geschichte beurteilt zu werden. Besatzung ist immer eine sehr unangenehme Sache; in erster Linie natürlich für die davon Betroffenen. Aber ich könnte mir denken, daß auch die besetzende Macht keine reine Freude an dieser Art ihrer Tätigkeit hat. Daß die Besatzung hier im Westen, wo so wenige unzerstörte Wohnungen sind, die Bevölkerung besonders hart trifft, ist bekannt. Ich bitte alle Stellen der britischen Militär-Regierung, uns diese Lasten möglichst erträglich zu machen.

Außenpolitik wird Deutschland vorerst nur in beschränktem Umfang treiben können. Sein Ziel muß sein, an der friedlichen Zusammenarbeit der Völker in der Vereinigung der Nationen gleichberechtigt teilzunehmen. Die Lasten, die der verlorene Krieg Deutschland gegenüber anderen Ländern auferlegen wird, sollten so bemessen werden, daß Deutschland sie tragen und ihnen gerecht werden kann, denn auch der Besiegte behält das Recht auf Leben und Arbeit. Bitterste Not ohne Hoffnung ist das stärkste Hindernis jeder friedlichen Entwicklung. Auch der Sieger, der im Besitze der Macht ist, hat nach menschlichem und göttlichem Recht Pflichten gegenüber dem Besiegten.

Europa ist nur möglich, wenn eine Gemeinschaft der europäischen Völker wiederhergestellt wird, in der jedes Volk seinen unersetzlichen, unvertretbaren Beitrag zur europäischen Wirtschaft und Kultur, zum abendländischen Denken, Dichten und Gestalten liefert. Wir hoffen, daß einmal wieder auch der deutsche Geist im Chor der Völker seine Stimme erheben wird.

Eine deutsche Reichsgewalt existiert zur Zeit nicht mehr. Die ganze Gewalt in Deutschland ist in den Händen der Alliierten. Alle deutschen Stellen und Behörden arbeiten kraft ihres Auftrages. Daß dieser Zustand möglichst bald ein Ende haben muß, auch nach der Auffassung der Alliierten, brauche ich nicht zu betonen. Was soll werden?

Wir wollen, daß Deutschland neu ersteht. Wir wollen nicht das Bismarcksche Reich unter preußischer Führung. Wir wollen nicht das zentralistische Deutschland des Nationalsozialismus, wir wollen nicht den deutschen Staatenbund, den der der Sozialdemokratischen Partei angehörende bayerische Ministerpräsident Högner in seiner Eröffnungsrede für den bayerischen Beratenden Ausschuß verlangt hat. Wir wollen, daß ein Bundesstaat geschaffen wird, ein Bundesstaat, dessen Zentralgewalt alles das bekommt, was zum Bestehen des Ganzen vernünftigerweise nötig ist, aber auch nicht mehr als das. Wir wollen, daß die einzelnen Länder dieses Bundesstaates weitgehend eigene Verantwortung tragen auf allen Gebieten, in denen eine zentrale Verwaltung nach dem oben Gesagten nicht nötig ist. Das ganze Deutschland, sowohl die Zentralverwaltungen wie auch die Länderverwaltungen, soll möglichst dezentralisiert werden.

Es sollen von den Gemeinden her die Menschen erfaßt und zur Beteiligung an den öffentlichen Angelegenheiten aufgerufen werden. Die Gemeinde ist für uns die Keimzelle jedes staatlichen Lebens. In ihr üben sich die politischen Kräfte, und durch sie erst erhält der Bürger das konkrete Staatsgefühl.

Ich kenne die Besorgnisse der westlichen Nachbarn Deutschlands. Ich verstehe und würdige sie nach den Erfahrungen, die sie in den letzten hundert Jahren gemacht haben, in vollem Umfange. Ich halte es für unrichtig, sie zur Beruhigung auf die heutige politische Machtverteilung in Europa hinzuweisen. Alles ist ständig im Fluß und ändert sich unter der Sonne!

Es muß eine Lösung der deutschen Frage gefunden werden, die organischer Natur und darum von Dauer ist und die unseren westlichen Nachbarn beruhigt und ihm das Gefühl von dauernder Sicherheit gibt, auf das er einen berechtigten Anspruch hat. Eine Abtrennung dieser Gebiete von Deutschland ist keine derartige Lösung.

Mit der Abtrennung allein ist es nicht getan. Wer eine solche Abtrennung vornimmt, muß sich auch die Frage vorlegen, was denn aus dem übrigen Deutschland werden soll, ob das übrige Deutschland nicht dadurch, um einen Ausspruch eines ausländischen Blattes zu gebrauchen, zu einem verwesenden Leichnam mitten in Europa wird, der genau so tödlich für dieses sein würde, wie ein siegreiches nationalsozialistisches Deutschland es gewesen wäre. – Ich bin Deutscher und bleibe Deutscher, aber ich war auch immer Europäer und habe als solcher gefühlt. Deshalb bin ich von jeher für eine Verständigung mit Frankreich eingetreten, und ich habe ihr in den Zwanziger Jahren bei den schwersten Krisen gegenüber der Reichsregierung das Wort geredet. Ich bin nie eingetreten für eine Abtrennung deutschen Gebietes, sondern immer nur für eine vernünftige, beiden Interessen gerecht werdenden Verständigung. Ich bin deshalb in den Zwanziger Jahren für eine organische Verflechtung der französischen, der belgischen und der deutschen Wirtschaft zur Sicherung eines dauernden Friedens eingetreten, weil parallel laufende, gleichgeschaltete wirtschaftliche Interessen das gesundeste und dauerhafteste Fundament für gute politische Beziehungen zwischen den Völkern sind und immer bleiben werden. Heute sind ganz andere Zukunftsmöglichkeiten für Westeuropa, für ganz Europa möglich als damals.

Wenn die augenblickliche internationale Spannung ohne Entladung vorüber ist – und Gott gebe es, daß sie ohne Entladung vorüber geht –, so wird der Gedanke der internationalen Zusammenarbeit der Völker, der Verurteilung kriegerischer Auseinandersetzung seine Feuerprobe bestanden haben und einen großen Schritt weiter gekommen sein.

Dann muß meines Erachtens das Problem der Vereinigten Staaten von Europa unter Einschluß Deutschlands von den Vereinten Nationen in Angriff genommen werden. Die Vereinigten Staaten von Europa sind die beste, sicherste und dauerhafteste Sicherung der westlichen Nachbarn Deutschlands. Bis zur Begründung der Vereinigten Staaten von Europa lassen sich für diese Nachbarn ohne Zerstückelung Deutschlands völlig genügende Sicherungen treffen: kein Reich mehr unter preußischer Führung, kein zentralistisches Reich. Der Militarismus ist tot, wirtschaftliche Befriedigung und Beruhigung Deutschlands, Unterstützung des Prinzips der Demokratie und der Völkerverständigung in Deutschland, Verflechtung der wirtschaftlichen Interessen Deutschlands und seiner westlichen Nachbarn einschließlich derjenigen Englands.

Nun lassen Sie mich schließen mit einem Wort an meine Kölner Mitbürger. Ich darf

Sie ja so nennen, wenn ich auch nicht mehr unter Ihnen wohne, bleibe ich doch Kölner. Verlieren Sie den Mut nicht. Ich weiß, wie es bei Ihnen aussieht, und trotzdem sage ich, verlieren Sie den Mut nicht: Köln wird wiedererstehen, wenn die gesamte Bürgerschaft, alle Stände, alle Schichten bei diesem Werke zusammenarbeiten. Wenn Gott es will, können Sie in den nächsten zwei Jahrzehnten alle die Pläne ausführen, die wir vor 1933 entwickelt haben: Sie können den Dom retten, ihm eine würdige Umgebung schaffen, die Stadt sich wieder lagern lassen an dem herrlichen Rund unsers Rheinstromes, indem Sie den Hauptbahnhof entfernen. Sie dürfen unter keinen Umständen zulassen, daß der Hauptbahnhof an dieser Stelle bleibt, denn sonst bleibt die Verkrüppelung dieser Stadt ewig. Sie können der Altstadt wieder den Charakter geben, den sie nie hätte verlieren dürfen, den Charakter einer schönen, mit den erhabenen Werken kirchlicher und profaner mittelalterlicher Baukunst durchsetzten Wohnstadt ohne Armutsviertel, ohne Hinterhäuser, durchflutet von Licht und Sonne. Sie können die Menschen aus der Steinwüste herausführen, sie siedeln lassen am äußeren Grüngürtel in Gottes freier Natur. Sie können ihnen wiedergeben die Verbundenheit mit Erde und Himmel. Es wird viel Arbeit, viel Geduld kosten, aber es wird gehen, wenn viel Liebe dabei ist. Diese Liebe zu unserer Stadt, ihrer Vergangenheit, ihrer Geschichte, ihrer Kultur, ihrer Sprache, ihrem Geiste haben wir Kölner ja alle. Darum nicht verzagen!

Wir haben früher in schönen Tagen bei schönen Festen so oft unser Köln leben lassen. Heute soll unser altüberkommener Ruf, der viele hundert Jahre alt ist, sein ein Ruf der Treue zu unseren Überlieferungen und ein Gelöbnis, Köln wiedererstehen zu lassen in seiner Schönheit und in seiner besonderen Art. Rufen Sie mit mir: Unser altes, liebes Köln, Alaaf!

Quelle: Schriftenreihe der Christlich Demokratischen Union des Rheinlandes. Heft 8. Köln o. J.

Literatur: Konrad Adenauer: Erinnerungen 1945-1953. Stuttgart 1965, S. 40-62. – Hans-Peter Schwarz: Vom Reich zur Bundesrepublik. Deutschland im Widerstreit der außenpolitischen Konzeptionen in den Jahren der Besatzungsherrschaft 1945-1949. Neuwied und Berlin 1966, S. 423-479; ders.: Das außenpolitische Konzept Konrad Adenauers. In: Adenauer-Studien I, S. 71-108. – Rudolf Morsey: Der politische Aufstieg Konrad Adenauers 1945-1949. In: Adenauer-Studien I, S. 20-57. – Anneliese Poppinga: Konrad Adenauer – Geschichtsverständnis, Weltanschauung und politische Praxis. Stuttgart 1975.

21. Juli 1948

Rede vor Studenten im Chemischen Institut der Universität Bonn

Diese Ansprache vermittelt ein lebendiges Bild der Lagebeurteilung Adenauers während der Wochen, in denen die entscheidenden wirtschaftspolitischen und außenpolitischen Weichenstellungen für die Zukunft Westdeutschlands erfolgten. Behandelt werden: Währungsreform und Lastenausgleich, die Entscheidung für die Marktwirtschaft, der Marshall-Plan, die Londoner Empfehlungen und die Verhandlungen der westdeutschen Ministerpräsidenten mit den westalliierten Militärgouverneuren über die Einberufung des Parlamentarischen Rates, die Berliner Blockade und der Ost-West-Konflikt. Bemerkenswert ist Adenauers damals sehr kritisches Urteil über die Absichten der Westmächte.

Verehrte Anwesende!
Ich leugne nicht, trotzdem ich Vorsitzender einer Partei für die britische Zone bin, daß das Bild, das die deutschen Parteien in den letzten Jahren und auch heute bieten, nicht gerade sehr anziehend ist. Am bedauerlichsten finde ich es, daß die großen deutschen Parteien es nicht fertiggebracht haben, in einer Zeit wie der gegenwärtigen – in der es sich doch um Lebensfragen für das gesamte deutsche Volk handelt –, alle die Dinge, die sie trennen, aber die jetzt nicht entschieden zu werden brauchen, zurückzustellen und in den großen deutschen Fragen eine gemeinsame Position zu beziehen. (Beifall) Das ist im höchsten Maße bedauerlich. Ihr Beifall zeigt, daß Sie mir darin beipflichten. Ich persönlich habe mir die größte Mühe gegeben; ich habe noch vor wenigen Wochen versucht, die andere große Partei in Deutschland, die Sozialdemokratische Partei, zu einer gemeinsamen Stellungnahme mit uns zu [be]kommen und dann auch die anderen übrigen deutschen Parteien hinzuzunehmen, um sie zu einer Erklärung in der Frage der Londoner Empfehlungen[1] zu gewinnen. Es war umsonst. Warum? Ein Wort der Entschuldigung für alle Parteien muß ich doch sagen: wenn die Alliierten die Deutschen wenige Monate nach dem Zusammenbruch praktisch hätten arbeiten lassen, dann würde höchstwahrscheinlich der Zwang der praktischen Arbeit dazu geführt haben, daß sie sich genähert hätten in den Aufgaben und deren Lösung, die gerade vor ihnen lagen. Aber das haben die Alliierten nicht getan. So sind die deutschen Parteien mehr oder weniger auf die Bahn einer theoretischen Auseinandersetzung gekommen. Hoffen wir, daß das nur vorübergehend ist, und hoffen wir, daß doch, solange diese Not des deutschen Volkes besteht, eines Tages die großen deutschen Parteien zusammenstehen.
Unser heutiger Abend, verehrte Anwesende, fällt im wahrsten Sinne des Wortes in eine Periode politischer Hochspannung, und ich möchte über einige der wesentlichsten Fragen, die jetzt akut sind, in erster Linie zu Ihnen sprechen. Ich kann die Fragen nicht erschöpfend behandeln, weil die Zeit dazu nicht ausreichen würde. Ich möchte beginnen mit der Tätigkeit, die der Wirtschaftsrat und die Wirtschaftsverwaltung in Frankfurt[2] in den letzten Wochen ausgeübt hat. Über den Wirtschaftsrat und die Wirtschaftsverwaltung in Frankfurt ist außerordentlich viel geschimpft worden. Aber wir neigen sehr zum Schimpfen, und unsere allgemeine Nervosität in Deutschland fördert diese natürliche

Neigung bei jedem Menschen. Im Grunde genommen muß man sagen, daß der Frankfurter Wirtschaftsrat und die Wirtschaftsverwaltung doch außerordentlich große Dinge getan haben, und zwar, wie man jetzt schon sagen kann, mit Erfolg getan haben. Ich nenne folgende Worte: Die Währungsreform, die Steuergesetze, vor allem die vollkommene Wendung in unserer ganzen Wirtschaftsleitung. Die Währungsreform ist kein deutsches Gesetz; die Deutschen wollten sie anders vornehmen und sich mehr von sozialen Gesichtspunkten dabei leiten lassen, als es in Wirklichkeit dann die Amerikaner und Engländer getan haben. Die Währungsreform, so wie sie gekommen ist, ist ausschließlich auf das Konto der Alliierten zu schreiben. Die Alliierten erkennen das auch rückhaltlos an. Ich glaube auch, daß selbst ein Engel, wenn er eigens dazu vom Himmel herabgekommen wäre, sie nicht hätte so machen können, daß sie von jedem Beifall gefunden hätte. Jede Währungsreform, gleichgültig wie sie ausfiel, bot bei der Schwierigkeit der ganzen Materie und bei der Verschiedenheit der Tatbestände fast bei jedem einzelnen Deutschen genügend Stoff zur Kritik. Aber alles in allem genommen müssen wir doch sagen, daß nicht nur die technische Durchführung der Währungsreform gut gelungen ist, sondern wir müssen doch heute sagen – und ich glaube, die allermeisten Deutschen stimmen mir darin bei –, daß eine Währungsreform absolut notwendig war, damit der Schwindel der vergangenen Jahre endlich einmal zu Ende ging. (Lebhafter Beifall)
Ich möchte ein Wort gerade zu Ihnen sagen über die Steuergesetze. Die deutschen Stellen hatten eine größere Ermäßigung der Steuern vorgesehen, als die Alliierten konzediert haben. Die deutschen Stellen werden höchstwahrscheinlich im Laufe der nächsten Monate versuchen, eine Steuerermäßigung herbeizuführen bis zu dem Grade, den sie für notwendig halten. Eine solche Steuerermäßigung soll nicht etwa dem einzelnen einen Vorteil bieten, sondern sie soll der gesamten Volkswirtschaft dienen, und vor allem soll sie durchgeführt werden, damit wieder eine Kapitalbildung möglich ist. Ich war vor wenigen Tagen im Industriegebiet in einer Versammlung, in der auch dieses Thema angeschnitten wurde. Es ergab sich da das merkwürdige Mißverständnis, daß einige der Anwesenden glaubten, Kapitalbildung sei gleichbedeutend mit der Heranzüchtung von Kapitalisten (Heiterkeit). Die Volkswirtschaftler unter Ihnen werden wissen, daß das kaum etwas miteinander zu tun hat und daß keineswegs der Zweck der Kapitalbildung die Heranzüchtung von Kapitalisten ist. Alle diejenigen, die sich schon etwas mit der Wirtschaft beschäftigt haben, wissen, daß ohne Kapital die Wirtschaft eben nicht funktionieren kann (Beifall), und daß deswegen im allgemeinen Interesse, insbesondere auch im Interesse der unteren Klassen der Bevölkerung, eine Kapitalbildung nötig ist.
Die Art der Währungsreform, wie sie die Alliierten beliebt haben, hat es mit sich gebracht, daß ein ungemein wichtiges Gesetz, das Gesetz eines Vermögensausgleiches, nicht hat verabschiedet werden können bisher. Das Gesetz war von den deutschen Stellen vorbereitet, aber es basierte auf einer Währungsreform, wie sie von den deutschen Stellen und Sachverständigen empfohlen worden war. Weil nun die Alliierten die von den deutschen Stellen empfohlene Währungsreform nicht beliebt haben, konnte dieses Vermögensausgleichsgesetz nicht gleichzeitig mit der Währungsreform verabschiedet werden. Das ist

sehr schade; denn es würde ganz bestimmt, namentlich diejenigen, die im Kriege alles oder fast alles verloren haben, die Vertriebenen und die Evakuierten, die Ausgebombten usw. doch in etwa getröstet haben, wenn sie wenigstens hier einen Weg gesehen hätten, auf dem ihnen einmal zumindesten ein Teil ihrer Schäden ersetzt werden soll. Ich kann Ihnen versichern, daß die Arbeiten an diesem Vermögensausgleichsgesetz mit aller Intensität weitergefördert werden und daß wohl alle Parteien, insbesondere auch die Partei, zu der ich mich rechne, als ihre vornehmste Pflicht ansehen, bei der Gestaltung dieses Gesetzes so sozial zu sein wie irgend möglich.

Aber, meine Damen und Herren, lassen Sie mich keine falschen Hoffnungen namentlich bei denjenigen von Ihnen, die zu den Ostvertriebenen gehören, erwecken. Ich bin der Auffassung, daß man sogar in der Politik mit Ehrlichkeit schließlich doch am weitesten kommt. (Beifall) So möchte ich in wenigen Zügen klarmachen, um welche Aufgabe es sich bei diesem Gesetz handelt. Es soll durch dieses Gesetz ein Ausgleich zwischen denjenigen, die durch einen glücklichen Zufall – mehr war es ja nicht, es war nicht ihr Verdienst – ihr Vermögen behalten haben, und denjenigen, die ihr Vermögen ganz oder zum großen Teil verloren haben, herbeigeführt werden. Dies setzt also voraus, daß in diese Ausgleichskasse entsprechende Vermögenswerte von den im wesentlichen mehr oder weniger verschont Gebliebenen hineinkommt. Der zweite Teil der Aufgabe besteht darin, daß eine richtige Verteilung an die große Zahl derjenigen erfolgt, die schwere Verluste erlitten haben. Über allem steht aber auch hier folgendes Gebot: die Wirtschaft als Ganzes, die jedem von uns zugute kommt, jedem Deutschen, gleichgültig, welchen Standes und welchen Berufes er ist. Das Funktionieren der Volkswirtschaft darf nicht dadurch gefährdet werden. Lassen Sie mich das an einem Beispiel, das sehr sinnfällig ist, klarmachen. Als Vergleich eine bäuerliche Wirtschaft. Nehmen wir an, daß in dem kommenden Gesetz vorgeschrieben wäre, daß die Hälfte des Einheitswertes abgegeben werden müßte von dem, was vom Kriege verschont geblieben ist. Sie werden mir ohne weiteres beistimmen, daß wohl kaum ein Landwirt in der Lage ist, die Hälfte des Einheitswertes in bar auf den Tisch des Hauses zu legen. Sie werden mir auch darin zustimmen, wenn ich sage, daß nur in den seltensten Fällen es möglich ist, daß diese Abgabe in Natura geschehen kann. In beiden Fällen würde höchstwahrscheinlich der Bauer seine Wirtschaft nicht weiterführen können. Es wird also gar nichts anderes übrig bleiben, als auf irgend eine Weise es ihm zu ermöglichen, amortisationsweise in Form von Jahreszahlungen den Betrag, den er abgeben muß, zu zahlen. Und wenn er alles gezahlt hat, wird er Zinsen zahlen müssen von dem ganzen Betrag, den er an sich zahlen müßte. Aber auch hier ist es ohne weiteres klar, daß dieser bäuerliche Besitz, von dem ich sprach, bei der Zahlung von Jahresquoten und Zinsen über eine bestimmte Höhe hinaus einfach nicht gehen kann, weil sonst der Bauer den Betrieb einstellen muß und einstellen wird. Es wird also sehr schwer sein, die verschiedenen Grenzen zu finden zwischen dem, was das Interesse des Bauern erlaubt, und demjenigen, was man aus sozialen Gründen gerne nehmen möchte. Auf der anderen Seite zeigen sich auch bei denjenigen, die etwas bekommen sollen, große Schwierigkeiten. Es ist mir z. B. von einer kleinen Zahl von Ostvertriebenen zum Ausdruck gebracht worden, man solle sie nicht entschädigen für den Grund und Boden, der ihnen abgenommen worden sei, weil darin eine Sanktionierung dieses Raubes liege, sondern entschädigen für die entgangenen Ernten und für die Mobiliarverluste, die sie erlitten hätten. Ich bin überzeugt, daß andere Ostvertriebene diese Auffassung nicht teilen werden. Sie ersehen daraus, daß die Schwierigkeiten sehr groß sind. Ich kann Ihnen heute nur das eine sagen: es wird wirklich mit aller Energie daran gearbeitet, um dieses schwierige Problem so gut wie irgend denkbar zu lösen.

Von allen Dingen aber, die sich jetzt in Frankfurt ereignet haben, ist das wichtigste die radikale Abwendung von der bisherigen Zwangswirtschaft (starker Beifall). Es ist ganz klar, daß eine solche gewaltige Änderung in der Wirtschaft nicht ohne Fehler und ohne Mangel vonstatten gehen kann. Diese Fehler und Mängel sind zum Teil hervorgerufen worden durch die Käufer, die zu voreilig gekauft haben, zum Teil werden sie hervorgerufen durch die Verkäufer. Aber man soll die Dinge im großen und ganzen sehen und sich nicht aufhalten an Einzelerscheinungen, die sehr zu tadeln sind. Auch gegen die übertriebenen Preiserhöhungen muß eingeschritten werden. Wenn man aber die Dinge im Ganzen sieht und sich vorstellt, wie es etwa am 15. Juni ausgesehen hat, als es nichts zu kaufen gab und das Geld fast nur noch Papierwert hatte, dann muß man es doch – und Ihr Beifall zeigt sehr klar, daß Sie mit mir darin übereinstimmen – begrüßen, daß nun endlich Wandel auf diesem Gebiet geschaffen worden ist. (Starker Beifall) Diese in Frankfurt gefällte Entscheidung ist von außerordentlich großer Tragweite; nicht nur auf wirtschaftlichem Gebiet, sondern es ist auch die Wendung vom Kollektivismus hin zur Wertung des Individuums, zur Wertung der Person. (Beifall) Das ist das Weltanschauliche, was dem Ganzen zugrundelag. Wir haben es doch seit 1933 erlebt, Kollektivismus führt notwendigerweise zu einer Aufblähung des ganzen Beamtenapparates, zur Herrschaft der Bürokratie und führt zur Korruption in weitestem Umfang. Wir waren auf dem besten Weg in Deutschland, in diesem kollektivistischen Sumpf stecken zu bleiben, und wir können Gott danken, daß die Leute in Frankfurt, die die Verantwortung dafür tragen, den Mut gehabt haben, die Verantwortung für eine radikale Umkehr der Wirtschaft auf sich zu nehmen. (Beifall) Die Sache in Frankfurt war gar nicht so einfach, wie manche sich vorstellen. Es standen im Frankfurter Wirtschaftsrat zwei gleich große Gruppen einander gegenüber. Auf der einen Seite die SPD und die wenigen Kommunisten, auf der anderen Seite die CDU und die FDP. Die CDU und FDP zusammen mit der Deutschen Partei aus Niedersachsen hatten nur wenige Stimmen mehr als der Teil des Wirtschaftsrates, der den Kollektivismus weiter pflegen wollte. Und mit diesen wenigen Stimmen eine solche Verantwortung auf sich zu nehmen, das bedeutet etwas. Ich bin bei der entscheidenden Sitzung der Fraktion der CDU/CSU, in der dieser Beschluß gefaßt worden ist, zugegen gewesen und kann Ihnen versichern, daß wir alle über die Bedeutung unseres Entschlusses, den wir damals gefaßt haben, sehr klar waren. Es gehörte Mut dazu, gegenüber einer vollkommen dunklen Zukunft diesen Schritt zu tun. Soviel zu Frankfurt.

Lassen Sie mich jetzt Ihre Blicke nach London richten, nicht wie es heute ist am 21. Juli, sondern in die Zeit, als in der Londoner Konferenz die 6 Staaten USA, England, Frankreich und die Beneluxstaaten monatelange verhandelt haben und schließlich abschlossen mit den sogenannten Londoner Empfehlungen. Diese Londoner Empfehlungen sind in der Zwischenzeit von den 6 Regierungen dieser Staaten gebilligt worden. Man kann heute nicht mehr von Empfehlungen sprechen, sondern man kann schon von einem Londoner Dokument sprechen. Dieses Londoner Dokument empfehle ich dem ganzen deutschen Volk und insbesondere auch Ihnen zu einem sehr gründlichen Studium. Gegenüber diesem Londoner Dokument war der Versailler Vertrag ein blühender Garten für das deutsche Volk. (Bewegung und Unruhe) Ich weiß nicht, wem Ihr Scharren gilt, ob dem Versailler Vertrag oder meinem Vergleich; aber ich will versuchen, das in wenigen Worten klarzumachen, damit Sie wissen, worum es sich handelt. Der Versailler Vertrag tastete die völkerrechtliche Gestaltung Deutschlands in keiner Weise an. Deutschland blieb nach wie vor völkerrechtliches Subjekt und Objekt. Alle Verträge, die früher einmal geschlossen worden waren, traten automatisch wieder in Kraft, und Deutschland hatte das Recht, jederzeit völkerrechtliche Verträge abzuschließen mit einer Ausnahme: es mußte den Siegerstaaten für 5 Jahre lang die Meistbegünstigungsklausel bei Handelsverträgen einräumen. Aber das deutsche Volk hatte das Recht, Handelsverträge abzuschließen. Es durfte sich im Innern einrichten, wie es wollte; keiner von den Siegern bekümmerte sich darum. Mit einer einzigen Ausnahme wiederum: es durfte die Reichswehr nicht über 100000 Mann steigen lassen und durfte auch die Gesamtheit der Polizei, ich glaube nicht über 155000 Mann wachsen lassen, so ähnlich war die Ziffer. Wie ist es jetzt? Das Londoner Dokument ist sehr umfangreich und sehr schwer zu verstehen. Interessant ist auch, daß bis heute noch keine deutsche Stelle, den Wortlaut dieses Londoner Dokumentes kennt. (Heiterkeit) Was wir heute wissen, sind Auszüge aus dem Londoner Dokument, die durch „Reuter", „Associated Press" usw. der deutschen Presse mitgeteilt worden sind. Das Londoner Dokument in seinem wirklichen Wortlaut und in seiner Ganzheit kennt noch kein Deutscher. Dieses Londoner Dokument muß man drei-, viermal lesen, um es nur einigermaßen richtig zu verstehen. Es ist eine vollendete Arbeit der diplomatischen Bürokratie. Es ist ausgehandelt worden in mehrmonatigen Verhandlungen. Vor allem ist wichtig die Frage: Handelt es sich bei diesem Londoner Dokument um etwas Vorübergehendes, um ein Provisorium, oder handelt es sich um etwas, was für die Dauer geschaffen worden ist. Je nachdem ist natürlich die Stellung zu dem Londoner Dokument anders. Die sozialdemokratische Parteileitung steht auf dem Standpunkt, es handele sich um etwas Vorübergehendes, um ein Provisorium, und deswegen brauche man über den Inhalt, auch wenn er außerordentlich tadelnswert sei, sich nicht so sehr aufzuregen. Wir stehen auf einem anderen Standpunkt. Wir sind der Auffassung, daß es sich hier nicht um einen Vertrag handelt, der seiner Anlage und seiner Natur nach als vorübergehend gedacht ist. Ich glaube, das kann ich sehr schnell klarmachen: Es handelt sich um einen Vertrag, der von 6 Staaten nach mehrmonatigen Verhandlungen abgeschlossen worden ist. Zu seiner Abänderung ist also die Zustimmung aller 6 Staaten nötig. Glaubt denn nun einer ernstlich, daß diese 6 Staaten im nächsten oder übernächsten Jahr etwa alle der Auffassung sind: Wir müssen Deutschland mehr entgegenkommen. Nach allem, was wir bisher in den Jahren seit 1945 erlebt haben, vermag ich den Optimismus nicht aufzubringen.

Einige Dinge aus diesem Dokument interessieren uns alle hier besonders. Es sind Grenzberichtigungen vorgesehen im Westen. (Scharren und Unruhe) Was sind das für Grenzberichtigungen? Kein Mensch kann uns doch weismachen, daß die Herren, die in London monatelang zusammengesessen haben, sich nicht über die Art und Weise der Grenzberichtigungen ausgesprochen hätten. Warum verschweigt man uns dann, was beabsichtigt ist. Wenn es sich wirklich, wie offiziös erklärt worden ist, um geringe Kleinigkeiten handelt, soll man uns diese Kleinigkeiten sagen. Man würde uns dadurch von unserer Unruhe befreien. Man muß allerdings befürchten nach Vorträgen, die von holländischen Beamten in der letzten Zeit in Holland gehalten worden sind, daß die Ansprüche Hollands und vielleicht auch Belgiens sehr ernst zu nehmen sind. Darin stimmen wir alle überein, daß Grenzberichtigungen nun wirklich der schlechteste Zugang zu einem wahrhaften dauernden Frieden in Europa sind. (Starker Beifall) Ich werde in der allernächsten Zeit mit politischen Freunden aus Luxemburg, Belgien und Holland zusammentreffen. Sie können sich darauf verlassen, daß wir den deutschen Standpunkt sehr klar bei unseren politischen Freunden aus diesen Ländern zum Ausdruck bringen werden. Namentlich Holland – man muß das zugestehen – ist eines der am schwersten betroffenen Länder durch den nationalsozialistischen Krieg. Die Holländer sagen einem auch: wir wollen nur eine Entschädigung, weiter nichts; wir sind an sich nicht landgierig. Man muß den Holländern zugestehen, daß sie eine Entschädigung bekommen müssen bis zu der Grenze, die für uns tragbar ist; denn für den Schaden müssen wir aufkommen. Aber wir müssen sie doch dringend bitten, diese Entschädigung auf einem Weg zu suchen und mit uns gemeinsam zu finden, der nicht das nationale Interesse und das nationale Gefühl der Deutschen in einer solchen Weise verletzt, wie das Grenzberichtigungen größeren Umfanges tun müßten. (Beifall)

Wieweit dieses Londoner Dokument in die Zukunft sieht, auf welche Dauer es also berechnet ist, können Sie daraus ersehen, daß Bestimmungen getroffen sind nicht nur für die Zeit der Besatzung – übrigens ist bezüglich der Besatzung gesagt, daß sie solange dauern soll, bis Frieden in Europa herrscht –, (Heiterkeit) sondern auch für die Zeit nach Abzug der Besatzung. Eine einschneidende Maßnahme ist die dauernde, also für immer gedachte Besetzung von Schlüsselgebieten. (Starkes Scharren und Murren) Was sind das für Schlüsselgebiete? Warum sagt man uns nicht, an welche Schlüsselgebiete gedacht ist. Auch hier gilt das oben Gesagte: eine derartige Gesinnungsweise eröffnet keine guten Perspektiven für das zukünftige Geschick Europas.

Vor allem aber ist für uns von entscheidender Bedeutung, was bezüglich der Ruhr vorgesehen ist. Bezüglich der Ruhr ist vorgesehen die Schaffung einer Internationalen Behörde. Diese Internationale Behörde soll das Recht haben, Kohle, Koks und Stahl, die in Deutschland von deutscher Arbeitskraft gewonnen werden, zu verteilen zwischen

Deutschland und den anderen Interessenten. (Scharren und Unruhe) Nun steht in diesem Londoner Dokument, daß bei dieser Verteilung berücksichtigt werden sollen die lebenswichtigen Interessen des deutschen Volkes. Was heißt lebenswichtig? Sehen Sie, die englische Regierung hält für ihre Leute 3000 Kalorien pro Tag als absolut lebenswichtig und lebensnotwendig; sie glaubt aber, daß der Deutsche mit 1800 Kalorien glänzend auskomme. Also „lebenswichtig" ist so dehnbar, daß man damit wirklich nichts anfangen kann. Die Internationale Behörde soll weiter das Recht haben, in die Preisgestaltung für Kohle, Koks und Stahl einzugreifen. Das ist nicht wörtlich gesagt, sondern wörtlich ist gesagt, daß diese internationale Behörde das Recht haben soll, den internationalen Handel in diesen Produkten vor deutschen Maßnahmen zu schützen. Der internationale Handel wird sich in erster Linie für unsere Preise interessieren. Die Internationale Behörde hat also danach das Recht, die Preise für Kohle, Koks und Stahl, wenn sie will, in Deutschland festzusetzen. Nun müssen Sie sich über folgendes klar sein: Nach allen statistischen Feststellungen läuft der Lebensstandard eines Volkes und eines jeden einzelnen absolut parallel mit der Höhe des Stahlverbrauchs. Wenn man uns nun diesen Stahlverbrauch bis zu einer gewissen Höhe nur gestattet, dann senkt man damit automatisch den Lebensstandard des deutschen Volkes tief herunter.

In diesem Zusammenhang muß ich Ihnen über den ersten Abschnitt des Marshallplanes etwas sagen. Der Marshallplan ist ja zunächst nur bewilligt für die Zeit bis 1. April nächsten Jahres. Der ganze Plan muß nach der Präsidentenwahl in den USA von neuem von den beiden Häusern des Kongresses verhandelt werden. Nach dem Plan, wie er dem ersten Jahr zugrundegelegt ist, soll die Stahlkapazität Frankreichs auf 150 % des Jahres 1938 gesteigert werden, und die deutsche Stahlkapazität soll auf etwa 40 % des Jahres 1938 gehalten werden, (starkes Scharren) also eine vollkommene Umkehrung der Fabrikation von Stahl in Frankreich und in Deutschland. Dieser Ruhrplan bedeutet – ich finde keinen treffenderen Ausdruck als den, den ein Bekannter von mir geprägt hat – nichts anderes als eine wirtschaftliche Annexion Deutschlands. Man hat zwar feierlich erklärt, man wolle keine politische Annexion; politische Annexionen sind anrüchig geworden wegen des Namens. Aber von wirtschaftlichen Annexionen hat man nicht gesprochen. Wirtschaftliche Annexionen – von denen Spengler schon gesprochen hat, daß sie kommen[3] – sind unendlich viel gefährlicher und schlimmer für die davon Betroffenen als politische Annexionen. Bei politischen Annexionen werden die Einwohner des annektierten Gebietes Bürger des neuen Landes, sie haben ihre Vertreter im Parlament, und das Land, zu dem sie geschlagen worden sind, muß auch Rücksicht nehmen auf die wirtschaftliche Lage und auf die Stimmung unter den Annektierten. Es kann nicht ertragen, daß in dem neuerworbenen Gebiet schauderhafte wirtschaftliche Zustände herrschen und in seinem alten Gebiet gute wirtschaftliche Zustände. Aber diejenigen, die wirtschaftlich annektiert werden, haben nichts zu vermelden; von denen spricht man überhaupt nicht, sie haben keine Stimme. Wir Deutschen sollen in dieser internationalen Kommission doch eine Stimme haben. In dieser 15köpfigen Kommission sollen an Stimmen erhalten USA, England und Frankreich je 3, die Beneluxstaaten je 1 und

die drei Westzonen auch 3. Aber zunächst bekommen sie diese 3 Stimmen erst zu einem Zeitpunkt, den die Alliierten bestimmen werden. Und in dem Londoner Dokument ist auch nicht andeutungsweise gesagt, wann das voraussichtlich der Fall sein wird. Wenn die Alliierten es belieben, dann werden diese 3 Deutschen von ihnen ernannt und zugelassen. Und dann werden die Stimmen der drei wiederum abgegeben von den Besatzungsmächten. Also, das ist ein fauler Zauber, weiter nichts! (Beifall)
Diese Londoner Empfehlungen enthalten auch politische Bestimmungen, die von der größten Bedeutung für uns in den Westzonen jetzt sind. Es haben entsprechend diesen politischen Bestimmungen im Londoner Dokument die drei Militärgouverneure am 1. Juli den 11 Ministerpräsidenten der drei Westzonen drei Dokumente übergeben. In dem ersten Dokument ist der Vorschlag gemacht: Wahl einer Verfassunggebenden Versammlung, sei es in direkter, sei es in indirekter Wahl, die spätestens am 1. September dieses Jahres zusammentreten soll. Im Dokument Nr. 2 ist vorgesehen ein Verfahren zur Berichtigung der heutigen Ländergrenzen, und im Dokument Nr. 3 sind Prinzipien, noch nicht feste Formulierungen aufgeführt über ein Besatzungsstatut, das die Rechte der Besatzung über die Deutschen und die Pflichten, aber auch die Rechte der Deutschen gegenüber der Besatzung festlegen soll. Die Ministerpräsidenten haben, wie Sie wissen, am 8. Juli in Koblenz auf dem „Rittersturz" über diese Dinge beraten und haben Gegenvorschläge gemacht. Über diese Gegenvorschläge haben die drei Militärgouverneure, wenigstens einige von ihnen, sich außerordentlich ungehalten gezeigt, und in Frankfurt sind ziemlich laute Töne geredet worden. Aber nach den Nachrichten, die ich heute bekommen habe, kann man wohl annehmen, daß in einer Aussprache, die gestern in Frankfurt zwischen den drei Militärgouverneuren und den Ministerpräsidenten stattgefunden hat, ein Weg zu einer Verständigung sich gezeigt hat.
Ich für meine Person, und meine ganze Partei steht auf demselben Standpunkte, sage dazu folgendes: Dieses Londoner Abkommen – man muß es als Ganzes betrachten bei dem, was ich sage – bindet Deutschland völkerrechtlich nicht. Deutschland hat den Vertrag nicht mitgeschlossen. Dieses Londoner Abkommen widerspricht anerkannten völkerrechtlichen Grundsätzen, und es widerspricht auch dem Naturrecht. (Sehr starker Beifall und Zurufe) Es kann unmöglich einem Volke zugemutet werden, daß es seine Bodenschätze und die Arbeitskraft seiner Bewohner auf fremden Befehl hergibt nach fremdem Gutdünken. Das widerspricht jedem Naturrecht. Daher hat dieses Londoner Abkommen für uns rechtlich nichts Bindendes. Es ist ja nun so, daß man zwar sein Recht behaupten muß und niemals sein Recht preisgeben darf in der Hoffnung und in der Erwartung, daß eines Tages doch wieder in der Welt und unter den Völkern der Rechtsgedanke zum Siege kommt, aber bis das geschehen ist, bleibt uns, wenn wir unsere Deutschen in den Westzonen – und es sind über 40 Millionen Deutscher – nicht verelenden lassen wollen, nichts anderes übrig, als uns auf den Boden dieser Tatsachen zu stellen und wenigstens für unser deutsches Volk das herauszuholen versuchen, was wir herausholen können. Das gilt sowohl für den wirtschaftlichen wie für den politischen Teil des Londoner Abkommens. Und daher hoffe ich, daß auch ehe Deutsch-

land wieder eine Einheit geworden ist, doch eine politische Ordnung in den Westzonen von den Bewohnern dieser Westzonen geschaffen wird, die es uns ermöglicht, Deutschland wenigstens in den Westzonen wieder aufzubauen.
Ich habe eben erwähnt die Einheit Deutschlands. Glauben Sie mir, darin sind wir Deutschen, gleichgültig welcher Partei wir angehören – vielleicht sogar die KPD, wenn die auch die Dinge unter einem anderen Vorzeichen sieht – einig, daß wir an dem Ziel, die Einheit Deutschlands eines Tages wiederherzustellen, niemals verzweifeln werden. (Beifall) Wenn der Weg zu diesem Ziel auch weit, dornig und steinig ist, das deutsche Volk darf niemals davor zurückschrecken, diesen Weg zu gehen.
Und nun lassen Sie mich einige Worte über Berlin sagen. Die Lage in Berlin, machen wir uns das klar, ist außerordentlich ernst, und die Einwohner der drei Westsektoren haben sehr schwere Tage. Wenn die Alliierten auch tun, was sie können – wir müssen das anerkennen –, so ist es eben unmöglich, über 2 Millionen Menschen nicht nur mit Lebensmitteln, sondern auch mit den nötigen Kohlen aus der Luft heraus zu versorgen. Infolgedessen sind die Leiden der Berliner Bevölkerung, sowohl was die Zubereitung warmer Mahlzeiten angeht, wie auch die Krankenhausfrage, die Industrie und die Beschäftigung der Menschen, überaus ernst. Wir in den drei westlichen Zonen müssen unseren Berliner Brüdern von Herzen danken und Anerkennung dafür zollen, daß sie dieses schwere Geschick, das sie getroffen hat, mit solcher Energie und mit solcher Kraft auf sich genommen haben und tragen. (Beifall) Politisch gesehen handelt es sich – ich bitte, das wohl zu verstehen – sowohl für Rußland wie für die westlichen Mächte in erster Linie ja nicht um die Berliner, sondern politisch gesehen hat sich in Berlin der Gegensatz zwischen den Sowjets und den westlichen Alliierten besonders kristallisiert. Leider Gottes ist es ja so, daß die westlichen Alliierten, als sie die verschiedenen Abkommen mit den Russen geschlossen haben, augenscheinlich die Russen nicht gekannt haben; (Heiterkeit) denn für denjenigen, der die Russen und die russische Außenpolitik kennt, nicht etwa die des Herrn Stalin oder der Bolschewisten, sondern auch des zaristischen Rußlands, ist es wirklich unverständlich, wie man Berlin seinerzeit besetzen konnte, ohne sich eine gesicherte Straße gleichzeitig nach Westen hin zu schaffen, über die man nun seine Sektoren entsprechend versehen konnte mit allem Nötigen. Dieses Vertrauen auf die Russen ist nun schmerzlich enttäuscht worden. Diesmal sind wir aber nicht daran schuld. (Heiterkeit)
Worum handelt es sich für Rußland? Soweit das ein Mensch beurteilen kann, der draußen steht: Rußland will den Alliierten einen Prestigeverlust in Deutschland vor allem beibringen, von dem diese sich in Deutschland nicht mehr erholen sollen. Wir sind ja hier in keiner öffentlichen Versammlung, und da kann man schon mal vielleicht ein bißchen freier sprechen. (Starker Beifall) Es gibt bei uns genügend Leute – Sie werden auch solche kennen –, die sagen, eines Tages sind die Russen doch bei uns am Rhein. Da muß man sich rechtzeitig darauf einstellen, und deswegen wollen wir uns – das gilt aber nicht für Sie, was ich jetzt sage – keiner Partei anschließen, damit wir später nicht in ein russisches Konzentrationslager kommen. Es gibt sogar sehr vorsichtige

Deutsche, die brav und fleißig der KPD ihre Beiträge zahlen – für alle Fälle! Wenn es nun den Russen gelänge, die Aliierten dazu zu zwingen, Berlin zu räumen, dann würde die Schar dieser Kleinmütigen in den Westzonen Deutschlands möglicherweise – ich will mich vorsichtig ausdrücken – doch außerordentlich stark anwachsen. Es ist gar nicht zu bezweifeln, daß dann manche Leute doch sehr nachdenklich würden und die dann sagen: wenn es die Alliierten nicht einmal fertiggebracht haben, Berlin zu halten, was bringen sie dann überhaupt fertig.

Das zweite und vielleicht wichtigere Ziel der Russen ist noch etwas anderes. Sie wissen, daß die Russen zunächst von technischen Schwierigkeiten gesprochen haben, die Bahnschienen waren in Unordnung, die Schleusen waren zerstört, die Brücken mußten repariert werden usw. Aber technische Schwierigkeiten werden eines Tages behoben. So hat man eine gute Rückzugslinie. Das haben die Russen nun fallen gelassen und in ihrer Antwortnote auf die Note der westlichen Alliierten erklärt, daß durch die Einführung der Währung die Alliierten eben gegen die Abkommen verstoßen hätten, daß Rußland aber bereit wäre, mit ihnen darüber zu verhandeln. In diesem Zusammenhang haben sie die Ruhr erwähnt; und das ist wahrscheinlich das Endziel der russischen Politik. Sie wollen versuchen, in die Kontrolle der Ruhr mit hineinzukommen, obgleich sie nach den Abkommen von Jalta und Potsdam kein Recht darauf haben. Aber sie wollen das erreichen. Und nun muß man sich klar sein, was das für die Russen und insbesondere für diejenige Partei in Deutschland, die anbetend nach Osten immer ihr Gesicht richtet, bedeuten würde. Das würde bedeuten, daß die KPD im Industriegebiet eine außerordentlich starke Unterstützung in Zukunft haben würde. Wenn der kommunistische Einfluß im Industriegebiet entsprechend stark würde, dann würde damit ganz Deutschland zu Fall gebracht werden können. Das ist ja überhaupt die russische Politik. Ich habe eine Schilderung darüber gelesen, wie sie es mit der Tschechoslowakei gemacht haben. Wie hat Hitler es gemacht? Er ist mit viel Militär und viel Musik und viel Geschrei da eingezogen. Die Russen haben es anders gemacht. Sie haben ihre Kommunisten vorgeschickt, die haben die geeigneten Posten im Lande besetzt, und dann haben sie die ganze Sache aus dem Lande herausgemacht, ohne daß ein russischer Soldat in die Erscheinung zu treten brauchte. Darin sind die Russen ja wahrer Meister: in der Unterminierung der staatlichen Autorität der anderen Länder und in der Schaffung von Stützpunkten in diesen Ländern ohne großen militärischen Aufwand. Ein französischer Diplomat, der die Verhältnisse in Polen sehr gut kennt, sagte vor kurzem, daß Polen beherrscht würde von drei Menschen, die sich aber auf die Russen stützen könnten.

Wir von den Westzonen können nur wünschen und hoffen, daß die Alliierten auch wirklich fest bleiben. (Beifall) Ich darf nun vielleicht – ich muß allerdings auf die Uhr sehen – Ihnen einige Worte sagen über die wirkliche Stärke Rußlands. (Starker Beifall und Zustimmung) Rußland ist 45 mal so groß wie Deutschland, aber mehr als die Hälfte des russischen Bodens ist Wald, und mehr als ein Achtel der zweiten Hälfte ist Steppe. Seine Bevölkerung beträgt 192 Millionen. Es verfügt zu deren Ernährung über eine Ackerfläche von der gleichen Größe, wie sie die Vereinigten Staaten zur Verfügung haben, um 142 Millionen zu ernähren. Aus der ganzen Situation ergibt sich ohne weiteres, daß Rußland, abgesehen von einigen Industriezentren, immer ein Land des Hungers ist und bleiben wird. Ein weiteres ergibt sich daraus. Es hat keinen Zweck, daß ich Ihnen das Ganze wiedergebe, aber Rußland hat verloren im letzten Krieg 58% seines rollenden Material, 45% seiner Stahlproduktion, 44% seiner elektrischen Kraft, 55% seiner Kohlenproduktion, Millionen von Wohnungen, Gebäuden und Brücken, so daß also Rußland doch auch, abgesehen von dem Satz, den ich an die Spitze stellte, daß seine fruchttragende Fläche gar nicht so groß ist, infolge seiner Zerstörung sehr schwer zu arbeiten hat, um die Möglichkeiten, die es hat, auszunutzen. Stalin hat angekündigt, daß sein Ziel sei, für die Ölproduktion im Jahre 1951 50 Millionen Tonnen jährlich zu erreichen. Die Vereinigten Staaten haben im Jahre 1947 produziert 270 Millionen Tonnen Öl. Wenn Sie daran denken, daß gerade das Öl in der modernen Wirtschaft eine so entscheidende Rolle spielt, dann halten Sie sich diese Zahlen noch einmal vor Augen: Erstrebtes Ziel Stalins in Rußland im Jahre 1951: Produktion von 50 Millionen Tonnen Öl. Die Vereinigten Staaten haben im Jahre 1947 produziert 270 Millionen Tonnen Öl. Man will mit dem jetzigen Fünfjahresplan in Rußland die Kohleproduktion auf 500 Millionen Tonnen im Jahre 1951 bringen. Die Vereinigten Staaten hatten vor dreißig Jahren eine solche Produktionszahl schon erreicht. Stalin will 60 Millionen Tonnen Stahl am Ende des laufenden Fünfjahresplans oder, wie er hinzugefügt hat, des nächsten herstellen. Die Vereinigten Staaten produzierten am Ende des Krieges schon 50% mehr.

Noch eine Feststellung, die ungeheuer interessant ist. Es ist gegenübergestellt der Arbeitseinsatz eines Elektrizitätswerkes in Amerika, das genau angegeben ist, und eines Werkes in Kemerowo in Rußland. Beide Werke haben die gleiche Erzeugung. Das ist übrigens sehr interessant für all diejenigen, die in einer Verstaatlichung oder Sozialisierung der Wirtschaft das Heil der Zukunft erblicken. Das amerikanische Werk beschäftigt 51 Personen, das russische 480. Das amerikanische Werk hat 17 Bürobeamte, das russische 91. Für jede 1000 kW Erzeugung benötigt die Wirtschaftsform in Rußland 11 Mann, in Amerika 2 Mann. Bei den Kohlengruben kommen auf einen sowjetischen Ingenieur, Aufsichtsbeamten, Techniker, politischen Kommissar und einen Bewachungsposten 4 Grubenarbeiter. (Heiterkeit) Ich muß unterbrechen obgleich noch sehr interessante Dinge darin über die russische Politik enthalten sind. Aber ich glaube, Sie können aus den paar Zahlen, die ich angeführt habe, schon ersehen, daß nun Rußland diese ungeheuer große Weltmacht wahrhaftig nicht ist; allerdings gebe ich zu, die Russen haben ihre Panzerdivisionen nicht abgerüstet, und die Alliierten haben ihre Flugzeuge und ihre Panzer nach Hause geschickt und haben jetzt Zeit nötig, um alles wieder aufzuholen. Aber wie die Dinge liegen, kann man eines wohl mit Sicherheit sagen: Rußland ist wegen seiner wirtschaftlichen Struktur und wegen seiner ungeheueren Größe und der damit verbundenen ganz außerordentlich großen Transportschwierigkeiten nicht in der Lage, einen Offensivkrieg zu führen. Rußland kann wegen seiner ungeheueren Größe wohl einen Defensivkrieg führen, aber keinen Offensivkrieg. (Bewegung und Murmeln)

Natürlich werden Sie mir entgegenhalten: wenn auch schon im ersten Stoß die Russen ziemlich weit kommen, dann ist das sehr unangenehm. Sie haben vollkommen recht darin. Aber ich glaube nicht, daß der Russe so unklug ist, einen solchen Stoß zu wagen, weil er genau weiß, daß er alles, was er dabei einsetzt, verlieren wird. Darum glaube ich, daß wir wirklich hoffen können, es kommt zu keinem Krieg, so gefährlich auch die Situation aussieht und so wenig bisher ein Weg irgendwie zur Verständigung zu sehen ist. Ich glaube, daß, wenn nicht etwas ganz Unerwartetes passiert, es nicht zu einem Krieg kommen wird.
Lassen Sie mich, ehe ich Sie bitte, Ihren Blick in die Zukunft zu richten, noch einige Einzelheiten kurz streifen, und zwar möchte ich zunächst sprechen über die politischen Pflichten des Studenten. Man neigt natürlich in der jüngeren Generation und namentlich, wenn es einem so furchtbar schlecht geht, zu radikalen Lösungen, sei es nun, daß man zu den Kommunisten geht und mit ihnen liebäugelt, sei es, daß man seine Hoffnung setzt auf eine neu zu schaffende nationalistische Partei. Aber seien wir uns doch darüber klar, daß der Nationalismus in allen Ländern Unheil anrichtet, und verlieren wir nicht die ruhige und kühle Überlegung, auch wenn die Alliierten durch eine zum Teil unverständliche Politik das Entstehen einer nationalistischen Partei geradezu hervorrufen oder begünstigen. Und hier möchte ich gerade eins anführen. Die Behandlung der früheren aktiven Offiziere hier in der britischen Zone ist ungerecht, ist falsch und ist im höchsten Maße im Hinblick auf die zukünftige politische Entwicklung bedauerlich. (Beifall) Es geht nicht an, daß man Offiziere und Wehrmachtbeamte, die ehrlich und anständig ihre Pflicht erfüllt haben, wie jeder britische, französische und amerikanische Offizier es getan hat, deswegen diffamiert. (Beifall) Noch ein weiteres geht nicht an. Gerade bei den alten Offizieren, bei Leuten, die gar nicht im letzten Kriege gewesen sind, und bei ihren Hinterbliebenen herrscht die bitterste Not jetzt nach der Währungsreform. Und was das wirklich für uns Deutschen jetzt Beschämende ist: die Länderregierungen in der britischen Zone haben es bisher nicht fertiggebracht, von den kargen Möglichkeiten, die die Briten ihnen gelassen haben, diese früheren Offiziere und Hinterbliebenen zu unterstützen, Gebrauch zu machen. (Scharren und Pfui-Rufe) Nach den Bestimmungen der britischen Militärregierung können frühere aktive Offiziere, die über 65 Jahre alt sind, und Witwen, die über 60 Jahre alt sind, die nicht mehr arbeitsfähig sind, eine monatliche Unterstützung von, wenn ich es richtig im Kopfe habe, 160 Mark bekommen. Können Sie sich nun vorstellen, daß noch keine der Länderregierungen der britischen Zone bisher von dieser Möglichkeit, die seit März dieses Jahres besteht, Gebrauch gemacht hat? (Pfui-Rufe) Ich finde das im hohen Maße entwürdigend, und ich habe mich geradezu geschämt, als ich einen Brief lesen mußte, den der Gouverneur von Nordrhein-Westfalen, General Bishop, an die Landesregierung gerichtet hat. Gerade er schreibt, warum sie denn nicht von dieser Möglichkeit Gebrauch mache. Der Engländer, der muß eine deutsche Regierung darauf hinweisen, daß sie davon Gebrauch machen soll. (Unruhe, Zurufe: Weg damit; die CDU hat doch die Mehrheit) Ich wollte, wir hätten sie; wir haben sie leider nicht. Ich will Ihnen darauf auch antworten. Auf unser

Verlangen ist diese Frage in einer der letzten Kabinettsitzungen von Nordrhein-Westfalen wiederum behandelt worden. Es war in diesem Kabinett keine Mehrheit zu erreichen, weil die CDU nicht die Mehrheit hat. Meine Fraktion wird im nächsten Landtag den Antrag stellen, daß von diesen Möglichkeiten der britischen Militärregierung Gebrauch gemacht wird. Dann sollen die Abgeordneten der einzelnen Parteien in aller Öffentlichkeit durch ihre Abstimmung bekennen, ob sie soviel von Gerechtigkeit und Menschlichkeit in sich haben, daß sie das tun. (Starker Beifall)

Wir bestreben uns, noch ein weiteres zu tun. Ich bin wiederholt bei den höchsten britischen Autoritäten in Deutschland vorstellig geworden mit der Bitte, daß diese Diffamierung von allen früheren aktiven Offizieren und Wehrmachtsbeamten, die sich nicht schuldig gemacht haben, genommen wird. Es besteht begründete Hoffnung, daß dies in absehbarer Zeit geschieht. Ich habe da einen sehr traurigen Punkt des heutigen Deutschen [Deutschland?] berührt, daß die Vertreter gewisser Parteien es fertig bringen, aus einem blinden Haß diesen ehrenwerten Leuten in unmenschlicher Weise das Wenige vorzuenthalten, was ihnen gegeben werden darf. Sind wir Deutsche denn nun wirklich so entsetzlich tief gesunken? Sind denn nun die früheren Deutschen, die früheren aktiven Offiziere, wirklich solche Schandkerle gewesen? Hitler hat eine außerordentlich schwere Schuld auf sich geladen und alle diejenigen, die ihm geholfen haben oder die in der Lage waren, ihm genügend Widerstand zu leisten und es nicht getan haben, mit ihm. Aber immerhin sind diese 12 Jahre des Nationalsozialismus doch nur eine Episode in der vergangenen Geschichte des deutschen Volkes. Es ist wahr, durch den Nationalsozialismus hat sich gezeigt, welcher Abgünde die Menschen in Deutschland fähig waren, von denen man es niemals geglaubt hätte. Aber gilt das nur von deutschen Menschen? (Starker Beifall) Ist die Welt, seitdem Hitler tot und der Nationalsozialismus verschwunden ist gerecht, friedlich und ruhig geworden? Haben die Deutschen in Quebec vereinbart, daß der Russe halb Deutschland besetzen sollte? Waren die Deutschen an Jalta und Potsdam beteiligt? Wie glauben Sie wohl wird ein deutscher, englischer oder amerikanischer Geschichtsschreiber in zwanzig oder dreißig Jahren über diese Zeit und alles das urteilen? Ich glaube nicht, daß er sagen wird, Deutschland ist an allem schuld. In der Schweiz ist ein Buch erschienen, das man allen maßgebenden Leuten in allen Ländern auf den Tisch wünschen möchte. Das Buch heißt: „Hitler in uns!“[4] Auch in den ausländischen Leuten steckt ein Stück Hitler, und ja kein kleines Stück Hitler. Darum brauchen wir Deutschen nicht immer in Sack und Asche zu gehen und Buße zu tun (Beifall), aber wir müssen uns bewußt sein, daß von Deutschland aus der Anfang gekommen ist. Wir müssen uns bewußt bleiben, daß wir daher eine große Verantwortung tragen beim Wiederaufbau sowohl von Deutschland wie von Europa.

Damit komme ich nun zur Zukunft. Was mag die Zukunft uns bringen? Die Rettung Deutschlands und die Rettung Europas sind identisch. Im Mai dieses Jahres hat Churchill einem kleinen Kreis von uns Deutschen – wir waren zu fünf oder zu sechs – gesagt, nach seiner festen Überzeugung gäbe es für Deutschland und für ganz Europa nur ein Heil: die europäische Förderation (lebhafter Beifall).[5] Das muß das Ziel einer jeden deutschen Politik sein und bleiben. Damit Sie sich klar machen, wie es jetzt in Europa aussieht, lassen Sie mich in wenigen Strichen Ihnen zeigen, wie es auf der Welt etwa vor 38 Jahren aussah. Im Jahre 1910 war Deutschland die stärkste Macht in Europa. England hatte damals eine Flotte, die größer war als die beiden nächstgrößten Flotten zusammengenommen. Im Jahre 1910 war Frankreich im Vollbesitz seiner Kraft, war Italien eine Großmacht, bestand vor allem noch Österreich-Ungarn, und durch Österreich-Ungarn waren mit Westeuropa die ganzen Balkanländer verknüpft. Rußland war damals ein Staat, der nicht rein asiatische Züge trug, sondern versuchte, sich einzuordnen in die allgemeine europäische Situation. Die Lage der Vereinigten Staaten beleuchtet nichts besser als die Feststellung, daß noch im Jahre 1910 Amerika ein Schuldnerland war, Amerika, das jetzt die halbe Welt mit seinem Kapital versorgt. Wie ist es heute mit Europa? Amerika ist die mächtigste Macht in der Welt geworden. Dicht hinter ihm kommt Sowjetrußland, eine asiatische Macht. Rußland hat nun die ganzen Balkanstaaten, Polen und Ungarn zu seinen Vasallen gemacht. Es hat dafür gesorgt, daß in Frankreich die Kommunistische Partei, seine Fünfte Kolonne, die stärkste Partei geworden ist. Es hat dafür gesorgt, daß die Kommunistische Partei in Italien fast die Macht vor wenigen Monaten erlangt hätte. Die meisten Deutschen haben damals, glaube ich, gar nicht geahnt, welche Bedeutung die Wahlen in Italien gehabt haben.[6] Wenn es damals den Kommunisten gelungen wäre, in Italien die Macht zu bekommen, dann wäre Frankreich auch gestürzt, und dann wäre der Marshall-Plan erledigt gewesen; dann wäre ganz Europa erledigt gewesen gegenüber der Macht der Sowjets, so daß tatsächlich diese Wahl in Italien entscheidend war für die Zukunft Westeuropas.

Wenn man sich die Arbeit der Vertreter der Auswärtigen Ämter in London bei dem Londoner Abkommen vor Augen führt, und auf der anderen Seite daran denkt, daß bei dem Europakongreß im Haag hervorragende Staatsmänner aller dieser Staaten vertreten waren, die mit voller Klarheit und vollem Ernst die Herstellung eines förderativen Europas, bestehend aus gleichberechtigten und gleichverpflichteten Staaten einschließlich Deutschlands, verlangten, wenn man sich weiter vor Augen hält, wie jetzt gerade bei der Konferenz im Haag, die, glaube ich, gestern zu Ende gegangen ist, Bidault eine ähnliche Erklärung abgegeben hat, wenn man weiter daran denkt, daß Churchill am 16. oder 17. Juli, als er in Bristol zum Ehrenbürger ernannt worden ist, das gleiche erklärt hat: Europäische Konföderation unter Einschluß Deutschlands als gleichberechtigtem und gleichverpflichtetem Mitglied, – wenn man das alles hört, dann hat man doch den Eindruck, als wenn die Bürokratie der europäischen Staatskanzleien hinter der öffentlichen Meinung in ihren eigenen Ländern jahrzehntelang zurückgeblieben sei (Beifall). Es wird voraussichtlich Anfang September dieses Jahres in Interlaken ein europäisches Vorparlament zusammentreten.[7] In diesem europäischen Vorparlament sollen die Parlamente aller freien Staaten Europas nach einer bestimmten Schlüsselzahl vertreten sein. Es werden aller Wahrscheinlichkeit nach auch die deutschen Länderparlamente nach der gleichen Schlüsselzahl dort vertreten sein. (Beifall) Dieses europäische Vorparlament ist von größter Bedeutung. Der erste Verfechter des Gedankens eines Paneuropas,

der Graf Coudenhove-Kalerghi, hatte in den Zwanziger Jahren den Gedanken namentlich bei uns in Deutschland energisch vertreten. Ich habe damals viel mit ihm zusammengearbeitet. Er hat mir vor einigen Wochen gesagt, es gibt nur noch zwei Möglichkeiten der Eroberung, entweder mit Waffen oder mit den Parlamentariern. Da wir mit den Waffen nicht erobern können, müssen wir mit den Parlamentariern erobern. Und wenn die Mehrheit aller Parlamentarier in den einzelnen Ländern für die Schaffung eines föderativen Europas ist, dann wird dieser Plan – davon kann man überzeugt sein – verwirklicht werden. Hoffen wir, daß dieses Vorparlament in Interlaken nun auch wirklich in imponierender Weise diesen Zweck fördert.
Namentlich Sie –, Akademiker werden wohl auch die Frage sich stellen, wie war es denn möglich, daß eine solche Katastrophe in der ganzen Welt eingetreten ist. Nun, die Frage kann man wohl beantworten. Die industrielle Technik, der Fortschritt der Technik hat die Vermassung des Volkes herbeigeführt und damit dem Kollektivismus, dem kollektivistischen Gedanken eine ungeheure Stärkung gegeben. Jedes Kollektiv wird letzten Endes beherrscht durch ganz wenige Leute. Darum ist es die Aufgabe meiner Partei, immer und überall zu betonen und durchzusetzen den christlichen Fundamentalsatz von der Bedeutung eines jeden einzelnen Menschen (Beifall). In dieser Umerziehung des Volkes von der Vermassung der vergangenen Jahrzehnte liegt eine unserer vornehmsten Zielsetzungen. Das weitere Ziel habe ich eben schon genannt: Die Schaffung eines föderativen Europas unter Einbeziehung Deutschlands als gleichberechtigtes und gleichverpflichtetes Land. Nur wenn das erreicht wird, wird Deutschland und Europa und damit die Welt auch wieder zum Frieden kommen (starker, lang anhaltender Beifall).

Quelle: ARh, maschinenschriftlich, nach einer stenographischen Nachschrift.

Anmerkungen

1 Von Februar bis Anfang Juni 1948 arbeitete in London eine Sechsmächtekonferenz (Frankreich, Großbritannien, USA, die Benelux-Staaten) Richtlinien für die Zukunft der drei Westzonen aus, die in einem am 3. 6. 1948 veröffentlichten Kommuniqué, einer Schlußerklärung vom 6. 6. und weiteren unveröffentlichten Empfehlungen für die drei Militärgouverneure verabschiedet wurden. Sie sahen vor: Ermächtigung der Ministerpräsidenten der westdeutschen Länder zur Einberufung einer verfassunggebenden Versammlung, Grundsätze für eine bundesstaatliche Verfassung der westdeutschen Länder, Einigung über kleinere Grenzkorrekturen an der deutschen Westgrenze, Kontrolle der Wirtschaft des Ruhrgebiets durch eine internationale Behörde unter Beteiligung der sechs Mächte und Deutschlands, Einrichtung eines alliierten „Sicherheitsamts" zur Kontrolle des zu errichtenden deutschen Staates, Zusammenschluß der drei Westzonen zu einer „Tri-Zone" (Text der Frankfurter Dokumente bei Johannes Hohlfeld (Hrsg.): Dokumente der deutschen Politik und Geschichte von 1848 bis zur Gegenwart. 6. Band. S. 320ff.). Die anschließenden Verhandlungen der Ministerpräsidenten auf dem Rittersturz bei Koblenz (bei denen neben anderen Parteiführern auch Adenauer zeitweise zugegen war) und das folgende Tauziehen mit den Militärgouverneuren sind verschiedentlich geschildert worden, so von Hans-Peter Schwarz: Vom Reich zur Bundesrepublik, a.a.O., S. 606–618, und Thilo Vogelsang: Koblenz, Berlin und Rüdesheim. Die Option für den westdeutschen Staat im Juli 1948. In: Festschrift für Hermann Heimpel. Göttingen 1971. 1. Band, S. 161–179. Trotz seiner kritischen Einschätzung der Londoner Empfehlungen (vgl. z.B. Erinnerungen I, S. 137–145) hat Adenauer aber in der Schlußphase der Verhandlungen mit den Militärgouverneuren seinen Einfluß für die baldige Einberufung des Parlamentarischen Rates in die Waagschale geworfen.

[2] Adenauer bezieht sich dabei auf die Währungsreform am 20. 6. 1948 und auf die Entscheidungen zum Abbau der Zwangswirtschaft.

[3] Es scheint sich hier um die eigenwillige Verkürzung einer Spenglerschen These zu handeln (vgl. Oswald Spengler: Preußentum und Sozialismus. München 1921 (1919), S. 65f, 97 und passim, und: Der Untergang des Abendlandes. Umrisse einer Morphologie der Weltgeschichte. Band 2: Weltgeschichtliche Perspektiven. München 1922, S. 585–623). Bei seiner scharfen Kritik an den Londoner Empfehlungen hat Adenauer teilweise mit denselben Worten Befürchtungen und Warnungen wiederholt, die er eine Woche zuvor (am 14. 7. 1948) in einer vielbeachteten Ansprache im Landtag von Nordrhein-Westfalen geäußert hatte (Text in: Landtag Nordrhein-Westfalen. 1. Wahlperiode. Stenographischer Bericht über die 49. Sitzung am 14. 7. 1948, S. 637–643).

[4] Max Picard: Hitler in uns selbst. 3. verm. Aufl. Erlenbach-Zürich 1946.

[5] Während des Europakongresses im Haag vom 5. – 10. 5. 1948.

[6] Bei den Wahlen am 18. 4. 1948 errangen die italienischen Christlichen Demokraten unter Alcide de Gasperi mit 52,2% die absolute Mehrheit der Sitze in der Abgeordnetenkammer; die italienischen Kommunisten erhielten 22%.

[7] Adenauer meint hier offenbar den Kongreß der Europäischen Parlamentarier-Union, der vom 1. – 4. 9. 1948 in Interlaken stattfand.

28. August 1948

„Eine Hoffnung für Europa“. Eröffnungsrede zum 2. Parteitag der CDU der Britischen Zone in Recklinghausen

Grundsätzliche Ausführungen zur Gesellschaftspolitik und zum westeuropäischen Zusammenschluß.

Als wir uns entschlossen, diesen Parteitag einzuberufen, hatten wir eine gewisse Besorgnis wegen des Besuches. Der Entschluß mußte ja wegen der notwendigen Vorbereitungen schon getroffen werden, noch ehe die Währungsreform kam. Wir konnten nicht voraussehen, wie sich die Dinge danach gestalten würden, ob insbesondere genügend Barmittel für die einzelnen Teilnehmer zur Verfügung stehen würden, um hierhin zu kommen. Zu unserer großen Freude kann ich feststellen, daß unsere kühnsten Erwartungen – zunächst wenigstens, was die Zahl der Teilnehmer und Teilnehmerinnen an diesem Parteitag angeht – bei weitem übertroffen sind. Zweifellos ist die Währungsreform in mancher Beziehung also doch nicht so schlimm gewesen, wie wir uns das vorgestellt hatten. Vor allem aber zeigt dieser unerwartet große Besuch, daß wir in einer *Zeit der politischen Hochspannungen leben,* in der naturgemäß jeder, der irgendwie an politisch verantwortlicher Stelle steht, das Bedürfnis hat, sich zu orientieren und sich auszusprechen. Diejenigen von Ihnen, die an dem ersten Parteitag in Recklinghausen teilgenommen und vielleicht das Programm und den Ablauf noch etwas im Gedächtnis haben, werden mit mir darin übereinstimmen, daß wahrscheinlich die Reden und der Ablauf jetzt ganz anders sein werden als damals. Es ist wohl verständlich, daß zwei Dinge auf dieser Tagung hauptsächlich behandelt werden müssen; die *wirtschaftlichen Fragen und auch die Frage des Staatsrechts*. Daß bei der Umstellung der Wirtschaft, die vor zwei Monaten vorgenommen worden ist, bei der Preisentwicklung, die auf manchen Gebieten seit der Zeit eingesetzt hat, und andererseits kurz vor Zusammentritt des Parlamentarischen Rates, der auf den 1. September nach Bonn einberufen worden ist, die wirtschaftlichen und staatspolitischen Fragen eine große Rolle auf diesem Parteitag spielen müssen, ist verständlich. Aber, verehrte Anwesende, ich glaube, wir müssen uns doch immer wieder auf jedem Parteitag in erster Linie *zurückbesinnen auf die weltanschauliche Grundlage unserer Partei und unserer Politik*. Es darf nicht so werden, daß wir über der stürmischen Fortentwicklung, über der Gesetzesmacherei, die notwendig ist, die aber überhastet erfolgen muß, daß wir über all diesen Sorgen des Alltags das Wesentliche, was uns zu einer Partei – zur CDU und zur CSU – zusammengeführt hat, vergessen.

Mir scheint, daß wir die einzige weltanschaulich fundierte Partei in Deutschland sind. Ich glaube nicht, daß man dies von der Sozialdemokratischen Partei sagen kann; ich glaube auch nicht, daß sie von sich behauptet, daß sie eine weltanschaulich fundierte Partei sei. Denn einmal ist die Weltanschauung des Marxismus selbst von denjenigen, die sich heute noch zu Karl Marx bekennen, doch zum Teil aufgegeben, und innerhalb der Sozialdemokratischen Partei gibt es sicher einen Prozentsatz, dessen Größe uns nicht bekannt ist, der überhaupt erklärt, daß der Marxismus für sie nur noch historische Bedeutung habe. Die Kommunistische Partei ist eigentlich diejenige Partei, die sich noch am entschiedensten und klarsten zum Marxismus, wenigstens mit den Lippen, bekennt; tatsächlich ist sie aber doch nichts anderes als ein Stoßtrupp des russischen Imperialismus. Das Zentrum erklärt ja ausdrücklich, daß es *keine* weltanschauliche Partei sein will – es betont das. Das Zentrum betont auch, daß es *nicht* richtig findet, wenn man die politische Arbeit auf christlichem Fundament beginne. Also, warum sollen wir ihm gegen seinen Willen den Charakter einer weltanschaulichen Partei beilegen! Was die FDP angeht, so glaube ich auch nicht, daß sie von sich behauptet, eine auf weltanschaulichem Boden stehende Partei zu sein. Am ehesten kann man das noch von der Deutschen Partei in Niedersachsen sagen, aber sie ist eine Partei, die auf Niedersachsen beschränkt ist und die ich im Rahmen dieser Betrachtung wohl nicht weiter zu erwähnen brauche.

Es wird auch in Kreisen, die zwar nicht zu uns gehören, die uns aber doch nicht unsympathisch gegenüberstehen, die Frage nach der Berechtigung einer Partei auf weltanschaulicher Basis aufgeworfen, insbesondere, ob es berechtigt sei, daß eine Partei „christlich" in ihren Namen aufnehme, um dadurch vor aller Welt hervorzuheben, daß sie eine politische Partei sei, die auf dem Boden der christlichen Weltanschauung stehe. Es müßte eigentlich überflüssig sein, daß man noch einmal ausführt, was denn „Christlich-Demokratische Union" oder „Christlich-Soziale Union" heißt. Aber wenn man an Versammlungen teilnimmt, in denen auch Vertreter anderer Parteien zu Wort kommen, hört man immer wieder irrige Auffassungen. Lassen Sie mich mit einem Satz vor Ihnen – Ihnen sind es ja keine unbekannten Dinge – wiederholen, was das Wesen unserer Partei ausmacht.

Wir wollen von den geistigen Grundlagen aus, die das abendländische Christentum im Laufe vieler Jahrhunderte geschaffen hat, in Deutschland das politische Leben neu gestalten – und nicht nur in Deutschland, sondern auch in Europa und in der Welt. Deswegen nennen wir uns Christlich-Demokratische Union, nicht etwa, um damit zu sagen, daß in anderen Parteien keine Christen seien; das liegt uns völlig fern. Es war mir sehr interessant, als ich neulich hörte, daß zwei Engländer in führender Stellung – und zwar Männer, die uns, wie ich glaube, bestimmt annehmen zu können, auch weltanschaulich nahestehen –, die Frage diskutierten, ob eine christliche Partei überhaupt nötig sei und dabei zu dem Ergebnis kamen: nein, sie sei nicht nötig. Ich muß sagen, daß man dann die Dinge nicht so sieht, wie sie sind. Man darf die Dinge nicht so sehen, wie man sie gerne sehen möchte, sondern man muß sie so sehen, wie sie wirklich sind. Wenn ich die Lage so betrachte, wie sie ist, dann finde ich, daß in Deutschland – nicht nur in Deutschland, ich komme noch darauf zurück – doch buchstäblich alles von Grund auf neu aufgebaut werden muß. Wir finden, daß in Deutschland nicht erst etwa der Nationalsozialismus geistig so verheerend gewirkt hat. Die Thesen, daß Macht vor Recht geht, daß die Person nichts und der Staat alles ist, sind nicht etwa erst durch den Nationalsozialismus im deutschen Volke verbreitet worden. Diese Auffassungen waren schon viel früher verbreitet, sie stammen aus der Zeit der Herrschaft der materialistischen Weltanschauung. Wir finden ferner, daß man mit dem Aufkommen des Sozialismus zu einer neuen Irrlehre kam, der *Irrlehre des Kollektivs*. Das ist eine Irrlehre, die noch außerordentlich viel in den kommenden Jahrzehnten der Menschheit zu schaffen machen wird. Diese Lehre ist deshalb so verderblich, weil sie ganz ähnlich wie früher der übersteigerte Nationalismus in dem einzelnen Menschen das Streben nach Eigenpersönlichkeit verdorren läßt, so daß er sich fast glücklich fühlt, ein Massenteilchen zu sein. Machen wir uns klar, daß diese Auffassungen diametral entgegengesetzt sind der christlichen Auffassung von dem Wert und der Würde des einzelnen Menschen, von der christlichen Auffassung des Persönlichkeitsbegriffes, und daß diese Auffassung von der Vermassung, dem Kollektiv, auch in diametralem Gegensatz steht zu jeder persönlichen Freiheit.

Die persönliche Freiheit ist und bleibt das höchste Gut des Menschen! (Zurufe: sehr gut) Wenn wir uns wenden gegen die Diktatur als den Feind der Freiheit, wenn wir dagegen sind, daß das Kapital die Freiheit des Einzelnen in der Wirtschaft und damit auch in der Politik erdrückt, wenn wir uns dagegen wenden, daß der Staat eine zu große Macht bekommt und damit ein Feind des Einzelnen wird, so wenden wir uns und werden uns auch in Zukunft wenden *gegen den Kollektivismus* in irgendwelcher Form, weil er genau so ein Feind der persönlichen Freiheit ist wie jene. Dieser wesentliche Satz des abendländischen Christentums vom Wert und der Würde eines jeden einzelnen

Menschen, von der Freiheit der Person, ist eine der Hauptthesen unserer politischen Arbeit. Die Anbetung der Macht, dieser moderne Götzendienst, bedeutet ebenfalls Untergang der persönlichen Freiheit. Dem Götzen der Macht wird in unserer Zeit in vielen Ländern geopfert. *Der kollektivistische Gedanke führt immer in seiner Steigerung zu einer Anbetung der Macht.* Kranke geistige Auffassungen wirken wie ansteckende Krankheiten, sie greifen über und stecken an. Vom Boden unserer christlichen Weltanschauung aus müssen wir betonen, daß das Recht vor der Macht gilt, daß die Macht an sich nichts Böses ist, aber daß die Macht den Menschen sehr leicht dazu verführt, Mißbrauch mit ihr zu treiben und daß sie dann böse wird. Weil wir für die Freiheit des Einzelnen eintreten, müssen wir auch auf sozialem Gebiet alles tun, was in unserer Macht steht, um eine menschenwürdige Existenz jedem zu ermöglichen. Eine menschenwürdige Existenz auch in materieller Hinsicht, auch was die Arbeit und die Wohnungsfrage angeht, ist eine der wesentlichsten Voraussetzungen für die wahre Freiheit der Person.

Wenn wir bei der Prüfung der Frage, ob wir berechtigt, ja, ob wir verpflichtet sind, Politik zu treiben vom Boden der christlichen Weltanschauung aus, unsere Blicke über die deutschen Grenzen hinausgehen lassen und sehen, wie es in der Welt aussieht, dann finden wir, daß in großen Teilen ein *antichristlicher* Geist herrscht, der im Wesentlichen die jetzigen Zustände verschuldet. Ein ganz großer Teil der Welt wird heute beherrscht durch Sowjetrußland, die Hälfte Deutschlands, die Balkanstaaten, Polen, Ungarn, die Tschechoslowakei. In diesem ungeheuren Gebiet mit mehreren hundert Millionen Menschen herrscht ein durchaus antichristlicher Geist – aber nicht nur das, sondern der Kampf gegen das Christentum wird dort gewollt und systematisch durchgeführt. Von derselben Macht aus, von Sowjetrußland, die diesen Kampf organisiert und durchführt, werden politisch gespeist die Kommunistischen Parteien in Deutschland, Frankreich, Italien und überall in der Welt. In dem übrigen Teil der Welt ist es vielleicht auch mit dem christlichen Geist nicht so bestellt, wie es damit sein sollte. Der Nationalsozialismus hat schreckliche Verbrechen begangen, Verbrechen, von denen der Geschichtsschreiber noch in späteren Zeiten schaudernd schreiben wird, aber der *Morgenthau-Plan,* der ja Gott sei Dank nicht zur Ausführung gekommen ist, aber immerhin bis in seine Einzelheiten vorbereitet und durchdacht gewesen ist, stellt ein Vergehen gegen die Menschheit dar, das sich dem nationalsozialistischen Verbrechen mindestens würdig an die Seite stellt. (Lebhafte Zurufe: sehr richtig!) Wenn man bis in die Durchführungsverordnungen hinein plante, 30, 40 Millionen Deutscher sterben zu lassen (Pfui-Rufe) dadurch, daß man sie wirtschaftlich abdrosselt[1], dann verrät die Fassung und Durchdenkung eines solchen Planes einen solchen Abgrund von Grausamkeit und Unmenschlichkeit, daß bei Gott niemand mehr von christlichem Geist sprechen kann. (Zurufe: sehr richtig!) Dieser Morgenthau-Plan ist erledigt. Es wird die Zeit kommen, wo diejenigen, die ihn gefaßt haben, sich schämen werden, davon zu sprechen. Aber ich habe das Empfinden, als wenn noch gewisse Ausläufer dieses Morgenthau-Planes bei uns wirksam wären. Es ist Zeit, daß damit aufgeräumt wird. Ich meine damit vor allem diese *wahnsinnige Demontage-Politik.* (Zurufe: sehr richtig!)

Keiner von uns Deutschen ist der Auffassung, daß reine Kriegsindustrien erhalten werden sollten. Sie sollen und müssen verschwinden. Aber warum demontiert man immer und immer wieder – und neuerdings sogar mit erhöhtem Eifer – Betriebe, die keine Kriegsbetriebe sind? Im englischen Unterhaus ist von Vertretern der beiden großen Parteien dort sehr klar und deutlich gesagt worden, daß es sich dabei um nichts anderes handele als darum, die deutsche Konkurrenz auf dem Weltmarkt unmöglich zu machen. Die britische Regierung hat dem mit Entschiedenheit widersprochen, ich glaube auch, Minister Bevin selbst hat das mit Entschiedenheit in Abrede gestellt. Nun, wir nehmen Kenntnis davon, trotzdem doch jeder von uns Fälle kennt, in denen ganz bestimmt Konkurrenzabsichten vorliegen, aber wir nehmen von dieser offiziellen Erklärung der britischen Regierung Kenntnis, daß die Demontagen nicht durchgeführt würden aus Konkurrenzgründen. Wenn man sich nun in Abkehr von dem Morgenthau-Plan zu der Anschauung durchgerungen hat, daß der Wiederaufbau Europas nur möglich ist unter vollem Einsatz der deutschen Wirtschaftskapazität und wenn man nicht demontiert aus Konkurrenzgründen, dann ist es doch ein heller Wahnsinn, daß man die deutsche Wirtschaftskapazität durch diese Demontagen in der empfindlichsten Weise herabdrückt und schädigt. Dann sollten doch alle diejenigen, denen es ernst ist mit der Wiederherstellung Europas, Einhalt gebieten. Wir richten diese Forderung und Bitte namentlich auch an die Amerikaner, die mit ihren Dollars den Wiederaufbau Europas finanzieren und die sich nicht bieten lassen sollten, daß auf der einen Seite sie Lieferungen durchführen und auf der anderen Seite der Wiederaufbau Europas derart empfindlich geschädigt wird. (Zurufe: sehr richtig!)

In vielen europäischen Ländern sind Parteien tätig, die auf christlichem Boden stehen, vom christlichen Boden aus ihre Politik treiben. Das gilt von Holland, Belgien, Luxemburg, der Schweiz, Frankreich, Italien. Auch in den Vereinigten Staaten werden sehr wichtige Stimmen laut – so jetzt die von Foster Dulles, der voraussichtlich in der amerikanischen Außenpolitik schon bald eine entscheidende Rolle spielen wird[2], auf der Amsterdamer Weltkirchenkonferenz – daß nur die Wahrung der christlichen Grundsätze in der Politik einen Wiederaufbau der Welt ermöglicht. Ich glaube, daß die Verbindungen, die wir mit den christlichen Parteien dieser Länder haben und von denen wir mit Freuden als Gleichberechtigte bei den Zusammenkünften, die stattgefunden haben, aufgenommen worden sind, nicht intensiv genug gestaltet werden können; denn

nur, wenn alle Kräfte, die auf dem gleichen Boden stehen wie wir, wenn alle politischen Kräfte in ganz Europa sich zusammentun, wird es möglich sein, nicht nur Deutschland, sondern Europa überhaupt zu retten.

Man muß in dieser Zeit die Politik – die Innen- und Außenpolitik – in ihren großen Zusammenhängen sehen. Dann sehen wir, was ich schon angedeutet habe, daß auf der einen Seite die ungeheure Macht Asiens steht, repräsentiert durch Rußland und seine Satellitenstaaten, gestärkt durch die Vorhuten der kommunistischen Parteien, in den verschiedenen Ländern der Welt, diese ungeheure Macht, die von ganz anderem Geiste und von ganz anderer Denkungsart ist als wir abendländischen Europäer. In

Diese Karte entnahm ich dem Buch

☐ Das Buch hat mir gefallen

☐ Das Buch hat mir nicht gefallen.

Aus folgenden Gründen:

Datum/Unterschrift

Postkarte

Postkarten-
Porto

Deutsche
Verlags-Anstalt GmbH
Abt. VB

7000 Stuttgart 1

Postfach 209

Informationsscheck

Bitte lassen Sie mir regelmäßig Informationen über Ihr Verlagsprogramm zugehen. Ich interessiere mich für:

6/0 ☐ Schöne Literatur
7/0 ☐ Lebenszeugnisse
8/0 ☐ Zeitgeschehen/ Politik
9/0 ☐ Beratendes Sachbuch
9/1 ☐ Erwachsenen-Spiele
11/0 ☐ Kinderbuch/ Jugendbuch
12/2 ☐ Öffentliche Wissenschaft
13/3 ☐ dva informativ
14/1 ☐ Fachbuch/ dva-Seminar
14/2 ☐ Architektur/ Stadtplanung
14/3 ☐ Maler/Lackierer-Fachbuch
14/4 ☐ Schreiner-Fachbuch

☐ Bitte senden Sie mir außerdem ein kostenloses Prüfungsexemplar der Zeitschrift für Naturwissenschaft und Technik „Bild der Wissenschaft".

Absender/Beruf

01 ☐ Freier Beruf
02 ☐ Kaufmann/Angestellter
03 ☐ Schüler/Student
04 ☐ Pädagoge/Fachlehrer
05 ☐ Techn. Angest./Ingenieur
06 ☐ Beamter/Verw.-Angest.
07 ☐ Maler/Lackierer
08 ☐ Schreiner
09 ☐ Architekt
10 ☐ Firma/Institut
11 ☐ Hausfrau
12 ☐ Handwerkl. Beruf/Arbeite

1 ☐ Frau 2 ☐ Fräulein 3 ☐ Herr

Vorname/Name (wenn notwendig Vorname abgekürzt)

12 ______ 34

Straße/Hausnummer

16 ______ 36

Plz Ort

37 ______ 40 43 ______ 63

Land (nur wenn außerhalb der BRD)

64 ______ 79

dem Sinne gehört ja auch Süd- und Nordamerika zum europäischen, abendländischen Geist, so daß sich in Wahrheit über die ganze Erde herüber zwei große Fronten gebildet haben oder noch in der Bildung begriffen sind. Europa spielt trotz seiner Kleinheit, trotz seiner militärischen Schwäche eine ganz große Rolle in diesem Kampf, weil gerade in Europa der Hort und die Quelle des christlich-abendländischen Geistes ist, denn letzten Endes handelt es sich um geistige Auseinandersetzungen größten Ausmaßes.

Wie sieht es jetzt in Europa aus? Wenn Sie einmal zurückdenken an die Zeit vor 45 Jahren und sich klar machen, was damals Europa war, als Deutschland die mächtigste Landmacht in Europa war, als Frankreich und Italien eine Großmacht waren, als England die größte Seemacht war, deren Flotte größer war als die beiden nächstgrößten Flotten zusammengenommen, als die Vereinigten Staaten noch ein Schuldnerland waren, als mit Oesterreich-Ungarn der ganze Balkan, die Balkanstaaten mit Westeuropa verbunden waren, als in Rußland selbst noch nicht ausschließlich der asiatische Teil herrschte, sondern der westrussische Teil Einfluß hatte – und wenn Sie dann das heutige Europa sehen, dann erkennen Sie den erschütternden Abstieg. *Eine Hoffnung ist uns neu gekommen für Europa, und das ist der Gedanke an die Europäische Union, an das Vereinigte Europa.* Der Gedanke ist nicht neu, er ist schon ausgesprochen worden vor 100 Jahren, und schon nach dem Weltkrieg 1914/18 hat die Paneuropäische Bewegung unter Coudenhove-Kalerghi auch versucht, Anhänger zu werben. Aber damals galt dieser Gedanke noch mehr oder weniger als eine Utopie. Dann hat Churchill in der bekannten Rede in Zürich den Gedanken vor die Weltöffentlichkeit gebracht[3]; im Mai dieses Jahres war der Haager Kongreß für das Vereinigte Europa, auf dem sehr namhafte Politiker der meisten europäischen Länder anwesend waren, die aber damals doch noch nicht von den Regierungen selbst geschickt waren. Insbesondere hatte die britische Regierung damals Abstand genommen von diesem Kongreß und sogar vor seinem Besuch gewarnt. Immerhin, dieser Kongreß hat stattgefunden, er hat Beschlüsse gefaßt. Diese Beschlüsse sind auch, ich glaube, von 200 Abgeordneten des britischen Unterhauses der britischen Regierung unterbreitet worden, und diese hat sich dann zustimmend dazu geäußert.

Jetzt scheint die Angelegenheit einen ganz mächtigen Sprung in ihrer Entwicklung vorwärts zu machen dadurch, daß die französische Regierung offiziell an eine Reihe von europäischen Staaten, insbesondere auch an Großbritannien, das Ersuchen gerichtet hat, eine Kommission zu beschicken, um ein *Europäisches Parlament* vorzubereiten.[4] Dieser Beschluß der französischen Regierung scheint in Wahrheit *eines der wesentlichsten historischen Ereignisse der Jahre nach Kriegsende* zu sein. (Zurufe: sehr richtig!) Dieser Beschluß ist zurückzuführen oder steht im Einklang mit einem Beschluß des Ausschusses der französischen Kammer für auswärtige Angelegenheiten. Es handelt sich also bei diesem Akt der französischen Regierung um einen Akt, der mehr ist als ein Akt der jetzigen französischen Regierung. Sie wissen, daß man in Großbritannien diesem Antrag gegenüber eine etwas abwartende Stellung eingenommen hat. Man hat dort erklärt, daß man zunächst mit den Regierungen der übrigen Teile des britischen Empires Fühlung nehmen müsse. Das ist durchaus verständlich. Um so erfreulicher ist es, daß die australische Regierung ohne vorherige Fühlungnahme der Weltöffentlichkeit mitgeteilt hat, daß sie den Gedanken außerordentlich begrüßt. Nicht so recht verständlich ist es meines Erachtens, wenn in London, ich weiß nicht von wem, aber immerhin von beachtlichen Stellen, erklärt wird, es schwebten jetzt so viel wichtige Dinge, daß man keine Zeit habe für diese Frage. Das würde meines Erachtens eine völlige Verkennung der weltpolitischen Lage bedeuten. (Zurufe: sehr richtig!) Nach meiner Auffassung ist das Schicksal Englands mit dem Schicksal Westeuropas absolut verbunden. Die Zeiten, in denen England eine außereuropäische Macht war, sind meines Erachtens vorüber. Wenn Westeuropa sich nicht zusammenschließt und sich nicht wirtschaftlich und politisch erholt, dann wird auch England darunter leiden. Daher glaube ich, daß die Frage der Förderung des Gedankens des Zusammenschlusses Europas auch eine eminent englische Angelegenheit ist und hoffentlich von der englischen Öffentlichkeit auch als solche erkannt und gefördert wird.

Gestern hat die Regierung der Vereinigten Staaten zu der Frage Stellung genommen und in der nachdrücklichsten Weise verlangt, daß Europa auf diesem Wege fortschreite. Diese Stellungnahme der amerikanischen Regierung ist außerordentlich zu begrüßen, denn bei dem großen politischen und wirtschaftlichen Einfluß, den die Vereinigten Staaten von Nordamerika haben, dürfen wir wohl hoffen, daß dieser Appell der amerikanischen Regierung auch bei denjenigen europäischen Ländern, die sich anscheinend noch etwas zögernd verhalten, antreibend und fördernd wirkt. Wir dürfen also hoffen, daß der Gedanke des Zusammenschlusses Europas in einer Weise marschiert, wie es vor Jahresfrist niemand für möglich gehalten hätte. Damit haben wir wieder eine Hoffnung für Europa und auch für Deutschland, für unser eigenes Vaterland, denn ein Zusammenschluß Europas ohne Deutschland, jedenfalls ohne die drei westlichen Zonen Deutschlands, würde nichts bedeuten. Ohne Deutschland ist ein solcher Zusammenschluß nichts. Deswegen liegt vielleicht in dieser Manifestation der französischen Regierung – ich wiederhole „vielleicht“, man muß sich da mit allem Vorbehalt ausdrücken – ein Wechsel in der Auffassung über die Sicherheit Frankreichs. Es gab und es gibt weite Kreise in Frankreich, die glauben, Frankreichs Sicherheit liege darin, daß der Zustand, wie er jetzt in Deutschland herrscht, oder wie er bis vor kurzem herrschte – nämlich Zerstückelung und Lethargie – möglichst lange konserviert werde. Das ist eine absolut falsche Auffassung, eine Auffassung, die übersieht, daß ein solcher Zustand auch letzten Endes den Untergang Frankreichs herbeiführen würde. Es hat den Anschein, als ob Frankreich jetzt die Gewährleistung seiner Sicherheit in diesem Zusammenschluß Europas sieht. Wenn das der Fall ist, dann würde das eine grundlegende Änderung in dem Verhältnis von Frankreich zu Deutschland zur Folge haben müssen. Eine Änderung, die wir sowohl als Deutsche wie als Europäer nur von Herzen begrüßen und fördern können. Ich für meine Person – und ich weiß, daß ich mit vielen von Ihnen darin übereinstimme – erblicke

in der Herstellung eines dauernden, guten nachbarlichen Verhältnisses zwischen Deutschland und seinen westlichen Nachbarn, den Beneluxstaaten und Frankreich, die erste und vornehmste Aufgabe einer kommenden deutschen Außenpolitik. (Zurufe: sehr richtig!)

Das Interesse der Vereinigten Staaten an den europäischen Dingen in seiner jetzigen Stärke und Intensität wird eines Tages nachlassen, wenn der Gegensatz zwischen den Vereinigten Staaten und Sowjetrußland nachlassen wird, und der wird eines Tages so oder so doch nachlassen. Aber Frankreich, die Beneluxstaaten und Deutschland werden Nachbarn bleiben in Europa, solange Menschen hier in Europa leben werden. Die Zukunft Europas und all dieser Länder, unser eigenes Land eingeschlossen, hängt davon ab, daß dieses Verhältnis auf die Dauer beruhigt und geordnet wird. Wenn daher in Frankreich eine solche Änderung des Standpunktes sich vorbereiten und zeigen würde, so würde das im Interesse Europas und des Weltfriedens auf das höchste zu begrüßen sein. Wir Deutsche müssen alles tun, damit dieses Verhältnis wirklich zu einer dauernden und tiefgehenden Verständigung wird.

Ich glaube, wenn wir zu diesem europäischen Parlament kommen mit Deutschland als gleichverpflichtetem und gleichberechtigtem Mitglied, daß dann auch das Londoner Abkommen allmählich abgebaut werden wird und abgebaut werden kann. Dieses Londoner Abkommen, das möchte ich gerade hier im Industriegebiet noch einmal ausdrücklich erklären, ist in seiner jetzigen Form für uns Deutsche einfach unerträglich und unmöglich. (Lebhafter Beifall und Zustimmung) Wir hoffen, daß dieses Londoner Abkommen dann doch so gestaltet werden wird, daß wir Deutsche gleichberechtigt und gleichverpflichtet am europäischen Wiederaufbau beteiligt werden.

Lassen Sie mich zum Schluß noch einige Worte sagen über unser deutsches Vaterland. Sie wissen von den Verhandlungen in Moskau[5], die jetzt seit einer Reihe von Wochen stattfinden, deren Einzelheiten wir aber nicht kennen. Es scheint ja, als ob sie einen günstigeren Verlauf nähmen, als wir noch vor einer Woche haben hoffen dürfen. Es handelt sich dabei, äußerlich betrachtet, in erster Linie um Berlin. Die Haltung der Berliner Bevölkerung ist bei der ganzen Entwicklung von außerordentlich großer Bedeutung. Wir Nichtberliner, wir Deutsche hier in Westdeutschland, müssen unseren Berliner Freunden und allen Berlinern von ganzem Herzen danken für die tapfere und mutige Haltung, die sie jetzt schon seit geraumer Zeit gezeigt haben. (Starker Beifall) Ich glaube, die Berliner wissen, daß wir alle an ihrer Seite stehen mit unserer vollsten Sympathie sowie mit aller Hilfsbereitschaft, deren wir fähig sind. Die Anstrengungen der Alliierten, Berlin zu halten, verdienen jeden Dank, aber seien wir uns auch darüber klar, daß es sich bei dieser Auseinandersetzung im Grunde genommen um den großen Gegensatz zwischen den beiden Mächtegruppen handelt, deren Gegensatz sich nunmehr gerade in Berlin besonders zugespitzt hat. Die Welt war sicher bis gestern oder vorgestern – vielleicht wird sie es in einem Monat oder später wieder sein – derartig voll von Kriegsangst, Kriegssorge und Kriegsfurcht wie niemals zuvor. Deutschland war sonst immer in den Augen der ganzen Welt der Uebeltäter, der alles verursachte, die Unsicherheit, die Kriege, die Aufrüstung usw. Ich stelle fest, daß bei dieser Kriegsfurcht, die jetzt herrschte und herrscht, bei diesen Aufrüstungen, die in einem Ausmaß vor sich gehen, wie sie niemals erhört worden sind, Deutschland völlig unbeteiligt und völlig unschuldig ist. (Starker Beifall) Es scheint also doch, daß Deutschland – vielleicht war es früher auch schon einmal so – *nicht* der alleinige Übeltäter war, (sehr starker Beifall) sondern es scheint so, als ob der nationalsozialistische Wahlspruch, daß Macht vor Recht geht, auch in anderen Ländern, vielleicht auch schon in der Vergangenheit, stark an der Führung gewesen ist. Ich hoffe, daß auch mancher nachdenkliche Politiker im Ausland aus der Entwicklung in der Welt, seitdem Deutschland aus dem Weltgeschehen aktiv ausgeschieden ist, milder über Deutschlands Rolle in der Welt denkt als bisher.

Trotz aller Hilfe, die uns vom Ausland zuteil wird, seien wir uns über eines klar: Wenn wir nicht alle Kraft daran setzen, wieder geistig, moralisch und wirtschaftlich in die Höhe zu kommen, dann wird Deutschland der Aufstieg nicht gelingen. In unserer Hand liegt unser Geschick. Was uns vom Ausland geboten wird, ist eine hilfreiche Hand, die wir gern und freudig ergreifen, aber wir müssen dann die Hauptsache selber tun. Wir wissen, daß das Geschick unseres Volkes für eine jetzt nicht zu schätzende Zeit sehr ernst und sehr hart ist. Wir alle hier im Saale und alle anderen in Westdeutschland wünschen nichts sehnlicher, als daß der eiserne Vorhang möglichst bald zerrissen und daß die politische und wirtschaftliche Einheit unter dem Stern der Freiheit – nicht unter dem Sowjetstern – wieder hergestellt wird. (Lebhafter Beifall) Aber gerade, weil wir das alles wissen und davon überzeugt sind, und weil wir alle Kraft daran setzen wollen, dieses Ziel, ein freies und einiges Deutschland, zu erreichen, deswegen dürfen wir meines Erachtens keine Gelegenheit vorübergehen lassen, um wenigstens etwas aus dem jetzigen Zustand der politischen Ohnmacht herauszukommen. Gegenüber manchen anderen Meinungen habe ich von Anfang an mit Entschiedenheit den Standpunkt vertreten, daß – solange es uns Rußland durch seine Politik unmöglich macht, eine Organisation ganz Deutschlands herbeizuführen – wir wenigstens den Teil Deutschlands, der nicht unter russischer Herrschaft steht, politisch neu organisieren müssen. Daher begrüße ich das Zusammentreten des Parlamentarischen Rates in Bonn am 1. September. Ich hoffe und wünsche, daß damit der Anfang einer guten politischen Entwicklung für die drei Westzonen gegeben ist. Ich bin der festen Überzeugung, daß wir nur dann den Osten wieder mit dem Westen zu einer Einheit verbinden können und werden, wenn wir wenigstens zunächst den Westen politisch und wirtschaftlich wieder erstarken lassen.

Daß wir den Anspruch auf den Osten Deutschlands niemals aufgeben werden, das können und müssen wir immer und immer wieder mit allem Ernst und allem Nachdruck erklären. (Starker, lang anhaltender Beifall) So bitte ich namentlich auch die aus dem Osten Vertriebenen davon Kenntnis zu nehmen, daß wir den Anspruch auf die Rückgabe ihrer Heimat als ein göttliches Recht niemals preisgeben werden. (Stürmischer Beifall)

Nun wollen wir an die Arbeit gehen. Sie werden Referate hören, die zu manchem Nachdenken Anlaß geben, und ich würde mich ganz außerordentlich freuen, wenn die Diskussion anregend sein würde, damit wir alle, die wir uns zu diesem Parteitag versammelt haben, die wir uns losgerissen haben aus der vielfachen Tätigkeit, die uns sonst erfaßt, nachdenklich und mit ernsten Anregungen versehen, wieder nach Hause zurückkehren, um dort zu wirken – ein jeder in seinem Kreis. Denn das ist ja die Aufgabe dieses Parteitages: einen gewissen Rückblick und Ausblick zu geben, aber nicht nur für die Anwesenden, sondern für alle. Sie, die Sie hier sind, müssen ein jeder in seinem Kreis Kunde geben von dem, was hier gewesen ist und was Sie gehört haben. Sie müssen arbeiten und wirken unter dem letzten Einsatz ihrer Kraft für die Christlich-Demokratische Union und für unser geliebtes Deutschland!

Quelle: Neuaufbau auf christlichen Grundlagen. Zweiter Parteitag der CDU für die Britische Zone, 28.–29. 8. 1948, Opladen 1948. S. 5–12.

Anmerkungen

1 Zur Frage des Wirklichkeitsgehalts dieser Feststellung vgl. John M. Blum: Deutschland ein Ackerland? Morgenthau und die amerikanische Kriegspolitik 1941–1945. Düsseldorf 1968.

2 John Foster Dulles war als Außenminister des republikanischen Präsidentschaftskandidaten Thomas E. Dewey im Gespräch, der aber die Präsidentschaftswahl 1948 gegen Harry S. Truman verlor.

3 Winston Churchill forderte in der Züricher Rede vom 19. 9. 1946 den Zusammenschluß Europas. Adenauers früheste Forderung nach Gründung der „Vereinigten Staaten von Europa" datiert schon vom Frühjahr 1946, vgl. die Rede vom 24. 3. 1946 in der Kölner Universität.

4 Zu diesen Vorgängen vgl. Per Fischer: Europarat und parlamentarische Außenpolitik. München 1962, S. 21–32.

5 Gemeint sind die Verhandlungen zwischen den Botschaftern der drei Westmächte und der sowjetischen Regierung (dabei auch mit Stalin persönlich).

1. September 1948

Grundsatzerklärung nach der Wahl zum Präsidenten des Parlamentarischen Rates

Meine Damen und Herren! Ich denke, daß wir nach diesem Intermezzo[1] jetzt schnell zu Ende kommen, damit wir an die praktische Arbeit herangehen können.

Ich danke Ihnen zunächst auch namens meiner beiden Stellvertreter für das Vertrauen, das Sie uns durch Ihre Wahl bekundet haben. Seien Sie überzeugt, daß wir unser Amt völlig unparteiisch und objektiv wahrnehmen werden! Ich danke dann dem Alterspräsidenten Herrn Schönfelder, der in jugendlicher Frische und Stärke soeben hier seines Amtes gewaltet hat.

Ich danke auch dem Gremium der Ministerpräsidenten für die Vorarbeiten, die es geleistet hat und die uns sicher bei der Erfüllung unserer Aufgabe sehr wertvoll sein werden. Lassen Sie mich weiter danken dem Ministerpräsidenten von Nordrhein-Westfalen, da das Land Nordrhein-Westfalen die technischen Vorbereitungen dieser unserer Tagung übernommen und in ausgezeichneter Weise durchgeführt hat. Ein besonderes herzliches Willkommen an die Herren aus Berlin! Ich nehme an, daß die Herren jetzt schon hier Platz genommen haben. – Noch nicht? Dann bitte ich, rücken Sie in die Reihen herein. Es sind noch einige Sessel frei. (Die Vertreter Berlins nehmen unter lebhaften Beifallskundgebungen ihre Sitze ein.)

Meine Damen und Herren! Sie selbst haben ein herzliches Willkommen ausgesprochen. Wir würden uns alle freuen, wenn wir aus den Ländern der Ostzone ebenfalls freigewählte Vertreter hier begrüßen könnten.

Und nun lassen Sie mich einige Worte über *Wirken* und *Aufgabe* des *Parlamentarischen Rates* sagen. Er ist ins Leben gerufen durch einen Akt der Militär-Gouverneure der drei Westzonen, durch einen Akt, wie er in dem Dokument niedergelegt ist, das den Ministerpräsidenten der drei Westzonen am 1. Juli dieses Jahres übergeben wurde. Nachdem er aber nunmehr sich konstiuiert hat, ist er im Rahmen der ihm gestellten Aufgaben völlig frei und völlig selbständig. Es wird meines Erachtens die vornehmste Pflicht des Rates, aber auch des Präsidenten und seiner Stellvertreter sein, diese völlige Freiheit und Unabhängigkeit ständig zu wahren und sicherzustellen.

Der Parlamentarische Rat beginnt seine Tätigkeit – wir haben es heute morgen bei der Feier im Museum König gehört und wir wissen es ja alle – in einer Zeit der völligen Ungewißheit über Deutschlands Zukunft. Ja, auch die Zukunft Europas und der Welt ist dunkel und unsicher, und Deutschland selbst ist politisch ohnmächtig. Es ist in zwei Teile geteilt. Wir Vertreter des Parlamentarischen Rates hier in diesem Saale – ich möchte das auch gegenüber den Ausführungen des Herrn Kollegen Reimann nachdrücklich unterstreichen – vertreten 46 Millionen Deutsche.

Meine Damen und Herren! Das Dasein des Parlamentarischen Rates selbst ist, wie ich eingangs sagte, zurückzuführen auf einen Entschluß eines Teiles der Siegermächte. Für jeden von uns war es eine schwere Entscheidung, ob er sich bei dem heutigen Zustand Deutschlands, bei der mangelnden Souveränität auch dieses Teiles Deutschlands zur Mitarbeit zur Verfügung stellen dürfe und solle. Ich glaube, verehrte Anwesende, eine richtige Entscheidung auf diese Frage kann man nur dann finden, wenn man sich klar macht, was denn sein würde, welche Folgen für Deutschland und für das deutsche Volk eintreten würden, wenn dieser Rat nicht ins Leben träte. Die drei Mächte, die sich entschlossen haben, diesen Rat ins Leben zu rufen, ließen sich dabei von der Absicht leiten, daß dem politisch völlig auseinandergebrochenen deutschen Volke eine *neue politische Struktur* gegeben werde, in seinem Interesse, aber auch im Interesse Europas und der gesamten Welt. Das muß auch unser Ziel sein, und darum müssen wir die uns gebotene Möglichkeit nutzen, um den jetzigen unmöglichen politischen Zuständen in Deutschland ein Ende zu bereiten. Wir müssen das tun, auch wenn unsere Arbeit vorerst nur einem Teil Deutschlands zugute kommt. Denn, meine Damen und Herren, einmal muß ein Anfang gemacht werden, und einmal muß Schluß sein mit dem ewigen Weiterwursteln und Auseinanderfallen.

Wir gehen an unsere Arbeit in der festen und unerschütterlichen Absicht, auf diesem

Wege wieder zur *Einheit* von *ganz Deutschland,* der Einheit, die unser Ziel ist und unser Ziel bleibt, zu gelangen. Welche Ergebnisse unsere Arbeit für ganz Deutschland haben wird, das hängt von Faktoren ab, auf die wir nicht einwirken können. Trotzdem wollen wir die historische Aufgabe, die uns gestellt ist – und es ist in Wahrheit nach diesem Zusammenbruch des Jahres 1945 eine historische Stunde und eine historische Aufgabe –, unter Gottes Schutz mit dem ganzen Ernst und mit dem ganzen Pflichtgefühl zu lösen versuchen, die die Größe dieser Aufgabe von uns verlangt. (Bravorufe)
[. . .][2]

Quelle: Parlamentarischer Rat. Stenographischer Bericht. 1. Sitzung. 1. September 1948, S. 4f.

Anmerkungen
[1] Vorangegangen war die Ablehnung eines kommunistischen Antrags, vertreten von dem Abgeordneten Max Reimann (KPD), der sich gegen eine Aufnahme der Verfassungsberatungen gewandt hatte.
[2] Es folgen noch verschiedene verfahrenstechnische Ausführungen.

Literatur: Rudolf Morsey: Der politische Aufstieg Konrad Adenauers 1945–1949. In: Adenauer-Studien I, S. 31–57.

8. Mai 1949

Ansprache des Präsidenten des Parlamentarischen Rates nach der Schlußabstimmung über das Grundgesetz

Meine Damen und Herren! Ich bitte Sie, im Hinblick auf die Bedeutung des Werkes, das wir soeben vollendet haben, nach den Minuten der Erregung jetzt noch einige Augenblicke zusammenzubleiben, damit wir uns klar darüber werden, was geschehen ist und in welcher Lage wir sind.
Ich bitte zunächst feststellen zu dürfen, damit die Öffentlichkeit draußen kein falsches Bild bekommt, daß von den 13 Vertretern *Bayerns* im Parlamentarischen Rat 7 die Verfassung bejaht haben – also die Mehrzahl –, und ich glaube, man kann doch die Hoffnung haben, daß auch im bayerischen Landtag sich eine Mehrheit findet, wenn dieses Grundgesetz demnächst den Landtagen vorgelegt werden wird.
Meine Damen und Herren! Es ist wohl in Wahrheit – und ich glaube, auch keiner von denen, die ihre Nein-Stimme begründet haben, wird das bestreiten – für uns Deutsche der erste frohe Tag seit dem Jahre 1933. Wir wollen von da an rechnen und nicht erst von dem Zusammenbruch an, so schwer die Jahre des Zusammenbruchs auch waren. Die Jahre von 1933 bis 1945, die uns in einer *fürchterlichen Knechtschaft* sahen, dürfen nicht aus unserem Gedächtnis gewischt werden. Die Zeit, die hinter uns liegt,

war schwer, und wir beginnen erst langsam einen Blick und einen Schritt in eine bessere Zukunft zu tun.

Lassen Sie mich zunächst auch den *Außenministern* der *drei Weltmächte* danken, die – ich rufe es nochmals in Ihr Gedächtnis zurück – von Washington aus sich unsere Sache haben angelegen sein lassen[1]. Lassen Sie mich in dieser Stunde auch den *Militärgouverneuren* danken, die unseren Interessen doch mit großer Achtsamkeit und nicht nur der Form, sondern auch der inneren Überzeugung nach mit Wohlwollen gegenübergestanden haben. Lassen Sie mich auch den *Mitgliedern* der *Verbindungsstäbe* in Bonn danken, die uns jederzeit in vornehmer und, fast kann man sagen, freundschaftlicher Weise mit ihrem Rat zur Verfügung gestanden haben.

Meine Damen und Herren! In den *drei Westzonen* sind wir nun, nachdem die wirtschaftliche Konsolidierung eingesetzt hat, auch in der *politischen Konsolidierung* ein gutes Stück weitergekommen. Man sollte meines Erachtens nicht immer und ausschließlich auf das Ziel sehen, das noch nicht erreicht ist. Man sollte meines Erachtens auch auf die Wegstrecke sehen, die man auf dem Wege zum Ziel zurückgelegt hat. Ich glaube, wenn wir das tun, dann werden wir – auch wenn wir uns darüber klar sind, daß wir unser endgültiges Ziel noch keineswegs erreicht haben – doch mit Genugtuung feststellen können, daß wir auf dem mühevollen Weg, der vor uns gelegen hat, ein sehr gutes Stück weitergekommen sind.

Berlin hat schwere Zeiten hinter sich. Aber diese schweren Zeiten scheinen doch jetzt zu Ende zu gehen. Wir freuen uns von ganzem Herzen darüber. Sie haben soeben in so eindruckvoller Weise aus den Worten unseres verehrten Kollegen Löbe gehört, welches Leid und welche Trübsal, welche Unfreiheit und welcher Zwang auf den Menschen in der *Ostzone* liegt. Wir glauben aber doch, daß unsere politische Neuorganisation auch nicht ohne Rückwirkung auf das Geschick der Ostzone bleiben wird. (Abg. Renner: Vor allen Dingen eure Hetzkampagne!)

Ich glaube, das macht man sich am besten klar, wenn man sich vorstellt, welche politischen Folgen es gehabt haben würde, wenn wir im Parlamentarischen Rat nicht zu einer Einigung gekommen wären. (Abg. Renner: SA-Minister hätten wir allerdings keine!)

Wir haben ein *Kompromiß* geschlossen. Über das Kompromiß ist manches gesagt worden. Jedes Kompromiß hat Fehler und Mängel. Aber ein Kompromiß hat auch einen großen Vorteil. Es lehrt die Parteien, die so gezwungen waren, miteinander zu arbeiten, auch im politischen Gegner den überzeugten, den ehrlichen Gegner zu schätzen.

Darum darf ich den Wunsch aussprechen, die maßgebenden politischen Parteien möchten bei dem *Wahlkampf,* der nun entbrennen wird, mit dafür sorgen, daß man ehrlich und in vornehmer Weise miteinander kämpft unter Zurückstellung alles dessen, was jetzt nicht gelöst werden konnte und was trennen könnte, damit wir, wenn dieser Wahlkampf vorüber ist, zu dem kommen, was einem Volke, das in so bitterer Not ist wie das deutsche Volk, allein nottut: Zusammenarbeit aller Parteien!

Meine Damen und Herren! Wir haben die dringende Bitte an die drei Militärgouverneure, ihrerseits dafür Sorge zu tragen, daß dieses Grundgesetz schnellstens genehmigt wird, und wir haben die Bitte an die Herren Ministerpräsidenten, sich mit dafür einzusetzen, daß die Landtage dieses Grundgesetz *schnellstens ratifizieren.* Noch ist das Grundgesetz nicht in Kraft getreten, meine verehrten Kollegen, noch haben wir keinen Bundestag, noch haben wir keine Bundesregierung, noch haben die 45 Millionen Deutscher in den Westzonen niemanden, der sie nach außen hin vertritt, in einem Augenblick, in dem auf der *Pariser Konferenz*[2] vielleicht endgültig über unser Geschick entschieden wird! Geben wir uns keiner Täuschung hin, daß diese Pariser Konferenz vielleicht sehr ernste Folgen für uns haben kann.

Diese Außenministerkonferenz aber, meine Damen und Herren, wird auch dann, wenn wir noch keine Bundesregierung haben, nicht achtlos an der Tatsache vorübergehen können, die wir heute durch unseren Beschluß hier in Bonn geschaffen haben. (Abg. Renner: Also doch!)

Wir wünschen die *Einheit Deutschlands,* wir wünschen sie von ganzem Herzen und von ganzer Seele. Wir wünschen ein freies Deutschland, in dem der deutsche Mensch ein menschenwürdiges Dasein führen kann wie jeder andere europäische Mensch.

Wir in der Westzone sind auf dem Wege zur politischen Freiheit. Wie die Zustände in der *Ostzone* sind, haben Sie eben gehört. Das, was bei uns und das, was in der Ostzone geschieht, ist ebensowenig zu vergleichen, wie *Feuer* und *Wasser* zu vergleichen sind. Feuer und Wasser kann man nicht miteinander mischen. Deswegen möchte ich in dieser bedeutungsvollen Stunde den alliierten Mächten zurufen: Wir wollen nicht, daß durch die Verhandlungen in Paris etwa eine Annäherung der Zustände in den Westzonen an die in der Ostzone erreicht wird. (Abg. Renner: Keine Bodenreform!) Wir wollen keine solche Vermischung, sondern wir möchten, daß die Ostzone zu den gleichen Zuständen gelangt, in denen wir leben, (lebhafte Zustimmung) damit wir dann die Einheit und die Freiheit Deutschlands als gesichert ansehen können.

Lassen Sie mich zum Schluß noch zwei Sätze verlesen, die in den letzten Wochen an unser Ohr geklungen sind. Der eine Satz stand in der Botschaft der *drei Außenminister:*

„Weiterhin stellen die Außenminister fest, daß es ein Hauptanliegen der drei alliierten Regierungen ist, die engste Einbeziehung des deutschen Volkes innerhalb eines demokratischen Bundesstaats in den Rahmen einer europäischen Vereinigung auf einer für beide Seiten günstigen Grundlage zu fördern und zu erleichtern."[3]

Der zweite Satz ist enthalten in einer Rede des amerikanischen Außenministers *Acheson.* Er hat erklärt:[4]

„Das westdeutsche Volk mag versichert sein, daß die USA-Regierung mit keiner generellen Lösung für Deutschland einverstanden sein wird, in welcher die grundlegenden Schutzmaßnahmen und Vorteile der vorhandenen westdeutschen Regelungen nicht aufgenommen sind. Es kann versichert sein, daß die USA-Regierung bis zur Erreichung einer solchen Lösung fortfahren wird, der Entwicklung des westdeutschen Programms starke Unterstützung zu gewähren."

Wir vertrauen auf diese Worte, und ich glaube, dieses Vertrauen darf nicht getäuscht werden, wenn man wirklich den Bestand Europas sichern will.

Wir haben noch weitere Wünsche: wir wünschen auch, es möge auf dieser Pariser Konferenz endgültig dafür gesorgt werden, daß unsere *Kriegsgefangenen* zurückkehren. (Bravo!)

Wir wünschen auch die Rückkehr der *Verschleppten*, die Rückkehr der *Ausgetriebenen*, und wir wünschen schließlich auch, daß man dort über die *Grenzziehung im Osten* spricht und über die *Oder-Neiße-Linie*, so wie wir es nach göttlichem und menschlichem Recht verlangen können. (Bravorufe und Händeklatschen rechts und bei der SPD.)

Wir haben den größten Teil der Arbeit an den Aufgaben, die dem Parlamentarischen Rat gestellt worden waren, vollendet, auch wenn hier und da ein Mißklang dazwischentönte, doch getragen von dem *Gefühl der Liebe* und der *Verpflichtung* gegenüber dem *deutschen Volke*.

Meine Damen und Herren! Wir wünschen, daß Gott dieses Volk und dieses Werk segnen möge, zum Segen Europas und zum Segen des Friedens in der Welt! (Erneute lebhafte Bravorufe und Händeklatschen.)

Ich schließe die Sitzung.

Quelle: Parlamentarischer Rat. Stenographischer Bericht. 10. Sitzung. 8. Mai 1949, S. 241–243.

Anmerkungen

[1] Gemeint ist die Außenministerkonferenz der drei Mächte in Washington (5.–8. 4. 1949), die auf westalliierter Seite den Durchbruch zu einem positiven Kurs gegenüber Westdeutschland brachte (zu den Beschlüssen vgl. Europa-Archiv 1949, S. 2074–2076, 2113 f, 2165–2168 sowie Dean Acheson: Present at the Creation. My Years in the State Department. London 1970, S. 286–290).

[2] Konferenz der Außenminister der vier Großmächte in Paris (23. 5.–20. 6. 1949), die zu einem modus vivendi in der deutschen Frage führte und den Weg zur Bildung der Bundesrepublik Deutschland endgültig freimachte.

[3] Schlußkommuniqué der Außenministerkonferenz der drei Westmächte vom 8. 4. 1949 (Text in: Europa-Archiv 1949, S. 2074).

[4] Erklärung des amerikanischen Außenministers Dean Acheson vom 13. 4. 1949. (Text in: Europa-Archiv 1949, S. 2113 f.)

21. Juli 1949

Wahlrede bei einer CDU/CSU-Kundgebung im Heidelberger Schloß

Neben grundsätzlichen programmatischen Ausführungen brachte diese wichtigste Wahlrede im Bundestagswahlkampf 1949 eine damals großes Aufsehen erregende, für die Sozialdemokraten unangenehme Feststellung über das Zusammenspiel zwischen SPD und britischer Besatzungsmacht bei den Auseinandersetzungen zwischen dem Parlamentarischen Rat und den Militärgouverneuren in der strittigen Frage der Finanzverfassung des Bundes.

Meine Damen und Herren! Meine lieben Freunde!
Jetzt wollen wir mal sehr ernst miteinander sprechen. Wir gehen schicksalsschweren Wochen entgegen. Auch wenn anscheinend sich noch nichts regt, so glaube ich doch, daß unter der Oberfläche alle Vorbereitungen getroffen werden für einen erbitterten und schweren Wahlkampf. Ich glaube, die Parteien müssen alles tun, was in ihrer Hand liegt, um auch die letzten Wähler an die Wahlurne zu bringen und sie an ihre Verantwortung vor dem deutschen Volke und vor dem Gewissen zu erinnern.
Es lohnt sich schon, ehe wir zur Wahl des ersten Bundestags gehen, nun in kurzen Sätzen doch die letzten vier Jahre an uns vorüberziehen zu lassen. Am 5. Juni 1945 haben die Alliierten in Deutschland die volle Regierungsgewalt übernommen, d.h. wenn wir es von uns aus betrachten, daß uns jede Möglichkeit der Selbstbestimmung und der Selbstregierung genommen wurde. Dann kam die Zoneneinteilung, eine ganz willkürliche Einteilung. Es kam die Schaffung der verschiedenen Länder. Ich will hier im Süden Deutschlands, wo das ja eine kitzlige Frage ist, nichts weiter dazu sagen. Es kam im Jahre 1947 die Wirtschaftsverwaltung, der Wirtschaftsrat für die beiden Zonen. Aber dieser Wirtschaftsrat und die Wirtschaftsverwaltung haben ja nur relativ beschränkte Kompetenzen. Zu allem und jedem bedarf es der Zustimmung der alliierten Stellen. Ich brauche nicht zu sagen, welchen Dornenweg die Verwaltung und der Wirtschaftsrat haben gehen müssen. Dann wurde der Parlamentarische Rat im Herbst 1948 ins Leben gerufen. Das Grundgesetz wurde am 8. Mai dieses Jahres verabschiedet. Und nunmehr schreiten wir zur ersten Wahl, zur Wahl des ersten Bundestages. Dieser erste Bundestag wird zusammen mit den von den Landtagen gewählten Vertretern die Bundesversammlung bilden. Und diese Bundesversammlung wird den Bundespräsidenten wählen. Der Bundespräsident wird dem Bundestag einen Bundeskanzler vorschlagen. Der Bundestag hat dann darüber abzustimmen, ob er den Vorgeschlagenen wählt. Wenn er gewählt hat, wenn der Bundeskanzler da ist, wird die Bundesregierung gebildet werden. Und dann, meine Damen und Herren, fängt eine ungeheure Arbeit an. Aber dann erhalten wir Deutschen, wenigstens wir Deutschen in den drei Westzonen, doch einen Teil unserer Souveränitätsrechte wieder zurück. Innenpolitisch und außenpolitisch wird das ein Ereignis von der größten Bedeutung sein.
Es wird mit der Bildung der Bundesregierung das Besatzungsstatut ins Leben treten. Dann werden die Militärregierungen verschwinden. An ihre Stelle werden die drei Ober-

kommissare, die Hohe Kommission, treten. Im allgemeinen wird es dann so werden, daß diese Oberkommissare nur noch ein Vetorecht, ein Einspruchsrecht, haben, während es jetzt in den Landtagen ganz umgekehrt ist. Dieses Besatzungsstatut sieht aber mit als wichtigste Klausel vor, daß spätestens nach 18 Monaten eine Revision des Besatzungsstatuts stattfinden soll im Sinne einer Erweiterung der Rechte der Deutschen Bundesregierung, des deutschen Volkes.

Von Bedeutung ist auch die Botschaft der Außenminister vom April dieses Jahres aus Washington, in der sie das Besatzungsstatut ankündigten und in der sie sagten, daß es ihr Bestreben sei, dem deutschen Volke immer weitere Freiheiten zu verschaffen und es möglichst bald in engste Verbindung mit den übrigen europäischen Ländern zu bringen als gleichberechtigtes und gleichverpflichtetes Mitglied.

Lassen Sie mich noch einmal zurückkehren zum Bundeskanzler; denn dieser Bundeskanzler wird die wichtigste Persönlichkeit sein in dem neuen Deutschland. Er kann nach dem Grundgesetz nicht mehr durch ein einfaches Mißtrauensvotum zum Rücktritt gezwungen werden. Er kann nur zum Rücktritt gezwungen werden durch ein sogenanntes konstruktives Mißtrauensvotum, d. h. wenn die Mehrheit, die ihm ihr Mißtrauen ausspricht, gleichzeitig sich auf einen neuen Kanzler geeinigt hat. Das traurige Beispiel in der Weimarer Republik wird sich nicht wiederholen können. Die Stellung des Bundeskanzlers wird außerordentlich stark und fest sein. Er hat auch die Richtlinien der Politik der Bundesregierung zu bestimmen. Wenn Sie sich nur ganz im Fluge vorstellen, welche Aufgaben er hat, so sehen Sie, wie vielseitig diese sind. Er hat in erster Linie für die Organisation der Bundesregierung zu sorgen. Er hat mit dem Wirtschaftsminister – vielleicht er an erster Stelle – darüber zu entscheiden, ob die deutsche Wirtschaft in der bisherigen Weise weitergeführt werden oder ob wieder eine Umkehrung zur Plan- und Zwangswirtschaft eintreten soll. Nach außen hin hat er mit seinen Ministern den Eintritt in die Europäische Union vorzubereiten; er hat tätig zu werden auf dem Gebiet des Marshallplanes. Diese Bundesregierung wird Vertreter Deutschlands in das Ruhrstatut zu entsenden haben. Vielleicht wird auch an diese Bundesregierung eines Tages die Frage des Abschlusses eines Friedensvertrages herantreten, vielleicht auch die Frage der Stellung Deutschlands zum Atlantikpakt. Auf alle Fälle, meine Freunde, wird diese Bundesregierung sehr wichtig sein für das Verhältnis des deutschen Westens zum deutschen Osten.

Daraus ersehen Sie, wie wichtig diese Wahl zum Bundestag ist. Ich kann nur wiederholen, was ich eben an die Spitze gestellt habe, es muß jedem Deutschen klargemacht werden, daß er die Pflicht hat vor dem deutschen Volk und vor seinem Gewissen, zu wählen. Ich sage jetzt gar nicht, wen er wählen soll; er muß wählen und Stellung nehmen. Das gilt auch für die jungen Leute, die unter dem Nationalsozialismus herangewachsen sind und die an dem bisherigen politischen Geschehen in den Ländern keine besondere Freude empfunden haben. Ich kann ihnen das nicht übel nehmen, aber, meine Freunde, schimpfen kann jeder, besser machen muß man es! Darum handelt es sich!

An die deutsche Presse möchte ich in dieser sehr wichtigen und sehr ernsten Stunde eine Bitte richten. Die deutsche Presse, fast durchgehend, erschöpft sich in Kritik, und damit ladet sie eine ungeheure Verantwortung auf sich für die Zukunft. Auch die deutsche Presse sollte sich bewußt sein, daß sie als Vertreterin der öffentlichen Meinung eine positive Verpflichtung hat gegenüber dem deutschen Volke. (Sehr richtig und Beifall) An uns Politikern wird ja ätzende Kritik geübt. Ich bin es gewöhnt für meine Person und mache mir garnichts daraus, das sage ich ganz offen. Aber es gibt doch viele, die sich etwas daraus machen. Vor allem hält diese ätzende Kritik viele tüchtige Leute davon ab, politisch tätig zu werden.

Ich möchte unsere Kritiker auch bitten, einmal zu überlegen, ob nicht die Größe der Aufgaben, die heutzutage dem deutschen Volk und den politisch tätigen Menschen gestellt sind, so ungeheuer ist wie niemals zuvor, soweit die Erinnerung reicht. Und wenn man die Menschen nur an der Größe der ungeheuren Aufgaben mißt, dann kommt man zu einem negativen Ergebnis. Gerade weil die Aufgaben so groß sind, daß sie nicht auf Anhieb gelöst werden können, meine ich, tut uns allen, den Parteien, den Politikern, den Wählern und Gewählten und der deutschen Presse, vor allem eines not: Geduld zu haben. Man soll nicht nur immer auf das hinstarren, was man noch nicht hat, sondern auch mal rückwärts sehen und feststellen, was denn nun erreicht ist.

Meine Freunde, die kleinen Parteien regen sich nun wieder. Wir Deutschen neigen ja etwas zur Eigenbrötelei, aber ich möchte Ihnen doch bezüglich der Splitterparteien folgendes sagen: Splitterparteien erreichen gewöhnlich das, was sie sich speziell zur Aufgabe gestellt haben, nicht, weil sie eben Splitterparteien bleiben, aber sie verhindern die Bildung von großen Regierungsmehrheiten, und sie verhindern durch ihr Dasein die Bildung einer großen konstruktiven Oppositionspartei. Ich meine, jeder etwas nachdenkende Wähler in Deutschland soll sich das einmal vor Augen halten; denn wir brauchen in Deutschland in einer so unendlich schweren Zeit eine führende Regierungsmehrheit und eine konstruktive Opposition. Beide haben ihre Aufgaben. Sie können ihre Aufgaben aber nicht erfüllen, wenn es viele Splitterparteien gibt, von denen beide wegen ein paar Stimmen abhängig sind. Das widerspricht – wenigstens nach meiner Auffassung – vollständig dem Gedanken der Demokratie, daß in einem Parlament von 400 Leuten vielleicht zehn Leute einer Splitterpartei entscheiden sollen. Also, ich wiederhole: möglichst wenig Splitterparteien, es schadet nur.

Wenn ich mir nun das Bild der Parteientwicklung vor Augen halte, wie wir es bisher gehabt haben und wie es sich im Bundestag wieder zeigen wird, dann sehe ich als die beiden großen Parteien auf der einen Seite die CDU/CSU und auf der anderen Seite die Sozialdemokratische Partei und als dritte eine Partei mittleren Umfanges die FDP, die Demokraten. Sie werden verstehen, daß ich jetzt, da diese Versammlung ein Auftakt zu unserem Wahlkampf ist, vornehmlich die CDU/CSU im Wahlkampf betrachte und Ihnen bei der Kürze der Zeit, die uns zur Verfügung steht, wenigstens ganz aphoristisch die Hauptziele der Arbeit, der wir uns widmen wollen, aufzeige.

Bei dem Aufbau der Bundesregierung und der Bundesorgane wollen wir uns aus Geboten der Sparsamkeit auf das Notwendigste beschränken. Wir wollen das Grundgesetz in allen seinen Teilen peinlich beobachten. Wir haben in der vergangenen Woche in Düsseldorf der Öffentlichkeit Leitsätze übergeben, die sich erstrecken auf das Gebiet der Wirtschaft, auf das soziale Leben, auf die Landwirtschaft und vor allem auf den Wohnungsbau[1]. Zu diesem Wohnungsbau möchte ich jetzt vornehmlich ein Wort sagen. Meines Erachtens ist der Wohnungsbau die wichtigste Aufgabe, die wir in Deutschland zu lösen haben. (Starker Beifall) Es ist ganz unmöglich, daß das deutsche Volk moralisch, politisch und wirtschaftlich gesundet, solange ein großer Teil des deutschen Volkes in dieser barbarischen Weise hausen muß.

Ich bin der Auffassung, es wird die neue Bundesregierung und der Bundestag dem Wohnungsbau in ganz anderer Weise seine Aufmerksamkeit und seine Arbeit widmen müssen, als das bisher von den Ländern geschehen ist oder geschehen konnte. Ich bin weiter der Auffassung, daß die neue Bundesregierung und der neue Bundestag, soweit ihr Einfluß reicht, natürlich zuerst bei den Bundesorganen, aber darüber hinaus auch soweit wie irgend möglich auf die Sparsamkeit bei allen öffentlichen Verwaltung[en] drücken muß und in ganz anderer Weise, als das bisher geschehen ist. (Beifall)

Meine Damen und Herren! Ich stamme aus der alten Zeit. Aber in dieser alten Zeit – ich bin jahrelang Finanzdezernent der Stadt Köln gewesen –, in der es uns finanziell viel besser ging als jetzt, da wurde doch in allen öffentlichen Verwaltungen ganz anders gerechnet, als das heutzutage geschieht. Wenn das nicht wieder geschieht, dann können wir nicht auf einen grünen Zweig kommen.

Wir sind weiter der Auffassung, daß ein energischer Steuerabbau im Zusammenhang mit der Einschränkung der öffentlichen Verwaltung erfolgen muß. (Starker Beifall) Diese Steuerbelastung, die wir haben, ist alles andere wie sozial; denn sie tötet unsere Wirtschaft und verhindert damit, daß auch unsere ärmeren Leute mit den notwendigsten Dingen des täglichen Lebens versorgt werden können.

Die neue Bundesregierung wird auch dafür sorgen müssen, daß wir ein sauberes Berufsbeamtentum haben.

Das ist ein sehr wunder Punkt, auf den ich jetzt nicht eingehen möchte, sie wird auch nach meiner Meinung Schluß machen müssen mit aller überflüssigen Entnazisiererei; (Beifall) sie wird ihr besonderes Augenmerk richten müssen auf die Rückführung der Kriegsgefangenen. (Brausender Beifall) So dankbar wir sind, daß jetzt führende Engländer sich dafür einsetzen, daß die Russen und die Polen und wer noch da drüben unsere Leute zurückhält, uns unsere Männer, Frauen und Mädchen zurückgeben, die deutsche Bundesregierung, die dann wieder völkerrechtlich Deutschland vertreten kann, wird sich mit aller Kraft dafür einsetzen müssen, daß endlich unsere Leute zurückkommen. (Lebhafter Beifall)

Nach meiner Auffassung wird es wohl auch nötig sein, daß wir ein besonderes Bundesministerium schaffen, das die Aufgabe hat, dafür zu sorgen, daß die Trennung des deutschen Ostens vom deutschen Westen nicht zu einer ewigen und dauernden Trennung wird. Das ist eine Frage für Deutschland auf Leben und Tod. Wir werden uns, meine Freunde, niemals damit abfinden können und abfinden dürfen, daß diese Zweiteilung Deutschlands

besteht oder geduldet wird.
Wenn jetzt die deutschen Wähler und Wählerinnen zur Wahl gehen, dann können sie in etwa doch auch die Parteien nach dem beurteilen, was sie in den vergangenen Jahren geleistet haben. Versprechungen machen alle Parteien sehr viele vor der Wahl. Das wissen Sie. Das müssen sie tun, und man sollte sich auch diese Versprechen wohl besehen. Man soll aber auch zusehen, was dann die betreffenden Parteien in der Vergangenheit geleistet haben, ob man daraus entnehmen darf, daß es ihnen ernst ist mit dem, was sie jetzt versprechen.
Nun greife ich aus dem, was in den vergangenen Jahren von den Parteien getan worden ist, zwei Komplexe heraus: einmal die Arbeit im Frankfurter Wirtschaftsrat und zweitens die Arbeit am Bonner Grundgesetz. Im Frankfurter Wirtschaftsrat hat die Fraktion der CDU/CSU in einem schicksalsschweren Augenblick die ungeheure Verantwortung auf sich genommen, die bis dahin betriebene Wirtschaftspolitik radikal umzustellen. Ich glaube, jeder von Ihnen weiß und spürt es am eigenen Leibe, mit welchem Erfolg diese Arbeit geleistet worden ist. Der Kampf in Frankfurt war fortgesetzt vorhanden. Die SPD hat ein ränkevolles Spiel in Frankfurt getrieben. Sie hat eine Obstruktion getrieben. Es wären manche Gesetze viel schneller und viel besser verabschiedet worden, wenn sie nicht zuerst in den Ausschüssen so getan hätte, als wolle sie mitarbeiten und dann nachher plötzlich sich doch zu versagen.
Wir haben diese totale Zwangswirtschaft – man kann sie nennen eine Korruptionswirtschaft; denn jeder von uns weiß, wie korrupt sie war von oben bis unten – umgestellt in eine sozialverpflichtete Marktwirtschaft (lebhafter Beifall). Darüber haben sie schon gehört und werden sie noch weiter hören. Ich brauche Ihnen nicht viel darüber zu sagen. Sicher sind noch Mängel vorhanden, niemand kann das leugnen, aber, meine Freunde, wenn man bedenkt, daß diese Zwangswirtschaft doch etwa seit den Jahren 1934/35 bestanden hat, dann kann man wirklich nicht verlangen, daß nun in 12 Monaten alle Schäden ausgemerzt sind und ohne weiteres alles gut umgestellt ist. Auch dazu gehört Geduld.
Lassen Sie mich mit einigen Worten darauf eingehen, was die SPD dazu zu sagen hat. Die SPD sagt: ja, Verdienst der CDU ist die Änderung, die nun eingetreten ist – die Änderung kann sie ja nicht leugnen – nicht, sondern sie kommt einmal durch die Währungsreform und zweitens durch den Marshallplan und drittens durch den milden Winter. Aber alles das ist nur eine Scheinblüte.
Der Herr Professor Nölting, Wirtschaftsminister von Nordrhein-Westfalen, der von der Sozialdemokratie ausersehen ist für den Fall, daß die Sozialdemokratie die Bundesregierung bilden könnte, Wirtschaftsminister zu werden, hat in einer Rede vor wenigen Wochen, die er in Hessen gehalten hat, ausgeführt, daß der Zusammenbruch dieser Wirtschaft von heute nur noch verdeckt würde durch eine gewisse Saisonblüte, aber wenn die jetzt vorbei wäre im Herbst, dann würden wir alle Schaudervolles erleben. Er hat sich sogar nicht gescheut, davon zu sprechen, daß dann voraussichtlich unsere Währung zusammenbrechen würde.

Übrigens hat Herr Professor Carlo Schmid im März dieses Jahres in einem Interview, daß er in Basel gegeben hat, gesagt: traue keinem Wunder. Und er hat auch ausgeführt, daß man unserer Währung nicht trauen dürfe. Meine Damen und Herren! Wie ein irgendwie verantwortungsbewußter Mensch in einer führenden Stellung ausführen kann, unsere Währung sei gefährdet, das ist mir erstens unverständlich und zweitens ist das eine Verantwortungslosigkeit größten Ausmaßes (Beifall). Am besten sehen Sie ja aus dem Verhältnis, sagen wir mal des Schweizer Franken zur DMark, wie stark unsere Währung am Zusammenbrechen ist. Ich würde diesen beiden Herren, die ja doch sehr intim befreundet und bekannt sind mit der Labour-Partei in England, raten, doch sich einmal dorthin zu wenden und mit ihren Freunden sich über Sterling und solche Dinge intimer zu unterhalten (Beifall).

Was nun die Währungsreform angeht, die diese „Scheinblüte" – Gott sei Dank, daß es wenigstens blüht! – hervorgerufen hat, so möchte ich Ihnen dazu folgendes sagen: es scheint mir richtig zu sein, daß es unseren Leuten gelungen ist, trotz der schlechten Währungsreform unsere Wirtschaft in die Höhe zu bringen, und daß nicht die Währungsreform die Ursache der wirtschaftlichen Wendung gewesen ist; denn das zeigt sich doch ganz klar in der französischen Zone. In der französischen Zone trat gleichzeitig wie in der britischen und amerikanischen Zone die Umstellung der Währung ein, aber es fand dort nicht gleichzeitig die Umstellung der Wirtschaft statt. Und was war das Ergebnis? Die französische Zone blieb in ihrer Stagnation stehen, in der sie vor der Umstellung der Währung war.

Was den Marshallplan angeht, so ist es klar, daß die Marshallplanhilfe für uns ungemein wertvoll ist, aber es muß doch eines unterstrichen werden, was Professor Erhard, der Direktor für Wirtschaft in Frankfurt sagt: die Einfuhr von Rohstoffen auf Grund des Marshallplanes erfolgte erst Ende des Jahres 1948, und die Ankurbelung der Wirtschaft setzte, wie wir alle wissen, fast schlagartig in dem Augenblick ein, als wieder der Wettbewerb zur Geltung kam und allmählich die freie Marktwirtschaft eingeführt wurde.

Was nun den milden Winter angeht, – ja, so ist es einmal der trockene Sommer und bald ist der milde Winter. Der milde Winter hat vielleicht auch etwas getan, aber ich glaube nicht, daß man vom milden Winter allein leben kann.

Die Sozialdemokraten prophezeien jetzt eine ungeheure Arbeitslosigkeit; sie weisen vor allem darauf hin, daß wir 1,2 Millionen Arbeitslose hätten. Daran knüpfen sie düstere Prophezeiungen. Dazu möchte ich folgendes kurz sagen. Die Herren Sozialdemokraten haben vor oder bei Beginn der Umstellung der Wirtschaft eine Arbeitslosigkeit in Höhe von 5 bis 7 Millionen prophezeit. Wenn es nun 1,2 Millionen sind, dann müßten sie doch sagen, Gott sei Dank, daß unsere Prophezeiungen sich als falsch herausgestellt haben. Sie übersehen weiter, daß die Zahl der Beschäftigten größer ist als früher und daß die Zahl der Arbeitslosen bei weitem in der Hauptsache darauf beruht, daß über 1 Million Menschen, die aus allen öffentlichen Kartotheken usw. verschwunden waren allmählich wieder aufgetaucht sind. Zum Teil sind sie aus der Ostzone gekommen, so daß also über 1 Million mehr Menschen jetzt Arbeit haben wollen als vor der Umstellung der Wirtschaft. Allein in der gewerblichen Wirtschaft werden z.Zt. 650000 Menschen mehr beschäftigt als vor einer Reihe von Monaten, als die Umstellung der Wirtschaft anfing.

Ich glaube also, daß wir voll Stolz jetzt bei den Wahlen darauf hinweisen können, daß die CDU/CSU verantwortungsfreudig gewesen ist, daß sie sich in die Bresche gestellt hat, als die ganze deutsche Wirtschaft zusammengebrochen war, und daß sie getreu ihrem Prinzip, keine Kollektivwirtschaft, sondern Freiheit der Persönlichkeit, diese Umstellung der Wirtschaft vorgenommen hat. (Beifall)

Und nun zum Bonner Grundgesetz. Meine Freunde, das Bonner Grundgesetz, das muß ich ohne weiteres zugeben, ist nicht vollkommen. Das kann es auch nicht sein; denn es ist ein Kompromiß. Und ein Kompromiß ist nun einmal so, daß jeder gibt und jeder nimmt. Hier waren es die beiden großen Parteien und die FDP, die zusammen das Grundgesetz verabschieden mußten, weil das Grundgesetz von einer großen Mehrheit getragen werden mußte. Infolgedessen ist ein Kompromiß zustande gekommen, das in dem einen oder anderen Punkte uns nicht befriedigt. Wir wollen versuchen, das auf gesetzlichem Wege zu ändern.

Sie wissen, daß eine große Rolle das Elternrecht gespielt hat. Ich möchte hier doch einmal folgendes festnageln: es ist eine Unwahrheit, wenn von sozialdemokratischer Seite immer wieder behauptet wird, Elternrecht bedeute Herrschaft der Kirche in der Schule. Elternrecht bedeutet nichts anderes, als daß die Eltern bestimmen sollen, wie ihre Kinder erzogen werden sollen. (Beifall) Wenn sozialistische oder kommunistische Eltern ihre Kinder religionslos erzogen haben wollen, gut, dann sollen sie es haben, aber ebenso gut sollen die Eltern, die etwas anderes wollen, auch das Recht haben, daß ihre Kinder so erzogen werden in solchen Schulen, wie sie es wünschen.

Und meine Freunde, das Elternrecht bedeutet noch etwas mehr. Es bedeutet auch abgesehen von der Schule, daß der Staat die Kinder nicht den Eltern entziehen darf. Wir wissen aus der nationalsozialistischen Zeit und jetzt aus der Ostzone her, welche Eingriffe der Staat in das Schicksal der Kinder nur zu gern vornimmt. Wir stehen auf dem Standpunkt, der Staat soll nur Rechte haben, die absolut notwendig sind. Das Elternrecht geht dem Staatsrecht auf die Kinder vor.

Föderalismus ist eine sehr umstrittene Angelegenheit in der sozialdemokratischen Presse. Ich möchte Ihnen einige Zitate vorlesen über den Föderalismus. Ich habe sie zur Hand. Ich habe eine Reihe von Papieren, die meinen sozialdemokratischen „Freunden“ gewidmet sind, aus denen ich einiges verlesen werde, zunächst etwas über den Föderalismus. Da ist folgender Satz:

Wir wollen den Aufbau der Deutschen Republik so föderativ wie möglich und so zentral wie nötig.

Nun meine Damen und Herren, das hat nicht etwa Ministerpräsident Ehard gesagt, sondern raten Sie mal, wer das gesagt hat. Das hat gesagt Herr Dr. Schumacher anläßlich des Züricher Kongresses 1947[2], und das hat der sozialdemokratische Innenminister von Nordrhein-Westfalen, Dr. Menzel, 1947 auf dem Parteitag der SPD in Nürnberg gesagt.

Aber ich kann Ihnen noch etwas sagen. Im Jahre 1946 hat Herr Professor Carlo Schmid – Sie werden erstaunen über das, was ich jetzt lese – auf einer Gedenkfeier zu Ehren des Staatspräsidenten Eugen Bolz folgenden Satz gesprochen:

Jedermann weiß heute, welches Kriegspotential in der vereinheitlichten Reichsbank- und Reichsfinanzverwaltung steckte. Ich könnte mir denken, daß das unseren bayerischen Freunden gut in den Ohren klingt; denn gerade diese Bundesfinanzverwaltung und Länderfinanzverwaltung waren ja Streitobjekte der schärfsten Art beim Bonner Grundgesetz.

Ich habe noch mehr solcher Zitate. Ich will sie mal vorläufig zurückstellen; denn ich werde ja noch anderswo sprechen. Aber ich möchte doch folgendes Ihnen noch vorlesen aus dem Wahlaufruf der Sozialdemokratischen Partei. Da heißt es folgendermaßen:

Im Kampf um das Bonner Grundgesetz haben wieder die Sozialdemokraten den entscheidenden Schritt zur deutschen Selbstbestimmung gemacht. Wäre es nach den Machtwünschen der Alliierten und ihren deutschen Helfern gegangen (Pfui-Rufe) – noch nicht Pfui rufen, ich werde Ihnen gleich noch etwas anderes sagen –, dann wäre ein lebensfähiger deutscher Staat unmöglich gemacht worden. An seine Stelle wären 11 westdeutsche Vaterländer getreten.

Jetzt kommt ein Satz, der Ihren Zwischenruf verdient: Im Schutze der Kirche haben Klerikalismus, Partikularismus und Besitzegoismus die Herrschaft ihrer Interessen über das deutsche Volk errichtet. Die rechtliche, wirtschaftliche, soziale und kulturelle Einheit hätte aufgehört, der nationalistische Kommunismus aus dem Osten wäre eine riesengroße Gefahr in einem zerstückelten Deutschland und ein neuer Herd für Krisen Europas geworden. Die Sozialdemokratie hat durch ihr Eingreifen am 20. April diese Gefahren gebannt.

Ja meine Freunde, Papier ist sehr geduldig; denn sonst hätte sich dieses Papier geradezu gegen die Druckpresse aufgebäumt, – eine Unwahrheit nach der anderen.

Ich habe Ihnen eben vorgelesen die Ausführungen von Dr. Schumacher, Dr. Menzel und Prof. Carlo Schmid über Föderalismus. Und wenn nun hier steht: die Alliierten und ihre deutschen Helfer hätten die Zerstückelung Deutschlands gewollt und die Sozialdemokratie habe durch ihr Eingreifen am 20. April diese Gefahr gebannt und Deutschland gerettet, nun, so möchte ich Ihnen dazu folgendes sagen, und ich bitte namentlich die Presse, gut aufzupassen auf das, was ich jetzt sage.

Am 14. April – lassen Sie mich lieber noch einmal im Kalender nachsehen, damit ich kein falsches Datum sage –, ja am 14. April, am Gründonnerstag, ist den sozialdemokratischen Vertretern Schmid und Menzel von einem der höchsten englischen Vertreter in Deutschland mitgeteilt worden der Inhalt einer in Washington von den drei Botschaftern, dem Amerikaner, dem Engländer und dem Franzosen, verfaßten Botschaft über gewisse Möglichkeiten der Änderung im Grundgesetz. Keinem anderen, ich wiederhole, keinem anderen ist damals etwas mitgeteilt worden über den Inhalt dieser Botschaft (Hört, hört). Erst am 22. April ist mir als dem Präsidenten des Parlamentarischen Rates diese Note übergeben worden, und ich habe sie dann der Öffentlichkeit und den Parteien übergeben. Die Sozialdemokraten hatten schon den Inhalt mitgeteilt bekommen am 14. April, weil sie am 20. April eine Parteivorstandssitzung hatten, damit sie sich auf dieser Parteivorstandssitzung dieser Note entsprechend einstellen konnten, d.h. damit sie Forderungen aufstellen und dann am 22. April der deutschen und der Weltöffentlichkeit mitteilen konnten, seht, wir Sozialdemokraten haben das erreicht. Ein absolut abgekartetes Spiel, meine Damen und Herren! zwischen der britischen Regierung und den deutschen Sozialdemokraten, (Hört-hört-Rufe und Pfui) um auf diese Weise den deutschen Sozialdemokraten den Nimbus zu geben, daß sie die nationale Partei par excellence seien[3].

Ich wünsche, daß die Presse dem, was ich gesagt habe, eine möglichst weite Verbreitung gibt. (Lebhafter Beifall) Ich bin sehr neugierig und sehr gespannt, was die Sozialdemokratische Partei und was das Reuterbüro, das mich umsonst totgesagt hat, darüber sagen werden. Ich wiederhole nochmals die Daten:

In Washington ist diese Botschaft beschlossen worden in den ersten Tagen des Aprils, wenn ich nicht irre am 8. April. Den Sozialdemokraten Menzel und Schmid ist der Inhalt von einem der höchsten englischen Funktionäre in Deutschland im Hause der I. G. Farben in Frankfurt am 14. April mitgeteilt worden. Am 20. April war die sozialdemokratische Parteivorstandssitzung, und am 22. April hat der Parlamentarische Rat die Note mitgeteilt bekommen.

Also, das sind die Alliierten und ihre Helfershelfer! (Sehr starker, langanhaltender Beifall)

Sehen Sie, wenn man so ausgezeichnete Verbindungen zur Labour-Regierung hat, dann meine ich, müßte es doch eine Kleinigkeit sein, auch die Labour-Regierung davon zu überzeugen, daß die Demontagen nun endlich aufhören. (Wiederum brausender Beifall)

Und nun noch ein weiteres zu diesem Wahlaufruf der Sozialdemokratischen Partei, in dem steht, daß die Sozialdemokratie, durch ihr Eingreifen am 20. April das deutsche Volk gerettet hat. Am 20. April auf der Parteivorstandssitzung hat der sozialdemokratische Parteivorstand einen Grundgesetzentwurf beschlossen, der ganz neu eingebracht werden sollte. Nun, ich kann Ihnen hiermit sagen, daß über diesen Grundgesetzentwurf des sozialdemokratischen Parteivorstandes im Parlamentarischen Rat niemals beraten worden ist. (Heiterkeit) Eigentlich sollte der Parteivorstand der SPD, ehe er so etwas schreibt, sich das doch überlegen, was er da schreibt.

Lassen Sie mich, da ich nun einmal an diesem Wisch bin, noch etwas sagen, was mich mit tiefster Empörung erfüllt. Wir wissen allmählich, daß die Sozialdemokratie nächst den Kommunisten die nationalste Partei ist, aber was zu weit geht, geht zu weit. Nun will ich Ihnen noch etwas daraus vorlesen:

Aus eigener Erkenntnis und aus eigenem Willen hat die Sozialdemokratie allein ohne Hilfe anderer Parteien die Vereinigung mit den russisch dirigierten Kommunisten erfolgreich verweigert.

Sie trug die Bürde des Kampfes um Berlin und trägt auch heute noch unter unerhörten Opfern die Lasten des Widerstandes in der Ostzone.

Unser Freund Kaiser, der leider heut nicht hier sein konnte und der mich ausdrücklich beauftragt hat, Ihnen zu sagen, daß er zu seinem größten Bedauern verhindert worden sei, wird im einzelnen hierauf antworten am nächsten Samstag in Düsseldorf. Aber ich möchte Ihnen heute schon folgendes sagen: Hier wird behauptet, daß allein die Sozialdemokratie den Widerstand in der Ostzone und in Berlin geleistet und getragen hat. Als die SED gegründet wurde, sind von dem obersten sozialdemokratischen Parteigremium in Berlin, das aus 14 Leuten bestand, 12 zur SED übergegangen, (hört, hört) und weiter: von den SED-Ministerpräsidenten der Ostzone sind fünf frühere Sozialdemokraten.

Meine Damen und Herren! Es ist eine historische Schuld der Sozialdemokratie in der Ostzone und in Berlin, daß sie den einheitlichen Widerstand der deutschen Parteien in der russischen Besatzungszone gegen den Kommunismus und gegen die Russen zerbrochen hat. (Beifall) Sehen Sie so sieht die Wahrheit aus, - während unsere Leute, an der Spitze Jakob Kaiser, durchgehalten haben. Als Kaiser – zum Teil wenigstens – seine Tätigkeit im Westen aufnehmen mußte und als der Kampf der Russen und der Ostpolizei gegen das Berliner Rathaus – Sie wissen es ja – tagelang tobte, wer ist allein noch in dem Rathaus geblieben? (Zuruf: Friedensburg)

Friedensburg[4], unser Mann, und die Sozialdemokraten sind weggegangen. Warum sage ich Ihnen das? Das sage ich wahrhaftig nicht, um unnötigen Streit anzufangen, sondern das sage ich deswegen, weil die Sozialdemokratie systematisch die deutsche Geschichte dieser Zeit fälscht, und dem müssen wir Widerstand leisten. Die Leute, die nach uns kommen werden, die dürfen nicht den Eindruck bekommen, als wenn es nur eine nationale Partei, nämlich die Sozialdemokratie, in Deutschland gegeben hätte sowohl beim Grundgesetz wie beim Kampf um die Ostzone.

Meine Freunde, ein Nuschke[5], ein Verräter der CDU, wäre niemals möglich gewesen, wenn die Sozialdemokratie nicht lange vorher die deutsche Einheitsfront verlassen und zerbrochen hätte.

Der Hauptgegner wird bei dem ganzen Kampf die Sozialdemokratie sein. Jeder von uns muß sich fragen, was will denn die Sozialdemokratie, was ist ihr Programm. Sie wollte auf dem Parteitag in Hannover 1946 oder 1947 ein Parteiprogramm schaffen. Sie hat es nicht fertig bekommen. Sie wollte es auf dem Düsseldorfer Parteitag; sie hat es nicht fertig bekommen. Sie hat jetzt vor dieser Wahl vor einigen Monaten ausdrücklich einen Ausschuß gewählt unter Vorsitz von Dr. Schumacher, ein Parteiprogramm aufzustellen; sie hat es nicht fertig bekommen.

Was ist die Sozialdemokratie? Steht sie noch auf dem Boden des Heidelberger Programms[6]? Steht sie noch auf dem Boden des Marxismus oder nicht? Eines tut sie, und das geht aus diesem Wahlauftruf auch hervor, sie steht nach wie vor auf dem Boden des Klassenkampfes, (Sehr gut) und ich sage Ihnen, wer in der heutigen Zeit in Deutschland auf dem Boden des Klassenkampfes steht, der handelt gegen die Interessen des deutschen Volkes.

Noch ein weiteres möchte ich Ihnen sagen: Es ist erschreckend geradezu wie doktrinär die Sozialdemokratie ist, wie wenig sie gelernt hat. Glaubt sie denn wirklich noch an Dogmen von Karl Marx! Sieht sie denn nicht, daß überall der Sozialismus versagt oder zum totalen Staate führt, weil er eben doch die ganze Gewalt zusammenballt in wenige Hände und den Menschen – was er leider Gottes gern tut – zum Massenteilchen macht. Sieht denn die deutsche Sozialdemokratie nicht am Beispiel Englands, wohin es geht mit der sozialistischen Wirtschaft? Das ist doch ein Beispiel, das geradezu jedem, der nur noch mit etwas Unvoreingenommenheit die Dinge betrachtet, überzeugen muß, daß es bei der Natur der Menschen nun einmal unmöglich ist, daß sich alles, auch das ganze Wirtschaftsleben, mit einer Behördenapparatur dirigieren und lenken läßt. Aber nein, es bleibt alles dabei.

Aber wir wollen dafür sorgen, daß am 14. August unter keinen Umständen die Geburtsstunde einer sozialistischen Wirtschaft schlägt. (Beifall) Das wollen wir verhüten und das ist das oberste Ziel des Kampfes. Wir wollen nicht zurück in diese sogenannte Plan- und Zwangswirtschaft. Stellen Sie sich vor, welches Unheil kommen würde, wenn nun jetzt die deutsche Wirtschaft, die gerade angefangen hat, sich zu erholen, wieder von neuem in diese Zwangsjacke hineingepreßt würde. Darum, meine Freunde, ist jeder von uns verpflichtet zu kämpfen und zu arbeiten.

Aber wir sind auch noch verpflichtet, zu kämpfen und zu arbeiten für einen Sieg unserer Partei aus kulturellen Gründen. In diesem Wahlaufruf ist folgendes gesagt: Freiheit und Toleranz im Kulturleben. Die Gemeinschaftsschule ist heute die gegebene Schulform, eine Schule mit Religionsunterricht und mit dem Recht der Eltern, die religiöse Erziehung der Kinder zu bestimmen. Dieses Recht der Eltern ist unbestreitbar.

Nun, wie sieht es denn eigentlich aus mit der Haltung der Sozialdemokratischen Partei in Sachen der Kultur, der Ehegesetzgebung und des Verhältnisses zu den christlichen Kirchen? Auch hier will ich keine langen Reden halten, sondern mich darauf beschränken, Ihnen einige Zitate vorzulesen aus sozialdemokratischen Reden oder Schriften. Herr Dr. Schumacher hat in Köln am 1. September 1946 im Eisstadion gesagt: Die SPD verfogt eine andere Politik als Herr Frings – das ist der Kölner Kardinal Frings –, weil die Politik Seiner Eminenz den Schlotbaronen und Immobilienbesitzern nützlich sein, aber einen großen Teil des deutschen Volkes zum Verhungern bestimmen kann. Die „Sozialistische Rundschau“ für den Bezirk Ostwestfalen-Lippe, ein Blatt für die Parteifunktionäre hat am 1. 2. 1947 geschrieben:

Man wird auch den jüngeren und vor allem den älteren zur Partei stoßenden Genossen Zeit lassen müssen, um sich von ihren bürgerlichen Anschauungen zu trennen. Wenn aber alte, in der Parteibewegung ergraute Genossen noch Mitglieder einer Kirche sind, so zeigt das, wie wenig sich diese mit dem eigentlichen Wesen der Partei befaßt haben. Nun mag das noch hingehen, wenn es sich um einfache Genossen handelt, viel schlimmer aber ist es, wenn führende Genossen und Parteiredner sich in öffentlichen Versammlungen vom Rednerpult aus zur Kirche bekennen. Diese Herren hätten dann doch lieber Pfarrer werden sollen; dann würden sie für ihre christlichen Ergüsse ein geeigneteres Publikum vorfinden. Für einen wirklichen Sozialdemokraten wirken solche Redensarten ekelerre-

gend. Die Kirche ist und bleibt der stärkste Feind der Partei. (Pfui-Rufe und Hört, hört)
Herr Dr. Schumacher hat auf dem SPD-Parteitag Mitte September 1948 in Düsseldorf folgendes verlesen lassen: Die Abart des Begriffs der persönlichen Freiheit, mit dem die CDU arbeitet, existiert nicht und ist eine wenig zeitgemäße Lehre von dem isolierten und atomisierten Individuum.
Bei den Beratungen im Parlamentarischen Rat hat man zur Begründung eines SPD-Antrages auf Gleichstellung des unehelichen Kindes mit dem ehelichen, auch in bezug auf das Erbrecht gegenüber dem Erzeuger, folgendes gesagt: Es heißt an den Realitäten des Lebens vorbeigehen, wenn wir nicht klar sehen, daß sich heute außerhalb der Ehe neue Lebensformen bilden, die keineswegs als unmoralisch und nicht zu billigen anzusehen sind. Die Grundsätze der Familie und der Ehe sind vom Leben durchbrochen. Das Leben schafft sich seine eigenen Gesetze.
Daran anschließend hat ihr Fraktionskollege Dr. Grewe folgendes gesagt: Der Satz, die Ehe ist die rechtmäßige Form der Lebensgemeinschaft von Mann und Frau, kann niemals geltendes Recht sein.
Der SPD-Abgeordnete Karch (?) [Marx][7] in Bayern hat in der Süddeutschen Zeitung am 7. Juni dieses Jahres geschrieben, es sei bedauerlich, daß die Partei im Parlamentarischen Rat den Kulturkampf von sich aus begonnen habe.
Meine Damen und Herren, da sehen Sie, was Sie zu halten haben von den Erklärungen des Sozialdemokratischen Parteivorstandes und seinem Wahlaufruf.
Zum Schluß möchte ich Ihnen noch folgendes sagen: Wie sieht es in der Welt aus? Auf der einen Seite Sowjet-Rußland, das mit Asien gleich zu setzen ist und jetzt noch seine Macht vergrößert durch einen großen Teil Chinas. Diese Macht ist bewußt ein Feind des Christentums, ein Feind Gottes; sie will das Christentum und den Gottesbegriff in den Menschen ertöten. Diese Macht hat die ganzen Oststaaten, Ungarn, die Tschechoslowakei, Bulgarien, Rumänien und Polen, unterjocht, und nirgendwo hat eine sozialistische Partei in diesen Ländern Widerstand leisten können gegenüber dem Kommunismus. Überall leisten Widerstand die Vertreter der christlichen Kirchen. (Beifall) Die Gefahr für uns Deutsche und für ganz Europa, vom kommunistischen Heidentum verschlungen zu werden, ist keineswegs gebannt. Sie besteht nach wie vor. Und ich sage Ihnen, nur dann können wir Europa und unser heißgeliebtes Vaterland für das Christentum retten, wenn diejenigen Parteien, die sich den Schutz und die Wahrung des Christentums auf ihre Fahne geschrieben haben, bei diesem Kampf um den Bundestag den Sieg davon tragen. (Beifall) Sehen Sie, das ist das Tiefste, um das es in diesem Kampf geht: wird Deutschland christlich oder wird es sozialistisch regiert werden? Wenn es sozialistisch regiert werden wird, dann seien wir uns klar darüber, daß der Sozialismus keinen Damm gegen den Kommunismus bildet. Darum sind wir alle, jeder von uns, im innersten verpflichtet, am 14. August unsere Pflicht zu tun. (Lang anhaltender, stürmischer Beifall)

Quelle: ARh, maschinenschriftlich (hektogr.), nach einer stenographischen Niederschrift.

Anmerkungen

[1] Die als „Düsseldorfer Leitsätze" bezeichnete wirtschaftspolitische Plattform der CDU signalisierte deren endgültige Hinwendung zur Sozialen Marktwirtschaft, wie sie seit Juni 1948 unter Professor Ludwig Erhard durch den Frankfurter Wirtschaftsrat praktiziert wurde.

[2] Auf der Züricher Konferenz des Büros sozialistischer Parteien (COMISCO) vom 7.–9. 6. 1947.

[3] In einer der umstrittensten Fragen des Verhältnisses von Bund und Ländern hatte der Fünferausschuß des Parlamentarischen Rates einen „großen Kompromiß" über die Finanzverwaltung und die Kompetenzen des Bundesrates herbeigeführt. Jetzt – als der Parlamentarische Rat seine Arbeiten beinahe abgeschlossen hatte – griffen die Militärgouverneure mit einem Memorandum vom 2. 3. 1949 ein, das unter anderem diesen Kompromiß ausschloß und statt dessen eine extrem dezentralisierte Regelung der Finanzverfassung vorsah, die bei den Verfassungsberatungen vor allem von den bayerischen Föderalisten vertreten worden war, aber keine Mehrheit im Parlamentarischen Rat gefunden hatte. Weitere Verhandlungen des Parlamentarischen Rates mit den alliierten Verbindungsoffizieren führten zu keinem Ergebnis. In dieser Situation bestand die SPD darauf, die Position des Rates trotz der klar erkennbaren Willensbekundung der Militärgouverneure beizubehalten, das Grundgesetz zu verabschieden und es auf den Konflikt mit den Westalliierten ankommen zu lassen. Nun beschlossen die westlichen Außenminister bei der Konferenz in Washington eine Rückfallposition in der umstrittenen Frage, die den deutschen Vorstellungen entgegenkam. Sie beauftragten die Militärgouverneure, die deutsche Seite zum geeigneten Zeitpunkt davon zu unterrichten. Wie Adenauer einige Wochen später mitgeteilt wurde, sind Prof. Carlo Schmid und Dr. Walter Menzel zu dem von ihm genannten Zeitpunkt durch den britischen Militärgouverneur Sir Brian Robertson im vorweg vertraulich vom Vorhandensein des neuen, „weicheren" Eventualvorschlages unterrichtet worden – das Manuskript der Heidelberger Rede enthält noch statt der Formulierung „einer der höchsten englischen Vertreter" den Namen Robertson. Dies bot der SPD die Möglichkeit, im begründeten Vertrauen darauf, die Verfassungsberatungen dadurch nicht zum Scheitern zu bringen, auf einer dramatisch inszenierten Sitzung des SPD-Parteivorstandes in Hannover am 19. und 20. 4. 1949 den Alliierten ein starres Nein zu den bisher bekannten Richtlinien entgegenzusetzen, ein neues Grundgesetz zu fordern und sich dadurch als nationale Partei zu profilieren. Tatsächlich teilte General Lucius Clay am 22. 4. im Auftrag der westlichen Außenminister dem Parlamentarischen Rat die vorbereiteten Zugeständnisse mit, die sich ziemlich mit den Forderungen der SPD deckten. Adenauers Enthüllung dieser Zusammenhänge in der Heidelberger Rede wirkte sensationell, und nach einigen Tagen räumte das britische Foreign Office ein, daß am 14. 4. tatsächlich „angedeutet worden sei, welcher Fassung des Grundgesetzes die Alliierten nach britischer Auffassung im äußersten Fall noch ihre Zustimmung erteilen könnten" (Paul Weymar: Konrad Adenauer, a.a.O., S. 420; desgl. Erinnerungen I, S. 218–221).

[4] Professor Ferdinand Friedensburg (CDU), war letzter amtierender Oberbürgermeister Groß-Berlins bis zur Spaltung der Stadt 1948.

[5] Otto Nuschke war nach der Absetzung Jakob Kaisers durch die Sowjetische Militäradministration im Dezember 1947 1. Vorsitzender der Ost-CDU geworden und 1948/49 zusammen mit Wilhelm Pieck (SED) Präsident des „Deutschen Volksrats", der die Gründung der DDR vorbereitete.

[6] Das Heidelberger Programm der SPD aus dem Jahr 1925, das noch starke marxistische Elemente enthielt, wurde erst 1959 durch das Godesberger Programm ersetzt.

[7] Franz Marx, MdL für den Stimmkreis München IX.

1949–1963

20. September 1949

Erste Regierungserklärung von Bundeskanzler Adenauer

Meine Damen und meine Herren! Das *Werden des neuen Deutschlands* hat sich nach den langen Verhandlungen im Parlamentarischen Rat und den Wahlen zum Bundestag am 14. August mit großer Schnelligkeit vollzogen. Am 7. September haben sich der Bundestag und der Bundesrat konstituiert; am 12. September hat der Bundestag den Bundespräsidenten gewählt, am 15. September den Bundeskanzler. Der Bundespräsident hat mich daraufhin am gleichen Tage zum Bundeskanzler ernannt. Heute, am 20. September, hat er auf meinen Vorschlag die Bundesminister ernannt.

Mit der Konstituierung der Bundesregierung, die am heutigen Tage erfolgt ist, ist auch das *Besatzungsstatut* in Kraft getreten. Wenn auch die Zuständigkeit des Bundestags und der Bundesregierung durch das Besatzungsstatut beschränkt ist, so darf uns doch diese Entwicklung, dieses Werden des deutschen Kernstaates mit Freude erfüllen.

Der Fortschritt gegenüber den Verhältnissen, die seit 1945 bei uns bestanden, auch gegenüber den Zuständen des nationalsozialistischen Reichs, ist groß. Zwar müssen wir uns immer bewußt sein, daß Deutschland und das deutsche Volk noch nicht frei sind, daß es noch nicht gleichberechtigt neben den anderen Völkern steht, daß es – und das ist besonders schmerzlich – in zwei Teile zerrissen ist. Aber wir erfreuen uns doch einer wenigstens relativen staatlichen Freiheit. Unsere Wirtschaft ist im Aufstieg. Wir haben vor allem aber wieder den *Schutz der Persönlichkeitsrechte.* Niemand kann bei uns, wie das im nationalsozialistischen Reich der Fall war und wie es jetzt noch in weiten Teilen Deutschlands, in der Ostzone, zu unserem Bedauern der Fall ist, durch Geheime Staatspolizei oder ähnliche Einrichtungen der Freiheit und des Lebens beraubt werden. Diese Güter: Rechtsschutz, Schutz der persönlichen Freiheit, die wir lange Jahre nicht besaßen, sind so kostbar, daß wir trotz allem, was uns noch fehlt, uns darüber freuen müssen, daß wir diese Persönlichkeitsrechte wieder besitzen.

Meine Wahl zum Bundeskanzler, meine Damen und Herren, und die Regierungsbildung sind eine logische Konsequenz der politischen Verhältnisse, wie sie sich in der Bizone infolge der Politik des Frankfurter Wirtschaftsrats herausgebildet hatten. Die Politik des Frankfurter Wirtschaftsrats, die Frage *„Soziale Marktwirtschaft“* oder *„Planwirtschaft“* hat so stark unsere ganzen Verhältnisse beherrscht, daß eine Abkehr von dem Programm der Mehrheit des Frankfurter Wirtschaftsrats unmöglich war. Die Frage: „Planwirtschaft“ oder „Soziale Marktwirtschaft“ hat im Wahlkampf eine überragende Rolle gespielt. Das deutsche Volk hat sich mit großer Mehrheit gegen die Planwirtschaft ausgesprochen. (Unruhe links)

Eine Koalition zwischen den Parteien, die die Planwirtschaft verworfen, und denjenigen, die sie bejaht haben, würde dem Willen der Mehrheit der Wähler geradezu entgegengerichtet gewesen sein. (Sehr richtig! in der Mitte)

Der Wähler hätte mit Recht im Falle einer Koalition zwischen diesen Parteien gefragt,

ob denn dann Wahlen überhaupt nötig gewesen wären. Der demokratische Gedanke, die Überzeugung von der Notwendigkeit der parlamentarischen Demokratie, hätte in den weitesten Kreisen der Wähler, namentlich auch der Wähler der jüngeren Generation, schwersten Schaden gelitten, wenn eine *Regierungsbildung* erfolgt wäre, die dem Sinn und dem Ergebnis dieser Wahl nicht entsprochen hätte. Es ist darum abwegig und undemokratisch, diejenigen Parteien, die sich hier im Hause zur Bildung einer Regierung und zu gemeinsamer Arbeit zusammengeschlossen haben, deshalb mit irgendwelchen tadelnden Worten zu belegen. Ebenso abwegig ist es, der Sozialdemokratischen Partei Vorwürfe zu machen, weil sie sich nicht bereit gefunden hat zu einer sogenannten großen Koalition. (Lachen links)
Man konnte weder von der einen noch von der andern Seite verlangen, daß sie, nachdem sie fast zwei Jahre in Frankfurt ihre Prinzipien verfochten hatten, nachdem die Wähler, zum Schiedsrichter aufgerufen, ihr Urteil gesprochen hatten, nunmehr alles das mehr oder weniger verleugneten, was sie bisher dem Volk als richtig dargestellt hatten.
Ich halte daher aus allgemeinen staatspolitischen Erwägungen heraus diese Entwicklung für richtig. Ich bin nicht der Auffassung, daß es den Interessen der Gesamtbevölkerung, den Interessen Deutschlands besser gedient hätte, wenn man etwa eine Koalition zwischen CDU/CSU und der Sozialdemokratischen Partei eingegangen wäre. Ich bin der Auffassung, daß die *Opposition* eine Staatsnotwendigkeit ist, daß sie eine staatspolitische Aufgabe zu erfüllen hat, daß nur dadurch, daß Regierungsmehrheit und Opposition einander gegenüberstehen, ein wirklicher Fortschritt und eine Gewöhnung an demokratisches Denken zu erzielen ist. Ich bin weiter der Auffassung: bei den labilen Verhältnissen, wie sie in Deutschland herrschen, ist es viel richtiger, wenn die immer vorhandene Opposition sich klar im Parlament selbst zeigt, als wenn sie, da infolge einer großen Koalition im Parlament keine wesentliche Opposition hätte ausgeübt werden können, außerhalb des Parlaments in nicht kontrollierbarer Weise um sich greift.[1] (Sehr richtig! in der Mitte)
Ich habe dem Herrn Bundespräsidenten die Ernennung von *13 Bundesministern* vorgeschlagen. Ich bin mir bewußt, daß manchem diese Zahl auf den ersten Blick groß erscheinen wird. (Heiterkeit und Zuruf links: Auch dem Volke!)
Demgegenüber weise ich darauf hin, daß in unsern Zeiten Aufgaben, die der staatlichen Arbeit bedürfen, entweder ganz neu entstanden sind – ich weise hier auf die Frage der Vertriebenen hin – oder daß staatliche Aufgaben einen solchen Umfang angenommen haben, daß sie den Rahmen der üblichen Ministerien sprengen würden. (Zuruf links: Vor Tisch las man's anders!) Ich nenne hier die Frage der Wohnungswirtschaft und des Wohnungsbaus. So sind mehrere der Bundesministerien zeitbedingt, das heißt: wenn sie ihre Aufgabe erfüllt oder aber wenn ihre Aufgaben wieder einen normalen Umfang angenommen haben, werden sie wieder verschwinden, während die sogenannten klassischen Ministerien, wie das Ministerium des Innern, der Finanzen, der Justiz, der Arbeit usw., ständig bleiben werden.
Wenn man die Zahl der Bundesministerien unter Würdigung dieser Gesichtspunkte

betrachtet, wird man berechtigterweise nicht die Behauptung aufstellen können, daß ihre Zahl zu groß sei. Die Hauptsache ist, daß der ministerielle Apparat im ganzen möglichst klein gehalten wird, daß die Ministerien von all den Verwaltungsaufgaben befreit bleiben, die nicht in die ministerielle Instanz gehören. Dadurch werden die nötige Übersicht, die Arbeitsfähigkeit der Ministerien gewährleistet, Verwaltungskosten gespart, und die Bundesminister werden vor allem Zeit haben, ihre wichtigsten Aufgaben, die Koordinierung der verschiedenen von ihnen wahrzunehmenden Interessen und die Wahrung der großen politischen Linien zu erfüllen.

Unter den Bundesministerien befindet sich ein Ministerium, das die besondere Aufgabe hat, für die Wahrung der engen *Verbindung mit dem Bundesrat* Sorge zu tragen. Ich bitte, in der Errichtung dieses Ministeriums den ernsten Willen der Bundesregierung zu sehen, den föderativen Charakter des Grundgesetzes sicherzustellen, die Rechte der Länder zu wahren und die Arbeit des Bundesrats so mit der Tätigkeit des Bundestags und der Bundesregierung in Einklang zu bringen, daß ein harmonisches Zusammenarbeiten gewährleistet ist.

Unter den Bundesministerien fehlt ein *Außenministerium*. Ich habe auch nicht den an mich herangetragenen Wünschen stattgegeben, ein Ministerium für zwischenstaatliche Beziehungen einzurichten. Ich habe das deshalb nicht getan, weil nach dem Besatzungsstatut die auswärtigen Angelegenheiten unter Einschluß internationaler Abkommen, die von Deutschland oder im Namen Deutschlands abgeschlossen werden, Sache der Alliierten Hohen Kommission für die drei Zonen sind. Wenn wir demnach auch kein Ministerium des Auswärtigen haben, so bedeutet das keineswegs, daß wir damit auf jede Betätigung auf diesem Gebiete Verzicht leisten. Das Paradoxe unserer Lage ist ja, daß, obgleich die auswärtigen Angelegenheiten Deutschlands von der Hohen Alliierten Kommission wahrgenommen werden, jede Tätigkeit der Bundesregierung oder des Bundesparlaments auch in inneren Angelegenheiten Deutschlands irgendwie eine ausländische Beziehung in sich schließt. Deutschland ist infolge Besatzung, Ruhrstatut, Marshall-Plan usw. enger mit dem Ausland verflochten als jemals zuvor. (Abg. Renner: „Verflochten" ist gut!) Diese Angelegenheiten werden in einem im Bundeskanzleramt zu errichtenden Staatssekretariat zusammengefaßt werden. Davon abgesehen glaube ich, daß die Hohen Kommissare infolge der großen Verantwortung, die sie tragen, keine wichtige Entscheidung in deutschen ausländischen Angelegenheiten treffen werden, ohne mit der Bundesregierung vorher Fühlung genommen zu haben. Die Erfahrung, die ich in den wenigen Tagen meiner Amtstätigkeit gemacht habe, berechtigt mich durchaus zu dieser Annahme.

Auf die Bundesregierung und den Bundestag, meine Damen und Herren, wartet eine außerordentlich große und umfangreiche *gesetzgeberische Arbeit*. Auf dem Zuständigkeitsgebiet des Bundes müssen die in den elf Ländern ergangenen Gesetze daraufhin nachgeprüft werden, ob in ihnen gleiches Recht auf diesen Gebieten besteht. Weiter werden Gesetze und Verordnungen, die bisher nur in der Bizone galten, auf die bisherige französische Zone ausgedehnt werden müssen; es werden weiter die bisher von seiten der verschiedenen Militärregierungen ergangenen Gesetze und Verordnungen auf den

Gebieten, die jetzt der Zuständigkeit des Bundes unterstehen, überprüft und eventuell mit Zustimmung der Hohen Kommission den heutigen staatlichen Zuständen, wie sie sich aus Grundgesetz und Besatzungsstatut ergeben, angepaßt werden. Es werden schließlich die Gesetze erlassen werden müssen, deren Erlaß das Grundgesetz vorsieht; es werden die Gesetze, die der Wirtschaftsrat nicht mehr völlig erledigt hat, verabschiedet werden müssen. Diese Arbeit, die namentlich auch deshalb schwierig und umfangreich ist, weil bisher bei Erlaß von Gesetzen infolge der Eilbedürftigkeit der Angelegenheiten oft nicht mit besonderer Genauigkeit gearbeitet worden ist, darf nicht übereilt werden, damit wir endlich wieder zu dem kommen, was uns sowohl in der nationalsozialistischen Zeit wie später verlorengegangen ist: zur Klarheit, zur Sicherheit und zur Einheit des Rechts.

Es wartet aber eine weitere sehr große Zahl von Aufgaben der Inangriffnahme durch den Bund. Eines darf ich hier mit allem Nachdruck an die Spitze meiner Ausführungen stellen: die Koalitionspartner sind sich völlig einig darin, daß sie sich bei ihrer ganzen Arbeit von dem Bestreben leiten lassen werden, so sozial im wahrsten und besten Sinne des Wortes zu handeln wie irgend möglich. (Bravo! in der Mitte und rechts)

Das Streben nach Linderung der Not, nach *sozialer Gerechtigkeit,* wird der oberste Leitstern bei unserer gesamten Arbeit sein. (Erneuter lebhafter Beifall in der Mitte und rechts. – Abg. Renner: Frankfurt als Beispiel!)

Aus der Fülle der Aufgaben, die des Bundes harren, lassen Sie mich einige besonders dringende und große hervorheben.

Die *Vertriebenen* werden gleichmäßiger als bisher auf die verschiedenen Länder verteilt werden müssen. Das liegt sowohl im Interesse der jetzt besonders stark belasteten Länder, vor allem aber auch im Interesse der Vertriebenen selbst.

Die Verhältnisse auf dem Wohnungsgebiet, die die soziale und ethische Gesundung und auch die politische Gesundung des deutschen Volkes unmöglich und die auch das Leben der Vertriebenen und Ausgebombten so unendlich schwer machen, werden von uns mit ganzer Kraft einer Besserung entgegengeführt werden. (Bravorufe in der Mitte und rechts)

Wir wollen mit allen Mitteln den *Wohnungsbau* energisch fördern, (erneuter lebhafter Beifall in der Mitte und rechts) nicht indem der Bund selbst baut, sondern indem er Mittel zur Verfügung stellt und darauf dringt, daß von den Ländern alle Möglichkeiten auf dem Gebiete des Wohnungsbaus erschöpft werden.

Wir werden weiterhin dazu übergehen, durch entsprechende, in vorsichtiger und nicht überstürzter Weise durchgeführte Lockerungsvorschriften der Raumbewirtschaftung und der Mietfestsetzung (Zurufe links: Aha! und: Hört! Hört!) das Privatkapital für den Bau von Wohnungen wieder zu interessieren. (Lebhafter Beifall in der Mitte und rechts)

Wenn es nicht gelingt, das Privatkapital für den Wohnungsbau zu interessieren, ist eine Lösung des Wohnungsproblems unmöglich. (Lebhafte Zustimmung in der Mitte und rechts)

Die Bedeutung, die wir gerade diesen Fragen beilegen, zeigt sich auch darin, daß wir ein besonderes Ministerium für sie geschaffen haben, dessen enge Koordinierung mit dem Wirtschaftsministerium gesichert ist. Wir werden durch diese energische Förderung der Bautätigkeit auch eine allgemeine Belebung des Arbeitsmarktes herbeiführen.

Auf dem Gebiete der *Wirtschaftspolitik* werden wir die in Frankfurt so erfolgreich eingeschlagene Richtung weiter verfolgen. (Lachen links. – Abg. Renner: Über 3 Millionen Arbeitslose!)

Ich darf in diesem Zusammenhang den leitenden Herren der bizonalen Wirtschaftsverwaltung wie allen Beamten und Angestellten, insbesondere aber auch den Direktoren der einzelnen Ämter den Dank der Bundesregierung für die geleistete Arbeit aussprechen. (Bravo! in der Mitte und rechts. – Abg. Renner: Wie ist es mit Pünder?) Mein besonderer Dank gilt den leitenden Persönlichkeiten, die zur Zeit bei dem Aufbau der Bundesregierung nicht haben eingegliedert werden können. (Zurufe links: Aha! Schade!)

Bei der Durchführung des Prinzips der *sozialen Marktwirtschaft* (Lachen links) wird man sich selbstverständlich wie auch bisher davor hüten müssen, einem starren Doktrinarismus zu verfallen. Man wird sich, auch wie bisher, den jeweils sich ändernden Verhältnissen anpassen müssen. Die Zwangswirtschaft werden wir überall dort, wo wir es irgendwie verantworten können, beseitigen. (Bravorufe und Händeklatschen in der Mitte und rechts. – Zuruf von der KPD: Neue Preiserhöhungen werden folgen!)

Es ist in Aussicht genommen, vom 1. Januar 1950 an die *Brennstoffbewirtschaftung* aufzuheben (Abg. Rische: Wenn kein Kohlenabsatz mehr da ist!) und die Zuteilung von Hausbrand für das vierte Vierteljahr 1949, die ersten Wintermonate, zu erhöhen.

Wir werden auf dem Gebiete der Wirtschaft durch die Mittel des Wettbewerbs und durch die immer stärkere Einordnung der deutschen Wirtschaft in die Weltwirtschaft (Zuruf von der KPD: Marshall-Plan!) systematisch die durch 15 Jahre Zwangswirtschaft und Kriegswirtschaft entstandenen Strukturfehler der deutschen Wirtschaft beseitigen. (Sehr gut! in der Mitte und rechts)

Unser ganzes Bestreben wird sein, möglichst wenig Hände und Köpfe in der Verteilung und der Verwertung der wirtschaftlichen Produktion und möglichst viele Hände und Köpfe in der gütererzeugenden Sphäre zu beschäftigen. (Beifall rechts. – Zuruf von der KPD: Deshalb auch so viele Minister!)

Der Mangel an fachlicher Ausbildung, wie er durch die nationalsozialistische Zeit und die Kriegszeit verursacht worden ist, wird dadurch ausgeglichen werden müssen, daß Gelegenheit geboten wird, die *fachliche Ausbildung* zu verbessern. Die deutsche Wirtschaft ist in der Vergangenheit groß und stark geworden durch ihre Facharbeiter und nicht zuletzt durch *angewandte Wissenschaft*. Die Summen, die zur Zeit in Amerika und auch in England für wissenschaftliche Zwecke zum Nutzen der wirtschaftlichen Produktion und des Wettbewerbes ausgegeben werden, sind ungeheuer groß. (Abg. Renner: Auch für die Atombomben!) Die Bundesregierung wird, soweit ihre finanziellen Kräfte es erlauben, dafür eintreten, daß die wissenschaftliche Forschung in Deutschland gefördert wird. (Beifall)

Sie wird auch die deutsche Wirtschaft dazu veranlassen, das gleiche zu tun. Nur wenn

es uns gelingt, uns durch Leistungen auf dem Weltmarkt auszuzeichnen, wird es uns möglich sein, auf ihm zu bestehen. Denn ein schwaches Volk, ein politisch schwaches Volk läuft immer Gefahr, im wirtschaftlichen Wettbewerb mit andern Völkern hintenangesetzt zu werden, wenn es nicht etwas Besonderes leistet. (Zurufe von der KPD)
Der Pflege und der Freiheit des *Außenhandels* gilt unsere besondere Aufmerksamkeit. Lassen Sie mich in diesem Zusammenhang einige Ausführungen über die Herabsetzung des *Umrechnungskurses des englischen Pfundes* und die Folgen machen, die dadurch für uns eintreten. Die Änderung des Pfundwertes wird voraussichtlich auch eine Änderung des Umrechnungskurses der *D-Mark* gegenüber dem Dollar mit sich bringen. Wir bedauern diese uns durch die internationalen Ereignisse aufgezwungene Maßnahme um so mehr, als die innere Stabilität der D-Mark zu irgendwelchen Manipulationen dieser Art keinerlei Anlaß bieten konnte. Die Wirtschafts- und die Geldpolitik der letzten 15 Monate haben unsere Währung auch im Ansehen und in der Wertung des Auslands von Tag zu Tag mehr gefestigt, so daß die jetzt notwendig werdende Anpassung – genau wie das in anderen europäischen Ländern der Fall sein wird – lediglich eine Folgewirkung der englischen Maßnahme ist. Ohne eine derartig gleichgerichtete Maßnahme würde die deutsche Exportwirtschaft ihre Wettbewerbsfähigkeit auf den Weltmärkten verlieren und damit unserem wirtschaftlichen und sozialen Leben die Grundlage entzogen werden. Die Bundesregierung ist entschlossen, mit den für das deutsche Geldwesen verantwortlichen Stellen bei den zu treffenden Maßnahmen die wirtschaftlichen und sozialen Folgewirkungen zu einem gerechten organischen Ausgleich zu bringen.
Die allenthalben angestellten Mutmaßungen über die möglichen Auswirkungen der bevorstehenden geldpolitischen Maßnahmen gehen weit über das sachlich berechtigte Maß hinaus. Es besteht keinerlei Grund zur Beunruhigung, da die zu erwartenden Veränderungen auf dem Gebiete von *Preisen und Löhnen* im ganzen nur zu relativ geringfügigen Verschiebungen führen werden. (Hört! Hört! bei der KPD. – Abg. Renner: Nur „geringfügigen"!) Gerade in dieser Beziehung aber wird es die Regierung als vornehmste Pflicht ansehen, soziale Ungerechtigkeiten und Spannungen zu verhüten und spekulativen Einflüssen keinen Raum zu geben.
Die Frage der *Demontage* unserer industriellen Anlagen bewegt das gesamte deutsche Volk. Es gibt wohl kaum jemanden in Deutschland, der sich gegen die Demontage wirklich kriegswichtiger Industrien irgendwie wendet. Aber die Vernichtung großer wirtschaftlicher Werte ist eine Angelegenheit, die man im Ausland nicht damit abtun sollte, daß es einmal so beschlossen ist. (Sehr gut! in der Mitte) Die letzte Änderung der Liste der zu demontierenden Werke war zwar, rein äußerlich betrachtet, ein großes Entgegenkommen gegenüber den deutschen Wünschen; sachlich, der Produktionskapazität und dem Werte nach gesehen, sind aber die deutschen Wünsche nur zu etwa 10% erfüllt worden. (Hört! Hört! rechts)
Die Demontagefrage ist auch eine Frage von großer psychologischer Bedeutung. Man versteht in den weitesten Kreisen des deutschen Volkes nicht, daß man mit der einen Hand ihm wirtschaftliche Hilfe gibt und mit der anderen Hand wirtschaftliche Werte

zerstört. (Sehr richtig! in der Mitte und rechts)
Man glaubt im deutschen Volke, daß damit die auch von ausländischen Staatsmännern wiederholt abgegebene Erklärung schwer zu vereinbaren ist, daß Deutschland zum Wiederaufbau Europas notwendig ist. Zur Zeit sind die maßgebenden Staatsmänner der Vereinigten Staaten, Englands und Frankreichs in Washington versammelt. Das deutsche Volk würde sich herzlich freuen, wenn diese Zusammenkunft dazu benützt würde, um das deutsche Demontageproblem einer Nachprüfung im Sinne einer Berücksichtigung der deutschen Wünsche zu unterziehen. Ich glaube, wenn auch mit aller Vorsicht, sagen zu können, daß man die Hoffnung hegen darf, daß dies in Washington geschieht[2]. (Bravo! in der Mitte und rechts)
Die Bundesregierung wird es sich besonders am Herzen liegen lassen, den *Mittelstand* in allen seinen Erscheinungsformen zu festigen und ihm zu helfen (Bravo! in der Mitte)
Wir sind durchdrungen von der Überzeugung, daß dasjenige Volk das sicherste, ruhigste und beste Leben führen wird, das möglichst viele mittlere und kleinere unabhängige Existenzen in sich birgt. (Sehr richtig! in der Mitte und rechts)
Die Aufgaben des Ministeriums für Landwirtschaft und Ernährung werden in Zukunft einen andern Charakter tragen müssen als bisher. In stärkerem Maße, als es bisher möglich war, wird die *landwirtschaftliche Produktion* zu verbessern und zu veredeln sein. Wir führen noch immer 50% der benötigten Lebensmittel ein. Wenn die deutsche Wirtschaft bis zum Jahre 1952 eine ausgeglichene Handelsbilanz erreicht haben soll, ist es notwendig, die landwirtschaftliche Produktion sehr erheblich zu steigern, um den Verbrauch von Devisen für die Ernährung soweit als möglich einzuschränken. Voraussetzung für eine rasche und anhaltende Steigerung der landwirtschaftlichen Erzeugung ist ein weiterer Abbau der staatlichen Zwangswirtschaft (Sehr gut! in der Mitte) und Schaffung gesicherter und ausgeglichener Produktions- und Absatzverhältnisse für landwirtschaftliche Erzeugnisse zu Preisen, die die Produktionskosten gut arbeitender Durchschnittsbetriebe decken und gleichzeitig auch den Minderbemittelten den Kauf dieser Produkte gestatten. Eine Umstellung der Landwirtschaft zum Zwecke der Einsparung von Devisen wird, wie ich eben ausführte, eine absolute Notwendigkeit für uns sein. Um sie herbeizuführen, ist Aufklärung und Belehrung der landwirtschaftlichen Bevölkerung dringend erforderlich.
Die *Forstwirtschaft,* meine Damen und Herren, die eine der wichtigsten Rohstofflieferanten für die deutsche Wirtschaft ist, muß möglichst rasch wieder zu normalen Wirtschaftsverhältnissen zurückgeführt werden. Es ist für schnellste Aufforstung der Kahlflächen und Förderung der Holzerzeugung in bäuerlichen Betrieben zu sorgen.
Die *Finanzpolitik* muß einen Teil der allgemeinen Staatspolitik, insbesondere der Wirtschaftspolitik bilden. Die Förderung der Kapitalbildung, und zwar sowohl der Bildung von Sparkapital wie von Betriebskapital, wird unser vordringlichstes Ziel sein. Nur wenn wir nach Kräften die innerdeutsche Kapitalbildung steigern, können wir erwarten, daß durch Freigabe von Gegenwertfonds und auf andere Weise das dringend benötigte ausländische Kapital zum Wiederaufbau unserer Wirtschaft zur Verfügung steht.

Der *Wiederaufbau unserer Wirtschaft* ist die vornehmste, ja einzige Grundlage für jede Sozialpolitik und für die Eingliederung der Vertriebenen. Nur eine blühende Wirtschaft kann die Belastungen aus dem Lastenausgleich auf die Dauer tragen. Nur sie kann auf die Dauer das Steueraufkommen bringen, das die Haushalte des Bundes, der Länder und der Gemeinden, die immer aus der Gesamtschau heraus betrachtet werden müssen, zur Erfüllung ihrer Aufgaben benötigen.

Eine verstärkte *Kapitalbildung* hängt von der Erfüllung zweier Voraussetzungen ab: von einer Herabsetzung der Steuertarife und der Wiedergewinnung des Vertrauens der Sparer.

Eine *Herabsetzung der Einkommensteuersätze* wird nach unserer Überzeugung das Gesamtaufkommen nicht vermindern. Die jetzigen überhöhten Steuersätze führen in der Wirtschaft zu unwirtschaftlichem Verhalten; (Zuruf links: unmoralischem!) sie hindern die Rationalisierung der Betriebe und damit die Preissenkung für die erzeugten Waren. Eine Senkung der Einkommensteuersätze ist nicht nur steuerpolitisch, sondern auch wirtschaftspolitisch absolut notwendig, und zwar mindestens auf die im Juni 1948 vom Wirtschaftsrat fast einstimmig und vom Länderrat einstimmig angenommenen Steuersätze. Wir sind sicher, daß schon nach wenigen Übergangsmonaten das Steueraufkommen die frühere Höhe, ja sogar eine noch größere Höhe erreichen wird. Diese Maßnahmen sollten bereits zum 1. Januar 1950 in Kraft gesetzt werden. Im Laufe des Jahres 1950 muß dann eine umfassende Steuerreform in die Wege geleitet werden.

Wenn durch diese Steuersenkung die Möglichkeit einer größeren Kapitalbildung geschaffen wird, so muß ein Anreiz dafür gegeben werden, daß nicht der Konsum in unnötiger Weise gesteigert, sondern wirklich Kapital gebildet wird. Dazu ist notwendig, den *Altsparern* das Vertrauen zur staatlichen Gesetzgebung wiederzugeben. (Sehr richtig! in der Mitte) Das scheint mir eine staatspolitische Forderung ersten Ranges zu sein. Die von den Alliierten erlassene Währungsreform enthält vermeidbare soziale Härten, insbesondere in der Behandlung der Altsparer aller Art. Die Frage, in welchem Umfange diese Mängel beseitigt werden können, bedarf einer beschleunigten Prüfung und Erledigung.

Um das Vertrauen auch des ausländischen Kapitals wiederzugewinnen, sollte die Blockierung des *ausländischen Vermögens in Deutschland* bald aufgehoben werden. Wir werden bereit sein, alles in unseren Kräften Stehende zu tun, um mit den seit langer Zeit schwer geschädigten ausländischen Gläubigern ein beiderseitig tragbares Einvernehmen zu finden.

Wir hoffen, meine Damen und Herren, daß die zugesagte Herabsetzung der *Besatzungskosten* erheblich sein wird. Diese Herabsetzung würde vom gesamten deutschen Volk dankbar begrüßt werden. Sie wird die Grundlage geben, den Wohnungsbau und die Eingliederung der Vertriebenen tatkräftig vorwärtszutreiben, und so die politische, soziale und wirtschaftliche Konsolidierung Deutschlands sichern.

Wir werden bemüht sein, den endgültigen *Lastenausgleich* baldigst zu verabschieden, um die Ungewißheit zu beseitigen, die seit so langer Zeit sowohl auf den Geschädigten wie auf der zu belastenden Wirtschaft liegt. Die gesetzliche Regelung muß sich in die allgemeine Steuer- und Finanzreform sinnvoll einordnen. Die Kleinst- und Kleingeschädigten müssen dabei besonders pfleglich behandelt werden.

Es wird notwendig sein, sobald wie möglich auch die Frage der *Pensionen der vertriebenen Beamten* und der *ehemaligen Militärpersonen* durch Bundesgesetz zu regeln. (Sehr richtig! in der Mitte und rechts) Diese Regelung kann zwar an den namentlich in der Kriegszeit ungewöhnlich rasch erfolgten Beförderungen der Militärpersonen nicht achtlos vorbeigehen, sie wird aber doch die Wehrmachtbeamten und Militärpersonen so behandeln müssen, wie es recht und billig ist. (Abg. Rische: Für die neue Wehrmacht!)

– Wir sind doch nicht in der Ostzone!

(Heiterkeit und Händeklatschen in der Mitte und rechts. – Abg. Rische: Da fehlt der Kriegsminister!)

– Ich sehe Sie ja schon in schöner Uniform.

(Heiterkeit und Beifall in der Mitte und rechts. – Abg. Renner: Dann sind Sie aber amerikanischer General!)

– Dann stehen Sie stramm vor mir!

(Heiterkeit und Beifall in der Mitte und rechts)

Nach den freundlichen Unterbrechungen fahre ich nun fort.

Die Gefahren einer *Deflation* sind ebensogroß wie die einer *Inflation*. Im jetzigen Stadium unserer Wirtschaftsentwicklung ist eine aktive Konjunkturpolitik nötig, die sich, ohne damit irgendwie die Währung zu gefährden, des Instrumentes der Vorfinanzierung solcher Aufgaben bedient, deren Finanzierung, sei es aus inländischen Quellen, sei es aus Gegenwert-Fonds in absehbarer Zeit gesichert ist.

Unsere besondere Fürsorge auf wirtschaftlichem Gebiet gilt der Stadt *Berlin*. Seit der Währungsreform sind bis zum 10. September 1949, also in rund 15 Monaten, aus dem Haushalt des Vereinigten Wirtschaftsgebiets 414 Millionen DM an den Magistrat der Stadt Berlin geflossen. (Zuruf von der KPD: Für den kalten Krieg!)

Dazu hat Berlin aus dem GARIOA-Fonds bis zum 13. September 1949 688 Millionen DM erhalten. Die im Haushalt der bizonalen Verwaltung 1949 für die Zeit bis zum 31. Dezember 1949 eingesetzten Mittel werden schon im Oktober erschöpft sein. Es ist unbedingt notwendig, da wir unter keinen Umständen Berlin im Stiche lassen dürfen, beschleunigt über den Fortgang und Umfang der Hilfsmaßnahmen für Berlin, und zwar nicht ausschließlich durch Gewährung von finanziellen Zuschüssen, zu beraten und zu beschließen. (Zuruf rechts: Mit Verwendungskontrolle!)

Ich habe schon vorher erwähnt, daß diejenigen Fraktionen, die sich hier zu gemeinsamer Regierungsbildung und Arbeit zusammengefunden haben, es als ihre vornehmste Pflicht betrachten, auf allen Gebieten sozial zu handeln. Auf dem engeren Gebiet der *Sozialpolitik* gilt das im besonderen Maße. Die Bundesregierung wird sich bemühen, ihre Sozialpolitik den jetzigen Zeitverhältnissen entsprechend umzugestalten und auszugestalten. Wenn auch, wie ich ausgeführt habe, die beste Sozialpolitik eine gesunde Wirtschaftspolitik ist, die möglichst vielen Arbeit und Brot gibt, so wird es doch nach diesem Kriege und dieser Not in Deutschland immer einen sehr großen Prozentsatz von Menschen geben, denen anders und besonders geholfen werden muß. Das gilt insbesondere auch von den Schwerkriegsbeschädigten. Das Gesetz über ihre Unterbringung ist den jetzigen Verhältnissen entsprechend abzuändern. Den erwerbsunfähigen *Kriegsbeschädigten* und den *Kriegshinterbliebenen* ist ein ausreichender Unterhalt zu gewähren. Die Schaffung einer einheitlichen Versorgungsgesetzgebung für das gesamte Bundesgebiet ist nötig.

Die *Rechtsbeziehungen zwischen Arbeitnehmern und Arbeitgebern* müssen zeitgemäß neu geordnet werden. Die Selbstverwaltung der Sozialpartner muß an die Stelle der staatlichen Bevormundung treten. (Sehr richtig! rechts)

Die Bundesregierung steht auf dem Boden der Koalitionsfreiheit. Sie wird es den Verbänden überlassen, alles das in freier Selbstverwaltung zu tun, was den wirtschaftlichen und sozialen Interessen förderlich ist und was einer weiteren Verständigung zwischen Arbeitgebern und Arbeitnehmern dient. Ein verständiger Ausgleich sozialer Gegensätze ist eine unumgängliche Voraussetzung für den Aufstieg unseres Volks. Dieser Ausgleich muß durch die Sozialpartner selbst herbeigeführt werden. Die sozial- und gesellschaftspolitische Anerkennung der Arbeitnehmerschaft macht eine Neuordnung der Besitzverhältnisse in den Grundindustrien notwendig. (Bravo! in der Mitte) Es scheint mir aber auch eine der wesentlichsten Grundbedingungen einer verständigen Sozialpolitik zu sein, dem Fleißigen und Tüchtigen jede Aufstiegsmöglichkeit zu geben. (Sehr richtig! in der Mitte) Auf die Betonung dieser Aufstiegsmöglichkeiten legen wir den größten Wert. (Bravo! rechts)

Der als Folge des Krieges und der Verschleppung von Männern eingetretene *Frauenüberschuß* ist ein Problem, das unsere besondere Beachtung verdient. (Zuruf von der KPD: Gab es denn keinen Krieg?) Es bedarf wohl keiner Versicherung, daß wir fest und entschieden gegenüber allen entgegengesetzten Tendenzen auf dem Boden des Artikels 6 des Grundgesetzes stehen, in dem es heißt: „Ehe und Familie stehen unter dem besonderen Schutz der staatlichen Ordnung." (Bravo!) Das Problem des Frauenüberschusses erschöpft sich aber nicht in der Frage der notgedrungenen Ehelosigkeit eines großen Teiles der Frauen; es ist umfassender und weitreichender. Wir müssen den Frauen neue Berufe und Ausbildungsmöglichkeiten zu erschließen versuchen. Es wird – wenn es vielleicht zunächst auch nicht so wichtig aussieht – auch beim Wohnungsbau darauf geachtet werden müssen, daß den unverheiratet gebliebenen Frauen wenigstens in etwa ein Ersatz für die fehlende häusliche Behaglichkeit geboten wird. (Bravo!) Wir werden alle diese Fragen, deren Wichtigkeit ich unterstreichen möchte, durch ein einer Frau anzuvertrauendes Referat im Ministerium des Innern einer möglichst guten Lösung zuzuführen versuchen. (Bravo! rechts)

Den *Jugendlichen,* namentlich denjenigen, denen die Erziehung durch Familie und Schule während der Kriegszeit und der wirren Zeit nach dem Kriege und eine gute Ausbildung gefehlt hat, werden wir zu Hilfe kommen müssen. Wir werden überhaupt versuchen, unsere Pflicht gegenüber der jungen Generation anders zu betrachten, als das früher geschehen ist. (Sehr gut! in der Mitte und rechts) Die junge Generation, dessen wollen wir uns immer bewußt bleiben, trägt die Zukunft Deutschlands in ihren Händen.

Wir werden das *Beamtenrecht* neu ordnen müssen. Wir stehen grundsätzlich und entschlossen auf dem Boden des Berufsbeamtentums. (Beifall in der Mitte und rechts) Durch die *Denazifizierung* ist viel Unglück und viel Unheil angerichtet worden. (Sehr richtig! in der Mitte und rechts) Die wirklich Schuldigen an den Verbrechen, die in der nationalsozialistischen Zeit und im Kriege begangen worden sind, sollen mit aller Strenge bestraft werden. (Zurufe von der KPD) Aber im übrigen dürften wir nicht mehr zwei Klassen von Menschen in Deutschland unterscheiden: (Zustimmung rechts) die politisch Einwandfreien und die Nichteinwandfreien. Diese Unterscheidung muß baldigst verschwinden. (Erneute Zustimmung)

Der Krieg und auch die Wirren der Nachkriegszeit haben eine so harte Prüfung für viele gebracht und solche Versuchungen, daß man für manche Verfehlungen und Vergehen Verständnis aufbringen muß. Es wird daher die Frage einer *Amnestie* von der Bundesregierung geprüft werden, (Bravo!) und es wird weiter die Frage geprüft werden, auch bei den Hohen Kommissaren dahin vorstellig zu werden, daß entsprechend für von alliierten Militärgerichten verhängte Strafen Amnestie gewährt wird. (Beifall rechts und in der Mitte)

Wenn die Bundesregierung so entschlossen ist, dort, wo es ihr vertretbar erscheint, Vergangenes vergangen sein zu lassen, in der Überzeugung, daß viele für subjetiv nicht schwerwiegende Schuld gebüßt haben, so ist sie andererseits doch unbedingt entschlossen, aus der Vergangenheit die nötigen Lehren gegenüber allen denjenigen zu ziehen, die an der Existenz unseres Staates rütteln, (Bravo! und Sehr gut!) mögen sie nun zum *Rechtsradikalismus* oder zum *Linksradikalismus* zu rechnen sein.

(Lachen und Zuruf von der KPD)

– Ach, Sie sind ja gar nicht so radikal.

(Heiterkeit. – Abg. Renner: Sie sind auch nicht so sozial, wie Sie sich hier gebärden!)

Die Befürchtungen, meine Damen und Herren, die namentlich in der ausländischen Presse über rechtsradikale Umtriebe in Deutschland laut geworden sind, sind ganz bestimmt weit übertrieben. (Sehr richtig! rechts) Ich bedaure außerordentlich, daß durch Berichte deutscher und ausländischer Zeitungen Persönlichkeiten, indem man ihre ungezogenen Reden verbreitet hat, eine Bedeutung beigelegt worden ist, die sie in Deutschland niemals gehabt haben. (Beifall in der Mitte und rechts) Aber, meine Damen und Herren, ich betone nochmals: wenn wir auch glauben, daß diese Berichte übertrieben sind, so sind wir uns völlig darüber einig, daß wir dem Auftreten rechts- und linksradikaler, den Staat gefährdender Bestrebungen unsere vollste Aufmerksamkeit widmen müssen; und ich wiederhole nochmals: wir werden nötigenfalls von den Rechten, die die Gesetze uns geben, entschlossen Gebrauch machen. (Beifall in der Mitte und rechts. – Zuruf von der KPD: Kennen wir!)

Meine Damen und Herren! Lassen Sie mich in diesem Zusammenhang ein Wort zu hier und da anscheinend hervorgetretenen *antisemitischen Bestrebungen* sagen. Wir verurteilen diese Bestrebungen auf das schärfste. Wir halten es für unwürdig und für an sich unglaublich, daß nach all dem, was sich in nationalsozialistischer Zeit begeben

hat, in Deutschland noch Leute sein sollten, die Juden deswegen verfolgen oder verachten, weil sie Juden sind. (Zuruf von der KPD)
Meine Damen und Herren! Ich komme zu einem besonders ernsten und wichtigen Kapitel. Deutschland wird nunmehr durch seine staatliche Neugestaltung in die Lage versetzt, sich der Frage der deutschen *Kriegsgefangenen und Verschleppten* mit größerer Stärke anzunehmen als bisher. In Rußland werden noch Millionen von Kriegsgefangenen zurückgehalten. (Zuruf rechts: Herr Renner, hören Sie!) Wir wissen nicht, wohin die 1,5 bis 2 Millionen deutscher Kriegsgefangener gekommen sind, (Abg. Renner: Fragen Sie Hitler! – Lachen und Zurufe rechts) die aus den russischen Heeresberichten über die jetzt von Rußland angegebene Zahl der Kriegsgefangenen hinaus errechnet werden konnten. (Zuruf des Abg. Renner) Das gleiche gilt in ähnlicher Weise für Jugoslawien. (Zuruf von der KPD: Und Indochina! – Zuruf rechts: Tschechei!) Das Geschick dieser Millionen Deutscher, die jetzt schon seit Jahren das bittere Los der Gefangenschaft getragen haben, ist so schwer, das Leid ihrer Angehörigen in Deutschland so groß, daß alle Völker mithelfen müssen, diese Gefangenen und Verschleppten endlich ihrer Heimat und ihrer Familie zurückzugeben.
(Bravo! in der Mitte und rechts. – Abg. Renner: Das erreicht man aber nicht durch die verlogene Hetze.)
Präsident Dr. Köhler: Wen meinen Sie damit, Herr Abgeordneter Renner?
(Abg. Renner: Die deutschen Parteien, die diese Hetze betreiben!)
– Ich rufe Sie zur Ordnung. Während dieser Erklärung des Herrn Bundeskanzlers derartige Bemerkungen zu machen, stört die Würde des Hauses. Bitte, Herr Bundeskanzler, fahren Sie fort!
(Zuruf von der KPD: Aber Hetze ist erlaubt!)
Dr. Adenauer, Bundeskanzler: Meine Damen und Herren! Es ist mir eine liebe Pflicht, für die weitreichende Hilfe, die unseren Kriegsgefangenen zuteil geworden ist, zu danken, in erster Linie dem Internationalen Komitee vom Roten Kreuz in Genf, (Bravo-Rufe und Händeklatschen in der Mitte und rechts) das unseren deutschen Kriegsgefangenen unendlich viel Gutes getan hat. Wir danken auch dem Vatikan und dem gegenwärtigen Papst, der nach dem Kriege der erste war, der den Ruf nach baldiger Entlassung der deutschen Kriegsgefangenen erhob (lebhafter Beifall in der Mitte und rechts) und der das Schicksal der deutschen Gefangenen durch großzügige Schenkungen und Gaben, zu denen er die Welt veranlaßte, zu mildern versuchte. Der Arbeit der Ökumene in Genf danken wir in gleicher Weise von ganzem Herzen. (Erneuter lebhafter Beifall in der Mitte und rechts) Sie hat insbesondere in der angelsächsischen Welt die Kräfte der Liebe evangelischen Glaubens mobilisiert. Ich hebe auch die internationale Organisation der Christlichen Vereine junger Männer hervor, die durch ihren hervorragenden Gefangenendienst unsern Brüdern in allen Ländern große Hilfe gewährt haben. (Bravo! und Händeklatschen in der Mitte und rechts) Auch dem Evangelischen Hilfswerk unter der Führung von Dr. Gerstenmaier und der Caritas-Kriegsgefangenenhilfe unter der Leitung des verstorbenen Prälaten Kreutz danken wir herzlichst.

Die Arbeit der Bundesregierung wird weiter den etwa *200000 Deutschen* gelten müssen, die sich in dem ehemaligen *Ostpreußen* und *Schlesien* sowie in der *Tschechoslowakei* befinden, die als Facharbeiter oder als politisch mehr oder minder Belastete zurückgehalten werden. Darunter befinden sich viele Frauen, die in der ersten Schockwirkung der Niederlage und in der Hoffnung auf Rückkehr ihrer noch in Gefangenschaft befindlichen Männer für Polen optiert haben, deren Männer aber in der Zwischenzeit nach Westdeutschland entlassen worden sind. Das Internationale Rote Kreuz hat es übernommen, mit den Westalliierten einerseits und mit Warschau und Prag andererseits über die Umsiedlung dieser bedeutenden Restbevölkerung zu verhandeln. Die Verhandlungen sind später überraschend – soviel den deutschen Stellen bekanntgeworden ist, durch die britische Militärregierung – abgebrochen worden (Hört! Hört! in der Mitte und rechts) mit der damals gegebenen Begründung, man müsse erst die Bundesregierung abwarten.
Die Bundesregierung wird sich auch um die *300000 freien Arbeiter* bemühen müssen, die, um aus der Kriegsgefangenschaft herauszukommen, in *Frankreich, Belgien und England* Verträge als freie Arbeiter geschlossen haben. Endlich werden wir die Forderung erheben müssen, daß gegen diejenigen Deutschen, die in den alliierten Ländern wegen behaupteter Kriegsverbrechen zurückgehalten werden, die Gerichtsverhandlungen unter Wahrung aller rechtlichen Formen schnell zu Ende geführt werden.
(Abg. Dr. Richter: Man soll einmal internationale Gerichte gegen die Kriegsverbrecher auf der anderen Seite einsetzen! – Gegenruf links: Sind wir schon wieder so weit?)
Das Los der *Vertriebenen,* meine Damen und Herren, ist besonders hart. Die Frage ihres zukünftigen Schicksals kann nicht von Deutschland allein gelöst werden. (Sehr richtig! rechts) Es handelt sich um eine Frage, die nur auf internationalem Wege ihrer Lösung nähergebracht werden kann. Man muß sie aber lösen, wenn man nicht Westdeutschland für lange Zeit hinaus zu einem Herd politischer und wirtschaftlicher Unruhe werden lassen will.
Lassen Sie mich nun zu Fragen übergehen, die uns in Deutschland außerordentlich am Herzen liegen und die für unser gesamtes Volk Lebensfragen sind. Es handelt sich um die Abkommen von Jalta und Potsdam und die *Oder-Neiße-Linie.* Im Potsdamer Abkommen heißt es ausdrücklich: Die Chefs der drei Regierungen – das sind die Vereinigten Staaten, England und Sowjetrußland – haben ihre Ansicht bekräftigt, daß die endgültige Bestimmung der polnischen Westgrenze bis zur Friedenskonferenz vertagt werden muß. (Hört! Hört! rechts) Wir können uns daher unter keinen Umständen mit einer von Sowjetrußland und Polen später einseitig vorgenommenen Abtrennung dieser Gebiete abfinden. (Sehr richtig! und lebhafter Beifall rechts, in der Mitte und bei der SPD) Diese Abtrennung widerspricht nicht nur dem Potsdamer Abkommen, sie widerspricht auch der Atlantik-Charta vom Jahre 1941, der sich die Sowjet-Union ausdrücklich angeschlossen hat. (Erneute Zustimmung in der Mitte und rechts) Die Bestimmungen der Atlantik-Charta sind ganz eindeutig und klar. Die Generalversammlung der Vereinten Nationen hat durch Beschluß vom 3. November 1948 die Großmächte aufgefordert,

nach diesen Prinzipien baldmöglichst Friedensverträge abzuschließen. Wir werden nicht aufhören, in einem geordneten Rechtsgang unsere Ansprüche auf diese Gebiete weiter zu verfolgen.
(Lebhafter Beifall in der Mitte und rechts. – Abg. Dr. Richter: Bitte auch das Sudetenland dabei nicht vergessen, Herr Bundeskanzler!)
Ich weise darauf hin, daß die *Austreibung der Vertriebenen* in vollem Gegensatz zu den Bestimmungen des Potsdamer Abkommens vorgenommen worden ist. (Sehr richtig! rechts) In diesem Potsdamer Abkommen ist nur von einer Umsiedlung der in Polen, der Tschechoslowakei und Ungarn verbliebenen deutschen Bevölkerung die Rede, und es war vereinbart worden, daß jede stattfindende Umsiedlung auf organisierte und humane Weise vorgenommen werden sollte. Es fällt mir sehr schwer, meine Damen und Herren, wenn ich an das Schicksal der Vertriebenen denke, die zu Millionen umgekommen sind, (Zuruf in der Mitte: 5 Millionen!) mit der notwendigen leidenschaftslosen Zurückhaltung zu sprechen. Ich darf aber darauf hinweisen, daß kein Geringerer als Winston Churchill bereits im August 1945 im britischen Unterhaus öffentlich und feierlich nicht nur gegen das Ausmaß der von Polen angestrebten Gebietserweiterung, sondern auch gegen die Praxis der Massenaustreibung Protest eingelegt hat. (Abg. Dr. Schmid: Er hat mit unterschrieben!) Die Massenaustreibung nannte Churchill eine „Tragödie unvorstellbaren Ausmaßes", und er deutete an, daß eine unerhört große Zahl von diesen Vertriebenen einfach verschwunden sei. Am 10. Oktober 1945 stellte der britische Außenminister Bevin fest, daß Großbritannien in keiner Weise verpflichtet sei, die Ansprüche Polens auf die Oder-Neiße-Linie zu unterstützen. Die gleiche Feststellung traf der frühere amerikanische Außenminister Byrnes am 6. September 1946 in seiner bekannten Rede in Stuttgart. Die Bundesregierung wird allen diesen Fragen die größte Aufmerksamkeit widmen und sich dafür einsetzen, daß auch das uns zustehende Recht geachtet wird. (Lebhafte Zustimmung in der Mitte und rechts) Sie wird das ganze Rechts- und Tatsachenmaterial in einer Denkschrift, die veröffentlicht und den alliierten Regierungen überreicht werden wird, zusammenfassen.
Meine Damen und Herren! Wenn ich eingangs gesagt habe, daß unsere *auswärtigen Beziehungen* von den Hohen Kommissaren wahrgenommen werden, so habe ich doch gleichzeitig festgestellt, daß wir zu allen uns umgebenden Staaten in engen Zusammenhängen – seien es gute, seien es weniger gute – stehen. Ich würde daher eine Lücke in dieser Regierungserklärung lassen, wenn ich nicht auf unser Verhältnis zu diesen Ländern einginge.
(Abg. Renner: Vergessen Sie aber das Saargebiet nicht!)
– Lassen Sie mich zunächst Sowjet-Rußland nicht vergessen!
(Heiterkeit in der Mitte und rechts. – Zurufe links)
– Und deswegen werde ich mit Sowjet-Rußland beginnen.
(Abg. Renner: Diesen Teil Ihrer Rede hat Ihnen ein Fachmann aufgesetzt!)
– Sie sind ein neidischer Mann, Herr Renner!
(Heiterkeit. – Abg. Renner: Die Fragebogen von den Leuten müßte man kennen!)

Meine Damen und Herren! Wir sind durchaus bereit, mit unsern östlichen Nachbarn, insbesondere mit *Sowjet-Rußland* und mit *Polen,* in Frieden zu leben. Wir haben den dringendsten Wunsch, daß die gegenwärtig bestehenden Spannungen zwischen Sowjet-Rußland und den Westalliierten ihre Lösung im Laufe der Zeit auf friedlichem Wege finden. Aber wenn ich ausspreche, daß wir den Wunsch haben, in Frieden mit Sowjet-Rußland zu leben, so gehen wir davon aus, daß auch Sowjet-Rußland und Polen uns unser Recht lassen und unsere deutschen Landsleute auch in der Ostzone und in dem ihnen unterstehenden Teil von Berlin das Leben in Freiheit führen lassen, das deutschem Herkommen, deutscher Erziehung und deutscher Überzeugung entspricht. (Lebhafter Beifall in der Mitte und rechts)

Ich habe an einer anderen Stelle schon ausgeführt, daß das *Besatzungsstatut* zwar ein Fortschritt, sogar ein erheblicher Fortschritt gegenüber dem bisherigen Zustand ist. Es wird aber ganz darauf ankommen, ob es in dem Geist gehandhabt wird, der aus dem Begleitschreiben der Außenminister von England, Frankreich und den Vereinigten Staaten vom April dieses Jahres an den Präsidenten des Parlamentarischen Rats sprach. „Die Außenminister betonen", so heißt es in der Note, „daß es das höchste Ziel der drei Alliierten Regierungen ist, den festen Einbau des deutschen Volkes in einem demokratischen Bundesstaat in den Rahmen eines europäischen Zusammenschlusses zum beiderseitigen Besten zu ermutigen und zu fördern." Wir sind überzeugt davon, daß, wenn das Besatzungsstatut in diesem Sinne gehandhabt wird, es uns ein eigenes starkes Leben und weitere Fortschritte ermöglichen wird. (Abg. Renner: Sie nannten es einmal Kolonialstatut!) Ich bin überzeugt: wenn, wie es in dem Besatzungsstatut vorgesehen ist, nach 12 Monaten und auf jeden Fall innerhalb von 18 Monaten nach Inkrafttreten des Statuts die Besatzungsmächte seine Bestimmungen im Lichte der Erfahrungen prüfen, die sie inzwischen gemacht haben, werden die Mächte sicher zu dem Ergebnis kommen, daß es möglich sein wird, die Zuständigkeit der deutschen Behörden auf den Gebieten der Legislative, der Exekutive und der Justiz weiter auszudehnen.

Und nun, meine Damen und Herren, lassen Sie mich ein Wort über unsere Stellung zum Besatzungsstatut sagen! Das Besatzungsstatut ist alles andere als ein Ideal. Es ist ein Fortschritt gegenüber dem rechtlosen Zustand, in dem wir bis zum Inkrafttreten des Besatzungsstatuts gelebt haben. Es gibt aber keinen andern Weg für das deutsche Volk, wieder zur Freiheit und Gleichberechtigung zu kommen, (Abg. Renner: Friedensvertrag!) als indem es dafür sorgt, daß wir nach dem völligen Zusammenbruch, den uns der Nationalsozialismus beschert hat, mit den Alliierten zusammen wieder den Weg in die Höhe gehen. Der einzige Weg zur Freiheit ist der, daß wir im Einvernehmen mit der Hohen Alliierten Kommission unsere Freiheiten und unsere Zuständigkeiten Stück für Stück zu erweitern versuchen. (Sehr richtig!)

Es besteht für uns kein Zweifel, daß wir nach unserer Herkunft und nach unserer Gesinnung zur *westeuropäischen Welt* gehören. Wir wollen zu allen Ländern gute Beziehungen, auch solche persönlicher Art, unterhalten, insbesondere aber zu unsern Nachbarländern, den Benelux-Staaten, Frankreich, Italien, England und den nordischen Staaten.

Der deutsch-französische Gegensatz, der Hunderte von Jahren die europäische Politik beherrscht und zu so manchen Kriegen, zu Zerstörungen und Blutvergießen Anlaß gegeben hat, muß endgültig aus der Welt geschafft werden. (Lebhafter Beifall) Ich hoffe, ja ich sage: ich glaube, daß das *Saargebiet* nicht zu einem Hindernis auf diesem Weg werden wird. (Aha! und Hört! Hört!) Am Saargebiet hat Frankreich – das ist ohne weiteres anzuerkennen – wirtschaftliche Interessen. Deutschland hat dort wirtschaftliche und nationale Interessen. (Sehr richtig! – Zuruf: Sind das nur Interessen?) Schließlich aber haben die Saarbewohner selbst den begründeten Wunsch, daß ihre eigenen wirtschaftlichen und nationalen Interessen berücksichtigt werden. (Zuruf von der KPD: Vielleicht sagen Sie auch etwas über die Ausweisungen aus dem Saargebiet!) Alle diese Interessen sollen in eine Ordnung und Übereinstimmung gebracht werden, die sich im Rahmen der Europäischen Union, deren Mitglied wir möglichst bald zu werden wünschen, finden lassen wird.

Mit aufrichtiger Genugtuung und Freude, meine Damen und Herren, denke ich daran, daß Außenminister *Bevin* mir in einer persönlichen Unterredung im Sommer dieses Jahres erklärt hat: der Krieg zwischen unseren beiden Völkern ist zu Ende, unsere beiden Völker müssen Freunde sein.

Ich habe eben gesagt, wir wünschen möglichst bald in die *Europäische Union* aufgenommen zu werden. Wir werden gerne und freudig an dem großen Ziel dieser Union mitarbeiten. Ich weise darauf hin, daß wir in unserer Bonner Verfassung im Artikel 24 für den Bund die Möglichkeit vorgesehen haben, Hoheitsrechte auf zwischenstaatliche Einrichtungen zu übertragen und sich zur Wahrung des Friedens im System gegenseitiger kollektiver Sicherheit einzuordnen. Es heißt dann in diesem Artikel weiter:

„Der Bund wird hierbei in die Beschränkungen seiner Hoheitsrechte einwilligen, die eine friedliche und dauerhafte Ordnung in Europa und zwischen den Völkern der Welt herbeiführen und sichern."

Ich glaube, daß unser Grundgesetz damit die fortschrittlichste aller Verfassungen ist. (Sehr richtig!) Wir sind entschlossen, alles zu tun, was in unserer Kraft steht, um den in diesem Artikel vorgezeichneten Weg zur Sicherung des Friedens in Europa und in der Welt zu gehen.

Wenn ich vom Frieden in der Welt und in Europa spreche, dann, meine Damen und Herren, muß ich auf die *Teilung Deutschlands* zurückkommen. Die Teilung Deutschlands wird eines Tages – das ist unsere feste Überzeugung – wieder verschwinden. (Lebhafter Beifall) Ich fürchte, daß, wenn sie nicht verschwindet, in Europa keine Ruhe eintreten wird. (Sehr richtig!) Diese Teilung Deutschlands ist durch Spannungen herbeigeführt worden, die zwischen den Siegermächten entstanden sind. Auch diese Spannungen werden vorübergehen. Wir hoffen, daß dann der Wiedervereinigung mit unseren Brüdern und Schwestern in der Ostzone und in Berlin nichts mehr im Wege steht. (Abg. Dr. Richter: Auch mit den Sudetendeutschen!)

Die Vertreter *Groß-Berlins* nehmen einstweilen nur mit beratender Stimme an den Arbeiten dieses Hauses und des Bundesrats teil. Ihre Stimmen haben aber deswegen nicht weniger Gewicht, weil sie kein Stimmrecht haben. Wenn auch der Eiserne Vorhang, der quer durch Deutschland geht, noch so dicht ist, – er kann nichts an der geistigen Verbundenheit zwischen den deutschen Menschen diesseits und jenseits des Eisernen Vorhangs ändern. (Lebhafter Beifall rechts, in der Mitte und bei der SPD)

Lassen Sie mich, meine Damen und Herren, in dieser Stunde mit besonderem Dank der *Vereinigten Staaten von Nordamerika* gedenken. (Bravo!) Ich glaube nicht, daß jemals in der Geschichte ein siegreiches Land es versucht hat, dem besiegten Land in der Weise zu helfen und zu seinem Wiederaufbau und seiner Erholung beizutragen, wie das die Vereinigten Staaten gegenüber Deutschland getan haben und tun. (Bravo! rechts, in der Mitte und bei Teilen der SPD) Wir glauben, meine Damen und Herren, daß eine spätere Geschichtsschreibung dieses Verhalten der Vereinigten Staaten als eine größere Tat bezeichnen wird als seine Anstrengungen im Kriege. (Sehr richtig! – Lachen bei der KPD) Ich weiß, daß unzählige Amerikaner aus echter, persönlicher Teilnahme und Nächstenliebe uns Deutschen in unserer schwersten Not, als hier Hunger und Mangel herrschten, in rührender Weise geholfen haben. Das deutsche Volk wird das dem amerikanischen Volk niemals vergessen dürfen, und es wird das auch nicht vergessen. (Lebhafter Beifall rechts, in der Mitte und bei der SPD)

Meine Damen und Herren! Die *kulturellen Angelegenheiten* gehören nach dem Grundgesetz zu der Zuständigkeit der Länder. Aber im Namen der gesamten Bundesregierung kann ich folgendes sagen: unsere ganze Arbeit wird getragen sein von dem Geist christlich-abendländischer Kultur und von der Achtung vor dem Recht und vor der Würde des Menschen. (Bravo!) Wir hoffen – das ist unser Ziel –, daß es uns mit Gottes Hilfe gelingen wird, das deutsche Volk aufwärtszuführen und beizutragen zum Frieden in Europa und in der Welt.

(Anhaltender lebhafter Beifall)

Quelle: 1. Deutscher Bundestag. Stenographisches Protokoll der 5. Sitzung. Bonn, Dienstag, den 20. September 1949, S. 22–30.

Anmerkungen

[1] Adenauer faßt hier nochmals seine Argumente gegen die Idee einer Großen Koalition zusammen, die ursprünglich auch in der CDU Anhänger hatte (vgl. Klaus Dreher: Der Weg zum Kanzler. Adenauers Griff nach der Macht. Düsseldorf und Wien 1972, S. 229-254, 341-360).

[2] Konferenzen der westlichen Außenminister in Washington seit dem 13. 9. 1949, auf denen auch die Frage der Demontagen erörtert wurde (vgl. Dean Acheson: Present at the Creation, a.a.O., S. 326-329).

21. Oktober 1949

Regierungserklärung vor dem Deutschen Bundestag zur Gründung der DDR

In dieser grundlegenden Stellungnahme werden zum ersten Mal zentrale Positionen bezogen, die für die Deutschlandpolitik der folgenden zwei Jahrzehnte bestimmend wurden: Alleinvertretungsanspruch, Negierung des Staatscharakters der DDR wegen fehlender demokratischer Legitimation, Verantwortlichkeit der Bundesrepublik für die Bevölkerung in der Sowjetzone.

Ihnen, meine Damen und Herren vom Deutschen Bundestag, als den legitimierten Vertretern des deutschen Volkes habe ich folgende Erklärung abzugeben.

Die *jüngsten Vorgänge* in der *Ostzone*[1] und in *Berlin* sind kennzeichnend für den tragischen Weg des deutschen Volkes seit 1933. Sie unterstreichen mit aller Klarheit und Deutlichkeit noch einmal die *Zerreißung des deutschen Gebiets* in zwei Teile, in einen östlichen Teil, bewohnt von rund 18 Millionen Deutscher, die in der Unfreiheit sowjetischer Satellitenstaaten dahinleben, und einen westlichen Teil mit 45 Millionen Einwohnern, der sich zwar noch nicht im vollen Besitz der Freiheit befindet, in dem aber die Souveränitätsrechte eines demokratischen Staates immer mehr in deutsche Hände gelegt werden und in dem – ich hebe das auf das nachdrücklichste hervor – die Menschen sich der persönlichen Freiheit und Sicherheit erfreuen, ohne die ein menschenwürdiges Dasein für uns nicht denkbar ist. (Beifall)

Ich habe von dem *Schicksalsweg des deutschen Volkes seit 1933* gesprochen. Um der historischen Wahrheit willen muß man davon sprechen, daß die Tragik des deutschen Volkes nicht erst 1945 mit der Kapitulation, die bedingungslos die gesamte militärische und staatliche Macht den Siegern übergab, begann, sondern 1933 mit der Machtergreifung Hitlers. (Sehr richtig! in der Mitte und bei der SPD) Man kann und darf die Periode von 1933 bis 1945 nicht trennen von dem, was sich seit 1945 ereignet hat. (Sehr gut! bei der SPD) Beide Epochen hängen eng zusammen. Um der Verantwortung willen, die wir vor dem deutschen Volk übernommen haben, und um dem deutschen Volk und dem Ausland ein klares Bild von dem zu geben, was jetzt ist, ist eine kurze Zusammenfassung der *Ereignisse seit 1945* nötig.

Entgegen dem *Potsdamer Abkommen* vom 2. August 1945, in dem beschlossen wurde, Deutschland während der Besetzungszeit als eine politische und wirtschaftliche Einheit zu betrachten, trat schon sehr bald eine verschiedene Auffassung über die Deutschland gegenüber zu beobachtende Haltung unter den Alliierten zutage. In der *Sowjetzone* wurden schon im Jahre 1945 im Gegensatz zu den drei anderen Zonen *Zentralverwaltungen* eingerichtet, die den unverkennbaren Zweck hatten, die ganze sowjetische Zone staatlich einheitlich zu organisieren. Diese Bestrebungen wurden aufs nachdrücklichste gefördert durch die am 12. Juni 1947 erfolgte Bildung einer Wirtschaftskommission. Die wirtschaftliche und die politische Trennung der Sowjetzone von dem übrigen

Deutschland wurde weiter gefördert durch die Einsetzung des sogenannten Ersten Volkskongresses am 6. Dezember 1947, die Einberufung des Zweiten Volkskongresses am 18. März 1948, die Schaffung eines Volksrats am gleichen Tag, die Erteilung des Auftrags an den Volksrat, eine Verfassung auszuarbeiten, und schließlich durch die Verabschiedung dieser Verfassung durch den Volksrat am 19. März 1949.

Diese *Volkskongresse* sind nicht aus Wahlen, das heißt aus freien Wahlen, an denen sich jeder hätte frei beteiligen können, hervorgegangen. Für den Dritten Volkskongreß durfte nur eine Einheitsliste aufgestellt werden. Die in der vom Volksrat beschlossenen Verfassung vom 19. März 1949 vorgesehenen Wahlen für eine *Volkskammer* wurden nicht abgehalten. Der Volksrat etablierte sich am 7. Oktober 1949 im Widerspruch mit der von ihm selbst beschlossenen Verfassung als provisorische Volkskammer. Gleichzeitig wurde erklärt, daß Wahlen, die schon mehrfach in Aussicht gestellt waren, bis zum 15. Oktober 1950 verschoben würden. Nach dem völligen Zusammenbruch aller staatlichen Organisation in Deutschland mit der bedingungslosen Kapitulation kann aber eine Organisation in Deutschland nur dann den Anspruch darauf erheben, ein legitimer Staat zu sein, wenn sie auf dem freien Willen der Bevölkerung beruht. (Lebhafte Zustimmung) Es wird niemand behaupten können, daß die nunmehr geschaffene Organisation der Sowjetzone auf dem freien Willen der Bevölkerung dieser Zone beruht. (Sehr richtig!) Sie ist zustande gekommen auf Befehl Sowjetrußlands und unter Mitwirkung einer kleinen Minderheit ihm ergebener Deutscher.

Im Gegensatz zu der Sowjetzone trat in den drei *Westzonen* bei den westlichen Alliierten das Bestreben, eine *einheitliche staatliche Organisation* für diese drei Zonen zu schaffen, erst auf der Londoner Konferenz der sechs Mächte – England, Frankreich, USA, Beneluxstaaten –, die vom Februar bis Juni 1948 abgehalten wurde, zutage. (Abg. Rische: Bereits 1946!) Dieses Bestreben zeigte sich also erst, als die Entwicklung in der Ostzone, die ich eben geschildert habe, schon weit fortgeschritten war, als der Erste und der Zweite Volkskongreß und der Volksrat schon geschaffen waren. Auf Grund der Empfehlungen der Londoner Konferenz wurde der *Parlamentarische Rat* zum 1. September 1948 einberufen. Das von ihm beschlossene Grundgesetz trat nach der Ratifizierung durch die Landtage am 23. Mai 1949 in Kraft. (Abg. Rische: Ohne Wahlen!)

Die *Wahlen zum ersten Bundestag* wurden am 14. August 1949 abgehalten. An ihnen beteiligten sich rund 25 Millionen von 31 Millionen stimmberechtigter Deutscher. Nur die 1,5 Millionen kommunistischer Stimmen, die abgegeben wurden, kann man als gegen die staatliche Neuordnung abgegeben bezeichnen, (Sehr gut!) so daß rund 23 Millionen Wähler bei dieser Wahl bestätigten, daß sie die staatliche Neuordnung der drei Westzonen, die Schaffung der Bundesrepublik Deutschland billigten. (Abg. Rische: Wann hat das Volk über das Grundgesetz abgestimmt?)

Ich stelle folgendes fest. In der *Sowjetzone* gibt es *keinen freien Willen der deutschen Bevölkerung*. (Lebhafte Zustimmung rechts, in der Mitte und bei der SPD) Das, was jetzt dort geschieht, wird nicht von der Bevölkerung getragen und damit legitimiert. (Sehr gut!) Die *Bundesrepublik Deutschland* stützt sich dagegen auf die Anerkennung durch den frei bekundeten Willen von rund 23 Millionen stimmberechtigter Deutscher. Die Bundesrepublik Deutschland ist somit bis zur Erreichung der deutschen Einheit insgesamt die *alleinige legitimierte staatliche Organisation des deutschen Volkes.* (Lebhafter Beifall und Händeklatschen rechts, in der Mitte und bei der SPD) Hieraus ergeben sich innerpolitisch und außenpolitisch Folgerungen, die ich im einzelnen wiederzugeben mir heute versagen muß.

Die Bundesrepublik Deutschland fühlt sich auch verantwortlich für das Schicksal der 18 Millionen Deutscher, die in der Sowjetzone leben. (Lebhafte Zustimmung rechts, in der Mitte und bei der SPD) Sie versichert sie ihrer Treue und ihrer Sorge. (Erneuter Beifall) Die Bundesrepublik Deutschland ist allein befugt, für das deutsche Volk zu sprechen. (Sehr gut! – Abg. Renner: Ich denke, die Hohen Kommissare!) Sie erkennt Erklärungen der Sowjetzone nicht als verbindlich für das deutsche Volk an. (Zustimmung rechts, in der Mitte und bei der SPD) Das gilt insbesondere auch für die Erklärungen, die in der Sowjetzone über die *Oder-Neiße-Linie* abgegeben worden sind. (Stürmischer Beifall rechts, in der Mitte und bei der SPD) Ich stelle diese Tatsache mit allem Nachdruck vor dem deutschen Volk und der gesamten Weltöffentlichkeit fest. (Bravo!)

Zur Frage *Berlin* habe ich folgendes zu erklären. Die Lage Berlins wird durch die Entwicklung in der Sowjetzone besonders kritisch. Berlin ragt in die Sowjetzone hinein als Vorposten und Bollwerk des demokratischen westlichen Teils Deutschlands, (Bravo!) ja, mehr als das, als *Bollwerk des demokratischen Westeuropas.* (Bravo! – Zuruf von der KPD: Amerikanischer Imperialismus!) Berlin hat die Blockade dank der bewunderungswürdigen Stärke und Zähigkeit seiner Bewohner und dank der Hilfe der Westalliierten überstanden; aber es leidet schwer unter ihren Nachwirkungen.

In Artikel 23 des Grundgesetzes ist niedergelegt, daß *Groß-Berlin als zwölftes Land zur Bundesrepublik Deutschland* gehören soll. Wenn auch die internationale Lage bei der Genehmigung des Grundgesetzes die Verwirklichung dieses Beschlusses zunächst unmöglich gemacht hat (Zuruf von der KPD: Ihre souveräne Regierung!) und wenn die fortdauernde internationale Spannung auch jetzt noch die Durchführung des Artikel 23, vielleicht auch im Interesse Berlins selbst, nicht gestattet, so bleibt der Beschluß des Parlamentarischen Rates, wie er im Artikel 23 niedergelegt ist, nur suspendiert. Der Artikel 23 wird in Wirksamkeit treten, sobald die internationale Lage es gestattet. (Abg. Renner: Und die Kommissare!) Bis dahin will Berlin seine Gesetze den Bundesgesetzen anpassen, um so schon jetzt eine *de-facto-Zugehörigkeit Berlins zum Bund* herbeizuführen. (Beifall) Wir begrüßen diese Absicht Berlins.

Über die notwendige *finanzielle und wirtschaftliche Hilfe für Berlin* haben zwischen Vertretern des Berliner Magistrats sowie der Berliner Wirtschaft und Mitgliedern der Bundesregierung in den letzten Tagen sehr ausführliche und eingehende Verhandlungen stattgefunden. Diese Verhandlungen haben zu einem positiven Ergebnis geführt. Die Einzelheiten darüber wird Ihnen der zuständige Bundesminister, Herr Schäffer, vortragen. Er wird zugleich im Namen des Bundeswirtschaftsministers sprechen. Ich erkläre namens der Bundesregierung nachdrücklichst, daß wir alles, was in unseren Kräften steht, tun werden, um die Berliner Wirtschaft und damit auch die Finanzen der Stadt Berlin wieder gesund zu machen und gesund zu erhalten. Wir werden Berlin nicht im Stiche lassen. (Bravorufe)

Meine Damen und Herren! Die Menschheit lebt seit Jahrzehnten in einer *Epoche staatlicher und sozialer Wirren.* Das deutsche Volk ist infolge seiner sprunghaften Entwicklung und infolge seiner zentralen Lage ein Mittelpunkt dieser Wirren geworden. Die Bundesrepublik Deutschland erholt sich dank der Hilfe der Westalliierten, dank auch des Fleißes und der Ausdauer ihrer Bewohner langsam, aber stetig. Die Bundesrepublik Deutschland fühlt um so mehr die Verpflichtung in sich, den Bewohnern der Sowjetzone und der Stadt Berlin zu helfen. Sie wird diese Pflicht erfüllen. Wir sind davon überzeugt, daß unsere oft so trostlos aussehende Epoche schließlich doch zu *fruchtbaren Neubildungen staatlicher und überstaatlicher Ordnungen* führt, von Ordnungen, die erwachsen sind auf dem Boden des gleichen Rechts für alle. Unser vornehmstes Ziel wird sein, *ganz Deutschland* auf dem Boden des Rechts und der Freiheit zu einen und es in eine *europäische Ordnung* hineinzuführen. (Langanhaltender, lebhafter Beifall rechts, in der Mitte und bei der SPD.)

Quelle: 1. Deutscher Bundestag. Stenographisches Protokoll der 13. Sitzung. Bonn, Freitag, den 21. Oktober 1949, S. 307-309.

Anmerkungen

[1] Gemeint ist der Beschluß des „3. Volksrats" vom 7. 10. 1949, durch den er sich zur „Provisorischen Volkskammer der DDR" erklärte und die am 30. 5. 1949 verabschiedete Verfassung in Kraft setzte. Am 12. 10. 1949 wurde die erste Regierung der DDR unter Otto Grotewohl gebildet.

24. November 1949

Regierungserklärung zum Petersberger Abkommen

Adenauer hat dieses Abkommen als Wendepunkt im Verhältnis zwischen den Westalliierten und der Bundesrepublik verstanden. Die hier wiedergegebenen einleitenden Ausführungen skizzieren seine Verhandlungsmaximen für die gesamte Periode bis zur Erringung der Souveränität. Die Debatte über das Petersberger Abkommen am 24./25. November 1949, in der Dr. Kurt Schumacher in einem Zwischenruf Adenauer als „Bundeskanzler der Alliierten" bezeichnete, markierte auch das definitive Auseinandergehen der außenpolitischen Strategien der von Adenauer geführten Regierung und der SPD-Opposition.

Meine Damen und meine Herren! Am 15. November habe ich Ihnen in diesem Hause Bericht erstattet über den Anfang der *Verhandlungen mit den Hohen Kommissaren.* Ich bin heute in der Lage, Ihnen das *Ergebnis* mitzuteilen. Es ist mit den Hohen Kommissaren vereinbart, daß heute um 17 Uhr das Ergebnis der Verhandlungen in Bonn, in Paris, in London und in Washington der Öffentlichkeit übergeben wird. Ich werde Ihnen im Verlauf meiner Ausführungen den Inhalt des Ergebnisses mitteilen, und Sie werden dann den Wortlaut erhalten.

Ehe ich nun dazu übergehe, lassen Sie mich einige Ausführungen über die nach meiner Meinung zu beobachtende *Methode unserer Außenpolitik* machen! Wir Deutsche auf der einen Seite und die Alliierten auf der anderen Seite sehen naturgemäß den gleichen Tatbestand von zwei verschiedenen Gesichtspunkten aus an. Ich meine: wir Deutsche sollten nicht vergessen, was sich von 1933 bis 1945 abgespielt hat, wir dürfen auch nicht vergessen, welches Unglück durch die nationalsozialistische Regierung über die ganze Welt gekommen ist. Ich meine: wir dürfen weiter nicht vergessen, daß noch heute fast alle Völker der Erde schwer unter den Folgen dieses Krieges zu leiden haben. Endlich glaube ich, daß wir uns bei allem, was wir tun, klar darüber sein müssen, daß wir infolge des totalen Zusammenbruchs ohne Macht sind. Man muß sich deswegen darüber klar sein, daß bei den Verhandlungen, die wir Deutsche mit den Alliierten zu führen haben, um fortschreitend in immer größeren Besitz der staatlichen Macht zu kommen, das psychologische Moment eine sehr große Rolle spielt, daß man aber von vornherein nicht ohne weiteres volles *Vertrauen* verlangen und erwarten kann. Wir können und dürfen nicht davon ausgehen, daß nun bei den anderen plötzlich ein völliger Stimmungsumschwung gegenüber Deutschland eingetreten ist, daß vielmehr das Vertrauen nur langsam, Stück für Stück, wiedergewonnen werden kann. So unwürdig und falsch es sein würde, wenn wir eine Politik sklavischer Unterwürfigkeit verfolgen würden, eine dumme, unkluge und aussichtslose Politik wäre es, wenn wir etwa auftrumpfen wollten.

Ich glaube, wir Deutsche müßten uns auch vor der spekulativen Erwägung besonders hüten, daß wir aus einer Uneinigkeit unter den anderen großen Mächten irgendwie Erfolge erzielen könnten. Ich betone nochmals: die Methode der deutschen Außenpolitik muß sein, langsam und stückweise weiterzukommen. Sie muß vor allem auch psychologisch sein und muß versuchen, das Vertrauen wiederzuerwerben, das wir Deutsche durch den Nationalsozialismus leider Gottes im weiten Umfange verloren hatten.

In der Presse ist nach der letzten Bundestagssitzung vieles über *Geheimdiplomatie* geschrieben worden. Daß diplomatische Verhandlungen nicht öffentlich geführt werden können, ist eine solche Selbstverständlichkeit, meine Damen und Herren, daß man darüber eigentlich keine Worte zu verlieren braucht.

Unter psychologischen Gesichtspunkten muß man auch das Verlangen nach *Sicherheit* auf der andern Seite betrachten. Das Sicherheitsverlangen hat auch eine psychologische Wurzel. Man kann in gewissem Umfang durch verstandesmäßige Darlegungen ein Gefühl der Unsicherheit gegenüber Deutschland bekämpfen, aber man kann, wie man weder der Liebe noch dem Haß mit Vernunftgründen völlig entgegentreten kann, auch dem Bedürfnis nach Sicherheit mit Vernunftgründen allein nicht entgegentreten. Auch hier, glaube ich, muß man Schritt für Schritt und psychologisch behutsam weitergehen, um auf dem Wege über Gewinnung des Vertrauens das Sicherheitsbedürfnis auf der anderen Seite zu befriedigen [...][1]

Quelle: 1. Deutscher Bundestag. Stenographisches Protokoll der 18. Sitzung. Bonn, den 24./25. November 1949, S. 472f.

Anmerkungen

[1] Die folgenden Ausführungen befassen sich im einzelnen mit dem Petersberger Abkommen.

9. Mai 1950

Erklärung zum Schuman-Plan auf einer Pressekonferenz in Bonn

Zum Beitritt in den Europarat und zu dem am 9. Mai in einem Schreiben des französischen Außenministers an den Bundeskanzler übermittelten Vorschlag zu einer Montan-Union (Schuman-Plan).

Meine Damen und Herren! Ich bin heute in der Lage, Ihnen zwei sehr wesentliche Mitteilungen zu machen, Mitteilungen, von ganz außerordentlich großer Bedeutung für Deutschland und für Europa, und ich bitte Sie auch, aus der Anwesenheit meiner Kollegen im Kabinett zu dieser späten Stunde schließen zu wollen, daß wir die Bedeutung dieser Angelegenheit, die ich Ihnen vorzutragen habe, dadurch unterstreichen wollen. Ich habe Ihnen zunächst mitzuteilen einen *Kabinettsbeschluß unserer Bundesregierung*, der heute mittag gefaßt worden ist *über den Beitritt in den Europarat*, und ich habe Ihnen dann mitzuteilen einen *Beschluß des französischen Kabinetts* von heute, den Sie durch Agenturmeldungen wohl zum großen Teil schon kennen, aber ich weiß nicht, ob Sie den vollständigen Wortlaut haben. Der vollständige Wortlaut ist so wesentlich, daß ich mir doch erlaube, ihn im zweiten Teil meiner Ausführungen trotz seiner Länge mitzuteilen.

Diese beiden Beschlüsse, einmal der des französischen Kabinetts und dann der Beschluß des deutschen Kabinetts treffen zufällig zeitlich zusammen. Es sind keine irgendwelchen Verhandlungen vorausgegangen, insbesondere ist der Beschluß des französischen Kabinetts nicht für uns die Veranlassung gewesen, dem Bundestag zu empfehlen, der Einladung in den Europarat Folge zu leisten. Aber Sie werden im Laufe meiner Ausführungen doch entnehmen können aus dem Wortlaut des französischen Kabinettsbeschlusses, daß dieser Kabinettsbeschluß und das, was er vorschlägt, basiert auf der Mitgliedschaft zum Europarat, sodaß man doch diese beiden Beschlüsse in ihren Zusammenhängen betrachten und untersuchen muß.

Meine Damen und Herren! Wie Sie wissen, sind wir vor längerer Zeit eingeladen worden durch den Ministerausschuß des Europarates, als assoziiertes Mitglied einzutreten.

Die Frage unserer Mitgliedschaft zum Europarat ist im Bundestag oder, ich will mich genau ausdrücken, unter den politischen Parteien nicht irgendwie strittig gewesen bis zu dem Augenblick, als die Behandlung der Saarfrage uns Deutsche doch ganz außerordentlich verstimmt hat. Die Saarfrage – ich will sie nicht im einzelnen hier in Ihr Gedächtnis zurückrufen – hat doch zur Folge gehabt, daß insbesondere von der sozialdemokratischen Partei erklärt worden ist, daß ein Eintritt der Bundesrepublik Deutschland in den Europarat unter gleichzeitigem Eintritt des Saargebiets für uns Deutsche untunlich sei. Ich habe dann im Verlaufe der vergangenen Wochen mich, wie Sie wissen, mehrfach bemüht, irgendwelche Erleichterungen von den alliierten Regierungen für uns zu bekommen, nicht etwa, weil ich das als eine Bedingung – ich möchte das nochmals betonen – zu unserem Eintritt in den Europarat angesehen habe, sondern weil ich hoffte, durch eine solche Geste des Entgegenkommens doch im Bundestag für die Annahme der Einladung eine möglichst große Mehrheit zu erzielen. Ich hatte dann die Absicht, mit der Vorlage an den Bundestag zu warten, bis etwa Juni, weil ich hoffte, daß durch Zeitablauf oder durch Eintritt irgend eines nicht vorgesehenen Ereignisses die Annahme der Einladung in den Europarat allgemeine Zustimmung in Deutschland finden würde. Ich bin glücklich, meine Damen und Herren, Ihnen mitteilen zu können, daß dieses unerwartete Ereignis eingetreten ist und das bildet nun den zweiten Teil meiner Mitteilungen.

In der Zwischenzeit aber, noch ehe wir im Kabinett von dieser Entwicklung in Frankreich etwas gewußt haben, hatten sich ja die Verhältnisse in der internationalen Lage so verändert und so zugespitzt, daß die Westalliierten zur Einberufung der Londoner Konferenz geschritten sind[1]. Auf dieser Londoner Konferenz werden die Einzelheiten der Deutschlandfrage, soweit ich darüber unterrichtet bin, keine Rolle spielen. Es wird erst, wie ich annehme, dann darüber gesprochen werden, nachdem diese Konferenz zu Ende gegangen ist, denn die Londoner Konferenz hat ein sehr großes und sehr wichtiges Programm zu erledigen.

Aber immerhin: Die Frage Deutschland wird trotzdem auch auf der Londoner Konferenz implicite eine sehr große Rolle spielen. Ich glaube, daß auf dieser Konferenz es sich sehr wesentlich darum handeln wird, in dem Kalten Kriege, in dem sich die beiden großen Mächtegruppen befinden, die gesamte Weltlage zu überprüfen und daß es sich weiter darum handelt, die Front des Westens in diesem Kalten Krieg standfest zu machen. Die europäische Entwicklung ist natürlich nur ein Teil bei den Überlegungen, die in London angestellt werden, aber die Entwicklung Europas wird eine sehr große Rolle bei diesen Überlegungen spielen. Der Europarat, meine Damen und Herren, darüber sind, glaube ich, sich alle einig, ist noch nichts Vollkommenes. Es ist der Anfang einer hoffentlich guten Entwicklung. Über ein Weiteres sind sich alle einig, daß der Europarat eine günstige Entwicklung nicht nehmen kann, ohne daß Deutschland Mitglied des Europarates ist.

Und nun muß man, so glauben wir im Kabinett, meine Damen und Herren, bei der Betrachtung der Frage, ob wir der Einladung in den Europarat einzutreten, Folge leisten,

einmal absehen von den Unstimmigkeiten, die vorangegangen sind, ehe die Einladung kam. Wir glauben auch, man muß davon absehen, nun zu prüfen: Bekommen wir dies, bekommen wir das, wenn wir in den Europarat eintreten. – Wir glauben, daß man die Frage des Europarates, unseres Eintritts in den Europarat, unter einem viel größeren und entscheidenderen Aspekt betrachten muß.
Nach unserer Auffassung kann das Ziel der Entwicklung des Europarates nur eins sein: Ein föderatives Europa zu schaffen, das ein eminent friedlicher Faktor in der Welt sein muß. Sie wissen, wie die Weltlage ist. Sie wissen, daß sich diese beiden großen Mächte, Sowjetrußland auf der einen Seite, die Vereinigten Staaten von Nordamerika auf der anderen Seite, durch ideologische Gründe, durch ihre Entwicklung, durch ihre ganzen Auffassungen getrennt gegenüberstehen im Kalten Kriege, der, wie wir alle hoffen, niemals in einen anderen Krieg umschlagen wird, aber sie stehen sich gegenüber. Kein anderer Staat in der Welt ist stark genug, nach den beiden Kriegen, die wir erlebt haben, um mit diesen beiden Staaten konkurrieren zu können. Wenn diese akute Spannung des Kalten Krieges, die wir ja jetzt erleben, vorüber sein wird, so wird doch eine latente Spannung immer so lange vorhanden sein, als die Welt in Wirklichkeit nur regiert wird von diesen beiden ganz großen Mächten.
Nun muß es das Ziel sein, in dem Vereinten Europa eine dritte Kraft zu schaffen, eine Kraft, die bei weitem nicht so groß ist, wie diese beiden großen Mächte, auch niemals so groß sein kann, die aber doch immerhin so stark, wirtschaftlich und politisch so stark ist, daß sie, wenn latente Beziehungen sich in akute Spannungen zu entwickeln drohen, ihr Gewicht für die Erhaltung des Friedens in die Waagschale legen kann. Das ist nach unserer Auffassung das Ziel, das man, wenn man europäische Politik treibt, im Auge halten und verfolgen muß, also ein eminent friedliches Ziel, durch dessen Verfolgung erreicht werden soll, den Völkern der Welt einen dauernden Frieden zu geben.
Ich habe eben gesagt, meine Damen und Herren, daß sich alle darin einig sind, daß ohne Deutschland dieser Europarat nicht sich weiter entwickeln kann und nun müssen wir Deutsche die Frage stellen: Können wir, ich will zunächst einmal negativ mich ausdrücken, können wir es vor unserem Gewissen und vor unserem Volk verantworten und vor Europa verantworten, dadurch, daß wir nicht in den Europarat eintreten, von vornherein die Entwicklung zum föderativen Europa zunichte zu machen oder, nun lassen Sie es mich positiv sagen: Haben nicht wir Deutsche die Verpflichtung, nachdem wir in der Vergangenheit – wesentliche Teile unseres Volkes – durch diesen Krieg große Schuld auf sich geladen haben, nunmehr unsere ganzen geistigen, sittlichen und wirtschaftlichen Kräfte dafür einzusetzen, daß dieses Europa wird und daß dieses Europa ein Element des Friedens auf der Welt wird? Ich glaube, meine Damen und Herren, wenn man sich so die Frage stellt, dann gibt es nur eine Antwort darauf. Und die ganze Sachlage ist so durch die Entwicklung der letzten Monate geworden, daß demgegenüber, so sehr wir es bedauern, daß diese Konventionen zwischen Frankreich und der Saarregierung geschlossen worden sind, doch der Eintritt des Saargebietes in den Europarat für uns

unter keinen Umständen ein Hindernis sein kann, in den Europarat einzutreten.

Naturgemäß, meine Damen und Herren, haben wir uns auch die Frage vorgelegt bei der Erörterung dieser Angelegenheit: Bedeutet der Eintritt in den Europarat nicht eine Entschließung zugunsten der Remilitarisierung Deutschlands? Sie werden morgen, meine Damen und Herren – lassen Sie mich das einschieben – eine Denkschrift der Bundesregierung bekommen, in der alles Material enthalten ist, auch, was über den Europarat und über den Atlantikpakt gesagt werden muß und Sie werden darin auch finden die Gründe, die für den Eintritt sprechen und die Gründe, die gegen den Eintritt Deutschlands sprechen, so daß ich mich hier beschränken kann auf die Hervorhebung der wesentlichsten Gesichtspunkte. Ich möchte Ihnen doch mit aller Deutlichkeit sagen, daß der Atlantikpakt und der Europarat ganz verschiedene Zwecke verfolgen, einen anderen Mitgliederkreis umschließen und daß der Europarat einen eminent friedlichen Zweck verfolgt und kein Defensivbündnis ist.

Ich darf auch wohl darauf hinweisen, daß der französische Staatspräsident Auriol und gestern oder vorgestern der Minister Schuman ausdrücklich erklärt haben, daß Frankreich absolut gegen eine Wiederaufrüstung Deutschlands und gegen die Wiederherstellung der Kriegsproduktionsmöglichkeiten in Deutschland ist, daß die englische Regierung ähnliche Erklärungen vor einiger Zeit abgegeben hat und daß demgegenüber Äußerungen von Privatpersonen in verschiedenen Ländern keine Bedeutung haben.

Ich bitte Sie also, daran festzuhalten an dem, was ich gesagt habe, daß die Remilitarisierung Deutschlands durch den Eintritt in den Europarat in keiner Weise beschlossen ist. Wir haben uns naturgemäß weiter die Frage vorlegen müssen: Wie wird der Eintritt in den Europarat auf Berlin, auf die Sowjetzone, auf Sowjetrußland wirken?

wenn Sowjetrußland den Europarat in Ruhe betrachtet, dann wird Sowjetrußland, wenn es den Frieden will, darin ein Element des Friedens sehen müssen, – erkennen müssen, meine Damen und Herren. Es kann sein, daß die sowjetrussische Regierung irgendwie anders reagiert darauf und es wurde nun eine Überlegung angestellt und eine Diskussion, die hin und her gegangen ist, die sehr lebhaft mich erinnert an die Diskussionen, die wir gehabt haben vor etwa zwei Jahren, als es sich darum handelte, den Parlamentarischen Rat einzuberufen, das Grundgesetz zu beschließen und im Anschluß daran die Bundesrepublik Deutschland ins Leben zu rufen. Auch damals sind Betrachtungen darüber angestellt worden, ob man nicht durch ein solches Vorgehen den deutschen Osten entmutige, ob man nicht den Eisernen Vorhang dadurch fester mache, ob man Berlin nicht dadurch preisgebe. Nun, die Verfechter des Gedankens damals, daß die Rettung Berlins und die Rettung des deutschen Ostens zur Voraussetzung hat, daß der deutsche Westen wirtschaftlich und politisch erstarkt, haben hundertprozentig Recht behalten. Wir wären, weder das Vereinigte Wirtschaftsgebiet, das das zuerst getan hat und der Vorläufer der Bundesrepublik Deutschland gewesen ist, noch wir in der Bundesrepublik Deutschland wären in der Lage gewesen, Berlin die Hilfe zu gewähren, die es in den Stand gesetzt hat, auszuhalten, wenn damals das Grundgesetz nicht geschaffen worden wäre.

Und so glaube ich, meine Damen und Herren, daß man auch auf diese neue Sachlage auf Grund der Erfahrungen, die wir in diesen Jahren gehabt haben, dasselbe anwenden kann, denselben Grundsatz, daß, je stärker die Bundesrepublik Deutschland wird, wirtschaftlich und politisch, politisch jetzt auch international betrachtet, meine Damen und Herren, desto besser ist es für Berlin und für den deutschen Osten und wir glauben, daß wir auf diesem Wege gerade auch für den deutschen Osten das Beste tun, was wir tun können.

Nun, meine Damen und Herren, glaube ich weiter Ihnen noch darlegen zu müssen, was wir uns für Deutschland nun im einzelnen im Laufe der nächsten Monate erhoffen: Ich möchte hier nicht einen großen Wunschzettel aufstellen. Ich möchte die ganze Frage unter den großen politischen Gesichtspunkten betrachtet wissen, die ich Ihnen eben dargelegt habe. Aber ich bin überzeugt und ich sage das nicht ohne Grund, meine Damen und Herren, daß, wenn wir Mitglied des Europarates sind, wir in Bälde auch ordentliches Mitglied des Europarates werden wie die Anderen und daß wir auf dem gesamten Gebiete der Überwachung, des Besatzungsregimes, wesentliche Erleichterungen schon in Bälde werden erwarten können. Ich glaube, daß die Revision des Besatzungsstatuts, wenn sie demnächst kommt, viel weitherziger und viel großzügiger sein wird, wenn wir Mitglied des Europarates sind, als wenn wir die Einladung nicht annehmen würden oder sie nicht beachten würden. Wir glauben im Kabinett, meine Damen und Herren, da die politische Entwicklung in den letzten Wochen, fast kann man sagen in den letzten 8 Tagen, sehr schnell vor sich gegangen ist, es sei richtig, wenn wir vor Beginn der Londoner Konferenz den Kabinettsbeschluß faßten, den wir heute mittag gefaßt haben, und ihn der Öffentlichkeit mitteilen würden.

Er lautet folgendermaßen:

„Der Zusammenschluß Europas unter Einbeziehung der Bundesrepublik Deutschland ist ein notwendiger Weg zur Erhaltung des Friedens und zur Wiederherstellung der deutschen Einheit. In der Absicht, diesen Zielen zu dienen, empfiehlt die Bundesregierung, die an die Bundesrepublik ergangene Einladung zum Eintritt in den Europarat anzunehmen."

Der weitere Gang der Dinge wird nun der sein, daß eine Gesetzesvorlage dem Bundesrat und dem Bundestag zugeht, denn nach dem Artikel 49 des GG muß dieser Beitritt in den Europarat im Wege des Gesetzes beschlossen werden. Aber es ist doch wohl richtig, wenn dieser Beschluß des Kabinetts jetzt schon der Öffentlichkeit mitgeteilt wird.

Und nun, meine Damen und Herren, komme ich zu dem zweiten Teil meiner Ausführungen, das ist der Beschluß des französischen Ministerrates, den der französische Ministerrat heute vormittag gefaßt hat[2].

Dieser Beschluß, meine Damen und Herren, das möchte ich doch sehr nachdrücklich sagen, ist ein großherziger Schritt Frankreichs und seines Außenministers gegenüber Deutschland und gegenüber der europäischen Frage. Er ist zweifellos von der denkbar größten Bedeutung für die Beziehungen zwischen Deutschland und Frankreich und für die ganze europäische Entwicklung. Dieser Beschluß, meine Damen und Herren, enthält nicht allgemeine Redensarten, sondern er enthält ganz konkrete und ganz präzise Vorschläge über eine Zusammenfassung der Produktionen von Kohle, Eisen und Stahl Frankreichs und Deutschlands unter ausdrücklicher Hervorhebung, daß alle anderen Staaten diesem Abkommen beitreten können.

Meine Damen und Herren! Ich möchte auch noch ausdrücklich hervorheben, daß dieser Vorschlag auf der Basis der Gleichberechtigung beruht, sodaß sogar, wenn die Deutschen und die Franzosen sich in dem vorgesehenen Gremium nicht einigen können, ein Schiedsrichter, der von beiden Teilen gewählt ist, die Entscheidung fällen soll.

Das ist, meine Damen und Herren, ein so eminent wichtiger Fortschritt in den deutsch-französischen Beziehungen, der dadurch eingeleitet wird, daß man ihn nicht nachdrücklich genug unterstreichen kann.

Lassen Sie mich nun das Dokument Ihnen vorlesen, es sei denn, daß Sie es alle schon haben, ich glaube es aber nicht. (Zwischenrufe: Nein!)

(Folgt Verlesung des Beschlusses des französischen Ministerrats)[3]

„... Meine Damen und Herren, lassen Sie mich hier einfügen, daß auch die Saarproduktion damit betroffen ist und daß dadurch ein ganz wesentliches Moment der Entfremdung zwischen Frankreich und uns aus der Welt geschafft worden ist.

... (Folgt weitere Verlesung)...

Es ist ein sehr langes Dokument und es ist gewiß auf den ersten Blick nicht in seinen ganzen Konsequenzen zu überschauen. Aber es ist ein Vorschlag, der konkret ist, der nicht nur allgemeine Redensarten enthält, und es ist ein weitgehender Vorschlag, und es scheint mir – und seit mehr als 25 Jahren hat mir dieses Ziel vorgeschwebt – es scheint mir die Zusammenlegung dieser Grundproduktion wirklich eine echte Voraussetzung dafür zu schaffen, daß zwischen Frankreich und Deutschland in Zukunft jeder Konflikt ausgeschaltet ist[4].

Darin erblicke ich die sehr große Bedeutung dieses Beschlusses der französischen Regierung.

Unser Kabinett hat sich noch nicht damit beschäftigen können, weil ja erst in den Abendstunden dieser Beschluß des französischen Kabinetts, der heute Vormittag gefaßt worden ist, der Öffentlichkeit mitgeteilt worden ist. Ich habe diese amtliche Mitteilung bekommen vor stark einer Stunde. Aber unser Kabinett wird sich in Bälde damit befassen und, meine Damen und Herren, ich glaube bestimmt, es wird sich aus den Verhandlungen, die vorgeschlagen sind von Seiten der französischen Regierung mit uns, ein großer Fortschritt entwickeln für die Zukunft unserer beiden Länder und für die Zukunft Europas, und insbesondere darf ich noch einmal hinweisen auf die große Bedeutung, die die Erwähnung des afrikanischen Kontinents in diesem Vorschlage hat. Da bietet sich die Möglichkeit, neue Märkte, auf denen wir niemand – jetzt meine ich Frankreich und Deutschland, wenn ich sage „wir" – auf denen wir niemand zur Last fallen.

Ich darf nochmals betonen, was ich eingangs sagte, daß wir bei unserem Vorschlag an den Bundestag nichts hiervon gewußt haben, sodaß also nicht etwa wir durch diesen Vorschlag der französischen Regierung dazu bewogen worden sind, diese Empfehlung zu beschließen. Aber, meine Damen und Herren, insbesondere, wenn Sie das Dokument noch einmal in Ruhe durchlesen, werden Sie daraus ersehen, daß an sehr vielen Stellen Bezug genommen ist auf das zu schaffende Europa und auf die europäische Föderation und daß daher diese beiden Beschlüsse, die heute gefaßt worden sind in Bonn und Paris, doch in einem inneren, in einem organischen Zusammenhang stehen.

Quelle: BPA Mtlg. 466/50

Anmerkungen

[1] Konferenz der Außenminister der drei Westmächte in London (11.-13. 5. 1950)

[2] Zur Entstehungsgeschichte des Schuman-Plans und zum deutschen Anteil vgl. P. Gerbet: La Genèse du Plan Schuman. Des origines à la déclaration du 9 mai 1950. In: Revue Française de Science Politique 6 (1956), S. 525 ff.

[3] Text in: Europa: Dokumente zur Frage der europäischen Einigung. Band II. Bonn 1962, S. 680-682.

[4] In den handschriftlichen Notizen, die Adenauer zur Vorbereitung der Pressekonferenz kurz nach Eingang der Mitteilung aus Paris skizzierte, ist mit Unterstreichung vermerkt: „Ziel – Föderatives Europa als Friedensfaktor".

20. Oktober 1950

„Deutschlands Stellung und Aufgabe in der Welt". Rede auf dem 1. Bundesparteitag der CDU in Goslar

Die Ansprache ist eine der umfassendsten außenpolitischen Grundsatzreden Adenauers in der schärfsten Spannungsperiode des Kalten Krieges.

Über Deutschlands Stellung und Aufgabe in der Welt zu sprechen, wäre noch vor einem Jahr nicht möglich gewesen, vor zwei Jahren hätte man ein derartiges Unterfangen als unbegreiflich empfunden. Ich glaube, daß man in diesen vielleicht das Schicksal Europas entscheidenden Monaten um Europas willen darüber sprechen *muß*.

Man ist es dem deutschen Volke und der Welt schuldig, darüber zu sprechen. Noch drücken uns zwar schwere soziale Sorgen – Wohnungsnot, Lastenausgleich, Kriegsopferversorgung – noch sind wir weder politisch noch wirtschaftlich frei, wenngleich wir auf dem Wege zur Freiheit sind, noch sind die beiden Teile Deutschlands durch den eisernen Vorhang getrennt, aber unser Aufbau, unsere innere Konsolidierung, hat doch schon solche Fortschritte gemacht, daß das deutsche Volk in allen seinen Schichten wieder beginnt, sich Gedanken über seine Zukunft zu machen. Das deutsche Volk, das schwer gelitten hat, das schwer arbeitet, fragt sich mit Recht, ob sich seine Arbeit, seine Mühen einmal in einer besseren Zukunft lohnen werden. Es fragt nach dem Zweck, nach der Bedeutung des ganzen Geschehens in Europa und in der Welt. Die jüngere Generation vor allem will eine Antwort auf diese Fragen. Sie ist unter nationalsozialistischem Einfluß herangewachsen. Sie hat die scheinbare Macht des Nationalsozialismus gesehen, ohne zu wissen, ohne zu erkennen, daß sie auf Sand gebaut, daß diese Macht ein Koloß auf tönernen Füßen war, der eines Tages zusammenbrechen mußte. Diese junge Generation hat den Zusammenbruch erlebt, den tiefen Fall Deutschlands. Sie sieht, wie von neuem Mächte, gewaltige Mächte, gegeneinander rüsten, sie fühlt, wie von neuem der Boden unter ihren Füßen anfängt zu beben und zu zittern. Sie will wissen, und sie muß wissen, ob das deutsche Volk in diesem Weltgeschehen noch eine Aufgabe zu erfüllen hat, oder ob es in dumpfer und müder Resignation und Stumpfheit tatenlos eine neue und noch furchtbarere Katastrophe über sich und die Menschheit hereinbrechen lassen soll.

Ich will versuchen, den Anhängern unserer Partei, aber nicht nur diesen, sondern allen Deutschen, und nicht nur den Deutschen, sondern auch den Angehörigen anderer Völker zu zeigen, welches unsere Stellung und was unsere Aufgabe ist.

Es hat Sternstunden der Menschheit gegeben, aber auch Perioden tiefster Sorge und Not; Perioden, in denen die Zukunft in schwere Wolken gehüllt ist, in denen sich das Geschick der Menschheit für Generationen entscheidet, sei es zum Guten, sei es zum Bösen.

In einer solchen Zeit leben wir jetzt: in unserer Zeit wird es sich entscheiden, ob Freiheit, Menschenwürde, christlich-abendländisches Denken der Menschheit erhalten bleibt oder ob der Geist der Finsternis und der Sklaverei, ob der anti-christliche Geist für eine lange, lange Zeit seine Geißel über die hilflos am Boden liegende Menschheit schwingen wird. Glauben Sie mir, meine Freunde, ich übertreibe nicht, Worte sind zu schwach, das wiederzugeben, was den freien Völkern an Schmach, an Leid, an Sklaverei, an Unfreiheit des Körpers und des Geistes droht.

Wenn wir die Frage nach der Stellung und der Aufgabe des deutschen Volkes beantworten wollen, müssen wir vor allem eines uns klar machen: die gegenwärtige politische Lage in der Welt wird nicht von Dauer sein. Es ist richtig: Nichts ist dauernd auf Erden und alles fließt. Aber der Fluß der Entwicklung kann langsam und geordnet sein wie etwa in dem Jahrhundert, das 1815 mit dem Wiener Kongreß begann und das 1914 mit dem Ausbruch des ersten Weltkrieges endete. In solchen Zeiten ist vielleicht die Mehrzahl der Menschen berechtigt, den eigenen Geschäften sich zu widmen und sich um politische Angelegenheiten nicht zu kümmern. Aber es kann auch Perioden geben, die erfüllt sind von Sturm, von einer atemraubenden Schnelligkeit der Entwicklung, in denen es nur eine Wahl zwischen Gut und Böse, zwischen Leben und Untergang gibt, und in denen diese Wahl schnell und ohne Zögern getroffen werden muß. In einer solchen Periode hat kein Mensch das Recht, sich abseits zu stellen. Kein Mensch und kein Volk hat dies Recht. Jeder Mensch und jedes Volk hat dann die Pflicht, Stellung zu nehmen und das von ihm als richtig Erkannte mit äußerster Zähigkeit und Energie durchzuführen.

Letzten Endes tut jeder sich selbst damit den größten Dienst.
In einer solchen Geschichtsperiode leben wir. Wenn wir die politischen Verhältnisse des Jahres 1914 vergleichen mit dem heutigen Zustand, dann erkennen wir erst, was in der, geschichtlich betrachtet, so kurzen Zeitspanne von 36 Jahren sich ereignet hat. Wir nehmen wahr, welch ungeheuren Kräfte durch die beiden Kriege entfesselt worden sind und welch' neuer, noch unendlich größerer Katastrophe die Menschheit in reißender Schnelligkeit entgegentreibt, wenn nicht rechtzeitig, wenn nicht buchstäblich im letzten Augenblick, entscheidende Maßnahmen getroffen, feste Dämme gezogen werden.
Bis zum Jahre 1914 sah die Welt folgendermaßen aus: Deutschland war die stärkste Militärmacht, England war die stärkste Seemacht der Welt, seine Flotte war größer als die beiden nächstfolgenden Flotten zusammen.
Frankreich war eine wirtschaftlich und militärisch starke Großmacht. Das Gleiche gilt von Italien. Als weitere Großmacht vereinigte Österreich-Ungarn in sich die Volkskräfte des früheren großen Österreichs, Ungarns und der Tschechoslowakei, und es band fast die gesamten Balkanstaaten an Europa. Rußland war eine Großmacht, aber es betrachtete sich als zu Europa, zu dessen Kultur gehörend. Dieses politisch und wirtschaftlich starke und im großen und ganzen im Gleichgewicht sich befindende europäische Staatensystem konnte kraft seiner Stärke und infolge seines Gleichgewichts wirtschaftlich und politisch die übrige Welt führen: Die Vereinigten Staaten von Nordamerika waren 1914 – man glaubt es nicht, wenn man es heute sagt – ein Schuldnerland. Ihre Streitmacht war relativ klein. Erst im Kriege 1914 begannen sie, als sie in den Krieg eingriffen, Weltpolitik zu treiben.
Europa war maßgebend für die Geschicke der Welt.
Und jetzt? Deutschland in zwei Teile gewaltsam zerrissen, politisch und wirtschaftlich schwer geschädigt, außenpolitisch ein Vakuum. Frankreich hat sich von den schweren Wunden, die es in den beiden Kriegen bekommen hat, bisher nicht erholen können. Das Gleiche gilt von Italien. England hat, obgleich es der Staatskunst seiner Lenker gelungen ist, in erheblichem Umfange die alten Empire-Verbindungen aufrecht zu erhalten, schwer in seinem wirtschaftlichen und politischen Einfluß gelitten und seine Weltgeltung zum Teil verloren.
Sowjet-Rußland fühlt sich nicht mehr als europäische, sondern als bolschewistische Macht. Sowjet-Rußland ist es gelungen, sich anzugliedern: die baltischen Staaten: Litauen, Lettland, Estland, das polnische Weißrußland, das ganze übrige Polen, Ungarn, Tschechoslowakei, Rumänien, Bulgarien und fast die Hälfte Deutschlands in der Form der Sowjetzone.
Sowjet-Rußland hat sich seit dem zweiten Weltkrieg einverleibt 637400 qkm, seine Einflußsphäre, ausgedehnt auf Staaten von zusammen 12 Millionen qkm, Deutschland hatte 1937 nur 470000 qkm. Es steht jetzt mitten in Europa. Es ist in der Lage, in seinen europäischen Satellitenstaaten und durch die von ihm beeinflußten Völker in Asien jederzeit große Kriege zu führen, ohne einen einzigen sowjet-russischen Soldaten dafür einzusetzen.

Darüber hinaus hat Sowjet-Rußland in europäischen Ländern starke 5. Kolonnen errichtet und aufgebaut, kommunistische Parteien gegründet und finanziert. Es ist so in der Lage, auf die politischen Geschicke anderer europäischer Länder ohne kriegerische Maßnahmen unter Umständen einen entscheidenden Einfluß in seinem Sinne auszuüben. Es hat planmäßig und zielbewußt alle Kampfmittel des Kalten Krieges vorbereitet.
Die Vereinigten Staaten von Nordamerika haben sich seit 1914 zu einer Weltmacht allerersten Ranges entwickelt. Man kann, ohne zu übertreiben, sagen, daß seit der Zeit des Römischen Reiches unter Kaiser Augustus kein Land jemals eine solche Macht in Händen gehabt hat, wie sie jetzt die Vereinigten Staaten besitzen. Es ist die stärkste Militärmacht, die stärkste wirtschaftliche Macht der Erde. Es ist ein großes Glück für die Menschheit, daß das amerikanische Volk freiheitsliebend, fortschrittlich und entschlossen ist. Es hat überraschend schnell die Rolle, die ihm nunmehr in der Geschichte der Menschheit zugefallen ist, begriffen, es hat klar erkannt, welche Verantwortung ihm seine Macht und sein Reichtum gegenüber der gesamten Menschheit auferlegt.
Während Europa bis zum Jahre 1914 entscheidend das politische und wirtschaftliche Geschehen in der Welt beeinflußte, ist es jetzt in einen Zustand der Lähmung und Entkräftung verfallen, der es ihm nicht erlaubt, entscheidend in den Lauf der Dinge einzugreifen. Aber deswegen sollte kein Westeuropäer mutlos werden. In Europa, d. h. in England, in Frankreich, in Belgien, in Holland, Luxemburg, Deutschland, Schweiz, Italien, Spanien, den nordischen Ländern, Griechenland, Österreich, leben hunderte von Millionen entschlossener, fleißiger, fortschrittlich gesinnter, freiheitsliebender Menschen, und auch in den Gebieten, die Rußland sich angegliedert hat, in der Sowjetzone, der Tschechoslowakei, Ungarn, Polen, in den früheren baltischen Gebieten, lebt der Geist der europäischen Zugehörigkeit, die Sehnsucht nach der Freiheit.
Die beiden Super-Mächte, USA und Sowjet-Rußland, sind ideologisch völlig verschiedener Struktur. In Sowjet-Rußland: Vermassung und Beherrschung der Massen, rücksichtslose Ausbeutung durch eine kleine Oberschicht in der Form eines totalitären Staates, Sklaverei, Konzentrationsläger, Verfolgung des Christentums. In den Vereinigten Staaten: Freiheit, Würde und Schutz der Einzelperson, Schutz auch der Person gegenüber einer Staatsallmacht. Der Gegensatz zwischen den beiden Super-Mächten ist so groß, daß er schon an sich geeignet ist, Spannungen hervorzurufen.
Die aus der ideologischen Verschiedenheit herauswachsenden Spannungen werden gesteigert durch das Verhalten Sowjet-Rußlands seit 1945. Sowjet-Rußland hat sich, wie ich eben schon ausgeführt habe, entgegen allen Prinzipien der freien Demokratie mit Gewalt einer ganzen Anzahl von Ländern bemächtigt. Es rüstet hinter seinem eisernen Vorhang mit Hochdruck, es rüstet in seinen Satellitenstaaten und in der Sowjetzone. Wo in der Welt jetzt schon kriegerische Unruhen bestehen, in Korea in Indochina, hat Sowjet-Rußland seine Hand im Spiel.
Es hat mehrere Jahre gedauert, bis die Westalliierten erkannt haben, welch' ungeheure Gefahr ihnen droht, bis sie erkannt haben, was 5. Kolonne und was kommunistische Parteien in der Hand Rußlands bedeuten. Spät erst haben sie sich der Lehren erinnert,

die sie in den Jahren vor Ausbruch des 2. Weltkrieges bei den Verhandlungen mit dem totalitären Hitlerregime bekommen haben. Auch damals haben sie mit dem Diktator in der unter demokratischen Staaten üblichen Weise gesprochen und so versucht, ihn auf die Bahn der normalen friedlichen Zusammenarbeit mit anderen Völkern zu bringen. Österreich und Tschechoslowakei haben für die falsche Einschätzung eines totalitären Regimes den Preis mit ihrer Freiheit zahlen müssen, und ein furchtbarer Krieg war schließlich das Ende dieser ganzen Art der Verhandlung mit Hitler. Ich bin überzeugt, hätte man Hitler sofort oder in den ersten Jahren nach der Machtergreifung des Nationalsozialismus gezeigt, welche Macht die Westalliierten besaßen, hätte man ihn davon überzeugt, daß man entschlossen war, falls nötig, diese Machtmittel anzuwenden, niemals wäre der 2. Weltkrieg ausgebrochen.

Jetzt endlich haben die Westalliierten auch gegenüber Sowjet-Rußland erkannt, daß ein totalitärer Staat nur eine Sprache kennt, die Sprache der Macht, daß man mit einem totalitären Staat nur dann zu einem vernünftigen Ergebnis kommt, wenn man bei der Verhandlung mindestens so stark ist wie er. Nur dann wird ein totalitärer Staat bereit sein, sich friedlich einzuordnen in das Gesamtgefüge der Völker, wenn seine Machthaber wissen, daß jedes Ausbrechen, jeder Angriff für sie selbst schwerste, unter Umständen vernichtende Folgen hat.

Der amerikanische Staatssekretär Acheson, der englische Außenminister Bevin und der französische Außenminister Schuman haben recht, wenn sie nach all den vielen Konferenzen mit Moskau, nach all den Verhandlungen in der UNO nunmehr sich entschlossen haben, Sowjet-Rußland zu zeigen, daß auch ihre Länder Macht besitzen. Die Entschlossenheit des amerikanischen Präsidenten Truman, mit der er sofort nach dem Ausbruch der Feindseligkeiten in Korea eingegriffen hat, die Energie, die die amerikanische Waffe im Verein mit den anderen UNO-Ländern gezeigt hat, die klare und unzweideutige Sprache, die Präsident Truman auf seiner in den letzten Tagen gehaltenen Rede in San Francisco gesprochen hat, eine Sprache, die Sowjet-Rußland deutlich macht, welch' Wagnis es läuft, wenn es nicht endlich Frieden gibt, sichern Präsident Truman einen hervorragenden Platz in der Geschichte nicht nur seines Landes, sondern in der Geschichte der Welt.

Ich habe versucht, meine Freunde, Ihnen das Bild der gegenwärtigen Lage zu zeichnen. Lassen Sie mich das Wesentliche unterstreichen:

Auf der einen Seite steht Sowjet-Rußland mit seinen Trabanten- und Satellitenstaaten, seinen 5. Kolonnen und den ihm blind gehorchenden kommunistischen Parteien in den demokratischen Ländern, hochgerüstet, überall in der Welt das Feuer schürend, Religion und Christentum, europäische Sitten und Kultur, Freiheit und Würde der Person vernichtend. Auf der anderen Seite stehen die Westalliierten, stehen die Atlantikpaktstaaten unter Führung der Vereinigten Staaten, bereit und entschlossen, alles zu tun für den Frieden, aber nur für einen Frieden in Freiheit und Würde, bereit, ihre Rüstung aufs äußerste zu verstärken, um auf diese Weise den von Sowjet-Rußland drohenden Angriff zu verhindern.

Zwischen diesen beiden Lagern liegt die Bundesrepublik Deutschland mit ihren fast 50 Millionen Menschen. Unsere Lage mitten im europäischen Spannungsfeld ist alles andere als beruhigend. Seit Jahr und Tag mußte jeder, der die Dinge klar sieht, fürchten um unser Vaterland, um unsere Sicherheit, er mußte fürchten, daß Deutschland eventuell Schauplatz kriegerischer Auseinandersetzungen werden könnte, er mußte zittern davor, daß im Falle eines russischen Angriffs Millionen von Deutschen nach Rußland getrieben, in russische Armeen gesteckt oder zur Sklavenarbeit verdammt würden.

Es ist daher für jeden Deutschen eine große Erleichterung und Beruhigung, daß auf der New Yorker Konferenz von den Außenministern der Vereinigten Staaten, Englands und Frankreichs ein Versprechen hinsichtlich des Schutzes und der Sicherheit der Bundesrepublik Deutschland abgegeben worden ist, wie es klarer und deutlicher nicht abgegeben werden konnte[1]. Für jeden Deutschen der die Dinge in Ruhe überlegt, muß es ein Gefühl der Erleichterung sein, daß diesen Worten so schnell die Taten folgen, daß die Westalliierten ihre auf deutschem Boden stehenden Truppen zu verstärken beginnen und daß sie, ihrem Versprechen gemäß, diese Truppen so stark wie nur eben möglich machen wollen. Diese Truppenvermehrung bringt naturgemäß Lasten für die Bevölkerung mit sich. Aber die Weltmächte haben zugesagt, diese Lasten so gering wie möglich zu halten, und vor allem Sicherheit – wenn auch mit einer gewissen Belastung – ist viel, viel besser als Kampf und Zerstörung.

Deutschland steht unmittelbar der sowjet-russischen Macht gegenüber, im Falle einer russischen Aggression würde es das erste Opfer sein. Der Kalte Krieg wird von Sowjet-Rußland mit aller Kraft gegen uns geführt. Die 5. Kolonne steht überall bereit. Durch eine skrupellose, durch und durch unwahre Agitation sucht man uns als Friedensbrecher, als Söldlinge Amerikas hinzustellen. Man spricht nicht von Kommunismus, man hält bei uns die kommunistische Partei absichtlich klein, um braven Bürgern keine Angst zu machen. Man spricht von Frieden, von nationaler Front, von der Einheit Deutschlands. Ich wollte, die Bewohner der Ostzonen-Republik könnten einmal offen schildern, wie es bei ihnen aussieht. Unsere Leute würden hören, daß der Druck, den der Nationalsozialismus durch Gestapo, durch Konzentrationslager, durch Verurteilungen ausgeübt hat, mäßig war gegenüber dem, was jetzt in der Ostzone geschieht. Ich wollte unsere Leute könnten einmal aus dem Munde der unterdrückten Polen, Tschechen und Ungarn hören, in welch' grausamer Weise religiöse Betätigung, die Priester verfolgt und unterdrückt werden. Die deutschen Kriegsgefangenen, die in Sowjet-Rußland waren, wissen Bescheid über das sowjet-russische Paradies. Sie verkünden laut und deutlich und für jeden hörbar, was das Regime Sowjet-Rußlands in Wirklichkeit bedeutet. Wenn wir an die Nöte, die Qualen der vielen hunderttausend deutscher Kriegsgefangenen, die in Sowjet-Rußland entgegen allen Bestimmungen des Völkerrechts, entgegen allen Versprechungen zurückgehalten werden, denken, wenn wir an die Sorgen, an den Jammer, an die Sehnsucht der Angehörigen der zurückgehaltenen Männer, Väter, Söhne denken, dann wissen wir, was wir von Sowjet-Rußland zu halten haben. Ich glaube, wenn alle Zeugen des Elends, das die sowjet-russische Herrschaft über die Menschen bringt, sprechen könnten, keinen

Augenblick würde das deutsche Volk zögern, seine Entscheidung zu treffen. Es würde nur eine Stimme erklingen: daß wir zwar den Frieden wollen, mit aller Kraft wollen, aber daß wir auch wissen, daß Freiheit das höchste Gut des Menschen ist und daß daher für uns Deutsche niemals sowjet-russische Sklaverei in Frage kommt, sondern nur *Frieden in Freiheit!*

Es ist die Aufgabe Deutschlands, einen Damm aufzurichten gegen das Einsickern und die Infiltration sowjet-russischer Ideen. Wir müssen die Menschheit diesseits des eisernen Vorhangs aufklären über das, was jenseits des eisernen Vorhangs vor sich geht, was auch uns, was Europa beschieden sein würde, wenn die russische Ideologie bei uns in Europa zur Herrschaft gelangte.

Unkraut gedeiht auf schlechtem Boden. Das gilt auch vom Kommunismus. Daher müssen wir uns bemühen, in unserem Lande Arbeit und Sicherheit, eine gerechte soziale Ordnung zu schaffen. Ein mächtiger Verbündeter des Kommunismus und Sowjet-Rußlands ist die Furcht, ist die Angst. Für sie darf kein Raum mehr bei uns sein, seitdem wir von der New Yorker Außenministerkonferenz unsere Sicherheit garantiert bekommen haben. In der Erklärung der drei Außenminister, daß sie jeden Angriff auf die Bundesrepublik Deutschland, gleichgültig, von welcher Seite er auch kommen möge, wie einen Angriff auf sich selbst betrachten würden, geht eindeutig und klar hervor, daß die These der hinhaltenden Verteidigung westlich des Rheines endgültig aufgegeben ist und daß einem etwaigen russischen Angriff schon am eisernen Vorhang Halt geboten wird.

Unsere Partei ist überzeugt davon, daß das christliche Gedankengut, das sie zur Grundlage ihrer Innen- und Außenpolitik machen will, wesentlich ist für den Kampf gegen den rbolschewismus. Es liegt mir r fern zu sagen, daß unsere Partei allein die Aufgabe hat, diesen Damm gegen den Bolschewismus zu errichten. Wir wünschen, daß alle anderen Parteien unseres Landes mit uns an dieser im besten und wahrsten Sinne des Wortes überparteilichen deutschen und europäischen Aufgabe mitarbeiten.

In der letzten Zeit ist in der deutschen Öffentlichkeit besonders lebhaft die Frage diskutiert worden, ob Deutschland einen Beitrag zur Verteidigung seiner selbst und Europas leisten sollte. Es handelt sich um eine außerordentlich ernste Frage, die nur richtig erörtert und entschieden werden kann, wenn man sie in ihrer chronologischen Entwicklung und in voller Ruhe betrachtet[2].

Diese Frage wurde meines Wissens zuerst im Auslande diskutiert, als sich etwa seit 1947 die Verhältnisse zwischen Sowjet-Rußland einerseits und den Westalliierten und anderen europäischen Staaten andererseits begannen zuzuspitzen. Es kam auf Betreiben Englands im Jahre 1948 zum Abschluß des Brüsseler Paktes, durch den England, Frankreich und die Beneluxstaaten sich zu Verteidigungszwecken zusammenschlossen. Ihm folgte der Atlantikpakt, der auch die Vereinigten Staaten, Kanada, die oben genannten Partner des Brüsseler Paktes, die nordischen Länder mit Ausnahme Schwedens umfaßte und der den Zusammenschluß gegen die sowjet-russischen Angriffstendenzen zum Gegenstand hatte. Es kam zu Abmachungen über Schaffung eines Verteidigungsorgans. Es wurde dann in der Öffentlichkeit der am Atlantikpakt beteiligten Länder die Frage erörtert, wo eine Verteidigungsfront gegen Rußland geschaffen werden solle, ob am Rhein, westlich des Rheins oder sogar noch weiter im Westen. Es wurde die Frage der Schaffung deutscher Truppenverbände diskutiert, die aber nur mit leichten Waffen versehen sein sollten, und die den Westalliierten den Rückzug decken würden.

Die Nachrichten über Aufstellung starker russischer Truppenverbände in der Sowjetzone wurden in der Folge immer genauer. Es kam zur Aufstellung der Ostzonenpolizeiarmee. Es verdichteten sich die Nachrichten, daß in der Ostzone die Einführung der allgemeinen Dienstpflicht beabsichtigt sei. Ich habe immer wieder in der Hohen Kommission verlangt, taß der Bundesrepublik Deutstschland Sicherheit vor russischen Angriffen gegeben würde, ich habe darauf aufmerksam gemacht, daß es für uns unerträglich sei, wenn auch von westalliierten Stellen Diskussionen abgehalten würden, denen ganz augenscheinlich der Gedanke zugrunde lag, die Buundesrepublik Deutschland nicht zu verteidigen. Ich habe darauf hingewiesen, daß die Zulassung eines Überrollens durch russische Truppen, auch wenn man eine spätere Befreiung durch westalliierte Truppen ins Auge fasse, für uns unerträglich und unmöglich sei. Als der Aufbau der Ostzonenpolizeiarmee zu einer wirklichen Armee in immer stärkerer Weise betrieben wurde, als das Beispiel Koreas zeigt[3], wie höchstwahrscheinlich Sowjet-Rußland auch bei uns verfahren wolle, habe ich nachdrücklichst gebeten, uns ganz konkrete Zusicherungen zu geben. Herr Pfarrer Niemöller, der jetzt der lauteste Rufer im Streite ist, hat meines Wissens damals seine astimme nicht erhoben, jedenfalalls hat er nicht gegen die uns bedrohende Aufstellung einer Sowjetzonenpolizeiarmee und die außerordentlich starke Anhäufung russischer Truppen in der Ostzone protestiert[4].

Die ersten bedeutungsvollen Erklärungen deutscher Stellen über eine deutsche Beteiligung an der Verteidigung Westeuropas wurden im August dieses Jahres im Europarat abgegeben. Von den Vertretern der drei Koalitionsparteien wurde im Europarat erklärt, daß lan um den demokratischen Völklkern Europas und der Welt den Frieden aber auch die Freiheit zu erhalten, bereit und entschlossen sei, den Gedanken einer vereinigten europäischen Armee unter gemeinsamer europäischer Führung und genauer demokratischer Kontrolle zu unterstützen. Die Abgesandten der Bonner Koalitionsparteien erklärten sich bereit mit der Rückkehr zur Gleichberechtigung auch gleiche Verpflichtungen zu übernehmen wie die Angehörigen anderer Staaten. Die Errichtung einer besonderen deutschen Armee lehnten sie ab. Die Vertreter der sozialdemokratischen Partei enthielten sich bei der Abstimmung der Stimme, weil nach ihrer Ansicht die Frage noch nicht spruchreif sei. Meines Wissens hat Herr Pfarrer Niemöller sich niemals gegen die Erklärungen, die im Europarat abgegeben wurden, gewandt.

Im Anschluß an den Europarat fand die New Yorker Außenministerkonferenz und eine Sitzung der Vertreter der Teilnehmer am Atlantikpakt statt. Die New Yorker Außenministerkonferenz sollte sich u. a. mit der Regelung der Deutschland betreffenden Fragen beschäftigen. In einem Memorandum an diese Konferenz habe ich die gleiche Erklärung abgegeben, wie sie im Europarat abgegeben worden ist, daß ich eine Remilitarisierung Deutschlands durch Aufstellung einer deutschen Armee ablehne, daß ich aber [für die]

Beteiligung eines deutschen Kontingentes in einer europäischen Armee sei[5].
Am 17. September habe ich auf eine mir übermittelte telefonische Anfrage der Außenministerkonferenz, wie sich die deutsche Regierung die Behandlung dieses Fragenkomplexes denke, geantwortet, die Frage könne nur entschieden werden durch den Bundestag; die deutschen Organe könnten sich mit ihr nur beschäftigen auf Grund einer offiziellen und präzisen Anfrage der westalliierten Regierungen. Die drei Außenminister haben bisher einen Beschluß über die Stellung einer solchen Frage an Deutschland nicht gefaßt. Es ist bekannt geworden, daß der amerikanische und englische Außenminister sowie sämtliche Atlantikpaktstaaten mit Ausnahme Frankreichs sich dafür ausgesprochen haben, diese Frage jetzt zu stellen. Die Französische Regierung hat, soviel bekannt geworden ist, sich auf den Standpunkt gestellt, daß der Erledigung der Angelegenheit zur Zeit noch nicht näher getreten werden solle. Die französische Nationalversammlung ist nach ihren Sommerferien jetzt zu einer Tagung zusammengetreten. Nach Pressenachrichten wird sie in der nächsten Woche den ganzen Fragenkomplex erörtern. Das ist der gegenwärtige Stand der Dinge. Ich stelle fest: Die Bundesregierung oder der Bundeskanzler haben keine Verpflichtungen irgendwelcher Art eingegangen. Es ist auch das Eingehen solcher Verpflichtungen von niemand verlangt worden, es ist kein Angebot gemacht worden[6]. Die Angelegenheit wird im Bundestag, falls eine dahingehende Anfrage von den Westalliierten an uns gestellt werden sollte, erörtert und entschieden werden, also in aller Öffentlichkeit. Der Bundestag ist die hierzu kompetente Körperschaft. Wenn eine Volksbefragung oder eine Auflösung des Bundestages und Neuwahlen verlangt worden sind, weil die Wahl dieeses Bundestages nicht zur Entscheidung dieser Frage vorgenommen worden sei, so kann ich darauf nur antworten, daß alle diejenigen, die etwas derartiges sagen, offenbar das Grundgesetz, unsere Verfassung, nicht kennen. Das Grundgesetz kennt keine Volksbefragung. Das Grundgesetz kennt keine Auflösung des Bundestages, es sei denn, daß die Wahl eines Bundeskanzlers nicht zustande kommt. Der Bundestag kann sich auchh nicht selbst auflösen. Der Bundestag ist vielmehr zuständig zur Entscheidung aller Fragen, die während seiner Wahlperiode entscheidungsreif werden.
Nun hat Herr Kirchenpräsident Pfarrer Niemöller schriftlich und mündlich die heftigsten Angriffe gegen den Bundeskanzler gerichtet und behauptet: daß wir die Remilitarisierung Westdeutschlands mit allen Mitteln betrieben, daß Organisationsstäbe zur Aufstellung deutscher Einheiten innerhalb einer europäischen Armee seit 1. Oktober d. Js. tätig, daß Rüstungsaufträge an die deeutsche Industrie erteilt seien. Er versteigt sich in diesen Briefen sogar zu der Behauptung, daß die Schaffung der Bundesrepublik Deutschland die Herablassung des eisernen Vorhanges und die Schaffung eines ostdeutschen Staates verursacht haben. Er spricht von einem Volksbetrug, wenn der gegenwärtige Bundestag über diese Frage entscheide. In einer Rede vor einer großen Versammlung in Frankfurt hat er den Bundeskanzler und Grotewohl auf eine Stufe gestellt[7]. Ich weiß, daß Herr Niemöller nicht die evangelische Kirche Deutschlands ist, ich weiß, daß er für keine evangelisch-kirchliche Stelle spricht, trotzdem kann ich nur meinem tiefen Bedauern

und meiner Empörung Ausdruck geben, daß sich Herr Niemöller nicht gescheut hat, solche Behauptungen aufzustellen. Ein Kernstück seiner Behauptungen war, daß ein früherer Generalleutnant Paul M. den Auftrag erhalten habe, Organisationsstäbe aufzustellen. Das war für ihn und seine näheren Freunde ein klarer Beweis für die von der deutschen Bundesregierung angeblich betriebene Remilitarisierung.
Wie lächerlich dies Schreiben des Herrn Niemöller im Grunde genommen ist, ergibt sich daraus, daß dieser Generalleutnant Paul M. als Major in amerikanische Dienste getreten ist, im Auftrage der amerikanischen Besatzungsarmee deutsche Arbeitskompagnien, die von Anfang an bei den Besatzungsarmeen tätig waren, reorganisiert. Das hat er seinem Freunde, dem General a. D. Beyer, dem Privatsekretär des Herrn Niemöller, in diesem Briefe, auf den man eine ganze Kampagne von Angriffen und Unwahrheiten aufgebaut hat, mitteilen wollen. Ein telefonischer Anruf des Privatsekretärs oder des Herrn Niemöller hätte genügt, restlos alles aufzuklären. Ich kann nur sagen, daß Herr Pfarrer Niemöller in geradezu unverantwortlicher Weise sich gegen die Ehre und das Ansehen seiner Mitmenschen versündigt und dem deutschen Volke im Inlande und im Auslande schwersten Schaden zufügt. Ich bin überzeugt davon, daß das Vorgehen des Herrn Pfarrer Niemöller in Frankreich Beachtung finden wird, bei der SED hat es größten Beifall ausgelöst. Ich habe während meiner Amtstätigkeit noch in keiner Sache soviele Zuschriften erhalten wie jetzt aus Anlaß des Auftretens des Herrn Niemöller. Fast ausschließlich bezeichnen sich die Verfasser der Zuschriften als evangelische Christen, alle rücken mit Empörung von Herrn Niemöller ab.
Wie ich schon sagte, wird sich die französische Nationalversammlung in der kommenden Woche mit diesen Fragen beschäftigen. In Äußerungen vereinzelter französischer Politiker sind aber bisher schon Auffassungen zutage getreten, die unrichtig, die für uns Deutsche zum Teil verletzend und die leider nicht geeignet sind, die mir und der ganzen Bundesregierung und dem Bundestag so sehr am Herzen liegende Freundschaft mit dem französischen Volke weiter zu festigen und zu stärken. Das französische Volk darf davon überzeugt sein, daß wir Deutsche dem Zerwürfnis mit Frankreich für immer ein Ende machen wollen, daß wir deswegen mit aller Kraft an der Gestaltung und dem Zustandekommen des Schuman-Planes mitgearbeitet haben und weiter arbeiten werden. Äußerungen allerdings wie die, ein wiederbewaffnetes Deutschland sei eine größere Gefahr als Sowjet-Rußland oder aber, man solle die Deutschen ihren Beitrag zur Verteidigung Westeuropas dadurch leisten lassen, daß man sie zu Arbeiten heranziehe, sind bedauerlich. Ich hoffe, daß die französische Nationalversammlung ebenso wie der Deutsche Bundestag sachlich, ruhig und verantwortungsbewußt erörtern werden, daß sie diese Prüfung vornehmen nicht im Hinblick auf Vergangenes, sondern im Hinblick auf die Zukunft. Politische Führer dürfen sich nicht von Gefühlen, die aus der Vergangenheit herrühren, leiten lassen, sie müssen an die Zukunft denken.
Ehe ich diesen Teil meiner Ausführungen abschließe, lassen Sie mich noch einmal meiner tiefen Überzeugung Ausdruck geben, daß der einzige Weg, den Frieden zu sichern, der ist, den die Westalliierten und die Atlantikpaktstaaten jetzt einzuschlagen beschlossen

haben: nämlich mit Sowjet-Rußland über die Herstellung eines dauernden Friedens zu verhandeln, nachdem sie sich mindestens ebenso stark gemacht haben wie Sowjet-Rußland ist. Ich bin weiter der Überzeugung, daß jedes defaitistische, fast könnte ich sagen, nihilistische Denken Sowjet-Rußland geradezu in die Hände arbeitet. Niemals kann ich anerkennen, daß es Gottes Wille sein soll, daß wir je unser Vaterland und Westeuropa der Herrschaft des Christentum-feindlichen Bolschewismus tatenlos überlassen sollen. Wenn ich recht unterrichtet bin, erfreut sich gerade bei den evangelischen Pfarrern, die zu Herrn Niemöller stehen, Professor Barth eines großen Ansehens. Nun, Professor Barth hat, als Hitler die Tschechoslowakei besetzte, den bewaffneten Widerstand gegen Hitler als eine absolute Notwendigkeit bezeichnet und begrüßt. Was damals von dem Widerstand gegen Hitler galt, das gilt erst recht von dem Widerstand gegen den Bolschewismus.

Es werden sowohl bei uns wie auch im Auslande Stimmen laut, die befürchten, daß die Stellung eines deutschen Kontingentes in einer amerikanisch-europäischen Armee ein Wiederaufkommen militaristischen Denkens bei uns zur Folge haben werden. Darauf erwidere ich folgendes: Die Bundesregierung, der Bundestag und ich persönlich werden uns mit ganzer Kraft dafür einsetzen, daß das militaristische Denken, das seine schärfste Ausprägung in der nationalsozialistischen Zeit gefunden hat, unter keinen Umständen wiederkommt. Wir werden mit allen uns zur Verfügung stehenden gesetzlichen Mitteln gegen diejenigen Kräfte vorgehen, die eine solche Wiederbelebung vergangener Zeiten versuchen wollen. Meine Worte richten sich auch gegen Persönlichkeiten, die in der nationalsozialistischen Zeit schwere Verfehlungen gegen das deutsche Volk und Europa begangen haben. Auch wenn die Entnazisierungsverfahren abgeschlossen werden und wenn wir gegen frühere Nationalsozialisten die ehrlich an dem Aufbau einer neuen Ordnung und eines neuen Deutschland sich beteiligen wollen, dies gerne gestattet werden, müssen wir uns mit umso größerer Entschlossenheit und Schärfe gegen diejenigen wenden, die den nationalsozialistischen Geist wieder neu beleben wollen.

Von den Beschlüssen der New Yorker Außenministerkonferenz ist für die Stellung Deutschlands in der Welt besonders bedeutsam die völkerrechtliche Anerkennung der Bundesrepublik Deutschland als Vertreterin des gesamten deutschen Volkes. Wir haben uns schon bei der Schaffung des Grundgesetzes als die berufenen Vertreter auch derjenigen Deutschen betrachtet, die der Bundesrepublik Deutschland noch nicht angehören können. Wir werden das mit wenn möglich noch größerer Energie und Entschlossenheit tun. Die Wiederherstellung der Einheit Deutschlands ist unser großes Ziel, das wir niemals aus dem Auge lassen und das wir – davon bin ich fest überzeugt – auch erreichen werden. Unseren deutschen Brüdern und Schwestern in der Ostzone rufe ich hier von Goslar aus zu: Harret aus und hofft auf uns. Wir werden wieder zusammenkommen. Nichts kann uns abhalten, dieses Ziel zu verfolgen. Wir kennen Eure Nöte, wir kennen Eure Gewissensnot bei der sogenannten Wahl am 15. Oktober[8]. Wir und die ganze Welt verstehen den stummen Protest, den Ihr durch Euren Besuch der Kirchen am gleichen Tage erhoben habt.

Nach meiner Übersetzung haben wir allen Grund zu der Annahme, daß es keinen Krieg geben wird, wenn Sowjet-Rußland eine Macht gegenübergestellt wird, die ihm gewachsen ist. Sowjet-Rußland hat keine Veranlassung, seine Existenz in einem neuen Kriege aufs Spiel zu setzen. Aber wenn man ihm weitere Eroberungen leicht macht, wenn es die Möglichkeit sieht, diese Eroberungen ohne eigenes Risiko zu machen, dann allerdings besteht die große Gefahr, daß sich aus einem von Sowjet-Rußland zunächst als gefahrlos angesehenen Unternehmen ein neuer Weltkrieg entwickelt.
Ich habe eben den Schuman-Plan schon erwähnt. Ich betone nochmals, daß wir ihn bejahen und ihn wollen. Wir wollen ihn, wie alles, was zum Zusammenschluß Europas führt. Der Europa-Gedanke hat bei uns in Deutschland tiefe Wurzeln geschlagen. Wir werden unsere Jugend im Geiste der europäischen Gemeinschaft erziehen.
Meine Freunde, bei uns und im Auslande werden vielfach Untersuchungen darüber angestellt, welches die tiefste Ursache der Wirren und des Unglücks unserer Zeit ist. Es ist richtig, solche Untersuchungen anzustellen, weil man nur, wenn man die Ursache des Übels erkennt, wirklich Abhilfe schaffen kann. Mir scheint, daß letzten Endes das Schwinden des Rechtsgedankens eine der Hauptursachen ist. Die Grundlage des Gemeinschaftlebens im Staate und der Völker untereinander muß wieder die Hochachtung und der Respekt vor Rechten der Einzelpersonen und der Völker werden, vor Rechten, die nicht willkürlich geschaffen, sondern die tief im Naturrecht verankert sind. Wenn wir nicht den Staat wieder seiner Allmacht entkleiden, wenn wir uns nicht von der Vorstellung wieder freimachen, daß der Staat willkürlich Recht schaffen und Recht aufheben kann, wenn man nicht für den einzelnen Menschen wie für Völker Rechte anerkennt, die, weil im Naturrecht verankert, nicht geändert oder entzogen werden können, wird keine Ruhe, keine Ordnung, keine Sicherheit mehr auf Erden sein. Unsere christliche Überzeugung verpflichtet uns, diesen Gedanken des Rechts zu stärken und neu zu beleben.
Man ist dem deutschen Volk und der Welt schuldig, darüber zu sprechen. Es ist notwendig, daß das deutsche Volk weiß, daß es mit diesem Weltgeschehen noch eine Aufgabe zu erfüllen hat. In unserer Zeit wird es sich entscheiden, ob Freiheit, Menschenwürde, christlich-abendländisches Denken der Menschheit erhalten bleiben oder ob der Geist der Finsternis und der Sklaverei für eine lange Zeit seine Geißel über die hilflos am Boden liegende Menschheit schwingen wird. Deutschlands Aufgabe ist es, einen Frieden in Freiheit zu sichern.

Quelle: Deutschland Union Dienst, Sonderausgabe vom 20. 10. 1950, Ausgabe B (hektogr.).

Anmerkungen

1 Kommuniqué über Deutschland der Außenministerkonferenz der drei Westmächte in Washington vom 19. 9. 1950 (Text in: Europa-Archiv 1950, S. 3406 f.).

2 Zusammenfassende Darstellungen der Politik Adenauers in der Frage des deutschen Verteidigungsbeitrages geben Gerhard Wettig: Entmilitarisierung und Wiederbewaffnung in Deutschland 1943-1955. Internationale Auseinandersetzungen um die Rolle der Deutschen in Europa. München 1967. – Arnulf Baring: Außenpolitik in Adenauers Kanzlerdemokratie. Bonns Beitrag

zur Europäischen Verteidigungsgemeinschaft. München und Wien 1969. – Klaus von Schubert: Wiederbewaffnung und Westintegration. Die innere Auseinandersetzung um die militärische und außenpolitische Orientierung der Bundesrepublik 1950-1952. Stuttgart 1970.

[3] Die Invasion der Republik Südkorea durch Nordkorea erfolgte am 25. 6. 1950. Adenauers Grundsatzrede mit ihrem ausgeprägten dichotomischen Weltbild wurde vor dem Hintergrund des Koreakrieges und der Sorge vor dem Ausbruch eines Dritten Weltkrieges gehalten.

[4] Zu Martin Niemöllers neutralistischen Positionen vgl. Martin Niemöller: Reden 1945-1954. Darmstadt 1958.

[5] Zum Inhalt des umstrittenen, bis heute noch nicht im vollen Wortlaut bekannten „Sicherheitsmemorandums" vom 29. 8. 1950 vgl. Adenauers Debattenbeitrag im Deutschen Bundestag vom 8. 2. 1952 (1. Deutscher Bundestag. Stenographisches Protokoll der 191. Sitzung. Bonn, Freitag, den 8. 2. 1952, S. 8159f.), die ergänzenden Angaben bei Paul Weymar: Konrad Adenauer, a.a.O., S. 528f, und Adenauers Erinnerungen I, S. 357-359.

[6] Zur Rechtfertigung für seine Feststellung, daß „kein Angebot" gemacht worden sei, verwies Adenauer in den Auseinandersetzungen darauf, er habe nur seine Bereitschaft erklärt, *„im Fall* der Bildung einer internationalen westeuropäischen Armee einen Beitrag in Form eines deutschen Kontingents zu leisten" (so wörtlich im Sicherheitsmemorandum).

[7] Die Texte der Offenen Briefe Niemöllers vom 4. 10. 1950 sind abgedruckt in: Kirchliches Jahrbuch für die Evangelische Kirche in Deutschland 1950. Hrsg. von Joachim Beckmann. Gütersloh 1951, S. 167ff; der Text der Frankfurter Rede auf dem Evangelischen Männertag am 15. 10. 1950 ist teilweise abgedruckt im Europa-Archiv 1950, S. 3586.

[8] Die Volkskammerwahl am 15. 10. 1950 in der DDR, die teilweise bei offener Stimmabgabe erfolgte, erbrachte 99,7% Ja-Stimmen zur Einheitsliste.

8. November 1950

Regierungserklärung vor dem Deutschen Bundestag

Die folgende Stellungnahme faßt Grundgedanken der Adenauerschen Sicherheitspolitik zusammen, speziell sein Konzept einer „Politik der Stärke" als Voraussetzung erfolgreicher Verhandlungen mit der Sowjetunion, und skizziert die Politik gegenüber dem Pleven-Plan.

Meine Damen und meine Herren! Drei *Ereignisse der letzten Zeit* sind von solch entscheidender *Bedeutung für die deutsche Zukunft*, daß das deutsche Volk ein Recht darauf hat, die Stellung der Bundesregierung und, wie ich wohl hinzusetzen darf, auch der Fraktionen dieses Hauses zu diesen Ereignissen kennenzulernen. Diese Ereignisse sind

1) die Beratung der Frage eines *Beitrages der Bundesrepublik Deutschland zu der Verteidigung des Westens* auf der New Yorker Außenministerkonferenz und den Konferenzen, die sich an diese angeschlossen haben;
2) der von Frankreich vorgelegte *Pleven-Plan;*
3) der *Vorschlag der Sowjetregierung zur Einberufung der Außenministerkonferenz der vier Mächte* – Vereinigten Staaten, England, Frankreich, Sowjetrußland – zwecks

Erfüllung der Beschlüsse der Potsdamer Konferenz hinsichtlich der Demilitarisierung Deutschlands und der Durchführung der Beschlüsse der Prager Konferenz der Außenminister der Sowjetunion, Albaniens, Bulgariens, der Tschechoslowakei, Polens, Rumäniens, Ungarns und der Deutschen Demokratischen Republik

– das ist der Wortlaut der Note – vom 20. und 21. Oktober 1950[1].

Diese drei Ereignisse, meine Damen und Herren, stehen in innerem Zusammenhang; ihre zutreffende Würdigung ist nur möglich, wenn man die von *Sowjetrußland* seit 1940 und in verstärktem Maße seit 1944/45 verfolgte *Politik* kennt. Sowjetrußland hat sich in diesen wenigen Jahren ein ungeheures Gebiet unterworfen, zum Teil durch direkte Einverleibung, zum Teil durch Umwandlung der betreffenden Länder in ihm hörige *Satellitenstaaten*. Rußland ist dabei immer nach dem gleichen Rezept vorgegangen: zunächst Schaffung einer Fünften Kolonne in dem betreffenden Lande von ihm blind gehorchenden, zu jeder Gewalttat fähigen Personen, gleichzeitig Einschüchterung und Lähmung der ihm ablehnend gegenüberstehenden Kreise durch jede Art von Terror, Wahlen auf Grund von Einheitslisten, Bildung einer Sowjetrußland hörigen Regierung durch das auf Grund der sogenannten Einheitswahlen zustandegekommene Parlament. Mit dieser Methode hat sich Sowjetrußland einverleibt: im Jahre 1940 Litauen, Lettland, Estland. Als Satellitenstaaten hat es seiner Herrschaft unterworfen: in den Jahren 1944/45 Albanien, 1944 bis 1949 Bulgarien, 1944/45 Jugoslawien, 1944 bis 1949 Polen, 1944 bis 1948 Rumänien, 1944 bis 1949 Ungarn, 1944 bis 1948 die Tschechoslowakei, 1945 bis 1950 die Mandschurei, 1945 bis 1948 Nordkorea.

In zwei Ländern ist Sowjetrußland bei dem gleichen Vorgehen auf erbitterten Widerstand gestoßen, in *Griechenland* und in *Aserbeidschan*. Es hat infolgedessen hier sein Vorgehen nicht weiter verfolgt. In der *Sowjetzone Deutschlands* versucht es die Schaffung eines Satellitenstaates nach der gleichen Methode. Dort, wo es ihm nötig erschien, hat es nicht einmal den Schein einer gewissen Selbständigkeit des betreffenden Satellitenstaates gewahrt, sondern das Heer des Landes seinem Kommando direkt unterstellt; so insbesondere in *Polen* und in der *Tschechoslowakei*.

Die *Tendenz der Sowjetrussischen Republik gegenüber Deutschland und Westeuropa* geht aus folgendem hervor. In der Sowjetzone sind erhebliche *sowjetrussische Truppenmassen* konzentriert. Der englische Verteidigungsminister Shinwell hat in einer Rede, die er im Juli dieses Jahres im britischen Unterhaus gehalten hat, erklärt, daß über 30 russische Divisionen in der Sowjetzone stünden. Diese Divisionen sind völlig ausgerüstet mit Munition, mit Treibstoff und mit feldmarschmäßiger Verpflegung, um nötigenfalls in kürzester Frist marschieren zu können. Es handelt sich um Panzerdivisionen und motorisierte Divisionen. Die Luftwaffe wird in der Sowjetzone ständig verstärkt.

In der *Sowjetzone* hat man ferner seit Beginn des Jahres 1950 mit der *Aufstellung* einer aus Deutschen bestehenden *Armee* begonnen. Die Truppe wird zwar „*Polizei*" genannt, sie ist aber nach Ausbildung, Bewaffnung und Zielsetzung keine Polizeitruppe, sondern eine Armee. Die Zahl dieser deutschen Truppen beträgt zur Zeit zwischen 70000 und 80000. Man hat in der Sowjetzone zwölf Kriegsschulen eingerichtet, auf

denen Unteroffiziere und Offiziere herangebildet werden. Die Truppen sind kaserniert. Die Organisation ist so angelegt, daß diese Armee im Jahre 1951 rund 150000 Mann, im Jahre 1952 rund 300000 Mann stark sein wird.
Den Truppen dieser Armee wird von Propagandaoffizieren als Ziel die Befreiung der Bundesrepublik Deutschland von den Westalliierten und die Vereinigung mit der Ostzone zu einem russischen Satellitenstaat genannt.
Die *Aggressionen Sowjetrußlands* haben zwar die Westalliierten mit Protestnoten beantwortet; sie haben sich aber bis zum Sommer dieses Jahres, das heißt bis zu den Vorfällen in *Korea,* nicht dazu entschließen können, mit Waffengewalt dagegen vorzugehen. Erst die Vorgänge in Korea, der Einfall der nordkoreanischen Truppen in Südkorea, haben dazu geführt, daß zunächst amerikanische Truppen, dann UNO-Truppen gegen die mit russischem Kriegsmaterial versehenen nordkoreanischen Truppen eingesetzt wurden. – Um das Bild vollständig zu machen, muß ich noch hervorheben, daß gegen den Bestand der *Bundesrepublik Deutschland* eine zielbewußte *Wühlarbeit durch die Kommunistische Partei und durch die SED* stattfindet.
Ich wende mich nun, meine Damen und Herren, zu der *Note Sowjetrußlands*, in der der *Zusammentritt einer Außenministerkonferenz* verlangt wird. Bezeichnend ist, daß in dieser Note von der Sowjetzonenarmee keine Rede ist, sondern nur von der sogenannten Remilitarisierung Westdeutschlands. Bezeichnend ist ferner, daß sie in dem Augenblick übergeben wird, in dem die Frage eines deutschen Beitrags zur Verteidigungsfront gegen eine Aggression Sowjetrußlands akut wird. Ebenso bezeichnend ist, daß diese Note übergeben wird, während gleichzeitig Sowjetrußland Nordkorea mit neuem Kriegsmaterial versorgt.
In dieser Note wird als Grundlage der Konferenz die Durchführung der *Prager Beschlüsse* bezeichnet. In diesen Prager Beschlüssen wird unter anderem verlangt: „Bildung eines gesamtdeutschen konstituierenden Rates unter paritätischer Zusammensetzung aus Vertretern Ost- und Westdeutschlands, der die Bildung einer gesamtdeutschen souveränen demokratischen und friedliebenden provisorischen Regierung vorzubereiten und der Sowjetunion, den Vereinigten Staaten, Großbritannien und Frankreich die entsprechenden Vorschläge zur gemeinsamen Bestätigung zu unterbreiten hat und der bis zur Bildung einer gesamtdeutschen Regierung zur Konsultation bei der Ausarbeitung des Friedensvertrages hinzuzuziehen ist."
Dieser grundlegende und entscheidende Bestandteil des Prager Abkommens ist für die Bundesrepublik Deutschland nach der Meinung der Bundesregierung völlig unannehmbar. (Zustimmung bei den Regierungsparteien) Es gibt in der Sowjetzone keine auf Grund von freien, gleichen und geheimen Wahlen zustande gekommene Vertretung. (Sehr richtig! in der Mitte und rechts) Es ist ausgeschlossen, daß wir in irgendwelche Verhandlungen mit der Sowjetzone über Bildung eines gemeinsamen Organs treten, ehe das von uns wiederholt gestellte Verlangen auf Durchführung freier Wahlen in der Sowjetzone erfülllt ist. (Lebhafter Beifall bei den Regierungsparteien und bei der SPD)

Die sowjetrussische Note stößt in den Vereinigten Staaten auf Ablehnung. In England steht man ihr sehr skeptisch gegenüber. Lediglich in Frankreich haben sich Stimmen gefunden, die glaubten, in irgendeiner Form auf diese Note eingehen zu sollen. Beschlüsse einer Außenministerkonferenz, die die Prager Beschlüsse zur Grundlage haben, sind, wie ich eben schon gesagt habe und wie ich nochmals ausdrücklich wiederhole, für uns unannehmbar. Es ist zwar noch keine der westalliierten Regierungen mit der Bundesregierung über deren Meinung zu der *sowjetischen Note* in Verbindung getreten; ich darf aber wohl die Hoffnung aussprechen, daß eine Stellungnahme zu der Note nicht erfolgen wird, ohne daß unsere Meinung darüber eingeholt und entsprechend beachtet wird, (Sehr gut! bei der CDU) denn es handelt sich dabei um *unser* Schicksal, um das *Geschick des deutschen Volkes*. Die Entwicklung ist seit 1945, insbesondere aber seit Schaffung der Bundesrepublik Deutschland so weit fortgeschritten, daß die Stimme der Bundesrepublik gehört und beachtet werden muß. Ich weise in diesem Zusammenhange auch darauf hin, daß nach der ausdrücklichen Erklärung der New Yorker Außenministerkonferenz die Organe der Bundesrepublik Deutschland als die einzigen legitimen Vertreter des deutschen Volkes von den Westalliierten anerkannt worden sind. Nach unserem Dafürhalten ist die sowjetrussische Note nichts anderes als einer der bekannten Störungsversuche Sowjetrußlands, um jede Konsolidierung einer Abwehrfront gegen die sowjetrussiche Aggression zu verhindern oder wesentlich zu verlangsamen. (Sehr wahr! bei der CDU. – Zuruf von der KPD: Das ist sehr deutlich!)

Ich komme nun, meine Damen und Herren, zu dem *Pleven-Plan*[2]. Ich darf dazu zunächst folgendes sagen. Herr Ministerpräsident Pleven hat durch den französischen Hohen Kommissar François-Poncet mir gestern Aufklärungen über gewisse Formulierungen des Pleven-Plans geben lassen. Er hat insbesondere erklären lassen, daß jede Diskriminierung Deutschlands ausgeschlossen sei, daß Deutschland im Pleven-Plan allen anderen Partnern völlig gleichberechtigt und gleichgestellt sein solle. (Unruhe bei der SPD) Wir Deutsche nehmen – das darf ich wohl feststellen – mit Befriedigung und Dank von dieser Mitteilung Kenntnis. Wir freuen uns, daß dadurch gewisse Formulierungen des Pleven-Plans, die bei uns Erstaunen hervorgerufen haben, klargestellt sind. Wir betrachten den Pleven-Plan als einen wesentlichen Beitrag zur *Integration Europas*. Die Integration Europas ist nach wie vor eines der Hauptziele der deutschen Politik. Wir sind der Auffassung, daß die Schaffung einer europäischen Armee – möglichst unter Teilnahme Englands – einen sehr wesentlichen Fortschritt auf dem Wege zur Erreichung des Endzieles: Integration Europas, bedeuten wird. Wir wollen deswegen gern bei der Beratung des Pleven-Plans mitarbeiten.

Gegen den *Pleven-Plan* sind auch von nichtdeutscher Seite *Bedenken* geäußert worden. Diese Bedenken sind verständlich. Es ist klar, daß der Versuch einer Regelung einer so schwierigen und wichtigen Materie nicht sofort und in allen Punkten alle interessierten Staaten befriedigen kann, so daß eine sehr sorgfältige Durchberatung nötig ist. Eine solche Beratung und die Verwirklichung des Ergebnisses dieser Beratung erfordert Zeit.

Die *Situation in der Welt* ist aber derart, daß wir *bald* zu friedlichen Verhältnissen kommen müssen. Die Fortdauer der jetzigen Spannungen ist nicht weiter tragbar. Man sollte unseres Erachtens unabhängig von der Beratung des Pleven-Plans den auf den Konferenzen der letzten Monate unternommenen Versuch, zu einer Beendigung der jetzigen gefährlichen Periode *internationaler Spannungen* zu kommen, so schnell wie möglich und so stark wie möglich weiterführen. Die Beratung des Pleven-Plans braucht darunter in keiner Weise zu leiden.

Ich wende mich jetzt, meine Damen und Herren, zu der Frage eines *Beitrags der Bundesrepublik Deutschland zu der Verteidigung des Westens,* wie sie von der New Yorker Außenministerkonferenz und den Konferenzen, die sich an diese angeschlossen haben, gegen die Stimme Frankreichs verlangt worden ist. Ein solcher Beitrag ist von uns bisher nicht verlangt und von uns auch nicht angeboten worden. Es ist aber nötig, trotzdem über diese Frage hier zu sprechen, weil durch die bereits geführten Diskussionen sehr viel Unklarheit in Deutschland und außerhalb Deutschlands geschaffen worden ist. Wenn wir uns auch nicht anbieten, so dürfen wir es aber auch nicht zulassen, daß durch Reden unverantwortlicher Stellen die Stellung einer Frage an uns verhindert wird. (Unruhe bei der SPD)

Nach den Erfahrungen, die wir Deutschen mit dem *totalitären Regime* der Nazizeit gemacht haben, nach den Erfahrungen, die die Welt mit dem totalitären Sowjetrußland seit 1944 gemacht hat und die ich eben im einzelnen skizziert habe, sollte eines die gemeinsame Überzeugung aller Deutschen sein: Totalitäre Staaten, insbesondere Sowjetrußland, kennen nicht wie die demokratischen Staaten als wesentliche Faktoren des Zusammenlebens der Menschen und der Völker Recht und Freiheit; sie kennen nur einen maßgebenden Faktor: das ist die Macht. Mit einem totalitären Staat können daher Verhandlungen zur Regelung internationaler Fragen mit Aussicht auf Erfolg nur geführt werden, wenn derjenige, der diese Verhandlungen – mit Sowjetrußland – führt, ebenso stark, wenn nicht noch stärker ist als Sowjetrußland. (Zustimmung rechts. – Zuruf von der KPD: Das ist eine Erpressung!)

Das *Verhalten Sowjetrußlands* seit 1944, insbesondere in Griechenland und in Aserbeidschan hat auch gezeigt, daß Sowjetrußland nicht ohne weiteres geneigt ist, Risiken einzugehen. Wir sind der Auffassung, daß die *westlichen Mächte* unter Führung der Vereinigten Staaten in der Lage sind, eine solche *Abwehrfront* rechtzeitig zu errichten. Wir begrüßen es, daß die Vereinigten Staaten die große und schwere Aufgabe, die ihnen ihre ungeheure wirtschaftliche und politische Macht auferlegt hat, erkannt haben und daß sie bereit sind, diese Aufgabe im Interesse des Friedens und der Freiheit zu erfüllen. (Lebhafter Beifall bei den Regierungsparteien. – Abg. Rische: Siehe Korea! – Gegenrufe rechts)

Die Frage, ob *Deutschland,* wenn es dazu aufgefordert wird, sich an einer solchen Abwehrfront zu beteiligen, das tun soll, ist lebhaft diskutiert worden. Zunächst möchte ich folgendes vorausschicken. Es ist ganz klar, daß Voraussetzung für jeden Widerstand Deutschlands gegen irgendeine Aggression die Herbeiführung möglichst guter und ausgeglichener *sozialer Verhältnisse* im Innern ist. (Erneuter lebhafter Beifall bei den Regierungsparteien. – Unruhe bei der SPD) Bei der Beantwortung der Frage, ob Deutschland, wenn es darum gefragt wird, sich beteiligen soll, ist davon auszugehen, daß es sich bei dieser Aktion darum handelt, den *Frieden* zu retten, und daß die Bildung einer solchen Schutzfront für den Frieden (Abg. Dr. Wuermeling: Sehr gut!) die einzige Möglichkeit ist, den Krieg zu verhüten. (Erneute Zustimmung und Beifall bei den Regierungsparteien)

Das Vorgehen Sowjetrußlands seit 1944 zeigt völlig klar die Tendenz der russischen Politik und die Möglichkeiten, trotz dieser Tendenzen zu einem Frieden mit Rußland zu kommen. Die Deutschen müssen sich darüber klar sein, daß sie unmöglich erwarten können, daß die Vereinigten Staaten, Kanada und die westeuropäischen Länder die Opfer, die mit der Schaffung einer solchen Abwehrfront verbunden sind, auf sich nehmen, während Deutschland selbst nichts dazu beiträgt. (Sehr richtig! bei der CDU) Für jeden Deutschen, meine Damen und Herren, mit gesundem Empfinden muß es auch ein zwingendes Gebot sein, seine Heimat und seine Freiheit zu verteidigen. (Lebhafter Beifall bei den Regierungsparteien) Und um nichts anderes handelt es sich! (Erneuter lebhafter Beifall bei den Regierungsparteien)

Zwei Voraussetzungen für eine *Beteiligung Deutschlands an der Bildung einer solchen Abwehrfront* muß ich besonders hervorheben. Einmal muß diese Abwehrfront so stark sein, daß sie jede russische Aggression unmöglich macht; und ferner muß die Bundesrepublik Deutschland, wenn sie sich mit einem angemessenen Beitrag beteiligen soll, die gleichen Pflichten, aber auch die gleichen Rechte haben wie alle anderen daran beteiligten Länder. (Erneuter lebhafter Beifall bei den Regierungsparteien) Ich bin der Auffassung, daß auf diesem Wege, auf dem Wege der Bildung einer solchen Abwehrfront, auch die *Wiedervereinigung* mit unseren deutschen Brüdern und Schwestern in der *Sowjetzone* zu erreichen ist. (Anhaltender Beifall bei den Regierungsparteien und rechts. – Zurufe von der KPD)

Es sind in der Diskussion, insbesondere von sozialdemokratischer Seite, rechtliche Ausführungen im Zusammenhang mit dieser Frage gemacht worden, die ich in meiner Erklärung nicht unerwähnt lassen darf. Die *sozialdemokratische Fraktion* hat in einem *Kommuniqué* erklärt, daß jeder *deutsche militärische Beitrag* zu irgendeinem Verteidigungssystem verfassungsändernden Charakter habe und daher nur mit Zweidrittelmehrheit beschlossen werden könne. (Sehr richtig! bei der SPD) Sie hat ferner dem gegenwärtigen Bundestag das Recht bestritten, in dieser Frage zustimmend zu entscheiden, weil zur Zeit seiner Wahl das Problem noch nicht sichtbar gewesen sei; eine Entscheidung für einen etwaigen deutschen militärischen Beitrag sei daher nur auf der Grundlage von *Neuwahlen zum Bundestag* möglich.

Diese Ausführungen, meine Damen und meine Herren, sind rechtlich nicht haltbar. Jeder Bundestag hat für die Zeit seiner Wahl das Recht und, meine Damen und Herren, auch die Pflicht, (Lebhafte Zustimmung bei den Regierungsparteien) alle Aufgaben zu erfüllen, die während dieser Zeit an ihn herantreten, (Sehr richtig! bei der CDU/CSU) gleichgültig, ob diese Aufgaben bei der Wahl schon erkennbar waren oder nicht. (Zustimmung und Beifall bei den Regierungsparteien) Nach unserem Grundgesetz hat der Bundestag kein Recht der Selbstauflösung. Man hat nach reiflicher Überlegung und mit Zustimmung der sozialdemokratischen Mitglieder des Parlamentarischen Rats (Abg. Dr. Wuermeling: Hört! Hört!) für den Fall, daß politische Notwendigkeiten eine Neuwahl erforderten, nur dem Bundeskanzler das Recht gegeben, durch Stellung eines Vertrauensantrages eventuell eine Neuwahl zu erzwingen. Maßgebend, meine Damen und Herren, war bei allen diesen Überlegungen die bittere Erfahrung, die wir in der Weimarer Republik gemacht haben, (Abg. Frau Dr. Weber [Essen]: Weiß Gott!) daß sich heterogene politische Faktoren, die zu gemeinsamer politischer Arbeit nicht fähig waren, aus destruktiven Gründen zur Lahmlegung der politischen Arbeit zusammengefunden haben. (Sehr richtig! bei den Regierungsparteien)

Bei den *Beratungen des Grundgesetzes* im Parlamentarischen Rat ist auch ausführlich über die *Fragen militärischer Natur* und der *Möglichkeit eines Krieges* gesprochen worden. Im Art. 26 Abs. 1 GG ist mit Zustimmung der sozialdemokratischen Vertreter lediglich die Vorbereitung eines Angriffskrieges für verfassungswidrig erklärt worden. (Zustimmung bei der CDU) Im Art. 4 Abs. 3 ist bestimmt, daß niemand gegen sein Gewissen zum Kriegsdienst mit der Waffe gezwungen werden darf. Es heißt dort ferner: „Das Nähere regelt ein Gesetz", und in einem weiteren Artikel ist bestimmt, daß der Bund sich zur Wahrung des Friedens einem *System gegenseitiger kollektiver Sicherheit* einordnen könne. Aus allen diesen Bestimmungen geht ganz unzweideutig hervor, daß die Entscheidung über einen militärischen Beitrag – jetzt nehme ich die Worte auf, die in dem Kommuniqué der sozialdemokratischen Fraktion enthalten sind – das Wesen der Bundesrepublik nicht von Grund auf verändert. (Sehr richtig! bei der CDU)

Meine Damen und Herren! Die *westliche Welt* befindet sich in einer wahrhaft großen *Gefahr.* (Zustimmung bei der CDU) Die *Bundesrepublik Deutschland* ist Teil dieser westlichen Welt, ja sie ist infolge ihrer geographischen Lage der Gefahr sogar stärker ausgesetzt als andere Länder. (Sehr wahr! bei den Regierungsparteien. – Zuruf: Das kann man wohl sagen!) Diese gemeinsame Gefahr begründet eine Schicksalsgemeinschaft; denn wo auch die Aggression erfolgt, sie trifft diese Gemeinschaft in allen ihren Gliedern.

Diese Gefahr aber ist nicht unabwendbar, und das deutsche Volk, das den *Frieden* liebt, wird auch niemals die Hoffnung aufgeben, daß der Friede erhalten werden kann. (Lebhafter Beifall bei den Regierungsparteien und rechts)

Es wird darum auch jede Anstrengung machen, um den Frieden zu bewahren. Aus der Erfahrung folgt aber, daß in einer Lage wie der gegenwärtigen Verhandlungen mit dem Ziel einer Normalisierung der Beziehungen nur dann Aussicht auf Erfolg haben, wenn die Sowjetunion weiß, daß der Verhandlungspartner so stark ist, daß mit einer sowjetrussischen Aggression ein wirkliches Risiko für Sowjetrußland verbunden ist. (Zustimmung bei den Regierungsparteien) Diese Stärke ist nur gewährleistet, wenn die *westliche Welt* ihre Verteidigung als eine *einheitliche Verteidigung* organisiert. Die westlichen Mächte sind sich ferner darin einig, daß die Kräfte nur dann zur Verteidigung ausreichen, wenn auch Deutschland seinen Beitrag dazu leistet. Das deutsche Volk kann sich davon nicht ausschließen, nicht nur weil dieser Schutz es selbst vor einer tödlichen Gefahr bewahrt, sondern auch weil es selber eine Verpflichtung gegenüber Europa und den Völkern der westlichen Zivilisation zu erfüllen hat.

Deswegen, meine Damen und Herren, darf ich Ihnen im Namen der Bundesregierung folgende *Entschließung* mitteilen:

Die Bundesregierung erblickt in dem *Pleven-Plan* einen wertvollen Beitrag zu der *Integration Europas,* die eines der vornehmsten Ziele ihrer Politik ist. (Hört! Hört! bei der KPD) Sie ist der Meinung, daß die gegenwärtige internationale Spannung einer schnelleren Beilegung bedarf, als dies auf dem Wege der Gestaltung des Pleven-Planes möglich ist.

Sie ist der Auffassung, daß eine allgemeine Befriedung auf dem Wege der Verhandlung mit der Sowjetunion herbeigeführt werden muß, daß diese Verhandlung aber nur dann Erfolg haben wird, wenn gegenüber der *sowjetrussischen Bedrohung* eine *Abwehrfront der westlichen Mächte* aufgebaut wird, die mindestens so stark ist wie jene.

Die Bundesregierung ist der Auffassung, daß die *Bundesrepublik Deutschland,* wenn sie von den westlichen Mächten dazu aufgefordert werden wird, bereit sein muß, einen angemessenen *Beitrag zu dem Aufbau dieser Abwehrfront* zu leisten, und zwar um ihren Fortbestand, die Freiheit ihrer Bewohner und die Weitergeltung der westlichen Kulturideale zu sichern.

Voraussetzung für die Leistung eines solchen Beitrags ist die völlige Gleichberechtigung Deutschlands in dieser Abwehrfront mit den übrigen an ihr teilnehmenden Mächten und ferner eine Stärke dieser Abwehrfront, die genügt, um jede russische Aggression unmöglich zu machen. (Langanhaltender lebhafter Beifall bei den Regierungsparteien und rechts)

Quelle: 1. Deutscher Bundestag. Stenographisches Protokoll der 98. Sitzung. Bonn, Mittwoch, den 8. November 1950, S. 3563-3567.

Anmerkungen

1 Text des Prager Vorschlages der Ostblockstaaten zur Bildung eines Gesamtdeutschen Rates und zum Abschluß eines Friedensvertrages vom 20./21. 10. 1950 in: Dokumente der Deutschen Politik und Geschichte von 1848 bis zur Gegenwart. Bearbeitet von Johannes Hohlfeld. Band 6. Berlin o. J., S. 546-551.

2 Der – zuerst nur vage formulierte – Plan des französischen Ministerpräsidenten René Pleven, vorgelegt in einer Regierungserklärung am 24. 10. 1950, der in der Folge eine erhebliche Rolle bei den EVG-Verhandlungen spielte, sah eine integrierte „Armee des geeinten Europa [...] unter einer einheitlichen politischen und militärischen Autorität" vor. Die Kontingente der Mitgliedstaaten sollten „auf der Basis der kleinstmöglichen Einheit" (Kompanien, Bataillone, höchstens Regimenter) eine integrierte Einheit mit national gemischten Divisionen bilden, wobei die westdeutschen Kontingente sofort und vollständig europäischem Oberbefehl unterstellt werden sollten (Text in: Europa-Archiv 1950, S. 3518-3520).

13. Januar 1951

Ansprache vor dem Vorstand* und den Vorsitzenden der Kreisparteien der CDU Rheinland und Westfalen in Bonn (Bundeshaus)

Die bisher unveröffentlichte Ansprache vor einem geschlossenen Kreis von Parteimitgliedern der Landesebene verdeutlicht Adenauers außen- und innenpolitische Strategie auf dem Höhepunkt der Weltkrise nach dem Eingreifen Chinas in den Koreakrieg und auf einem Tiefpunkt seiner innenpolitischen Position nach einigen verlorenen Landtagswahlen in den Anfängen der Wiederaufrüstungskontroversen. Zugleich ist die Rede ein Beispiel für den innerparteilichen Führungsstil des Kanzlers.

Meine Damen und meine Herren! Meine lieben Freunde! Die Worte, die Herr Johnen[1] an mich gerichtet hat und die Sie durch Ihren wiederholten Beifall so nachdrücklich unterstrichen haben, haben mir sehr wohlgetan. Ich bin Ihnen auch dankbar, daß diese Glückwünsche nicht am Tage meines Geburtstages ausgesprochen worden sind, sondern heute hier in geschlossenerem Kreise, wo sie um so viel herzlicher, als es dort möglich gewesen wäre, ausgesprochen werden konnten.
An meinem 70. Geburtstag, also vor fünf Jahren, haben mich, als ich ihn beging, damals im Kreise meiner Familie in Rhöndorf, Herr Albers[2] – ich sehe, da ist er, – ja, er ist noch da – und, ich weiß nicht, wer der zweite Verbrecher war,
(Zurufe. – Weiterer Zuruf: Und Fräulein Teusch!)[3]
– das ist eine Verbrecher*in*, kein Verbrecher!
(Heiterkeit)
– also diese drei haben mich beiseite genommen und haben mich dann – –
(Zuruf von Frau Kultusminister Teusch)
– Ja, Fräulein Teusch, im Himmel ist immer mehr Freude über – –
(Große Heiterkeit)
Deshalb soll man das gar nicht so ablehnen!
(Frau Kultusminister Teusch: Sind wir beide denn schon im Himmel?)
– Sie kommen noch dahin! Jedenfalls, diese drei haben mich damals beiseite genommen und haben mich nun gebeten, meine Arbeitskraft unserer Partei zu widmen. Das war also der Anfang meiner parteipolitischen Tätigkeit, meiner parteipolitischen Laufbahn, denn die kurze Rolle bei der Gründung der CDU kann man nicht als einen solchen Beginn rechnen. Sie müssen daher bei meiner Beurteilung davon ausgehen, daß ich trotz meines vorgerückten Alters auf parteipolitischem Gebiet ein Neuling bin. (Heiterkeit und Zurufe) Wenn ich daher, meine Damen und Herren, hier und da mal danebenhaue, dann müssen Sie das eben mit der Kürze der Lehrzeit entschuldigen, müssen aber wenigstens den guten Willen als vorhanden ansehen.

* Es ist nicht eindeutig erkennbar, ob es sich nur um den Vorstand der CDU Rheinland oder zusätzlich auch um den Vorstand der CDU Westfalen handelt.

Nun hat eben unser Freund Johnen von dieser Adenauer-Spende[4] gesprochen. Ich kann Ihnen, Herr Johnen, und Ihnen, meine Freunde, nur sagen, daß ich weiß oder ahne, wie diese Spende zusammengekommen ist und daß ich in einer solchen Spende, die auf diese Weise zusammengekommen ist, wirklich den schönsten Lohn für meine Tätigkeit hier erblicke. Ich bin gerührt, daß ein derartiger Betrag zustande gekommen ist. Nun weiß ich nicht, ob ich frei darüber verfügen kann oder ob schon etwas beschlossen ist. (Heiterkeit) Aber mir schwebt so vor, meine Freunde, als ob man den Betrag vielleicht dazu benutzen sollte, etwas für die Schulung des Nachwuchses unserer Partei zu tun.
(Johnen: Sie müssen nichts versprechen, was wir nachher nicht halten können!)
– Wieso? –
(Erneuter Zuruf. – Heiterkeit)
– Dann müssen wir mal zusammen überlegen. Aber das scheint mir doch das Notwendigste zu sein.
(Zuruf: Ich komme nachher mit einem Vorschlag, Herr Dr. Adenauer!)
Nun, meine Freunde, Herr Kollege Johnen – – Darf ich gleich weiter fortfahren? (Johnen: Bitte schön!)
– – hat vorhin damit begonnen, daß er uns allen Glückwünsche für das Jahr 1951 ausgesprochen hat. Das Jahr 1951 ist das entscheidungsvollste Jahr, für das deutsche Volk jedenfalls, seit dem Jahre 1945, und wahrscheinlich wird später einmal ein Geschichtsschreiber mit Recht feststellen, daß es entscheidungsvoller war als viele Jahre der Vergangenheit. Und es ist ein gefährliches Jahr! Es ist ein so außerordentlich gefährliches Jahr, meine Freunde, daß, wenn man nicht etwas Vertrauen darauf hat, daß wir Menschen letzten Endes doch auch von einer höheren Hand irgendwie geführt werden, man verzagen könnte, daß man sich passiv verhalten und denken könnte: dann laß es nun kommen, wie es kommen mag! Wir, die Christlich-Demokratische Union, nicht nur die des Rheinlandes, haben eine besonders große und verantwortungsvolle Aufgabe, denn dieses Jahr 1951 wird, soweit man überhaupt in die Zukunft sehen kann, auch darüber entscheiden, meine Freunde, ob Deutschland und ob damit Europa ein christliches Land bleiben wird oder nicht. Das ist, weltanschaulich betrachtet, dasjenige, was auf dem Spiele steht, und das ist noch unendlich viel wichtiger als jede politische Betrachtung und jede politische Überlegung.
Die CDU Nordrhein, meine Damen und Herren, und die CDU Westfalen, also die CDU von Nordrhein-Westfalen ist das Kernstück der gesamten deutschen CDU und CSU. Hier sind die Wurzeln unserer Kraft, nicht nur ziffernmäßig, auch weltanschauungsmäßig und der ganzen politischen Gesinnung nach. Daher haben wir CDU-Leute von Nordrhein-Westfalen eine noch viel größere Verantwortung und daher auch eine noch viel größere Verpflichtung als unsere Parteigenossen und Gesinnungsgenossen in den anderen deutschen Ländern. Ob wir dessen immer so eingedenk gewesen sind, kann man vielleicht bezweifeln. Auch ich selbst kann mich nicht von der Schuld freisprechen, daß ich, namentlich seit etwa 1 1/2 Jahren, da ich nun andere Aufgaben übertragen bekommen habe, mich um die innere Konsolidierung unserer Partei in Nordrhein vielzu-

wenig habe kümmern können.
Um so glücklicher bin ich, daß mein Nachbar zur Rechten vom Vorstand diesen Auftrag bekommen hat. Ich bin um so glücklicher darüber, weil er in seiner Eigenschaft als Vorsitzender der Landtagsfraktion nach allem, was ich darüber gehört habe, sein großes Geschick in der Führung der Geschäfte und sein großes Geschick, einen Ausgleich unter Gegensätzen herbeizuführen, so ausgezeichnet bewiesen hat. Denn unsere Partei, auch wenn sie auf dem festesten Boden steht, den eine Partei überhaupt haben kann, hat in ihrem Kreise doch soviel verschiedene Elemente, daß immer wieder die Gefahr besteht, daß durch irgendetwas, durch irgendeine Aufgabe, die einem zunächst als die wichtigste von allen Aufgaben erscheint, Mißhelligkeiten entstehen können. Ich bin nicht der Auffassung, daß solche Meinungsverschiedenheiten uns jemals trennen könnten. Aber das Auftreten solcher Meinungsverschiedenheiten ermutigt natürlich unsere parteipolitischen Gegner, ihre Kraft, uns zu stürzen und an die Macht zu kommen, wenn möglich noch zu verdoppeln. Unter diesem Gesichtspunkt betrachtet, meine Damen und Herren, ist es gefährlich, wenn insbesondere nach außen hin in wichtigen Dingen starke Meinungsverschiedenheiten nicht nur auftreten, sondern sogar unterstrichen werden. Selbstverständlich kann es keine Uniformität der Meinungen geben. Dafür sind wir Menschen zu verschieden, und dafür sind auch die Dinge, mit denen wir uns zu befassen haben, zu schwierig. Letzten Endes hat auch keiner die Weisheit für sich allein gepachtet, und fast alle Aufgaben lassen sich unter verschiedenen Gesichtspunkten betrachten und erfahren dann auch eine verschiedene Würdigung. Also eine Uniformität kann es nicht geben und darf es nicht geben, das wäre Stillstand, das wäre geistiger Tod. Aber ich bin der Auffassung, daß bei allen Gegensätzen immer das eine Fundament doch nicht vergessen werden darf: das ist unsere gemeinsame Weltanschauung, und nur aus dieser gemeinsamen Weltanschauung heraus kann man in so bewegten Zeiten wie den unsrigen Politik machen. Ich bestreite, meine Damen und Herren, daß es sonst einen gemeinsamen Boden gibt, von dem aus man Politik treiben kann. Sehen Sie die Sozialdemokratische Partei! Sie hat es bis heute nicht fertiggebracht, seit 1945 nicht, ein Parteiprogramm fertigzustellen. Sie hat keine gemeinsame Grundanschauung. Nehmen Sie die Demokratische Partei! Dort kann man fast sagen: Quot capita tot sensus! Soviel Köpfe, soviel Sinne! Aber da *wir* nun einmal glücklicherweise diese gemeinsame fundamentale Anschauung haben, meine ich, daß bei allen Gegensätzen, die unter uns obwalten und obwalten müssen und die wir miteinander bereden müssen, wir doch nie vergessen dürfen, daß wir Freunde sind, meine Damen und Herren. Wir reden uns nicht mit „Genosse" an, aber wir sind Parteifreunde, und wir stehen als Parteifreunde auf demselben weltanschaulichen Boden. Das verpflichtet uns vor allem, in einem Parteifreund einen Mann zu sehen, der im Grunde genommen dasselbe meint, was man auch will, und verpflichtet uns daher, eine Einigung herbeizuführen.
Nun lassen Sie mich – was ich jetzt sage, ist vielleicht lange nicht so wichtig wie das, was ich gesagt habe, aber es ist auch notwendig – zu Westfalen übergehen. Die CDU Nordrhein und die CDU Westfalen sind durch die Landtagsfraktion ja doch sehr eng

miteinander verbunden. Ich begrüße es daher außerordentlich, daß der Vorsitzende der Landtagsfraktion, der, wie ich weiß, auch bei unseren westfälischen Parteifreunden eine außerordentliche Wertschätzung genießt, jetzt auch geschäftsführender Vorsitzender der rheinischen CDU ist. Ich verspreche mir davon, daß die CDU Nordrhein und die CDU Westfalen enger zusammenrücken (Zurufe: Sehr gut!) und zusammenarbeiten, nicht nur in der Landtagsfraktion, sondern auch außerhalb der Landtagsfraktion. Ich glaube, Herr Kollege Johnen wird auch diese Aufgabe als eine wesentliche Aufgabe betrachten und betrachten müssen.

Nach diesen Vorbemerkungen darf ich versuchen, Ihnen einen kurzen Abriß zu geben über die heutige Situation, über das, was wir glücklich geschaffen haben und über die Aufgaben, die noch vor uns liegen. Was unsere Partei angeht, so wäre es falsch, wenn ich nicht von der deutschen CDU spräche. Wir haben sie vor drei Monaten in Goslar gegründet. Leider sind die organisatorischen Aufgaben noch nicht so weit fortgeschritten, wie ich das gewünscht hätte und wie es notwendig war. Ich hoffe aber, daß wir da doch in Bälde einen erheblichen Schritt weiterkommen. Denn es ist ein großer Nachteil für unsere ganze Bewegung, daß, bis diese Zentrale steht und arbeitet, die einzelnen Landesparteien zu selbständig arbeiten und daß dadurch im Lande nicht der Eindruck von der gesamtdeutschen CDU hervorgerufen wird, den zu schaffen notwendig wäre. Denn für jede Partei, meine Damen und Herren, ist es, damit sie werbend wirkt, nötig, daß sie auch nach außen hin sichtbar den Eindruck einer geschlossenen großen Partei erweckt. Es ist weiter nötig, daß alle Landesparteien, ganz unbeschadet des föderalistischen Prinzips, über das ich mir nachher noch einige Bemerkungen erlauben möchte, doch in den großen Linien der Politik miteinander übereinstimmen auf dem Wege über die zentrale Leitung. Geschieht das nicht, dann führt die eine Landespartei ihren Wahlkampf zu den Landtagswahlen unter *dem* Gesichtspunkt die andere unter jenem. Das ist nicht gut, das führt zu Mißerfolgen.

Ich stehe zwar nicht auf dem Standpunkt, die Landtagswahlen des vergangenen Jahres hätten, wie Herr Schumacher meint, gezeigt, daß das Ergebnis der Bundestagswahl vom Volke nicht mehr gebilligt werde. Er hat nur die beiden letzten Wahlen angeführt, in Hessen und in Württemberg-Baden. Er hat vergessen, die Wahlen in Nordrhein-Westfalen und in Schleswig-Holstein anzuführen. (Zuruf: Und in Berlin!) Bei den Wahlen in Hessen und in Württemberg-Baden lagen doch wirklich besondere Verhältnisse vor. Daß wir in Hessen eine Schlappe erleiden würden, war jedem Kenner der hessischen Verhältnisse schon seit Jahr und Tag klar, denn gerade in der hessischen Landespartei waren die Gegensätze zwischen den verschiedenen Auffassungen so stark und so offensichtlich, daß eine Partei, die solche inneren Gegensätze hatte und in der Öffentlichkeit zeigte, auf die Wähler nicht anziehend wirken konnte. Bei Hessen kam die Agitation des Herrn Kirchenpräsidenten Niemöller hinzu, die uns gerade dort sehr geschadet hat, die zwar nicht die anderen Parteien gestärkt, aber doch viele Wähler abgehalten hat, sich zu uns zu bekennen.

In Württemberg-Baden hat die Südweststaat-Frage eine große Rolle gespielt und hat, meine Freunde, eine Rolle gespielt – das darf ich in diesem Kreise auch mal sagen – die vielzugroße Bescheidenheit – ich will mich jetzt mal sehr freundlich ausdrücken, indem ich „Bescheidenheit" sage –, die die Partei in Württemberg-Baden gezeigt hat. Nach den Erfolgen bei den vorletzten Wahlen war unsere CDU in Württemberg-Baden die stärkste Partei. Sie hatte die meisten Leute im Landtag. Sie hat weder den Ministerpräsidenten gestellt, noch hat sie den Landtagspräsidenten gestellt, noch hat sie den Minister des Innern gestellt, sie hat den Justizminister gestellt. Ich will keinen Justizminister verkleinern, aber, meine Damen und Herren, ein politisches Ministerium ist das Justizministerium nicht und darf es nicht sein.

Damit komme ich auch auf einen ganz wesentlichen Punkt in parteipolitischer Hinsicht. Eine Partei muß auch Kraft zeigen, nicht nur bei der Wahl, sondern auch in der Verfolgung ihrer Ziele. Dabei muß sie unter Umständen, meine Freunde, auch rücksichtslos sein und darf nicht immer nur mit dem Hut in der Hand dastehen und sich mit dem letzten Platz bescheiden. (Zurufe: Sehr richtig!)

Nun stehen im kommenden Jahr die Wahlen in Rheinland-Pfalz – das werden die ersten sein – und die Wahlen in Niedersachsen bevor. Man soll da nicht prophezeien, aber eines muß ich ja nun doch sagen: Die ganzen Landtagswahlen sind doch auch stark bestritten worden mit der Politik, die hier in Bonn getrieben worden ist. Daher müssen die einzelnen Landesparteien sich über diese Politik viel mehr unterrichten lassen, und zwar müssen sie sich durch ihre Bundestagsabgeordneten davon unterrichten lassen. Das sind die berufenen Vertreter, die müssen sie sich regelmäßig heranholen, und von denen müssen sie sich regelmäßig Bericht erstatten lassen. Wenn das geschieht, dann werden sie einen ganz anderen Eindruck von der Arbeit bekommen, die hier in Bonn geleistet worden ist und die vornehmlich unter Führung der CDU/CSU geleistet worden ist. Die Zeitungen können das nicht immer bringen. Das gesprochene Wort ist auch immer viel kraftvoller und viel lebendiger als das gedruckte Wort. Die enge Fühlung der Landesparteien mit den Bundestagsabgeordneten ist eine unbedingte Notwendigkeit, und sie muß regelmäßig und zielsicher gepflegt werden.

Nun lassen Sie mich, da meine Zeit und auch Ihre schließlich bemessen ist, zu einem kurzen Überblick über die innenpolitische Situation übergehen. Da möchte ich Ihnen zunächst einmal aus einem Bericht, den die Bundesregierung zu Ende des Jahres über ihre Tätigkeit im Jahre 1950 herausgegeben hat, einige Zahlen sagen. Dieser Bericht wird übrigens allen Kreisvorsitzenden und Kreisgeschäftsstellen demnächst zugehen. Er bietet wirklich eine Fundgrube, um die Behauptungen der Gegenseite, daß wir nicht sozial seien – ich greife das zunächst einmal heraus –, zu entkräften. Im Haushaltsjahr des Bundes von 1950, das also mit dem 1. April 1950 begonnen hat und mit dem 31. März 1951 zu Ende geht, sind für Sozialleistungen 5,3 Milliarden DM eingesetzt. Das bedeutet, daß 40% des gesamten Etats für Sozialleistungen vorgesehen sind. Für Besatzungszwecke sind etwas über 4 Milliarden DM vorgesehen. Für Sozialleistungen und für die Besatzung sind also 9,5 Milliarden DM vorgesehen, das sind fast 80% der gesamten Leistungen. Von diesen 5,3 Milliarden DM fallen rund 590 Millionen

DM auf fürsorgerische Maßnahmen für Heimatvertriebene, Heimkehrer, Evakuierte usw., 300 Millionen DM für verdrängte Beamte nach Art. 131 GG und 150 Millionen DM für ehemalige Wehrmachtangehörige. Und nun hören Sie, was für Kriegsbeschädigte aufgebracht wird. Im Jahre 1949 haben die Länder für Kriegsbeschädigte insgesamt 1,9 Milliarden DM aufgebracht. Der Bund bringt im Jahre 1950 für die Kriegsbeschädigten 3,3 Milliarden DM auf. Bitte, beachten Sie das wohl: die Länder hatten in dem Jahr vorher insgesamt 1,9 Milliarden DM aufgebracht, der Bund bringt im ersten Jahre seines Bestehens für die Kriegsbeschädigten 3,3 Milliarden DM auf. Und, meine Freunde – wir sprechen ja hier unter uns, und, wenn etwas an die Öffentlichkeit kommt, dann müssen Sie, Herr Johnen, dafür sorgen, daß das nur mit Auswahl geschieht –, bei uns im Bundesgebiet bekommt der Durchschnittskriegsbeschädigte doppelt soviel wie in Frankreich der dortige Kriegsbeschädigte. Umgerechnet auf den Status der Währung doppelt soviel! Für Arbeitslosenfürsorge brauchen wir in diesem Jahr rund 1,1 Milliarden DM und für Renten- und Knappschaftsversicherungen 730 Millionen DM. Wenn Sie sich diese Ziffern vor Augen halten, wonach der Bund im ersten Jahr seines Bestehens eine so ungeheure Summe für Sozialleistungen aufwendet, wird doch nun wirklich keiner behaupten können, wir seien eine kapitalistische Regierung, die kein soziales Empfinden hätte.

Ich möchte Ihnen aber auch einige Ziffern aus dem wirtschaftlichen Gebiet geben. Denn letzten Endes ist ja doch die beste soziale Sorge, die ein Staat seinen Einwohnern angedeihen lassen kann, die Sorge, daß sie Arbeit, Brot und Verdienst haben und dadurch auch zufrieden sind. Der Almosenempfänger und der Unterstützungsempfänger – das liegt in der Natur der Sache – kann niemals zufrieden sein. Das Produktionsvolumen in der Bundesrepublik ist von September 1949 bis November 1950 um 40,4% auf 129,3% gegenüber dem Stand von 1936 gestiegen. Die Produktion pro Kopf der Bevölkerung betrug 1949 gegenüber dem Stand von 1936 74,2%. Sie ist im November 1950 auf 102,1% der Vorkriegszeit gestiegen.

Nun wird, zum Teil mit Recht, zum Teil übertrieben, so furchtbar über die Teuerung geklagt. Diese Teuerung beruht zum Teil auf uns unvermeidbaren Tatsachen, auf der Steigerung der Weltmarktpreise. Wir müssen natürlich für Wolle und sonstige Dinge die Weltmarktpreise zahlen. Trotzdem lagen Mitte November 1950 die Indexziffern der Lebenshaltungskosten 3,4% unter dem Niveau vom September 1949. Das Ausfuhrvolumen ist von Oktober 1949 bis 1950 um 187% gestiegen. Das gilt vor allem für die Fertigwaren.

Ich will Sie nicht weiter mit Ziffern behelligen, ich möchte nur noch die Ziffern des Wohungsbaus anführen. Wir werden in dem einen Jahr auf 330-bis 350000 Wohungen kommen. Wir stehen damit bei weitem an der Spitze der europäischen Länder, wenn Sie bedenken, daß Frankreich in dem gleichen Jahre 50000 Wohungen baut und wir 350000 Wohnungen. Wir bleiben damit nur wenig hinter der Zahl der Wohnungen zurück, die in den reichen Vereinigten Staaten von Nordamerika hergestellt werden. Sie werden mir zugeben, das ist für den Bundestag, für die Bundesregierung und für das deutsche Volk eine ganz großartige Leistung, die in diesem ersten Jahre der Bundesrepublik Deutschland vollbracht worden ist. Selbstverständlich leben wir nicht im Paradies und werden niemals im Paradies leben. Selbstverständlich haben wir noch Ziele vor uns, die weit entfernt sind. Aber, meine Freunde, man muß doch nicht immer nur nach den Bergen weit weg sehen, die man einmal zu erreichen hofft, sondern man soll doch auch einmal auf den Punkt sehen, von dem aus man den Wiederaufstieg begonnen hat, und soll auch bedenken, daß die Strecke, die man zurückgelegt hat, etwas Großes ist, wenn man sie an der Tiefe des Punktes bemißt, von dem aus man den Weg angetreten hat. Sie können sich effektiv mit aller Phantasie keine Vorstellung davon machen, wie unendlich schwer es ist, bei diesem Zustand Deutschlands einen Bund zu schaffen. Es ist noch schwerer gewesen, als seinerzeit die Aufgabe der Länderregierungen gewesen ist, als diese eingesetzt wurden, und zwar deswegen so viel schwieriger, weil in der Zwischenzeit die Länder in ihrem Bestehen eine gewisse Selbständigkeit erreicht hatten, vor allem aber deswegen, weil wir – und das gilt für jeden von uns – im Jahre 1945 und im Jahre 1946 mit bescheidenen Erfolgen hoch zufrieden waren, während das deutsche Volk in seiner übergroßen Menge heute, im Jahre 1951 – nehmen Sie mir den Ausdruck nicht übel – den Hals nicht voll genug bekommen kann. (Zustimmung)

Diese Maßlosigkeit in unseren Ansprüchen ist unbeschreiblich und ist ein schwerer Schaden für das deutsche Volk. Das ist psychologisch vielleicht zu erklären aus all dem, was das deutsche Volk in den vergangenen Jahren hat entbehren müssen – dann möchte man gern nachholen –, und auch im Hinblick auf die Ungewißheit der Zukunft, die viele, allzuviele, dazu veranlaßt, zu sagen: Ich will den Augenblick genießen, koste es, was es wolle; ich weiß nicht, ob ich morgen überhaupt noch am Leben bin. Aber aus diesen beiden Wurzeln heraus ist in unserer deutschen Bevölkerung eine Höhe der Ansprüche entstanden, die wirklich nicht erfüllt werden kann (Sehr richtig!) und die von keiner Regierung erfüllt werden kann. Von diesen Ansprüchen müssen wir wieder herunterkommen und werden wir wieder herunterkommen. Die Gewalt der Tatsachen wird uns dazu zwingen.

Ich will Sie jetzt nicht mit den Einzelheiten der Arbeit aufhalten. Aber ich möchte hier doch erwähnen, was Herr Bundestagspräsident Ehlers in einer Bundestagssitzung in dieser Woche von unserem Freund Etzel[5], den Sie ja alle kennen, gesagt hat. Herr Etzel ist wie mancher andere schon aus unserem Kreise buchstäblich unter der Fülle der Arbeit, die auf ihm gelastet hat, zusammengebrochen, und zwar sehr ernst. Wir hoffen, daß er sich wieder erholen wird. Aber es sah zeitweise sehr ernst und sehr böse aus. Herr Ehlers hat, als er am Mittwoch dem Bundestag von dieser Erkrankung Kunde gab, auf Herrn Etzel als Beispiel dafür hingewiesen, wie falsch und wie nichtsnutzig das Gerede, Geraune und Getadele im Volke ist, als wenn hier in Bonn nichts getan würde, als wenn die Leute nur ein gutes Leben führten. (Sehr gut!) Das ist einfach eine krasse Lüge. Ich sage immer wieder – und zwar gilt das sowohl für den Bundestag und die Bundestagsabgeordneten wie auch für die Bundesministerien –, sie sollten ein langsameres Tempo in ihren Arbeiten anschlagen. Sicher, die Fülle der Aufgaben ist unendlich groß. Aber auch Bäume und alles wachsen nur allmählich. Es ist viel besser, man macht eine gute und solide Arbeit etwas langsamer und strapaziert die Nerven der Mitarbeiter nicht so sehr, wie es jetzt geschieht. Ich betone das hier in diesem Kreise ausdrücklich, damit Sie allen denen, mit denen Sie zusammenkommen, sagen können: in Bonn wird mit der größten Hingabe, der größten Gewissenhaftigkeit und dem größten Eifer von allen gearbeitet, die hierbei etwas zu tun haben. Ob die Arbeit immer prima ist, das ist eine Frage für sich; da kann man wohl oft verschiedener Meinung sein. Aber daß hier mit dem größten Fleiß und mit dem größten Ernst gearbeitet wird, das ist absolut sicher.

Welche Aufgaben stehen uns nun auf innenpolitischem Gebiete demnächst bevor? Es sind sehr große Aufgaben. Wir haben zunächst den Lastenausgleich. Bei der Fassung dieses Entwurfs hat eine sehr enge Fühlung zwischen der Bundesregierung, den zuständigen Ministerien, dem Kabinett und den beteiligten Verbänden und auch Mitgliedern der Koalitionsfraktionen bestanden. Es scheint, als wenn der Entwurf des Lastenausgleichsgesetzes doch auch bei den Betroffenen eine bessere Aufnahme gefunden hat, als man zunächst nach dem Vorgeschrei hätte erwarten können. Denn die Stimmen der Kritik sind gemäßigt, namentlich wenn man bedenkt, um welch unendlich schwierige Materie es sich dabei handelt.

Nach dem Lastenausgleich kommt jetzt das Mitbestimmungsrecht. Darüber möchte ich hier einige Worte, aber mit allem Vorbehalt und auch mit einer gewissen Zurückhaltung deswegen sagen, weil ja zwischen dem Vorsitzenden des DGB, Herrn Böckler, und mir vorgestern eine längere, sehr offene Aussprache unter vier Augen stattgefunden hat und weil in der nächsten Woche Verhandlungen zwischen einer Kommission des DGB und einem Ausschuß von Unternehmern, das Ganze unter meiner Leitung, folgen werden. Solange diese Verhandlungen schweben – und zwar, wie ich glaube, mit Aussicht auf Erfolg –, muß man natürlich alles vermeiden, was dazu beitragen könnte, die Stimmung zu verderben. Denn bei allen diesen Fragen spielt, wie überhaupt in der Politik, das psychologische Moment eine sehr entscheidende und wichtige Rolle, hier vor allem. Trotzdem möchte ich doch hier folgendes sagen. Meine Meinung über die Arbeitskündigungen – Sie können es auch Streik nennen – habe ich in dem Briefwechsel mit Herrn Dr. Böckler – Sie kennen den Briefwechsel – zum Ausdruck gebracht. Ich bin in dem Gespräch, das ich mit Herrn Böckler geführt habe, auf diese Seite der Angelegenheit überhaupt nicht eingegangen. Wir beide haben über die Kündigungen, über Arbeitsniederlegung usw. kein Wort gesprochen, außer einem Wort, das ich Ihnen auch gleich sagen werde. Aber, meine Freunde, ich mache kein Hehl daraus, daß ich es mit dem Bestehen eines demokratischen Staates für unvereinbar halte, wenn irgendeine Organisation in dem Staat, die keine politische Verantwortung vor dem deutschen Volke trägt, sich unterfangen sollte, das gesamte wirtschaftliche Leben zu dem Zweck lahmzulegen, das Parlament zu zwingen, einen bestimmten Gesetzentwurf anzunehmen. (Lebhafter Beifall) Damit hat nach meiner Auffassung, der ich immer ein Freund der Gewerkschaftsbewegung gewesen bin, der DGB sich selbst einen sehr schlechten Dienst erwiesen. Ich hoffe, daß es gelingen wird, über alle diese Sachen hinwegzukommen, damit diese Fragen gar nicht zum Austrag gebracht werden müssen. Aber, wenn es sein müßte, werden, glaube ich, diejenigen, die wirklich auf demokratischem Boden stehen, auf dem Posten sein müssen. Ich danke hier an dieser Stelle unseren Sozialausschüssen, daß sie ihre Ansicht und ihren Standpunkt über diese ganze Sache so tapfer und mannhaft auch öffentlich vertreten haben. (Beifall)

Wir werden schon durch die Vermehrung der alliierten Truppen, die noch in diesem Jahr in ziemlich erheblichem Umfang erfolgen wird, mit erheblichen neuen öffentlichen Lasten zu rechnen haben. Wir werden mit um so höheren Lasten zu rechnen haben, wenn das deutsche Volk sich durch den Bundestag entschließt, einen Beitrag zur Verteidigung der westlichen Welt zu leisten. Dadurch werden neue Steuerbelastungen erheblichen Ausmaßes nötig werden. Unsere Partei wird dafür die Hauptverantwortung übernehmen müssen. Ich will Ihnen jetzt keine Ausführungen über die Höhe der Steuern und alle diese Dinge machen; das ist noch zu früh. Ich möchte diese ganze Frage hier nur erwähnen. Ich komme darauf zurück, wenn ich über die äußeren Angelegenheiten spreche, um Ihnen einige der großen und schweren Aufgaben zu zeigen, die die Koalition im Bundestag und die die Bundesregierung hat. Der Lastenausgleich, die neuen Steuern und das Mitbestimmungsrecht sind drei fundamentale Riesensachen. In die Erfüllung dieser Aufgaben müssen wir innerlich gefestigt hereingehen. Es wird nötig sein, daß über diese Aufgaben, namentlich im Zusammenhang mit der Frage der Stellung zur Verteidigung Westeuropas, demnächst durch unsere gesamte Partei in allen Ländern ein Aufkärungsfeldzug startet, wie er nur irgendwie bei der Bundestagswahl gewesen ist. Die Landesparteien, die Kreisparteien usw. werden von uns aus das nötige Material bekommen. Ich bitte Sie, daß Sie, wenn wir so weit sind, an diese ungeheure Arbeit mit dem ganzen Ernst herangehen, der bei dem Ernst der Sachlage verlangt wird. Der Bundestag und unsere Partei im Bundestag kann nicht die Verantwortung auf sich nehmen, wenn er nicht weiß und wenn er nicht fühlt, daß er dabei von seinen Leuten im Lande getragen ist. Dafür müssen Sie, meine Freunde, sorgen. Sie werden von uns das Material bekommen, Sie werden die Redner bekommen. Dann wird Ihre große Aufgabe kommen. Dieser Aufklärungsfeldzug ist genau so wichtig, wenn nicht noch wichtiger, als es die Bundestagswahl im Jahre 1949 gewesen ist. Ich bitte Sie dringend, demnächst mit Ihrer ganzen Kraft daranzugehen.

Lassen Sie mich jetzt noch etwas einschieben. Ich habe eben von Föderalismus gesprochen. Also, meine Damen und Herren, der fundierteste Föderalist im Kabinett ist der Herr Bundesfinanzminister Schäffer. Aber Herrn Schäffer graut es allmählich vor dem Föderalismus, wie er sich allmählich bei uns auszuwachsen droht. Wissen Sie, wir haben in der Frage der Bereitschaftspolizei mit den Ländern Erfahrungen gemacht, wie man sie trauriger überhaupt nicht machen konnte. (Hört!Hört!) Ein ganzes Buch haben wir darüber gesammelt[6]. Aber Verständnis dafür, daß die Länder nur Teile eines Ganzen sind und daß kein Land bestehenbleiben wird und bestehenbleiben kann, wenn nicht das Ganze besteht, haben wir kaum irgendwo gefunden. Lassen Sie mich mit aller Offenheit hier sagen, im Bundeskabinett und auch in der Bundestagsfraktion gilt zur Zeit als – um keinen anderen Ausdruck zu gebrauchen – der am meisten föderalistisch eingestellte Staat Nordrhein-Westfalen und insbesondere das Kabinett von Nordrhein-Westfalen. (Hört! Hört!) Das ist eine sehr ernste Angelegenheit. Wir werden uns – ich sage das mit allem Freimut – unter Umständen gezwungen sehen – wir haben darüber schon in der letzten Sitzung des Bundeskabinetts gesprochen –, dem Bundestag Gesetze vorzulegen, die den Ländern zunächst gewisse Möglichkeiten nehmen. Ich werde – und ich habe den Auftrag dazu schon gegeben – bei den Hohen Kommissaren den Antrag stellen, daß der Bundesregierung noch auf Grund des unseligen Besatzungsstatuts die Möglichkeit gegeben wird, im Lande für einen Ordnungsdienst zu sorgen. Am letzten Sonntag hat sich im Industriegebiet wieder folgendes abgespielt. Die Bergleute wollten in dieser Zeit der Kohlennot zur Arbeit einfahren. Sie wurden von Kommunisten daran gehindert. Es haben Prügeleien stattgefunden. Obwohl die Polizei vorher benachrichtigt war, ist kein einziger Polizist zur Stelle gewesen. (Hört! Hört!) Es ist ja letzten Endes kein Wunder, wenn man weiß, wie die Polizei zustande gekommen ist und wie sie bezahlt wird. (Sehr richtig!) Völlig unmögliche Verhältnisse! Aber lassen Sie mich z.B. von Nordrhein-Westfalen folgendes sagen. Wenn Nordrhein-Westfalen erklärt – ich weiß nicht, ob es bis zum Schluß bei diesem Stadium der Erklärungen geblieben ist –, für Nordrhein-Westfalen sei eine Bereitschaftspolizei nicht nötig, dann muß ich doch sagen: Wer das erklärt, der kennt nicht die Zeichen unserer Zeit.

(Flecken[7]: Herr Adenauer, wer hat Ihnen denn das erklärt? Es werden fortgesetzt Tatbestände gesagt, die nicht stimmen. Das stimmt ja alles nicht, was Sie gesagt haben. Das kann man doch nicht unwidersprochen hinnehmen, was Sie gesagt haben. Dann haben Ihre Herren Sie falsch unterrichtet. Es hat doch kein Mensch gesagt, daß Nordrhein-Westfalen keine Bereitschaftspolizei braucht!)

– Das ist wohl gesagt worden, Herr Flecken.

(Flecken: Von wem?)

– Ich stehe Ihnen gern zur Verfügung.

(Flecken: Ich möchte das wissen. Ich habe Herrn Lehr[8] x-mal angeboten, man möchte mir Gelegenheit geben, mit Ihnen über die ganze Frage zu sprechen. Die Gelegenheit habe ich nicht bekommen!)

– Ich will Ihnen eins sagen und sehen, ob Sie das auch bestreiten. Wir haben hier in der Bundeshauptstadt Bonn eine Polizeimannschaft verlangt. Die sollten wir in Höhe von 600 Mann bekommen. Aber die sollte nicht dem Polizeimann beim Bundesinnenministerium unterstellt werden, sondern die sollte zum Einsatz Nordrhein-Westfalen unterstellt bleiben.

(Flecken: Jawohl!)

– Verstehen Sie denn nicht, was das für eine Bundesregierung bedeutet?

(Flecken: Doch! Darüber können wir uns unterhalten. Dann will ich Ihnen die Gegenseite dazu sagen!)

– Verstehen Sie das nicht? Ich kann Ihnen dazu nur sagen, daß die Hohen Kommissare, die sich gegenüber meinem Antrag, uns eine Bundespolizei zu geben, im Sommer ablehnend verhalten haben, restlos bekehrt sind durch die Entwicklung, die diese Verhandlungen in der Zwischenzeit nicht nur mit Nordrhein-Westfalen, sondern auch mit anderen Ländern genommen haben.

Aber, meine Freunde, seien Sie sich bitte darüber klar – damit komme ich auf das Außenpolitische –, daß die Unterminierung bei uns vom Osten her in immer stärkerer Weise fortschreitet. (Sehr richtig!) Nach den letzten Nachrichten, die ich – ich glaube, aus guter Quelle – bekommen habe, werden wir damit zu rechnen haben, daß schon im frühen Frühjahr bei uns, in Italien und in Frankreich kommunistische Unruhen angezettelt werden. Wir können diesen Gefahren nur dann begegnen, wenn wir eine zentrale Gewalt haben, die dem wirklich entgegengesetzt werden kann. Ich kann sehr gut verstehen, was mir Ministerpräsidenten gesagt haben. Sie haben mir gesagt: Wenn es in Nordrhein-Westfalen anfängt, dann kann ich doch nicht aus Bayern oder aus Niedersachsen die Polizei nach Nordrhein-Westfalen geben, weil es dann sofort bei mir losgeht. Das ist ganz verständlich. Daraus ergibt sich aber schon, wie notwendig es ist, daß irgendwo eine Truppe bereitgehalten wird, die schlagartig hierhin und dorthin geschickt werden kann, ohne daß die Polizei in den betreffenden Ländern dadurch geschwächt wird.

Die außenpolitische Lage ist im deutschen Volke so verwirrt wie möglich. Es sind folgende Dinge möglich. Demnächst tritt die Vier-Mächte-Konferenz zusammen. Vor vier Monaten wäre von den Westalliierten, ausgenommen von Frankreich, der Zusammentritt einer solchen Vier-Mächte-Konferenz abgelehnt worden. Jetzt werden sie sich das nicht mehr leisten können. Wenn die Vier zusammenkommen, haben Sie folgendes Bild: auf der einen Seite das mehr oder weniger hochgerüstete Rußland mit seinen Satellitenstaaten, zu denen neuerdings offensichtlich auch Rotchina mit seinen 400 Millionen Menschen gehört, auf der anderen Seite England und Frankreich. Trotz aller entgegengesetzten Nachrichten: die Atlantikpaktstaaten haben bisher Nennenswertes nicht getan. Alles Papier, alles Konferenzen, eine Konferenz nach der anderen. Nennenswertes haben sie nicht gebracht. Die Vereinigten Staaten haben mit ihrer Aufrüstung nicht in dem Maße begonnen, wie sie es im Sommer gesagt haben. Sie haben zwar die Beschlüsse gefaßt, aber sie haben sie nicht in derartigem Maße in die Tat umgesetzt. Jetzt haben sie die Erfolge gesehen und scheinen jetzt in wirklich starkem Tempo aufzurüsten. Aber dasjenige, was sie bisher an personeller und materieller Kraft hatten, geht in Asien restlos verloren. Daher werden die drei Westalliierten auf der Viermächte-Konferenz nur mit Zukunftswechseln dastehen, während auf der anderen Seite Sowjetrußland in einer außerordentlich starken Position dasteht. Unter diesem sehr ungünstigen Aspekt werden sich die Verhandlungen zunächst abspielen. In Frankreich – ich weiß nicht, ob hier Presse zugegen ist; aber mit aller Vorsicht, bitte! – sind im Quai d' Orsay noch gewisse Kräfte vorhanden, die von der alten französischen Konzeption, daß Deutschland der Erbfeind sei, der von Rußland auf der einen Seite und von Frankreich auf der anderen Seite eingekreist werden müsse, nicht loskommen. Dieser Konzeption lag ja noch der Freundschaftsvertrag mit Rußland zugrunde, der damals im Jahre 1944 von Bidault geschlossen worden ist. Diese Kreise sehen auch mit großer Sorge einer etwaigen Wiedervereinigung der beiden Hälften Deutschlands entgegen. Der Verteidigungsminister Moch, der ja während der ganzen Monate ein böses Spiel gespielt hat, hat in der französischen Kammer ganz offen gesagt, er sei gegen eine deutsche Beteiligung, weil er fürchte, daß dann Deutschland darauf dringen würde, daß der Osten wieder mit dem Westen vereinigt wird. In diesen Kreisen des Quai d' Orsay hat der Gedanke Freunde, sogar starke Freunde, daß es eigentlich die beste Lösung sei, wenn Deutschland neutralisiert und demilitarisiert werde. Und in unserem Lande gibt es Leute, die unklug und unüberlegt genug sind, darin wirklich eine Lösung der ganzen Schwierigkeiten zu sehen. Zu meinem Schrecken habe ich in einer der letzten Nummern der New York-Times – Sie kennen die Bedeutung dieses Blattes; es ist die bedeutungsvollste Zeitung in den Vereinigten Staaten – ähnliche Ausführungen gelesen. Was es für uns bedeuten würde, wenn es dazu käme, kann sich jeder an den fünf Fingern abzählen. Hier läge das Deutschland, das völlig waffenlos und neutralisiert sein würde, dort läge das starke Rußland mit seinen Satellitenstaaten, und hier läge der übrige Teil von Westeuropa, darunter Frankreich, kraftlos. Dieses Land würde – das ist so sicher, wie morgen wieder die Sonne aufgeht – in einer verhältnismäßig kurzen Zeit vollständig in das Kraftfeld Rußlands kommen. Wir würden ebenfalls in einer verhältnismäßig kurzen Zeit in dieser oder jener Form – das kann man jetzt noch nicht sagen – der russischen Macht in die Hand gegeben sein, mit allen Konsequenzen, die sich daraus ergeben würden. Die Meinung mancher Franzosen, daß dieses Sowjetrußland dann Frankreich unbehellligt lassen würde, ist natürlich Unsinn. In Frankreich sind jetzt schon 30% Kommunisten, in Italien ebenso, und wenn der Kommunismus Sowjetrußlands seine Herrschaft hier auf Deutschland ausgedehnt hat, dann wird der übrige Teil Europas ganz schnell folgen. Dann wird das eintreten, was ich eingangs angedeutet habe, dann ist es mit dem Christentum in Europa zu Ende. Unter der Herrschaft Asiens gibt es kein Christentum in Europa. Nun bitte ich Sie, sich diese Folgen einmal für die christlichen Kirchen, auch für die katholische Kirche vorzustellen. Daß dann der Vatikan noch bleiben könnte, scheint mir ziemlich ausgeschlossen zu sein. Denn wir würden dann in Europa nichts anderes sein als ein Anhängsel dieses bolschewistischen Asiens. Das ist nach meiner Auffassung die Folge einer Neutralitätspolitik. Es gibt für ein Land eine wirksame und wirkliche Neutralität nur, wenn es so stark bewaffnet ist, daß es diese Neutralität gegenüber jedermann zu verteidigen in der Lage ist. Wenn es dazu nicht in der Lage ist, wenn mitten im Herzen von Europa ein Vakuum geschaffen würde, würde es von Rußland her ausgefüllt werden. Daran ist überhaupt nicht zu zweifeln.

Unter diesem Gesichtspunkt müssen Sie auch den Grotewohl-Brief[9] und die Antwort, die wir geben werden, betrachten. Der Grotewohl-Brief ist natürlich nichts anderes als ein Propagandastück. Der Grotewohl-Brief ist auf Beschluß der Kominform[10] geschrieben worden, weil man bei der Viermächte-Konferenz in Verhandlungen zwischen Ostdeutschland und Westdeutschland sein wollte und so den Westalliierten sagen wollte: Wir sind in Verhandlungen mit Gesamtdeutschland, um dadurch dem Gedanken einer Vereinigung der beiden Teile von Deutschland zu einem neutralisierten Land auf dieser Konferenz Vorschub zu leisten. Ich will Sie hier nicht lange mit der Stellung der SED-Regierung uns gegenüber aufhalten. Ich möchte nur zwei Fakten hervorheben. Am 30. November haben wir den Grotewohl-Brief bekommen, in dem freie Wahlen usw. verlangt wurden. Am 15. Oktober, sechs Wochen vorher, war die Wahlfarce in Ostdeutschland, bei der nur nach Einheitsliste gewählt werden durfte. In sechs Wochen ist eine solche Umwandlung zu demokratischem Denken und Fühlen in der Ostzone vor sich gegangen! Und am 13. Dezember, vierzehn Tage nach dem Grotewohl-Brief, hat man in der Ostzone das Gesetz beschlossen, das man fälschlicherweise Gesetz zum Schutze des Friedens genannt hat, ein Gesetz, das jede Kritik der Regierung mit den schwersten Strafen, z.B. Vermögenskonfiskation, bedrohte, und in dem sich der Paragraph findet, daß dieses Gesetz auch auf Deutsche anwendbar ist, die außerhalb der Sowjetzone wohnen, also mit anderen Worten, auf uns alle miteinander hier. Genau vierzehn Tage, nachdem man uns diesen Brief geschickt hat! Daraus ergibt sich ja nun ohne weiteres, wie dieser Brief zu betrachten ist.

Nun haben wir nicht sofort geantwortet. Das hat mehrere Gründe. Ein wesentlicher Grund ist der folgende. Herr Dr. Schumacher, der Vorsitzende der Sozialdemokratischen Partei, hat, nachdem der Grotewohl-Brief hier eingegangen ist, sofort der Presse erklärt, der Brief darf überhaupt nicht beantwortet werden. Kurze Zeit darauf hat er erklärt, er darf nicht beantwortet werden, ehe die Vierer-Konferenz gewesen ist. Nun muß uns, namentlich mir als Adressaten dieses Briefes, ja doch daran liegen, daß die Beantwortung des Briefes von der weit überwiegenden Mehrheit des Bundestages und damit des deutschen Volkes unter Einschluß der Sozialdemokratie getragen wird. Ich mußte deswegen einige Wochen warten, bis diese Erklärungen Herrn Schumachers etwas verblaßt und in den Hintergrund getreten waren. Das ist der höchst einfache Grund, warum wir so lange gezögert haben. Das ist aber ein Grund, den man der Öffentlichkeit natürlich nicht mitteilen kann. (Zuruf)

– Das kann man der Öffentlichkeit nicht mitteilen. Denn wenn man es der Öffentlichkeit mitteilen würde, würde sofort die Sozialdemokratie den Standpunkt Schumachers einnehmen (?).

Wir sind aber jetzt so weit. In der vergangenen Woche sind wir so weit gekommen, daß die Antwort an Grotewohl auch von der Sozialdemokratie als richtig betrachtet wird. Sie wird nächsten Montag in einer Pressekonferenz um ein halb 1 Uhr von mir der Öffentlichkeit mitgeteilt werden. Sie wird ziemlich ausführlich sein. Sie werden verstehen, daß ich Ihnen jetzt keine näheren Angaben daraus machen darf. Aber wenn die Antwort der Öffentlichkeit übergeben ist, dann wird es auch nötig sein, daß die ganze Angelegenheit in der Öffentlichkeit in der richtigen Weise betrachtet wird, damit nicht aus der Idee heraus, unter allen Umständen muß die Einheit Deutschlands wieder hergestellt werden, gegen die von uns zu verfolgende Politik Kapital geschlagen wird.

Damit komme ich hinsichtlich der Außenpolitik auf den wichtigsten Punkt, nämlich die Frage der Leistung eines deutschen Beitrages. Sie werden heute morgen in den Zeitungen den Inhalt der Rede gelesen haben, die Kirkpatrick[11] gestern in Hamburg gehalten hat. Ich bin von der Rede sehr überrascht gewesen. Ich habe vorher nichts davon gewußt. Man hat noch nicht den genauen Wortlaut. Vielleicht hat Kirkpatrick, der im allgemeinen einen guten Überblick über die deutschen Verhältnisse hat und der auch uns Deutschen gegenüber durchaus wohlwollend gesinnt ist, geglaubt, gegenüber all diesem Gerede und Geraune in Deutschland etwas sagen zu müssen, auch gegenüber solchen Gruppen, wie sie sich nun einmal zusammengefunden haben, auch wenn es nachher abgeleugnet wird, Niemöller, Gereke, Noack, Heinemann[12]. Er hat es vielleicht auch deswegen getan – und da möchte ich mich gerade an meine evangelischen Freunde wenden –, weil gestern und vorgestern in Potsdam der Rat der Evangelischen Kirche zusammengetreten ist, um über diese Frage ebenfalls einen Beschluß zu fassen. Vor einigen Tagen ist bei mir ein angesehenes Mitglied der Evangelischen Kirche Ostdeutschlands gewesen, um, wie er selber sagte, im Auftrage eines der dortigen Ministerpräsidenten bei mir Schritte zu tun, damit ein Gespräch zwischen den Vertretern der SED-Zone und mir zustande käme. Sie wissen auch, daß Herr Bischof Dibelius[13] zwar erklärt hat, daß er an der Veröffentlichung in dem evangelischen Blatt, das Haus des Bischofs Dibelius stehe Herrn Grotewohl und mir zu Verhandlungen zur Verfügung, unbeteiligt sei, daß er aber erklärt hat, er stehe zur Verfügung. Ich lese heute morgen in der Zeitung, daß der Rat der Evangelischen Kirche einen Beschluß gefasst hat, in dem er, wenn ich es richtig behalten habe, erklärt, er begrüße das. Vielleicht hat es Kirkpatrick aus diesen Gründen für notwendig gehalten, ein so starkes Wort zu sprechen, wie er es gesprochen hat.

Meine Meinung zu der ganzen Sache ist folgende. Das ist auch die Meinung des Kabinetts und, ich glaube, auch die Meinung des überwiegenden Teils des Bundestags, nicht nur der Koalition. Wir stehen im Lager des Westens. Wir wollen, daß bei der Viderer-Konferenz nicht über unser Schicksal ohne uns entschieden wird. Ich habe z.B. einem der hohen Kommissare gesagt: Seien Sie sich bitte völlig darüber klar, daß wir nicht mehr zur Zeit der Konferenz von Potsdam leben, sondern im Jahre 1951, und daß das, was Sie auf dieser Vierer-Konferenz über uns beschließen, nicht durchgeführt werden kann, ohne daß wir mittun. Wir stehen also im Lager des Westens. Wir werden nicht ertragen können, daß auf der Vierer-Konferenz über uns in einer Weise entschieden wird, die wir nicht ertragen können. Wir müssen auch bereit sein, meine Damen und Herren, einen Beitrag zur Verteidigung Westeuropas zu leisten, (Sehr richtig!) allerdings unter gewissen Voraussetzungen. Diese Voraussetzungen möchte ich Ihnen vertraulich – nicht für die Presse bestimmt –, so wie ich sie für richtig halte, sagen. Erstens: das Besatzungsrecht muß durch Vertragsrecht ersetzt werden. Das hat zur Folge, daß die hohe Kommission verschwinden muß und an die Stelle der Hohen Kommissare Botschafter treten müssen, ebenso wie wir das Recht bekommen müssen, Botschafter in die drei westlichen Hauptstädte zu schicken. Drittens: Unsere etwaigen Truppenkontingente müssen den anderen gleichgestellt sein, insbesondere müssen wir sofort eine entsprechende Vertretung im Stab des Generals Eisenhower[14] haben. Viertens: es darf uns nichts zugemutet werden, was unsere finanzielle Leistungsfähigkeit übersteigt. Daher werden wir zwar in der steuerlichen Beanspruchung des deutschen Volkes bis an die äußerste Grenze gehen müssen. Aber dann muß unter Berücksichtigung der ganzen finanziellen Situation geprüft werden, inwieweit wir noch leistungsfähig sind. Dabei muß beachtet werden, daß wir unsere wichtigsten sozialen Aufgaben weiter erfüllen können und erfüllen müssen. Soweit wir dazu nicht in der Lage sind, werden wir genau wie Italien und wie Frankreich eben Zuschüsse von Amerika bekommen müssen. Das werden im wesentlichen die Voraussetzungen sein. Wann wir so weit sein werden, mit dieser ganzen Sache an die Öffentlichkeit zu treten, kann ich Ihnen jetzt nicht sagen. Es wird uns aber auch mitgeteilt werden müssen, welches die militärischen Pläne der Westalliierten in bezug auf Westeuropa sind. Denn wir können nur dann Deutschen zumuten, mitzutun, wenn dieses Mittun Aussicht auf Erfolg hat, d.h. wenn eine militärische Macht aufgebaut wird, von der man wirklich annehmen kann, daß sie im Ernstfall einen Damm gegenüber russischen Angriffen bilden wird.

Ein wesentlicher Punkt, der uns bisher in der Öffentlichkeit außerordentlich beschäftigt hat, scheint so geklärt worden zu sein, daß wir darüber keine Besorgnis mehr zu haben brauchen. Und zwar betrifft das die Formation der deutschen Truppenkontingente. Sie wissen, daß in Brüssel von Kampfgruppen von etwa 6000 Mann gesprochen worden ist. Ich glaube, man kann annehmen, daß diese ganze Frage schließlich so geregelt wird, daß die deutschen Truppenkontingente sich von den Truppenkontingenten der anderen Staaten und Länder nicht unterscheiden werden. Wie es mit dem Aufbau der gesamten Macht der Westalliierten hier steht, wird sich wohl erst entscheiden lassen, wenn der General Eisenhower seine Inspektionsreise beendet hat und nach den Vereinigten Staaten zurückgekehrt ist. In diesem Zusammenhang muß ich in Ihr Gedächtnis zurückrufen, daß in den Vereinigten Staaten zuerst Hoover und dann in geschickterer Weise Taft[15] die Auffassung vertreten hat, es sollten keine Truppen nach Europa geschickt werden. Hoover hat es etwas ungeschickt gesagt. Taft hat es insofern geschickter gesagt, als er der öffentlichen Meinung in den Vereinigten [Staaten], die sehr gegen den Kommunismus eingestellt ist, entgegengekommen ist, indem er an die Spitze seiner Ausführungen gestellt hat, daß nach wie vor der Kampf gegen den Kommunismus eine der größten Aufgaben der Vereinigten Staaten sei. Der amerikanische Hohe Kommissar hat mich, schon ehe Taft gesprochen hat, darauf aufmerksam gemacht, daß diese Frage: Entsendung amerikanischer Truppen nach Europa oder nicht, während der ersten drei Monate dieses Jahres im Kongreß zur Entscheidung kommen wird. Er hat mir das vor etwa zehn Tagen gesagt. Was sich seit diesen zehn Tagen ereignet hat, hat ihm ja recht gegeben. Er hat mir gesagt: Das Echo der Rede Hoovers im Lande wird im Kongreß jetzt widertönen, und der Kongreß wird sich dann über diese Frage entscheiden müssen. Es ist wohl ganz zweifellos, daß der Bericht, den Eisenhower über seine europäische Reise erstatten wird, die Entscheidung in den Vereinigten Staaten sehr wesentlich beeinflussen wird. Aus dem gleichen Grunde – und jetzt komme ich auf die Streikandrohung zurück – wäre es in höchstem Maße unerwünscht, wenn jetzt während dieser entscheidungsvollen Wochen tatsächlich ein Streik im Bergbau und in der Eisenwirtschaft ausbräche.

Das würde natürlich höchst üble Komplikationen bei uns zur Folge haben und würde durchaus geeignet sein, den Eindruck, den man in gewissen Teilen der Vereinigten Staaten von der inneren Lage des deutschen Volkes hat, zu unseren Ungunsten weiter zu verschlimmern.

Es ist hier in der deutschen Presse – soviel ich wenigstens habe sehen können – nicht bekannt geworden, daß Eisenhower drüben in den Vereinigten Staaten einige nicht sehr freundliche Bemerkungen über das deutsche Volk gemacht hat. (Zuruf: Das steht ja in seinem Buch geschrieben!)

– Das Buch liegt weiter zurück. Meine Damen und Herren, lassen Sie mich daran ein Wort anknüpfen; ich fahre dann gleich fort. Eisenhower war der Hauptanführer gegen uns. Wenn wir aber jetzt nachrechnen wollen und daran anknüpfen wollen, was er in dieser seiner Eigenschaft gesagt hat, dann, meine Damen und Herren, kann ich den anderen nicht übelnehmen, wenn sie an das anknüpfen, was die nationalsozialistische Regierung auch einmal gegen die anderen gesagt hat. Wenn wir nicht einmal aufhören – das gilt für alle Beteiligten – mit dem Nachrechnen und mit dem Nachforschen der Vergangenheit und darüber, was dieser oder jener gesagt hat, dann, meine Damen und Herren, verkrampfen wir uns immer mehr in der Vergangenheit und werden immer unfähiger, der neuen Situation gegenüberzutreten. (Sehr gut!) Darum, meine ich, sollte man Schluß damit machen. Es hat buchstäblich ein neues Kapitel der Geschichte angefangen. Das erste Blatt dieser Geschichte ist noch nicht geschrieben. Wir wollen es nicht mit Erinnerungen an die Vergangenheit beschreiben. (Sehr richtig!)

Ich wiederhole, meine Damen und Herren: es wird von größter Bedeutung sein, mit welchen Eindrücken Eisenhower in die Vereinigten Staaten zurückfährt. Darum gewinnt das Zusammenstehen mit der Sozialdemokratie bei der Beantwortung des Grotewohlbriefes eine noch größere Bedeutung als es sonst schon hätte, weil nämlich, wenn wir uns mit der Sozialdemokratie nicht darüber geeinigt hätten, die Aussichten für ein Zusammenstehen bei der Entscheidung der wichtigsten Frage, der Leistung eines deutschen Beitrages, noch unendlich schwieriger geworden wären.

Die nächsten Wochen, meine Freunde, werden also diese Entscheidung des deutschen Volkes erfordern.

Nun stellt sich die Sache nicht so dar, daß, wenn etwa die Mehrheit des deutschen Volkes sich auf den Standpunkt stellt: „ohne mich!“ oder „wir tun nicht mit!“ oder wie all die schönen Ausdrücke heißen, die Amerikaner am Tage darauf mit klingendem Spiel abrücken. Das halte ich für ausgeschlossen. Aber bei dem Zusammentritt der Viererkonferenz würde dann die Situation so liegen, daß auf der einen Seite dieses Rußland steht, wie ich es eben geschildert habe, auf der anderen Seite das dekadente und in sich verfallende Europa, und das deutsche Volk sagt: „Ja sicher, ich will frei sein, aber ich will keine Opfer dafür bringen!" Dann würde man es den Amerikanern wirklich nicht übelnehmen können, wenn sie sagen würden: Ja, wenn ihr keine Opfer für Europas Freiheit bringen wollt, dann werden wir auch keine Opfer bringen! und dann auf unserem Rücken irgendeine Verständigung mit Sowjetrußland herbeiführen würden. Das steht zu befürchten, falls das deutsche Volk nicht mehr die Kraft in sich fühlt, zu erklären: Ja, ich bin bereit, für die Freiheit Westeuropas, wenn es not tut, wirkliche Opfer zu bringen!

Nun glaube ich für meine Person, meine Damen und Herren, wenn die Vereinigten Staaten und Westeuropa einschließlich Deutschland wirklich zusammenstehen, werden wir keinen Krieg bekommen.

Rußland hat natürlich auch seine Engpässe, und Rußland ist vor allem ein sehr vorsichtiges Land. Es möchte uns haben, aber es möchte natürlich keine verbrannte Erde haben. Damit kann es nichts anfangen. Wenn es etwa zu irgend einem Kriege kommen sollte, ohne daß der Westen aufgerüstet und bereit ist, den Angriff aufzuhalten, dann steht ja ganz außer Zweifel, daß bei uns das gleiche passieren würde, was beim Rückzug in Korea ebenfalls erfolgt ist, d.h. daß die zurückziehenden Truppen keinen Stein auf dem anderen lassen. Mit einem solchen Land, das so total verwüstet ist, kann der Russe auch nichts anfangen.

Aber wenn Sie die russische Politik seit 1945 verfolgen und dabei sehen, wie Rußland seit 1945 ganz zielbewußt durch Geduld und durch Zeigen von Macht – es hat selbst seine Macht gar nicht eingesetzt – es erreicht hat, alle diese Satellitenstaaten zu bekommen und jetzt Rotchina in seinen Bann zu kriegen, dann werden Sie mit mir der Auffassung sein müssen, daß Rußland nach diesem bewährten Rezept wird weiter verfahren wollen. Es hat ja bisher schon in den letzten Monaten – zum Teil hängt das mit dem Mißerfolg der Amerikaner in Korea zusammen – gewisse Erfolge in der Bundesrepublik Deutschland in der Stimmung der Bevölkerung erreicht. (Sehr richtig!)

Also ich glaube nicht unmittelbar an eine Kriegsgefahr, und ich glaube, daß sich dann, wenn Sowjetrußland sieht, daß die Westalliierten einschließlich Deutschland wirklich entschlossen sind, unter allen Umständen Widerstand zu leisten, eines Tages auch ein echtes Friedensgespräch zwischen den Vereinigten Staaten von Nordamerika und Sowjetrußland anbahnen wird; wann, wissen wir nicht. Aber das eine wissen wir ganz genau: daß gegenüber Sowjetrußland das Dümmste und Verderblichste ist, nichts zu tun, sondern die Dinge laufen zu lassen; (Richtig!) denn dann werden wir geschluckt werden.

Insofern hat Kirkpatrick auch Recht, wenn er hier nach diesem Referat sagt, daß die Deutschen einen so merkwürdigen Eindruck machten; sie befeindeten sich mit allen: sie wollen nicht russisch werden, ja, sie wollen aber auch nicht mit den Westalliierten gehen. Was sie eigentlich wollen, – der Himmel weiß es.

Manchmal fragt man sich: sind sich manche Leute klar, wer eigentlich den Krieg verloren hat? Die Frage habe ich mir neulich in dem Ausschuß des Bundestages für Auswärtige Angelegenheiten wahrhaftig gestellt. Ich habe sie nur nicht laut gesagt, um die Leute da nicht vor den Kopf zu stoßen. (Sehr richtig!) Aber es ist wirklich so: wenn man die Dinge verfolgt, wenn man sieht, wie bei uns die Meinungen hin und hergehen, hat man den Eindruck, die Leute sind entweder blind – oder wollen blind sein oder es ist ihnen alles gleichgültig geworden. Gegen diese verhängnisvolle defaitistische Stimmung werden wir ebenfalls mit aller Kraft angehen müssen. Das wird ein ganz großer Propagandafeldzug werden müssen.

An das, was ich gesagt habe, meine Freunde, lassen Sie mich hier in diesem Kreise noch folgendes anknüpfen. Die Reaktion gegen die Agitation Niemöller-Heinemann ist natürlich auch auf katholischer Seite groß, und ich beobachte diese Vorgänge fortgesetzt mit einer tiefen inneren Besorgnis. Nicht nur als Christ, nicht nur als Katholik, sondern auch als Deutscher. Denn wenn wir – was Gott verhüten möge – wieder in die beiden christlichen Konfessionen auseinanderfallen sollten, dann wird der Graben tiefer werden, als er jemals vorher gewesen ist. Nun darf ich Ihnen hier sagen, welche Meinung der Niemöller vertritt. Er hat drei Leuten von uns gegenüber, die ich jetzt nicht mit Namen nennen möchte, erklärt: Der Kanzler ist der Beauftragte des Vatikans. Zwischen dem Vatikan und Washington ist vereinbart worden, daß die 18 Millionen deutscher Protestanten dem Bolschewismus überantwortet werden, damit der deutsche Protestantismus ausgerottet wird. – Das hat er gegenüber evangelischen Herren fast wörtlich so erklärt.

Ich weiß nicht, ob hier Freunde sind, die zu Herrn Heinemann[16] nähere Beziehungen unterhalten. Wenn sie hier sein sollten, dann, meine ich, sollten sie ihm doch nahelegen, daß er sich jetzt von diesen Leuten distanziert. Es ist ganz unmöglich, meine Freunde, daß die Dinge so weitergehen, daß ein Mann, der doch ein angesehener Mann in unserer Partei ist, derartige Gespräche führt, auch wenn sie nachher wieder dementiert werden; es bleibt immer etwas von der Sache hängen, und er schadet der Sache der CDU ganz außerordentlich.

Ich möchte mit dem schließen, was ich zu Anfang gesagt habe: Wir haben im Jahre 1951 eine ungeheuere Verantwortung zu tragen. Unsere Partei ist in der Koalition die führende Partei. Wenn wir festbleiben, nicht schwanken, eine klare Linie verfolgen, dann werden wir nicht nur bei den Westalliierten Bundesgenossen in unserer Verteidigung gegenüber dem Osten haben; wir werden auch die Sozialdemokratie bei uns haben[17]. Nichts ist schlimmer, als wenn eine Partei Uneinigkeit zeigt. Wir werden auch die Sozialdemokratie an unserer Seite haben; denn die Sozialdemokratie kann gar nicht, wenn eine große Partei wie die unsere sich auf diesen Standpunkt stellt, erklären: wir sind gegen Leistung eines Beitrages! – das kann sie einfach nicht. Es wird sich in diesem Jahr um Sein oder Nichtsein eines freien Deutschland handeln, (Richtig!) um Sein oder Nichtsein eines christlichen Deutschland, um Sein oder Nichtsein eines christlichen Europa. Daher brauchen wir, die wir führend in der Partei tätig sind, ihre Hilfe und ihrer aller Unterstützung. Und um diese Unterstützung, meine Freunde, bitte ich Sie von ganzem Herzen. Es handelt sich um unendlich viel mehr als um unsere Partei; auch um sie handelt es sich; aber es handelt sich [um] unendlich viel mehr: um Sein oder Nichtsein alles dessen, was – uns wenigstens – das Leben lebenswert und begehrenswert macht.

Ich habe vor einigen Wochen den Besuch eines ausländischen Diplomaten gehabt, der aus der Tschechoslowakei kam. Er sagte mir – und er belegte das auch mit Beispielen –, daß in der Tschechoslowakei kein Mensch, der nur eine gewisse Achtung vor sich selbst habe, es ertrüge, unter diesem Regime weiterzuleben; (Sehr richtig!) und das ist allenthalben so, wo der Russe herrscht. Es ist eben eine ganz andere Anschauung von den Menschen, die von unserer Anschauung über den Wert des Menschen himmelweit verschieden ist.

Daher müssen wir fest bleiben und müssen geschlossen bleiben. Sie müssen uns in den nächsten Wochen und Monaten helfen, damit auch das deutsche Volk erkennt, daß es als deutsches Volk, nicht als Sklavenvolk, nur dann eine Zukunft hat, wenn es entschlossen diesen Weg geht, der – das lassen Sie mich zum Schluß nochmals sagen – mit allergrößter Wahrscheinlichkeit der Weg zur Bewahrung und zur Rettung des Friedens ist. (Beifall)

Quelle: ARh, Maschinenschriftliches Wortprotokoll.

Anmerkungen

1 Wilhelm Johnen, Fraktionsvorsitzender der CDU im Landtag von Nordrhein-Westfalen, Vorsitzender der CDU Rheinland, 1949-1957 MdB.

2 Johannes Albers, 1949-1957 MdB, Vorsitzender der Arbeitsgemeinschaft der Sozialausschüsse der CDU.

3 Christine Teusch, 1946-1966 MdL in Nordrhein-Westfalen; 1947-1954 Kultusminister von Nordrhein-Westfalen.

4 Zum 75. Geburtstag Adenauers wurde zu einer Adenauer-Spende zur Finanzierung des Landesverbands Rheinland der CDU aufgerufen; aus demselben Anlaß sammelte die Industrie für die wissenschaftliche Forschung und für karitative Zwecke.

5 Franz Etzel, 1949-1965 MdB, 1952-1957 Vizepräsident der Hohen Behörde der Montan-Union, 1957-1961 Bundesminister der Finanzen.

6 Zu diesen Schwierigkeiten vgl. detailliert Arnulf Baring: Außenpolitik in Adenauers Kanzlerdemokratie, a.a.O., S. 76-81.

7 Dr. Adolf Flecken, Minister für Inneres von Nordrhein-Westfalen von 1950-1952.

8 Robert Lehr, 1949-1953 MdB, 1950-1953 Bundesminister des Innern.

9 Der Brief des DDR-Ministerpräsidenten Grotewohl an Bundeskanzler Adenauer vom 30. 11. 1950 enthielt den Vorschlag, einen Gesamtdeutschen Konstituierenden Rat in paritätischer Zusammensetzung aus Vertretern Ost- und Westdeutschlands zu bilden, der die Einsetzung einer provisorischen gesamtdeutschen Regierung vorzubereiten und gesamtdeutsche Wahlen zu organisieren hätte.

10 Kominform (Kommunistisches Informationsbüro = Organisation Kommunistischer Parteien in Europa unter Führung der KPdSU).

11 Kirkpatrick, Sir Ivone, Britischer Hoher Kommissar in der Bundesrepublik Deutschland seit 1950. In seiner Rede in Hamburg am 12. 1. 1951 hatte er erklärt, Deutschland müsse sich unzweideutig entscheiden, ob es mit dem Westen verbündet sein wolle oder nicht. Eine Abenteuerpolitik, eine Politik des Ausspielens einer Macht gegen die andere möge kurzfristig verlokkend erscheinen, könne langfristig aber nur ins Verderben führen. Bisher hätten die Deutschen in der Frage einer Partnerschaft mit dem Westen wenig Verständnis für Opfer gezeigt; sie erwarteten von ihrer Regierung in erster Linie eine kompromißlose und rasche Durchsetzung ihrer Wünsche. Abwegig sei die Konzeption der sogenannten Dritten Kraft, da Europa für eine unabhängige Politik weder die Kraft noch die materiellen Mittel besitze. Zumindest letzteres

war auch eine Kritik am Bundeskanzler, der sich gelegentlich für die Idee einer „dritten Kraft" ausgesprochen hatte (vgl. Erklärung vom 9. 5. 1950).

[12] Kirchenpräsident Niemöller, Dr. Dr. Günter Gereke, Prof. Ulrich Noack und Dr. Gustav Heinemann waren maßgebende Köpfe der Bewegung, die sich gegen Adenauers Westpolitik im außerparlamentarischen Raum gebildet hatte.

[13] Dr. Otto Dibelius war EKD-Ratsvorsitzender und Bischof von Berlin-Brandenburg.

[14] General Dwight D. Eisenhower, der am 18. 12. 1950 zum NATO-Oberbefehlshaber berufen wurde, unternahm im Januar 1951 eine Blitzreise durch die NATO-Staaten, um herauszufinden, ob die Voraussetzungen für eine integrierte und effektive Verteidigung Europas bestanden. Er erstattete Präsident Truman am 27. 1. 1951 Bericht.

[15] Expräsident Herbert Hoover und andere republikanische Politiker, vor allem aber Senator Robert Taft, traten damals für ein modifiziertes Konzept der „Festung Amerika" ein und widersetzten sich dem Aufbau starker US-Streitkräfte in Europa.

[16] Dr. Gustav Heinemann, der am 10. Oktober 1950 wegen seiner Spannungen mit Adenauer in der Wiederaufrüstungsfrage aus dem Amt des Bundesinnenministers ausgeschieden war, war zum Zeitpunkt der Ansprache noch Mitglied der CDU. Zu seinem Verhältnis zu Adenauer vgl. Dieter Koch: Heinemann und die Deutschlandfrage. München 1972.

[17] In den Anfängen der Wiederaufrüstungsdiskussion bestand zwischen SPD und Bundesregierung in einer Reihe von Punkten durchaus noch Übereinstimmung (vgl. Erinnerungen I, S. 398-422, Udo F. Löwke: Für den Fall, daß... SPD und Wehrfrage, 1949-1955. Hannover 1969. – Klaus v. Schubert: Wiederbewaffnung und Westintegration. Die innere Auseinandersetzung um die militärische und außenpolitische Orientierung der Bundesrepublik 1950–1952. Stuttgart 1970.

14. Februar 1951

Grundsätzliche Stellungnahme vor dem Deutschen Bundestag zur Mitbestimmung in der Montanindustrie

Meine Damen und Herren! Die besonderen Umstände, unter denen dieser Gesetzentwurf an das Hohe Haus gelangt ist, rechtfertigen es, daß ich einige allgemeine Bemerkungen dazu mache.

Sie wissen, daß in der Beratung der zuständigen Ausschüsse zur Zeit die drei Gesetzentwürfe sind, welche die gleiche Materie behandeln: der Gesetzentwurf der Bundesregierung und die Gesetzentwürfe der beiden Fraktionen der CDU/CSU und der SPD. Nur besondere Umstände können es rechtfertigen, daß während dieser parlamentarischen Beratung der Materie die Bundesregierung Ihnen einen Gesetzentwurf vorlegt[1], der die Materie für einen Teil der Industrie, für die Kohlenindustrie und die eisenschaffende Industrie, regeln soll. Die Gründe, die die Bundesregierung veranlaßt haben, diesen besonderen Schritt zu tun, sind Ihnen und der deutschen Öffentlichkeit zwar bekannt; aber ich darf sie doch in Ihr Gedächtnis zurückrufen.

Auf dem Gebiet der *eisenschaffenden Industrie* ist unter der britischen Militärregierung

eine Regelung bei der Besetzung der Aufsichtsräte erfolgt, die eine *Vertretung der Arbeitnehmerschaft* in diesen *Aufsichtsräten* sicherstellte. Diese alliierten Bestimmungen werden ja eines Tages der Vergangenheit angehören. Und nun ist in einem Gremium die Frage an den Herrn Bundeswirtschaftsminister gestellt worden, welche Regelung die Bundesregierung vorzunehmen gedenke, wenn jene alliierte Regelung ihr Ende gefunden habe. Über die Antwort, die der Herr Bundeswirtschaftsminister gegeben hat, ist eine Meinungsverschiedenheit entstanden. Auf seiten der Arbeitnehmerschaft, insbesondere der Gewerkschaften, war durch seine Antwort der Eindruck entstanden, daß die Bundesregierung beabsichtige, sobald diese Materie durch deutsches Gesetz geregelt werden könne, den Arbeitnehmern die Möglichkeiten, die sie jetzt haben, wieder zu nehmen. Der Herr Bundeswirtschaftsminister hat entschieden in Abrede gestellt, daß seine Ausführungen in diesem Kreise nach der von mir gekennzeichneten Richtung hin auszulegen seien. Immerhin: die Beunruhigung war entstanden, und diese Beunruhigung hat dann weiter um sich gegriffen und zu den Ihnen bekannten Kündigungen zunächst im Gebiet der eisenschaffenden Industrie und dann im Gebiet des Kohlenbergbaus geführt.
Ich habe von Anfang an – und ich möchte das hier mit allem Ernst betonen, meine Damen und Herren – in zwei Briefen, die ich an den Vorsitzenden des Deutschen Gewerkschaftsbundes, Herrn Dr. Böckler, gerichtet habe, keinen Zweifel darüber gelassen, daß ich es nicht für möglich hielte, so zu verfahren, wie von den Gewerkschaften verfahren worden ist. Ich verlese Ihnen am besten diesen Passus meines *Briefes an Herrn Dr. Böckler* vom 14. Dezember des vergangenen Jahres, weil sich daraus mein Standpunkt klar ergibt:
„In einem demokratischen Staatswesen kann es einen *Streik gegen die verfassungsmäßigen Gesetzgebungsorgane* nicht geben. Das Koalitionsrecht, auf das Sie sich berufen, sichert nur das Recht, zur Wahrung und Förderung der Arbeits- und Wirtschaftsbedingungen Vereinigungen zu bilden. Es kann keine Rede davon sein, daß die verfassungsgesetzlich gewährleistete Koalitionsfreiheit einer organisierten Minderheit, die die Gewerkschaften vom Ganzen aus gesehen sind, das Recht gibt, durch Niederlegung der Arbeit die Wirtschaft lahmzulegen, um dadurch bestimmte Akte der Gesetzgebung zu erzwingen.
Auch das Tarifvertragsgesetz kann zur Begründung Ihrer Auffassung schon deshalb nicht herangezogen werden, weil Streitigkeiten aus einem Tarifvertrag nicht vorliegen. Ich habe“
– so fahre ich fort –
„wiederholt Gelegenheit gehabt anzuerkennen, daß die *Haltung des Deutschen Gewerkschaftsbundes* in wichtigen wirtschafts- und sozialpolitischen Fragen von einer maßvollen Besonnenheit und dem Bewußtsein der Verantwortung für die Allgemeinheit bestimmt war. Ich schöpfe daraus die Hoffnung, daß das verfassungsmäßige Gesetzgebungsverfahren im Bundestag über das Mitbestimmungsrecht von den Gewerkschaften nicht gestört werden wird. Es läge wahrhaft im Interesse aller Schichten der Bevölkerung, wenn ihr in dieser Zeit ernster, ja bedrohlicher Spannungen ein solcher Konflikt erspart bliebe. Ich bin überzeugt, daß Ihre Auffassung der Sorge um die soziale Gestaltung der Arbeits-

und Wirtschaftsordnung in der Bundesrepublik entspringt. Die Vorstellungen, wie dieses Ziel erreicht werden kann, mögen verschieden sein; die Entscheidung darüber steht allein den verfassungsmäßigen Trägern der politischen Willensbildung zu."

Meine Damen und Herren! Auf diesem Standpunkt, den ich, wie ich Ihnen eben sagte, in einem Brief an Herrn Dr. Böckler vom 14. Dezember des vergangenen Jahres vertreten habe, stehe ich nach wie vor. Ich halte es für unmöglich, daß in einem demokratischen Staat irgendwelche derartige Beeinflussungen des Parlaments stattfinden dürfen. (Abg. Renner: Aber die Remilitarisierung machen Sie ganz alleine!)

– Herr Renner, Sie sind nun doch derjenige, der zuletzt berufen ist, in einer solchen Sache etwas zu sagen. (Sehr gut! und Beifall in der Mitte und rechts. – Abg. Renner: Demokratie, wie Sie sie auffassen!)

Meine Damen und Herren, ich bin dann darum angegangen worden, zwischen den beiden Sozialpartnern eine Einigung herbeizuführen. Ich habe geglaubt, und ich glaube das auch jetzt noch, daß ich trotz der Kündigungen den Versuch machen sollte. Ich habe in verschiedenen *Verhandlungen mit den Sozialpartnern* zu meiner Freude – das möchte ich hier feststellen – auf beiden Seiten Verständnis und Hochachtung für den andern Verhandlungsteilnehmer gefunden. Weiter habe ich gefunden, daß beide verhandelnden Parteien von dem Bewußtsein ihrer Verantwortung für das Allgemeinwohl getragen waren.

Diese *Sonderregelung*, die nach dem Ihnen vorliegenden Gesetzentwurf für *Kohle und Eisen* getroffen werden soll, begrenzt sich nach den geführten Verhandlungen auf diese beiden Gebiete. Es scheint mir auch – das möchte ich in der Öffentlichkeit ebenfalls betonen – richtig zu sein, wenn man bezüglich des Mitbestimmungsrechts der Arbeitnehmer Kohle und Eisen einer Sonderregelung unterwirft. Ich glaube, daß das in der geschichtlichen Entwicklung der ganzen Angelegenheit begründet ist, und zwar einmal in den Spannungen, die in den vergangenen Jahrzehnten in dem rheinisch-westfälischen Industriegebiet – und um dieses handelt es sich ja in der Hauptsache – vorhanden gewesen sind; aber es erscheint mir auch deswegen begründet, weil unter der Herrschaft der Alliierten die Arbeitnehmer in der eisenschaffenden Industrie schon seit 1947 Rechte eingeräumt bekommen hatten, von denen sie im allgemeinen – auch das lassen Sie mich hier sagen – einen durchaus verständigen und maßvollen Gebrauch gemacht haben.

Man kann aber, wenn man durch ein deutsches Gesetz eine Regelung für die eisenschaffende Industrie trifft, nicht an der Kohle vorbeigehen. Kohlenbergbau und eisenschaffende Industrie stehen sowohl örtlich als auch wirtschaftlich und sozial in engstem Zusammenhang. Daher können nach meiner Auffassung die Regelungen nur für beide Zweige der Industrie gemeinsam erfolgen.

Die Einigung unter den Sozialpartnern, meine Damen und Herren, ist erfolgt. Ich habe es darauf übernommen – das hatte ich den Sozialpartnern vorher mitgeteilt –, das Kabinett zu fragen, ob es bereit sei, diese Einigung zur Grundlage, zum Inhalt eines Gesetzentwurfs zu machen, der dann dem Bundestag zuzuleiten sei. Das, meine Damen und Herren, ist die Vorgeschichte des heutigen Gesetzentwurfs.

Ich bin der Auffassung, daß trotz der Begleitumstände, die ich eben gekennzeichnet habe, dieser Gesetzentwurf ein großer Fortschritt auf dem Wege der sozialen Befriedung ist. (Abg. Dr. Freiherr von Rechenberg: Der Sozialisierung! – Gegenrufe links)

– Ich kann nur nochmals wiederholen: nach meiner Überzeugung ist dieser Gesetzentwurf ein großer Fortschritt auf dem Wege zur sozialen Befriedung des deutschen Volkes. (Beifall in der Mitte. – Zurufe von der FDP)

Ich bitte Sie, den Gesetzentwurf auch unter diesem Gesichtspunkte zu betrachten, zu beurteilen und zu kritisieren.

Ich möchte noch ein Wort hinzufügen, meine Damen und Herren. Ich bin der letzte, der verkennt, daß gerade im *Wirtschaftsleben* die *persönliche Verantwortung* und die *unternehmerische Initiative* von sehr großer Bedeutung sind. Aber ich setze auch das *Vertrauen* in diejenigen *Arbeitnehmer,* die demnächst in die *Aufsichtsräte* dieser Unternehmungen entsandt werden, daß sie sich dessen bewußt sind und bleiben, daß sie in ihrer Stellung in erster Linie das Wohl des Unternehmens zu wahren haben. Meine Damen und Herren, man sollte nicht von vornherein an alles mit denkbar größtem *Mißtrauen* herangehen. (Abg. Renner: Wenn es aber berechtigt ist!)

Wenn auch diese verhängnisvolle Neigung der Deutschen, wie ich zugebe, durch alles das, was wir in den letzten Jahrzehnten erlebt haben, eine starke Fundamentierung erfahren hat, so meine ich trotzdem, man sollte nicht mit großem oder mit größtem Mißtrauen an alles und jedes, auch an fortschrittliche Beschlüsse, herangehen; man sollte vielmehr auch dem andern Teil, mag das nun heute dieser, morgen jener sein, das Vertrauen entgegenbringen, daß auch er das Beste will.

Meine Damen und Herren, in diesem Zusammenhang möchte ich doch noch folgendes erklären; ich komme damit vorläufig zum Schluß meiner Ausführungen, weil Herr Bundesminister Storch nach mir noch sprechen wird. So sehr ich bedaure, daß diese Kündigungen ausgesprochen worden sind, so möchte ich doch diese Stunde benützen, um zu sagen, daß sowohl der Gewerkschaftsbund wie auch die Arbeitnehmer in den schweren Jahren seit 1945 ein außerordentlich großes Verständnis für das gezeigt haben, was dem gesamten deutschen Volke not tut. (Beifall in der Mitte und bei der SPD)

Ich habe mit sehr vielen Arbeitnehmern aus Anlaß der Demontagen verhandelt. Ich möchte in dieser Stunde sagen, daß ich bei den vielen, vielen Verhandlungen, die ich mit vielen, vielen Arbeitnehmern gehabt habe, eine solche Anhänglichkeit, um nicht zu sagen Liebe zu dem Unternehmen, dem sie ihre Arbeitskraft gewidmet haben, gefunden habe, daß mir auch diese Anhänglichkeit an das Unternehmen, die zutage trat, das Vertrauen gibt, daß die Arbeitnehmer in den Aufsichtsräten auch in der Zukunft in erster Linie das Interesse des Unternehmens zu wahren suchen werden, dem zu dienen sie verpflichtet sind. (Lebhafter Beifall bei der CDU)

Quelle: 1. Deutscher Bundestag. Stenographisches Protokoll der 117. Sitzung. Bonn, Mittwoch, den 14. Februar 1951, S. 4431f.

Anmerkungen

[1] Über die Hintergründe – Spannungen in der CDU/CSU-Fraktion sowie zwischen CDU/CSU und FDP – orientiert Arnulf Baring: Sehr verehrter Herr Bundeskanzler! Heinrich von Brentano im Briefwechsel mit Konrad Adenauer 1949–1964. Hamburg 1974, S. 42–49. Vgl. auch Paul Weymar: Konrad Adenauer, a.a.O., S. 579–589.

14. September 1951

„Deutschland und der Friede in Europa".
Ansprache vor den Nouvelles Equipes Internationales[1] in Bad Ems

Die Rede verknüpft eine Darstellung der sowjetischen Gefahr und der geistigen Situation Europas mit der Idee einer europäischen Integration im Zeichen der abendländischen Werte.

Herr Präsident! Meine Damen und Herren!

Sie haben, verehrter Herr Präsident, in so ausgezeichneten Worten eben die Geschichte der NEI vor unseren Augen entwickelt und Sie haben dabei auch die Erinnerung wachgerufen an Luxemburg[2]. Es ist mir ein Bedürfnis, Ihnen zu sagen, daß gerade die Aufnahme, die die deutschen Vertreter damals in Luxemburg gefunden haben, uns auf tiefste berührt und uns in unserer Absicht bestärkt hat, unsere ganze Kraft dafür einzusetzen, daß dieses verwüstete Europa im christlichen Geist wieder aufgebaut wird.

Zum ersten Mal tagt nun die Equipes in Deutschland, auf deutschem Boden. Als Vorsitzender der christlich-demokratischen Union Deutschlands, und ich glaube, auch sprechen zu können im Auftrage unserer Schwesterpartei, der christlich-sozialen Union in Bayern, heiße ich Sie mit besonderer Herzlichkeit willkommen. Wir freuen uns von Herzen, daß Sie gekommen sind, nicht nur wegen der wichtigen Fragen, die wir zu besprechen haben, sondern auch, weil gerade wir Deutsche besonderen Wert darauf legen, nach all den schweren Jahren des Krieges und der Zwietracht, dadurch, daß die NEI auf deutschem Boden tagt, der Welt ein Zeichen der friedlichen Zusammenarbeit der auf christlichem Boden stehenden Parteien zu geben.

Ich darf Sie aber auch als Bundeskanzler der Bundesrepublik Deutschland, der gleichzeitig Außenminister ist, herzlich begrüßen. Die Bundesrepublik legt außerordentlichen Wert auf die *Zusammenarbeit mit den anderen abendländischen Völkern, insbesondere mit den Staaten Westeuropas*. Daher darf ich auch als Leiter der Bundesregierung Ihnen sagen, wie sehr wir den Gedankenaustausch auf deutschem Boden begrüßen und fördern.

Das mir gestellte Thema, meine verehrten Damen und Herren oder lassen Sie mich meine lieben Freunde sagen, „Deutschland und der Friede in Europa" ist ein Thema, das unser Herr Präsident in seinen Worten schon gestreift und auch erörtert hat. In dem Programmheft, das Sie in Händen haben, finden sich zwei inhaltsreiche Worte: „Ohne Europa kein Friede“ und „Qui veut l'Europe, veut la paix“.

Das Thema kann man, glaube ich, nur dann in seinem vollen Umfang und seiner vollen Bedeutung erfassen, wenn man sich die außenpolitische Entwicklung, die seit 1914 eingetreten ist, vor Augen hält. Nur dann kann man – glaube ich – eine gute Politik machen, wenn man sich darüber klar wird, wie sehr doch auch in den stürmischen Zeiten, in denen wir leben, das Eine, das, was kommt, eine Folge dessen ist, was vorangegangen ist, und wenn man sich weiter darüber klar wird, wie stark schließlich doch der Strom ist, in dem die ganze Geschichte fließt. Lassen Sie mich versuchen, die Kräfteverschiebung, die seit 1914 in der Welt und besonders in Europa eingetreten ist, in großen Zügen zu schildern. Ich muß das tun, denn ich kann nur nochmals wiederholen: Nur eine Betrachtung dieser Kräfteverschiebung seit 1914 zeigt, welche Entwicklung eingetreten ist und welch katastrophale Folgen weiter eintreten werden, wenn wir nicht rechtzeitig die Zusammenhänge erkennen und die nötigen Gegenmaßnahmen treffen.

Wie war das Kräfteverhältnis in der Welt 1914? England war damals die größte Seemacht der Erde. Seine Kriegsflotte war stärker als die beiden nächstgrößten Flotten zusammen. Die damals bestehende österreichisch-ungarische Doppelmonarchie war ein besonders starker Faktor des innereuropäischen Friedens, weil sie den ganzen Balkan, sei es politisch, sei es kulturell, an sich und nach Westeuropa orientierte. Deutschland war die stärkste Militärmacht Europas und als solche in der Lage, einen festen Damm gegenüber Russland zu bilden. Frankreich und Italien hatten jedes Land eine Streitmacht allerersten Ranges. Die Vereinigten Staaten dagegen spielten bei Beginn des Krieges 1914 noch keine entscheidende militärische Rolle. Sie hatten keine erhebliche Landmacht. Ihre Seemacht war nicht besonders stark.

Erst gegen Ende dieses ersten Krieges entwickelten sich die Vereinigten Staaten zu einem maßgebenden Faktor in der Weltgeschichte. *Russland,* dessen Westgrenze damals, grob gesprochen, von Memel über Warschau nach Odessa verlief, war noch in seinem Denken von westrussischen und europäischen Elementen maßgebend bestimmt. Seine Militärmacht war sehr groß. Aber hier standen andere Militärmächte auf dem europäischen Kontinent gegenüber.

Wie ist es jetzt? Halb Europa steht heute unter russischer Herrschaft. Die Donau-Monarchie existiert nicht mehr. Von Österreich ist nur ein kleiner Rest übriggeblieben. Weite Teile des früheren Österreich-Ungarn stehen unter sowjetrussischer Herrschaft. Deutschland ist durch den eisernen Vorhang in zwei Teile geteilt. Es ist völlig entwaffnet und es ist nicht souverän. Auf Grund der übermäßigen Anstrengungen in zwei Weltkriegen ist die Stärke Englands sehr beeinträchtigt und seine Flotte hat die uneingeschränkte Herrschaft über die Weltmeere verloren. Italien und Frankreich sind durch die beiden Kriege schwer geschädigt. Ihre Streitkräfte sind, wenn man daran denkt, daß Frankreich noch vor verhältnismäßig wenig Jahren 100 Divisionen aufstellen konnte, gering. Die kleineren europäischen Länder haben große Sorgen. Insbesondere hat Holland seine

Kolonien verloren. Die nordischen Staaten fühlen sich von Osten her nicht sicher. Die Vereinigten Staaten hingegen sind zur stärksten See- und Landmacht der Welt aufgestiegen. Sie haben Interessen auf der ganzen Erde. In Sowjetrussland hat durch die Ausrottung der Ober- und Mittelschicht das asiatische Element die Oberhand gewonnen. Eine fanatische Ideologie hat sich des ganzen russischen Reiches bemächtigt. Unter ihrer Führung hat Sowjetrussland die drei baltischen Staaten, die östliche Hälfte Polens und Teile von Finnland, Rumänien und der Tschechoslowakei annektiert. Es hat seinen Machtbereich ausgedehnt auf die folgenden nur dem Schein nach noch selbständigen Länder, auf Albanien, Bulgarien, Rumänien, Polen, die Tschechoslowakei und die östliche Hälfte Deutschlands und Österreichs. Insgesamt hat es allein in Europa seit 1945 ein Gebiet von 471000 qkm seinem Herrschaftsbereich einverleibt. Weiter muß ich hier anführen, daß der Einfluß des europäischen Teils Russlands völlig geschwunden ist. Die russische Staatsführung – lassen Sie mich es noch einmal betonen – ruht ganz in der Hand von Männern, die ihre Heimat nicht in Europa gehabt haben und die nicht europäische Anschauungen ihr eigen nennen. Russland hat von jeher eine starke pan-slawistische Ausdehnungspolitik getrieben und eine Ausdehnungstendenz gehabt. Dieser Drang zur Ausdehnung seiner Macht ist durch den Übergang zur kommunistischen oder besser zur totalitären Staatsform und Diktatur außerordentlich gesteigert worden. Jede Diktatur hat ihrem inneren Wesen nach das Bedürfnis und den Drang, ihre Herrschaft auszudehnen. Dieser Herrschaftsdrang Sowjetrußlands zeigt sich zunächst in seiner außerordentlich starken Aufrüstung. Rußland ist das einzige Land auf der Erde, das nach dem Zusammenbruch Deutschlands im Jahre 1945 konsequent und zielsicher seine Rüstung weiter ausgebaut hat. Der Herrschaftsdrang Rußlands zeigt sich aber vor allem auch darin, daß es in einem bis dahin in der Geschichte nicht bekannten Umfang sich andere Länder hörig zu machen versuchte. Durch den kalten Krieg, d. h. dadurch, daß es in einer Reihe von Ländern fünfte Kolonnen unterhält, pro-russische Parteien – kommunistische Parteien –, versucht Sowjetrußland überall auf dem Erdball, die Westalliierten in Schwierigkeiten und Händel zu verwickeln unter anderem mit dem Ziel, dadurch Meinungsverschiedenheiten unter ihnen hervorzurufen. Sowjetrußland ist aber nicht nur wegen dieser diktatorischen Machtgelüste eine tödliche Gefahr für alles, was uns Westeuropäern heilig ist. Es ist vor allem auch deswegen eine tödliche Gefahr, weil es eine Politik treibt und politische Anschauungen und Methoden zu verbreiten sucht, die auf einer Weltanschauung beruhen, die der unsrigen, der christlichen Weltanschauung, diametral entgegengesetzt ist. Während wir darauf fußen, daß nicht der Staat, nicht die Gewalt als höchster Maßstab aller Dinge gilt, geht Sowjetrußland davon aus, daß die menschliche Person keine Würde und keine Rechte hat, und daß der Staat, oder richtiger gesagt diejenigen, die den Staat in der Hand haben, schrankenlos und willkürlich ihre Herrschaft über alles, was Menschenantlitz trägt, ausüben dürfen. Ich brauche Ihnen darüber nicht viel zu sagen. Aber ich möchte doch noch einmal mit aller wünschenswerten Klarheit betonen: Der tödlichste und furchtbarste Feind des Christentums ist Sowjetrußland. Sowjetrußland will jede Religion, vor allem das Christentum, vernichten, um dem Menschen den letzten Halt zu nehmen, der ihn vor der Vermassung schützt, der ihm noch einen gewissen Halt geben könnte, der Omnipotenz des weder Recht noch Gerechtigkeit kennenden Staates Widerstand zu leisten.

Man hat sich in der Welt etwas daran gewöhnt, aus der verhältnismäßig geringen Zahl der bei den deutschen Wahlen abgegebenen kommunistischen Stimmen und der sich daraus ergebenden geringen Zahl von kommunistischen Abgeordneten den Schluß zu ziehen, als wenn die Bundesrepublik Deutschland, so wie sie jetzt dasteht, ein absolut sicherer Damm gegenüber einem weiteren Vordringen Sowjetrußlands sei. Diese Meinung würde falsch sein. Ich glaube, ich muß Ihnen noch einige Worte sagen über die Methoden des kalten Krieges, wie sie hier bei uns angewandt werden. Die Methoden des kalten Krieges, den Rußland führt, sind naturgemäß in jedem Land verschieden. Wir Deutsche sind gegen die Propaganda des Kommunismus als der allein selig machenden Weltanschauung in Wirklichkeit ziemlich immun, und zwar deshalb, weil wir die Zustände in Sowjetrußland aus den Schilderungen der zurückgekehrten deutschen Kriegsgefangenen kennen, weil wir weiter wissen, was hinter dem eisernen Vorhang an Grausamkeiten, an Willkür, an Schändungen des Menschen sich ereignet, weil wir die furchtbaren Greueltaten wissen, die beim Einmarsch der Russen nach Deutschland sich zugetragen haben. Darum legt Sowjetrußland keinen besonderen Wert darauf, daß die kommunistische Partei als solche in Deutschland möglichst groß ist. Aber es legt Wert darauf, einen gewissen kommunistischen Apparat zu unterhalten. Rußland hat aber bei uns eine ganze Reihe von Tarnorganisationen errichtet. Vor allem aber wirkt es auf die deutsche Bevölkerung ein durch Furcht. Die 25 bis 30 hochaufgerüsteten russischen Divisionen, die in der Ostzone von Sowjetrußland unterhalten werden und die in der Lage wären, in verhältnismäßig wenigen Tagen in kurzer Frist bis zum Rhein und noch weiter durchzubrechen, haben den Zweck, lähmende Furcht unter den Deutschen zu verbreiten, Furcht und Sorge, ob sie nicht doch heute oder morgen unter russische Herrschaft kommen.

Damit, meine Freunde, komme ich zur innenpolitischen Lage Deutschlands insgesamt, über die ich in diesem Zusammenhang Ihnen auch einige Ausführungen machen muß. Nach 12 Jahren nationalsozialistischer Herrschaft sind naturgemäß in Deutschland noch nationalsozialistische Reste vorhanden. Aber ich bin ehrlich erstaunt und überrascht, daß diese Reste nicht erheblich stärker sind. Offenbar war doch das deutsche Volk in seiner überwiegenden Mehrheit ein Gegner des Nationalsozialismus und des weiteren hat der völlige Zusammenbruch, die Verwüstung Deutschlands, das ganze Elend, das infolge des Krieges über uns hereingebrochen ist, dazu beigetragen, manchem Deutschen, der zunächst harmlos war, die Augen über den Nationalsozialismus und seine Folgen zu öffnen.

Neuerdings hat im Auslande und auch zum Teil im Inland das Entstehen der Soldatenbünde Befürchtungen über ein Wiedererwachen des deutschen Militarismus hervorgerufen. Ich halte diese Furcht sicher im gegenwärtigen Augenblick und zu dieser Zeit, aber, wie ich mit Bestimmtheit glaube sagen zu können, auch für die Zukunft für unbegründet. Daß Soldatenbünde entstehen, ist an sich eine Selbstverständlichkeit. Dieser Zusammenschluß beruht auf der Gemeinsamkeit des Erlebens. Es gibt ja Soldatenbünde in allen Ländern. Bei uns in Deutschland handelt es sich darum, dafür zu sorgen, daß diese Soldatenbünde sich auf den Boden des heutigen Staates stellen und daß sie nicht in irgendeine parteipolitische Abhängigkeit geraten. Ich betone, meine Damen und Herren, und ich freue mich darüber, daß ich das erklären kann: Die jetzt entstandenen Soldatenbünde in Deutschland haben sich auf den Boden des heutigen Staates gestellt!

Ich habe schon vorhin von der kommunistischen Partei und von den sowjetrussischen Tarnorganisationen gesprochen. Ich habe auch davon gesprochen, daß Sowjetrußland dadurch Einfluß bei uns zu gewinnen trachtet, daß es Furcht erweckt. Ich habe gesagt, daß ihm das Letztere in einem gewissen Umfang auch gelungen ist. Aber ich würde Ihnen ein unrichtiges Bild zeichnen, wenn ich nicht hinzufügte, daß das deutsche Volk im Grunde seines Herzens den Kommunismus und die sowjetrussischen Methoden verachtet und verabscheut, und daß das deutsche Volk, wenn es erst sieht, wenn es in Wahrheit an Tatsachen sieht, daß der Westen fest entschlossen ist, unter keinen Umständen zuzulassen, daß Sowjetrußland in irgendeiner Form, auch nicht im Wege der Demilitarisierung und Neutralisierung Deutschlands die Bundesrepublik in seinen Machtbereich zieht, daß das deutsche Volk dann fest zum Westen stehen, daß die vorhandene Furcht schwinden wird.

Zu diesem äußeren Feind, den ich Ihnen geschildert habe, kommt ein innerer Feind, der, glaube ich, allen westeuropäischen Ländern gemeinsam ist. Nach meiner Meinung ist eines der Hauptübel im Leben Europas, im wirtschaftlichen und politischen Leben, die materialistische Lebensauffassung. Dieser materialistischen Auffassung huldigt der Sozialismus. Diese materialistische Lebensauffassung zieht ganz von selbst eine Verneinung des christlichen Ideals der Persönlichkeit nach sich. Selbstverständlich ist sich nicht jeder Sozialist dieser Gegnerschaft zum Christentum bewußt und ich [bin] auch überzeugt davon, daß viele Sozialisten in allen Ländern es ablehnen würden, zu sagen, daß der Sozialismus, der im Grunde genommen doch nichts anderes ist als eine materialistische Lebensauffassung und Weltanschauung ein Gegner des Christentums sei. Aber, meine Freunde, diese Gegnerschaft, die dem Sozialismus innewohnen muß, zeigt sich doch manchmal an entscheidenden Punkten mit voller Klarheit. Die Freiheit der Persönlichkeit ist, wie Sie wissen, unser oberstes christliches Ziel. Nun, zu der Freiheit der Persönlichkeit gehört das Recht der Eltern, zu bestimmen, wie ihre Kinder erzogen werden sollen. Sie sind diejenigen und nicht der Staat, die in erster Linie vor Gott und vor sich selbst die Verantwortung für die Erziehung ihrer Kinder tragen. Aber, meine Damen und Herren, in Frankreich und in Deutschland hat gerade in dieser Zeit sich wieder klar und deutlich gezeigt, daß der Sozialismus dieses Elternrecht, das in der Anschauung über die Freiheit der Persönlichkeit wurzelt, verneint. In Deutschland verneint der Sozialismus das Recht der Eltern auf konfessionelle Schulen. In Frankreich hat der Sozialismus, zum Teil im Verein mit dem Liberalismus alter Prägung, einen erbitterten Kampf gegen die katholischen freien Schulen geführt. Nicht in allen Ländern sind diese Gegensätze zu unserer Weltanschauung so stark ausgeprägt, so z. B. nicht in England und nicht in Holland. Aber die Tatsache, daß gerade auf dem Gebiet der Schulen und auf dem Gebiete des Elternrechtes sowohl der deutsche wie der französische Sozialismus das Recht der Freiheit der Persönlichkeit nicht bejahen, zeigt in einem entscheidenden Punkte seine Gegnerschaft gegenüber christlichen Anschauungen über das Recht der Person gegenüber dem Staat. Mir scheint, daß in allen Ländern eine moralische Erkrankung die Wurzel aller Unordnung ist, und zwar das Vorherrschen materialistischer Einstellung, auch wenn das nicht überall als solche betont und bekannt wird. Vielleicht, oder sogar sicher, kommt diese materialistische Einstellung vielen nicht recht zum Bewußtsein. Das ändert aber nichts an der Tatsache, daß sie auf das wirtschaftliche und das politische Geschehen unserer Zeit in allen Ländern stark einwirkt. Diese materialistische Einstellung ist sicher zum Teil eine Kriegsfolge; zum Teil beruht sie aber auf einer übertriebenen Hochschätzung der Technik. Ist es nicht bemerkenswert, meine Damen und Herren, daß die Wissenschaft, insbesondere die Physik, sich nun schon seit Jahren vom Materialismus entfernt hat, vom Materialismus, von der Auffassung, der sie jahrelang, jahrzehntelang gehuldigt hat, und daß sich in unserer Zeit das Gros dieser Völker diesem Materialismus so zuwendet. Ich erblicke darin eine der größten Gefahren für die Zukunft und eine der hauptsächlichsten Schwierigkeiten, eine Politik zu führen, die das Wohl des einzelnen wie das Wohl der Gesamtheit und die Wohlfahrt aller Völker als oberste Richtschnur ihres Handelns nicht nur propagiert, sondern auch dementsprechend in Wirklichkeit handelt. Auch diese materialistische Einstellung widerspricht der christlichen Lebensauffassung und den christlichen Grundsätzen für das wirtschaftliche, soziale und politische Leben. Diese materialistische Einstellung führt in ihrer äußersten Konsequenz notwendig zu kommunistischen und diktatorischen Entwicklungen, jedenfalls zu Entwicklungen, die sich über das Recht der Einzelperson hinwegsetzen.

Meine Damen und Herren! Ich hielt es für nötig, Ihnen die Größe der Gefahren, die dem Christentum, der christlichen Kultur, die Gesamt-West-Europa drohen, in aller Ausführlichkeit darzulegen, denn nur dann, wenn man die Größe einer Gefahr wirklich erkennt, überlegt man sich auch, wie man dieser Gefahr begegnen kann und faßt man mit der nötigen Tatkraft die dazu nötigen Entschlüsse. Ich glaubte, noch aus einem anderen Grunde gerade hier, da Sie auf deutschem Boden versammelt sind, Ihnen diese Gefahren schildern zu sollen. Wir wohnen ja Tür an Tür mit dem Bolschewismus und wir fühlen deshalb naturgemäß stärker als diejenigen, die weiter davon entfernt sind, was für eine unheimliche Kraft er aufwendet, um all das zu zerstören, was uns heilig ist. Aber, meine Damen und Herren, die Gefahr ist nicht so groß, als das es keine Rettung demgegenüber gäbe. Ich bin fest überzeugt, daß es eine Rettung gibt, wenn wir nur wollen, wenn wir nur entschlossen sind, alle die Kraft anzuwenden zum Widerstand und zur Bekämpfung, die in uns wohnt. Die Rettung des Abendlandes, die Rettung der christlichen Kultur, wird entscheidend mit beeinflußt werden durch einen Zusammenschluß der politischen, auf dem Boden des Christentums stehenden Kräfte. Und diese christlichen Kräfte, meine Damen und Herren, sind viel stärker als wir selbst es wissen.

Ich brauche hier nur hinzuweisen auf die christlichen Parteien in Italien, in Frankreich, in der Schweiz, in Luxemburg, in Belgien, in Holland, in Österreich, in Deutschland. Aber in einem stehen wir, wie ich zu meinem Bedauern doch sagen muß, zurück hinter den Parteien, die nicht wie wir an die siegreiche Kraft des christlichen Gedankengutes glauben. Jene haben sich in viel stärkerer Weise bisher zu internationaler Zusammenarbeit zusammengefunden als wir. Bitte denken Sie an die Kominform, denken Sie auch an die Neugründung der Sozialistischen Internationale. Wir, meine Freunde, die die christlichen Parteien darstellen, können zur Zeit weder an Kraft noch an Propagandawirkung mit ihnen konkurrieren. Ich bekenne freimütig, daß die deutschen christlichen Parteien es auch daran haben fehlen lassen, sich der Gemeinsamkeit dieser Zusammenarbeit in dem Maße zu widmen, wie das nötig ist. Sehen Sie, meine Damen und Herren, der Name, den wir tragen, der zeigt nicht einmal, was wir wollen. Er ist ein absolut neutraler Name, unter dem man sich alles und jedes vorstellen kann. Wenn ich denke, daß die christlichen Parteien Belgiens, Deutschlands und aller dieser Länder, die ich eben genannt habe, einen festeren Zusammenschluß dadurch vollziehen würden, daß sie in ständiger gegenseitiger Unterrichtung miteinander arbeiten, welch außerordentlich starke Wirkung würden sie auf das europäische Geschehen, auf die Wiedergeburt Europas ausüben und welch anziehende Kraft würden sie auf alle diejenigen ausüben können, die unentschlossen sind. Ich glaube, meine Damen und Herren, so viel ich gehört habe, ist das auch auf dieser Tagung beabsichtigt zu tun. Ein stärkerer Zusammenschluß der christlichen Parteien wird in entscheidender Weise unsere Arbeit, die dem gemeinsamen Ziele gilt, fördern und so uns allen helfen. Vor allem aber würde durch eine stärkere Zusammenarbeit der christlichen Parteien die politische Integration Europas gefördert werden. Die politische Integration Europas ist nicht eine alleinige Angelegenheit zwischen Frankreich und Deutschland. Sicher ist die Verständigung zwischen Frankreich und Deutschland, eine dauernde Verständigung, eine Voraussetzung dieser Integration Europas. Aber Integration Europas, das ist etwas viel größeres und weiteres. Dazu gehört auch außer Frankreich und Deutschland, Italien, die Beneluxländer, Österreich, und wenn irgendwie möglich, auch die nordischen Länder und England. Und diese Integration Europas muß erreicht werden, wenn wir die abendländische Kultur und das christliche Europa retten wollen. Die Integration Europas ist die einzige mögliche Rettung des christlichen Abendlandes.

Meine Freunde! Die sowjetrussische Gefahr besteht und sie ist groß und es hat gar keinen Zweck, etwa die Augen zu schließen und sie zu leugnen. Und diese Gefahr besteht nicht nur für Deutschland, sie bedroht alle Länder Westeuropas. Es wäre ein verhängnisvoller Irrtum, wenn einzelne europäische Länder glauben würden, Sowjetrußland würde sich damit begnügen, den jetzigen Status seiner Macht zu halten oder lediglich noch die Bundesrepublik Deutschland in seinen Machtbereich hineinzuziehen. Das politische Ziel Sowjetrußlands ist m. E. sehr klar, sehr logisch und sehr folgerichtig. Sowjetrußland will unter allen Umständen die Demilitarisierung Deutschlands festhalten. Es will dann den Rückzug der westalliierten Truppen aus einem demilitarisierten und durch

papierne Verträge *neutralisiertes Deutschland* erreichen, und es will das, weil es weiß, daß dann – und, meine Damen und Herren, ich sage diese Worte in vollem Bewußtsein ihrer Tragweite – weil es weiß, daß dann die Bundesrepublik sehr schnell in die russische Machtsphäre kommen wird. Würde aber Sowjetrußland dieses Ziel erreichen, dann ist damit eine Integration Europas unmöglich geworden. Denn eine Integration Europas – ich glaube, darüber sind wir uns doch alle einig – ist schlechterdings ausgeschlossen, wenn die Bundesrepublik und damit ganz Deutschland in die russische Machtsphäre hineinkommen würde. Wenn dieses Ziel, die Bundesrepublik in ihre Machtsphäre zu bekommen, Sowjetrußland gelingen würde, dann würde ein solcher Auftrieb für die kommunistischen Parteien in Frankreich und Italien eintreten, daß der russische Einfluß auch in diesen Ländern vielleicht entscheidend würde. Wenn die Integration Europas unmöglich wird, wenn der sowjetrussische Einfluß in Westeuropa noch weiter dadurch wachsen würde, werden ganz sicher die Vereinigten Staaten ihr Interesse an Europa eines Tages verlieren. Dann hat Sowjetrußland sein Ziel erreicht: Es ist Herr über ganz Europa. Wenn ihm das gelingt, wenn Sowjetrußland Herr von Europa werden sollte, dann ist es auch für die Vereinigten Staaten ein sehr beachtenswerter Gegner. Eine Teilung der Welt in eine sowjetrussische und eine amerikanische Einflußsphäre erscheint dann durchaus im Bereich der Möglichkeit; und wir, wir Europäer und schließlich auch England, gehörten dann zur russischen Einflußsphäre. Das wäre in Wahrheit das Ende des christlichen Abendlandes.
Ich glaube, daß dank der von den *Vereinigten Staaten* seit Korea mit solch bewundernswerter Entschiedenheit getriebenen Politik die gegenwärtige Spannung zwischen Sowjetrußland und den Westalliierten ohne heißen Krieg sich mildern wird. Alle Anzeichen sprechen dafür. Aber damit würde die latente Gefahr für Europa noch nicht vorüber sein. Sie bleibt, so lange der russische Block aggressiv mitten im Herzen Europas und mitten in Deutschland steht und, meine Damen und Herren, solange die Länder Europas schwach und vereinzelt haben [bleiben]. So lange Sowjetrußland sich keinem starken und einigen Europa gegenübersieht, wird die Tendenz seiner Politik dieselbe bleiben wie bisher. Und aus der latenten Bedrohung, die das Vorhandensein eines solchen Kolosses und das Bestehen eines schwachen Europas mit sich bringt, kann sich jederzeit dann wieder eine akute Gefahr entwickeln. Der Selbsterhaltungstrieb der europäischen Völker verlangt gebieterisch die Verteidigung unserer christlichen Lebensauffassung von uns allen, die wir in gleicher Weise alle bedroht sind. Diese Verpflichtung, diese innere Verpflichtung, die wir haben, den Zusammenschluß Europas zu einer festen Friedens- und Abwehrgemeinschaft, um gegenüber der Bedrohung von Osten her ein Halt zu bieten, muß von uns erfüllt werden oder wir haben die Aufgabe, die unsere Zeit uns und insbesondere den christlichen Parteien stellt, nicht verstanden und nicht begriffen.
In der Durchführung des Schumanplanes, in der Schaffung einer europäischen Verteidigungsgemeinschaft, d. h. in der Schaffung einer Europaarmee, wohlgemerkt, nicht einer europäischen Koalitionsarmee, erblicke ich den sicheren und den einzigen Weg zur Schaffung eines integrierten Europas, erblicke ich die einzige Möglichkeit, den starken

Damm zu errichten, den wir gegenüber dem sowjetrussischen Druck brauchen, erblicke ich die einzige Möglichkeit, einer furchtbaren Gefahr für unsere Freiheit, für alles, was uns heilig und teuer ist, zu entgehen, erblicke ich auch, meine Damen und Herren, die einzige Möglichkeit, den Frieden zu retten. Wir werden nicht den Frieden dadurch retten, daß wir die Dinge schleifen lassen. Ein totalitärer Staat kennt nur eine Sprache, das ist die Sprache der Macht und ein totalitärer Staat ist nur dann bereit, mit einem anderen zu sprechen, wenn er weiß, daß der andere eine Macht bedeutet.

Ein solcher Zusammenschluß Europas kann seiner inneren Natur nach niemals aggressiv sein; er kann nur ein Hort des Friedens sein, ein Schutz des Friedens, und er wird das auch sein. Deutschland ist ein notwendiger Bestandteil eines integrierten Europas. Deutschland ist bereit und es ist willens, seine Kraft für Freiheit und Frieden einzusetzen. Der Teilhaber einer solchen Gemeinschaft wird aber nur dann seine ganze Kraft für sie einsetzen, wenn er den anderen Partnern gleichberechtigt ist. Gleiche Pflichten haben gleiche Rechte zur Voraussetzung.

Als Deutscher, als Europäer, als Christ, habe ich den sehnlichsten Wunsch – und das ist das vornehmste Ziel meiner Arbeit – Errichtung einer europäischen Gemeinschaft freier und gleichberechtigter Völker zum Schutze der Freiheit und des Friedens in Europa und in der ganzen Welt. (Stürmischer, langanhaltender Schlußbeifall)

Quelle: ARh, Stenographische Nachschrift.

Anmerkungen

[1] Die Nouvelles Equipes Internationales (NEI) sind die 1947 gegründete Europabewegung der Christlich Demokratischen Parteien.

[2] Kongreß der NEI in Luxemburg Ende Januar/Anfang Februar 1948.

6. Dezember 1951

„Deutschland in den Problemen unserer Zeit". Ansprache im Royal Institute of International Affairs im Chatham House, London

Grundsätzliche Ausführungen zu den geistigen Grundlagen der Bundesrepublik Deutschland und zur Europapolitik.

Herr Vorsitzender, meine Damen und Herren!

I.

Als das Programm meines Besuches in London festgelegt wurde, hat es mich besonders gefreut, daß ich dabei Gelegenheit haben sollte, in Chatham House zu sprechen. Ich bin mir bewußt, daß in unserer verwirrten und gefahrvollen Zeit jedes Land seine eigenen Probleme hat und vollauf mit ihnen beschäftigt ist. Trotzdem möchte ich die Gelegenheit, vor Ihnen sprechen zu können, dazu benutzen, um Ihnen die Lage Deutschlands und die Politik der Bundesregierung nicht unter dem wechselnden Licht der Tagesfragen, sondern im Zusammenhang mit den allgemeinen Problemen unserer Zeit zu schildern. Schon wegen der Lage Deutschlands inmitten Europas, zwischen Ost und West, ist ja die deutsche Entwicklung von großer Bedeutung für die Entwicklung in Europa und damit in der Welt.

Unsere westliche Kultur beruht auf der Freiheit des Einzelnen und der Herrschaft des Rechts in der menschlichen Gesellschaft. Im Laufe der Jahrhunderte hat das Ringen um die Verwirklichung dieser Ziele in den Völkern des Abendlandes verschiedene Richtungen eingeschlagen. Die gesamte abendländische Staatenwelt hält aber gegenwärtig die Lösung von zwei Aufgaben für notwendig für die Erhaltung unserer Kultur. Das ist einmal die Verwirklichung demokratischer Grundsätze innerhalb der staatlichen Ordnung und zum anderen die Schaffung internationaler Zusammenschlüsse zur Wahrung von Frieden und Recht.

In Großbritannien ist die Demokratie die Frucht eines ununterbrochenen geschichtlichen Prozesses, sie ist als Staats- und Gesellschaftsordnung unbestritten. Auch in der deutschen Geschichte gab es verheißungsvolle Ansätze zu einer solchen Entwicklung, insbesondere bei den Städten.

Aber die allmähliche Auflösung des römischen Reichs deutscher Nation durch das Entstehen von Territorialstaaten und deren Streben nach Macht verhinderte die Entwicklung und Weiterbildung demokratischer Ideen und Einrichtungen.

Erst nach Beginn des 19. Jahrhunderts erwachte in Deutschland ein neues politisches Bewußtsein. Es war natürlich, daß sich das Streben nach einer freiheitlichen Staatsordnung mit dem Wunsch nach nationaler Einheit verband. Der Wille des Volkes erzwang 1848 den Zusammentritt der ersten demokratischen deutschen Volksvertretung, aber es gelang ihr nicht, ein demokratisches deutsches Reich zu schaffen.

Das hat für das deutsche Volk verhängnisvolle Folgen gehabt. Anstelle der sittlichen Idee der nationalen Freiheit gewann allmählich nach der Reichsgründung von 1871 ein auf die Macht gegründeter Nationalismus Boden. Aus seiner Übersteigerung entwickelte sich unter Ausnutzung der sozialen Not nach dem ersten Weltkrieg der Nationalsozialismus, der über die ganze Welt, insbesondere auch über Deutschland, namenloses Elend brachte. Der Nationalsozialismus hat im deutschen Volke die sittlichen und religiösen Kräfte nicht getötet; unter seinem Druck sind diese Kräfte sogar in weiten Kreisen zu neuem Leben erweckt worden.

Auf diese sittlichen Kräfte gründet sich das neue deutsche Staatswesen, die Bundesrepublik.

Nach dem ersten Weltkrieg haben manche Deutschen geglaubt, daß der Staat durch die demokratische Staatsform gegen die Herrschaft der Gewalt für immer gefeit wäre. Unsere Erfahrungen haben uns eines Besseren belehrt. Erst wenn die Begriffe der Freiheit und der Ordnung für jeden einzelnen Staatsbürger Teil seiner selbst geworden sind, ist die demokratische Staatsform gesichert. Erst dann ist sie die Gewähr für den Ausgleich zwischen den unverletzlichen Rechten des Einzelnen und den Rechten des Ganzen, des Staates. Noch hat die Demokratie in Deutschland Gegner. Es handelt sich um Überreste der vergangenen Epoche, mit denen wir fertig werden müssen. Die Bundesrepublik ist entschlossen, gegen sie von ihren verfassungsrechtlichen Mitteln mit aller Entschiedenheit Gebrauch zu machen. Die Vorgänge der Jahre 1930–1933 dürfen und werden sich nicht wiederholen.

II.

Eine dauerhafte Grundlage kann die Demokratie, wie ich schon sagte, nur in der freiwilligen Zustimmung des Einzelnen finden. Die Werte der europäischen Kultur können in der deutschen Demokratie nur dann lebendig sein, wenn jeder Einzelne an ihren geistigen und materiellen Gaben vollen Anteil hat.

Der Begriff der Freiheit hat in unserer Zeit einen erweiterten Inhalt bekommen. Er umschließt neben der politischen und religiösen Freiheit auch die soziale Freiheit, ich meine damit die Freiheit von Hunger und Not, die Freiheit zu persönlicher und wirtschaftlicher Entfaltung. Die Verwirklichung dieser sozialen Freiheit ist auch eines der wesentlichen Ziele unserer Demokratie. Gemessen an den gegenwärtigen wirtschaftlichen Möglichkeiten ist diese Aufgabe ungeheuer schwierig.

Die Zerstörung der Wirtschaft, die Folgen des Krieges haben furchtbare Spuren in Deutschland hinterlassen. Noch kann unsere Wirtschaft nicht allen Arbeitsfähigen Beschäftigung gewähren. Wir haben über 1200000 Arbeitslose. Die Zahl der Kriegsbeschädigten und der Hinterbliebenen der Gefallenen, die nicht aus eigenen Kräften ihren Lebensunterhalt verdienen können, beträgt 4 Millionen. 9 Millionen Vertriebene sind aus dem Osten in das schon übervölkerte Gebiet der Bundesrepublik hineingeströmt. Ein nicht unerheblicher Teil von ihnen hat eine neue Existenz gefunden, aber einem großen Teil konnten wir noch keine wirtschaftliche Existenz verschaffen. Ein erheblicher Prozentsatz ist arbeitsunfähig. Insgesamt müssen etwa 40% unseres Haushalts für soziale Leistungen aufgewendet werden.

Durch die Zerstörungen des Krieges und den Flüchtlingsstrom war das Wohnungselend in Deutschland so groß geworden, daß die Familie als Bestandteil unserer Gesellschaftsordnung in Gefahr war, weitgehend zerstört zu werden. Damit wurde das Problem des sozialen Wohnungsbaues, ein vorwiegend ethisches Problem, vordringlich. Seit dem Zusammenbruch sind auf dem Gebiet der Bundesrepublik schätzungsweise 1500000 Wohnungen gebaut worden. Es müssen aber noch etwa 2500000 Wohnungen hergestellt werden, bis der dringendsten Not abgeholfen ist.

Die finanzielle Last unserer sozialen Aufgaben können wir nur tragen, wenn die Kapazität unserer Wirtschaft voll ausgenutzt wird. Wir haben uns in Deutschland für die soziale Marktwirtschaft entschieden, weil wir glauben, daß wir damit schnelle und gute Erfolge erzielen können. In einer wirksamen Erhöhung des Sozialproduktes liegt für das deutsche Volk allein die Möglichkeit zur Verbesserung seiner Lebensbedingungen.

Seit der Zeit der Währungsreform, d. h. seit drei Jahren, ist die Zahl der Beschäftigten in der Bundesrepublik um 1,5 Millionen gestiegen. Die Produktion hat sich seit dieser Zeit nahezu verdoppelt. In diesen wenigen Jahren sind in der Bundesrepublik viele Trümmer weggeräumt worden, und es ist viel für den Aufbau der Demokratie geschehen.

Meine Damen und Herren, die Bundesregierung betrachtet die Lösung dieser brennenden sozialen Probleme als einen entscheidenden Beitrag zur Sicherung des Westens. Denn nur, wenn es uns gelingt, Deutschland, dieses wichtige Grenzgebiet der atlantischen Welt, gegen den nicht nachlassenden Druck des Ostens und der von ihm angewandten subversiven Methoden auch auf sozialem Gebiete immun zu machen, sind Verteidigung und Sicherheit Europas gewährleistet. Soldaten und Waffen allein reichen zur Sicherheit nicht aus.

III.

Nach dem Sturz der totalitären Idole und den Leiden des Krieges stand das deutsche Volk an einem Abgrund. Damals ist es aber auch deutlich geworden, daß das Bewußtsein der abendländischen christlichen Werte in ihm nicht erloschen war. Die Katastrophe brachte das deutsche Volk zu der Einsicht, daß der Friede in der Vergangenheit jeweils an einem übersteigerten Nationalismus zerbrochen war. Daraus erwuchs die Erkenntnis, daß unsere Existenz ebenso wie die aller anderen europäischen Völker nur innerhalb einer über die nationalen Grenzen hinaus wirkenden Gemeinschaft erhalten werden kann. Ausdruck dieser Überzeugung ist Artikel 24 unseres Grundgesetzes vom Jahre 1949. Danach ist die Bundesrepublik bereit, durch Gesetz Hoheitsrechte auf zwischenstaatliche Einrichtungen zu übertragen und in die Beschränkungen ihrer Hoheitsrechte einzuwilligen, die eine friedliche und dauerhafte Ordnung in Europa und zwischen den Völkern der Welt herbeiführen und sichern.

Aus dieser Einstellung heraus hat die Bundesregierung mit größter Bereitschaft bei zwei Vertragswerken mitgewirkt, von denen das eine bereits abgeschlossen ist und der Ratifizierung harrt, und das andere, wie ich hoffe, vor seinem Abschluß steht. Ich meine damit den Vertrag über die Europäische Gemeinschaft für Kohle und Stahl und den Vertrag über die europäische Verteidigungsgemeinschaft.

Der erste dient der Schaffung eines gemeinsamen Marktes für die beiden Rohstoffe, von denen die nationale Produktion abhängig ist. Indem der Vertrag die Verfügung über diese Rohstoffe der Gewalt der einzelnen Staaten entzieht, schließt er die Gefahr einer kriegerischen Auseinandersetzung zwischen den Vertragspartnern ein für allemal aus. Damit ist der entscheidende Schritt zu einer dauerhaften Lösung auch des deutsch-französischen Problems getan, und, wie wir mit heißem Herzen hoffen, der Schlußstrich unter eine jahrhundertealte Gegnerschaft gezogen, die über Europa namenloses Leid gebracht hat.

Dem gleichen Ziel dient der Plan der europäischen Verteidigungsgemeinschaft, der an die Stelle früherer Koalitionsarmeen eine europäische Armee übernationalen Charakters setzen will. Nichts dient wohl besser der Entwicklung eines gemeinsamen europäischen

Bewußtseins als das Zusammenwirken der europäischen Völker bei der Verteidigung der gemeinsamen europäischen Heimat und des gemeinsamen europäischen Erbes.

Diese beiden Vertragswerke sind Meilensteine einer Entwicklung, die Ihr Premierminister vor Augen hatte, als er in Zürich vor der akademischen Jugend der Welt vor einigen Jahren die Erneuerung der europäischen Familie forderte und ein Zusammenwirken zwischen Deutschland und Frankreich als ersten Schritt hierzu bezeichnete.

Großbritannien ist ein Partner im Europarat, ein Partner im Commonwealth und ein Partner in der Verteidigungsgemeinschaft, die den Atlantik überspannt. Es kann deshalb, wie vor kurzem ein prominentes Mitglied der britischen Regierung vor dem Unterhaus erklärte, die Rolle Großbritanniens sein, diese drei Gemeinschaften durch seine gleichzeitige Partnerschaft in ihnen zu einer höheren Einheit zu verschmelzen.

Die Übereinstimmung, die vor wenigen Tagen in Paris zwischen den Außenministern der drei Westmächte und der Bundesrepublik für den Generalvertrag über den Status der Bundesrepublik erzielt wurde, bildet die Voraussetzung dafür, die Bundesrepublik auf der Grundlage der Gleichberechtigung in eine europäische Gemeinschaft einzugliedern, die ihrerseits in die atlantische Gemeinschaft eingefügt ist.

Die Partnerschaft der Bundesrepublik in der europäischen Gemeinschaft, und damit in den anderen Zusammenschlüssen der freien Welt, wird die Grundlage unserer Politik bilden. Eine Aufgabe, die uns vor allem am Herzen liegt, ist die Wiedervereinigung Deutschlands. Wir betrachten die Integration der Bundesrepublik in Europa als eine Vorbedingung, diese Einigung auf friedlichem Wege unter der freiwilligen Zustimmung aller Teile des deutschen Volkes herzustellen.

Wir erblicken in dieser europäischen Gemeinschaft die unserer großen abendländischen Vergangenheit gemäße Lebensform, die allein der Demokratie auf die Dauer Bestand verleihen und Frieden und Sicherheit der europäischen Staaten erhalten kann.

Quelle: ARh, maschinenschriftliches Redemanuskript.

14. Juni 1952

Bericht zur politischen Lage auf der Sitzung des Bundesparteiausschusses der CDU in Bonn

Die bisher unveröffentlichte Ansprache vor Parteiführern der CDU verdeutlicht die Überlegungen Adenauers kurz nach der Unterzeichnung der Pariser Verträge und angesichts der sowjetischen Neutralisierungsinitiativen.

Meine Damen und Herren, meine lieben Parteifreunde!
Ich will meinen Bericht mit der innenpolitischen Lage beginnen. Die innenpolitische Lage – ich spreche jetzt als Vorsitzender der CDU – ist für mich sehr stark dadurch gekennzeichnet, daß in den einzelnen Ländern zu wenig Wert darauf gelegt wird, konform zu gehen mit der Politik im Bunde. Das heißt natürlich nicht, daß nicht jedes Land in seinen Landesfragen sein politisches Eigenleben führen darf und muß, aber es heißt doch, meine Freunde, daß in den großen politischen Fragen auch die Länder, die Länderkabinette beeinflußt durch die Landesparteien, die Politik der Bundesregierung und der Bundestagsfraktion unterstützen müssen. Daran, das muß ich zu meinem Bedauern feststellen, mangelt es sehr. Ich möchte hier eine sehr dringende Bitte an die Vorsitzenden der Landesparteien richten, sich gerade um diese Frage sehr intensiv zu kümmern. Es ist richtig, meine Damen und Herren, die Landesparteien waren auf der Welt, ehe die Bundespartei geschaffen war. Es ist auch richtig, daß die Länder eher auf der Welt waren als der Bund. Wenn im natürlichen Leben der Vater das Schicksal des Kindes, also des später zur Welt gekommenen, bestimmt, so ist es hier umgekehrt – das Schicksal der Länder, der Landesparteien und der Länderregierungen hängt absolut ab von dem, was im Bund geschieht in wichtigen politischen Fragen.
Meine Freunde, wir haben Juni 1952, und Sie wissen, daß der Spätsommer 1953 uns die Bundestagswahl bringt. Diese Bundestagswahlen werden von der entscheidensten Bedeutung sein für Deutschland und Europa und auch für den christlichen Gedanken in Europa und Deutschland. Wenn Sie sich vorstellen, es würden bei der Bundestagswahl die sozialistische Partei zusammen mit dem BHE die Mehrheit bekommen und die Bundesregierung bilden, dann würde das nach meiner Auffassung vernichtend sein für alles, was wir bisher geschaffen und geleistet haben, und darüber hinaus vernichtend für den christlichen Gedanken in der Politik. Die Bedeutung der Bundestagswahl im Jahr 1953 geht gerade im Hinblick auf den christlichen Gedanken in der Politik weit über Deutschland hinaus.
In Italien werden im gleichen Jahr die Wahlen für das Parlament stattfinden. Wenn die Wahlen in Italien mit einer Niederlage der christlich-demokratischen Partei enden würden, und wenn wir hier ebenfalls nicht den Sieg davontragen würden, dann würde, ich spreche das hier offen aus, dann würde – da die MRP in Frankreich stark abbröckelt – der christliche Gedanke in der europäischen Politik ganz außerordentlich geschwächt werden.

Man kann daher die Wahl des Jahres 1953 nicht ernst genug nehmen. Im Herbst wird der Zeitpunkt gekommen sein, in die unmittelbare Wahlarbeit einzutreten. Aber wir müssen unbedingt durch unsere Politik im Bund und in den Ländern stärker als bisher in der Bevölkerung als geschlossene Partei dastehen. Die Wahlen werden entschieden werden durch die Stimmabgabe derjenigen, die keiner Partei angehören. Und gerade auf diesen Teil der Wähler wird sehr attraktiv eine geschlossene mit einer einheitlichen Willensbildung arbeitende politische Partei wirken. Und aus diesem Grunde – ich komme gleich auf den speziellen Grund, der mich veranlaßt, das heute so ausführlich zu sagen – aus diesem Grunde müssen wir auf eine Koordinierung unserer Politik in den Ländern und im Bund mit viel größerem Nachdruck hinarbeiten, als es bisher geschehen ist.

Und nun zum speziellen Grund und damit zum zweiten Punkt meiner innenpolitischen Ausführungen: Wir haben vor wenigen Wochen hier im Hause das Lastenausgleichsgesetz verabschiedet. Alle diejenigen, die mit dieser Arbeit zu tun gehabt haben, werden mir bestätigen, daß es eine ungeheure Arbeit gewesen ist, und daß eine hundertprozentige Lösung eines so schwierigen Problems nicht möglich ist. Dank der Arbeit unseres Freundes Kunze[1], der sich fast verzehrt hat als Vorsitzender des Ausschusses, dank auch dem klugen Verhalten unseres Freundes Kather[2], dem ich ausdrücklich hier danken möchte, ist es gelungen, im Bundestag zu einer Verabschiedung des Gesetzes zu kommen. Die Sozialdemokraten haben hier ihr altes Spiel gespielt, das wir kennen: sie haben im Ausschuß getan, als ob sie mittun würden; und es haben sich auch einige von unseren Politikern täuschen lassen und geglaubt, sie würden nachher auch im Plenum mittun – sie haben es aber nicht getan.

Dann ist im Bundesrat der bedauerliche Zustand eingetreten, daß der Bundesrat den Vermittlungsausschuß angerufen hat – ich glaube wegen 41 Punkten – und daß, es gehört in diesen Zusammenhang, nur zwei der Länder, die eine CDU-Mehrheit im Kabinett haben, nämlich Rheinland-Pfalz und Schleswig-Holstein gegen die Anrufung des Vermittlungsausschusses gestimmt haben. Ich muß sagen, meine Damen und Herren, ich weiß nicht, ob die Regierungen, die für die Anrufung des Vermittlungsausschusses gestimmt haben, sich darüber klar geworden sind, welch' ungeheure politische und soziale Verantwortung sie damit auf sich genommen haben. Wir waren in der Bundesregierung und im Bundestag von Herzen froh, daß es uns endlich gelungen war, für die Vertriebenen etwas zu tun, dafür zu sorgen, daß sie etwas in die Hände bekommen. Und dann geschah es im Bundesrat, daß die Erwartungen der Vertriebenen enttäuscht wurden, und daß die sozialdemokratische Politik gefördert worden ist. Meine Damen und Herren, wenn man die Sache richtig überlegt, dann würde in diesem Fall doch das Interesse sowohl von Bayern wie auch von Nordrhein-Westfalen die Kabinette dazu gebracht haben müssen, nicht den Vermittlungsausschuß anzurufen. Ich möchte gerne sehen, was aus diesen Ländern wird, wenn an meiner Stelle Herr Schumacher steht, dann wird ihnen einmal gezeigt, was Föderalismus und was Zentralismus ist. Und hier unterstreiche ich eine Bitte, daß Sie, meine Damen und Herren, mit dafür sorgen, daß bei allem Föderalismus – Föderalismus in Ehren – dieser nicht in Partikularismus ausartet.

Meine Damen und Herren, einen sehr wesentlichen Teil meiner Ausführungen über die innenpolitische Lage würde die Stellungnahme zum DGB heute gebildet haben, wenn nicht gestern am Spätnachmittag mit dem DGB eine Verständigung erfolgt wäre. Auch hier möchte ich zunächst den Herren, die sich um die Verständigung besonders bemüht haben, den Herren Albers, Kaiser und Arnold[3] herzlichen Dank dafür aussprechen, daß sie sich eingesetzt haben, um untereinander zu einer Verständigung zu gelangen. Aber seien wir uns über eines klar, so hoch ich die gestrige Verständigung einschätze, und zwar sowohl unter wirtschaftlichem wie unter parteipolitischem Aspekt – denn ich bin überzeugt, gewisse Herren, die nicht unserer Partei angehören, haben Tränen vergossen darüber, daß zwischen dem DGB und der Regierungskoalition diese Annäherung erfolgt ist – so bitte ich Sie doch, meine Damen und Herren, unter dem Gesichtspunkt die ganze Sache zu betrachten und nicht aus dem Auge zu lassen, daß die Strömungen im DGB, die unter Herrn Böckler[4] niedergehalten worden sind, nun sehr stark und lebendig sind. Im DGB ist eine Richtung dafür, den Weg der Verständigung zu gehen, und den DGB parteipolitisch neutral zu halten. Aber es ist auch eine Richtung in einzelnen Gewerkschaften vorhanden, – namentlich in Süddeutschland, die zum Teil unter starkem kommunistischen Einfluß stehen – und auch im Vorstand, die versucht, den DGB und die Kraft, die in ihm steckt, zu parteipolitischen Zwecken zu mißbrauchen.

Wir können nur hoffen und wünschen und können unsere Freunde, die in den Gewerkschaften irgendeine Rolle spielen, nur bitten, die mäßigende Richtung zu unterstützen. Aber seien wir uns ganz klar darüber, daß, ehe die Wahl des Vorstandes, die in einigen Monaten erfolgt, getätigt ist, es keine Ruhe geben wird im DGB. Und seien wir uns auch darüber klar, daß wenn der Kandidat der radikalen Richtung, wenn die Wahl des Kandidaten der radikalen Richtung erfolgt, daß wir dann sehr schweren Zeiten entgegengehen, schweren Zeiten nicht nur unter parteipolitischen, sondern besonders unter dem Gesichtspunkt der Aufrechterhaltung der demokratischen Verfassung. Denn das, was vor kurzer Zeit versucht worden ist, war mit einer demokratischen und parlamentarischen Verfassung nicht mehr vereinbar.

Ich glaube, nicht nur unsere Freunde, sondern ganz allgemein im Lande hat man verstanden, um was es sich gehandelt hat, und ich glaube, mit Genugtuung feststellen zu können, daß auch in weiten Gewerkschaftskreisen man sich völlig klar darüber geworden ist, daß man beginnt, einen verhängnisvollen Weg zu gehen. Und ich weiß, daß eine ganze Menge von Gewerkschaftlern die Konsequenz daraus gezogen haben. Ich will mich hierüber nicht weiter verbreiten, weil gestern Abend Friedensschluß erfolgt ist. Aber ich glaube, wir müssen die weitere Entwicklung sehr sorgfältig im Auge behalten, und wir müssen auch, damit unsere Arbeitnehmermitglieder den genügenden Einfluß im Gewerkschaftsbund und in den Industriegewerkschaften ausüben können, unsere Arbeitnehmerorganisationen stärken und kräftigen. Damit meine ich die Sozialausschüsse und die katholischen und evangelischen Arbeitervereine. Ich bin der Auffassung, daß eine Kräftigung und Stärkung insbesondere der katholischen und evangelischen Arbeitervereine auch aus weltanschaulichen Gründen unbedingt notwendig ist; denn was auf diesem Gebiet in den Zeitungen der einzelnen Gewerkschaften geleistet wird, und was in den Kursen der jüngeren Arbeitnehmer geleistet wird, das widerspricht absolut alledem, was wir auf Grund unserer christlichen Überzeugung für notwendig halten. Daher glaube ich, daß wir die Sozialausschüsse und die katholischen und evangelischen Arbeitervereine – das können wir nicht als Partei, sondern nur als einzelne Persönlichkeit tun – überall, wo wir das irgendwie können, gerade aus weltanschaulichen Gründen heraus kräftigen sollen.

Meine Damen und Herren, ich habe mir bei dem Bericht über die innenpolitische Lage auch vorgenommen, einige Worte zu sprechen über die Haltung der Sozialdemokraten. Ich weiß, daß nachher darüber gesprochen wird, ich werde mich deshalb auf verhältnismäßig wenige Ausführungen beschränken. Aber ich glaube, ich würde nicht richtig handeln, wenn ich an dem, was sich die Sozialdemokraten leisten, stillschweigend in meiner Übersicht vorüber ginge. Ich habe gestern abend in einer Schweizer Zeitung, der „Neuen Zürcher Zeitung", von der ich annehme, daß sie objektiv berichtet, über eine Rede gelesen, die Herr Dr. Schumacher im Bayerischen Rundfunk gehalten hat. Und was Herr Schumacher sich da geleistet hat – ich versuche gemäßigt zu sprechen – das steht im diametralen Gegensatz zum Gebot der Wahrheit. Wenn er da redet, daß das deutsche Volk ein neues Selbstbewußtsein nötig habe – „gleich fern von dem ‚frevelhaften Übermut der Vergangenheit' wie von der heute so weit verbreiteten Neigung, jedem fremden Einfluß sofort nachzugeben. Keine Nation der Welt könne einem Vertragssystem beitreten, welches die Verpflichtungen gegenüber anderen Völkern höher stelle als die eigene Einheit" – so ist das, nehmen Sie mir den Ausdruck nicht übel, eine Unverschämtheit. Und wenn er weiter sagt, „daß die SPD alles getan habe, um mit der Bundesregierung zusammenzuarbeiten, die Sozialdemokraten hätten bei jeder Gelegenheit ein gemeinsames Vorgehen angeboten, ohne mehr als Hohn und Spott zu ernten, die Bundesregierung habe jedes ihrer Angebote, bei konkreten Fragen die nationalen Kräfte des ganzen Volkes in der Abwehr zu konzentrieren, ungeprüft zurückgewiesen"[5], dann kann ich nur sagen, meine Damen und Herren, es fehlt mir der parlamentarische Ausdruck, um das richtig zu bezeichnen. Herr Dr. Schumacher versteht unter Zurückweisung eines Angebotes die Tatsache, daß man sich erlaubt, eine eigene Meinung zu haben. Er verlangt ganz offenbar von der Bundesregierung und der Mehrheit des Deutschen Bundestages, daß wir alles das genau so bedingungslos akzeptieren und dekretieren, was er sagt, wie das innerhalb seiner Partei geschieht. Das ist völlig unmöglich. Wir haben uns, – das möchte ich hier nachdrücklich sagen, das gilt auch von mir persönlich – die größte Mühe gegeben, die denkbar schwer war, um mit den Sozialdemokraten in den wirklich großen außenpolitischen Fragen zusammenzugehen.

Aber ich erinnere nur an das Wort vom „Kanzler der Alliierten" im Zusammenhang mit dem Petersberg-Abkommen. Ich bitte Sie, meine Freunde, machen Sie sich den Spaß, das nachzulesen, was Herr Schumacher über das Abkommen gesagt hat, und vergleichen Sie es mit dem, was in der Folge eingetreten ist. Wir, die Regierungskoalition sind – ich will nicht sagen im Entgegenkommen gegenüber den Sozialdemokraten –

1 Um 1917

2 Wiedereröffnung der Kölner Universität 1919

3 Mit Reichspräsident Friedrich Ebert in Köln 1924

4 Befreiungsfeier am 31. Januar 1926 vor dem Kölner Dom

5 Mit Reichspräsident Paul von Hindenburg in Köln, März 1926

6 Porträt Ende der zwanziger Jahre

7 Im Kloster Maria Laach

9 Oben: Plenum des Parlamentarischen Rates bei einer Abstimmung

8 Links: Köln im Jahre 1945

10 Unten: Konrad Adenauer als Präsident des Parlamentarischen Rates bei der Verkündung des Grundgesetzes am 23. 5. 1949

11 Während einer Sitzung des Parlamentarischen Rates 1948/1949

12 Konrad Adenauer, US-Außenminister Dean Acheson und Theodor Heuss im November 1949

13 Vor dem Deutschen Bundestag; im Hintergrund Bundestagspräsident Hermann Ehlers 1951

14 Hans Böckler und Konrad Adenauer im Februar 1950

15 In Downing Street 10

16 Konrad Adenauer und Anthony Eden in London, Februar 1952

17 Abschiedsbesuch von Dwight D. Eisenhower, Bonn 1952

18 In Bamberg am 2. 6. 1957

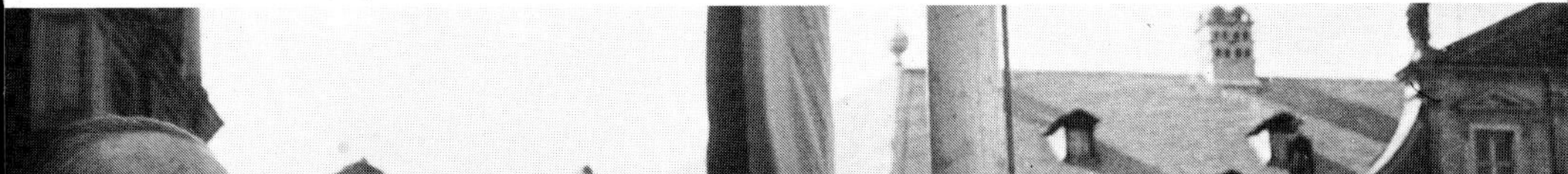

19 Im Kabinettssaal des Palais Schaumburg, April 1954

20 In seinem Arbeitszimmer im Palais Schaumburg

21 Mit Alcide de Gasperi in Rom, Februar 1953

22 Mit Sir Winston Churchill während der Londoner Konferenz, 27. 9.–3. 10. 1954

23 Während eines USA-Besuches in Chicago

24 Nach der Unterzeichnung des deutsch-amerikanischen Freundschaftsvertrages in Washington mit John Foster Dulles, Oktober 1954

25 Bei der Ankunft in Moskau am 8. September 1955

26 Während der Verhandlungen in Moskau, September 1955

27 Robert Schuman, Joseph Bech, Konrad Adenauer und Walter Hallstein in Brüssel, September 1956

28 Während des Bundestagswahlkampfes im August 1957

29 Harold Macmillan und Konrad Adenauer während der Nato-Konferenz in Paris im Dezember 1957

30 Cadenabbia 16. 8. 1959. Paul-Henri Spaak, Konrad Adenauer, Dirk U. Stikker, General Lauris P. Norstad

32 Oben: Präsident John F. Kennedy und Konrad Adenauer in Köln am 23. Juni 1963
31 Links: Staatspräsident Charles de Gaulle und Konrad Adenauer in Reims am 8. 7. 1962
33 Unten: Unterzeichnung des Vertrages über das Deutsch-Französische Jugendwerk am 5. Juli 1963

34 In seinem Arbeitszimmer

35 Konrad Adenauer und Heinrich Krone

36–38 Porträts des Redners Konrad Adenauer aus seinen letzten Lebensjahren

39 Konrad Adenauer und Carlo Schmid

40 Während der Rede in Madrid am 16. Februar 1967

aber in der Behauptung unserer Stellung als der entscheidenden Stelle innerhalb des Bundestages, bis an die äußerste Grenze des Möglichen gegangen, vielleicht sogar manchmal darüber hinaus. Denn die Sozialdemokratie versteht ja gar kein Entgegenkommen, um zu einer gemeinsamen Willensbildung zu kommen. Es liegt ihr nicht, es kann ihr garnicht liegen unter der gegenwärtigen Leitung. Und wenn man die heutige SPD, ihre Leitung und die Bundestagsfraktion an der Arbeit sieht und zurückdenkt an die Zeit nach 1918, was damals für eine SPD vorhanden war, und welche Köpfe mit eigener Meinung, auch Köpfe, die das deutsche Interesse dem Parteiinteresse voranstellten, dann, meine Damen und Herren, kann man nur mit großem Bedauern vom deutschen Standpunkt aus feststellen, daß die SPD eine solche Wandlung vorgenommen hat seit den Jahren 1918 bis 1925.

Die außenpolitische Lage ist bei uns in Deutschland dadurch gekennzeichnet, daß die beiden großen Vertragswerke, der Deutschlandvertrag mit seinen Zusatzverträgen und der Vertrag über die Europäische Verteidigungsgemeinschaft mit seinen Annexverträgen und seinen Anlagen dem Bundesrat zugeleitet sind. Ehe ich auf diese Dinge selbst eingehe und auf die Lage in den anderen Ländern, möchte ich Ihnen einiges sagen über die Technik und die Grundlagen, die notwendig gewesen sind und die benutzt werden mußten, um zu diesen Vertragswerken zu kommen. Der Deutschlandvertrag wurde abgeschlossen zwischen der Bundesrepublik, den Vereinigten Staaten, Großbritannien und Frankreich, der Vertrag über die EVG zwischen Deutschland, Frankreich, Italien und den drei Beneluxstaaten. Der Deutschlandvertrag, das möchte ich sehr nachdrücklich hiermit sagen, ist nicht etwa, wie es der Versailler Vertrag war, ein Diktatvertrag. Wir waren bei den Verhandlungen völlig frei, es ist nicht der geringste Druck auf mich ausgeübt worden, und auch dem Bundestag wird es völlig freigestellt sein, die Vertragswerke zu genehmigen oder nicht. Das ist, meine Damen und Herren, der grundsätzliche Unterschied gegenüber der Situation nach dem ersten Weltkrieg.

Bei der Beurteilung der ganzen Abmachungen müssen Sie bitte folgende Momente beherzigen. Deutschland hatte Mai 1945 bedingungslos kapituliert. Während bei Kriegsende 1918 in Deutschland – abgesehen davon, daß aus einem Kaiserreich eine Republik geworden war – das ganze innere Gefüge intakt da stand und nur ein kleiner Teil des Landes besetzt war, das übrige Deutschland dagegen völlig frei, ist jetzt die Sache ganz anders gewesen. Wir haben bedingungslos kapituliert. Und wenn man sich die Dinge nochmals rekonstruktiv vor Augen führt, war es 1945/46 im wesentlichen so, daß nur die Gemeinden arbeiten konnten. Es gab kein Reich, keine Länder mehr, sondern lediglich die Gemeinden. Und die vier Sieger waren damals einig darin, Deutschland in einen tiefen Abgrund hinabgleiten zu lassen, und ich darf Sie daran erinnern, daß bis zum Jahre 1947 das Verhalten der Besatzungsmächte uns gegenüber katastrophal gewesen ist. Ich erinnere mich, als ob es gestern war, meines ersten Gespräches mit Mr. Hynd, dem englischen Minister für Deutschland der Labourpartei, in Düsseldorf. Der Mann hat mir Dinge vorgeredet; damals habe ich ihm gesagt: „Herr Hynd, wenn Sie so denken, dann bitte demontieren Sie nicht nur Fabriken, dann demontieren Sie auch alle Handwerksbetriebe, denn in jeder Schusterwerkstätte können auch Soldatenstiefel hergestellt werden.“ Dann kamen die ersten Beschlüsse des Viermächtekontrollrates, als die Vier noch einig waren, und ein Teil dieser Viermächtebeschlüsse gilt heute noch dem Rechte nach, ein anderer Teil als Tatsache.

Als dann hier bei uns in den drei Westzonen allmählich wieder zunächst eine Obrigkeit errichtet wurde von seiten der drei Westmächte, als langsam die Länder und zum Schluß erst der Bund kamen, haben die Alliierten, die ja immer noch die oberste Gewalt haben, im Laufe der sieben Jahre eine ganze Fülle von Verordnungen und Gesetzen erlassen, die dazu bestimmt waren, das Chaos, das in Deutschland herrschte, einigermaßen einer Ordnung wieder zuzuführen. Und wenn wir jetzt in eine neue Phase der Entwicklung eintreten, dann können wir nicht daran vorüber gehen, daß zunächst durch die Verordnungen und Gesetze der westlichen Alliierten und auch durch die Gesetze des Kontrollrates eine gewisse Ordnung geschaffen ist, die nicht um Mitternacht eines bestimmten Tages durch eine Neue ersetzt werden kann, sondern nur allmählich in neuen Ordnungen aufgelöst werden kann in unserem deutschen Interesse.

Aber ehe ich darauf eingehe, meine Damen und Herren, lassen Sie mich ein Wort sagen über die Vergeßlichkeit des deutschen Volkes. Wer im deutschen Volk denkt noch daran, wie es vor wenigen Jahren bei uns hier ausgesehen hat – auf dem Gebiete der Ernährung, der Kleidung und auch auf dem Gebiet der Wohnung, ein Problem, das auch heute noch nicht gelöst ist. Und wer in Deutschland denkt noch überhaupt daran, daß hier in Deutschland 12 Jahre lang eine NS-Herrschaft gewesen ist, die den furchtbarsten aller Kriege vom Zaune gebrochen hat, die in Deutschland und den von ihr besetzten Ländern unsagbare Grausamkeiten hervorgerufen hat, und die letzten Endes doch der Anstoß – und der entscheidende Anstoß – gewesen ist, daß die gesamte Welt in das Chaos hineingestürzt worden ist, in dem wir uns jetzt befinden. Ich erinnere mich, daß mir mein Freund Cillien[6] aus Niedersachsen einmal erzählte, was ihm die Leute dort gesagt haben. Sie sagten, wir sind nie Nationalsozialisten gewesen, haben gar nichts damit zu tun, deshalb haben wir auch keinen Krieg geführt, weil wir keinen Krieg geführt haben, haben wir auch keinen verloren und sehen nicht ein, daß wir, die wir nie Krieg geführt haben, jetzt für Kriegsfolgen verantwortlich sein sollen. Das ist eine Denkungsart, die – vielleicht nicht so nackt und klar ausgesprochen – doch in weiten Kreisen des deutschen Volkes herrscht. Sie wollen vergessen, auch ihre Mitschuld, die in ihrer Passivität gelegen hat. Aber, meine Damen und Herren, das Ausland hat nicht vergessen! Im Ausland ist die Erinnerung an alles das, was schließlich aus Deutschland über die Welt gekommen ist, sehr stark und lebendig, und das Mißtrauen ist ungeheuer groß. Lassen Sie sich bitte nicht darüber täuschen, daß dem so ist, wenn aus Amerika, Holland oder Frankreich oder irgendwo her ein Mann zu Ihnen kommt, der freundlich mit Ihnen spricht, – in der tiefsten Seele ist bei allen diesen Völkern das Mißtrauen gegenüber Deutschland stark und lebendig, und, wenn man objektiv sein will, muß man Verständnis aufbringen, daß dem so ist. Und je mehr ein Land gelitten hat und in seiner Konstitution erschüttert worden ist, wie zum Beispiel Großbri-

tannien, desto stärker ist auch noch das Mißtrauen.
Wenn nun das Ausland die sozialdemokratische Presse liest, wenn es liest, daß der Vorsitzende der SPD einem Ausländer gegenüber erklärt: „Wer diese Verträge unterzeichnet, ist kein Deutscher mehr!", und wenn ein Ausländer liest, daß ebenfalls Herr Schumacher erklärt: „Wenn ich an die Herrschaft komme, werde ich diese Verträge zerreißen!", dann, meine Damen und Herren, muß man verstehen, daß wir Deutsche, das deutsche Volk insgesamt und die Vertreter und Unterhändler des deutschen Volkes von den anderen mit großem Mißtrauen betrachtet werden. Und seien wir uns völlig darüber klar, wenn wir bisher etwas erreicht haben – und ich glaube, wir haben etwas erreicht in den vergangenen Jahren und mit diesen Verträgen –, dann ist die Ursache bei den anderen zum großen Teil die Angst vor Rußland; denn wenn Sowjetrußland seinen Gelüsten entsagt hätte, Europa und die Welt zu beherrschen, dann, meine Damen und Herren, verlassen Sie sich darauf, wäre das Besatzungsstatut bei uns noch in vollem Umfange in Kraft und der Viermächtekontrollrat würde noch über uns regieren.
Warum sage ich Ihnen das? Das sage ich Ihnen, damit Sie einmal diese Vertragswerke richtig beurteilen, und Sie werden sie leichter beurteilen können, wenn Sie sich in die psychologische Lage der anderen Völker hineinversetzen. Es geht doch nicht an, daß man solche Verträge nur aus der eigenen Sicht – lediglich aus meiner Stellung, aus dem, was ich will, aus meiner psychologischen Einstellung heraus beurteilt, sondern man muß doch gleichzeitig dabei überlegen, wie die psychologische Lage der Vertragspartner ist. Man muß doch bedenken, daß auch sie – die Staatsmänner der anderen Länder – mit einer öffentlichen Meinung ihrer Länder zu rechnen haben, und nicht nur wir mit der öffentlichen Meinung unseres Landes. Um Ihnen ein Beispiel anzuführen: Die Souveränität. Wenn immer geredet wird, Ihr bekommt keine Souveränität, dann, meine Damen und Herren, soll man dem einmal gegenüberhalten, daß auch die Länder Italien, Frankreich und die Beneluxstaaten durch den Beitritt zur EVG auf das wesentliche Recht eines souveränen Staates, eine eigene Wehrmacht zu haben, freiwillig verzichten im Interesse einer höheren Gemeinschaft. Man muß das gegenüberhalten, damit man die Dinge richtig sieht.
Und, meine Freunde, seien wir uns völlig darüber klar – der Gedanke kam mir, als ich vor kurzem am Quai d'Orsay meinen Namen unter die verschiedenen Vertragswerke schrieb[7] – wenn wir auf der Siegerseite gestanden hätten, glauben Sie, daß es der Mehrheit des deutschen Volkes eingefallen wäre, auf seine Armee zu verzichten? Ich glaube, das wäre niemals in Frage gekommen. Und daher sollten wir, wenn die anderen sich gewisse Rechte vorbehalten haben, zum Teil in unserem Interesse, in unserem großen Interesse, uns aufrichtig fragen, wie würde Deutschland gehandelt haben, wenn alles umgekehrt gewesen wäre?
Meine Damen und Herren, ich möchte diesen Punkt verlassen und über den Zusammenhang zwischen Deutschlandvertrag und dem Vertrag über die EVG einige Worte zu Ihnen sprechen. In meinen Augen ist der Vertrag über die EVG der bei weitem wichtigere Vertrag. In der Diskussion bei uns, die zum Teil beeinflußt war durch die Opposition,

erschien immer der Deutschlandvertrag als der wichtigere Vertrag. Das ist nicht richtig. Der Deutschlandvertrag ist ungemein wichtig, weil er uns die Souveränität wiedergibt und uns dadurch die Möglichkeit schafft, mit den anderen fünf europäischen Ländern auf der gleichen Stufe eine Verteidigungsgemeinschaft zu schaffen.

Die augenblicklichen Spannungen zwischen Ost und West und die Folgen des verlorenen Krieges, die sich in Besetzung und allem, was damit zusammenhängt, auswirken, die werden eines Tages von selbst absterben. Das mag, wenn nichts Besonderes geschieht, eine gewisse Reihe von Jahren dauern, aber keine unendliche Zeit. Dagegen ist der Vertrag über die EVG auf 50 Jahre geschlossen. Er hat den Zweck und das große Ziel, in Zukunft Kriege unter europäischen Völkern unmöglich zu machen. Damit wird er die erste Bedingung schaffen für eine Vereinigung Europas und für die Entwicklung neuer moralischer und wirtschaftlicher Kräfte in Europa.

Darum ist in meinen Augen dieser Vertrag über die EVG der bei weitem wichtigere Vertrag, und der Vertrag, der, wie ich hoffe, von den künftigen Geschichtsschreibern in Wahrheit bezeichnet werden wird als eine Wende in der Geschichte Europas.

Der Deutschlandvertrag und der EVG-Vertrag hängen zusammen, weil der Deutschlandvertrag erst die Möglichkeit gibt, in freier Entscheidung der EVG beizutreten. Aber der Deutschlandvertrag ist infolgedessen abhängig – ich nehme etwas vorweg – von der Ratifizierung des Vertrages über die EVG, der von sechs Staaten ratifiziert werden muß. Es ist in Aussicht genommen, eine gewisse Lösung vorwegzunehmen, wenn die Ratifizierung des EVG-Vertrages sich über die Gebühr hinauszögert. In einem Schriftwechsel zwischen Deutschland und den drei Alliierten ist niedergelegt, daß wir zusammentreten, um zu klären, welche Teile des Vertrages dann für Deutschland vorzeitig in Kraft treten.

Nun, meine Damen und Herren, zu dem Thema Souveränität: Ich möchte zunächst zurückkommen auf das, was ich eben gesagt habe. Die EVG-Länder geben den wichtigsten Teil der Souveränität ihrer Länder preis, indem sie sich verpflichten, keine eigene Wehrmacht mehr zu unterhalten. Aber davon abgesehen, welcher Staat und welches Land – mit Ausnahme vielleicht von Sowjetrußland – ist heute noch im Besitz seiner vollen Souveränität? Kein einziges! Rußland ist vielleicht im Besitz seiner vollen Souveränität, weil es sich an nichts stört, dagegen haben sich alle UNO-Länder dadurch, daß sie der UNO beigetreten sind, eines Teiles ihrer Souveränität begeben. Jede Schiedsgerichtsbarkeit nimmt einem Land Teile seiner Souveränität. Welche Länder in Europa sind noch souveräne Staaten? Keine mehr! Auch nicht einmal die USA infolge ihres Beitritts zum Nordatlantikpakt und durch die Versprechen, die sie uns in Bezug auf Berlin und die Bundesrepublik gegeben haben.

Aber, meine Damen und Herren, worin besteht denn die Beschränkung unserer Souveränität im Deutschlandvertrag? In den drei Vorbehaltsrechten a) bezüglich Berlin, b) der gesamtdeutschen Frage und c) dem Recht der drei Alliierten, Truppen auf deutschem Boden stehen zu haben auf Grund der plena potestas, die sie in Anspruch nehmen als Folge der bedingungslosen Kapitulation.

Meine Damen und Herren, das Vorbehaltsrecht bezüglich Berlin können wir nur hundertprozentig bejahen. Denn wenn die Westalliierten ihre Rechte bezüglich Berlin im Deutschlandvertrag preisgegeben hätten, wäre das ein Verbrechen an Berlin.

Das Vorbehaltsrecht der gesamtdeutschen Fragen liegt ebenfalls im deutschen Interesse; denn letzten Endes kommen wir nicht zur Wiedervereinigung Deutschlands ohne die Sowjetunion. Wir können es deshalb nur begrüßen, wenn in Bezug auf gesamtdeutsche Fragen die Alliierten gegenüber der Sowjetregierung an dem Status festhalten, den sie gegenüber Deutschland eingenommen haben.

Und drittens, die Vorbehaltsrechte, darin bestehend, Truppen auf deutschem Boden zu unterhalten: da sind in den langen Verhandlungen in der Mehlemer Aue[8], Tage und Nächte hindurch, Vorbehaltsrechte bezüglich der Unterhaltung von Truppen auf deutschem Boden besprochen worden. Ich habe Großbritannien und den USA vorgeschlagen, wir wollten ihnen das vertragliche Recht einräumen, Truppen auf unserem Boden zu unterhalten. Und da habe ich zwei Antworten bekommen. Die eine Antwort war die folgende: Wenn wir nun unser Recht aus der bedingungslosen Kapitulation, Truppen hier zu unterhalten, aufgeben, kann dann nicht eines Tages Sowjetrußland kommen und sagen: Ich erblicke in der vertragsmäßig von der Bundesrepublik eingeräumten Befugnis, Truppen in der Stärke auf deutschem Boden zu unterhalten, eine Bedrohung Sowjetrußlands. Ich verlange von Dir und von Deutschland, daß diese Truppen nicht dort gehalten werden. – Ich konnte darauf nicht viel sagen, ich mußte die Berechtigung der Frage anerkennen. Und ein Weiteres wurde mir gesagt, und das war – die Frage wurde diskutiert, als der ägyptische Ministerpräsident erklärte, daß er die mit Großbritannien abgeschlossenen Verträge als null und nichtig betrachte –, wenn nun eines Tages in Deutschland eine Regierung käme, die erklärt, die Verträge, die die Bundesregierung im Jahre 1952 abgeschlossen hat über die Stationierung von Truppen auf deutschem Boden, sind null und nichtig für uns, wir erkennen sie nicht als verbindlich an, dann müßten wir das Gebiet räumen. Liegt das in Eurem und in unserem Interesse? Sehen Sie, meine Damen und Herren, ich habe natürlich nicht gesagt: „Ihr habt recht!" Im Innern konnte ich die Berechtigung dieser Argumentation bei der Einstellung der SPD nicht als daneben liegend ansehen. Ich glaube, daß wir alle ein Interesse daran haben, daß amerikanische und britische Truppen auf deutschem Boden stehen, so lange die Spannungen zwischen Ost und West anhalten. Ich habe gesagt, daß wir dieses Vorbehaltsrecht nicht als Recht anerkennen könnten, daß wir aber doch erklären könnten, davon Notiz zu nehmen und nichts zu tun, um die Ausübung des Vorbehaltsrechts zu beeinträchtigen. Ich darf zusammenfassen: Diese drei Vorbehaltsrechte liegen im deutschen Interesse so gut wie im alliierten Interesse, und sie liegen vor allem im Interesse der Aufrechterhaltung des Friedens in Deutschland und Europa. Und man kann mit Fug und Recht die Verantwortung dafür übernehmen, daß die drei Vorbehaltsrechte von den drei anderen in Anspruch genommen worden sind.

Im übrigen ist im Vertrag selbst vorgesehen, daß, wenn eine Änderung erfolgt, das heißt, wenn die Wiedervereinigung Deutschlands erfolgt, was gleichbedeutend ist mit einem Aufhören der Spannung, eine Revision vorgenommen wird zur Anpassung an die neuen Verhältnisse. Dann sind, wenn die Spannung zwischen Ost und West beseitigt ist, die Vorbehaltsrechte bezüglich Berlin, bezüglich der gesamtdeutschen Fragen und der Stationierung von Truppen auf unserem Gebiete nicht mehr nötig. Ihre Aufgabe ist dann erfüllt. Die Amerikaner werden sich nicht danach drängen, sechs Divisionen stehen zu lassen, sie sind froh, wenn sie nach Hause gehen können. Ich halte daher diese Angriffe Schumachers für so unberechtigt wie nur denkbar, und – verzeihen Sie den Ausdruck – für nichts anderes wie den Versuch einer Irreführung des deutschen Volkes.

Der EVG-Vertrag sieht die Gleichberechtigung der sechs Teilnehmer an diesem Vertrag vor. Unser Freund Blank[9] hat bei der Führung der Verhandlungen in Paris große Erfolge erzielt, und er hat auch die allgemeine Achtung dort erworben, und wir sind ihm für alles, was er geleistet hat, – und es war nicht leicht –, herzlichen und aufrichtigen Dank schuldig.

Bezüglich der EVG bestehen nur in zwei Punkten Einschränkungen, worüber wir aber keine Tränen zu vergießen brauchen. 1. dürfen wir keine Atomwaffen herstellen. Um Atombomben herzustellen, braucht man ein so ungeheures Kapital und so bedeutende Vorbereitungen, – und die Anlagen für die Herstellung von Atomwaffen wirken auf die Gegner wie Käse auf Fliegen – so daß wir, selbst wenn wir das Geld dazu hätten, Atombomben erst in einer ganzen Reihe von Jahren herstellen könnten, weil wir auf diesem Gebiet seit 1945 stehen geblieben sind. Und 2. wir dürfen keine V-Waffen und keine biologischen Waffen herstellen. Auch darüber sind wir nicht traurig, denn es gilt hier dasselbe wie von den Atomwaffen, wobei wir bezüglich der letzteren nur froh sein können, damit nichts zu tun zu haben.

Im übrigen dürfen wir annehmen, daß wir wie die anderen Länder mit den gleichen schweren EVG-Waffen versehen werden, die Amerika, zum Teil bei uns, produzieren läßt. Dafür sind solch' ungeheure Kosten erforderlich, daß wir im Traum nicht daran denken können, sie auch nur annähernd herzustellen – das muß besonders den Neutralisten gesagt werden.

Die Ausrüstung von 12 Divisionen mit schweren Waffen kostet 38 Milliarden DM, eine Summe, die wir nicht aufbringen können, und das, meine Damen und Herren, nur zur Charakterisierung der sowjetischen Vorschläge einer nationalen Armee.[10]

Und nun einige Ausführungen über die Annexverträge, nur einige leitende, politische Gesichtspunkte: Für die Zeit der Überleitung in eine neue Ordnung mußte ein Überleitungsvertrag geschlossen werden. Die Anwesenheit fremder Truppen auf unserem Gebiet – der britischen und amerikanischen und der EVG-Truppen – erfordert eine besondere Regelung für die USA und Großbritannien.

Man wird auf diesem Gebiet erst Erfahrungen sammeln müssen und deswegen ist eine Revision des Truppenvertrages nach zwei Jahren vorgesehen.

Ich muß aber noch einige Worte zur finanziellen Frage sagen. Wir haben einen Beitrag zur Verteidigungsgemeinschaft zu leisten. Dieser Beitrag ist festgesetzt worden von den gleichen Instanzen, die den Verteidigungsbeitrag der NATO festgesetzt haben, nach den gleichen Grundsätzen, zunächst für ein Jahr. Wir halten das Ergebnis der Verhandlungen für tragbar. Wir dürfen nicht vergessen, wir leben noch unter dem Besatzungsstatut und haben danach, ohne mit der Wimper zu zucken, alles zu zahlen, was die Besatzung präsentiert. Wir können nicht mitreden, wir können klagen, aber diese Klagen verhallen vielfach ohne Erfolg. Wir haben nun die Wahl: Wünschen wir viele Truppen der anderen auf unserem Boden zur Sicherung gegen Osten, dann müssen wir, wenn das Besatzungsstatut bleibt, ungeheure Beträge zahlen. Wünschen wir wenige Truppen, erhöht sich für uns die Gefahr aus dem Osten. Wenn wir dem Deutschlandvertrag und dem Vertrag über die Europäische Verteidigungsgemeinschaft zustimmen, dann wird einmal der finanzielle Beitrag, den wir zu leisten haben, von einer Instanz, die die Wirtschaft der verschiedenen Völker zu überschauen vermag, geprüft, und wir haben das Recht, Ja oder Nein dazu zu sagen. Es kann uns das nicht mehr diktiert werden. Und zweitens: der größte Teil, bald der ganze Verteidigungsbeitrag, den wir zahlen, wird aufgewendet für die Aufstellung unserer eigenen Truppen und nicht mehr für die anderen Truppen. Es ist vorgesehen, daß mindestens 85% des Betrages in Deutschland ausgegeben werden müssen, wahrscheinlich über 100% unseres Beitrages an die EVG, so daß ich glaube, die deutsche Wirtschaft wird nicht darunter zu leiden haben; das gilt von Arbeitgebern und Arbeitnehmern.

Und nun, meine Damen und Herren, komme ich zu den wichtigsten, den politischen Ausführungen: Man kann der Bedeutung der beiden Vertragswerke nur gerecht werden, wenn man sich einmal loslöst vom Juni 1952 und wenn man zunächst einmal die Entwicklung in der Welt und in Europa seit 1945 betrachtet und wenn man einen Rückblick in die Geschichte Deutschlands in den letzten 100 Jahren tut: Nach dem Zusammenbruch Deutschlands haben die drei Westalliierten abgerüstet in einer sinnlosen Weise, weil sie sich nicht darüber klar waren, was der Kommunismus und die Sowjetunion bedeuten. Wenn ich daran denke, daß noch, ich glaube, es war 1946, Churchill gesagt hat, Rußland sei ein absolut demokratischer Staat geworden und Stalin ein echter Demokrat, und wenn ich daran denke, daß damals genau die gleichen Anschauungen in den Vereinigten Staaten herrschten, die ja auch dazu geführt haben, daß alle die Verratsaffairen sich entwickelten, und an die Äußerungen: „Die Russen sind unsere Bundesgenossen!" – Rußland war in USA große Mode, die Damen erschienen in Abendtoiletten mit Sowjetsternen aus Brillanten – dann ist das noch nicht so lange her. – Lediglich Sowjetrußland hat keinen Augenblick abgerüstet, es hat im Gegenteil weiter aufgerüstet nach Kriegsende, und hat dann nach immer gleichbleibendem Schema die Satellitenstaaten unterjocht und deren Gebiete annektiert.

Mir hat neulich ein Ausländer gesagt – ich möchte mir diese Ansicht nicht hundertprozentig zu eigen machen – aber ich möchte sie Ihnen nicht vorenthalten: ihn erinnere die Haltung der deutschen Sozialdemokraten in diesem Augenblick an die innere Haltung der Tschechen unter Benesch[11] gegenüber der Sowjetunion. – Immer hat Sowjetrußland nach dem gleichen Schema die Sache gemacht und hat sich die Satellitenstaaten unterwor-

fen. Es ist naiv zu glauben, daß Rußland das getan hätte aus Angst vor dem Westen. Was war denn im Westen? Das waren wir, die gerade noch japsen konnten, da waren die Italiener, denen es auch nicht viel besser ging, die Franzosen, wozu ich nicht viel sagen brauche, die Benelux-Länder, die nordischen Staaten und England auf seiner Insel, und glaubt da jemand, daß damals Rußland die Satellitenstaaten unterjocht hat aus Angst vor dem Resteuropa? Das ist Unsinn! Die Beweggründe waren ganz andere. Rußland war immer beherrscht vom Panslawismus und Expansionsdrang. Dazu kommt die Überzeugung, die in den Herzen der Machthaber so fest wurzelt – wie nur in der Brust des frömmsten Christen der Glaube – daß die kapitalistischen Staaten am Verwesen und Auseinanderfallen sind, und daß der Kommunismus die neue Religion ist, die materialistische Religion, die die Welt beherrscht. Von diesem Standpunkt aus ist die Unterjochung der Satellitenstaaten erfolgt, um sich neue Kräfte zuzuführen und damit weitere Schritte zum Endziel zu tun, zur Unterwerfung ganz Europas. Und das, meine Damen und Herren, ist ja das Ziel Sowjetrußlands.
Ich räume ohne weiteres ein, meine Freunde, daß bei Sowjetrußland eine gewisse Furcht vor den Vereinigten Staaten mitspielt, obgleich Sowjetrußland auch überzeugt ist, daß die Vereinigten Staaten zu Grunde gehen am sogenannten Kapitalismus. Aber die Vereinigten Staaten sind einstweilen noch sehr stark und lebensfähig, und es lag in der Natur der Dinge, daß, wenn nach Kriegsende auf der Erde noch zwei Mächte übrig bleiben, auf der einen Seite die Sowjetunion und auf der anderen Seite Amerika, daß es dann eines Tages zwischen diesen beiden Mächten zur Auseinandersetzung kommen müsse. Und aus dieser Expansionssucht und aus der Sucht der Kommunisten, zur Herrschaft zu kommen, resultiert diese Einstellung Rußlands, das die Methode des kalten Krieges meisterhaft ausgebildet hat. Diese Methode des kalten Krieges nimmt die verschiedensten Formen an. Vom massiven bis zu dem fast unmerkbaren Druck und vor allem durch die Erregung von Furcht – und nun komme ich zu einem Kapitel, das für uns Deutsche eine große Bedeutung hat. Sowjetrußland hat in der Sowjetzone seine 25-30 Divisionen seit Jahren aufgestellt, um Deutschland und Westeuropa in Furcht zu halten. Eine sehr billige Angelegenheit und eine sehr billige Methode, Erfolge einzuheimsen – und es hat Erfolge eingeheimst, meine Damen und Herren, machen wir uns nichts weis; die Furcht vor Sowjetrußland, obgleich sie vor einigen Jahren viel stärker war als jetzt, ist immer noch vorhanden. Es gibt noch immer zahlreiche Rückversicherer, die auf die verschiedenste Methode sich rückversichern wollen.
Vor kurzem hatten wir 58 Tarnorganisationen, jetzt über 90 – Sie sehen, meine Damen und Herren, über 90 sowjetrussische Tarnorganisationen in der Bundesrepublik. Die Methoden des kalten Krieges wechseln und äußern sich in allen möglichen Formen – in Italien und Frankreich in Form der Unterhaltung von starken kommunistischen Parteien. Sowjetrußland hat sich bei seinen Manövern gegen die Ratifizierung der Verträge in erster Linie Frankreich ausgesucht, um die Regierung Pinay zu stürzen. Das ist nicht gelungen, Pinay ist ein Mann mit starken Nerven, der weiß was er will, er stammt aus der Kommunalverwaltung.

Das erste Objekt dieser russischen Politik des kalten Krieges gegen die Unterzeichnung sind wir, die Bundesrepublik. Wir sind auch das stärkste Hindernis. Wenn es Sowjetrußland gelingt, uns zu bekommen, dann: Ade Integration Europas, dann können Italien und Frankreich sich nicht halten, dann ist von einer Zusammenfassung Europas nicht mehr die Rede. Und wenn davon nicht mehr die Rede ist, dann wird auch die amerikanische Politik in Bezug auf Europa ganz sicher einer Revision unterzogen werden. Wir sind aber auch ein Bissen für Rußland, den zu bekommen, es sich lohnt, einmal wegen des Potentials, das wir haben auf materiellem Gebiet und auch wegen unseres Menschenpotentials.

Ich sehe einen der größten und wesentlichsten und wichtigsten Erfolge bei Ratifizierung der beiden Vertragswerke darin, daß durch sie die russische Politik, uns im Wege des kalten Krieges zu bekommen, erledigt wird. In dem Augenblick, in dem die Verträge von uns und den anderen Ländern ratifiziert sind, muß Sowjetrußland sich notgedrungen überlegen, welche Politik es von da an einschlagen will; denn dann ist die bisherige sowjetrussische Politik, uns im Wege des kalten Krieges zu schlucken, erledigt. Dann ist der Augenblick gekommen, wo Sowjetrußland sich fragen muß, wenn ich auf dem Wege des kalten Krieges mein Ziel nicht erreichen kann, lohnt es sich dann für mich, daß ich die Rüstung aufrechterhalte, und alles, was ich an Menschenkraft und Kapitalkraft habe, in die Rüstung hineinzustecken, oder lohnt es sich, wenn ich in Verhandlungen versuche mit den Westmächten, vor allem den Vereinigten Staaten, zu einem modus vivendi zu kommen, der mir gestattet, meine Kräfte und mein Kapital zu verwenden für die ungeheuren Aufgaben, die im Innern Rußlands vorhanden sind, ohne deren Erfüllung auf die Dauer Sowjetrußland nicht bestehen kann. Sowjetrußland hat ungeheure Aufgaben der Kolonisierung und der Schaffung neuen Ackerlandes. Das Ackerland Sowjetrußlands reicht nicht aus, die sowjetrussische Bevölkerung zu ernähren. Eine Ziffer möchte ich da nennen. Soweit man mit einiger Sicherheit feststellen kann, beträgt das Durchschnittsalter in Sowjetrußland 38 Jahre, während das Durchschnittsalter in Westeuropa 60 Jahre ist, und diese Ziffer beweist Ihnen allen, meine Damen und Herren, welch' ungeheure Aufgaben Sowjetrußland im Innern erfüllen muß, auch vom Standpunkt der heutigen Diktatoren in Sowjetrußland betrachtet, wenn es dieses Regime wirklich aufrechterhalten will.

Ich möchte nun noch ein Wort über die Neutralisierung Deutschlands sagen in diesem Zusammenhang, weil ja dieser Versuch der eklatanteste Beweis dafür ist, daß es wirklich Sowjetrußland darum geht, Deutschland und damit Europa im Wege des kalten Krieges zu beherrschen, nicht auf dem Wege des heißen Krieges. Der heiße Krieg mag Sowjetrußland Anfangserfolge bringen, aber jetzt ist schon die Stärke der Westalliierten so groß, daß es mit den Anfangserfolgen lange nicht so aussehen würde wie vor zwei Jahren. Aber ganz sicher ist, daß, wenn Sowjetrußland in einen heißen Krieg geht, es diesen Krieg letzten Endes verlieren und den denkbar schwersten Schaden erleiden wird. Und noch aus einem anderen Grunde, meine Freunde, kann Sowjetrußland kein Interesse an der Führung eines heißen Krieges haben, weil Sowjetrußland mit einem Deutschland als einem Land der verbrannten Erde nichts anfangen kann. Sowjetrußland muß versuchen, das Gebiet der Bundesrepublik im Wege des kalten Krieges, das heißt unversehrt zu bekommen.

In Bezug auf die Neutralisierung muß ich Ihnen sagen, meine Damen und Herren, daß ich eine heiße Angst davor gehabt habe, daß man versuchen würde, dieses Projekt zu verwirklichen, – einmal weil es bei uns gläubige Menschen gibt – nicht im Sinne der Religion – sondern leichtgläubig, die die Dinge nicht bis zur letzten Konsequenz durchdenken, sondern auch weil in Frankreich politische Kräfte vorhanden und am Werk sind, die die Politik der letzten Jahrzehnte, wo Rußland an der Seite Frankreichs gegen Deutschland stand, als das Alpha und Omega der ganzen Außenpolitik Frankreichs betrachten.

Und nun hat Sowjetrußland in seiner ersten Note des zur Zeit schwebenden Notenwechsels[12] ganz klar ausgesprochen – zum ersten Mal –, daß es Deutschland neutralisieren will; denn es sagt, das wiedervereinte Deutschland darf keiner Koalition und keinem Bündnis angehören, das sich gegen einen der früheren kriegführenden Gegner richtet. Darum nationale Armee!, über die ich eben schon in einem anderen Zusammenhang gesprochen habe. Die Folgen der Neutralisierung Deutschlands sind nach meiner Meinung absolut klar: Ade vereinigtes Europa! Hinter uns im Westen hätten wir ein sehr angeknackstes Frankreich, das eine starke kommunistische Partei hat, und wir wären nicht nur durch die Tarnorganisationen, sondern auch sonst auf sehr schwankendem Boden, und es würde, man kann das ruhig eingestehen, nicht viel Zeit vergehen, bis wir in den russischen Sog gerieten.

Nun zur Lage Deutschlands: Die Bundesrepublik liegt zur Zeit zwischen zwei großen Kolossen, auf der einen Seite der östliche, auf der anderen die Vereinigten Staaten mit dem, was dazu gehört, und wir liegen dazwischen unter einem Besatzungsstatut, das jeden Augenblick wieder in vollem Umfange in Kraft gesetzt werden kann, völlig entwaffnet, völlig wehrlos und unfrei. Und wenn Sie sich so mal die Situation Deutschlands vorstellen und sich dann die Frage vorlegen, was soll denn die Bundesrepublik in dieser Lage tun, dann gibt es eben drei Möglichkeiten: 1. wir bleiben dort, wo wir sind – wir lassen uns neutralisieren; zweite Möglichkeit: Wir schließen uns dem Osten an – und was das bedeuten würde, meine Freunde, brauche ich in diesem Kreise nicht zu sagen. Es genügt, daß ich darauf hinweise, daß es nach meiner Meinung der Untergang des deutschen Volkes sein würde, so wie wir uns das deutsche Volk denken. Wenn wir aber das verneinen, bleibt uns nichts anderes übrig, als daß wir uns dem Westen anschließen. Und es ist uns gelungen, den Westen daran zu interessieren, seine Anstrengungen mit unseren Anstrengungen zu vereinigen, um eine Wiedervereinigung Deutschlands in Freiheit herbeizuführen. Und welche Wendung seit 1945 eingetreten ist, meine Freunde, das möchte ich Ihnen an zwei Beispielen auch noch klar machen: Erstens: Der Brüsseler Pakt im Jahre 1949[13] richtete sich gegen Deutschland als Angreifer, und jetzt schreiben wir 1952 und werden nach Ratifizierung der Verträge eingebaut sein in das große westliche Verteidigungssystem. Das zweite Beispiel: Der Pleven-Plan.

Als der Pleven-Plan der Öffentlichkeit übergeben wurde, bezweckte er nichts anderes als den Schutz gegenüber dem Osten unter Benutzung deutscher Kräfte, aber diese deutschen Kräfte sollten untergeordnet sein und nichts mehr und nichts weniger als Hilfstruppen für eine französische Armee. Wie hat sich das geändert, seitdem vom Pleven-Plan zum ersten Mal die Rede gewesen ist!?
Über eines müssen wir uns sehr klar sein: Die Verträge sind unterzeichnet, sowohl der EVG-Vertrag wie der Deutschlandvertrag, damit ist eine große Etappe zurückgelegt. Aber die Gefahr ist damit noch keineswegs beseitigt. Es arbeiten in gemeinsamer Richtung, ohne dies verabredet zu haben, auf der einen Seite die Sowjetunion, um die Ratifizierung der Verträge zu vereiteln, und auf der anderen Seite die SPD, die deutschen Sozialdemokraten, die vor kurzem in Bonn eine internationale Zusammenkunft gehabt haben, auf der dies Thema besprochen wurde – Gott sei Dank im allgemeinen ohne Erfolg; denn die Niederländische Arbeiterpartei, die dortige sozialistische Partei, lehnt mit Empörung die Gedanken der deutschen Sozialdemokraten ab, die belgische Sozialdemokratie sagt sich auch von der SPD-Politik los, ich erinnere da an Spaak, und in Frankreich auf dem Sozialistischen Kongreß hat sich eine Mehrheit von 3:1 für den Abschluß der Verträge entschieden. Aber wo hat die SPD Hilfstruppen gefunden? Ausgerechnet in England. Die Labour-Partei mit ihrem Außenpolitischen Ausschuß unter dem Vorsitz von Mr. Hynd, von dem ich schon gesprochen habe, ist vollkommen eingeschwenkt auf die Linie der deutschen Sozialdemokraten, und es ist eigentlich unerhört, daß der außenpolitische Ausschuß der Labour-Partei sich erkühnt zu verlangen, daß in Deutschland Neuwahlen stattfinden müssen, ehe die Verträge ratifiziert werden. Wir haben mit Empörung diese Einmischung in innerdeutsche Angelegenheiten zurückgewiesen. Ich muß mein tiefes Bedauern darüber aussprechen, daß eine deutsche Partei die Hilfe des Auslandes gegen die legal zustande gekommene Mehrheit erbittet und erfleht.
Wenn Sie sich vorstellen, meine Freunde, wir würden auch nur etwas annähernd Ähnliches tun, wir würden von den Sozialdemokraten als Landesverräter gesteinigt. Ich bin der Auffassung, man sollte das den deutschen Sozialdemokraten einmal sehr nachdrücklich zu Gemüte führen. Die Sozialdemokratie, Sie können alle Reden durchgehen, meine Damen und Herren, von Schumacher, Ollenhauer, Arndt, Schmid – Sie mögen lesen, was Sie wollen, keiner von ihnen hat irgendwann und irgendwo einmal gesagt, wir sollten das und das tun – es wird nur immer gesagt, wir wollen wieder verhandeln. Das ist so sinnlos, daß man nichts dazu sagen kann. Nachdem die Verträge unterschrieben sind, gibt es keine Verhandlungen mehr. Wenn jedes Land wieder anfangen würde zu verhandeln, jeder Außenminister käme mit neuen Vorschlägen – ja, dann wäre nach 10 Jahren noch keine Übereinstimmung erzielt.
Ich komme nun zur Wiedervereinigung Deutschlands. Ich glaube, meine Freunde, ich brauche nicht zu betonen, daß jeder von uns die Frage der Wiedervereinigung Deutschlands als eine so ernste und uns so am Herzen liegende Frage ansieht wie Herr Dr. Schumacher und die SPD. Ich frage aber auch hier, glaubt Herr Dr. Schumacher vielleicht, die Wiedervereinigung Deutschlands in Freiheit durch Sowjetrußland zu bekommen?

Die Erfahrungen, die wir bisher gemacht haben, berechtigen niemand zu dem Glauben, und deswegen ist es doch so wichtig, daß wir die Hilfe der Westmächte und sogar die Hilfe Frankreichs bekommen, um in einer gemeinsamen Politik Deutschland in Freiheit zusammenzuführen. Darin erblicke ich einen großen Erfolg der deutschen Politik in den Vertragswerken.

Aber, meine Damen und Herren, ich möchte Ihnen noch folgenden Gedanken sagen: Durch diese Vertragswerke werden wir wieder Subjekt der Politik und der Strategie, nachdem wir bisher nur Objekt waren. Durch diese Verträge haben wir wieder mitzureden bei den politischen Fragen, die das Schicksal des deutschen Volkes entscheiden. Und durch den Vertrag zur EVG haben wir auch mitzureden bei der strategischen Konzeption Deutschlands und Europas. Bisher hatten wir diese Möglichkeit und dieses Recht nicht, meine Freunde, und ich darf Ihnen sagen: daß als die NATO-Strategie überlegt wurde, man da zuerst ganz anders dachte als jetzt. Jetzt können unsere Leute mit in dem obersten NATO-Stab die Strategie Europas beeinflussen und dafür sorgen, daß nicht das ganze Gebiet rechts des Rheines Schlachtfeld wird, sollte es doch zum heißen Krieg kommen.

Ich möchte noch einen kurzen Rückblick auf die Geschichte der letzten 100 Jahren richten. Deutschland hat immer allein gestanden. Sicher, wir hatten nach 1870/71 den Dreibund mit Österreich und Italien. Österreich war damals ein Land, das seine Funktion darin hatte, den Balkan mit dem Blick nach Westen zusammenzuhalten, eine Aufgabe, die es glänzend erfüllte. Aber eine militärische und eine außenpolitische Kraft war Österreich-Ungarn damals schon nicht mehr. Und Italien ist dem Dreibund nur beigetreten unter der Bedingung, zu militärischen Leistungen nicht verpflichtet zu sein, wenn England auf der anderen Seite stehe. – Wir waren immer isoliert, zum Teil sicher durch eigene Schuld. Eine gewisse Hybris, eine gewisse Selbstüberschätzung hat uns dazu gebracht, daß wir sagten: „Wir haben es nicht nötig, uns nach Bundesgenossen umzusehen!“ Und diese Politik ist unser Verderb gewesen. Diese Politik hat zunächst unseren politischen Blick verengt, denn nur, wenn man in wirklicher politischer Gemeinschaft mit anderen Nationen lebt, erweitert sich der Blick auch für die politischen Verhältnisse und Notwendigkeiten der anderen Länder der Gemeinschaft. Und die letzte große Gelegenheit, aus der Vereinsamung herauszukommen, war 1914, als London versuchte, mit uns zu einer Verständigung zu kommen. Dieser Versuch, der ernst gemeint war, ist gescheitert an der verhängnisvollen Hybris der Deutschen, die immer nur auf sich sahen, die kein Verständnis hatten für die Notwendigkeiten der anderen. Und seit der Zeit haben wir zwei Kriege erleben müssen, Kriege, die verhängnisvolle Folgen für uns gehabt haben. Und jetzt, wenn wir die Verträge ratifizieren, sind wir nicht mehr allein, dann sind wir wirklich eingebettet – zunächst in die Gemeinschaft mit den EVG-Staaten – wir haben aber auch dann ein gegenseitiges Verteidigungsbündnis mit Großbritannien, und ich sage Ihnen, meine Freunde, als ich am Quai d’Orsay dem neben mir sitzenden Herrn Eden[14] den von mir unterzeichneten Vertrag überreichte, den gegenseitigen Beistandsvertrag zwischen England und Deutschland im Falle eines Angriffs, da war ich

mir der Bedeutung dieses historischen Augenblicks sehr bewußt. Ich glaube nicht, meine Damen und Herren, daß in der Geschichte jemals ein solch' wichtiger Vertrag geschlossen wurde. Denn bei der Unterzeichnung des EVG-Vertrages in Paris waren nicht nur die Vertreter der Länder, die zur Europäischen Verteidigungsgemeinschaft gehören, anwesend, es waren auch England und die USA wegen der besonderen Absprache, wegen des Bündnisses mit England anwesend. Es waren aber ferner an den Tischen anwesend die Vertreter sämtlicher NATO-Staaten, der Generalsekretär der Nordatlantikpakt-Organisation an der Spitze, und damit wurde wirklich sinnfällig klar, daß die Vereinsamung Deutschlands ein Ende finden wird, wenn ratifiziert wird, und daß wir dann eingegliedert sind in den großen Bund der westlichen Nationen, die nur das eine sich zum Ziele gesetzt haben, die Bewahrung des Friedens und der Ordnung in Europa und der Welt.
Und ich glaube, meine Freunde, man soll sich nicht durch die Kritik, die durch die Opposition an diesem oder jenem Artikel kommen wird, zum Teil mit Recht, zum Teil mit Unrecht, beirren lassen. Die Verträge sind unter sechs oder vier Vertragspartnern geschlossen, und wenn schließlich unter vier oder sechs eine Übereinkunft geschlossen werden muß, dann gibt natürlich jeder etwas nach, dieser bei jenem, der bei einem anderen Punkt. Aber worauf es ankommt, und was wir vor dem gesamten Volk und der Nachwelt vertreten können, das ist das, daß wir mit unserer ganzen Arbeit Deutschland die Freiheit und die Sicherheit wiedergeben, daß wir den Frieden sichern und daß wir den einzig möglichen Weg gehen, um zur Wiedervereinigung Deutschlands in Frieden und Freiheit zu kommen.

Quelle: ARh, Sitzung des Bundesparteiausschusses der CDU am 14. 6. 1952 in Bonn. Maschinenschriftliches Wortprotokoll (Hektogr.).

Anmerkungen

[1] Johannes Kunze, MdB 1949-1959

[2] Linus Kather, 1949-1957 MdB, war 1945 Mitbegründer der CDU in Hamburg, 1949 Vorsitzender des Zentralverbandes vertriebener Deutscher, 1949-1954 CDU-Bundestagsabgeordneter, trat 1954 dem GB/BHE bei; 1961 verließ er die Gesamtdeutsche Partei und trat 1969 der NPD bei.

[3] Jakob Kaiser, von Ende 1945 bis Dezember 1947 Vorsitzender der Ost-CDU, 1949-1957 MdB und Bundesminister für gesamtdeutsche Fragen, Vorsitzender der gesamtdeutschen Sozialausschüsse der CDU. – Karl Arnold, 1947-1956 Ministerpräsident von Nordrhein-Westfalen. – Johannes Albers MdB, Vorsitzender der Arbeitsgemeinschaft der Sozialausschüsse der CDU.

[4] Anspielung auf die Drohung des DGB am 12. 5. 1952 kurz vor der – dann verschobenen – 2. Lesung des Betriebsverfassungsgesetzes, „gegebenenfalls durch Einsatz gewerkschaftlicher Machtmittel auf die Schaffung eines Betriebsverfassungsgesetzes hinzuarbeiten, das auch die Zustimmung des Deutschen Gewerkschaftsbundes finden kann". Im Mai und Anfang Juni wurden im ganzen Bundesgebiet Warnstreiks durchgeführt. Die Kampfmaßnahmen sind am 4. 6. 1952 ausgesetzt worden, nachdem sich die Bundesregierung für den 13. 6. zu einem Gespräch mit einer Delegation des DGB bereit erklärt hatte. Die Entwicklung schildert aus gewerkschaftlicher Sicht Eberhard Schmidt: Die verhinderte Neuordnung 1945-52. Frankfurt 1970, S. 204-220.

[5] Die Rede Kurt Schumachers vom 11. 6. 1952 im Bayerischen Rundfunk ist abgedruckt in: Turmwächter der Demokratie. Ein Lebensbild von Kurt Schumacher hrsg. von Arno Scholz und Walther S. Oschilewski. Band I. Sein Weg durch die Zeit. Berlin-Grunewald 1954, S. 450-454.

[6] Adolf Cillien MdB, Oberkirchenrat i. R., ab 1949 Vorsitzender der CDU in Niedersachsen.
[7] Die Unterzeichnung der Verträge fand am 26. bzw. 27. 5. 1952 in Paris statt.
[8] Amerikanische Botschaft in Mehlem.
[9] Theodor Blank MdB war seit Juli 1951 Sicherheitsbeauftragter der Bundesregierung.
[10] Die Sowjetunion hatte in der damals leidenschaftlich umstrittenen Note vom 10. 3. 1952 ihre Bereitschaft signalisiert, einem wiedervereinigten, aber neutralisierten Deutschland „eigene nationale Streitkräfte (Land-, Luft- und Seestreitkräfte)" zu gestatten.
[11] Unter Eduard Benesch, 1945 bis 1948 Präsident der CSSR, erfolgte die kommunistische Machtergreifung.
[12] Note vom 10. 3. 1952.
[13] Gemeint ist der Brüsseler Pakt vom 17. 3. 1948.
[14] Anthony Eden war britischer Außenminister von 1940 bis 1945 und von 1951 bis 1955.

30. Juni 1952

„Verständigung, Frieden und Freiheit". Ansprache in der Frankfurter Universität

Die hier zum Ausdruck gebrachten geschichtsphilosophischen Grundsatzbetrachtungen schließen an die Äußerungen in den großen Reden der ersten Nachkriegsperiode an. Daneben stehen Gedanken zur Stellung des Akademikers und der Jugend in der Gesellschaft.

Ich danke Ihnen, verehrte Magnifizenz, von Herzen für die Worte, die sehr freundlichen Worte, die Sie an mich gerichtet haben. Ich danke Ihnen auch für die Auslegung, die Sie meinem Besuche bei Ihnen heute gegeben haben. Ich wollte der Universität Frankfurt und der Stadt Frankfurt einen Besuch abstatten, aber ich wollte darüber hinaus gerade in diesen überaus angestrengten schweren Wochen dadurch meinen Respekt [und] meine Reverenz allen deutschen Hochschulen bezeugen.

Die außenpolitischen und die wirtschaftlichen Spannungen unserer Zeit lassen wohl niemand von uns, sicher keinen, der diesem Kreis angehört, unberührt. Und doch mache ich bei den mannigfachen und vielen Gesprächen, die ich zu führen habe, immer wieder die Erfahrung, daß diese außenpolitischen Spannungen, und sie sind letzten Endes in Wahrheit auch entscheidend für die wirtschaftlichen Spannungen und für die Lösung der wirtschaftlichen Spannungen, in ihrer ganzen Schwere und in ihrer Tiefe von vielen nicht geahnt werden.

Wir Deutsche sind ein dynamisches Volk. Die Ereignisse der letzten Jahrzehnte, der Wiederaufbau Deutschlands in den kurzen Jahren seit 1947 hat es gezeigt, daß wir eine große Dynamik unser eigen nennen, und das ist gut so: Dynamik ist eine der wertvollsten, ja unentbehrlichsten Voraussetzungen für Aufstieg und Fortschritt, und dieses dynamische Streben und Handeln, das dem deutschen Volke eigen ist, ist auch ein Zeichen von Kraft und von Jugend. Aber allzu starke Dynamik, allzu starkes Denken und Handeln lediglich in dynamischer Richtung birgt *auch große Gefahren* in sich, und über diese Gefahren möchte ich Ihnen zunächst einige Ausführungen machen. Wenn man diese Gefahren nicht sieht, dann wird letzten Endes die in uns wohnende Dynamik uns wiederum in Verderben hineinführen. Dynamisches Streben ist in die Zukunft gerichtet; aber wenn es nur in die Zukunft gerichtet ist, dann wird es falsch sein. Das Heute steht *auf dem Gestern* und *das Morgen* steht *auf dem Heute.* Es gibt nicht nur ein Heute, oder gar, wie es Dynamiker gern sehen möchten, nur ein Morgen, sondern es gibt eben auch ein Gestern, das das Heute und das Morgen stark, ja, manchmal sogar entscheidend beeinflußt. Man muß das Gestern kennen, man muß *auch an das Gestern denken,* wenn man das Morgen wirklich gut und dauerhaft gestalten will.

Der dynamisch eingestellte Mensch vergißt zu leicht, und vielleicht sogar zu gern die Vergangenheit, besonders, wenn die Vergangenheit nicht ganz so ist, wie er es jetzt gern haben möchte. Darin liegt eine sehr große Gefahr, denn die Vergangenheit ist eine Realität. Sie läßt sich nicht aus der Welt schaffen, und sie wirkt fort, auch wenn man die Augen schließt, um sie zu vergessen. Ich glaube, ich bin der letzte, der predigen würde, man solle den Blick nach rückwärts richten und nicht nach vorwärts. Sehen Sie; mich hat mein Geschick nach dem Zusammenbruch 1918 an die Spitze Kölns gestellt, und ich glaube, damals durch die Tat bewiesen zu haben, daß es mir an Wagemut nicht gefehlt hat und daß ich den Blick in die Zukunft richtete. Dann hat mich mein Geschick nach einem Zusammenbruch, der unvergleichlich furchtbarer war als der Zusammenbruch des Jahres 1918, nach dem Zusammenbruch 1945 schließlich auf diesen, glauben Sie es mir, entsetzlich verantwortungsvollen Posten gestellt, den ich jetzt innehabe.

Sie kennen die Politik, die ich für Deutschland verfolge und der Rektor hat sie in seinen Worten geschildert. Sie wissen, daß ich vom ersten Tage meiner Tätigkeit an unentwegt versucht habe den Zusammenschluß Europas in die Tat umzusetzen. Meine Politik mögen meine politischen Gegner mehr oder weniger für falsch halten – ich möchte betonen, im Grunde genommen das Weniger –, aber das eine wird mir auch mein politischer Gegner nicht bestreiten können, daß ich das Wagnis nicht gescheut habe. Ich habe versucht und versuche es weiter, Deutschland und die deutsche Politik in neue Wege zu führen. Aber gerade darum, weil ich auf diese meine Tätigkeit hinweisen darf, darf ich Sie bitten, über den Gedanken an die Zukunft nicht den Gedanken an die Vergangenheit einfach auszulöschen, sondern den Versuch zu machen, aus der Vergangenheit für die Zukunft zu lernen.

Wenn ich an das namenlose Elend denke, das zu einem erheblichen Teil durch die Schuld von Deutschen über unser Vaterland und die ganze Welt gekommen ist, dann bin ich empört über die fast einer Glorifizierung sich nähernden Beschreibungen und Schilderungen, die immer wieder in einem gewissen Teile unserer Blätter über die wahrhaft Schuldigen und wahrhaft Verantwortlichen jener Zeit erscheinen. Die Tatsache, daß es möglich war, einen erheblichen Teil des deutschen Volkes auf einen so verhängnisvollen Weg zu bringen, muß in jedem denkenden Menschen ernste, sehr ernste Fragen aufwerfen, die Frage vor allem, wie das überhaupt möglich war. Man muß sich diese Frage stellen, um alle Kraft dafür einzusetzen, *die Wiederkehr* eines so tiefen, eines so verhängnisvollen Falles *zu verhüten.* Eine übergroße und ausschließliche Dynamik birgt noch eine weitere Gefahr in sich. Eine übergroße, eine ausschließliche Dynamik macht egozentrisch. Sie läßt übersehen, daß *auch andere Völker* mit berechtigten Ansprüchen, mit eigenen Gedanken, mit eigenen Anschauungen, mit eigenen Ideen auf dieser Welt sind. Dynamik, die nicht verbunden ist mit dem Blick in die Vergangenheit und mit dem Blick in die Umwelt, ist *sehr gefährlich.*

Ich habe schon gesagt, daß wir Deutsche infolge unserer dynamischen Veranlagung nur zu gern die Vergangenheit hinter uns werfen und nur in die Zukunft schauen. Andere Völker, die nicht so dynamisch veranlagt sind wie wir, tun das nicht. Sie denken sehr an die Vergangenheit, oft oder manchmal vielleicht zu sehr, aber wir müssen die reale Tatsache hinnehmen; sie tun es und sie tun es umso mehr, je stärker sie noch unter den unmittelbaren oder mittelbaren Kriegsfolgen leiden. Auch die weiterblickenden Politiker und Staatsmänner dieser Völker können an der Realität dieser psychologischen Einstellung ihrer Völker nun einmal nicht vorbeigehen. Wir vor allem dürfen nicht in den Fehler verfallen, daß wir einfach das Vorhandensein solcher psychologischer Einstellung bei anderen Völkern entweder gar nicht beachten oder [für] restlos unberechtigt halten.

Wir müssen bei allen außenpolitischen Vorgängen das *Mißtrauen der anderen* gegenüber dem deutschen Volk als eine Tatsache in Rechnung stellen. Die einzige Möglichkeit, dieses Mißtrauen, das ein außerordentlich großes Hindernis für den Wiederaufbau und Wiederaufstieg unseres Volkes ist, schwinden zu lassen, ist, diesem Mißtrauen *keine neue Nahrung zu geben* durch mangelnde Geradlinigkeit unserer Politik. Nur *Stetigkeit und Wahrhaftigkeit* wird dieses Mißtrauen bei den anderen beseitigen. Worte, Reden, Beteuerungen tun das nicht. Allein das *Handeln* des deutschen Volkes entscheidet, und diese Beseitigung des Mißtrauens der anderen wird kein Prozeß von heute auf morgen sein, sondern ein langwieriger Prozeß. Was schon für den einzelnen Menschen gilt, daß die Meinung, die er sich einmal im Laufe der Zeit von einem anderen gebildet hat, erst langsam und allmählich sich ändern kann, das gilt erst recht von den Ansichten und Meinungen und Überzeugungen, die sich in breiten Volksschichten festgesetzt haben.

Nichts würde nach meiner Überzeugung einer solchen Entwicklung mehr schaden, einem solchen Prozeß des Überwindens des Mißtrauens mehr schaden, geradezu gefährden, als Unklarheit der Politik, des politischen Verhaltens, wie auch unangebrachtes oder *übertriebenes Verzögern* in der Fällung von politischen Entscheidungen. Wir müssen das Mißtrauen der anderen überwinden, und nur der Weg, den ich eben mir erlaubt habe Ihnen zu zeigen, macht diese Überwindung möglich. Daran müssen wir immer wieder denken, vor allem auch in den entscheidenden Wochen, die uns bevorstehen. Wir müssen mit den anderen Völkern zusammenleben in Frieden und Freundschaft.

Allein können wir nicht auf der Welt in Freiheit existieren.
Ich habe von den außenpolitischen Spannungen zu Ihnen gesprochen, die unsere Zeit erfüllen. Sie werden, wie ich bestimmt glaube, vorübergehen, und sie werden, wie ich ebenso bestimmt glaube, ohne kriegerische Entladung vorübergehen, wenn nur von allen, die guten Willens sind – das gilt für alle Völker –, konsequent und zielbewußt auf die Beseitigung dieser Spannungen hingearbeitet wird. Sie können überzeugt sein, daß das geschieht. Sie können überzeugt davon sein, trotz all der Redereien, des Geschreis über Aggressionsabsichten der Bundesrepublik.
Aber eine weitere, und ich glaube, eine noch ernstere Gefahr droht der Menschheit, droht auch unserem Volke, das ist die *Gefahr der Vermassung*. Es handelt sich dabei um ein Grundproblem der Menschheit und damit auch um ein Grundproblem des deutschen Volkes. Absperrung der Persönlichkeit bringt Vermassung, Vermassung bringt Verlust der persönlichen Freiheit, bringt Verlust der politischen Freiheit und die Diktatur. Ich glaube, das ist absolut unabänderlich. Verlust der persönlichen Freiheit ist *das Schlimmste*, das dem Menschen widerfahren kann. Verlust der Freiheit des Einzelnen ist auch das Schlimmste, was der Menschheit widerfahren kann, denn der Verlust bringt Abstieg und Niedergang auf allen Gebieten menschlichen Seins. Ich fürchte, wir sind viel zu sehr von dem Gedanken beherrscht, daß das menschliche Sein sich im wesentlichen auf der jetzigen Stufe halten werde, daß vielleicht gelegentlich Schwankungen eintreten können, daß aber trotzdem und trotz aller Zwischenfälle die aufsteigende Linie in der menschlichen Kultur und in den materiellen Gebieten gesichert sei. Ich glaube, daß eine solche Überzeugung durch nichts gerechtfertigt ist, ja, daß sie nur zu leicht einen dazu verleiten kann, falsche Wege zu gehen.
Ich wiederhole: Die größte Gefahr für die menschliche Kultur erblicke ich in der drohenden Nivellierung und Uniformierung des Menschen und der dadurch eingeleiteten Vermassung. Das Problem der Vermassung, ihre Ursachen, ihre Folgen ist in den letzten Jahren von Gelehrten des In- und Auslandes untersucht worden. Das Ergebnis ihrer Untersuchungen und Forschungen ist in sehr lesenswerten Büchern niedergelegt, aber ich fürchte in das Bewußtsein breiter Volksschichten ist das Bestehen dieser Gefahr noch nicht gedrungen, nicht einmal in Staat und Gesellschaft führende Kreise haben sich meines Erachtens mit dieser Schicksalsfrage genügend befaßt. Sicher sind nicht die notwendigen Konsequenzen daraus gezogen worden. Es würde falsch sein, anzunehmen, daß diese Gefahren erst durch den letzten Krieg und seine Folgen heraufbeschworen worden sind. Die Gefahr war schon früher vorhanden. Der letzte Krieg hat die Entwicklung beschleunigt.
Ich darf Sie daran erinnern, daß der Bolschewismus, die härteste Form der Beraubung der persönlichen Freiheit, lange vor dem letzten Krieg das große russische Volk ergriffen und überwältigt hat. Gestatten Sie mir auch darauf hinzuweisen in diesem Zusammenhang, daß der Faschismus in Italien, daß der Nationalsozialismus in Deutschland nicht möglich gewesen wären, wenn nicht eine gewisse Anfälligkeit breiter Volksschichten, auf die eigene Persönlichkeit zu verzichten, vorhanden gewesen wäre. Die Ursachen

dieser Entwicklung, dieser sehr bedenklichen Entwicklung, sind mannigfaltig. Sie sind teils ökonomischer, teils geistiger Art. Es würde den Rahmen dieser meiner Ansprache sprengen, wenn ich im einzelnen darauf eingehen würde. Aber ich kann Ihnen allen dringend das Studium der Bücher, die sich mit dem Problem beschäftigen, empfehlen. Eine Ursache möchte ich besonders hervorheben, das ist das Überhandnehmen des Materialismus und das Versinken in Materialismus.

Jede Beschäftigung mit geistigen Dingen trägt bei zur Ausbildung der Persönlichkeit, aber vor allem gilt das von der Beschäftigung mit metaphysischen Dingen, mit metaphysischen Fragen. Unter gar keinen Umständen darf die Beschäftigung mit der metaphysischen Seite des menschlichen Seins vernachlässigt werden. Hier liegt die Wurzel der Persönlichkeitsbildung, und hier liegen in Wahrheit die unerschütterlichen Fundamente der Persönlichkeit. Es liegt mir so sehr am Herzen, gerade zu Ihnen über diese Fragen zu sprechen. Wir müssen in Deutschland wieder eine Schicht von Gebildeten schaffen. Sicher, es ist wahr, nicht die Hochschulen allein können Bildung verschaffen, aber sie sind an erster Stelle dazu berufen. Ich spreche absichtlich von Bildung und nicht von Wissen. Sie sind nicht identisch. Die Bildung steht höher als das Wissen. Bildung kann, das ist wahr, nirgendwo besser entstehen als auf diesem Boden, und darum, ich wiederhole das, sind die Hochschulen in besonderer Weise dazu berufen, wieder eine Schicht von gebildeten Menschen beiderlei Geschlechts heranzubilden.

Wissen ist auch *nicht gleich Fachwissen,* und ich denke manchmal, ob der Name Universitas wirklich noch zu Recht besteht, und dann – ich will mich jetzt nicht in fremde Jagdgründe begeben, von denen ich nicht allzuviel weiß –, aber das Wort *Universitätsreform*, glaube ich, darf nicht mehr verstummen, der Schrei nach ihr, sondern muß in die Tat umgesetzt werden. Universitätsreform – jetzt rechne ich auf ihren Beifall – schließt in sich Examensreformen. Ich habe hier und da in den letzten Jahren die Möglichkeit gehabt, aus der Nähe es mitzuerleben, was heutzutage von einem Studenten im Examen verlangt wird. Ich halte das für völlig unrichtig. *Spezialisierung* und Zersplittern des Wissens ist eine *sehr ernste Gefahr,* und es darf nicht dazu kommen, daß sich die Universitas umgestaltet in ein Bündel gehobener Fachschulen, die gelegentlich bei den Universitätsfesten zusammenkommen.

Wenn ich von der Entstehung einer neuen Schicht von Gebildeten sprach, müssen zwei Voraussetzungen dabei erfüllt sein; einmal der Zugang zu den Hochschulen muß auch für begabte Minderbemittelte erhalten bleiben. Die zweite Voraussetzung ist die: Es müssen für die Menschen, die akademisch sich gebildet haben, ausreichende Lebensmöglichkeiten geschaffen werden. Diese Minderbewertung der Tätigkeit des akademisch Vorgebildeten ist ein Unrecht und ein schwerer Schaden für das gesamte deutsche Volk. Wenn nicht das Ganze, das Volksganze Schaden leiden soll, muß unter Umständen dafür gesorgt werden, daß dieses Unrecht und dieser Schaden beendet wird.

Es waren ernste Gedanken und ernste Fragen, die ich mir erlaubt habe, in Ihrem Kreise vorzutragen, und nun haben Sie ein Universitätsfest, und ich möchte daher nicht mit zu ernsten Ausblicken und zu ernsten Fragen schließen. Ich möchte mit froheren Gedanken und froheren Worten enden. Freude, Hoffnung und Jugend gehören zusammen. Aber Freude und Hoffnung, meine verehrten Kommilitonen und Kommilitoninnen, sind nicht denkbar ohne Sorgen. Die Polarität ist notwendig, sonst liegt die Gefahr doch sehr nahe, daß Freude zur Ausgelassenheit führt und daß Hoffnung in Leichtsinn ausartet. Aber ich weiß, daß diese deutsche Jugend der Gefahr nicht unterliegt. Ich bitte Sie nur um eines, und auch diese meine Bitte resultiert aus Gesprächen, die ich mit jungen Menschen gehabt habe. Lassen Sie sich nicht zu sehr niederdrücken von der Sorge. Man sieht nur zu leicht im menschlichen Leben vor sich alle die Sorgen, die die künftigen Monate und Jahre bringen werden. Aber was man nicht sieht, das ist die Kraft, die jeder Tag und jeder Monat und jedes Jahr dem Menschen, der die Kraft haben will, von neuem schenkt. Es ist meine Überzeugung, daß das deutsche Volk und damit auch Sie, wenn wir nur Geduld haben und wenn wir keine Dummheiten machen und wenn wir klug sind, besseren Zeiten entgegengehen und mit uns das gesamte Europa. Und darauf sollen Sie hoffen und sollten in dieser Hoffnung Ihre Arbeit tun. Wenn ich nicht in der Stadt Goethes spräche, würde ich ein Wort von Schiller zitieren. Aber vielleicht darf ich doch nur einen Vers sagen, drei Worte: Freude schöner Götterfunken!, ein paar Worte, die wir in unserer Jugend vielleicht nicht richtig erfaßt und erkannt haben, aber erkennen Sie es. Und ein anderes Wort darf ich noch sagen; ich möchte nicht sagen „Solange wir jung sind", sondern ich möchte Ihnen zurufen: Freut Euch, daß Ihr jung seid!

Quelle: Bulletin, 2. Juli 1952.

20. Juli 1952

„Europa steht auf dem Spiel". Ansprache auf der Schlußkundgebung der „Gemeinschaft Katholischer Männer Deutschlands" in Bamberg

Grundsatzbetrachtungen zu Staat, Nationalismus, Christentum, Antikommunismus, Europapolitik, Abendland, „Politik der Stärke".

Sie sind zusammengekommen zu einer staatspolitischen Tagung und Sie haben – wenn auch nur ein Teil von Ihnen – Vorträge gehört über die verschiedensten Themata. Sie haben in den Arbeitskreisen versucht, das Ihnen in diesen Vorträgen mitgeteilte Gedankengut zu prüfen, zu analysieren und sich zu eigen zu machen. Sie sind davon ausgegangen, daß der Staat eine von Gott gewollte und darum auch auf Gott gegründete

Ordnung ist und sein muß. Wenn dem so ist, wenn der Staat sich auf Gott gründen muß, und die Geschichte der letzten 150 Jahre zeigt uns in voller, ja in erschreckender Klarheit, daß dem so sein muß, wenn nicht erschütternde Katastrophen hereinbrechen sollen, dann muß jeder, der innerhalb der staatlichen Ordnung irgendwie und irgendwo Verantwortung trägt, sich immer dessen bewußt sein, daß er diese Verantwortung vor seinem Gewissen und vor Gott auch wirklich trägt.

In dem demokratisch-parlamentarisch regierten Staat, in dem dieses System der Demokratie bis in die letzte Gemeinde hinein verwirklicht wird, trägt ein jeder von uns Verantwortung, der eine mehr, der andere weniger; aber jeder hat Verantwortung; wir tragen sie alle; und diese Verantwortung kann uns niemand abnehmen. Wenn wir dieser Verantwortung nicht gerecht werden, dann kommen die Folgen, und diese Folgen können furchtbar sein, für uns, für unsere Kinder und Kindeskinder. Die Loslösung des Staatsbegriffes von der göttlichen Ordnung fand in der französischen Revolution ihre stärkste Ausprägung. Die französische Revolution gebar den Nationalismus, der das vorige Jahrhundert beherrschte und immer stärker beherrschte, das Denken der Menschen und der Völker nationalistisch machte. Der Nationalismus brachte das erste große Unheil über fast die gesamte Menschheit in den napoleonischen Kriegen. Eine zweite Orgie feierte der Nationalismus in Deutschland im Nationalsozialismus. Er brachte Blut und Tränen, Zerstörung und Verderben in unendlichem Ausmaß. Ein dritter Höhepunkt nationalistischen Denkens ist Sowjetrußland, das ebenfalls unendliches Leid jetzt schon über die Menschheit gebracht hat und noch viel größeres Unheil über die Menschen bringen wird, wenn es nicht gelingt, ihm einen starken Damm entgegenzusetzen.

Der Nationalismus, gleichgültig wo und gleichgültig in welcher Form er auftritt, verstößt gegen die göttliche Ordnung. Er macht den Staat, und zwar in jedem Volk seinen eigenen Staat, zum Götzen. Eines der Grundprinzipien des Christentums ist die Liebe zum Nächsten, die Achtung vor dem Nächsten. Nun, dieses Prinzip gilt nicht nur für den Einzelmenschen; es gilt auch für die Haltung von Völkern gegenüber einem anderen Volk. Und gegen dieses Prinzip des Christentums verstößt der Nationalismus, und deswegen, meine Freunde, darf niemals wieder unser neuer Staat vom Nationalismus beherrscht werden. Wir als Christen müssen ein weiteres tun; wir müssen den Damm miterrichten helfen, gegen den sowjetrussischen Nationalismus. Dieser sowjetrussische Nationalismus ist besonders gefährlich deshalb, weil er auch getragen wird vom Kommunismus, vom Kommunismus, der die Herrschaft der Welt erstrebt, weil er alle anderen Völker verachtet; und dieser sowjetrussische Nationalismus trägt keine europäischen Züge mehr. Er trägt das Gepräge des in der Kultur zurückgebliebensten Teiles Asiens.

Er ist ein unerbittlicher Feind des Christentums, und zwar aus Prinzip. Denken wir daran, wie der Bolschewismus in Sowjetrußland selbst gegen die Religion, gegen das Christentum gewütet hat. Vergessen wir nie, was er in den Satellitenstaaten gegen Gott, gegen das Christentum getan hat, und denken wir auch daran, was gerade in den letzten Tagen Ulbricht in der Sowjetzone erklärt hat, wie er dort den Kampf gegen die beiden christlichen Kirchen proklamiert hat. Darum ist es eine absolute Notwendigkeit, wenn wir das Christentum in Europa schützen und retten wollen, daß wir diesen Damm, von dem ich eben sprach, errichten. Dieser Aufgabe soll dienen der Deutschlandvertrag, soll dienen der Vertrag über Europäische Verteidigungsgemeinschaft, soll dienen das enge Einverständnis, das wir nunmehr geschlossen haben mit den Vereinigten Staaten, mit Großbritannien und mit all den Staaten, die dem Nordatlantikpakt angehören. Diese große Organisation der Selbstverteidigung, eine Organisation, wie sie – ich glaube, ich kann das ohne zu übertreiben sagen – die Geschichte noch nicht gesehen hat, verfolgt – lassen Sie mich das nachdrücklichst erklären – keine aggressiven Absichten. Aber sie will sich stark machen, um jede Aggression vom Osten zu vernichten und ihr keine Aussicht auf irgendeinen Erfolg zu gewähren.

Ich bin überzeugt, daß das auch der einzige Weg ist, der zur Wiedervereinigung Deutschlands führen kann. Wir wollen keinen Krieg mit Sowjetrußland, aber wir wollen unser Land, unsere Menschen in Freiheit zurückhaben. Ich bin überzeugt davon, wenn sich so fast die gesamte Menschheit mit Ausnahme von Sowjetrußland und seinen Satellitenstaaten hinter uns, hinter diese Forderung stellt, wird auf die Dauer auch Sowjetrußland demgegenüber nicht hartnäckig seine Ohren verschließen können. Wir wollen aber nicht nur verhüten, daß der Nationalismus bei uns in Deutschland wieder entsteht, wir wollen auch ein Wiedererstehen des Nationalismus in Europa verhindern; und dem Zwecke dient der Vertrag über die Europäische Verteidigungsgemeinschaft. Der Vertrag über die EVG wird ganz zu Unrecht in erster Linie oder sogar fast ausschließlich betrachtet unter dem Gesichtspunkt der Abwehr einer sowjetrussischen Aggression. Ich bin überzeugt, daß diese Spannungen zwischen Ost und West zu gegebener Zeit vorübergehen. Aber der Vertrag über die EVG geht in eine viel weitere Zukunft hinaus. Er wird abgeschlossen auf 50 Jahre, und er ist dazu bestimmt, einen Krieg zwischen europäischen Völkern in Zukunft unmöglich zu machen. Ich glaube, wir alle können überzeugt davon sein: Wenn diese Europäische Verteidigungsgemeinschaft einmal 50 Jahre bestanden hat, dann gibt es keinen europäischen Krieg mehr, dann gibt es insbesondere auch niemals wieder einen Krieg zwischen Frankreich und Deutschland.

Der Schumanplan, der in der nächsten Woche in Kraft treten wird, wenn auf der Außenministerkonferenz in Paris die Ratifikationsurkunden hinterlegt werden, der Schumanplan, der Vertrag über die EVG sind aber, auch nach dem Willen derjenigen, die daran gearbeitet haben, nur ein Anfang. Sie sind zunächst deswegen nur ein Anfang, weil erst sechs europäische Länder davon erfaßt werden. Aber es wäre töricht, wenn ich nicht mit sechs Ländern anfangen würde und erst warten wollte, bis alle kommen. Ich bin überzeugt: Wenn der Anfang mit sechs Ländern gemacht ist, kommen eines Tages alle anderen europäischen Staaten auch hinzu. Die europäische Gemeinschaft, die wir erstreben, wird nicht lediglich hergestellt durch gemeinsame Bewirtschaftung von Kohle und Eisen, wird nicht allein hergestellt dadurch, daß eine gemeinsame Wehrmacht aufgestellt wird; und deswegen muß sobald und so schnell wie irgend möglich, über das Ganze eine *politische Organisation,* eine europäische politische Organisation und ein *europäisches Parlament* gestellt werden.

Ich sprach eben von der Außenministerkonferenz, die in dieser Woche am Dienstag, Mittwoch und Donnerstag, in Paris zusammentritt. Auf dieser Außenministerkonferenz werden schon die Anfänge dieser politischen Organisation unter den sechs Außenministern beraten werden. Die Folgen, die eintreten werden, wenn es uns gelingt, die Einheit Europas zu schaffen, meine Freunde, die Folgen sind so unendlich groß, daß wir wirklich alle daran mitarbeiten müssen. Wir in Europa bergen in uns das humanistische christliche Gedankengut. Wir haben ein Erbe von unseren Vorfahren überkommen, das die ganze Welt braucht, das auch die Vereinigten Staaten von Amerika brauchen, das auch Sowjetrußland braucht.

Aber was ist aus Europa geworden nach diesen beiden Kriegen? Wie liegt es da, zerrissen und ohnmächtig? Und nur, wenn wir es wieder zusammenfassen, kann es eine Kraft werden, kann es eine ethische, eine christliche Kraft wieder werden. Auch dann nur, wenn wir es zusammenfassen, entgehen wir dem Schicksal, daß dieses Europa ein Anhängsel des asiatischen Rußlands wird. Ich weiß, bei allen solchen internationalen Verträgen kann man an diesem, kann man an jenem mäkeln, an dieser Einzelheit etwas auszusetzen haben, und kann man an jener etwas auszusetzen haben. Aber wie sollen solche Verträge zustande kommen, wenn nicht jeder nachgibt, wenn nicht jeder in Einzelheiten nachgibt im Hinblick auf das von allen gemeinsam erstrebte Ziel.

Ich bedauere es tief, daß noch nicht alle Deutschen erkennen, worum es letzten Endes geht, und daß man gegenüber dem Verderben, das auf der einen Seite auf uns lauert, und gegenüber dem großen Ziele, das auf der anderen Seite vor uns steht, daß man *endlich einmal aufhören muß mit fruchtloser Negation.* Wer das nicht über sich bringt und wer die *Partei über das Vaterland und über das Volk stellt,* der versteht in Wahrheit nicht die Zeichen dieser Zeit. Ich kann Ihnen nur aus tiefster Überzeugung sagen, daß der Untergang des christlichen Abendlandes greifbar nahe ist, wenn wir nicht alle Kräfte zusammenfassen und uns zusammenschließen zu einer unbesiegbaren Front. Lassen Sie mich noch einmal betonen: Nicht über Einzelheiten stolpern und sich nicht in Einzelheiten aufhalten. Das ist in Zeiten wie den unsrigen einfach nicht möglich und ist unverantwortlich.

Wir müssen uns klarmachen, wie wir stehen; wir müssen uns klar werden über das Ziel, was wir erreichen wollen, und da müssen wir im Vertrauen auf Gott unser Herz in die Hand nehmen und müssen die nötigen Schritte tun. Jeder von uns und namentlich jeder von uns katholischen Christen ist verpflichtet, mitzutun und mitzuhandeln, denn, glauben Sie: *Es geht darum, ob Europa christlich bleibt oder ob Europa heidnisch wird.*

Nun lassen Sie mich zum Schluß noch eines sagen: Wenn wir so handeln, retten wir auch den Frieden, und jedes andere bringt uns und bringt Europa in den Abgrund und auch in den Krieg hinein. Mit einem totalitären Staat kann man nun einmal nicht sprechen wie mit einem lieben, guten Bruder. Ein totalitärer Staat versteht nur eines: Er hört dann, wenn der, mit dem er spricht, auch Macht hat. Und diese Macht muß sich Europa verschaffen. Die Vereinigung Europas wird der Sowjet-Union, deren Ziel

es ja ist, ganz Europa zu beherrschen, klar machen, daß sie dieses Ziel nicht mehr erreichen kann, und dann wird auch die Sowjet-Union bereit sein zu einer Überprüfung ihrer europäischen Politik, und dann wird auch der Zeitpunkt gekommen sein zu Verhandlungen, um die ganzen Spannungen ohne heißen Krieg zu beenden.
Sehen Sie, es gibt Menschen, die – ich weiß nicht, ob aus Unverständnis, aus Unklarheit oder aus einer gewissen Weichheit heraus – sagen: Aber wenn wir so etwas tun, reizen wir doch Sowjetrußland! Meine Freunde! Wenn wir es nicht tun, werden wir geschluckt mit Haut und Haaren. Wie ist es denn bei totalitären Staaten? Ich bin überzeugt davon: Wenn die anderen Mächte, als Hitler aufrüstete, auch sich stark gemacht hätten, hätte Hitler niemals gewagt, zum Kriege zu schreiten. Darum nicht verzagen, wohl die Dinge sehen, wie sie sind, klar in die Zukunft sehen und die Entschlüsse fassen, die nötig sind; dann aber auch zu diesen Entschlüssen stehen, konsequent dazu stehen. Das wird auch Sowjetrußland gegenüber zu einer friedlichen Auseinandersetzung nach meiner Überzeugung letzten Endes führen.
Diese Veranstaltung, meine Freunde, schließt mit einer Feierstunde am Grabe Heinrichs II. Die Lage in Europa war damals ähnlich wie heute. Wie heute drohte damals der Ansturm des Heidentums aus dem Osten. Heinrich II. hat mit starker Hand, mit Klugheit und Überlegung und getragen und erfüllt von der Verantwortung vor Gott, Deutschland und das christliche Abendland vor dem Ansturm aus dem Osten gerettet. Wohlan, Freunde, auch wir wollen Deutschland und das christliche Abendland schützen und retten, erfüllt von Liebe zu unserem Volke, getragen von dem Bewußtsein unserer Verantwortung, getragen auch von dem Bewußtsein der Stärke, die das Christentum uns gibt, im Vertrauen auf Gott, der seine Kraft uns schenkt.

Quelle: Bulletin, 22. Juli 1952.

6. September 1952

Ansprache vor dem Bundesparteiausschuß der CDU in Bonn (Bundeshaus)

Umfassende, bisher unveröffentlichte innen- und außenpolitische Lagebeurteilung. Im Mittelpunkt der Darlegungen stehen: Wiedergutmachung gegenüber Israel, Westverträge, Wiedervereinigung und Entwicklung des westdeutschen Parteiensystems.

Wir haben heute den 6. September und morgen ist der Tag, der als nationaler Tag begangen wird. Es sind drei Jahre verstrichen, seitdem der Bundestag seine Arbeit begonnen hat.

Sie wissen, daß der Bundestag nach dem Grundgesetz auf vier Jahre gewählt ist und daß die neue Wahl stattfinden muß, noch ehe die Beauftragung des gegenwärtigen Bundestages durch die letzte Wahl ihr Ende erreicht hat. Ich beginne sofort mit dem, was nach meiner Auffassung sowohl für unsere Partei, wie für Deutschland entscheidend sein wird, mit den Wahlen des Jahres 1953. Wann die Wahlen stattfinden werden, steht noch nicht fest. Es kommen wieder zur Sprache bei der Festsetzung des Termins die seinerzeit, d.h. vor drei Jahren, ja bis ins Einzelne diskutierten Fragen: Ernte – Wahl. Wir mußten damals am 14. August wählen, also mitten während der Erntezeit, und wir haben auch damals eine relativ recht große Wahlbeteiligung erreicht. Die große Wahlbeteiligung, die wir erreicht haben, war trotz der Erntezeit wohl nicht zuletzt darauf zurückzuführen, daß zum erstenmal nach dem Zusammenbruch, nach den Jahren der Auflösung, ein Bundestag gewählt wurde und damit der Zusammenschluß der verschiedenen Länder Westdeutschlands zu einer Einheit vollzogen wurde.
Nach meiner Auffassung können wir nicht damit rechnen, daß die Wahl des 2. Bundestages heute ebenfalls diese innere Attraktion ausüben wird auf die Wähler. Die Wähler sind auch etwas abgestumpft. Ich glaube, wir werden daher diesmal bei der Festsetzung des Termins für die Wahl des 2. Bundestages doch alle die Schwierigkeiten, die mit einer Wahl während der Erntezeit verbunden sind, wohl ins Auge fassen müssen. Daraus ergibt sich, daß höchstwahrscheinlich die Wahl stattfinden wird vor der Erntezeit, d.h., daß wir damit rechnen können, eventuell damit rechnen müssen sogar, daß die Wahl stattfinden wird Mitte Juni des nächsten Jahres.
Wir haben heute den 6. September. Wir haben also bis zum Juni kein Jahr mehr, sondern noch 9 Monate. In diese 9 Monate fällt die Weihnachtszeit, in die 9 Monate fällt Ostern, in diese 9 Monate fällt Pfingsten und daraus folgt, daß wir jetzt schon sofort mit aller Intensität an die Arbeit herangehen müssen. Nicht in dem Sinne, daß wir morgen schon etwa mit einer großen Versammlungswelle beginnen sollen, aber da Sie alle im Parteileben erfahren sind, wissen Sie, daß eine Wahlpropaganda nicht nur aus einer großen Versammlungswelle besteht, es muß in erster Linie gesorgt werden, daß der ganze Parteiapparat in Ordnung ist, und es muß dafür gesorgt werden, daß alle die Vorbereitungen, die nötig sind, um nachher in eine umfangreiche und intensive Aktion einzutreten, in Ordnung gebracht werden. Diese vorbereitende Tätigkeit ist sehr mühsam. Sie muß ins Einzelne gehen und erfordert daher viel Zeit. Infolgedessen meine sehr dringende Bitte an Sie, meine Freunde, mit dafür zu sorgen, daß überall jetzt nach dem Rechten gesehen wird und daß wirklich intensiv vorbereitet wird.
Sie werden aus dem Bericht des Bundesgeschäftsführers nachher hören, ich deutete es eben schon an, daß in gewissen Ländern und Kreisen auf dem Gebiet noch sehr viel zu tun ist. Nun, wir wollen nicht fragen, ob da schon früher hätte etwas geschehen können. Wir wollen aber fest entschlossen sein, meine Damen und Herren, daß von nun an wirklich intensiv gearbeitet werden muß innerhalb der Partei, damit wir die große Verantwortung, die wir übernommen haben, als wir uns seinerzeit auf dem Boden der christlichen Weltanschauung zusammenfanden, auch wirklich tragen können.

Über die Bedeutung dieser Wahl möchte ich nun einige Worte an Sie richten. Ich glaube, daß wir, d. h. die Christlich-Demokratische Union und die mit ihr verbundene Christlich-Soziale Union nach dem Zusammenbruch und insbesondere seit 1949, seitdem die Bundesrepublik besteht, eine gute und große Arbeit geleistet haben zur Wiedererrichtung unseres Vaterlandes und weiter im Hinblick auf die Schaffung eines künftigen Europas.

Aber wir müssen uns doch sehr darüber klar sein, daß das Werk zwar gut begonnen, aber noch nicht vollendet ist. Und die Vollendung des Werkes müssen die vier Jahre des 2. Bundestages bringen. Wir werden in den 9 Monaten, die uns jetzt noch zur Verfügung stehen, im Bundestag nicht sehr viel mehr für die Vollendung dieses Werkes leisten können. Wir haben im Bundestag eine solche Fülle von bereits begonnenen Gesetzesvorlagen liegen, daß wir sehr froh sein dürfen, wenn wir sie in angemessener Zeit zu Ende führen. Ich nenne Ihnen hier nur, ohne Anspruch auf Vollständigkeit zu erheben, die großen Verträge – Deutschlandvertrag und EVG-Vertrag, ich nenne Ihnen das Londoner Schuldenabkommen[1], ich nenne Ihnen das Abkommen mit Israel[2] – und ich nenne Ihnen weiter das Wahlgesetz.

Aber außerdem sind eine Reihe von Sachen in Arbeit und da die Bundestagsabgeordneten in erster Linie die Last des kommenden Wahlkampfes zu tragen haben, denn sie müssen in der Bevölkerung, in ihren Wahlkreisen Rechenschaft ablegen über das, was sie und die Fraktion in den Jahren geleistet haben, wird das Parlament selbst – die anderen Fraktionen sind in einer ähnlichen Lage, – nicht mehr viel Neues schaffen können. Wir können zufrieden sein, wenn die jetzt in Gang befindlichen Gesetzesvorlagen rechtzeitig verabschiedet werden.

Die Vollendung des Werkes muß der 2. Bundestag bringen und darüber möchte ich zunächst auch noch einige Ausführungen machen. Ich glaube, daß in dem 2. Bundestag zunächst das, was bisher geschaffen worden ist, konsolidiert werden muß.

Seien wir uns – in diesem geschlossenen Kreis – völlig klar, so groß die Erfolge zunächst auf wirtschaftlichem Gebiet in der Bundesrepublik gewesen sind, die deutsche Wirtschaft, die gegenüber dem Ausland als Wunder erscheint, und die sehr bewundert wird, und die eine hervorragende Leistung des deutschen Volkes darstellt, steht auf sehr wenig gefestigtem Boden und zwar deswegen, weil Deutschland ein armes Land, ein kapitalarmes Land ist, und weil die deutsche Wirtschaft, wenn irgendwie sich Stürme bemerkbar machen sollten auf wirtschaftlichem Gebiet, viel mehr leiden wird, als die Wirtschaft eines anderen Landes.

Wir sind in Wahrheit trotz der gesunden Währung und trotz des großen Exportes und trotz des guten Lebensstandards, in dem viele Deutsche leben, gegenüber wirtschaftlichen Störungen anfälliger als jedes andere Land.

Lassen Sie mich eine Parallele ziehen zu Frankreich und zu Italien. Wenn auch die wirtschaftliche Prosperität Frankreichs und Italiens hinter uns zurückbleibt, werden diese Länder wirtschaftliche Flauten deshalb besser überstehen können, weil die ganzen Unternehmungen eine viel bessere Kapitaldecke haben als die deutschen.

Es scheint daher als eine absolute Notwendigkeit, damit wir wieder eine Unterlage

bekommen an Kapital, daß das Londoner Schuldenabkommen sobald wie möglich Gesetz wird. Gegen dieses Londoner Schuldenabkommen ist, nachdem dieser vorläufige Abschluß in London erreicht war, von manchen Deutschen Sturm gelaufen worden.
Bei den Verhandlungen, bei den internen Verhandlungen zwischen unserer Delegation und der deutschen Wirtschaft hat sich gezeigt, daß doch der Deutsche in einer sehr unklugen Weise dazu neigt, seine Schulden nicht zu zahlen. Sehr viele, auch Wirtschaftler waren der Auffassung, warum sollen wir die alten Schulden bezahlen. Nach meiner Meinung, auch wirtschaftlich betrachtet, vom moralischen Standpunkt ganz abgesehen, ist das das Dümmste, was ein Wirtschaftler überhaupt denken kann. Wenn ich meine Schulden nicht bezahle, bin ich nicht in der Lage, neue Kredite zu bekommen, und ohne neue Kredite können wir unsere Wirtschaft nicht fortführen. Wenn jetzt demnächst im Parlament die Beratung über das Schuldenabkommen losgeht, und sowohl in der Wirtschaft wie auch bei den gegnerischen Parteien die Beanstandungen kommen darüber, dann verweisen Sie bitte darauf, daß die wirtschaftliche Moral Zinsen trägt und daß, wenn man nach Kräften seine Schulden bezahlt, man die besten Aussichten hat, auch in Zukunft weitere Geschäfte zu machen.
Etwas Ähnliches gilt auch von dem Abkommen mit Israel, über das ich hier einige sehr offene Worte sprechen möchte. Zu meinem großen Bedauern, der Ausdruck Bedauern ist absichtlich von mir etwas zurückhaltend gewählt worden, muß man feststellen, daß im deutschen Volk antisemitische Tendenzen wieder wach werden. Ich bitte um Gottes Willen für die Presse und Öffentlichkeit dafür zu sorgen, daß das nicht in die Öffentlichkeit kommt, aber die Tatsache ist da. Und solche antisemitische, ich will nicht sagen Tendenzen, aber gewisse Neigungen nach dahin machen sich auch innerhalb unserer Partei geltend.
Nun möchte ich Ihnen folgendes sagen zu dem Abkommen mit Israel: Es ist absolut richtig, Deutschland, die Bundesrepublik, hat gegenüber der Republik Israel keine rechtlichen Verpflichtungen, aber die Bundesrepublik hat große moralische Verpflichtungen. Wenn auch wir, ich meine jetzt unseren Kreis, sich an diesen Greueltaten des Nationalsozialismus gegenüber dem Judentum nicht beteiligt haben, ein erheblicher Teil des deutschen Volkes hat sich daran beteiligt, und hat sich nicht nur aktiv daran beteiligt, ein gewisser Prozentsatz hat sich auch daran nachher bereichert. An dieser Tatsache können wir nicht vorübergehen. Ich erachte es für eine der vornehmsten moralischen Verpflichtungen des deutschen Volkes, daß es nach Kräften das tut, was man tun muß, durch eine meinetwegen symbolhafte Haltung doch zu zeigen, daß es nicht einverstanden ist mit dem, was in den Jahren des Nationalsozialismus dem Judentum angetan worden ist. Der Bundestag hat wiederholt in einstimmigen Entschließungen Bekundungen des Bedauerns über diese Freveltaten der Vergangenheit gegenüber den Juden ausgesprochen. Nun, wer den Mund spitzt, muß auch pfeifen. Worte sind billig. Es müssen den Worten aber auch die Taten folgen.
Es liegt in der Forderung des Staates Israel auch insofern ein gewisser rechtlicher Grund, als durch letzten Endes [von Deutschland] ausgelöste Maßnahmen Israel in einem solchen

Maße Flüchtlinge, namentlich alte Leute aus Deutschland und aus den seinerzeit von Deutschland besetzten Gebieten hat aufnehmen müssen, daß es dadurch schwere finanzielle Lasten bekommen hat. Es ist in Aussicht genommen, daß nach einer Kabinettsitzung, die am Montagfrüh stattfindet, – ich fahre danach nach Luxemburg, und in Luxemburg zwischen dem Minister des Auswärtigen von Israel und mir wird eine Art symbolische Erklärung stattfinden[3], die zum Ausdruck bringen soll, daß nunmehr die Vergangenheit vergangen sein soll zwischen dem Judentum und zwischen Deutschland. Daran werden sich auch beteiligen die Vertreter der großen jüdischen Weltorganisation.
Ich hoffe, daß das Kabinett mir da keine besonderen Schwierigkeiten macht. Wenn es das machen sollte, würde das eine außenpolitische Katastrophe ersten Ranges bedeuten. Es würde nicht nur eine politische Katastrophe sein, es würde auch unser ganzes Bestreben, wieder ausländische Kredite zu bekommen, in sehr starkem Maße beeinträchtigen. Seien wir uns darüber klar, daß die Macht des Judentums auf wirtschaftlichem Gebiet außerordentlich stark ist nach wie vor, so daß diese, nun, der Ausdruck ist vielleicht etwas übertrieben, diese Versöhnung mit dem Judentum sowohl vom moralischen Standpunkt wie vom politischen Standpunkt, wie auch vom wirtschaftlichen Standpunkt ein unbedingtes Erfordernis für die Bundesrepublik ist.
Ich habe mit Absicht etwas ausführlicher bei diesem Thema verweilt, weil ich befürchte, es wird über diese Frage in Deutschland doch allerhand nachher geredet werden, und es werden Schwierigkeiten gemacht werden. Mir ist seinerzeit, das braucht keine absolute Wahrheit zu sein, was ich Ihnen jetzt sage, von einer sehr maßgebenden amerikanischen Stelle gesagt worden: Wenn es der Bundesregierung gelingt, zu diesem Ausgleich mit Israel zu kommen und mit den jüdischen Weltorganisationen, dann ist das für die Bundesrepublik Deutschland ein politisches Ereignis, das in die gleiche Reihe gestellt werden kann mit dem Deutschlandvertrag und mit dem Vertrag über die Europäische Verteidigungsgemeinschaft. Ich bitte Sie also, wenn die Sache so kommt, wie ich hoffe, und wenn die Widerstände auch in unseren eignen Reihen kommen, doch diese meine Worte zu überlegen und zu helfen, daß man wirklich würdigt, daß der Ausgleich mit dem Judentum moralisch, politisch und wirtschaftlich eine absolute Notwendigkeit ist.
Ich möchte fortfahren in meinen Ausführungen über die Bedeutung der Wahlen des Jahre 1953. In diesen vier Jahren, die sich an diese Wahl anschließen werden, muß das neue Europa wenigstens in seinen Hauptkonstruktionen errichtet werden. Ich darf Sie daran erinnern, daß die Montanunion – ich freue mich, daß Herr Etzel heute hier ist[4], daß die Montanunion nunmehr ins Dasein getreten ist, und daß auf dem großen wirtschaftlichen Sektor von Kohle und Eisen nun die Zollschranken überwunden worden sind, und daß wir da zu einer gemeinsamen europäischen Wirtschaft kommen. Ich darf Sie daran erinnern, daß, wie wir doch zuversichtlich hoffen dürfen, der Bundestag auch möglichst bald zustimmt dem Deutschlandvertrag und dem Vertrag über die Europäische Verteidungsgemeinschaft. Ich darf auf diese beiden Themen noch mit einigen Sätzen zurückkommen, wenn ich über die Haltung der anderen Parteien spreche.
Das sind die Anfänge des neuen Europas, aber ich darf auch Sie daran erinnern, daß

in dem Artikel 38 des Vertrages über die EVG mit bestimmten Fristen der Versammlung der Europäischen Verteidigungsgemeinschaft die Aufgabe gesetzt worden ist, eine europäische Verfassung, ganz allgemein gesprochen, zu entwerfen. Es ist die Absicht der französischen Regierung, jetzt in Luxemburg dafür einzutreten, daß diese Aufgabe nicht erst übertragen wird oder übertragen bleibt der Versammlung über die Europäische Verteidigungsgemeinschaft, weil die Ratifizierung dieses Vertrages evtl. bis Ende des Jahres sich in den sechs Ländern hinausziehen wird, sondern daß diese Aufgabe schon vorläufig übertragen wird der Versammlung der Montanunion. Sie sehen daraus, daß die Schaffung eines Europas wirklich jetzt in ein akutes Stadium kommt. Nun wird es sich zeigen müssen, ob dieses neue Europa geschaffen wird nach unseren Grundsätzen, oder ob es gar nicht zustande kommt, oder ob es nach sozialistischen Grundsätzen geschaffen wird. Im nächsten Jahr sind auch in Italien Wahlen, und ich glaube, wir können hoffen, daß dort auch wieder unsere Schwesterpartei als Siegerin aus dem Wahlkampf hervorgehen wird, und daß die zukünftige italienische Regierung unter Führung eines christlichen Demokraten stehen wird. Und wenn wir dann siegen, würde doch die Situation für Europa so liegen, daß in Italien und in Deutschland, in Belgien und in Luxemburg und auch in starkem Maße in den Niederlanden christlich orientierte Politiker die Führung haben, und daß wir daher dieses neue Europa so formen können und so ausbauen können, wie es unseren politischen Überzeugungen und politischen Ansichten entspricht. Das sind zwei sehr große Ziele. Ich beschränke mich darauf, nur diese beiden herauszustellen, diese beiden großen Aufgaben, die der neue Bundestag zu erfüllen haben wird.

Aber der neue Bundestag wird, wenn wir auch im neuen Bundestag die Führung übernehmen, dem ganzen deutschen Volk klar machen, daß es sich mit der Gründung und der Schaffung der Christlich-Demokratischen Union und der Christlich-Sozialen Union nicht etwa um vorübergehende Reaktionen gehandelt hat gegenüber dem nationalsozialistischen Regime, sondern daß in Deutschland ein sehr großer Prozentsatz der Bevölkerung Willens ist und in der Lage ist, auch die politischen Dinge zu behandeln auf christlicher Grundlage. Wenn wir in diesen Wahlen Sieger bleiben, haben wir alle die Bedenken, die hier und da verständlicherweise laut geworden sind, ob die christliche Partei nicht mehr oder weniger eine vorübergehende Erscheinung sei, zerstört. Wenn wir damit eine Konsolidierung unserer, der christlichen Partei, im allgemeinen Bewußtsein des deutschen Volkes erreichen, die erst unserer Bewegung und unserer Partei das feste und dauernde Fundament gibt, wenn wir unterliegen sollten und wenn etwa der Sozialismus als Sieger hervorgehen sollte aus dem Wahlkampf, dann glaube ich, werden wir, wird unsere Partei schwer um ihren Fortbestand ringen müssen. Ich bitte Sie daher, gerade diese zweite Bundestagswahl anzusehen als eine Wahl, die von entscheidender Bedeutung sein wird für die Bundesrepublik, damit der bisherige Aufbau weitergeht in dem Sinne, und nicht auf einmal alles mit auf den Kopf gestellt wird, und damit die Außenpolitik weitergeführt werden kann in unserem Sinne, damit wir Europa bauen können in unserem Sinne, und damit wir daher dem deutschen Volke und den anderen

Völkern den Beweis liefern können, daß in unserer Zeit tatsächlich ein sehr großer Prozentsatz des deutschen Volkes sich dazu bekennt, daß Politik auf christlicher Grundlage getrieben wird.

Seien wir uns vollkommen über eines klar: Der Sozialismus ist nur ein Exponent der materialistischen Weltauffassung. Wir sind Gegner der materialistischen Weltauffassung, aber der Kampf darum, ob Deutschland, ob Europa dem Materialismus anheim fallen sollen, oder dem Christentum erhalten bleiben, der wird sich noch viele Jahre hindurch abspielen, und zwar auf Gebieten, die wir zunächst nicht in Angriff nehmen können, die aber in Angriff genommen werden müssen, auf dem Gebiet der Familie, und auf dem Gebiet vor allem der Erziehung der Jugend. Dieser Kampf um die Seele des deutschen Volkes und um die Seele Europas, die christliche Seele Europas, der uns und unsere Nachfahren noch lange beschäftigen wird, denn wir müssen gegenüber diesem materialistischen Zeitgeist letzten Endes den Sieg davon tragen, dieser Kampf wird zugunsten unseres Sieges in sehr starker Weise beeinflußt werden durch den Ausgang der nächsten Wahl. Sicher ist, wenn wir diese Wahl verlieren, dann hat der materialistische Gedanke bei uns und in Europa ein großes Terrain gewonnen, das wiederzuerobern für uns außerordentlich schwer sein wird. Nun, wenn dieser Wahlkampf eine solche Bedeutung hat, und er hat diese Bedeutung, denken Sie bitte nur einmal etwas in einer ruhigen Stunde darüber nach, dann muß doch jeder von uns – damit wiederhole ich das, was ich eingangs sagte –, ganz gleichgültig, ob er an einer höheren oder geringeren Position steht, höhere Positionen sind nötig, genau so sind geringere Positionen nötig, und die Verantwortung trägt jeder für die Funktion, die er übernommen hat, dann müssen wir doch alle miteinander das Letzte daran setzen, daß wir unter allen Umständen diese Wahl gewinnen.

Ich habe zu Ihnen gesprochen über die Bedeutung dieser Wahl und über die Verantwortung, die jeder von uns hat. Ich möchte gerade das Letztere etwas ausdehnen bei der Erörterung der Kandidatenfrage. Es ist ein sehr schwieriges Kapitel, nicht nur – ich sehe das an Ihrern Gesichtern – aus menschlichen Gründen schwierig, sondern auch aus organisatorischen Gründen schwierig. Wir haben hier unten die Wahlkreise, wir haben die Landesverbände, die Landesparteien, wir haben die Bundespartei, wir haben diejenigen, die für eine gute Zusammensetzung der zukünftigen Fraktion maßgeblich sein müssen. Eine ziffermäßig sehr starke Fraktion kann im Parlament nicht den Einfluß ausüben, den führenden Einfluß, der ihr zukommt, wenn sie nicht gut zusammengesetzt ist. Daher glaube ich, es ist unsere Verantwortung, auch wieder gleichgültig, wo man steht, nicht etwa lokale Interessen in erster Linie zu berücksichtigen, geschweige denn persönliche Interessen, sondern, daß wir bei der Auswahl der Kandidaten in erster Linie auch erhalten müssen die große Verantwortung, die jeder Bundestagsabgeordnete übernimmt und die große Verantwortung, die unsere Partei, wenn sie, wie wir bestimmt hoffen, die stärkste Partei auch im zukünftigen Bundestag sein wird, damit wieder die Führung des Ganzen übernimmt.

Dieses Thema im Einzelnen zu erörtern, ist wohl heute nicht der richtige Tag. Wir haben uns gestern im Parteivorstand mit der Frage beschäftigt, und wir sind zu dem Ergebnis gekommen, daß die Landesvorsitzenden sich zunächst auch einmal im Zusammenhang mit uns überlegen müssen, wie wir zu einer Lösung der sehr schwierigen Kandidatenfrage kommen werden, einer Lösung, die die berechtigten örtlichen und auch berechtigten Landesverbandsinteressen berücksichtigt, aber das große Ziel nicht aus dem Auge läßt. Lassen Sie mich hier nur eine Bemerkung machen. Auch die örtlichen Interessen, d.h. die Interessen eines Wahlkreises, sind viel besser gewahrt, wenn er nicht einen Abgeordneten, der nun gerade in dem Wahlkreis sehr viele persönliche Freunde hat, aber nicht viel leistet, in den Bundestag schickt, auch der Wahlkreis hat mehr davon, wenn er einen Abgeordneten in den Bundestag schickt, der eine Persönlichkeit ist. Er wird auch für diesen Wahlkreis und seine Interessen mehr erreichen können, als wenn er nur – verstehen Sie den Ausdruck bitte nicht falsch – eine lokale Größe ist. Das Wahlgesetz für die nächsten Bundestagswahlen muß noch vom Bundestag geschaffen werden. Auch damit hat sich gestern der Parteivorstand sehr ausgiebig befaßt. Ich brauche hier keine theoretischen Äußerungen darüber zu machen, was unserer Auffassung entspricht, sondern lassen Sie mich auch sehr real Ihnen sagen, was möglich ist. Ich glaube, Ihnen sagen zu können, daß wohl nur möglich ist, daß das alte Bundestagswahlgesetz, das erste, mit gewissen Modifikationen eine Mehrheit im Bundestag findet. Wie das aussehen wird, läßt sich noch nicht sagen, aber ich glaube, man tut gut daran, sich doch schon darauf vorzubereiten. Nun wird auch, wenn man die zukünftige Wahl sehr optimistisch oder sehr pessimistisch betrachtet, das eine jedenfalls sicher sein: Keine Partei wird in dem zukünftigen Bundestag die absolute Mehrheit haben, weder wir, noch die Sozialdemokratie. Infolgedessen muß man wohl, wenn man Reflektionen anstellt über die zukünftige Wahl, doch wohl einige Worte mit allem Vorbehalt natürlich sprechen müssen über die Verhältnisse in den anderen Parteien.

Lassen Sie mich da einmal beginnen mit einigen Ausführungen über die Sozialdemokratie. Der Tod des Herrn Dr. Schumacher ist ein Ereignis, das in erster Linie für die Sozialdemokratie, in zweiter Linie auch für die anderen Parteien von großer Bedeutung ist. Ich möchte über die Persönlichkeit Herrn Dr. Schumachers hier nichts sagen als folgende Worte: Ein Mann von unzweifelhaft sehr großer Begabung, der nach meiner Überzeugung doch unter seinem körperlichen Zustand, unter den vielen Schmerzen, die er erdulden mußte, stark gelitten hat. Was der Tod des Herrn Dr. Schumacher für die Sozialdemokratie bedeutet, können wir noch nicht übersehen; aber eines ist glaube ich wohl sehr wahrscheinlich und auch man kann sagen sicher: Eine Kursänderung in der Politik der Sozialdemokratie wird vor den nächsten Bundestagswahlen nicht erfolgen aus verständlichen Gründen. Wenn jetzt dort eine Kursänderung erfolgte, würden ja die eigenen Anhänger der Partei wirklich kopfscheu werden und würden zweifeln an ihrer eigenen Partei. Das kann die zukünftige Parteiführung der Sozialdemokratie, gleichgültig, wie sie aussehen wird, natürlich nicht ertragen. Es wird wahrscheinlich so kommen, daß die Form der Opposition eine gewisse, aber ich betone, nur eine gewisse Milderung erfährt; auch das ist noch sehr unsicher, aber in der Sache selbst wird die Opposition die gleiche bleiben, und wir müssen das weitere der zukünftigen Entwicklung überlassen.

Zur Zeit ist es so, daß bei der Beratung des Deutschlandvertrages und des EVG-Vertrages die Form der Opposition gemildert ist, aber in der Sache selbst die Verzögerungstaktik der Sozialdemokratie unverkennbar ist. Dies zeigt sich zum Beispiel sehr klar nicht nur in den Verhandlungen in den Ausschüssen selbst, sondern auch in der letzten offiziellen Presseäußerung der Sozialdemokratie über den Besuch des General Ridgway[5] und die Worte, die er gesprochen hat. Darüber hat ja der sozialdemokratische Pressedienst erklärt, man könne dem deutschen Volk nicht zumuten, irgendeine Stellung einzunehmen, ehe der Ausgang der Präsidentenwahlen in den Vereinigten Staaten feststehe und ehe der neue Präsident sein Amt Anfang Januar übernommen hat. Das ist, meine Damen und Herren, verzeihen Sie den Ausdruck, barer Unsinn. Ob der Demokrat oder der Republikaner, seitdem der republikanische Kandidat Eisenhower heißt, gewählt wird, die Europapolitik der Vereinigten Staaten wird im Großen und Ganzen die gleiche bleiben wie bisher, und wird von dem einen wie von dem anderen in gleicher Weise geführt werden. Sie sehen aber daraus, daß die Sozialdemokratie nach einem neuen Grunde für ihre Verzögerungstaktik sucht, und da dieser ganze Fragenkomplex ganz sicher in der Wahlkampagne eine große Rolle spielen wird, sei es mir gestattet, gleich, wenn ich die anderen Parteien besprochen habe, nochmals auf dieses Thema zurückzukommen.

Die Freie Demokratische Partei hat sich noch nicht innerlich gefunden. Ich brauche hier nur Namen zu nennen und brauche keine Kommentare dazu zu geben. Die Niedersachsen erinnere ich an Herrn Stegemann[6] [Stegner]. Die Herrschaften aus Baden-Württemberg an Reinhold Maier[7], die Herrschaften aus Nordrhein-Westfalen an Middelhauve[8] und die Herrschaften aus Hessen an Euler[9]. Wenn Sie diese Namen nebeneinander halten, haben Sie ungefähr das Sonnenspektrum, aber man muß auch da die Entwicklung mit einer gewissen Gelassenheit betrachten und die Hoffnung haben, daß, je näher der Wahltermin heranrückt, doch auch die verschiedenen Tönungen innerhalb der Demokratischen Partei einsetzen, daß sie zusammenklingen müssen, wenn sie irgendeinen Erfolg haben wollen.

Große Sorge kann einem auch machen die Deutsche Partei. Viel darüber zu sagen, ist vielleicht verfrüht. Es ist ja immerhin doch möglich, daß dort Entwicklungen kommen, die wir wünschen, und die möchte ich so skizzieren: Die Deutsche Partei hat unzweifelhaft einen Boden und eine Aufgabe in ihrem Heimatland[10]. Aber die Deutsche Partei will darüber hinaus, in der Hoffnung auf eine Bundesliste, in allen möglichen Landesteilen Stimmen sammeln, und der Effekt wird sein, daß sie dadurch die Wahl von sozialdemokratischen Kandidaten begünstigt. Wie es da kommen wird mit der Deutschen Partei, verehrter Herr Hofmeister[11], wir haben ja vorgestern darüber gesprochen, das müssen wir einmal der Zukunft überlassen. Natürlich müssen wir mitwirken, vielleicht besteht noch eine gewisse Aussicht, daß da auch eine Klärung und Konsolidierung erfolgt. Aber Sie sehen daraus, daß die Koalitionsparteien, die beiden anderen, im Inneren ihrer

Partei Schwierigkeiten haben, und ich kann ja nicht sagen, daß wir, die Christlich-Demokratische Union, immer ein Bild absoluter Geschlossenheit und Einigkeit und Übereinstimmung bieten, was gar nicht gut wäre, aber das eine muß ich doch hier sagen: Wir in der Christlich-Demokratischen Union finden uns trotz aller Verschiedenheiten über diesen oder auch jenen wichtigen Punkt doch immer in einer Einmütigkeit und Geschlossenheit zusammen, die uns mit Vertrauen erfüllen kann, daß der Boden, auf dem wir stehen, die beiden christlichen Konfessionen, die Weltanschauung, auf der wir stehen, das beste Mittel ist, um alle diese Gegensätze zu überbrücken und zu einer geschlossenen, einheitlichen Haltung bei den großen Fragen zu gelangen.
Ich habe eines noch übersehen und darf dies vielleicht einfließen lassen: den BHE, die Vertriebenen, also der Teil der Vertriebenen, der sich im BHE zusammenfindet. Die Entwicklung unter den Vertriebenen ist schwer durchschaubar, und wir stehen da vor einem Kampf – fast kann man sagen – aller gegen alle, der es – ich gebrauche jetzt einen Ausdruck, den Herr Kather[12] gestern im Parteivorstand gebracht hat –, der es demjenigen, der nicht auf Vertriebene studiert hat, außerordentlich schwer macht, das richtig zu sehen. Wir hatten einmal gehofft, daß durch eine frühzeitige Verabschiedung des Gesetzes über den Lastenausgleich und über eine rechtzeitige, vor der Wahl nämlich, Verwirklichung des Gesetzes doch die Gegensätze ausgeglichen werden könnten, und die große Schar der Vertriebenen sich nicht mehr in solcher Weise politisch betätigen würde. Das Lastenausgleichsgesetz, eine Leistung, sowohl inhaltlich, wie dem Umfange nach hervorragend, und unserem Parteifreund Kunze[13] und in Dehnung [insbesondere?] Herrn Kather zu verdanken, konnte leider noch nicht so früh verabschiedet werden, daß bis zu den Wahlen die weitesten Kreise der Vertriebenen schon in den Genuß desjenigen gesetzt werden können, was ihnen der Lastenausgleich bringt. Daher wird man wohl damit rechnen müssen, daß bis zu den Bundestagswahlen nicht die politische Funktion der Vertriebenenverbände ihr Ende gefunden hat. Auch damit hat sich gestern der Parteivorstand beschäftigt und es ist wohl nötig, daß ich Ihnen auch da mitteile, zu welchem Ergebnis wir gekommen sind. Wir sind zu dem Ergebnis gekommen, daß dort, wo es angebracht erscheint, auf Landesebene mit dem BHE die nötige Tuchfühlung genommen und gehalten wird. Auf der Bundesebene liegt die Sache anders. Ich sehe, daß das, was im Parteivorstand gestern herausgekommen ist, zum Teil auf Widerspruch bei Ihnen stößt. In der Diskussion wird man ja noch darüber sprechen können.
Nun möchte ich doch zurückkehren zu dem Deutschlandvertrag und zu dem EVG-Vertrag und damit im Zusammenhang zu der Frage der Wiedervereinigung Deutschlands und der sowjetrussischen Note und der voraussichtlichen Antwort darauf, weil das doch so akute Themata sind, daß sie auf einem Parteiausschuß besprochen werden müssen. (Zwischenruf: Zentrum) Über das Zentrum muß unser verehrter Freund Arnold gleich sprechen. Bei Beurteilung des Deutschlandvertrages und des EVG-Vertrages werden nach meiner Meinung von der Opposition sehr verhängnisvolle Fehler gemacht. Man vergißt nur zu gern über dem tatsächlichen Zustand der Freiheit, den wir genießen, daß wir rechtlich doch in keiner Weise frei sind, und daß wir erst dann die wirkliche

Freiheit haben, wenn sie auch rechtlich fundiert ist. Wir werden zur Zeit behandelt im Großen und Ganzen wenigstens von den drei Westalliierten, als wenn der Deutschlandvertrag und der EVG-Vertrag schon in Kraft getreten wären. Aber in Wirklichkeit sind sie noch nicht in Kraft getreten und kein rechtlicher Grund würde die Westalliierten hindern können, von der Omnipotenz, die sie aufgrund der bedingungslosen Kapitulation bekommen haben, wieder Gebrauch zu machen. Es besteht auch bisher keine rechtliche Verpflichtung für die Westalliierten, die Bundesrepublik zu konsultieren bei der Beantwortung der Noten Sowjetrußlands, und, bis der Deutschlandvertrag und der EVG-Vertrag rechtens geworden sind, besteht, wenigstens rechtlich, formal rechtlich der Potsdamer Vertrag, dem nachher ja auch Frankreich beigetreten ist, unter den vier Alliierten zu Recht.

Wenn wir die Wiedervereinigung Deutschlands in Freiheit haben wollen, und wenn wir das als das vornehmste Ziel unserer Politik bezeichnen, darf man niemals dabei vergessen, daß gleichwertig dem ist und die Grundlage dafür ist, daß wir unsere eigene Freiheit auch wirklich rechtlich sichern, d. h. daß wir nur dann dem Ziele der Wiedervereinigung Deutschlands in Freiheit näher kommen, wenn wir die Prämisse geschaffen haben, nämlich, daß wir unsere Freiheit auch rechtlich wiedererlangt haben. Daher ist das Inkrafttreten des Deutschlandvertrages und des EVG-Vertrages auch unter dem Gesichtspunkt der Wiedervereinigung Deutschlands eine unabdingbare Notwendigkeit. Wer bei dem Beginn des Notenwechsels mit Sowjetrußland irgendeinen Zweifel haben konnte und die Hoffnung hegen durfte, daß es Sowjetrußland doch ernst sei mit diesen Noten, und daß es bereit sei, eine Wiedervereinigung Deutschlands in Freiheit zuzulassen, dem muß doch gerade die letzte sowjetische Note[14] die Augen darüber geöffnet haben. Die letzte sowjetische Note kann man ihrem wirklichen Inhalt nach und ihrer Bedeutung nach nur dann verstehen, wenn man die vorhergehenden sowjetischen Noten auch zur Hand nimmt und die Antwort der Westalliierten auf die vorhergehenden sowjetischen Noten.

Es ist nicht etwa so, wie es leider auch nach Artikeln unserer Presse manchmal scheint, als wenn die Diskussion um die Reihenfolge der Themata für eine Viererkonferenz eine mehr oder weniger formal rechtliche Angelegenheit sei, oder eine Frage des Prestiges oder eine Frage der Rechthaberei. Nein, meine Damen und Herren, es handelt sich bei dieser Tagesordnung, die man eben nur verstehen kann, wenn man das, was vorher in den früheren sowjetischen Noten und auch in der letzten gesagt worden ist, hinzunimmt, es handelt sich dabei um Entscheidungen von größtem materiellen Inhalt. Sowjetrußland besteht auf die Innehaltung des Potsdamer Vertrages, das ist das Grundprinzip, und dem folgend verlangt es, daß zunächst eine Einigung erfolgt unter den vier Mächten über den Inhalt des Friedensvertrages, d.h. mit anderen Worten: Ein Diktatfrieden, daran ist gar nicht zu deuteln. Erst wenn alles fertig ist, wenn eine gesamtdeutsche Regierung gebildet worden ist aus den jetzigen Teilen Deutschlands, dann erst, wenn das alles fertig ist, dann will Sowjetrußland zu freien Wahlen schreiten. Das ist dasjenige, meine Damen und Herren, was wir eben unter keinen Umständen zulassen können.

An der Spitze des Ganzen muß stehen: „Freie Wahlen in Gesamtdeutschland", und bei dem Friedensvertrag, bei dem selbstverständlich alle vier Mächte mitwirken müssen, muß eine gesamtdeutsche Regierung, die sich auf freie Wahlen stützt, von Anfang an mitbeteiligt sein. Ein Diktatfrieden würde bedeuten, daß wir in absehbarer Zeit doch unsere Freiheit verlieren und daß wir unter das sowjetrussische Joch kommen. Sowjetrußland hat in dieser Note, nachdem es vorher darauf aufmerksam gemacht worden war von den West-Alliierten, gesagt, daß es nicht den Viermächte-Kontrollrat wiederherstellen will. Lesen Sie einmal das Potsdamer Abkommen durch, dann werden Sie zu dem Ergebnis kommen, daß dieses Potsdamer Abkommen und ein Friedensvertrag, der ihm entspricht, Deutschland solche Fesseln und solche Beschränkungen auferlegt, daß ohne eine Kontrolle der Alliierten, ob dieses Gesamtdeutschland nun auch wirklich das alles innehält, gar nicht denkbar ist. Man kann es anders nennen als Viermächtekontrollrat, aber Freiheit, wirkliche Freiheit wird dieses Gesamtdeutschland niemals bekommen, wenn es so wird, wie Sowjetrußland das jetzt will.

Nun glaube ich, stimmen wir alle darin überein, daß wir die Tür zu Sowjetrußland nicht zuschlagen dürfen, auch nicht durch die neue Note, und daß die drei Westalliierten sich bereit erklären müssen, jederzeit zu einer Viererkonferenz zusammenzutreten, und ich denke, daß demzufolge die Antwortnote abgefaßt wird. Aber das möchte ich nochmals betonen: Voraussetzung für eine aktive Politik der Bundesregierung, gerade auch im Sinne einer Wiedervereinigung ist, daß der Deutschlandvertrag und der EVG-Vertrag vorher rechtens werden. Darum haben wir das dringendste Interesse daran, daß möglichst bald der Bundestag diese beiden Vorlagen verabschiedet. Amerika ist uns schon im Sommer mit wirklich gutem Beispiel vorausgegangen, Großbritannien ist gefolgt, Italien und die Benelux-Staaten warten auf das, was Frankreich und Deutschland machen. In Frankreich liegt die Situation jetzt so, daß dort gewisse Widerstände gegen den Deutschlandvertrag und den EVG-Vertrag nach wie vor vorhanden sind. Ich weiß nicht, ob man sagen kann, sie sind gewachsen, oder sie haben abgenommen. Jedenfalls sind die Widerstände vorhanden und diese Widerstände ziehen ihre Nahrung aus verschiedenen Quellen.

Eine der Hauptquellen auch bei denjenigen Franzosen, die nicht russophil sind, ist der Gedanke, Frankreich wird, wenn der Deutschlandvertrag und der EVG-Vertrag in Kraft getreten sind, nicht mehr die politische Rolle in Europa spielen und vor allem nicht mehr die politische Rolle spielen im Verhältnis zu den Vereinigten Staaten, wie Frankreich sie bisher gespielt hat, etwas, was auch die Haltung Frankreichs in der Saarfrage beeinflußt.

Eine zweite Quelle des Widerstandes gegen den Abschluß der Verträge in Frankreich ist die russophile Neigung, die in einzelnen Teilen der politischen Welt in Frankreich noch besteht, und die natürlich von Sowjetrußland aus absolut genährt wird. Die russische Botschaft in Paris ist um einige hundert Köpfe vermehrt worden, ausgesprochen zu dem Zweck, verstärkten Einfluß in Frankreich zu bekommen, und wir dürfen auch nicht vergessen, das Jahrzehnte lang das Prinzip der französischen Außenpolitik war:

Ein gutes Verhältnis mit Rußland, um Schutz zu haben gegen Deutschland. Wenn nach unserem Zusammenbruch diese Sorge oder Ängste gegenüber Deutschland auch zunächst sich stark vermindert haben, sie sind wieder gewachsen, seitdem Deutschland kraft seiner wirtschaftlichen Erfolge, kraft seiner politischen Erfolge eben eine andere Stellung in der Weltwirtschaft und der Weltpolitik einnimmt, als in den Jahren 1945 bis 1947. Auch das ist bis zu einem gewissen Maße zu verstehen.

Als drittes psychologisches Moment kommt hinzu, daß einflußreiche Militärs in Frankreich sich nicht mit dem Gedanken abfinden können, daß sie auf eine französische Nationalarmee verzichten müssen. Auch dafür muß man Verständnis haben. Wenn man bedenkt, man hätte dem deutschen Volk und den deutschen Militärs zugemutet, in früheren Zeiten zugunsten einer europäischen Armee zu verzichten auf die deutsche Armee, auf die deutsche Wehrmacht, ich glaube, diese Gedanken wären auf sehr starken Widerstand gestoßen.

Daher, verstehen Sie mich aber recht, wenn ich das jetzt sage, daher bitte ich Sie, Verständnis dafür zu haben, wenn in Frankreich diese Widerstände sind und Verständnis auch dafür zu haben, daß wir Deutsche versuchen müssen, diese Widerstände aus dem Verstehen heraus zu überwinden, nicht dadurch, daß wir schimpfen und daß wir spektakeln, und daß wir alle acht Tage eine große Bundestagsdebatte über die Differenzen haben, sondern daß wir diese Widerstände in zäher und geduldiger Arbeit zu überwinden suchen. Vor allem ist aber dazu nötig, daß wir den EVG-Vertrag und den Deutschlandvertrag, daß wir die Verträge verabschieden, ehe das französische Parlament Mitte Oktober wieder zusammentritt, damit nicht widerstrebende Elemente in der französischen Nationalversammlung hinweisen können auf Deutschland und sagen: Dort geht es nicht voran, lassen wir zunächst einmal abwarten, was Deutschland tut! Ich glaube, wir handeln sowohl im Interesse unseres Landes, wie im Interesse des europäischen Gedankens gut, wenn wir sobald wie möglich, jedenfalls vor dem Zusammentreten der Nationalversammlung in Frankreich, hier in Deutschland die Sache zu einem guten Ende bringen. Daher die Taktik der Sozialdemokratie, das zu verzögern, damit eine gewisse Unsicherheit entsteht, sowohl bei uns, wie in Frankreich, ob überhaupt das ganze Werk einmal vollendet wird.

Lassen Sie mich ein Wort sagen jetzt über die Frage der Wiedervereinigung Deutschlands. Ich bin in der Hinsicht gar nicht so besonders pessimistisch. Ich möchte zunächst einmal darauf hinweisen, daß die Pessimisten, die geglaubt haben, wenn das Vertragswerk wirklich unterschrieben ist, und wenn es in die Parlamente geht, wird Sowjetrußland zu Taten schreiten, nicht Recht gehabt haben. Rußland hat die Deutschen in der Sowjetzone in gemeiner Weise schikaniert und tut es noch weiter, aber irgendwelche Kriegsvorbereitungen hat Sowjetrußland infolgedessen nicht getroffen. Ich bin der Auffassung, meine Freunde, daß wir mit schnellem Zustandekommen der Europäischen Verteidigungsgemeinschaft im Zusammenhang mit dem Nordatlantikpakt und mit dem schnellen Zustandekommen des Deutschlandvertrages in Wirklichkeit nicht nur den einzigen Weg beschreiten, der zur Wiedervereinigung des zerissenen Deutschlands führt, sondern daß wir auch damit einen Weg beschreiten, der lange nicht so viel Zeit erfordert, wie leider Gottes hier und da die Pessimisten jetzt sagen.

Wenn wir in Deutschland und Europa im Zusammenhang mit den Vereinigten Staaten uns stark machen, dann stärken wir damit auch den Widerstand gegen Sowjetrußland in den Satellitenstaaten. Wir stärken damit die Elemente in den Satellitenstaaten, die sich mit der bolschewistischen Herrschaft nicht abgefunden haben und nicht abfinden wollen. Das gilt einmal von Polen, gilt aber auch für Ungarn, gilt weniger stark für die Tschechoslowakei, aber da auch Sowjetrußland, darüber müssen wir uns ganz klar sein, die Deutschlandfrage nicht isoliert betrachtet als eine Frage für sich, sondern als eine Frage der sowjetrussischen Europapolitik, vielleicht auch der sowjetrussischen Weltpolitik, müssen wir auf dieses Moment, daß dadurch die Stellung Sowjetrußlands in den Satellitenstaaten auch geschwächt wird, einen sehr großen Wert legen.

Wenn Sowjetrußland durch die Macht der Tatsachen überzeugt wird, die Macht der Tatsachen besteht in der Ratifizierung der Verträge und dem ins Leben treten der Verträge, wenn Sowjetrußland dadurch überzeugt wird, daß es auf dem bisherigen Wege des kalten Krieges nicht weitere Erfolge in Europa zu erwarten hat, und wenn es sieht, daß es einem Verhandlungspartner gegenübersteht, der mindestens so stark ist wie Sowjetrußland – das ist gerade bei totalitärer Denkungsweise eine Voraussetzung für vernünftige Verhandlungen – daß der totalitäre Staat mit einem Verhandlungspartner verhandelt, der mindestens so stark ist wie er, und wenn man weiter berücksichtigt, daß Sowjetrußland sehr schwierige innere Probleme hat, ich denke weniger politisch sehr schwierige Probleme, sondern soziale Probleme, so daß auch Sowjetrußland es sich nicht leisten kann auf die Dauer, unter Vernachlässigung dieser sozialen Probleme, das ist hauptsächlich das Nahrungsproblem, denn Rußland kann seine Menschen überhaupt nicht ernähren, ohne neues Ackerland zu beschaffen, und zwar ohne neues Ackerland in größtem Umfange zu schaffen, dann wird auch Sowjetrußland sich die Frage vorlegen: Hat es noch Zweck, im Innern des Landes die Menschen verelenden zu lassen und alles, was irgendwie erübrigt werden kann, für eine Aufrüstung zu verwenden, die doch nichts bringen wird? Dann wird der Augenblick gekommen sein, wie ich glaube, wo der Osten und der Westen einschließlich Deutschland sich zu Verhandlungen mit Aussicht auf Erfolg zusammensetzen werden können.

Nun ist hier und zwar namentlich unter Einwirkung einer der Eisenhower-Reden der Gedanke aufgekommen, daß die Vereinigten Staaten, wenn der Westen stark genug sei, seinerseits zum Angriff schreitet. Zunächst glaube ich, daß die Meinung falsch ist. Ich darf hier auch, was die Rede Eisenhowers angeht, sagen, daß die Rede Eisenhowers konzentriert wiedergegeben und dadurch entstellt worden ist. In Wirklichkeit hat Eisenhower gar nichts anderes gesagt, als was Truman vor Jahr und Tag gesagt hat. Im übrigen wissen Sie alle, daß bei Wahlreden manches gesagt wird und manches sehr heftig gesagt wird, was nach getaner Wahl deswegen doch nicht gemacht wird. Generäle sind im übrigen diejenigen, die am wenigsten den Krieg wollen. Das galt sogar auch von den deutschen Generälen, kriegslüstern sind vielmehr militärische Zivilisten, herrsch-

süchtige Zivilisten. Aber vor allem, meine Damen und Herren, ist die Sache doch so: Wenn wir die ersten 12 Divisionen mal fertig haben, und die sind in Reserve getreten, und wenn wir die zweiten 12 Divisionen haben, insgesamt also 24 Divisionen, ist es doch so, daß wir bei der Entscheidung, ob wirklich heißer Krieg geführt werden soll oder nicht, ein sehr gewichtiges Wort mitzusprechen haben, ein Wort, das wir nicht mitzusprechen haben, wenn wir mit den Händen in den Taschen dabeistehn, und daß wir, die Bundesrepublik nicht für kriegerische Auseinandersetzungen zu haben sind, sondern nur für eine friedliche, das glaube ich, brauche ich Ihnen mit Rücksicht auf die geographische Lage Deutschlands und mit Rücksicht auf die Erfahrungen, die wir ja nun jetzt in den letzten Jahrzehnten gemacht haben, nicht weiter begründen.
Ich bin also der Auffassung, daß, je stärker unser Einfluß ist, in der Atlantikpaktorganisation wir eine umso größere Möglichkeit haben, für die Erhaltung des Friedens einzutreten und daß daher dieses unser Eintreten in das Ganze alles andere bedeutet als eine Beeinträchtigung des Friedens. Im Gegenteil, solange die Bundesrepublik, solange unser Land wie jetzt rechtlos und ohne Kraft, sich selbst zu stützen, daliegt, läuft es die größte Gefahr, Schauplatz eines Krieges zu werden. Das Jahr 1950 war für uns ein so verhängnisvolles Jahr oder so gefährliches Jahr, das wird die Geschichtsschreibung einmal feststellen. Nicht viele von uns sind sich darüber klar gewesen. Aber je stärker wir werden, desto stärker können wir eintreten für den Frieden.
Nun wird von sozialdemokratischer Seite gesagt, daß auch Churchill erklärt habe, wir seien heute dem Frieden näher als vor zwei Jahren. Man braucht kein Churchill zu sein, um diese Erkenntnis zu haben, die haben, glaube ich, viele von uns. Aber warum sind wir dem Frieden näher? Wir sind dem Frieden, der Erhaltung des Friedens doch nur deswegen näher, weil eben Korea der Beginn war für die Zusammensetzung des Westens, und das hat doch auch die andere Seite bedenklich gemacht und hat deswegen den Frieden unterstützt und den Frieden gesichert. Ich habe bei dieser Frage so lange verweilt, weil in den Zeiten, wie den unseren, der Friede, die außenpolitische Tätigkeit ja in viel stärkerem Maße als in normalen Zeiten Grundlage ist für jede friedliche, wirtschaftliche und politische Arbeit.
Auf dem Gebiet der Arbeit im Innern hatten wir ja auch wirklich große Erfolge aufzuweisen. Lassen Sie mich bleiben bei dem Letzten, bei dem Betriebsverfassungsgesetz: Ich glaube, ein großer Fortschritt gerade für die Arbeitnehmer. Es handelt sich jetzt darum, daß wir, nicht unsere Partei, sondern auch Organisationen, die nicht parteipolitisch sind, das ihrige tun, damit nun in die Organe, die jetzt geschaffen werden, aufgrund des Betriebsverfassungsgesetzes, Leute hineinkommen, die auf unserem Boden stehen, und die nicht sozialistisch herangebildet sind. Das ist eine sehr große Aufgabe, der wir uns von parteiwegen intensiv widmen müssen, der aber auch andere Organisationen zu meiner Freude sich widmen. Dieses Betriebsverfassungsgesetz kann dann wirklich zur inneren Beruhigung beitragen und zeigen, daß wir fortschrittlich sind, wenn wir, das lassen Sie mich mit allem Nachdruck nochmals betonen, dafür sorgen, daß in die innerbetrieblichen Organisationen in unserem Sinne geschulte Leute hineinkommen,

die nun auch wirklich die Aufgaben erfüllen können, die ihnen das Betriebsverfassungsgesetz gibt, und daß wir gerade dieses Gebiet nicht lediglich dem DGB oder den Sozialdemokraten oder der Sozialdemokratischen Partei überlassen.
Wir haben, wie ich glaube, und zwar nicht willkürlich oder etwa aus Gleichgültigkeit, den Mittelstand bisher bei unserer Arbeit an die zweite Linie treten lassen müssen. Um ein ganz konkretes Beispiel zu nehmen: Wenn die Kredite, die uns zur Verfügung gestellt waren, nicht in erster Linie dazu benutzt worden wären, um große Unternehmungen, die Grundstoffindustrien, wieder in Gang zu bringen, sondern wenn sie etwa aufgeteilt worden wären bis in die kleinsten Betriebe auch des Handwerks hinein, hätten sie nicht den Effekt haben können, den sie haben müssen, denn auch der Mittelstand und das Handwerk können nicht gedeihen, wenn nicht diese Grundlage geschaffen worden ist, und wenn wir nicht von dem Druck der Arbeitslosigkeit dadurch entlastet worden wären. Aber, nachdem wir soweit gekommen sind, wird es unsere Aufgabe sein, gerade mittelständischen Fragen unsere besondere Aufmerksamkeit zu widmen. Dabei sind unter Mittelstand zu verstehen nicht etwa nur das Handwerk und die Kleinbetriebe, sondern ich meine damit auch die große Menge der Beamten des Bundes, der Länder und auch der Kommune. Da haben wir große Verpflichtungen, die wir erfüllen müssen, denn die Not in Beamtenkreisen ist zum Teil erschreckend groß, und wir brauchen nach der ganzen Struktur unseres Volkes einen guten und sauberen Beamtenstand, der wenigstens soviel haben muß, daß er eine menschenwürdige Existenz haben kann, und daß er seine Kinder erziehen kann. Das wird eine Aufgabe sein, die Geld kostet, das ist richtig, aber bei dieser Frage, wie bei all den Fragen, auch die, die ich vorhin berührt habe, muß man sich immer auch vorlegen die Frage: Was wird sein, wenn wir diese Aufgabe nicht erfüllen? Erst wenn man das gegenüberhält, kann man ermessen, ob die Ausgaben, die wir machen müssen, berechtigt sind. Ich glaube, wenn wir gerade unsere Verpflichtungen gegenüber dem Mittelstand auch gegenüber dem akademischen Mittelstand, wenn wir diese Verpflichtung nicht erfüllen, wird der Schaden, auch finanziell betrachtet, sicher moralisch und politisch betrachtet, unendlich viel größer sein als die Summe, die wir aufbringen müssen, um unsere Aufgaben gegenüber dem Mittelstand zu erfüllen.
Ein Wort noch zur Landwirtschaft. Ich will Ihnen ein kleines Erlebnis erzählen, das ich gestern im Parteivorstand erzählt habe, und ich glaube, das beleuchtet doch mehr als lange Ausführungen, wie es im Großen und Ganzen um die Landwirtschaft bestellt ist. Als ich auf dem Bürgenstock war, besuchten mich etwa 50 bis 60 junge Bauern und junge Bäuerinnen aus Bayern. Diese Menschen werden von Jahr zu Jahr ausgetauscht mit der Schweiz. Schweizer arbeiten in Bayern und diese arbeiten in der Schweiz. Diese jungen Leute, die ich gesprochen habe, waren in der Schweiz verteilt in allen möglichen Gebieten, in der Niederung, in der Höhe, im Getreidebau, Zuckerrübenbau und auch in der Viehwirtschaft. Ich habe sie gefragt nach ihren Eindrücken. Ich möchte betonen, daß alle von denen, mit denen ich gesprochen habe, einen außerordentlich geweckten und guten Eindruck machten. Sie haben mir dies und jenes erzählt, aber das Resumée

war folgendes: Einmal, daß wir in Deutschland doch sehr viel mehr künstlichen Dünger brauchen als in der Schweiz gebraucht wird und vor allem, daß die Landwirtschaft bei uns doch sehr viel stärker motorisiert ist als in der Schweiz. Und der Sprecher sagte: Allerdings war das vor drei Jahren noch anders, wir haben erst in den letzten drei Jahren in der deutschen Landwirtschaft die Möglichkeit gehabt, die Landwirtschaft in dem Sinne zu motorisieren. Man kann einen Betrieb nicht motorisieren, ohne daß man dazu Geld hat. Wenn es gelungen ist, worüber ich mich außerordentlich freue, daß in drei Jahren die deutsche Landwirtschaft, und in Bayern ist immerhin ein beträchtlicher Teil der deutschen Landwirtschaft, so motorisiert worden ist, ist das wohl ein sehr guter Beweis dafür, daß es unserer Landwirtschaft . . . (Zwischenruf Albers: Sehr schlecht gegangen ist).

Alles ist relativ. Und es hat mich gefreut, aus dem Munde dieser jungen Menschen etwas derartiges zu hören, daß wir nämlich, und damit komme ich auf die Verbraucher zu sprechen, auch in Zukunft die Landwirtschaft berücksichtigen müssen, das ist klar, und was die Verbraucher angeht, denken Sie bitte an folgendes: Jeder Zentner Getreide und jeder Zentner Zucker, den wir nicht selbst erzeugen, muß importiert werden, und wir können nur importieren, wenn wir entsprechend exportieren können, und auch die Exportmöglichkeiten haben gewisse Grenzen, dann können wir auch keine Nahrungsmittel importieren. Dabei bin ich sicher der Letzte, der der Auffassung ist, auf den Verbraucher braucht man keine Rücksicht zu nehmen. Aber sowohl die Interessen der Landwirtschaft wie die der Verbraucher hängen so eng zusammen, daß man nicht die einen gesondert betrachten kann von den anderen, sondern daß man versuchen muß – das ist auch im Interesse der Verbraucher – einen guten Ausgleich zu schaffen. Ich weiß, daß wir damit noch nicht an der letzten Lösung sind, und daß das ein Gebiet ist, das besonders beachtet werden muß. Ich weiß auch, daß die Tasche der Hausfrauen bei dem Ausgang der Wahlen eine maßgebliche Rolle spielen wird, und daß wir im geeigneten Augenblick uns diese Wahrheit vor Augen halten müssen. Es liegt mir daran, zu sagen, daß nicht ein Stand auf Kosten des anderen Standes leben darf, sondern es liegt mir daran, Ihnen einen Überblick zu geben über die Tätigkeit des Bundes unter Führung unserer Partei in diesen drei Jahren. Wenn Sie zurückdenken, in welchem Zustand auch die Landwirtschaft nach 1945 sich befunden hat, wenn Sie zurückdenken, wie der Boden dadurch, daß ihm nichts gegeben werden konnte, ausgesaugt war, wenn Sie zurückdenken, wie es mit unserem Vieh aussah, wie es mit den Gehöften zum Teil aussah, wie es mit den ganzen Geräten aussah, dann glaube ich, es war gut, daß wir mit Hilfe der Landwirte doch innerhalb der drei Jahre die deutsche Landwirtschaft auf diesen Boden wieder gebracht haben.

Was die Verbraucher angeht, sie brauchen nur in französische Zeitungen einen Blick zu werfen oder in schweizerische Zeitungen, dann werden sie sehen, daß die Folge der Dürre sich da in gleichem Maße ausgewirkt hat wie bei uns, daß dort dieselben Klagen sind, die Klagen der Bauern, die Preissteigerungen für die landwirtschaftlichen Erzeugnisse, die Klagen der Verbraucher. Aber ich denke, unser Herrgott schickt uns nicht immer solche Dürre, und wenn wir auch einmal ins Gleise kommen, nur dürfen wir, und das ist ein Grundfehler der heutigen Zeit, nicht immer erwarten, daß alles von heute auf morgen in Ordnung gebracht wird. Wir müssen uns wirklich einmal an den Gedanken gewöhnen, den unsere Altvorderen gehabt haben, daß alles seine Zeit fordere, daß auch der Wiederaufbau seine Zeit fordere, und daß nicht alles im ersten Anhieb perfekt gemacht werden kann. Wenn man sich das vor Augen hält, glaube ich: Wir sind auf allen Gebieten in den drei Jahren ein großes Stück weitergekommen. Wie ich nochmals betonen möchte: Unter Führung unserer Partei sind wir ein erhebliches Stück weitergekommen auf innenpolitischem Gebiet, auf sozialpolitischem Gebiet, auf landwirtschaftlichem Gebiet und auf außenpolitischem Gebiet, so daß wir in die demnächst beginnende Wahlkampagne hineingehen können mit Ergebnissen, die wir aufzuweisen haben, nicht nur mit Redensarten und Propaganda. Aber obwohl wir diese Ergebnisse haben, meine Freunde, und damit möchte ich schließen, wollen wir auch im Wahlkampf nicht vergessen, daß das Weltanschauliche letzten Endes doch das Entscheidende ist und das Entscheidende bleiben muß, und daß vor allem wir hier in Deutschland mit größerer Behutsamtkeit und mit größerer Intensität dafür sorgen müssen, daß die beiden christlichen Bekenntnisse zusammenarbeiten zum Wiederaufbau unseres Vaterlandes und zum Wiederaufbau Europas.

Quelle: Sitzung des Bundesparteiausschusses der CDU am 6. 9. 1952 in Bonn. Maschinenschriftliches Wortprotokoll (Durchdruck).

Anmerkungen

1 Im Londoner Schuldenabkommen vom 27. 2. 1953 verpflichtete sich die Bundesrepublik zur Übernahme der deutschen Vorkriegs- und Nachkriegsschulden.

2 Das Wiedergutmachungsabkommen mit Israel wurde am 10. 9. 1952 in Luxemburg formell abgeschlossen. Es verpflichtete die Bundesrepublik Deutschland zu Lieferungen im Werte von 3 Milliarden DM.

3 Vgl. Konrad Adenauer: Erinnerungen II, S. 155-159.

4 Franz Etzel MdB war 1952-1957 Vizepräsident der Hohen Behörde der Montan-Union.

5 General Matthew B. Ridgway war seit Mai 1952 Nachfolger General Eisenhowers als NATO-Oberkommandierender.

6 Artur Stegner MdB, FDP-Landesvorsitzender Niedersachsen.

7 Reinhold Maier, Ministerpräsident von Baden-Württemberg.

8 Friedrich Middelhauve, Landesvorsitzender der FDP in Nordrhein-Westfalen.

9 August Martin Euler, Vorsitzender des Landesverbandes Hessen der FDP.

10 Gemeint ist Niedersachsen.

11 Dr. Werner Hofmeister, MdL Niedersachsen.

12 Linus Kather gehörte damals der CDU/CSU-Fraktion an.

13 Johannes Kunze MdB.

14 Note vom 23. 8. 1952 (Text in: Europa-Archiv 1952, S. 5180-5182).

18. Oktober 1952

Rede beim Parteitag der CDU in Berlin

Adenauers Wiedervereinigungskalkül.
[...][1]

Deutschlands Lage – ich bitte namentlich diejenigen Mitglieder der Opposition, die am Rundfunk jetzt zuhören oder die später davon lesen, was ausgeführt worden ist, um Aufmerksamkeit. Deutschlands geographische Lage ist denkbar ungünstig. Es liegt mitten in Europa mit ungeschützten Grenzen. Es hat keine Möglichkeit, sich gegen irgendeinen Angriff zu verteidigen, da es vollständig entwaffnet ist. Und es hat weder die industriellen Anlagen noch die notwendige wirtschaftliche Kraft, auch selbst wenn es ihm von den Siegermächten gestattet würde, eine nationale Wehrmacht zu errichten, die ihm eine Verteidigung gegen einen Angreifer ermöglichen würde. Im Osten der Bundesrepublik liegt Sowjet-Rußland mit seinen Satellitenstaaten. Im Westen, auf deutschem Boden und westlich der Bundesrepublik, stehen die Westmächte. Zwischen beiden Mächtegruppen bestehen große Spannungen. In dieser Lage der Welt ist die Existenz Deutschlands z. Zt. völlig ungesichert.

Schon als Deutschland eine der ersten Großmächte der Welt war, zu Zeiten Bismarcks, hat dieser sich bemüht, Freunde für Deutschland zu finden, da nach seiner Meinung schon damals Deutschland eben wegen seiner geographischen Lage dauernde Sicherheit nur im Zusammengehen mit anderen Mächten finden konnte. Heute ist die Lage Deutschlands unendlich viel schlechter als sie damals war, weil es ja doch völlig hilflos mitten in einem Spannungsfeld liegt.

Deutschland ist um seiner Existenz willen absolut darauf angewiesen, aus seiner Isolierung und Wehrlosigkeit herauszukommen. Daß Deutschland nach unserer Lebensauffassung keinen Anschluß an den Osten suchen kann und darf, ist völlig klar. Wir Deutsche gehören aus weltanschaulichen und kulturellen Gründen, und aus unserer ganzen Lebensauffassung heraus zum Westen, und nur durch den Anschluß an den Westen kann unsere Isolierung und Wehrlosigkeit ein Ende finden.

Nun wird von der sozialdemokratischen Opposition behauptet, das Zustandekommen des Vertragswerkes verhindere die Wiedervereinigung Deutschlands. Meine Freunde! Die Opposition hat niemals und nirgendwo auch nur den Versuch gemacht, diese Behauptung zu beweisen. Sie wiederholt mit dieser Behauptung eine Behauptung, die von Seiten der Machthaber der Sowjetzone in Schriften, die sie in Hunderttausenden von Exemplaren bei uns verbreiten, ebenfalls aufgestellt wird. Ich möchte wirklich einmal gern wissen, wie sich die sozialdemokratische Opposition die Wiedervereinigung Deutschlands in Frieden und Freiheit denkt, wenn Deutschland wie bisher hilflos und wehrlos zwischen den Mächtegruppen liegenbleibt.

Die Wiedervereinigung Deutschlands in Frieden und Freiheit hängt ab – das ist richtig, und wir denken immer daran – von den vier Mächten, von Sowjet-Rußland, den Vereinigten Staaten, Großbritannien und Frankreich. Bitte, denken Sie einen Augenblick daran zurück, daß diese vier Mächte sich zuerst in Potsdam darüber einig waren, daß Deutschland seine Freiheit nicht wieder erhalten sollte, daß ihm ein Diktatfrieden auferlegt werden sollte, und daß es unter dauernder Kontrolle gehalten werden sollte. Durch den Deutschland-Vertrag, meine Freunde, haben sich von den vier Mächten drei verpflichtet, mit uns zusammen für die Wiedervereinigung Deutschlands in Frieden und Freiheit einzutreten.

Ich frage: ist das nicht ein Erfolg, und ist das nicht etwas Bedeutendes, daß es uns gelungen ist, die drei Westmächte so auf unsere Seite, d. h. auf die Seite der Wiedervereinigung Deutschlands zu bekommen? Die vierte Macht, die Sowjet-Union, muß noch gewonnen werden.

Die Bäume wachsen für kein Land in den Himmel, auch nicht für die Sowjet-Union. Es ist, ich glaube, das darf man doch ruhig aussprechen, ganz klar, daß die Sowjet-Union z. Zt. nicht für diese Wiedervereinigung in Freiheit ist. Es ging das für jeden unbefangenen Beurteiler schon unzweideutig aus den sowjetrussischen Noten hervor, weil die ja nur den Zweck hatten, das Zustandekommen des Vertragswerkes und damit die Integration Europas zu verhindern. Die Vorgänge der letzten Wochen, insbesondere die demonstrative Hervorhebung der Sowjet-Zone gegenüber den anderen Satellitenstaaten, wie sie sich u. a. im Besuch Schwerniks[2] in Berlin zeigt, sind eine eklatante Rechtfertigung der Ansicht, daß Sowjet-Rußland z. Zt. nicht gesonnen ist, eine Wiedervereinigung Deutschlands in Frieden und Freiheit zuzulassen.

Lassen Sie mich in diesem Zusammenhang einige Ausführungen machen über die letzte sowjetrussische Note und die Antwortnote der drei Westmächte[3]. Bei diesen Noten hat es sich nicht um eine Frage der Etikette oder um eine Prestigefrage gehandelt, wie manche glauben oder zu glauben vorgeben. Es handelte sich auch in keiner Weise um einen Streit über die formale Frage der Rangierung der Punkte der Tagesordnung. Bei der Tagesordnung eines Parlaments ist es vielfach gleichgültig, in welcher Reihenfolge die einzelnen Gegenstände auf die Tagesordnung kommen. Bei dem Vorschlag Sowjet-Rußlands in seiner letzten Note war es anders. Hier handelte es sich um einen Vorschlag der Tagesordnung, der in seiner Konsequenz von entscheidender Bedeutung war. Sowjet-Rußland wollte zuerst, entsprechend dem Potsdamer Abkommen, eine Einigung der vier Mächte auf einen Friedensvertrag mit Deutschland ohne Hinzuziehung Deutschlands. Dann sollte die Bildung einer gesamtdeutschen Regierung, gebildet von der Bundesrepublik und der Sowjetzonenregierung, ohne vorherige freie Wahlen, kommen. Hierauf sollte der von den vier Mächten bereits beschlossene Friedensvertrag durch eine solchergestalt gebildete Regierung angenommen werden, und dann sollten freie Wahlen, oder was man darunter versteht, kommen. D. h. mit anderen Worten, Sowjet-Rußland wollte einen Diktatfrieden, und zwar einen Diktatfrieden gestützt auf die Grundsätze des Potsdamer Abkommens. Die drei Westmächte aber wollten einen Verhandlungsfrieden, nicht gestützt auf die Grundsätze des Potsdamer Abkommens, einen Verhandlungsfrieden, über den mit einer aus freien Wahlen hervorgegangenen gesamtdeutschen Regierung frei verhandelt werden sollte. Daher ihr berechtigtes und im Interesse Deutschlands liegendes Verlangen, daß zunächst die Frage der freien Wahlen verhandelt und entschieden werden soll.

Übrigens, in der letzten Antwortnote der drei Westmächte haben sich diese bereiterklärt, noch in diesem Oktober zu einer Viererkonferenz über diesen Punkt zusammenzutreten. Ich verstehe deshalb nicht recht, warum immer wieder von verschiedenen Seiten der Ruf erhoben wird: wir, die Bundesregierung – ich spreche in verschiedenen Eigenschaften, meine Damen und Herren, also jetzt als Bundeskanzler – also wir, die Bundesregierung, sollten die Westalliierten drängen, eine Viererkonferenz abzuhalten. Die Viererkonferenz ist ja doch Sowjet-Rußland von den Westmächten mit unserer Zustimmung angeboten, und zwar noch für den Oktober. Ein Zusammentreten aber zu einer Viererkonferenz ohne Tagesordnung, ohne vorherige Klärung der in der Tagesordnung verborgen steckenden grundsätzlichen Fragen, ist nach meiner Meinung sinnlos und zwecklos.

Sie würde lediglich für Sowjetrußland ein billiges, aber gutes Propagandamittel sein, um Unruhe und Verwirrung in der Welt zu schaffen. Und nun, damit beantworte ich die ganz kleine Heiterkeit, die ausbrach, möchte ich zu der Frage kommen, wann halten Sie den Tag für gekommen, an dem die Sowjetunion zu echten, vernünftigen Verhandlungen bereit sein wird? Meine Freunde, ich war immer der Überzeugung, daß die Sowjetunion dann zu solchen echten und vernünftigen Verhandlungen bereit sein wird, wenn sie einsieht, daß sie im Wege des Kalten Krieges in Europa keine weiteren Erfolge mehr davontragen wird. Und solange sie nicht davon überzeugt ist, wird sie zu solchen Verhandlungen nicht bereit sein.

Ich war und bin auch immer der Auffassung gewesen, daß die Sowjetunion zum heißen Krieg nicht schreiten wird, wegen der damit schon jetzt für sie verbundenen großen Gefahr. Ich glaube, daß die Ausführungen Stalins im *Bolschewik*[4] und die Verhandlungen auf dem sowjetrussischen Parteitag die Richtigkeit dieser Anschauung bestätigen. Es wird jetzt von sowjetrussischer Seite erklärt, die kapitalistischen Staaten würden untereinander zum Kriege kommen, und damit sucht man die zweifellos auch in der Bevölkerung Sowjetrußlands vorhandene Unruhe und die Zweifel zu beschwichtigen. Und von dieser These ausgehend, versucht Sowjetrußland jetzt, auf jede mögliche Weise den vorhandenen Zusammenhalt der Westmächte zu lockern und das Zustandekommen der Europäischen Verteidigungsgemeinschaft und deren Verbindung mit Großbritannien und den Vereinigten Staaten zu verhindern. Wir in der Bundesrepublik – ich sagte das eben schon – werden in einer geradezu unerhörten Weise mit sowjetrussischen Propagandaschriften überschwemmt. Ich als Parteivorsitzender der CDU beneide manchmal die Leute, die das machen, um die ungeheuren Geldmittel, die ihnen offenbar zur Verfügung stehen. Und zwar geht Sowjetrußland in dieser Taktik ganz systematisch vor. Es verlangt die Abberufung des amerikanischen Botschafters aus Moskau. Dagegen schickt man nach London Gromyko[5], und ich glaube, man hat auf dem ganzen russischen Parteikongreß kein tadelndes Wort gegenüber Großbritannien und auch gegenüber

Frankreich gefunden. Man behandelt den französischen Botschafter in Moskau mit der ausgesuchtesten Höflichkeit. Das Spiel Moskaus ist völlig klar. Die Vereinigten Staaten sollen von England und Frankreich getrennt, die europäische Integration soll gehindert werden. Churchill hat in seiner treffenden Art dieses Spiel Moskaus gekennzeichnet, als er erklärte: ‚England wird nicht in diese Falle gehen'.

Ich weiß, daß die französische Regierung ebenso denkt. Ich betone, ich weiß das. Jetzt ist es an uns und vornehmlich an Deutschland, die europäische Integration weiterzutreiben. Dann wird auch diese neueste sowjetrussische Hoffnung auf einen Zerfall der westlichen Front, der ja weitere Erfolge im Kalten Krieg ermöglichen würde, sich als eine falsche und trügerische Hoffnung erweisen. Und dann, meine Damen und Herren, dann ist der Tag für aussichtsreiche Verhandlungen mit Sowjetrußland in Sicht. Denn, meine Damen und Herren, ich sagte es eben schon, auch in Sowjetrußland wachsen die Bäume nicht in den Himmel. Sowjetrußland hat drückende innere Sorgen. Ich denke dabei an die Sorgen, die Sowjetrußland wegen des niedrigen Lebensstandards seiner Bevölkerung hat.

Sowjetrußland hat, da weite Gebiete dieses ungeheuren Landes Steppe und Urwald sind, nicht genügend Ackerland, um seine Bewohner zu ernähren. Es muß in großem Umfang neues Ackerland schaffen. Sie haben neulich von dem Wolga-Don-Kanal gelesen. Dieser Wolga-Don-Kanal soll das Rückgrat einer weitverzweigten Bewässerungsanlage werden, die im Laufe der nächsten 10-15 Jahre ein Gebiet von mindestens 3 Millionen Hektar am Unterlauf des Dons und der Wolga in fruchtbares Getreideland umwandeln soll. Es schweben noch größere derartige Projekte in Sowjetrußland. Weil eben dort eine schleichende Hungersnot besteht, gibt es diese Projekte, die sich überhaupt nicht oder jedenfalls nicht in dem erforderlichen Tempo durchführen lassen, wenn Sowjetrußland wie bisher seine Produktionskapazität für Aufrüstungszwecke verwendet. Es ist bekannt, daß die Wirtschaft der Sowjetunion seit Jahren eine völlige Kriegswirtschaft ist, daß daher die Konsumgüterproduktion immer weiter zurückgeht, und daß infolgedessen der Lebenstandard der breiten Massen in Sowjetrußland ständig sinkt. Auch für einen diktatorisch regierten Staat ist das kein erfreulicher, ja auf die Dauer auch für ihn ein gefährlicher Zustand.

Wenn der Sowjetunion durch die Erkenntnis, daß sie im Wege des kalten Krieges – und zum kalten Krieg gehört auch die Aufrechterhaltung einer großen und starken Wehrmacht, auch wenn man sie nicht einsetzt – wenn die Sowjetunion einsieht, daß sie nichts mehr erreicht, dann wird ihr auch die Einsicht dafür kommen, daß diese stärkste Bevorzugung der Kriegswirtschaft in der Produktion vor der Produktion der Konsumgüter nicht mehr lohnend ist. Dann wird sie aus eigenem Interesse zu einer Umstellung ihrer Politik bereit sein.

Wir, das ist die westliche Welt, einschließlich der Bundesrepublik, müssen unsere Politik darauf richten, dies Ziel zu erreichen, Sowjetrußland zu dieser Einsicht zu bringen. Dann kommen vernünftige und aussichtsvolle Verhandlungen, und dann wird auch die Wiedervereinigung Deutschlands in Frieden und in Freiheit kommen. Ich sehe, trotz aller Mühe, die ich mir damit gebe, keinen anderen Weg als den von mir gekennzeichneten.

Die Herren Ollenhauer und der Regierende Bürgermeister Reuter – ich führe hier diesen Titel an, damit er nicht verwechselt wird mit einem anwesenden anderen Herrn Reuter – haben zwar auf dem SPD-Parteitag in Dortmund meine Außenpolitik sehr scharf kritisiert. Herr Reuter hat erklärt, meine Ansichten seien unrichtig und illusionistisch, aber er hat sich dabei einer, na, vorsichtig ausgedrückt, sehr starken Entstellung meiner These schuldig gemacht. Er hat behauptet, meine These sei, daß die Sowjetunion nach der Aufrüstung des Westens unter dem Eindruck seiner Stärke die Ostzone preisgeben werde. Ich erkläre Ihnen sehr nachdrücklich, daß ich das niemals gesagt, auch überhaupt nicht einmal gedacht habe. Ich wiederhole, was ich Ihnen vorher gesagt habe, und was ich immer gesagt habe: die Sowjetunion wird dann zu vernünftigen Verhandlungen bereit sein, wenn sie einsieht, daß weder im heißen noch im kalten Krieg Erfolge für sie weiter zu erreichen sind. Es sind aber dann keine Erfolge mehr für die Sowjetunion zu erreichen, wenn der Westen stark und geschlossen ist. Meine Freunde, ein totalitärer Staat – wir wissen es doch aus unserer Geschichte – hält es nicht für der Mühe wert, mit irgendeinem kümmerlichen Land überhaupt zu sprechen, aber er spricht auch vernünftig mit einem starken Land, und deswegen muß der Westen stark sein.

Nicht, um mit seiner Stärke der Sowjetunion zu imponieren, das soll er nicht, er hat keinen Zwang auszuüben, sondern um die Sowjetunion an den Verhandlungstisch zu bekommen. Die Herren Ollenhauer und Reuter haben zwar auf diesem Parteitag meine Außenpolitik ungewöhnlich scharf kritisiert. Aber, meine Herren, ich glaube nicht – aber vor allem möchte ich dabei eins sagen: sie haben gesagt, oder Herr Ollenhauer hat das gesagt, „wenn wir an die Macht kommen" – das wollen wir übrigens verhüten, meine Damen und Herren – Herr Ollenhauer hat auf diesem Parteitag gesagt, „wenn wir an die Macht kommen, werden wir eine andere Methode anwenden und einen anderen Weg einschlagen". Nun, ich habe natürlich dasselbe gefragt, was Sie auch fragen: ‚welchen?', und dann habe ich sehr sorgfältig weitergelesen, ungewöhnlich sorgfältig, weil ich dachte, jetzt würde doch einmal der Schleier des Geheimnisses gelüftet werden. Und ich war bereit, meine Damen und Herren, das muß man immer sein, auch von politischen Gegnern zu lernen, denn jeder von uns hat das Recht, klüger zu werden. Das gilt auch, meine Damen und Herren, für Parteien, und das gilt auch für die Sozialdemokratische Partei.

Aber, meine Damen und Herren, der Schleier ist nicht gelüftet worden, der über dem Geheimnis schwebt, und nun meine ich, wir sind doch wirklich in Deutschland in einer scheußlichen Situation. Da wäre es doch eigentlich nicht mehr wie recht und billig, wenn nun mir einmal gesagt würde, welchen Weg und welche Methode man da nun anwenden will. Aber meine Freunde, und jetzt spreche ich sehr ernst, ich glaube nicht, daß die Sozialdemokratische Partei Deutschlands mit ihrer absoluten Negation dazu beiträgt, der Sowjetunion eine Einstellung zur politischen Lage zu vermitteln, die diese zu vernünftigen Verhandlungen bereitmacht. Die Haltung der Opposition bestärkt im

Gegenteil die Sowjetunion in ihrer Meinung, daß der Zusammenschluß des Westens nicht absolut fest und sicher sei, bestärkt sie in ihrer Hoffnung, daß mit der Zeit die westliche Front doch bröckelig werden könnte, und daß daher sich doch noch auf die Dauer die Fortsetzung des Kalten Krieges für die Sowjetunion lohnen werde. Und meine Freunde, ungewollt, ich unterstreiche das „Ungewollt", schiebt deswegen die Opposition mit dieser negativen Kritik den Zeitpunkt der Wiedervereinigung Deutschlands in Frieden und Freiheit hinaus. Wir bemühen uns mit aller Kraft, diesen Zeitpunkt so schnell wie möglich schneller heranzubringen, den Weg dahin schnellstens zurückzugehen [zurückzulegen?], und dann wirft man uns vor, wirft man insbesondere mir vor, daß ich der Frage der Wiedervereinigung Deutschlands nicht die Aufmerksamkeit schenke die ihr geschenkt werden müßte.

Meine Damen und Herren, umgekehrt ist die Sache richtig. Wenn man das Interesse der Partei über das Interesse des ganzen deutschen Volkes stellt, wenn man aus Propagandabedürfnis, aus Agitationsbedürfnis nicht mitarbeitet und nicht mithilft, dann, meine Damen und Herren, dann schiebt man den Tag der Wiedervereinigung ins Ungemessene hinaus. Aber meine Freunde, es hat mal eine Zeit gegeben, in der diese Haltung einer so großen Partei wie der Sozialdemokratischen Partei zu dieser entscheidenden außenpolitischen Frage im Ausland eine gewisse Besorgnis hervorgerufen hat. Und es würde, meine Freunde, völlig unrichtig sein, anzunehmen, daß diese Stellen der Opposition etwa mir bei den Verhandlungen mit den Westalliierten geholfen haben. Genau das Gegenteil ist der Fall, meine Freunde. Es sind manche Bestimmungen in diesen Vertrag hineingekommen aus Besorgnis wegen der Haltung der Sozialdemokratischen Partei.

Ich möchte auch noch Stellung nehmen zu den Erklärungen, die auf dem Parteitag in Dortmund zu der Europäischen Integration gemacht worden sind. Ich halte mich dazu auch verpflichtet wegen der Wirkung solcher Ausführungen im Ausland. Es ist erklärt worden, daß die SPD Kleineuropa ablehne. Man hätte die Zusammenarbeit aller demokratischen Regierungen Europas, einschließlich Englands, Schwedens, Dänemarks und Norwegens herbeiführen müssen. Auch hier habe ich den bescheidenen, aber verständlichen Wunsch, daß die Opposition einmal sagen würde, wie man denn diese genannten Länder zu einer europäischen Föderation schon jetzt hätte bringen können. Großbritannien hat, meine Freunde, und das haben mir Minister der Labour-Regierung gesagt und Minister der konservativen Regierung: Großbritannien hat erklärt, daß es im Hinblick auf sein Commonwealth an einer europäischen Integration, obgleich es ihr sehr wohlwollend gegenüberstehe, nicht teilnehmen können. Und ich sage Ihnen, ich habe diesen Standpunkt Großbritanniens verstanden, wenn ich auch denke, daß im Laufe der Zeit noch manches sich ändern wird. Aber nun möchte ich doch einmal hören, wie die sozialdemokratische Opposition es fertigzubringen gedenkt, die Labour-Partei und die Konservative Partei von diesem Standpunkt abzubringen. Und was die nordischen Länder angeht, ist es doch wohl klar, warum diese zur Zeit nicht glauben, in der Lage sein zu können, an der europäischen Integration teilzunehmen. Ich glaube, darüber brauche ich gar kein Wort zu verlieren. Aber alles in allem genommen, meine

Freunde, ich für meine Person finde es richtiger, zunächst einmal mit 6 europäischen Staaten anzufangen, als überhaupt nichts zu tun, theoretische Reden zu halten und dabei Europa einfach verkommen zu lassen.
Hier und da, meine Freunde, hat man doch die Katze aus dem Sack gelassen. Ich glaube, wenn nicht zufällig in Italien Herr de Gasperi an der Spitze wäre, und wenn nicht zufällig Herr Schuman in Frankreich den Quai d'Orsay leitete, und wenn nicht zufällig in der Bundesrepublik dieser dreimal verfluchte Bundeskanzler wäre, dann würde die Sozialdemokratische Partei nicht mehr über Kleineuropa sprechen, sondern sie würde triumphal sagen, seht, wir sind doch die internationalen Leute. Was sie jetzt in keiner Weise sind, meine Damen und Herren. Und diese 6 Staaten, die umfassen 160 Millionen Menschen, und sie haben eine außerordentlich große wirtschaftliche Kapazität, und es ist doch wohl schon der Mühe wert, diese 160 Millionen Europäer zusammenzufassen, auch wenn man von „Kleineuropa" auf einem sozialdemokratischen Parteitag spricht.
Die zweite und dritte Lesung des Vertragswerks im Bundestag stehen vor der Tür. Seit der Lesung im Juli, seit der ersten Lesung – ich habe mir erlaubt, eben schon darauf hinzuweisen und möchte es jetzt aus ganz bestimmten Gründen nochmals tun – seit Juli ist klar geworden, daß Sowjetrußland eine Wiedervereinigung Deutschlands in Frieden und Freiheit zur Zeit nicht will. Es ist ferner, durch die Ausführungen Stalins und die Reden auf dem sowjetrussischen Parteikongreß, klar geworden, daß neuerdings Sowjetrußland seine ganze Hoffnung auf eine Spaltung und auf ein Auseinanderfallen des Westens setzt. Ich, meine Freunde, würde es außerordentlich begrüßen, wenn diese beiden neuen Momente seit der ersten Lesung der Sozialdemokratischen Partei und der sozialdemokratischen Bundestagsfraktion Anlaß gäben, ihre bisherige Haltung gegenüber dem Vertragswerk einer Nachprüfung zu unterziehen. Es wird im Bundestag eine Entscheidung von denkbar größter Bedeutung für das deutsche Volk und für Europa fallen. Ich würde es aufs tiefste bedauern, wenn eine Partei wie die Sozialdemokratie, die infolge ihrer Größe, auch wenn sie in der Opposition ist, Mitverantwortung für das Schicksal des deutschen Volkes trägt, bei der bisherigen verneinenden Haltung bleiben würde, obwohl ihr die Entwicklung der russischen Politik seit der ersten Lesung allen Anlaß geben muß, ihre bisherige Haltung einer Nachprüfung zu unterziehen.
Bei der Beurteilung des Vertragswerkes achtet man, soweit der Vertrag über die Europäische Verteidigungsgemeinschaft – und das ist bei weitem der wichtigste – infrage kommt, zu ausschließlich auf seine Bedeutung für die Abwehr der augenblicklich von Osten her drohenden Gefahr. Man übersieht zu leicht, daß dieser Vertrag nicht nur dazu bestimmt ist, in der gegenwärtigen gefahrvollen Lage einen Angriff Sowjetrußlands zu verhindern, daß er vielmehr auch den weiteren, noch größeren Zweck hat, auf die Dauer einen Krieg in Europa unmöglich zu machen. Insbesondere einen Krieg zwischen Deutschland und Frankreich. Die Europäische Verteidigungsgemeinschaft wird, wenn sie geschlossen ist, große Konsequenzen haben für die Wirtschaft und die Politik eines jeden der daran beteiligten Länder. Schon in wenigen Jahren wird sie eine solche Übereinstimmung im Denken und in der Politik der beteiligten Länder hervorrufen, daß kriegeri-

sche Auseinandersetzungen zwischen ihnen dann überhaupt nicht mehr denkbar sind. Und sehen Sie, meine Damen und Herren, wenn nur dieses Ziel erreicht würde, d. h. die Verhinderung von Kriegen zwischen Deutschland und Frankreich, so wäre das schon allein für sich betrachtet ein Erfolg, für den sich jeder Deutsche, der wahrhaft den Frieden und den Wohlstand seines Volkes will, mit ganzer Kraft einsetzen muß. Demgegenüber, ich muß das aussprechen, ist das Gerede von Kleineuropa ein leeres und hohles Gerede und nichts weiter. Wir sind mit unserer Politik auf dem einzig möglichen Wege und auf dem erfolgversprechenden Wege: Die Wiedervereinigung Deutschlands in Frieden und Freiheit herbeizuführen, Europa, seine Kultur und seine christlichen Grundlagen für die europäischen Völker und für die Welt, die dieses Europa braucht, zu erhalten. Wir werden diesen Weg klar und folgerichtig weitergehen. Wir werden Berlin von seiner Umklammerung befreien. Wir werden ihm und allen Deutschen hinter dem Eisernen Vorhang Freiheit und Frieden bringen, auf daß in ganz Deutschland dann wieder herrsche Einigkeit und Recht und Freiheit.

Quelle: ARh, maschinenschriftlich (hektogr.), nach einer stenographischen Nachschrift.

Anmerkungen

1 In dem nicht abgedruckten Teil der Ansprache befaßt sich Adenauer mit innenpolitischen Fragen und dem Stand der Westverträge.

2 Schwernik, Nikolai Mikailowitsch, stand 1952 an der Spitze der sowjetischen Gewerkschaften und war von 1946-1952 Vorsitzender des Präsidiums des Obersten Sowjet (Funktion des Staatspräsidenten). In der letztgenannten Eigenschaft besuchte Schwernik am 7. 10. 1952 Berlin-Ost.

3 Gemeint ist die Note der Sowjetunion vom 23. August und die Antwort der Westmächte vom 23. September 1952 (zum gesamten Notenwechsel und Adenauers Befürchtungen vgl. Erinnerungen II, S. 63-131). Texte der Noten finden sich im Europa-Archiv 1952, S. 5180ff und 5207f.

4 Der Titel des 1952 erschienenen Aufsatzes lautet: „Ökonomische Probleme des Sozialismus in der UdSSR“.

5 Andrej Gromyko, 1948-1952 Erster Stellvertretender Außenminister, wurde 1952 (bis 1953) als Botschafter nach Großbritannien entsandt.

25. Dezember 1952

Weihnachtsansprache

Es war stille und dunkel im Stalle zu Bethlehem, als die Jungfrau gebar und das Kind in Windeln wickelte und in eine Krippe legte. Die Hirten waren noch auf den Feldern bei ihren Herden, und die Heiligen Drei Könige waren noch in weiter Ferne. Da brach der Glanz der himmlischen Heerschar und ihre Stimmen in das nächtliche Dunkel und die nächtliche Stille. Sie vertrieben das Dunkel mit ihrem himmlischen Lichte und die

Stille mit ihrem himmlischen Chor: Ehre sei Gott in der Höhe und Friede *den* Menschen auf Erden, die guten Willens sind! – Ehre sei Gott in der Höhe und Friede den Menschen auf Erden – gehört das denn zusammen? Sind die Ehre Gottes und der Friede der Menschen denn so miteinander verbunden? Vereint die Geburt des Erlösers beides so eng miteinander? Soll sie uns beides versinnbildlichen? Ist denn der Friede ein so großartiges, ein so hohes Gut, daß er in dieser Christnacht durch die Geburt des Erlösers den Menschen, die guten Willens sind, geschenkt werden sollte? Es ist wohl so! Der Friede ist das höchste Gut, das Gott den Menschen geben konnte durch die Menschwerdung seines Sohnes. Frieden! Ach, wie wenig haben wir Menschen erkannt, welch ein kostbares Gut der Friede ist. Wie wenig haben wir begriffen, daß Frieden die Grundlage allen Glückes ist, daß Frieden und Ehre Gottes eng verbunden sind. Aber, was ist denn Frieden, und wie wird er uns zuteil? Liebt der den Frieden, der passiv alles hinnimmt, der sich rein passiv verhält gegenüber jeder Unterminierung, des Sichlähmens durch Furcht, *durch Verlust der Freiheit,* Vernichtung der Familie, Vernichtung religiösen Lebens? Liebt das Volk den Frieden, das sich durch ein anderes unterwerfen läßt? Ist Frieden nichts anderes als der Gegensatz von Krieg? Wäre dem so, dann würde Sklaverei und Kirchhofsruhe auch Frieden sein. Aber dagegen bäumt sich das Beste in unserem Innern auf. Unser inneres Gefühl sagt uns: *Friede ohne Freiheit ist kein Friede!* Einen solchen Kirchhofsfrieden, einen solchen Frieden der Sklaverei können die himmlischen Heerscharen nicht gemeint haben, als sie in der Heiligen Nacht den Hirten auf dem Felde die Geburt des Heilandes verkündeten. Frieden und Freiheit, Freiheit des einzelnen von Furcht und Zwang, Freiheit der Völker und der ganzen Menschheit von Ausbeutung, von Sklaverei, von Gewalt und Tod –, Frieden und Freiheit, das sind die Grundlagen jeder menschenwürdigen Existenz. Frieden in unserem Innern, Frieden in der Familie, Frieden mit dem Nächsten ist die Grundlage des Glücks für jeden Menschen. Frieden und Freiheit sind die Fundamente wahren Fortschritts. Ohne Frieden und Freiheit gibt es keinen Aufstieg der Völker, kein Glück, keine Ruhe für die Menschheit. Frieden für den einzelnen Menschen ist nicht möglich, ohne daß Frieden auch der Gemeinschaft zuteil wird, in die der einzelne eingebettet ist, deren Glied er ist, deren Geschick untrennbar und unzerreißbar mit seinem Geschick und seinem Leben verbunden ist. Frieden für den Einzelnen ist nicht möglich ohne Frieden für sein Volk.

Hat uns die Geschichte der letzten Jahrzehnte nicht gezeigt, welch kostbares Gut der Friede ist? Sind wir nicht furchtbar gestraft worden von Gott für den Bruch des Friedens, den wir begangen haben? Haben wir nicht fast alles dadurch verloren, was wir besaßen, Hab und Gut, Haus und Hof, Familie und Freiheit, Achtung und Ansehen? Haben wir nicht erfahren, daß alle Glieder eines Volkes untrennbar miteinander verbunden sind? Haben wir nicht erkannt, daß niemand sein Geschick von dem Geschick seines Volkes, seinen Frieden, seine Freiheit, sein Glück von dem Frieden und der Freiheit seines Volkes trennen kann und trennen darf?

Noch etwas haben wir erlebt und gesehen in diesen Jahren: das Böse. Das Böse ist eine gewaltige Macht. Es will nicht die Ehre Gottes, nicht Frieden und Freiheit der

Menschen. Es will Gottes Ehre beschmutzen, den Menschen Frieden und Freiheit rauben. Darum müssen wir dem Bösen widerstehen. Wir müssen mit ihm ringen, um Gottes und um unserer selbst willen. Gott streckt uns seine hilfreiche Hand entgegen bei diesem Ringen mit dem Bösen, dem Bösen, das stark ist auch in unserem eigenen Innern. Ringen aber bedeutet Mühe und Opferbereitschaft.

In unseren Tagen ist Frieden und Freiheit bedroht, zu tiefst gefährdet. Es ist so bedroht wie in jenen barbarischen Zeiten, die wir längst überwunden glaubten, da nur die Macht galt, die Zeiten, in denen Stämme und Völker die schwächeren mit Raub und Plünderung, mit Folter und Tod unterjochten. Jene barbarischen, jene grausamen Zeiten sind von neuem vom Osten her über Europa und uns hereingebrochen. Fragt die Polen und Ungarn, die Tschechoslowaken und alle Ostvölker, fragt die Deutschen in Mittel- und Ostdeutschland, ob dem nicht so ist! Wir dienen der Sache des Friedens, wenn wir uns alle, die guten Willens sind, zusammenschließen zum gemeinsamen Schutz. Wie kleinlich, wie unwürdig, wie bar jeder inneren Größe erscheint gegenüber einer solchen furchtbaren Gefahr, erscheint bei einem solchen Ringen um Frieden und Freiheit Feigheit, parteipolitisches Gehabe! Wie unwürdig ist es, wenn zur Unterstützung eines solchen Handelns, das bar jeder Größe ist, noch das Recht mißbraucht wird, dessen erhabene und große Aufgabe es ist, Frieden und Freiheit zu schützen und zu wahren! Der Ruf der Engel lautet nicht „Friede den Menschen", er lautete: „Friede *den* Menschen, die guten Willens sind!" Den Willen der Menschen, ihren guten Willen, haben in jener Heiligen Nacht die Engel angerufen. Damit haben sie gesagt, daß es auf uns ankommt, wenn die Erlösung uns Frieden bringen soll, auf unser Wollen, auf unseren Willen zum Guten. Wir müssen mitwirken, entschlossen mitwirken, daß uns die Frucht der Menschwerdung und Erlösung zuteil werde, die Frucht der Erlösung, Frieden in unserem Innern, Frieden nach außen. Der Ruf der Engel sagt, daß die Frucht der Erlösung für uns bereit ist, aber daß wir sie wollen müssen. Haben wir Willen, sind wir guten Willens? Wollen schließt in sich Bereitsein zum Handeln. Wer ernsthaft will, muß auch bereit sein, zu handeln und Opfer zu bringen. Jene, die nur reden und kritisieren, aber nicht bereit sind zu handeln, haben keinen Willen. Zagen und zaudern, nur das Negative sehen und nicht das Positive sehen, heißt nicht wollen.

Jetzt sind es zwanzig Jahre her, da das deutsche Volk in die unheilvollste Periode seiner Geschichte eintrat. Weihnachten 1932 fühlte man das Heraufziehen einer unheilvollen Zeit, auch wenn sich damals die dunkle Zukunft noch hinter einem Schleier verbarg. Aber wer tiefer fühlte, spürte schon Weihnachten 1932 das Heraufziehen des Sturmes. Jetzt ist Weihnachten 1952 und wiederum steht die Welt, steht vor allem Deutschland vor einer Entscheidung. Soll es entschlossen und dem Guten vertrauend eintreten in den Bund zum Schutze des Friedens, dessen Tore sich ihm geöffnet haben, oder soll es zögernd und zaudernd, voll ewiger Unzufriedenheit, ohne innere Größe und Kraft in Untätigkeit und Passivität verharren? Das Jahr 1953 wird die Entscheidung bringen. Wählen wir den Weg, der zum Lichte, zum Frieden führt, oder wählen wir den Weg in das Dunkel einer friedlosen Zukunft? Denken wir an die Verheißung der Engel auf den Fluren von Bethlehem: Ehre sei Gott in der Höhe und Friede den Menschen, die guten Willens sind!

Ich weiß, daß ich ernst gesprochen habe, heute am Weihnachtsfeste, aber ich mußte es tun, weil wir doch unserem Volke, unseren Kindern und Kindeskindern ein deutsches, ein christliches Weihnachtsfest erhalten wollen. Ich mußte ernst sprechen um des Friedens willen, des Friedens für ganz Deutschland, für Europa und die Welt. Weihnachten ist das Fest der Liebe, aber auch Liebe kennt Ernst, wenn es not tut. Die Botschaft der himmlischen Heerscharen in Bethlehem ist eine frohe Botschaft, aber sie enthält auch die ernste Mahnung, guten Willens zu sein.

Ehre sei Gott in der Höhe und Friede *den* Menschen auf Erden, die guten Willens sind!

Quelle: Konrad Adenauer: Glauben an den Sieg des Lichtes (Weihnachtsansprachen 1949-1958). Buxheim/Allgäu o.J., S. 43-50).

16. April 1953

Ansprache vor dem American Committee on United Europe in New York

Grundsätzliche Ausführungen über die Motive und die Organisationsform der europäischen Einigungspolitik. Adenauers europapolitische Darlegungen dieser Periode haben einen besonders ausgeprägten föderalistischen Akzent.

Meine Damen und Herren!

Ich bin Ihrem Präsidenten General Donovan[1] ganz besonders dankbar, daß er mir diese Gelegenheit gegeben hat, Sie kennen zu lernen und mit Ihnen einige Ideen auszutauschen. Es ist für uns Europäer sehr ermutigend zu wissen, daß auf der anderen Seite des Ozeans eine Gruppe einflußreicher Staatsbürger sich mit solcher Hingabe für die Idee eines einigen Europas einsetzt. Wir sind uns in Europa sehr wohl der Tatsache bewußt, daß wir das Ziel, das wir uns gesteckt haben, nur erreichen können mit der tätigen Unterstützung unserer amerikanischen Freunde. Sie, die Sie heute hier versammelt sind, sind bereits mit den Problemen, denen wir hierbei gegenüberstehen, aufs beste vertraut. Ich kann deshalb bei Ihnen ein hohes Maß von Kenntnis voraussetzen und darf mich darauf beschränken, einige *Probleme des europäischen Einigungswerkes* hier zu erörtern, die – soweit mir bekannt ist – noch nicht Allgemeingut der amerikanischen Öffentlichkeit geworden sind.

I. Zunächst möchte ich noch einmal die *Motive* klarlegen, die uns bei unseren Bemühungen um die europäische Einigung leiten.

1.) Der akuteste Grund ist natürlich die ständige und stetig größer werdende *Drohung vom Osten.* Ich habe neulich aus besonderem Anlaß einmal im Kreise meiner Kollegen, der Außenminister der sechs Schuman-Plan-Staaten, *Zahlen über die russischen Rüstungen* mitteilen müssen. Diese Zahlen geben ein besorgniserregendes Bild von dem militärischen Kräfteverhältnis, das zwischen dem sowjetischen Machtbereich einschließlich der Satellitenstaaten und des sowjetisch besetzten Teiles Deutschlands einerseits und den freien Nationen Europas andererseits besteht. Auf der einen Seite – alles in allem – mehr als zweihundert vollzählige und modern ausgerüstete Divisionen, beweglich und von einer vergleichsweise sehr erheblichen Feuerkraft, auf der anderen Seite die in Europa stationierten NATO-Streitkräfte, die das militärische Menschenpotential des freien Europa, solange Deutschland nicht beteiligt ist, noch nicht voll ausschöpfen, und außerdem, solange die europäische Verteidigungsgemeinschaft noch nicht steht, auch die Schwächen einer Koalitionsarmee haben. Die Notwendigkeit, *diesen Kräfteunterschied auszugleichen,* liegt auf der Hand. Auf der Hand liegt auch, daß angesichts der *Tiefenwirkung moderner militärischer Operationen* – man denke an Düsenjäger und an die Beweglichkeit von Panzerdivisionen – eine militärische Planung und Führung, die sich auf die kleinen Räume der europäischen Nationalstaaten beschränkt, sinnlos geworden ist. Mit einem beinahe logischen Zwang führte daher die Entwicklung schon im Dezember 1950 zu dem Entschluß des Nordatlantik-Rates, daß ein *deutscher Beitrag* für die *Verteidigung Europas* geleistet werden sollte. Als man dann daran ging, die Form dieses deutschen Beitrages zu suchen, entstand der Gedanke einer *voll integrierten europäischen Armee.* Das heißt: Man machte sich die organisatorischen Lösungen zu Nutze, die man soeben zur Verwirklichung des Schumanplanes entwickelt hatte: Man folgte auch hier dem *Grundgedanken,* daß die Mitgliedstaaten der zu bildenden Verteidigungsgemeinschaft auf dem Gebiete der Verteidigung *auf ihre Souveränität verzichten* und diese der Gemeinschaft übertragen sollten.

Als wir diesen Weg beschritten, waren wir uns darüber klar – besonders der französische Außenminister Robert Schuman hat das ausgesprochen –, daß man die europäischen Lösungen in einer *etwas unnatürlichen Reihenfolge* entwickelte. Hätten wir Zeit gehabt, die einzelnen Elemente der europäischen Einigung Stück für Stück in Ruhe zu entwickeln, so würde sicher das Verteidigungsressort das letzte gewesen sein, das man aus der nationalen Sphäre der einzelnen Staaten in die supranationale Sphäre des vereinigten Europa übertragen hätte. Denn das Recht und die Macht, sich zu verteidigen, sind seit alters die am strengsten gehüteten Stücke der staatlichen Souveränität gewesen. Aber es war eben die von mir skizzierte Drohung aus dem Osten, die uns keine Zeit ließ; deshalb ist auf diesem Gebiet die Einigungsarbeit schneller vorangeschritten als auf politischem.

Aber ich lege großen Wert darauf zu betonen, daß *diese akute Bedrohung nicht das einzige Motiv* für die europäische Verteidigungspolitik ist.

2.) Das erste dieser Motive ist die Notwendigkeit, zur *Balancierung und Stabilisierung* des Verhältnisses zwischen dem Osten und dem Westen beizutragen. Man muß sich nur einmal an das Kräfteverhältnis erinnern, das vor dem ersten Weltkrieg und auch noch in etwa in der Zeit zwischen dem 1. und 2. Weltkrieg bestand. Europäische Großmächte stellten ein so großes wirtschaftliches, militärisches und politisches Potential dar, daß die selbständige Politik dieser Großmächte allein einen wesentlichen Faktor der Stabilisierung der Weltlage bildete. Vor dem ersten Weltkrieg war das wirtschaftliche und militärische Potential Rußlands nicht entfernt so entwickelt, wie es heute ist, und es herrschte in Rußland keine Ideologie und kein politisches System, das wie heute eine latente Gefahr für den Weltfrieden darstellt. Heute liegt das *Zentrum der Verteidigung* gegen die Gefahren der ungeheuren Machtzusammenballung des Ostblocks *außerhalb Europas.* Es liegt in Ihrem Land, das die lasten- und opferreiche Verantwortung auf sich genommen hat, die freie Welt in ihren Bemühungen um die Erhaltung der Freiheit zu *führen.* Gemessen in den modernen Größenordnungen kann man die gegenwärtige staatliche Struktur Europas nur als *Kleinstaaterei* bezeichnen. Europa ist verloren, wenn es in viele Staaten aufgeteilt dem Sog des sowjetrussischen Machtsystems ausgesetzt wird. Die Macht wirkt wie ein Magnet auf schwächere Körper. Europa darf aber nicht untergehen. Es ist das Herz der abendländisch-christlichen Kultur. Es hat Unendliches für die Entwicklung der Menschheit geleistet. Seine geistigen, kulturellen, religiösen, wirtschaftlichen und politischen Kräfte sind nicht erschöpft. Die Menschheit würde empfindlich ärmer werden, wenn dieses alte Europa eines Tages dem Ansturm der asiatischen Barbarei erliegen würde. Deshalb muß Europa sich einigen und so sich davor retten, vom Ostblock in irgendeiner Form assimiliert zu werden. Nur durch Einigung kann es wirtschaftlich wieder so gesunden, daß es ohne ständige Annahme von Geschenken aus Amerika leben kann. Nur so kann es den Lebensstandard seiner Bevölkerung so steigern, daß es mit den wissenschaftlichen und kulturellen Leistungen der übrigen Welt Schritt halten kann. Nur so kann es ein *politisches Eigengewicht* bekommen, das es instand setzt, ein wirklich nützlicher, kräftiger Partner der freien Welt zu sein.

3.) Schließlich aber gibt es ein drittes konkretes Motiv für die europäische Einigungspolitik, das für sich allein diese Politik rechtfertigt: Durch eine Einigung Europas würden in Zukunft *europäische Kriege unmöglich gemacht* werden. Warum haben wir die konkreteste und intensivste europäische Vereinheitlichung, die wir bisher zu Wege gebracht haben, auf dem Gebiet der Produktion von Kohle und Stahl vollzogen? Vor allem auch deshalb, weil durch eine Vergemeinschaftung der Schwerindustrie, die wie keine andere Produktion geradezu zum Symbol der Rüstung geworden ist, jede Aufrüstung eines der beteiligten Länder gegen ein anderes praktisch ausgeschlossen wird. Unendliches Leid wird Millionen europäischer Menschen in Zukunft erspart bleiben, wenn durch die Kohle- und Stahl-Gemeinschaft, durch die Verteidigungsgemeinschaft und durch alle anderen Pläne, die verwirklicht oder entworfen sind, auch nur das eine erreicht wird: daß die *Kriege zwischen europäischen Völkern,* insbesondere auch Kriege zwischen Frankreich und Deutschland, *aufhören.*

II. Dies also sind unsere wichtigsten Motive. Unsere Arbeit ist noch nicht vollendet.

Aber es ist doch Wichtiges erreicht. Nicht Schwäche und Entschlußlosigkeit sind daran schuld, daß noch nicht mehr erreicht ist, sondern die Größe der Hindernisse, die es zu überwinden gilt.

1.) Das Bild der *europäischen Organisation erscheint zunächst* kompliziert. Da ist der *Straßburger Europa-Rat* mit seinen 14 Mitgliedstaaten. Er ist eine Frucht der ersten europäischen Erkenntnis nach dem zweiten Weltkrieg. Er ist unvollkommen, weil sein parlamentarisches Organ nur *konsultative* Befugnisse und keine echte Entscheidung hat und weil in seinem Ministerkomitee der *Grundsatz der Einstimmigkeit* gilt, der jedem Mitglied ein Veto verleiht. Wir haben weiter die Organisation für *Europäische Wirtschaftliche Zusammenarbeit* geschaffen als Gegenpol für jene großartige wirtschaftliche Nachkriegshilfe, die Ihr Land Europa geleistet hat, die für immer mit dem Namen Marshall verbunden sein wird. Auch sie hat vielleicht nicht alle Erwartungen erfüllt, die sich mit ihrer Schaffung verknüpften, besonders deshalb, weil auch hier grundsätzlich *Einstimmigkeit* notwendig ist, was zu mancherlei Kompromißlösungen Anlaß gegeben hat. Zweifellos hat aber auch diese Organisation ebenso wie der Europarat eine nicht zu unterschätzende *erzieherische Wirkung* ausgeübt. Sie hat die europäischen Politiker, Wirtschaftspolitiker, Verwaltungen, Minister und die öffentliche Meinung stärker als das bisher der Fall war, daran gewöhnt, nicht in engen nationalen, sondern in weiteren europäischen Kategorien zu denken. Schließlich besteht eine *dritte Entwicklungslinie europäischer Organisation*, die mit der Kohle- und Stahlgemeinschaft eröffnet wird, in den *supranationalen Gemeinschaften*. Hierauf konzentriert sich immer stärker die schöpferische Energie der europäischen Politiker. In diesen Plänen erst ist der Durchbruch zu einem echten *föderativen Denken* vollzogen. Allen diesen Plänen – Kohle- und Stahlgemeinschaft, Verteidigungsgemeinschaft und der jüngst entworfenen Politischen Gemeinschaft[2] – ist gemeinsam, daß die Mitgliedstaaten Teile ihrer Souveränität an das größere Ganze abgeben. Es gibt also grundsätzlich kein Erfordernis der Einstimmigkeit, vielmehr sind alle diese Gemeinschaften nach Art eines Bundesstaates konstruiert. Sie haben eine eigene Executive, sie haben ein eigenes parlamentarisches Organ, und sie haben eine eigene Gerichtsbarkeit. Die partikularen Interessen der einzelnen Mitgliedstaaten sind daneben in einem Ministerrat vertreten.

Ich wiederhole, das Nebeneinander dieser drei Organisationstypen macht einen verwikkelten Eindruck. Aber liegt nicht auch etwas Ermutigendes in der Tatsache, daß Europa auf so vielen verschiedenen Wegen gesucht wird? Diese Systeme stellen doch nur verschiedene Schichten des historischen Geschehens dar, ich zweifle nicht daran, daß sie in nicht allzuferner Zeit in ein geschlossenes einheitliches Gebilde eingeschmolzen werden können. Schon heute ist zu sagen, daß mit großer Sorgfalt eine *Koordinierung und gegenseitige Verzahnung* hergestellt worden ist. Durch gemeinsame Sitzungen, durch gegenseitige Unterrichtung, durch Entsendung von ständigen Beobachtern ist eine enge Verbindung geschaffen. Am Beispiel der einzigen bisher bestehenden supranationalen Gemeinschaft, nämlich der Kohle- und Stahlgemeinschaft, läßt sich das demonstrieren: sie ist sowohl mit dem Europarat, wie mit der Organisation für Europäische Wirtschaft-

liche Zusammenarbeit organisch verknüpft.
2.) Noch eine zweite Kritik wird vielleicht an unserem europäischen Einigungswerk geübt werden: daß es *Stückwerk* sei, Stückwerk in einem *doppelten* Sinne. Einmal, daß es *nicht die Gesamtheit staatlichen Lebens* ergreift, sondern nur *einzelne Ausschnitte* daraus. In der Tat, was bisher steht, oder wenigstens in unterschriebenen Verträgen festliegt, sind nur Teile: Die Wirtschaftspolitik auf dem Gebiet von Kohle und Eisen, daß [und ?] das Wehrwesen, das durch den Vertrag über die Europäische Verteidigungsgemeinschaft europäisiert wird. Aber es wäre völlig falsch, in dieser *vorläufigen Beschränkung auf Teilgebiete* einen Dauermangel der europäischen Organisation zu sehen. Diese Gebiete sind von einer solchen Wichtigkeit für das staatliche, wirtschaftliche und politische Leben der beteiligten Länder, daß sie vorweggenommen werden mußten. Diese Gebiete werden ihrer Natur nach Fortschritte der Integration bringen. Die Europäische Verteidigungsgemeinschaft wird zwangsläufig eine *gemeinschaftliche Außenpolitik* mit sich bringen. Es ist daher alles andere als ein Zufall, daß schon bei der Ausarbeitung der Europäischen Verteidigungsgemeinschaft man einen Artikel des Vertrages – den Artikel 38 – einfügte, der die Ergänzung der Verteidigungsgemeinschaft durch eine Politische Gemeinschaft vorsah[3]. Man sah sich zur Ausarbeitung des Entwurfs einer politischen Gemeinschaft schon entschlossen, noch *ehe* der Vertrag über die Verteidigungsgemeinschaft überhaupt in Kraft getreten ist. Es war eine gute Stunde meiner politischen Arbeit, als ich als damaliger Präsident des Ministerrates der Europäischen Kohle- und Stahlgemeinschaft im September vorigen Jahres dem Parlament der Kohle- und Stahlgemeinschaft den in Luxemburg gefaßten Entschluß des Ministerrates mitteilen konnte, diese parlamentarische Versammlung möge sich sofort an die Ausarbeitung eines Vertrages über die *politische Gemeinschaft* [be]geben[4].
Die parlamentarische Versammlung der Montanunion, die von ihr zur Vorbereitung eingesetzte ad hoc Commission hat daraufhin binnen sechs Monaten den Entwurf einer Politischen Gemeinschaft vorgelegt. Vor einem Monat hat der Ministerrat der sechs Länder ihn entgegengenommen, und am 12. Mai werden wir zum ersten Mal darüber beraten. Ich hoffe, daß es gelingt, im Ministerrat zu einer nicht weniger raschen und energischen Arbeit zu kommen, sodaß die Regierungen bald einen Vertrag schließen können, der dann den Parlamenten der sechs Staaten zur Ratifikation vorgelegt werden kann. Wenn das geschieht, werden zum ersten Mal in der Geschichte Europas *gemeinsame Wahlen zu einem europäischen Parlament* stattfinden. Eine auf dem Vertrauen dieses europäischen Parlaments beruhende europäische Executive wird geschaffen werden und damit der politisch entscheidende Schritt zur Vereinigung Europas getan werden. Diese politische Gemeinschaft soll nicht alle Gebiete staatlichen Lebens umfassen. Auch ihre Staaten haben Gebiete staatlicher Aufgaben, in denen sie völlig unabhängig sind.
Unser Ziel ist *nicht*, eine alles staatliche Leben aufsaugende europäische *Zentralgewalt*, vielmehr wird die Gemeinschaft föderativen Charakter haben, das heißt, weite Bezirke staatlichen Lebens werden den Mitgliedstaaten überlassen bleiben. Das gilt namentlich für das kulturelle Leben, soweit es einer staatlichen Behandlung bedarf, aber auch für

viele andere Gebiete. Überhaupt müssen sich die Europäer vor einem Fehler hüten, der uns von unseren amerikanischen Freunden sehr oft vorgehalten wird: dem Perfektionismus. Wir müssen Schritt für Schritt vorgehen. Wir müssen Erfahrungen sammeln. Wir müssen die Dinge reifen lassen. Wir müssen Rücksicht nehmen auf die öffentliche Meinung in unseren Ländern. Diese öffentliche Meinung muß durch den Erfolg unserer Vereinigungsarbeit auf den verschiedenen Gebieten überzeugt werden. Weisheit und Maßhalten sind ebenso wichtig wie Entschlußkraft und vorwärtsdrängende Energie.

3.) Man wirft uns weiter vor, daß unser Werk *Stückwerk im geographischen Sinne* sei. Das tendenziöse Schlagwort lautet, wir schüfen nur ein *„Klein-Europa"*, wir verhinderten das Großeuropa, das gefordert werden müsse. Dieses Schlagwort ist töricht. Es ist richtig, daß die supranationalen Gemeinschaften, die wir geschaffen oder vereinbart oder entworfen haben, nur sechs europäische Länder umfaßt: Frankreich, Italien, die Niederlande, Belgien, Luxemburg und die Bundesrepublik Deutschland.

a.) Aber *erstens* haben wir immer gesagt – und wir werden nicht müde werden, es zu wiederholen –, daß dies *nur ein Anfang* ist. Der Beitritt zu diesen supranationalen Gemeinschaften steht allen Ländern offen, die ihn zu vollziehen wünschen. Wenn mehr als die sechs genannten Länder bisher nicht beigetreten sind, so hat das verschiedene Gründe. Eine Anzahl europäischer Länder steht unter *sowjetischer Gewaltherrschaft*. Diese Länder haben gar nicht die Macht, sich für den Beitritt zu entscheiden. Aber selbstverständlich denken wir auch an diese Länder als künftige Glieder der europäischen Gemeinschaft. Muß ich ausdrücklich sagen, daß diese Feststellung auch und insbesondere für den Teil Deutschlands gilt, der sich gegen den Willen seiner Bevölkerung unter sowjetischer Diktatur befindet?

Freilich, auch Länder westlich des Eisernen Vorhanges zögern zur Zeit, sich uns anzuschließen. Wir bitten diese Länder – und das ist in unseren Verträgen ausdrücklich ausgesprochen – die permanente Einladung zum Beitritt nicht zu überhören, die wir an sie gerichtet haben. Die Gemeinschaft der sechs Länder ist nicht exklusiv. Sie ist – ich wiederhole es – nur ein Anfang. Wenn der Erfolg uns recht gibt – und er wird uns recht geben – wird die Ausbreitung der Gemeinschaft von selber folgen.

b.) Noch etwas ist auf jenen Vorwurf zu erwidern, und das gilt besonders für ein Problem, das uns wie wenig andere beschäftigt hat: unser *Verhältnis zu Großbritannien*. Großbritannien ist der Anregung, sich uns anzuschließen, nicht gefolgt mit Rücksicht auf seine Stellung im Britischen Commonwealth. Es kommt uns nicht zu, über die Schlüssigkeit dieser Begründung mit der britischen Regierung zu streiten. *Aber wir wünschen eine möglichst enge Beteiligung Englands.* Aber es wäre ein schwerer methodischer und politischer Fehler, die Frage so zu stellen, daß Großbritannien nur entweder volles Mitglied der europäischen Gemeinschaft oder Nicht-Mitglied sein könnte. Die Wahrheit ist, daß es zwischen der vollen Mitgliedschaft in der europäischen Gemeinschaft und der absoluten Nicht-Mitgliedschaft Zwischenstufen gibt, Möglichkeiten organischer Verknüpfungen der kontinentalen europäischen Gemeinschaft mit Großbritannien. Eine partielle, relative Zugehörigkeit zu unserer föderativen Gemeinschaft also; das ist es,

was wir uns gewöhnt haben, mit dem Ausdruck „Assoziation“ zu bezeichnen.
Das will ich an einem Beispiel erläutern: Großbritannien unterhält bei der Kohle- und Stahlgemeinschaft eine ständige Mission. Das Executivorgan der Kohle- und Stahlgemeinschaft, die Hohe Behörde, hat bereits in einer *gemeinschaftlichen Kommission* ein Verbindungsorgan zwischen der Kohle- und Stahlgemeinschaft und Großbritannien geschaffen. Auch die vorhin von mir erwähnte Verzahnung der Kohle- und Stahlgemeinschaft mit dem Europarat und der Organisation für Europäische Wirtschaftliche Zusammenarbeit – mit dem Informationsaustausch, den gemeinsamen Sitzungen usw. – wirkt in der Richtung einer engen Verbindung mit Großbritannien. Ein anderes Beispiel: Die Europäische *Verteidigungsgemeinschaft* ist, wie Sie wissen, mit Großbritannien durch einen *automatisch wirkenden Beistandspakt*[5] noch enger verbunden als mit den übrigen NATO-Staaten. Auch abgesehen vom Beistandsfalle ist eine besonders *enge militärische Kooperation* mit der Verteidigungsgemeinschaft zu unserer Genugtuung von der englischen Regierung angeboten worden.
Alle diese Dinge zeigen, wie falsch, ja wie unsinnig das Schlagwort von „Klein-Europa“ ist. Wenn sie mir einen Vergleich aus dem Bereich der Chemie erlauben: Die Schaffung des intensiven Kerns der supranationalen Gemeinschaft ist ein *Kristallisationsvorgang*, dessen Wirkung sich nicht auf den Kern beschränkt, der die dichteste Verbindung eingeht. Um diesen Kern herum ordnen sich mit einer beinahe naturgesetzlich zu nennenden Notwendigkeit auch die anderen politischen Elemente neu. So entsteht ein System mehrfach abgestufter Gemeinschaften bis hin zu der größten Gemeinschaft, die die freien westlichen Nationen umspannt, der Atlantischen Gemeinschaft.
Das ist es, was ich Sie, die amerikanischen Freunde und Paten der europäischen Einigung, zu bedenken bitte, wann immer Sie in der Versuchung sind, angesichts der Langsamkeit der europäischen Entwicklung *ungeduldig* zu werden. Ich verstehe Ihre Ungeduld sehr gut. Auch ich bin oft sehr ungeduldig. Aber vergessen wir nicht, daß in mehr als zweitausend Jahren europäischer Geschichte innerhalb Europas Dämme aufgeworfen worden sind, die man nicht in wenigen Monaten abtragen kann. Was sich in Europa in diesen Jahren vollzieht, ist *wahrhaft revolutionär*. Tief eingewurzelte Anschauungen müssen über Bord geworfen werden. Die gesamte politische Erziehung der europäischen Völker, die an der Idee der Nation als den letzten Wert politischer Entscheidung orientiert war, muß umgestellt werden.
Das geht nicht von heute auf morgen. Darum ist es uns so wichtig, die *Jugend* der europäischen Völker auf unserer Seite zu haben. Dort liegt unsere ganze Hoffnung: bei der frischen, unbefangenen, von störenden Erinnerungen unbeschwerten Gestaltungskraft von Menschen, die mehr in die Zukunft blicken als in die Vergangenheit.
Wir werden in unseren Bemühungen nicht nachlassen. Wenn wir aber unseren Mut nicht verlieren sollen, so brauchen wir eines, und mit dieser herzlichen Bitte lassen Sie mich schließen. Wir brauchen die Gewißheit, daß das mächtigste Volk der Erde, ein Volk mit einem so starken Freiheitssinn wie kein anderes, daß Ihr Volk mit seiner Sympathie, mit seiner moralischen und materiellen Kraft auf unserer Seite ist. Ich wieder-

hole, was ich früher einmal gesagt habe, und ich wiederhole es nicht, um ein Bonmot zu sagen: die Amerikaner sind die besten Europäer. Ihre Geschichte liefert uns das eindruckvollste Beispiel für das, was Völker vermögen, die den ernsthaften Willen haben, sich zusammenzufinden. Helfen Sie auch uns, den Weg zu uns selber zu finden. Dann ist mir um den Erfolg unserer Arbeit nicht bange.

Quelle: ARh, maschinenschriftlich (hektogr.), Text des BPA.

Anmerkungen

[1] General William („Bill") Donovan war 1942-1945 Leiter des Office of Strategic Services.

[2] Gemeint ist der Satzungsentwurf der ad-hoc-Versammlung für eine Europäische Politische Gemeinschaft (EPG) vom 10. 3. 1953.

[3] Artikel 38 des (1954 gescheiterten) EVG-Vertrages vom 27. 5. 1952 sah vor: „Die endgültige Organisation, die an die Stelle der vorläufigen Organisation treten wird, soll so beschaffen sein, daß sie den Bestandteil eines späteren bundesstaatlichen oder staatenbündischen Gemeinwesens bilden kann, das auf dem Grundsatz der Gewaltenteilung beruhen und insbesondere über ein Zweikammersystem verfügen soll".

[4] Am 8. 9. 1952.

[5] Vertrag zwischen dem Vereinigten Königreich und den Mitgliedstaaten der Europäischen Verteidigungsgemeinschaft vom 27. 5. 1952 (Text in: Europa. Dokumente zur Frage der europäischen Einigung. Band 2. Bonn 1962, S. 883-885).

23. Juni 1953

„Schwur für das gesamte deutsche Volk". Ansprache bei der Trauerfeier für die Opfer des Aufstandes am 17. Juni

Unsere Herzen sind von Trauer erfüllt, da wir unserer Toten gedenken, der Toten, die ihr Blut dahingaben für die Freiheit, deren Blut von brutalen und grausamen Machthabern vergossen wurde, um ihre tyrannische Herrschaft aufrecht zu erhalten. Mit uns trauern Millionen Deutscher, mit uns trauern alle in anderen Ländern, die die Sklaverei hassen und die Freiheit lieben.

Von tiefem Mitleid sind wir erfüllt im Gedanken an das Leid und den Schmerz der Hinterbliebenen, im Gedenken an die anderen Opfer dieser grausamen Tyrannenherrschaft: Die Verwundeten und Verletzten, an diejenigen, die sie ins Gefängnis geworfen haben, die sie suchen und verfolgen, um ihre Wut, ihren Haß und ihre Angst an ihnen auszulassen.

Mit elementarer Wucht ist dieser Aufstand ausgebrochen. Aus einer Welle der Unzufriedenheit an der Baustelle in der Frankfurter Allee wurde eine ungeheure Woge der Erbitterung, der Verzweiflung, die über das ganze große Gebiet, über Ost-Berlin, über Magdeburg, Brandenburg, Leipzig, Chemnitz, Dessau und Gera, über das Gebiet des Uranbergbaus, über die Landbevölkerung in Sachsen und Mecklenburg, wie überhaupt über die gesamte Sowjetzone hinwegging.

Wie ein Orkan brach die aufgestaute Verzweiflung und Not los gegen Sklaverei und Unterdrückung, nicht achtend Tod und Gefahr. Wie ungeheuer der Druck ist, der nun seit Jahr und Tag auf diesem Teil Deutschlands lastet, das zeigt das Aufbäumen dieser Millionen gegen ihre kommunistischen und russischen Machthaber. Nicht russische Panzer und Maschinengewehre, nicht Maschinenpistolen der Kommunisten konnten sie schrecken, sie davon abhalten, ihr Leben zu wagen und zu opfern.

In Ehrfurcht neigen wir uns vor ihnen und in Ehrfurcht grüßen wir sie: Sie alle, die Toten und die Lebenden, die vor der ganzen Welt Zeugnis dafür ablegten, daß sie keine Versklavung mehr ertragen konnten, vor diesen Märtyrern der Freiheit.

Der ganzen Welt haben sie gezeigt, daß die Deutschen keine Sklaven sein wollen. Der ganzen Welt haben sie gezeigt, daß sie Tyrannei nicht mehr zu ertragen gewillt sind, daß die Zeit totalitärer Herrschaft für die Deutschen vorbei ist. Mit Waffen kann man ein unbewaffnetes, ein wehrloses Volk zu Boden schlagen, aber seinen Willen, seine Entschlossenheit, sich nicht zu beugen, kann man nicht aus seiner Brust reißen.

Wie ein Fanal wird dieser Aufstand wirken bei uns in Deutschland und in der ganzen Welt, wie ein Fanal, das zeigt, daß Gewalt unseren Willen zur Freiheit nicht zu brechen vermag.

Neben die Trauer, neben das Mitleid tritt der Stolz auf diese Helden der Freiheit, der Stolz auf alle, die sich auflehnten gegen diese seit nunmehr acht Jahren währende Sklaverei. Das ganze deutsche Volk hinter dem Eisernen Vorhang ruft uns zu, seiner nicht zu vergessen, und wir schwören ihm in dieser feierlichen Stunde: Wir werden seiner nicht vergessen. Wir werden nicht ruhen und wir werden nicht rasten – diesen Schwur lege ich ab für das gesamte deutsche Volk – bis auch sie wieder Freiheit haben, bis ganz Deutschland wieder vereint ist in Frieden und Freiheit.

In tiefer Trauer, in tiefem Mitleid, in hoher Bewunderung gedenken wir aller Märtyrer der Freiheit. Wir wollen der Toten niemals vergessen, den Lebenden wollen wir helfen. Gott wird mit ihnen und mit uns sein.

Quelle: Bulletin, 24. Juni 1953.

25. Dezember 1953

Weihnachtsansprache

Im Advent flehen die Völker, daß die Himmel den Gerechten herabtauen lassen auf die Erde, daß die Wolken ihn herabregnen, und in der Weihnachtsliturgie heißt es: „Denn siehe, Finsternis bedeckt die Erde und Dunkel die Völker."

Gibt es treffendere Worte, um unsere Zeitperiode zu kennzeichnen? Rufen wir nicht nach dem Gerechten? Bedeckt nicht Finsternis die Erde und Dunkel die Völker? Wie kam es, daß wir nach dem Gerechten und der Gerechtigkeit rufen müssen? Wie kam es, daß Dunkel die Völker bedeckt? Ist es nicht unsre, der Menschen Schuld? Haben wir begriffen, warum die Gerechtigkeit nicht mehr auf Erden herrscht? Warum Finsternis hereingebrochen ist? Haben wir alle überhaupt verstanden, daß wir in einer Zeitwende leben? Haben wir alle begriffen, daß für lange, lange Zeit das Schicksal der Menschheit davon abhängt, ob und wie wir, die jetzt Lebenden, die Prüfung, die über uns alle gekommen ist, bestehen? Auf unsere Schulter, auf die Schultern der jetzt Lebenden, ist eine ungeheure Verantwortung gelegt, die Verantwortung für viele kommende Geschlechter. Wir, die jetzt Lebenden, werden die Verantwortung dafür tragen, ob das zum Kehricht geworfen wird als nutzloser Plunder, was wir von unseren Vätern ererbt haben: Gerechtigkeit, Güte, Barmherzigkeit, Lauterkeit, Seelenfrieden, Nächstenliebe, Frömmigkeit, Freiheit und Frieden.

Ich weiß nicht, ob wir uns bewußt sind, auf welch schmalem Grat wir wandern, welche Tiefen sich zu beiden Seiten unseres Weges auftun, welch höllische Abgründe uns verschlingen werden, wenn wir straucheln und fallen. Wer die Augen schließt, sieht nicht die Finsternis, die um ihn herrscht. Wer die Augen schließt, sieht nicht den Abgrund. Er sieht nicht die Schmalheit seines Pfades, nicht die Gefahren, in denen er wandelt. Wer die Augen schließt, sieht auch nicht das Licht, das ihm von weitem winkt.

Wer die Augen öffnet, sieht die Gefahren, er sieht, wohin er seine Füße setzen, welchen Weg er gehen muß, um zum Licht zu kommen. Frieden und Freiheit sind das Licht. Knechtschaft und Sklaverei sind die Finsternis. Kaum je zuvor tobte in unserem Vaterlande so der Kampf zwischen Licht und Finsternis, zwischen Freiheit und Sklaverei, wie in unseren Tagen. Dieser Kampf, der in vergangenen Zeiten in der Brust des einzelnen Menschen sich abspielte, ist ein Kampf geworden zwischen den Völkern. Das deutsche Volk steht unter denen, die für das Licht, für Frieden und für Freiheit kämpfen.

Die spätere Geschichtsschreibung wird uns bezeugen, daß das deutsche Volk am 6. September ein Bekenntnis zur Freiheit abgelegt hat, wie es niemand in der Welt noch vor einem Dezennium von ihm erwartet hätte[1]. Der Geschichtschreiber wird mit goldenen Buchstaben den 19. März 1953 in der Geschichte des deutschen Volkes verzeichnen, den Tag, an dem der Bundestag durch die Genehmigung des großen Vertragswerks zur Schaffung eines neuen, eines dem friedlichen Fortschritt zugewandten Europa sich bekannt hat[2].

Vielleicht denkt mancher meiner Zuhörer, man sollte am Weihnachtsfeste nicht von politischen Dingen sprechen. Wenn wir in ruhigen, gesicherten Zeiten lebten, so hätte er recht. Wie gerne würde ich an einem solchen Festtage schweigen von politischen Dingen. Aber darf ich das? Es handelt sich ja bei dem Kampf, den wir zu führen haben, von dem ich spreche, gerade um die Bewahrung der Wahrheiten, deren Gedächtnis wir heute feiern, um die Grundlagen unseres christlichen Seins, um das geistige Fundament, auf dem wir stehen, um den Boden, in den hinein unser deutsches Volk seine Wurzeln tief versenkt hat. An dem Fest, an dem wir die Ankunft des Friedensfürsten auf dieser Erde feiern, an dem wir des Sieges des Lichts über die Finsternis gedenken, an dem Fest, das uns erinnert an die Worte der himmlischen Heerscharen: „Friede auf Erden den Menschen, die guten Willens sind", müssen wir daran denken, was Frieden, Licht und Freiheit ist, müssen wir die Augen öffnen und erkennen, daß es heute unsre Aufgabe ist, nicht nur schöne Kindheitserinnerungen zu pflegen, sondern daß wir uns geloben müssen, unsere Pflicht zu erfüllen im Kampf zwischen Licht und Finsternis. Erst diese Erkenntnis gibt unserer Festesfreude auch die wahre Berechtigung und die innere Tiefe.

Ich weiß, daß nicht in jedes Haus, nicht in jede Familie unbeschwerte Festesfreude ihren Einzug gehalten hat. Noch gibt es viele, vielleicht sogar allzu viele, die unverschuldet in der Not leben und denen der Gabentisch von liebender Hand nur bescheiden bereitet werden konnte. Und ich bin mir – das sage ich jetzt als Kanzler – in diesem Augenblick schmerzlich unseres Unvermögens bewußt, überall dort helfend einzugreifen, wo es notwendig war und wie es meinem persönlichen Wunsch und dem meiner Mitarbeiter in der Regierung entsprochen hätte.

Ein besonderes Wort möchte ich noch an unsere deutschen Brüder und Schwestern in der Sowjetzone richten. Seien Sie davon überzeugt, daß wir alle uns unserer Pflichten und Verantwortung gegenüber dem gesamtdeutschen Schicksal zutiefst bewußt sind. An Sie, meine lieben Landsleute in der Sowjetzone, richte ich in dieser besinnlichen Stunde die herzliche Bitte, sich im Glauben an die erlösende Kraft wahrhaften Friedenswillens durch nichts wankend machen zu lassen. Auch nicht durch Beschwörungen falscher Propheten, die zur Zeit Ihre Gemüter zu verwirren versuchen. Sie schöpfen nicht aus den ewig reinen unversiegbaren Quellen echter Humanität, deren Geburtsfest die christliche Menschheit heute frohbewegt begeht, sondern sie beziehen ihre Impulse aus den Bezirken der Gewalt und Machtanbetung, die noch stets identisch war mit der Unterdrükkung der Freiheit, dieser Voraussetzung friedlichen Nebeneinanderlebens der Menschen. Friede auf Erden den Menschen, die guten Willens sind! Nun, das deutsche Volk ist bereit, von sich aus mit allen seinen Kräften zur Verwirklichung der Weihnachtsbotschaft beizutragen. Es ist dazu bereit, um seiner selbst und der Welt willen, die sich gleich ihm nach Frieden sehnt und aus dem Zustand der Angst und der Sorge, beides geboren aus der Bedrohung, heraus möchte.

Das deutsche Volk erwartet allerdings auch, daß man bereit ist, seine innere Befriedung durch Beweis hochherziger Menschlichkeit zu fördern, wobei ich an die Freilassung der noch zurückgehaltenen Kriegsgefangenen und der noch in Haft befindlichen Kriegsverurteilten denke. Gerade diese Fragen verursachen in diesen Tagen in vielen deutschen Familien erneut blutende Herzen und drohen, sie gegenüber der christlichen Botschaft zu verhärten. Umso zuversichtlicher hoffe ich, daß menschliches Verständnis und staatsmännische Einsicht auch dieses tragische Problem bald einer befriedigenden und damit befriedenden Lösung zuführen werden.

Alle meinen Hörern wünsche ich von ganzem Herzen ein gnadenreiches und frohes Weihnachtsfest. „Finsternis weichet, es strahlet hienieden, lieblich und prächtig vom Himmel ein Licht. Engel erscheinen, verkünden den Frieden, Frieden den Menschen, wer freuet sich nicht?"

Quelle: Konrad Adenauer: Glauben an den Sieg des Lichtes (Weihnachtsansprachen 1949-1958). Buxheim/Allgäu o.J., S. 53-61.

Anmerkungen

[1] Hinweis auf die Bundestagswahl 1953.

[2] Verabschiedung des Deutschlandvertrages und des EVG-Vertrages.

30. September 1955

Bericht zur politischen Lage bei der Sitzung des Bundesparteivorstands der Christlich-Demokratischen Union in Bonn (Bundeshaus)

[...][1]

Diese bisher unveröffentlichte Ansprache enthält eine aufschlußreiche Schilderung der Eindrücke von der einzigen persönlichen Begegnung des Bundeskanzlers mit der Sowjetunion und bringt eine Bewertung der sowjetischen Entspannungspolitik, die noch unmittelbar unter dem Eindruck der Verhandlungen steht.

Ich darf nun zurückkommen zur Reise nach Moskau. Über diese Reise sind in der Presse ausführliche Berichte erschienen, und zwar im großen und ganzen richtig[e]. Sie werden sich auch schon ein Bild darüber gemacht haben. Mir ist wohl nur als Aufgabe gegeben, dieses Bild, das Sie sich aus den Verlautbarungen in der Presse und aus der Bundestagsverhandlung haben machen können, durch die eine oder andere Bemerkung oder durch den einen oder anderen Strich zu ergänzen. Ich darf zunächst einmal die Frage aufwerfen, ob es für uns überhaupt möglich war, die Einladung nach Moskau nicht anzunehmen. Ich bin davon überzeugt, wenn wir die Einladung nicht angenommen hätten, dann würde selbst Herr Dehler gesagt haben, die Einladung muß angenommen werden. Das ist auch richtig. Ich brauche nicht viel darüber zu sagen.

Wir dürfen nach meiner Meinung folgendes doch nie vergessen: So scheußlich die Russen bei uns gewütet haben, ich glaube, die Deutschen haben in Sowjetrußland nicht minder große Untaten begangen. Die Zahl der russischen Kriegsgefangenen, die man bei uns absichtlich hat verhungern lassen, im wahrsten Sinne des Wortes, geht in die Millionen. Man darf auch das eine nicht vergessen: wenn man einmal retrospektiv alles überdenkt: Schließlich hatte der damalige Vertreter des deutschen Volkes – denn das war Hitler – mit Sowjetrußland einen Vertrag abgeschlossen, einen gemeinen und schlechten Vertrag, gemein in seinem Ziel und schlecht in seinen Motiven; aber immerhin einen Vertrag abgeschlossen. Und unter Bruch dieses Vertrages sind die deutschen Armeen in die Sowjetunion eingebrochen.
Diesen Fakten und Tatsachen – ich brauche sie nicht laut auszusprechen, es sind viele Jahre seit 1939 vergangen – sollte man sich doch vor Augen halten, wenn man sich mit Vertretern der Sowjetunion an einen Tisch setzt, um über Fragen zu verhandeln, die aus jenen Jahren und aus jener Periode herstammen. Es ist gesagt worden von Herrn Dehler, lassen Sie mich das hier einflechten, der Bundeskanzler hätte keinesfalls nach Moskau fahren dürfen, ehe nicht die Kriegsgefangenen freigegeben worden wären. Nun, ich glaube, aus Ihren Gesichtern zu ersehen, daß ich über eine solche Bemerkung nichts zu sagen brauche. Wenn wir den Russen geschrieben hätten, es kommt keine deutsche Delegation, wenn ihr nicht vorher alle Kriegsgefangenen freigebt, dann würden doch nicht die Russen, sondern die ganze Welt gesagt haben, die Deutschen sind verrückt in ihrer Politik, wie sie immer verrückt gewesen sind. Wir müssen uns also darüber klar sein, wir mußten nach Moskau fahren.
Nun über Moskau selbst! Ich möchte zunächst sprechen über das Verhältnis zu der sowjetischen Delegation und möchte dazu bemerken: äußerlich außerordentlich korrekt. Es sind ja noch Herren hier, die mit dort waren, wenigstens Herr Kiesinger[2], der evtl. meine Worte ergänzen kann. Ich brauche Ihnen nichts zu sagen von dem Empfang auf dem Flugplatz noch von der Art und Weise, aber sonst bemühten sich die Russen, äußerlich sehr korrekt zu sein. An den Verhandlungen nahmen teil auf sowjetrussischer Seite: führend Chruschtschow und Bulganin, dann auch Molotow, und eine Reihe von sogenannten ersten stellvertretenden Ministerpräsidenten. Man hat dort erste stellvertretende Ministerpräsidenten und stellvertretende Ministerpräsidenten. Aber es war kein Vertreter der russischen Wehrmacht dabei; wie überhaupt – abgesehen von der Ehrenkompanie auf dem Flugplatz und von dem Kommandanten des Kremls, einem General unbekannten Namens – keine hohen russischen Militärs für uns weder zu sehen noch zu sprechen waren.
Auf Vorschlag von Bulganin wurde zwischen ihm und mir abwechselnd der Vorsitz geführt. Das Verhältnis Chruschtschow-Bulganin war wie folgt. Ich muß zunächst die beiden Typen schildern. Bulganin ist im Juni dieses Jahres 60 Jahre alt geworden; er ist klein, untersetzt. Chruschtschow ist etwas älter, 61 oder 62 Jahre, klein und dick. Ich sage absichtlich „untersetzt" und „dick". Chruschtschow gibt sich lange nicht so onkelhaft oder so väterlich wie Bulganin mit seinem gescheitelten weißen Haar und

seinem Spitzbärtchen. Chruschtschow kann schon deswegen kein gescheiteltes Haar tragen, weil er überhaupt keine Haare mehr hat. Er gab sich ganz als das, was er ist, als der Agitator, als der Propagandist, als der Parteimann.

Am zweiten Tag hatte wohl die ganze Delegation den Eindruck, daß der führende Mann von diesen beiden Chruschtschow sei, weil er immer in die Arena sprang. Er redete lang, er redete heftig, während Bulganin sich sehr zurückhielt. Aber nachher hatten wir doch alle wohl die Überzeugung, daß Bulganin derjenige sei, der doch im Grunde genommen die Entscheidung gebe und der den Chruschtschow nur mal laufen lasse, um dann im richtigen Augenblick doch wieder einzuspringen und einzuwirken und seinen Einfluß zur Geltung zu bringen. Bulganin erklärte mir bei einer der vielen Mahlzeiten, die wir zusammen eingenommen haben, daß Chruschtschow und er eins seien; seit 30 Jahren arbeiteten sie zusammen. Sie vertrauten sich gegenseitig restlos. Kurz und gut, sie seien eins. Er rief seinen Freund Nikita – ich hatte immer das Vergnügen, bei den Mahlzeiten zwischen den beiden zu sitzen – als Zeuge dafür an, und Chruschtschow bestätigte das auch vollkommen. Ich glaube, jeder von uns hatte den Eindruck, daß die beiden sehr sorgfältig darauf achteten, immer der gleichen Meinung zu sein. Ob das nun eine Freundschaft auf ewig ist, das kann kein Mensch von uns sagen. Aus der russischen Geschichte der letzten zwanzig Jahre weiß man ja, daß solche Freundschaften gelegentlich auch durch einen Knall unterbrochen werden. Jedenfalls ist die Sache so, daß zur Zeit weder ein Spalt noch auch nur die geringste Spaltung zwischen Regierung und Partei sichtbar ist.

Ich habe eben schon gesagt, daß wir keine hohen Militärs zu sehen bekommen haben. Darüber vermag keiner von uns Ihnen etwas zu sagen. Ob die Armee dort eine politische oder eine entscheidende politische Rolle spielt, das können wir nicht beurteilen. Das kann keiner sagen. Daß aber die Macht und das Netz der Partei über das ganze ungeheure große Land ausgespannt sind und viele Menschen ein Interesse daran haben, daß diese Partei erhalten bleibt, liegt daran, weil diese Partei ihnen ein besseres Leben ermöglicht und weil die Stellung, die die Menschen in dieser Partei haben, ihnen eine Macht über andere gibt; denn Macht zu haben, ist ja für viele Menschen etwas außerordentlich Erstrebenswertes. Das ganze Volk ist trotz der ungeheuren Weite des Landes fest in der Hand der Partei. Dazu kommt noch die NKWD und die Polizei, so daß also der Apparat so fest geschmiedet ist, daß nach meiner Überzeugung auf absehbare Zeit hinaus keine Aussicht besteht, daß sich auf Grund einer Revolution dort etwas ereignet; es sei denn, daß die Machthaber untereinander Krach kriegen und sich dann jeder des Machtinstrumentes der Partei oder des Machtinstrumentes der Wehrmacht bemächtigt.

Unsere Verhandlungen bezogen sich auf die Frage der Wiederherstellung diplomatischer Beziehungen, auf die Rückgabe der Kriegsgefangenen und auf die Wiederherstellung der deutschen Einheit. Die Kritiker haben uns den Vorwurf gemacht, wir hätten die Frage der Wiederherstellung der deutschen Einheit zu wenig in den Vordergrund gestellt. Meine Freunde! Ich glaube, daß diese Kritik völlig falsch ist und an den Dingen vollständig vorbei geht. Wir müssen darauf bestehen, daß die Wiederherstellung der deutschen Einheit nicht eine Sache Rußlands allein ist, sondern eine Verpflichtung der vier Mächte, und daß wir es unter gar keinen Umständen etwa zulassen könnten, die Frage der Wiederherstellung der deutschen Einheit auf das Geleise „Verhandlungen mit Sowjetrußland" abzuschieben. Darum haben wir bewußt und gewollt und überlegt das nicht zugelassen.

Als wir bei den Verhandlungen über die russische Botschaft in Paris haben sagen lassen, daß wir über das Problem der deutschen Einheit zu sprechen wünschten, hat der russische Botschafter sofort gefragt, wollen Sie mit der russischen Regierung diese Frage verhandeln. Natürlich ist von unserem Vertreter gesagt worden: Nein, wir wollen dieses Thema erörtern. – Ich glaube, wir hätten der Wiederherstellung der deutschen Einheit keinen schlechteren Dienst tun können, als wenn wir uns darauf eingelassen hätten, über diese Frage mit den Russen zu verhandeln. Das wäre die schlechteste Vorbereitung auch für Genf gewesen, weil dem russischen Vertreter in Genf[3] dann die Möglichkeit gegeben worden wäre, bei den Verhandlungen auf der zweiten Genfer Konferenz zu sagen: Der Deutsche denkt aber so, darum laßt uns auch mit den Deutschen allein die Sache machen, dann kommen wir schon weiter. –

Wir betrachten es als einen Vorteil, daß es uns gelungen ist, von den Russen die Erklärung zu bekommen, daß auch Sowjetrußland verpflichtet sei, die deutsche Einheit wiederherzustellen. Die Frage der diplomatischen Beziehungen war in der ersten Note Sowjetrußlands verknüpft worden mit der Herstellung von wirtschaftlichen Beziehungen, Handelsbeziehungen und kulturellen Beziehungen. Wir haben absichtlich die Frage der Herstellung oder der Verbesserung von wirtschaftlichen Beziehungen völlig in den Hintergrund treten lassen. Ich habe auch Herrn Bundesminister Erhard davon überzeugt, daß es nicht angängig sei, wenn er bei der Delegation dabei wäre[4]. Ich habe auch deutsche Wirtschaftler davon überzeugt, daß es falsch sei, wenn sie an der Reise teilnähmen. Wir mußten die Frage der wirtschaftlichen Beziehungen absolut in den Hintergrund treten lassen, einmal aus Rücksicht auf unser Volk, weil es nicht verstanden hätte oder nicht verstünde, wenn wir bei diesen ersten Verhandlungen mit den Russen das Geldverdienen – lassen Sie mich es einmal so ausdrücken – als eine der wesentlichsten Fragen in die Erscheinung hätten treten lassen. Wir mußten die Erörterung dieser Frage aber auch zurückstellen, weil darin für künftige Verhandlungen noch ein wesentliches politisches Moment steckt, wie überhaupt – ich möchte das sehr nachdrücklich betonen – wirtschaftliche Verhandlungen mit Rußland absolut unter politischem Aspekt betrachtet werden müssen, auch für die Zukunft.

Über kulturelle Beziehungen haben wir nicht gesprochen. Die Russen haben gar nicht davon angefangen. Das hat ja auch Zeit. Die Frage der Kriegsgefangenen hat uns sehr gedrückt. Natürlich wurde uns dasselbe gesagt, was in der ersten Genfer Konferenz in privaten Gesprächen Eisenhower und Eden gesagt worden ist. Die haben mir das mitteilen lassen, die Russen hätten überhaupt keine Kriegsgefangenen mehr. Was noch da sei, seien Kriegsverbrecher, die nach russischen Gesetzen und von russischen Gerichten mit Fug und Recht mit 20 oder 25 Jahren Zwangsarbeit oder was immer es sei, bestraft worden seien. Die Situation war manchmal eher ein sehr heftiger – wie soll ich sagen – Streit als eine diplomatische Verhandlung; denn es kam, wie es vorauszusehen war, bei diesem ersten Zusammentreffen nach dem Kriege auf beiden Seiten der ganze Groll, der Zorn und die Trauer über alles das heraus, was in diesem Kriege zwischen den beiden Völkern geschehen ist, was das eine Volk dem anderen angetan hat.

Sie können überzeugt sein, daß ich – ich war ja der Sprecher unserer Delegation – den Herren Chruschtschow und Bulganin nichts schuldig geblieben bin. Ich habe ihnen gesagt, sie möchten mal überlegen, wer denn den Hitler großgemacht hätte. Ob wir das gewesen seien, oder ob nicht erst andere Länder das gemacht hätten. Darauf haben sie nichts erwidert und haben es nicht in Abrede gestellt. Alles in allem genommen, der Kampf war sehr heftig. Die Russen – das muß ich sagen – waren stark im Geben, sie waren aber auch stark im Nehmen. Man konnte den Russen sowohl in der Delegation wie in den Einzelgesprächen sehr ernst und sehr gründlich und sehr massiv seine Meinung sagen, ohne daß das besonders übel genommen wurde.

So habe ich z.B. Chruschtschow mal gesagt, hören Sie endlich mal auf mit Ihrem Kriegsgeschrei und mit Ihrer Rederei vom Krieg; man kann es bald nicht mehr ertragen. – Und er sagte darauf, entschuldigen Sie, ich will nicht mehr davon sprechen. Ich habe ihm auch gesagt, hören Sie mal auf mit Ihrem Kommunismus und Kapitalismus. Er hatte nämlich vorher gesagt: Sie nehmen wahrscheinlich wohl an, daß ich jeden Tag einen Kapitalisten roh und ohne Salz fresse, – worauf ich ihm erwiderte, nein, das nehme ich nicht an; ich nehme nicht einmal an, daß Sie jeden Tag einen Kapitalisten wie ein Ochse am Spieß gebraten und mit Salz essen. – (Lebhafte Heiterkeit.) Das konnte man ihm ruhig sagen. Ich habe ihm auch gesagt, in hundert Jahren haben wir höchstwahrscheinlich weder Kommunismus noch Kapitalismus, worauf er mir zur Antwort gab, aber das steht im Karl Marx.– Sie sehen daraus, meine Damen und Herren, daß die Unterhaltung stellenweise recht ungezwungen war und daß der Ton der sechstägigen Verhandlungen sich von dem Ton sonstiger diplomatischer Gespräche erheblich unterschied.

Ich glaube, es war gut, daß sich diese Dinge mal Luft machten; denn es hat unserem Ansehen bei den Russen in keiner Weise geschadet, daß man ihnen sehr kräftig seine Meinung sagte, auch wenn sie mit ihrer Meinung diametral entgegengesetzt sind. Ich will hier nicht zu weit in die Details gehen, aber ich glaube Ihnen bestimmt sagen zu können, daß sowohl Bulganin wie auch Chruschtschow vor den Deutschen doch einen großen Respekt bekommen haben und daß diese Aussprache für künftige politische Verhandlungen sehr förderlich und gut gewesen ist.

Des Samstagsnachmittags fand eine sehr wichtige Aussprache zwischen Bulganin, Chruschtschow, Brentano und mir statt. Ich habe eben kurz davon gesprochen. Bulganin fragte mich am Samstagmorgen, kann ich Sie mal allein sprechen. Ich bin bereit, zu Ihnen ins Hotel zu kommen.– Ich sagte ihm, nicht ins Hotel; es ist so schönes Wetter, wir können doch in Ihr schönes Landhaus gehen.– Ich wollte auch nicht, daß alles mitgehört wurde, was wir miteinander besprachen. Ich sagte, wen wollen Sie mitbringen.– Er erwiderte: Chruschtschow. – Darauf sagte ich, erlauben Sie mir, daß ich Herrn von Brentano dazu nehme. – Ich wollte einen Zeugen haben. Wir haben dann auf der Terrasse dieses Landhauses bei sehr schönem Wetter gesessen und in wirklich großer Offenheit miteinander gesprochen, nicht über deutsche Fragen, nicht über Fragen der Sowjetzone, über alles das nicht, sondern über die allgemeine politische Situation in der Welt. Dabei ergab sich folgendes: Die Russen haben Besorgnis vor den Vereinigten Staaten. Sie haben auch Besorgnis vor uns, wenn wir mit den Vereinigten Staaten zusammengehen sollten. Vor den europäischen Staaten an sich einschließlich Deutschland, wenn es allein steht, haben sie keine Besorgnis. Sie brauchen auch keine Besorgnis zu haben.

Aber vor den Vereinigten Staaten haben sie Besorgnis. Herr Chruschtschow sagte ganz offen: Wir werden eingekreist von den Vereinigten Staaten. Die haben überall Stützpunkte um uns herum. – Ich sagte ihm darauf, ich kann verstehen, daß Ihnen das ungemütlich ist, aber daran sind Sie selbst schuld. – Nein, sagte er, das seien sie nicht schuld. Man dichte ihnen alles Mögliche an. Wenn irgendwo ein U-Boot vor Südamerika auftauche, dann seien sie es. Wenn irgend etwas anderes passiere, dann seien sie es. – Ich habe ihm natürlich nicht gesagt, die Leute haben recht, so etwas zu sagen. Aber immerhin, er versuchte darzutun, daß sie nicht so schlimm seien, wie man allgemein glaube, und daß die Vereinigten Staaten unrecht hätten, wenn sie nun diese Stützpunkte anlegten.

Er sagte aber nicht – das ging aus dem, was er und Bulganin sprachen, sehr klar hervor –, daß sie irgendwie von ihrer kommunistischen Doktrin absähen. Die Doktrin ist völlig unverändert. Wieweit jeder von ihnen daran glaubt, ob hundertprozentig oder ein paar Prozent weniger, kann man nicht sagen. Man kann keinem Menschen ins Herz sehen! Sie schwören auf die kommunistische Doktrin, sie schwören auf die Alleinherrschaft der kommunistischen Doktrin im Laufe der Zeit. Auch „Karl Marx" rieben sie nota bene einem unter die Nase und sagten, die großen Sozialisten oder Kommunisten seien drei Deutsche, Karl Marx, Engels – wobei ich ihm sagte, daß das ein Verwandter des Bankiers Pferdmenges[5] sei, und man sehe, wie verschieden sich eine Familie entwickeln könne – (Heiterkeit) und Bebel. Dann erwähnten sie noch Lenin. Von Stalin wurde nicht gesprochen! Nur Molotow hat einmal so nebenbei den Namen Stalin erwähnt, aber sonst wurde von Stalin gar nicht gesprochen.

Also, die Leute haben Sorge wegen Amerika. Sie haben Sorge wegen Amerika plus Deutschland. Sie haben aber auch, ich will nicht sagen Sorge, aber eine gewisse Besorgnis wegen der Weiterentwicklung ihres eigenen Landes. Dabei darf ich folgendes einschieben: Sowjetrußland bedeckt 1/6 der Erdoberfläche, aber nur 30% – soviel ich weiß – dieser Erdoberfläche ist kulturbaufähig. Das andere liegt entweder so hoch im Norden, daß es ohne weiteres ausscheidet, oder in der Wüste, in Stein und Felsen usw. Sie nehmen jährlich durchschnittlich um drei Millionen Menschen zu.

Nun haben sie in diesem gegenüber westeuropäischen Begriffen sehr zurückgebliebenen Land tatsächlich außerordentlich große Aufgaben vor sich. Ich sprach z.B. mit Malenkow über die Frage der Atomkraft, nicht zu kriegerischen, sondern zu friedlichen Zwecken, und über die Frage der Versorgung mit Strom. Er sprach von den ungeheuren Plänen, die sie hätten hinsichtlich der Wasserkräfte Sowjetrußlands, die noch gar nicht ausgebeutet seien, insbesondere nicht die der sibirischen Flüsse zur Herstellung von Strom. Malenkow sprach sehr ernst darüber; er macht überhaupt einen klugen und gebildeten Eindruck. Nach den Plätzen, die er bei den russischen Platzordnungen einnahm, und auch nach dem Respekt, mit der er von der jüngeren Generation der sogenannten stellvertretenden Ministerpräsidenten beachtet wurde, scheint sein Stern doch wieder am Steigen zu sein.

Sie haben außerordentlich große Aufgaben auf dem Gebiete der Landwirtschaft, und zwar im weitesten Sinne des Wortes genommen. Sie haben auf allen möglichen Gebieten, so des Häuserbaues, der Konsumgüterherstellung usw., ungeheure Aufgaben für eine Bevölkerung von über 200 Millionen Menschen. Sie sagen ganz offen, daß die großen Ausgaben, die sie machen müssen, um bei der Aufrüstung den Amerikanern gleichzukommen, sie in der Erfüllung dieser von mir eben skizzierten Ziele hinderten, und daß sie viel mehr leisten könnten, wenn sie diese Aufrüstungsausgaben in einer solchen Höhe nicht zu machen brauchten.

Das ist ganz augenscheinlich einer der Gründe für ihre Änderung der Politik, für die sogenannte Entspannungspolitik. Ich betone aber nochmals, nicht etwa Aufgabe der kommunistischen Doktrin, nicht etwa Aufgabe der Überzeugung, daß der Kommunismus die herrschende Macht auf der Erde wird, nicht etwa eine Liebe zum Frieden, sondern es ist die sehr ruhige und kalte Überlegung: Wir können unsere Aufgaben gegenüber der russischen Bevölkerung besser erfüllen, wenn wir weniger Geldausgaben haben für kriegerische Zwecke.

Ich habe den Eindruck gehabt, als ob die Russen, insbesondere diese leitenden Leute, sehr stolz wären auf Sowjetrußland, auf die sowjetrussische Union, auf die Größe und die Macht ihres Staates. Sie haben uns, wenn wir zögerten, ihnen zuzustimmen, diplomatische Beziehungen zu ihnen herzustellen, verschiedentlich gesagt, wenn Sie es nicht wollen, dann lassen Sie es bleiben, damit bleiben wir doch die Sowjetunion, und unsere Existenz können Sie damit nicht beseitigen. Einer der Herren hat einem von unseren Herren bei einer Gelegenheit gesagt, begehen Sie doch nicht denselben Fehler, den Hitler begangen hat, der gesagt hat: Das ist kein Staat, die Sowjetunion, sondern ein geographischer Begriff.

Sie versuchen auch – das ist sehr deutlich in Erscheinung getreten –, dem jetzigen sowjetrussischen Staat einen historischen Unterbau dadurch zu geben, daß sie in der Bevölkerung eine Verbindung herstellen zur russischen Vergangenheit, und zwar im Gegensatz zu Stalin, unter dem der Kreml – der doch das nationale Wahrzeichen Sowjetrußlands ist – hermetisch verschlossen war und vernachlässigt wurde. Jetzt stellen sie die Kirchen und Paläste im Kreml unter Aufwendung sehr großer Geldmittel wieder her und restaurieren die an sich prachtvollen Gemälde in den Kirchen. Sie lassen die Zarengräber in der Kreml-Kirche völlig unberührt und treiben Hunderttausende und abermals Hunderttausende von Russen aus dem ganzen Gebiet von Sowjetrußland durch den Kreml hindurch, die sich das ansehen und das erklärt bekommen.

Im Kreml befindet sich auch ein großes Schloß der Zaren. In diesem Schloß ist ein sehr großer Saal. Das ist der Saal der Georgsritter. In diesem Saal fand unser Empfang statt. Die Wände dieses Saales sind von oben bis unten mit Marmorplatten bekleidet, auf denen mit goldenen Lettern die Namen aller Georgsritter seit Jahrhunderten verzeichnet sind. Herr Bulganin zeigte mir beim Essen voll Stolz diese Tafel der Georgsritter. Sie sind also – das muß man als eine politische Tatsache würdigen – stolz auf die Macht und Größe der Sowjetunion, und sie suchen in der Bevölkerung eine Tradition herzustellen. Ich würde es vielleicht so ausdrücken: Sie versuchen klarzumachen, daß das russische Volk immer war und immer bleiben wird. Einmal waren die Zaren darüber. Jetzt ist das wahre Evangelium gekommen; jetzt sind die Kommunisten darüber. Aber das russische Volk ist der Träger des Ganzen, das russische Volk bleibt!

Meine Damen und Herren! Vielleicht liegt noch eine weitere Wurzel dieser sogenannten Entspannungspolitik darin, daß sie mit dem kalten Krieg in der bisherigen Art nicht nur nichts für sich erreicht haben, sondern im Gegenteil den Westen stärker gemacht und die Völker der freien Welt dazu gebracht haben, aufzurüsten und sich in verschiedenen Organisationen zusammenzuschließen, während sie mit dieser Entspannungspolitik schon einen beachtlichen Erfolg auf der ersten Genfer Konferenz erzielt haben. Sie kamen dahin – mir hat es ein Teilnehmer der Konferenz, der im Zimmer dabei war, erzählt – mehr oder weniger als arme Sünder; sie wurden sehr freundschaftlich aufgenommen und gingen als Gleichberechtigte wieder von dannen. Das hat ihr Selbstvertrauen natürlich ungeheuer gehoben.

In diese Atmosphäre kamen wir nun mit unserem Besuch hinein. Sie versuchen – darauf möchte ich noch zurückkommen – nun mit einer anderen Form des kalten Krieges, die Wachsamkeit des Westens zum Erlahmen und seine Furcht und Sorge vor den Russen zum Erliegen zu bringen, indem sie sich als sehr nette Leute geben. Bulganin und Chruschtschow gehen nach London[6]. Es findet ein Besuch der englischen Flotte in Rußland statt. Ein Besuch der russischen Flotte findet in England statt; kurz und gut, sie benehmen sich jetzt wie richtige Europäer, und das wirkt auf die Europäer viel stärker ein, als wenn sie sich wie kriegerische Barbaren gerierten.

Das ist ja eine große Gefahr nicht nur für unser Volk, sondern auch für die anderen Völker, für die Engländer, die Franzosen und die Amerikaner. Wir dürfen namentlich in unserer christlichen Partei niemals vergessen, daß der Kampf gegen den Kommunismus sich nicht einfach erschöpft in den Kampf um die Wiedererlangung der uns entzogenen Teile Deutschlands, sondern daß dahinter steht der ungeheuer wichtige Kampf zwischen Materialismus und christlicher Überzeugung, der nach meiner Meinung noch Jahrzehnte dauern wird und der eine geistige Schulung unserer Bevölkerung, die leider Gottes zum großen Teil diese Schulung nicht mehr hat, verlangt. Diese Teile gehen materiell in solcher Weise auf, daß sie für die höheren geistigen Werte mehr oder weniger das Gefühl verlieren. Wenn es den freien Völkern der Welt nicht gelingt, gerade dieses

Gefühl für den Wert der auf christlichem Boden entstandenen Güter zu steigern, dann wird die Zukunft nach meiner Überzeugung für weite Teile des Erdkreises sehr dunkel sein; denn mit dem dialektischen Materialismus, mit dem Kommunismus, ist notwendigerweise Sklaverei und Herrschaft einer kleinen Schicht verbunden.

Ich möchte Ihnen ein Wort sagen über den Eindruck, den Moskau selbst auf uns alle gemacht hat. Zunächst war Moskau nach den Schilderungen, die ich schon früher bekommen hatte, eine alte Stadt mit vielen engen Gassen, Holzhäusern usw. Man hat im Laufe der letzten Jahrzehnte breite Straßen von 60 und mehr Metern durch die Stadt nach allen Richtungen gelegt, Straßen von einer Breite, wie ich sie niemals in irgendeiner Hauptstadt, auch nicht in Amerika, gesehen habe, die viel zu breit sind für den Verkehr, sondern die nach meiner Überzeugung angelegt worden sind, um jederzeit ein militärisches Eingreifen bei revolutionären Erhebungen zu gestatten. Schon in den zwanziger Jahren war es ja das große Leid in Berlin – ich habe darüber mit maßgebenden Herren gesprochen –, daß die Straßen im allgemeinen nicht breit genug waren, um den Einsatz militärischer Formationen mit Erfolg zu ermöglichen, so daß bei den damaligen Straßen- und Häuserkämpfen in Berlin die Kommunisten der Polizei und sicher der Reichswehr weit überlegen waren. Nun hat man in Moskau die Straßen so breit gemacht. Ich glaube mit aller Bestimmtheit sagen zu können, daß ein Panzerregiment oder mehrere Panzerregimenter sofort mit allem fertig werden würden, so daß infolgedessen nichts entstehen kann.

Ich möchte Ihnen noch ein Beispiel sagen, in welcher Größe die Russen planen. Die Moskauer – insbesondere Bulganin, der jahrelang Oberbürgermeister von Moskau war – sind sehr stolz auf die Untergrundbahn von Moskau. Sie ist unter Bulganin gebaut worden. Er hat mir erklärt, diese Untergrundbahn sei 60 m unter der Erde. 60 m seien nötig, damit keine Bombe irgendetwas anrichten könne. Er sagte weiter: Diese Untergrundbahn ist so gebaut, daß die ganze Millionenbevölkerung von Moskau im Falle eines Angriffs auf Moskau darin Platz finden kann. Wir haben gesorgt für Wasser, elektrisches Licht, Ernährung, Entlüftung usw., und wir können alle Zugänge hermetisch schließen. – Ich sah ihn etwas überrascht an, und er setzte hinzu, damit kein Giftgas hineindringt. Man hatte schon in den dreißiger Jahren damit gerechnet, daß eventuell einmal ein Angriff auf Moskau aus der Luft kommen würde, und hat deshalb in dieser geradezu riesenhaften Weise Vorsorge getroffen, so daß man keine Bunker benötigt und trotzdem die Bevölkerung nach menschlichem Ermessen vollkommen gesichert ist.

Trotz all dieser sehr offenen Gespräche war die Atmosphäre schlecht; sie verschlechterte sich so, daß ich des Montags angeordnet habe – im Gegensatz zu den bis dahin getroffenen Anordnungen –, die Flugzeuge sollten schon am Dienstag zurückkehren – sie waren in Hamburg stationiert –, damit wir am Dienstag wieder abfliegen konnten und nicht, wie ursprünglich vorgesehen, am Mittwoch. Selbstverständlich haben die Sowjets das gehört, da der Flugplatz unter ihrer Kontrolle stand. Und wahrscheinlich – ich kann nicht sagen, sicher – war das der Grund, warum bei dem Empfang im Kreml plötzlich Bulganin zu mir sagte: Herr Bundeskanzler, ich will Ihnen einen Vorschlag machen.

Wenn Sie mit uns diplomatische Beziehungen herstellen, dann geben wir Ihnen sämtliche verurteilten Kriegsverbrecher frei. – Ich habe ihm erwidert: Herr Ministerpräsident, das ist ein faires Angebot, das ich mit meiner Delegation besprechen werde. – Er hat dann Herrn Chruschtschow zum Zeugen dafür angerufen, daß er auch bestätigen sollte, so soll es sein. Bulganin erklärte: Ich gebe Ihnen mein Ehrenwort darauf. – Und auch Chruschtschow erklärte, ich gebe Ihnen mein Wort darauf. – Warum diese ehrenwörtliche Erklärung? Sie wollten sich nicht antun lassen, glaube ich, daß man ihren Vorschlag, diplomatische Beziehungen zu ihnen herzustellen, an Bedingungen knüpfte. Sie sagten auch sehr offen, wir unterhalten mit Völkern diplomatische Beziehungen, mit denen wir große Schwierigkeiten und Auseinandersetzungen haben. Zwischen uns sind viele Meinungsverschiedenheiten. Aber warum sollten wir diese diplomatischen Beziehungen nicht herstellen?

Man muß das verstehen und muß es natürlich auch einkalkulieren. Wir haben dann, nachdem ich das meiner Delegation vorgetragen hatte, dieses Angebot angenommen. Aber es lag uns daran, daß Bulganin und Chruschtschow vor den gesamten beiden Delegationen – zusammen etwa 30 bis 40 Mann – ihr Ehrenwort wiederholten, damit dieses Wort nicht nur mir – weil es ja so nicht bewiesen werden könnte – allein gegeben war. Das haben sie auch getan. Sie haben vor den beiden Delegationen ehrenwörtlich bekräftigt, daß sie das tun würden. Ich habe ihnen gesagt, wir haben noch eine große Liste von Verschleppten, von Kriegsgefangenen, die zurückgehalten werden. Sie haben dann ihr Ehrenwort darauf gegeben, daß auch die zurückkehren könnten; wir müßten ihnen nur diese Listen geben. Sie müßten dann nachprüfen, ob das der Fall sei. Kurz und gut, diese Rückführung sollte sich erstrecken auf alle Personen, die zurückgehalten würden, nicht auf diejenigen, die mit ihnen Arbeitsverträge abgeschlossen hätten und deren Arbeitsvertragszeit noch nicht abgelaufen sei.

Meine Damen und Herren! Das ist der Verlauf. Wenn man einmal retrospektiv die ganzen Dinge betrachtet, können wir sagen, wir haben unsere Pflicht erfüllt. Wir haben das getan, was in dieser Situation zu tun war. Wir haben uns vor allem mit den Leuten sehr offen ausgesprochen. Wir stellen diplomatische Beziehungen her. Wir bekommen unsere Kriegsgefangenen und eventuell noch andere Deutsche zurück. Daran, daß das Wort der beiden erfüllt wird, habe ich nie gezweifelt. Zunächst hatten einige Herren in unserer Fraktion daran etwas gezweifelt. Es war mir nie unklar, daß sie, so wenig Glauben man auch dem schenken kann, was sie sagen, in einer so wichtigen Sache ein feierlich abgegebenes Ehrenwort auch halten würden. Ich nehme an, daß in der nächsten Woche die ersten paar tausend Kriegsgefangene zurückkommen werden.

Ich darf noch ein Wort sagen über die Bevölkerung von Moskau. Ich muß Ihnen gestehen – das werden wohl auch die anderen Herren bestätigen –, ich habe niemals in meinem Leben ein Volk gesehen, das so trostlos und hoffnungslos aussah wie die Menschen in Moskau; nicht nur daß sie so erbärmlich angezogen waren – sie sahen so aus, wie bei uns die Leute vielleicht im Jahre 1947 aussahen –, sondern auch ihre Gesichter waren grau und ohne Ausdruck, es sei denn, sie hatten einen Ausdruck der absoluten

Hoffnungslosigkeit. Moskau kam mir vor – so habe ich mir das früher immer vorgestellt – wie eine Kolonialstadt, in der die farbige Bevölkerung schwer und ohne Recht arbeiten muß und beherrscht wird von einer kleinen Schar, die über alles gebietet. Diese kleine Schar ist auch schon da, das sind die Führer der Parteien in den verschiedenen Gremien; das sind die hohen Beamten und die hohen Offiziere; das sind die Leute, die eine leitende Stellung haben in den Fabriken und industriellen Unternehmungen. Die haben Autos und leben besser. Die können in den freien Läden kaufen, soweit etwas zu kaufen ist, und sie können in den freien Restaurants essen, aber zu welchen Preisen! Einige von uns haben sich einige Läden, in denen die Waren mit Preisen versehen im Schaufenster stehen, angesehen. Damenschuhe, die billigsten, kosten 360 Rubel. Das sind etwa 360 DM. Bessere Damenschuhe kosten 600 Rubel, Herrenschuhe auch 600 Rubel. Drei von unseren Herren haben in einem freien Restaurant gegessen und eine Vorspeise, eine Fleischspeise und einen Nachtisch bekommen und zusammen eine Flasche Rotwein getrunken und dafür 240 Rubel bezahlen müssen. Auf unsere Frage an Journalisten, die schon länger da sind, ob denn Leute da seien, die so etwas bezahlen könnten, bekamen wir die Antwort: Ja, das ist eine kleine Schicht, die kann etwas Derartiges bezahlen.

Wie ist es nun mit den Kirchen? Ich war in einer polnischen Kirche, die sehr gut besucht war. Sie ist nicht groß. Es war von uns auch jemand in einer orthodoxen Kirche. Er sagte, diese orthodoxe Kirche sei am Sonntag überfüllt gewesen, und zwar nicht nur von älteren, sondern auch von jungen Leuten. Aber tatsächlich ist es so, daß, vielleicht abgesehen von ganz entlegenen Winkeln des Landes, doch die Religion, man kann sagen ausgemerzt ist beim Volk. Man soll sich keiner Täuschung hingeben; denn das, was einmal ein führender Mann von den Russen gesagt hat: „Wir haben nicht mehr nötig, die Religion zu verfolgen, weil sie ausgelöscht ist", scheint mir in weitestem Maße zuzutreffen.

Nun möchte ich noch ein Wort sagen über die Zukunft. Ich meine jetzt nicht über die Zukunft in der Frage der Wiederherstellung der deutschen Einheit. Da steht die Sache ja so, daß in New York ein gemeinsames Programm festgelegt worden ist[7], wonach die drei Westmächte sich verpflichtet haben, als Vorbedingung für die Herstellung eines Sicherheitssystems – von dem die Russen immer sprechen – die Wiederherstellung der deutschen Einheit zu verlangen. Ob das beim ersten Anhieb gehen wird, werden wir sehen. Ich glaube, wir sollten unsere Erwartungen nicht zu hoch spannen. Die erste Konferenz wird es wahrscheinlich nicht bringen, vielleicht aber die zweite oder die dritte.

Was die Frage der Wiederherstellung der deutschen Einheit von russischer Seite aus gesehen angeht, so bitte ich Sie, sich folgendes vor Augen zu halten. Militärische Gründe spielen dabei für die Russen gar keine Rolle. Es spielt für die Russen auch gar keine Rolle, ob jetzt vielleicht noch einige Fabriken da sind, die etwas wert sind. Es spielt für die Russen keine Rolle, daß 17 oder 18 Millionen Menschen da sind. Für die Russen spielt ein ganz anderer Gesichtspunkt eine entscheidende Rolle. Das trat in den Gesprächen auch sehr klar zutage. Wenn Sowjetrußland die Zone hergibt, dann gibt es damit

ein Gebiet preis, das – wie Chruschtschow sich ausdrückte – die Segnungen des Kommunismus erfahren hat. Es gibt diese Menschen zurück an den Kapitalismus mit all seinen Schrecken. Das war nach seiner Sprechweise gut ausgedrückt und entsprach vielleicht auch seiner Überzeugung. Denn man muß sich klarmachen, daß die DDR das am weitesten vorgeschobene Bollwerk des Kommunismus ist, und wenn die Russen dieses Bollwerk räumten – und die Gewährung freier Wahlen würde gleichbedeutend sein mit einer solchen Räumung –, dann gäben sie damit unmißverständlich zu verstehen, daß sie ihr Ziel, Westeuropa unter die kommunistische Macht zu bringen, aufgeben. Das würde sowohl auf die Kommunistische Partei Frankreichs wie auf die Kommunistische Partei Italiens sowie auf die Krypto-Kommunisten Deutschlands einen verheerenden Eindruck ausüben; denn dann verlören sie ihre Mitläufer und alle diejenigen, die glauben, daß von einem zur Macht gekommenen Kommunismus irgend etwas zu ernten sei.
Daher ist – man muß das verstehen vom Standpunkt der Russen aus – die Aufgabe der Sowjetzone für sie ein großes Opfer, weil sie damit – ich wiederhole das nochmals – dokumentieren, daß sie ihr Ziel, Westeuropa dem Kommunismus zu unterwerfen, aufgeben. Sie werden das nur dann tun, wenn sie etwas dafür bekommen; was, das wird sich finden, aber sie wollen etwas dafür haben.
Die Pariser Verträge sind ihnen in diesem Zusammenhang völlig gleichgültig, sie spielen überhaupt keine Rolle. Chruschtschow sagte: Sie sind den Pariser Verträgen beigetreten. Das ist eine Realität. Wir sind Menschen, die die Realitäten als Realität nehmen. Wir stellen gar nicht das Verlangen an Sie, die Pariser Verträge preiszugeben. – Sie müssen also diese ganze Frage, damit Sie ihre Bedeutung und ihre Schwere richtig sehen, vom Standpunkt der Russen aus betrachten, wie ich es eben zu skizzieren versucht habe. Dann werden Sie mit mir darüber übereinstimmen, daß aber auch gar nichts, was Deutschland gewähren kann – es sei denn das Opfer seiner Freiheit und Übertritt zum Kommunismus –, die Russen dazu bewegen wird, ihre westliche Bastion preiszugeben.
[. . .][8]

Quelle: Sitzung des Bundesparteivorstandes der CDU am 30. 9. 1955 in Bonn. Maschinenschriftliches Wortprotokoll (Durchdruck).

Anmerkungen

1 Der hier nicht abgedruckte kürzere erste Teil der Darlegungen befaßt sich mit den möglichen Konsequenzen der Erkrankung Präsident Eisenhowers für die internationale Politik. – Weitere wesentliche Informationen zu den im folgenden geschilderten Moskauer Verhandlungen finden sich im Bulletin vom 10. 9. 1955 (Rede des Bundeskanzlers bei der ersten Arbeitssitzung im Kreml), in Adenauers Regierungserklärung vor dem Deutschen Bundestag am 22.9. 1955 und in den Erinnerungen II, S. 487-556.

2 Dr. Kurt Georg Kiesinger MdB gehörte ebenso wie Professor Carlo Schmid MdB als Mitglied des Auswärtigen Ausschusses des Deutschen Bundestages der Verhandlungsdelegation an.

3 Die Regierungschefs der Vier Mächte hatten auf der Genfer Gipfelkonferenz am 23. 7. 1955 beschlossen, die deutsche Frage von einer Außenministerkonferenz im Herbst 1955 erörtern zu lassen und dafür einige Richtlinien formuliert (Text in: Europa-Archiv 1955, S. 8064). Die Genfer Außenministerkonferenz der Vier Mächte vom 27. 10.-16. 11. 1955 endete erfolglos.

4 Ein von Prof. Alfred Müller-Armack verfaßtes Memorandum, das die diesbezüglichen Vorstel-

lungen Bundeswirtschaftsminister Erhards erkennen läßt, findet sich bei Alfred Müller-Armack: Auf dem Weg nach Europa. Erinnerungen und Ausblicke. Tübingen und Stuttgart 1971, S. 81-89.

5 Robert Pferdmenges war von 1950-1962 CDU-Bundestagsabgeordneter und ein enger Vertrauter Adenauers.

6 Der Besuch der sowjetischen Regierungsdelegation in London fand vom 18. - 27. 4. 1956 statt.

7 Auf einer Zusammenkunft am 28. 9. 1955.

8 Es folgt noch eine kürzere Kritik an Äußerungen von Dr. Thomas Dehler.

Literatur: Bruno Bandulet: Adenauer zwischen West und Ost. Alternativen der deutschen Außenpolitik. München 1970. – Klaus Gotto: Adenauers Deutschland- und Ostpolitik 1954 - 1963, in: Adenauer-Studien III, S. 3 - 91.

20. Januar 1956

Ansprache vor der ersten Einheit der Bundeswehr in Andernach

Grundsätzliche Ausführungen über die Aufgabe der Streitkräfte im demokratischen Staat.

Soldaten der neuen Streitkräfte!

Es ist mir eine Freude, am heutigen Tage zu Ihnen zu sprechen. Nach Überwindung großer Schwierigkeiten sind Sie die ersten Soldaten der neuen deutschen Streitkräfte geworden. Das deutsche Volk sieht in Ihnen die lebendige Verkörperung seines Willens, seinen Teil beizutragen zur Verteidigung der Gemeinschaft freier Völker, der es heute wieder mit gleichen Rechten und Pflichten wie die anderen angehört. Dieser unser Beitrag und die enge Zusammenarbeit mit unseren Verbündeten, ohne die eine Verhütung eines Angriffes und eine wirksame Verteidigung unserer Heimat nicht denkbar ist, bedeutet für uns eine vertragliche Verpflichtung, sie ist uns eine Herzenssache.

Einziges Ziel der deutschen Wiederbewaffnung ist es, zur Erhaltung des Friedens beizutragen. Wir werden dieses Ziel erreicht haben, wenn die gemeinsame potentielle Abwehrkraft der Verbündeten zu jedem Zeitpunkt ein zu großes Risiko für jeden möglichen Angreifer bedeutet. In einer solchen militärischen Stärke, die lediglich für unsere Verteidigung ausreicht, kann niemand eine Bedrohung erblicken.

Die wachsame Bewahrung der Freiheit ist eine gemeinsame Aufgabe aller Staatsbürger. Sie beginnt bereits im persönlichen Bereich und muß unser gesamtes staatliches Leben durchziehen. Denn auch von innen her ist die Freiheit stets durch mancherlei Gegenkräfte bedroht. Moralische und soziale Bemühungen müssen mit dem militärischen Verteidigungsbeitrag Hand in Hand gehen.

Ihnen als Soldaten ist der Schutz dieser Lebensordnung gegen Angriffe von außen her aufgegeben. Dieser Auftrag ist Ihnen vom Parlament und Regierung namens des Volkes gestellt. Sie werden Ihre Aufgabe nur erfüllen können, wenn Sie vom Vertrauen des Volkes getragen sind. Die Einordnung von Streitkräften in das Staatsgefüge nach mehr als zehnjähriger Unterbrechung ist eine Bewährungsprobe für unsere Demokratie, die den guten Willen und die Bereitschaft aller positiven Kräfte erfordert. Die Öffentlichkeit wird diese Einordnung mit starker innerer Anteilnahme begleiten.

In der heutigen Zeit ist es nicht der Soldat allein, der die Last und die Gefahr eines möglichen Krieges zu tragen hat. Wert und Berechtigung erhalten die Streitkräfte durch ihre Aufgabe, sich schon im Frieden den Leistungen und Entbehrungen eines Krieges stets gewachsen zu zeigen. Gerade dadurch, durch ihre ständige Abwehrbereitschaft, sollen sie das Grauen eines Krieges verhüten. Der Soldat darf und will deshalb nicht mehr, aber auch nicht weniger sein als jeder andere Staatsbürger, der eine Funktion im Dienste der Gemeinschaft zu erfüllen hat.

Die Angehörigen der Streitkräfte sind Kinder dieses Volkes, dessen Geist und Lebensart auch ihre Persönlichkeit geprägt hat. Der allgemeine Zeitgeist wird sich deshalb stets in den Soldaten widerspiegeln. In ihrer Gesamtheit, als Einrichtung des Staates, unterstehen die Streitkräfte wie jeder andere Zweig der staatlichen Exekutive dem Vorrang der politischen Führung. Die organische Eingliederung in die staatliche Ordnung erfordert Disziplin und Selbstbescheidung des Soldaten. Sie verlangt aber auch die Bereitschaft der Allgemeinheit, ehrlichen Bemühungen die Tore zu öffnen, den Soldaten nicht in eine verhängnisvolle Absonderung zu drängen und ihn nach mancherlei Mißdeutungen und negativen Einflüssen der Vergangenheit wieder in seinem Wert zu würdigen.

An Ihnen als künftigen Vorgesetzten wird es liegen, in Verantwortung gegenüber den Ihnen anvertrauten Menschen den militärischen Dienst sinnvoll zu gestalten. Dann wird das nach den Einflüssen der Vergangenheit verständliche Mißtrauen durch eigenes positives Erleben überwunden. Hierzu ist viel Geduld und neben hohem fachlichen Können viel menschliches Einfühlungsvermögen notwendig.

Soweit Sie als ehemalige Soldaten jetzt wieder in die Streitkräfte eingetreten sind, haben Sie sich inzwischen zehn Jahre lang in zivilen Berufen bewährt. Die dabei gewonnenen Erkenntnisse und Erfahrungen sind für Ihre Aufgaben als Offiziere und Unteroffiziere ein wertvolles Kapital, wie es in diesem Umfange noch nie einer Armee zur Verfügung stand. Sie sind die Ersten aus einer großen Anzahl von Kameraden, die noch nach Ihnen kommen werden. Viele andere, die im Kriege auch tapfer, treu und gehorsam ihre Pflicht getan haben und seitdem die Aufgaben des zivilen Lebens meisterten, werden nicht mehr Verwendung finden können. Sie dürfen darin keine abwertende Zurücksetzung erblicken.

Die Jüngeren von Ihnen, die zum ersten Male in einer soldatischen Gemeinschaft dienen, müssen sich stets vor Augen halten, daß der Geist der neuen Streitkräfte nicht nur durch die Führer, sondern auch durch die Geführten geformt wird. Ohne einen entsprechenden Widerhall müßten die Bemühungen der Vorgesetzten ergebnislos bleiben. Es wird von Ihnen abhängen, mit welcher Einstellung künftige Rekruten in die Kaserne einziehen und welche Atmosphäre sie dort erwartet. Auch im täglichen Dienst sollen Sie sich ihrer Bedeutung bewußt sein. Das Prinzip der Arbeitsteilung, das durch die fortschreitende Technisierung in einer modernen Armee herrschen muß, kennt nur Aufgabenbereiche verschiedenen Umfangs, nicht aber Unterschiede in dem Grad der persönlichen Verantwortung.

Soldaten!

Sie stehen vor einer Aufgabe, die durch manche Schatten der Vergangenheit und Probleme der Gegenwart besonders schwierig ist. Die zeitliche Lücke von 10 Jahren bedeutet zugleich die einmalige Möglichkeit zu neuem Beginn, wie auch die Verpflichtung, in unermüdlicher Arbeit Versäumtes nachzuholen. Das deutsche Volk erwartet von Ihnen, daß Sie in treuer Pflichterfüllung Ihre ganze Kraft einsetzen für das über allem stehende Ziel, in Gemeinschaft mit unseren Verbündeten den Frieden zu sichern. Gehen Sie mit der Gewißheit an Ihre Arbeit, daß Ihre Leistungen Anerkennung finden werden. Bewahren Sie sich ein frisches Herz und einen freien Sinn. Ich wünsche Ihnen, daß Ihr Dienst Ihnen Freude und innere Befriedigung geben möge!

Quelle: ARh, maschinenschriftliches Redemanuskript (Durchdruck)

14. Juni 1956

Rede vor dem Council on Foreign Relations in New York

Grundsätzliche Ausführungen zur westlichen Entspannungspolitik, der gegenüber sich Adenauer damals – vor der Ungarnkrise – in einer schwierigen Lage befand.

Herr Vorsitzender, meine Herren!

A

Es ist mir eine große Freude, nach nunmehr fast genau 3 Jahren wieder vor dem Council zu sprechen – um so mehr, als ich meinen bereits im Herbst 1954 vorgesehenen zweiten Besuch bei Ihnen im letzten Moment wegen der Nachricht von dem tragischen Hinscheiden meines guten Freundes, des Präsidenten unseres Bundestages, Hermann Ehlers, absagen mußte. In Ihrem Kreis befinden sich so viele alte persönliche Bekannte von mir und verständnisvolle Freunde unseres Landes, daß ich mich bei Ihnen wahrhaft zu Hause fühle. Ich möchte Sie daher auch bitten, mir zu gestatten, in diesem Geiste der Verbundenheit heute sehr offen zu Ihnen zu sprechen.

Ich möchte Ihnen nicht verhehlen, daß ich die Entwicklung der letzten Zeit nicht ohne

Sorge betrachte. Die Vorgänge in Sowjetrußland werden von vielen fast fasziniert verfolgt. Es scheint mir, daß sie bei weitem überschätzt werden. Es gibt Leute, die meinen, daß eine starre, in sich gekehrte Einmann-Diktatur von einem beweglichen, weltoffenen „Direktorium" abgelöst worden sei, dem es in verhältnismäßig kurzer Zeit gelungen sei, der sowjetischen Politik Dynamik und eine Aufgeschlossenheit für die Notwendigkeiten anderer Völker zu verleihen. Eine ungeheuere Aktivität von Reisen und Einladungen hat eingesetzt, die der übrigen Welt das Streben des Sowjetvolkes nach Frieden vor Augen führen soll.

Es ist nicht zu leugnen, daß diese neue Taktik des Kremls in manchen Teilen der Welt – insbesondere den neutralistischen und den nicht festgelegten Ländern – einen gewissen Erfolg hat. Das Ansehen und der Einfluß des Westens in manchen dieser Länder ist dadurch gesunken. Aber auch in Europa, sogar in den Vereinigten Staaten, hat diese neue Taktik Wirkungen ausgeübt. Nachdem der Ansporn der unmittelbaren Bedrohung scheinbar entfallen ist, weist die westliche Allianz heute gewisse Ermüdungserscheinungen auf, die sehr wohl zu einer Lockerung unseres Verteidigungsbündnisses führen könnten. In der Öffentlichkeit mancher unserer Länder sind Zweifel an der Richtigkeit unserer bisherigen Politik und Rufe nach ihrer Überprüfung laut geworden. Zwischen einigen der Mitglieder des westlichen Bündnisses sind ernste Meinungsverschiedenheiten aufgetreten, die eine vertrauensvolle Zusammenarbeit erschweren. Die Völker des Westens werden der ständigen Ausgaben und Anstrengungen für die Rüstung müde und neigen wieder dazu, ihre nationalen Interessen in den Vordergrund zu stellen. Sogar in Ihrem Land, dessen Idealismus von jeher so stark gewesen ist, zeigen sich Enttäuschung und Zweifel.

Ich glaube, es ist an der Zeit, daß der Westen die Lage einmal nüchtern analysiert. Hat sich in der Sowjetunion tatsächlich ein grundlegender Wandel vollzogen, der von uns eine völlig neue Haltung fordert? Ist unsere bisherige Politik wirklich so erfolglos gewesen oder hat sie nicht vielmehr die Sowjets erst dazu veranlaßt, von ihrem bisherigen Prinzip der offenen Aggression abzugehen oder wenigstens zunächst abzugehen und neue subtilere Methoden der Aggression zu wählen? Was sind die Folgerungen, die der Westen für seine Politik aus den Vorgängen in Rußland ziehen sollte, und welche Möglichkeiten bieten sich ihm, mit einer erneuten großen Anstrengung dem sowjetischen Vordringen Einhalt zu gebieten?

B

Um darauf zu antworten, muß man versuchen, ein Bild von den jüngsten Vorgängen in der Sowjetunion und im Ostblock zu gewinnen.

Dabei stellen sich unter anderem folgende Fragen:

1) Was bedeutet die öffentliche Verdammung Stalins, die das sensationelle Ereignis des 20. Parteikongresses in Moskau war[1]? Welche Gründe haben sie herbeigeführt?

2) Ist die Reduzierung der russischen Heeresstärke um 1,2 Millionen Mann tatsächlich ein erster Schritt zur allgemeinen Abrüstung?

3) Bedeutet die Absetzung Molotows auch wirklich eine Änderung der russischen Außenpolitik?

Wenn es uns gelingt, die Ursachen für diese aufsehenerregenden Ereignisse zu finden, so können wir wichtige Schlußfolgerungen ziehen, aus denen sich die Absichten der sowjetischen Führung klarer erkennen lassen.

Bereits im Frühjahr und Sommer 1955 sind in Moskau zwei Entscheidungen von größter Tragweite gefallen:

1) der Entschluß, die russische Rüstung und Verteidigung von den bisher herkömmlichen Waffen auf atomare Basis umzustellen;

2) der Entschluß, das technische Niveau der gesamten Wirtschaft, insbesondere der Schwerindustrie, unter Anwendung modernster Methoden zu heben.

Diese Entschlüsse sind durch den 20. Parteikongreß bestätigt und erweitert worden. Zum *Militärischen* hat Marschall Shukow in seiner Rede festgestellt, daß der organisatorische Umbau der Sowjetarmee abgeschlossen sei.

Die *wirtschaftliche* Zielsetzung ist durch die Annahme des neuen Fünfjahrplanes bestätigt worden. Es handelt sich dabei um den ersten Abschnitt einer bis 1970 reichenden „Perspektivplanung". Sie soll die Sowjetunion in Stand setzen, die führenden westlichen Industriestaaten in der Produktion pro Kopf der Bevölkerung einzuholen, sogar sie zu überholen. Damit soll die Überlegenheit des kommunistischen Systems auch auf wirtschaftlichem Gebiet bewiesen und dem Kommunismus eine unwiderstehliche Anziehungskraft auf die wirtschaftlich schwach entwickelten Länder verliehen werden.

Dies erfordert die Durchführung eines Programmes des Aufbaues neuer, der Ausdehnung vorhandener Industrien und einer starken Rationalisierung und Modernisierung auf allen Gebieten. Sie erfordert vor allem eine rasche Entwicklung der Energiewirtschaft und der Schwerindustrie. Zugleich sollen die industriellen Schwerpunkte weiter nach Osten verschoben und eine dritte industrielle Basis in Mittel- und Ostsibirien geschaffen werden.

Zu diesen eigenen ungeheueren Aufgaben treten die großen Verpflichtungen hinzu, die die Sowjetunion gegenüber der Volksrepublik China und im Rahmen ihrer Wirtschaftsoffensive im asiatisch-afrikanischen Raume auch gegenüber anderen Ländern übernommen hat.

Die sowjetischen Führer stehen damit vor einem nicht zu lösenden Dilemma: Die Gefahr für sie liegt darin, daß der Versuch, *alle* Aufgaben zugleich planmäßig durchzuführen, wohl aussichtslos erscheint, daß er aber auf alle Fälle eine Versorgungskrise heraufbeschwört. Diese Gefahr ist für die heutige sowjetische Führung deshalb besonders groß, weil sie nicht mehr über die Autorität Stalins verfügt. Sie ist daher auch nicht mehr in der Lage, den Polizeiapparat mit der gleichen Rücksichtslosigkeit wie früher einzusetzen, um die Erfüllung der Planziele zu erzwingen oder eventuelle Unruhen zu bekämpfen.

Wenn solche Pläne wirklich durchgeführt werden sollen, braucht das Sowjetregime dringend eine Entlastung, eine Atempause auf anderen Gebieten. Es versucht heute, mit einer Reihe von geschickt aufeinander abgestimmten Maßnahmen auf den verschieden-

sten Gebieten diese Entlastung zu gewinnen. Gleichzeitig setzt es die Arbeitskraft des russischen Volkes in rücksichtsloser Weise weiterhin bis zum Äußersten ein.
Auch die kürzlich angekündigte Herabsetzung der russischen Heeresstärke geht zweifellos mit auf dieses Dilemma zurück. Sie macht dringend benötigte Arbeitskräfte für Landwirtschaft und Industrie frei. Gleichzeitig erfolgt sie zu einem genau überlegten Zeitpunkt, zu dem ihr politischer und psychologischer Effekt zweifellos erheblich ist. Die militärische Bedeutung dieser Maßnahme ist jedoch m.E. gering, um nicht zu sagen: gleich Null. Genau wie dies in Ihrem Lande der Fall ist, hat sich auch in der Sowjetunion eine Wandlung des strategischen Denkens vollzogen, die zu einer Ersetzung der herkömmlichen Waffen in zunehmendem Maße durch modernste Kampfmittel führt. Man sollte daher richtiger nicht von *Ab*rüstung in der Sowjetunion sprechen, sondern vielmehr von einer Umstellung der Rüstung. Die Sowjets verwirklichen heute lediglich den „New Look" auf militärischem Gebiet, von dem bei uns seit langem so viel die Rede gewesen ist. Die Aufrechterhaltung einer Landarmee in dem bisherigen Ausmaße ist für die Sowjetunion sinnlos geworden. Auch wenn sie diese 1,2 Millionen Mann entläßt, bleiben ihr übrigens von ihren 175 Divisionen immer noch 115 Divisionen, die sie ständig unter Waffen hält, gegenüber etwa 40 aktiven Divisionen, über die die NATO-Mächte zusammengenommen heute in Europa verfügen. Ich darf daran erinnern, daß General Gruenther am 31. Mai vor dem Senat erklärt hat, daß die Sowjetunion auch mit nur 100 Divisionen, unter Berücksichtigung ihrer Atomfeuerkraft, noch ein, wie er sich ausdrückte, „durchaus gefährlicher Angreifer" wäre.
Schließlich darf nicht unerwähnt bleiben, daß die Satellitenstaaten, die im Warschauer Pakt unter straffer zentraler Führung zusammengefaßt sind, darüber hinaus über weitere 80 Divisionen verfügen, deren Moral und Ausrüstung in den vergangenen 2 – 3 Jahren ständig verbessert worden sind.
Es hat gewisse Anzeichen dafür gegeben, daß Malenkow[2] sich mit dem Gedanken getragen hat, einen wirklichen Ausgleich mit dem Westen zu suchen. Dieser Weg hätte die Bereitschaft auf russischer Seite vorausgesetzt, das freie Wirtschafts- und Gesellschaftssystem als eine gleichberechtigte Lebensordnung anzuerkennen und zu einer klaren und dauernden Interessenabgrenzung mit der sogenannten kapitalistischen Welt unter Beseitigung der bestehenden Spannungsursachen zu gelangen. Dieser Versuch Malenkows ist jedoch im Keim erstickt worden.
Chruschtschow hat diese Gedanken auf dem 20. Parteikongreß ausdrücklich verworfen. Für ihn bleibt der Endsieg des Weltkommunismus das erklärte Ziel, und deshalb handelt es sich bei der von ihm heute propagierten „friedlichen Koexistenz", – jedenfalls soweit es sich bis jetzt beurteilen läßt –, lediglich um einen vorübergehenden Zwischenzustand.
Ich glaube, daß diese Überlegungen von großer Tragweite sind. Sie zeigen uns zweierlei. Zum ersten: Es gibt bisher keine Anzeichen dafür, daß eine Änderung, ja auch nur eine gewisse Lockerung der inneren Verhältnisse in der Sowjetunion eingetreten ist, die es für sie notwendig macht, echte Zugeständnisse in der Außenpolitik zu machen. Zum anderen: Wir müssen die weitere Entwicklung in der Sowjetunion mit größter

Skepsis und Wachsamkeit verfolgen. Für mich bleibt Diktatur Diktatur – ganz gleich, ob sie nur von *einem* Mann oder durch mehrere Männer ausgeübt wird. Im übrigen darf ich darauf hinweisen, daß derselbe Stalin, dessen posthume Verbrennung wir erleben, genau dasselbe Manöver einmal vorgenommen hat, indem er auf dem 14. Parteikongreß 1925, also kurz nach Lenins Tod, verkündete: „Es ist unmöglich, die Partei anders zu führen als durch ein Kollegium." Wir haben somit allen Anlaß, anzunehmen, daß es lediglich zwingende Gründe der Zweckmäßigkeit waren, die dem Stalinkult ein Ende gesetzt haben. Wir haben keinen Beweis dafür, daß in den langjährigen Helfern des toten Diktators ein Wandel der Gesinnung vor sich gegangen ist. Die Reden auf dem Parteitag beweisen das Gegenteil. Chruschtschow schildert Stalin zwar als größenwahnsinnigen und blutrünstigen Tyrannen, aber er verurteilt lediglich Stalin selbst und nicht etwa den Mord oder den Terror als solchen[3]. Er ist durchaus der Meinung, daß „Volksfeinde" ohne weiteres beseitigt werden dürften. Stalin wird nur verübelt, daß sein Blutrausch die Partei geschädigt habe und der internationalen Position der Sowjetunion abträglich gewesen sei. Diese Grundeinstellung Chruschtschows zeigt, daß ungezügelter Terror in der Sowjetunion in dem Augenblick wieder zur Herrschaft gelangen kann, in dem dies den Herrschern im Kreml zweckmäßig erscheint.

Die Sowjetunion hat sich bis jetzt nicht bereit gefunden, irgendwelche Zugeständnisse zur Beseitigung der wesentlichsten Spannungsursachen zu machen. Sie werden verstehen, wenn ich in diesem Zusammenhang vor allem auf die deutsche Frage hinweise. Die sowjetische Haltung hierzu hat sich seit dem deprimierenden Verlauf der Genfer Außenministerkonferenz vom Oktober 1955, auf der von russischer Seite die sehr weitgehenden Sicherheitsangebote des Westens mit einer verächtlichen Geste vom Tisch gefegt wurden, nicht nur nicht gelockert, sondern sogar in ihrer negativen Tendenz bestätigt. Noch kürzlich hat diese Einstellung durch die Äußerungen, die Herr Chruschtschow den französischen Staatsmännern gegenüber bei ihrem Besuch in Moskau gemacht hat, in einer brutalen Form ihre Bestätigung gefunden[4]. Nicht einmal um den Preis der Neutralisierung, – d.h. um den Preis unserer Sicherheit – ist die Sowjetunion bereit, den Menschen der von ihr besetzten Zone Deutschlands die Freiheit wiederzugeben.

Ich bitte Sie, betrachten Sie die Frage der Wiedervereinigung Deutschlands nicht bloß als eine deutsche Angelegenheit oder als ein moralisches Prinzip. Sie ist ein Problem von weittragendster, unmittelbarer politischer Bedeutung für die ganze freie Welt: Solange die 17 Millionen Menschen, die heute in der von den Sowjets besetzten Zone Deutschlands unter der kommunistischen Tyrannei leben, nicht mit ihren Brüdern und Schwestern in Freiheit wieder vereinigt sind, wird Europa ein Feld gefährlicher politischer Spannungen bleiben, von denen auch Ihr Land nicht unberührt bleiben kann.

Die Sowjetregierung hat sich auch nicht zu einem ausreichenden Entgegenkommen in der Frage der Abrüstungskontrolle bereit gezeigt. Ich erinnere Sie daran, daß sie den großartigen Luftinspektionsplan von Präsident Eisenhower[5] nach wie vor ablehnt. Die Sowjets versuchen weiter, mit allen offenen und subversiven Mitteln, in der ganzen Welt die Position des Westens zu unterminieren und die Gegensätze zu schüren.

Ich will keineswegs in Abrede stellen, daß sich in der Sowjetunion gegenwärtig interessante Dinge abspielen. Wir müssen sie jedenfalls auf das genauste daraufhin beobachten, ob sie vielleicht eines Tages als Anzeichen dafür gewertet werden können, daß sich in der Sowjetführung eine gewisse Sinnesänderung anbahnt.

In der Aera Stalins waren Furcht und Mißtrauen zu den hauptsächlichsten Antriebskräften in der sowjetischen Gesellschaft geworden. Das Ergebnis war eine Lähmung jeder Initiative und Verantwortungsfreude. Heute macht das Regime den Versuch, diesen toten Punkt zu überwinden. Es kann sein, daß hierin eine Chance liegt. Es ist nicht ausgeschlossen, daß das Regime in der Zukunft zu größeren Zugeständnissen genötigt wird, als es ursprünglich beabsichtigte, um dem Drängen der russischen Bevölkerung nach Hebung ihres Lebensstandards nachzukommen. Ähnliche Anzeichen einer gewissen Unruhe liegen auch in einigen europäischen Staaten des Ostblocks vor. Aber das alles sind bis jetzt lediglich Hoffnungen und noch keine Tatsachen.

Ich möchte zusammenfassend sagen: Die heutige sowjetische Führung hat gewisse Herrschafts*methoden* Stalins verurteilt, obgleich die heute Führenden die gehorsamsten Mittäter Stalins waren. Sie hat eine Anzahl theoretischer Lehren von Stalin aufgegeben und sie hat Stalins militärische Fähigkeiten in Zweifel gezogen. Sie hat aber die imperialistische Außenpolitik Stalins bis heute nicht verurteilt, sie zeigt bis jetzt keine Bereitschaft, die Ergebnisse dieser imperialistischen Außenpolitik zu revidieren und den von ihr versklavten Völkern die Freiheit wiederzugeben. Sie verfolgt noch dieselben weltpolitischen Endziele wie Stalin, wenn auch mit teilweise neuen und elastischeren Methoden.

Solange sich aber im Osten nur Methoden in gewissem Umfange, nicht jedoch die eigentlichen Ziele ändern, werden auch wir im Westen an unserer gemeinsamen Entschlossenheit festhalten müssen, die Sicherheit und Verteidigung der freien Welt zu gewährleisten.

Wir sollten jedoch nicht müde werden, dem russischen Volk vor Augen zu führen:

daß der Westen nicht an die Echtheit der Abkehr vom Stalinismus glauben kann, ehe die imperialistische Außenpolitik Stalins aufgegeben ist;

daß die Folgen der Spannung sich nicht beseitigen lassen, solange ihre Ursachen nicht behoben sind;

daß zwischen allgemeiner Abrüstung, Sicherheit und der Gewinnung der Freiheit für die Deutschen in der sowjetischen Besatzungszone ein innerer Zusammenhang besteht und jeder Fortschritt auf einem dieser Gebiete von einem Fortschritt auf den beiden anderen begleitet sein muß;

daß die freie Welt sich von ihrer Sicherheit und Freiheit ebensowenig etwas abhandeln läßt wie von den moralischen Prinzipien, auf denen ihre Politik beruht.

C

Was folgt aus diesen Überlegungen für die freie Welt?

1) Wir sollten die Vorgänge in der Sowjetunion nicht überschätzen, wir täuschen uns damit selbst.

2) Wir sollten nicht zu sehr auf innere Schwierigkeiten in der Sowjetunion, weder politischer noch wirtschaftlicher Art, rechnen und vor allem nicht so viele Spekulationen darüber in der Öffentlichkeit anstellen.
3) Obwohl man annehmen kann, daß die Sowjetunion zur Zeit nicht an eine Durchsetzung ihrer Politik mit kriegerischen Mitteln denkt, schließt dies nicht aus, daß sie zu diesen zurückkehrt, wenn sich für sie eine dafür günstige Lage ergeben sollte.
4) Bei einem defensiven Verhalten auf militärischem Gebiet – was jedoch die volle Aufrechterhaltung der westlichen Verteidigungsbereitschaft voraussetzt – sollte die Gegenaktion des Westens auf politischem und wirtschaftlichem Gebiet geführt werden.
5) Wie alles menschliche Handeln ist auch die Politik des Westens sicher nicht frei von Irrtümern gewesen, aber in ihren Grundzügen hat sie sich als richtig erwiesen. Wenn unsere Chancen, Frieden und Freiheit in der Welt zu retten, heute größer sind als früher, dann ist dies in erster Linie der Festigkeit und Einigkeit unserer Regierungen und Völker zu verdanken. Wir müssen uns daher vor allem diese Quelle unserer Kraft erhalten.
6) Dabei sollte der Westen jedoch bereit sein, seine Politik ständig selbst gewissenhaft zu überprüfen und nach neuen Wegen und Möglichkeiten zu suchen.
Wir müssen uns auch klar sein, daß die Entscheidung darüber, ob die Welt frei oder unfrei sein wird, nicht nur auf militärischen sondern auch auf anderen Gebieten vorbereitet wird. Es wird daher darauf ankommen, ob es dem Westen gelingt, das zum Teil verzerrte Bild, das sich manche Völker Asiens und Afrikas von ihm machen, zu korrigieren und die Sympathien dieser Länder zu gewinnen. Wir müssen auch der Verpflichtung, die wir als hochentwickelte Industrieländer den weniger begünstigten Gebieten der Welt gegenüber haben, helfend nachkommen, wie dies von seiten der Vereinigten Staaten schon jahrelang in großzügigster Weise erfolgt. Und wir müssen vor allem bereit sein, in dem Zusammenschluß der Mitglieder des atlantischen Bündnisses weiter zu gehen als bisher und dieses auch auf politischem, wirtschaftlichem und kulturellem Gebiet zu einem wirksamen Instrument der Koordination unserer gemeinsamen Politik auszubauen.
Ich möchte zum Schluß nochmals davor warnen, der sowjetischen „Friedenskampagne" zum Opfer zu fallen. Sie birgt eine tödliche Gefahr in sich. Bei aller Bereitwilligkeit, mit einem „neuen Rußland" zusammenzuarbeiten, sollten wir uns durch keine noch so verlockenden Versicherungen dazu verleiten lassen, in unseren gemeinsamen Anstrengungen nachzulassen, ehe tatsächlich konkrete Maßnahmen vorliegen, die die uns allen drohenden Gefahren wirklich beseitigen. Die ungeheure Gefahr, die der Kommunismus für die gesamte Welt darstellt, wird durch die Friedensbeteuerungen der sowjetischen Führer allein nicht behoben. Ihr Ziel ist immer noch die Beherrschung der Welt. Wir stehen einer dynamischen in skrupelloser Propaganda erfahrenen, diktatorisch regierten Macht gegenüber, die dank ihrer geographischen Lage auf zwei Kontinenten daran gewöhnt ist, global zu denken und zu planen. Die Bedrohung Europas bleibt nach wie vor – trotz der augenblicklichen Konzentrierung der Sowjets auf andere Teile der

Welt – eine überaus wirkliche Gefahr – auch, wie ich schon ausführte, für die Vereinigten Staaten. Sie kann nur behoben werden, wenn wir alle – neben neuen großen Anstrengungen auf anderen Gebieten – unsere militärische Sicherheit nicht vernachlässigen.
Die Völker des Westens haben bisher immer noch bewiesen, daß sie die Kraft des Glaubens besitzen, die es ihnen ermöglicht, im Augenblick der Gefahr zuversichtlich und opferbereit zu sein. Ich bin davon überzeugt, daß unser bisheriger Weg der richtige ist und daß wir ihn unbeirrt mit Mut, Entschlossenheit und in Einigkeit weiterverfolgen sollen.

D

Darf ich, bevor ich schließe, unter Freunden noch eines erwähnen?
In letzter Zeit haben mancherlei Anlässe zu gewissen Mißverständnissen zwischen unseren beiden Ländern geführt. So ist man bei Ihnen mit dem zu langsamen Tempo unserer Wiederbewaffnung unzufrieden, während bei uns manche Kreise das Gefühl haben, daß die Westmächte uns unbillige Lasten zumuten. Die Bundesregierung ist in ihrer Entschlossenheit, die Wehrgesetze durchzuführen, nie wankend gewesen – aber ich darf darauf hinweisen, welche einschneidende Umstellung dies für das deutsche Volk bedeutet und daß zwei schreckliche Kriege, die von alliierter Seite nach dem Zusammenbruch durchgeführte „Umerziehung“ und die Nichtverwirklichung der Europäischen Verteidigungsgemeinschaft nicht ohne schwerwiegende psychologische Folgen geblieben sind. Wie Sie wissen, haben wir sogar unsere Verfassung ändern müssen, um uns für die Verteidigung rüsten zu können. Ich glaube aber, daß die ganze, zum Teil sehr freimütige Auseinandersetzung bei uns über diese und andere Fragen ein durchaus gesundes Zeichen unserer demokratischen Entwicklung darstellt und daß es besser ist, jetzt offen über das Für und Wider zu diskutieren, als sich später unvorhergesehenen Schwierigkeiten gegenüber zu sehen.
Sie brauchen keine Zweifel daran zu haben, daß das deutsche Volk seine Verpflichtungen auf das genaueste erfüllen und ein zuverlässiger und starker Partner der westlichen Gemeinschaft sein wird. Unsere Zugehörigkeit zum Westen ist kein Handelsobjekt; der europäische Gedanke kein bloßes Mittel zum Zweck, sondern ein neues Ideal, an das wir glauben. Diese Überzeugungen sind im deutschen Volk, in der deutschen Jugend, fest verwurzelt und sind keine Angelegenheit etwa nur von Parteien. Sie haben uns in unserem Suchen nach einer neuen Lebensform so sehr geholfen und uns bisher Vertrauen entgegengebracht – schenken Sie es uns weiter, und wir werden Sie nicht enttäuschen.

Quelle: ARh, maschinenschriftliches, handkorrigiertes Redemanuskript.

Anmerkungen

1 Der 20. Parteikongreß der KPdSU tagte vom 14.-25. 2. 1956 in Moskau. Er brachte die Zertrümmerung des Stalinkults und leitete im Ostblock eine Periode der Liberalisierung ein, die sich in Polen und Ungarn rasch zur Systemkrise weiterentwickelte.

2 Malenkow war vom 7. 3. 1953 bis 8. 2. 1955 Vorsitzender des Ministerrates der UdSSR.

3 Text der Geheimrede Nikita Chruschtchows vom 24./25. 2. 1956 in: Boris Meissner: Das

Ende des Stalinmythos. Frankfurt/Main 1956, S. 175-198.

[4] Gespräch mit dem französischen Ministerpräsidenten Guy Mollet Ende Mai 1956 (vgl. Konrad Adenauer: Erinnerungen III, S. 130-132).

[5] Eisenhowers „Open Sky-Plan", der eine beiderseitige unbehinderte Luftinspektion vorsah, wurde auf der Genfer Gipfelkonferenz vom 18.-23. 7. 1955 vorgelegt.

2. September 1956

„Freiheit – das tragende Fundament". Rede auf der Schlußkundgebung des 77. Deutschen Katholikentages in Köln

Zum Kampf zwischen freiheitlichem Christentum und atheistischem Materialismus sowie zur geistigen Situation der Zeit.

Wer das Glück hatte, dem Pontifikalamt im Dom am Donnerstag beiwohnen zu können, dem werden diese Stunden unvergeßlich sein. Die überwältigende Weite des Raumes umfing uns, man fühlte sich nicht in ihr verloren, man fühlte sich geborgen. Die zum Himmel strebenden Pfeiler, das feine Maßwerk, das gedämpfte und doch klare Licht, die Klänge der Orgel und des Chores, die farbigen Gewänder der Priester und Bischöfe, der Glanz der Lichter von den Altären, alles das vereinte sich zu einem erhebenden Zusammenklang. Welch' ein Gegensatz zu der Wirrnis, dem Lärm, der Hast, dem Betrieb unserer Zeit!

Viele, viele Tausende Menschen waren im Dom, alle versunken in sich und im Gebet, im betenden Schauen und Hören! Welch' ein Gegensatz zu unserer Zeit: ein Volk, aber keine Masse. Unsere Seelen waren angerührt und sprachen. Und wenn auch alle innerlich die gleiche Sprache sprachen, wenn auch alle das Gleiche fühlten und empfanden, jeder dachte, jeder fühlte, jeder empfand für sich. Keiner fühlte sich als Teilchen einer Masse, jeder – selbst, wenn er sich in dem Augenblick auch darüber nicht klar wurde – als ein Mensch, der in Freiheit vor seinen Gott tritt. „Wo der Geist des Herrn ist, ist Freiheit", sagt der hl. Apostel Paulus im 2. Brief an die Korinther. Ein gewaltiges Wort! Und wahrhaftig: Unsere Zeit beweist es, wie wahr und gültig dieses Wort ist.

Ich weiß nicht, ob wir wenigstens dann und wann einmal darüber nachdenken, welch' hohes Gut die Freiheit ist, ob wir uns auch klar sind, wie gefährdet die Freiheit auf der Erde ist. Ich weiß nicht, ob wir uns immer darüber klar werden, daß die Freiheit, die Freiheit der Person, das tragende Fundament jeder Religion, insbesondere aber des Christentums ist, daß unsere katholische Religion, unsere Kirche nicht sich entfalten, nicht die Menschen zum ewigen Heile führen kann, ohne daß den Menschen, ohne daß ihr und ihren Gliedern die Freiheit gesichert ist.

„Wo der Geist des Herrn ist, ist Freiheit", sagt der hl. Apostel Paulus, und wir können hinzufügen: „Wo der Geist des Herrn nicht ist, da ist Unfreiheit und Sklaverei". Die gefährlichste Irrlehre unserer Zeit ist der atheistische Materialismus. Er verneint Gott, er haßt Gott, er bekämpft Gott, darum kennt er keine Freiheit. Er vergottet den Staat, er will Gott vom Thron stoßen, er will dem Staat und seinen Funktionären die ganze Gewalt über den Menschen geben. Machen wir uns klar, daß die Staaten, die den atheistischen Materialismus zu ihrer Grundlage gemacht haben, rund eine Milliarde Menschen umfassen.

Der Hl. Vater hat am 29. Juni 1956 ein Apostolisches Schreiben erlassen, ein Schreiben, das bei den deutschen Katholiken leider zu wenig bekanntgeworden ist. Die Adresse dieses Schreibens zeigt, wie sehr die Freiheit des Christentums und der Kirche gefährdet ist. Sie lautet: An die Kardinäle Mindszenty, Stepinac und Wyszynski sowie an den Klerus und die Laien in Albanien, Bulgarien, der Tschechoslowakei, Ungarn, Jugoslawien, Polen, Rumänien und im östlichen Teile Deutschlands und an alle anderen verfolgten Völker Europas.

Lassen Sie mich einige Sätze aus diesem Schreiben verlesen: „Leider werdet heute wiederum ihr, die ihr die genannten Länder bewohnt, in überaus betrüblichen und traurigen Verhältnissen gequält, zusammen mit vielen anderen nicht nur des lateinischen, sondern auch des orientalischen Ritus, östlich von euch oder im Norden, der Küste des Baltischen Meeres entlang, schmerzvoll und bitter heimgesucht und bedrängt. Mehr als zehn Jahre schon ist es her, daß, wie ihr aus Erfahrung wißt, die Kirche Jesu Christi ihrer Rechte beraubt wird, wenn auch nicht überall in gleicher Weise. Ihre frommen Vereinigungen und religiösen Genossenschaften sind aufgelöst und versprengt, die Oberhirten können entweder nicht in rechter Weise ihres heiligen Amtes walten oder sie sind von ihren Sitzen verwiesen und in die Verbannung oder an einen überwachten Ort gebracht. Auch wissen Wir, daß nicht wenige Verfolgungen aller Art erleiden nur deshalb, weil sie offen, aufrichtig und mutig sich bemühen, ihren Glauben zu bekennen und tapfer zu verteidigen. Mit besonderer Betrübnis wird Unser Herz erfüllt beim Gedanken daran, daß die Seelen der Kinder und Jugendlichen mit trügerischen und verwerflichen Lehren bearbeitet werden, um sie abwendig zu machen von Gott und seinen heiligen Geboten – zum größten Schaden für ihr gegenwärtiges und mit Gefahr für ihr zukünftiges Leben."

An anderer Stelle dieses Apostolischen Schreibens sagt der Hl. Vater: „Seid versichert, daß die gesamte Familie der Christenheit voll ehrfürchtiger Bewunderung vor dem steht, was ihr in Not und Bedrängnis aller Art schon solange schweigend ertragt."

Der atheistische Materialismus ist im Angriff gegen das Christentum und die monotheistischen Religionen. Jedes Mittel ist ihm recht. Keine freundliche Geste, kein Dulden einer religiösen Kundgebung darf unseren Blick trüben gegenüber der Tatsache, daß dieser Materialismus dort, wo er Macht hat, schonungslos mit brutalen Mitteln und äußerster Konsequenz die Religion auszurotten versucht, und daß er diese Macht weiter auszudehnen sucht.

Wir fühlen mit allen Verfolgten und bewundern ihre Tapferkeit. Es sind in manchen

Ländern nicht wenige, ich gedenke hier der Hunderttausende, die vor wenigen Wochen so tapfer ihre Verehrung zur Muttergottes von Czenstochau öffentlich bekundeten.
Ein besonders herzliches Wort lassen Sie mich an unsere Brüder und Schwestern aus der Sowjetzone und aus Ost-Berlin richten. Wir sind sehr glücklich, daß Ihr hier seid! Ich glaube, daß Ihr das fühlt und empfindet. Und aus Euren Augen leuchtet die Freude, hier bei uns zu sein. Ihr seid heute zu vielen Tausenden auf dem Deutschen Katholikentag. Unlängst waren Tausende aus der Zone auf dem Evangelischen Kirchentag. So stellen die beiden christlichen Kirchen ein festes, ein unzerreißbares Band zwischen Euch und uns dar. Diese Verbindungen und Verknüpfungen wollen wir auf allen Gebieten vermehren und festigen. Das Band zwischen Euch und uns ist so stark, daß keine politische Gewalt es jemals wird zerreißen können. Wir wissen um Eure schwere Bedrängnis und Eure große Not. Mit dem hl. Paulus sagt Ihr: „Allenthalben bedrängt, sind wir doch nicht erdrückt; ratlos, sind wir doch nicht mutlos, verfolgt, doch nicht verlassen, niedergeworfen, doch nicht verloren". Und in der Tat: Ihr seid nicht verlassen, Ihr seid nicht verloren! Der Tag Eurer Freiheit wird kommen! Dann werden wir miteinander in einem friedlichen und freien Deutschland vereint sein.
In wenigen Monaten ist das Weihnachtsfest. Das Weihnachtsfest, das uns Deutschen ja so besonders am Herzen liegt, soll uns nahe zusammenführen. Wir Deutsche diesseits und jenseits des Eisernen Vorhangs wollen zusammen das heilige Weihnachtsfest feiern.
Die Gefahren, die von dem atheistischen Materialismus uns, Europa, der ganzen christlichen Welt drohen, sind ungeheuer groß, weil hinter ihm große politische Macht steht. Die Auseinandersetzung mit ihm wird schwer sein und lange dauern. Ich spreche hier nicht von politischem Kampf, ich spreche von dem geistigen Kampf, der geistigen Auseinandersetzung, dem geistigen Sieg über den Materialismus, den wir erringen müssen, den wir erringen werden. Wir sind im Besitze der Wahrheit, aber es gibt Quellen der Schwäche für uns. Das ist einmal unser Hang zum Materiellen, zum materiellen Genuß und zur materiellen Macht. Mit ihm geht Hand in Hand eine erschreckende Nichtachtung der geistigen Werte, eine Nichtachtung der auf Sachkenntnis beruhenden Autorität. Eine weitere Quelle unserer Schwäche ist die Entwurzelung so vieler, das Schwinden der Persönlichkeit, das Hintreiben, das Sich-treiben-lassen zur Vermassung. Vermassung aber ist die Vorstufe des Materialismus.
Über die überaus ernste geistige Lage, in der wir, in der die Welt sich befindet, ist unser Volk in allen seinen Schichten und Ständen sich nicht genügend klar. Priester und Laien müssen diesem für die Zukunft so entscheidenden Problem sich immer wieder widmen. Es handelt sich – ich betone es noch einmal – um die entscheidende Frage unserer Zeit, die entscheidende Frage der geschichtlichen Periode, in der wir leben. Von der Entscheidung in dieser geistigen Auseinandersetzung hängt die Zukunft des Christentums ab.
Der Klerus allein kann diese Auseinandersetzung nicht führen. Dafür ist das Kampffeld zu groß, es erstreckt sich über alle Gebiete der menschlichen Gesellschaft. Jeder Laie muß, gleichgültig, wo er steht, ein Mitarbeiter sein. Die Entscheidung ist abhängig

von der Lebensführung eines jeden einzelnen, sie fällt in der Familie, bei der Erziehung der Kinder, bei der täglichen Arbeit. Der Hl. Vater hat einmal vom Berufsapostolat gesprochen und u. a. gesagt, es bestätige sich in erster Linie durch die Persönlichkeit. Das ist ein großes und wahres Wort. Wir wollen Persönlichkeiten werden, christliche, katholische Persönlichkeiten; dann werden wir auch unser Laienapostolat in dieser schicksalsschweren Zeit erfüllen können.
Zu Anfang sprach ich von dem Pontifikalamt im Dom, von diesen Stunden, die uns hoch hinausführten über die Wirrnis unserer Zeit. Lassen wir uns immer unter die Hut dessen begeben, von dem es heißt: „Wie Du warst vor aller Zeit, so bleibst Du in Ewigkeit". Wenn wir das tun, wird unser Herz nicht verzagen, wir werden stark und sicher sein in seinem Schutze.

Quelle: Bulletin, 4. September 1956.

25. September 1956

Rede vor den Grandes Conférences Catholiques in Brüssel

Zur gefährdeten Lage Europas im Spannungsfeld der Supermächte und gegenüber der neuen Staatenwelt in Übersee. Auffällig ist eine gewisse Distanzierung von der Idee supranationaler Einrichtungen in Europa.

I

Ich darf zunächst meinen herzlichen Dank aussprechen für die Einladung in diesem illustren Kreise. Besonders dankbar bin ich, über „Europa" sprechen zu können. Über Europäische Integrationspolitik sind in den vergangenen Jahren mehrere Vorträge vor Ihnen gehalten worden, u. a. von den Herren Bidault, Pleven, Schuman, van Zeeland, Pella. Es liegt auf der Hand, daß ich manche Gedanken, die vor Ihnen schon einmal ausgesprochen worden sind, wiederholen muß. Ich bitte, mir das zu verzeihen. Aber die „europäische Not" – ich gebrauche diesen Ausdruck mit Absicht – ist seit jenen Reden immer weiter gestiegen, ohne daß die Europäer sich zu viel mehr aufgerafft haben, als zu Konferenzen. Sie haben sich nur zögernd und mühsam in einzelnen Fällen zu einem gemeinsamen Handeln entschlossen.
Ich möchte zu Ihnen nicht in erster Linie sprechen über gemeinsame wirtschaftliche Interessen, sondern über die Verantwortung, die wir auf Grund der allen europäischen Völker gemeinsamen christlichen Kultur in der Politik tragen. Von der zwingenden Notwendigkeit einer gemeinsamen Europäischen Politik der Europäischen Staaten möchte ich sprechen. Es scheint mir das deshalb besonders notwendig, weil anscheinend

eine völlig neue politische Gruppierung sich auf unserer Erde abzeichnet; diese neue politische Gruppierung zwingt uns, ihre Folgen für die Europäischen Länder zu untersuchen. Wenn neue politische Entwicklungen sich auf der Erde abzuzeichnen beginnen, dann dürfen wir die Frage der Zukunft der Europäischen Länder und Europas nicht mehr vornehmlich unter dem Gesichtspunkte der Vergangenheit, wir müssen sie unter dem Gesichtspunkt der Zukunft sehen, im Hinblick auf diese neuen politischen Entwicklungen auf der Erde sehen. Wir müssen aber auch danach handeln, und es ist Zeit zu handeln, weil sonst Europa abtreten wird von der Bühne des Weltgeschehens, auf der es, mit den Griechen und Römern beginnend, Jahrtausende hindurch eine beherrschende Rolle gespielt und im Großen und Ganzen der Kultur, dem Fortschritt, der Menschheit die größten Dienste erwiesen hat.

Die Entwicklung und der Verlauf der Suezkanal-Frage ist noch nicht abgeschlossen, und ich darf sie deshalb nicht hier in den Kreis meiner Betrachtungen ziehen, aber die Entwicklung dieser Frage zeigt doch für jeden, der Augen hat zu sehen, wie es z. Zt. mit Europa, seinem politischen und wirtschaftlichen Einfluß in der Welt bestellt ist.

Zu ihrem Beginn nach dem Kriege hatte die Politik der Europäischen Integration als Hauptziel, Kriege unter europäischen Völkern für die Zukunft auszuschließen. Aus dieser politischen Zielsetzung heraus wurde der Europarat gegründet, wurde von Frankreich der Vorschlag der Montan-Union gemacht.

Ich bin der Auffassung, daß das Ziel der ersten Periode der Europäischen Integration erreicht ist: Kriege unter Europäischen Völkern gehören endgültig der Vergangenheit an. Das Gefühl der gemeinsamen Interessen, das Gefühl der Zusammengehörigkeit ist inzwischen so stark Allgemeingut der europäischen Völker geworden, andererseits hat die Waffentechnik solche Entwicklungen genommen, daß die Periode der Kriege europäischer Völker gegeneinander endgültig abgeschlossen ist.

Nach Europarat und Montan-Union kam der Gedanke einer Europäischen Verteidigungsgemeinschaft auf. Seine Verwirklichung ist z. T. gescheitert durch einen übersteigerten Perfektionismus bei der Schaffung der Verträge, er ist aber auch deshalb gescheitert, weil die Überzeugung von der Notwendigkeit eines militär-politischen Zusammenschlusses der europäischen Völker zum Zwecke der Verteidigung noch nicht Allgemeingut geworden war. Dem Plane des Zusammenschlusses zu einer Europäischen Verteidigungsgemeinschaft folgte die Gründung der WEU unter Einschluß Großbritanniens. Ich weiß nicht, ob sie der neuen politischen Entwicklung, die sich auf der Erde abzuzeichnen beginnt, genügt.

II

Ich sehe den Anfang einer neuen politischen Entwicklung auf der Erde im Wirksamwerden folgender Elemente:

1) Sowjet-Rußland konsolidiert sich immer mehr dank der politischen Uneinigkeit des Westens als eine auf kommunistischen, diktatorischen Grundsätzen beruhende Welt-

macht. Rußland hat seit jeher expansive, d. h. alle seine Nachbarn bedrohende Tendenzen gehabt, ein kommunistisches Rußland hat diese Tendenzen in noch stärkerem Maße als das zaristische.

2) Im Verlauf der letzten Jahrzehnte hat sich die politische und wirtschaftliche Macht der freien Völker immer mehr auf die Vereinigten Staaten konzentriert. Ich erkenne mit Dank und Bewunderung an, daß die Vereinigten Staaten sich der Verantwortung, die der Besitz der wirtschaftlichen und politischen Macht, die die Vormachtstellung mit sich bringt, voll bewußt ist. Aber die europäischen Länder können nicht auf die Dauer ihre großen Kräfte zum Segen ihrer Völker und der Menschheit voll entfalten, wenn sie fortfahren, ihr Heil und ihre Sicherheit lediglich durch die Patronage der Vereinigten Staaten zu finden. Das kann und darf kein Dauerzustand werden, weil dadurch die europäischen Kräfte mit der Zeit der Erschlaffung verfallen und weil auch die Vereinigten Staaten nicht gesonnen sind, auf die Dauer die Sorge für Europa in einem Umfange zu übernehmen, der den Amerikanern einfach nicht zugemutet werden kann. Es hat sich auch gerade bei dem Suez-Konflikt gezeigt, daß Lebensnotwendigkeiten der europäischen Staaten nicht Lebensnotwendigkeiten der Vereinigten Staaten zu sein brauchen und umgekehrt, und daß sich daraus zwangsläufig Verschiedenheiten der politischen Auffassungen ergeben, die notwendigerweise zu selbständigem politischem Vorgehen führen müssen.

Die europäischen Völker müssen sich, je mehr der letzte Krieg seine unmittelbaren Rückwirkungen auf die jetzige Zeit verliert und zur Geschichte wird, auf ihre eigene Stärke und Verantwortung besinnen, schon – lassen Sie mich auch das noch einmal wiederholen –, weil man den Vereinigten Staaten nicht zumuten kann, bei ihrer Politik in erster Linie an europäische Interessen zu denken.

3) Als ein weiteres Element einer eintretenden neuen politischen Entwicklung auf der Erde hat sich der enorme Unterschied der politischen und wirtschaftlichen Kraft zweier Staaten und der übrigen Länder gezeigt. Sie wissen, daß sich diese zwei Staaten, US. und SU. zu politischen und zu wirtschaftlichen Weltmächten entwickelt haben, die alle europäischen Länder bei weitem überragen. Ich weiß nicht, ob es gerechtfertigt ist, von irgend einem europäischen Staat noch in *dem* Sinne als Großmacht zu sprechen, wie man das mit Fug und Recht zu Beginn dieses Jahrhunderts tun konnte. Wenn aber ein Großer und ein Kleiner oder ein Großer und mehrere Kleine zusammen Politik treiben wollen, dann ergibt sich ganz von selbst bei dem Großen ein Führungsanspruch, bei den Kleinen ein Abhängigkeitsgefühl. Das ist unter den verschiedensten Gesichtspunkten nicht gut; unbedingt führt das Abhängigkeitsgefühl der Kleinen aber im Laufe der Entwicklung zum Nachlassen seiner Kräfte. Die technische Entwicklung, die Entwicklung der nuklearen Waffen, die Monopolstellung, die die zwei Weltmächte dadurch erhalten, führt auf die Dauer zu untragbaren Verhältnissen für alle Kleinen.

4) Noch ein viertes Element weltpolitischer Bewegung von größter Tragweite, das erst nach 1945 in Erscheinung getreten ist, ist das Erscheinen nichtweißer Völker auf der Bühne des politischen Weltgeschehens. Ich glaube, es genügt, um Ihnen die Bedeutung

dieses neuen politischen und wirtschaftlichen Faktors klar zu machen, wenn ich Ihnen die beiden größten Vertreter nenne: Rot-China und Indien, und wenn ich darauf hinweise, daß sich durch das Auftreten Ägyptens in der Suez-Frage, Ägyptens, das sich als arabische Vormacht betrachtet, eine für Europa äußerst peinliche Lage entwickelt hat, eine Lage, deren Entwicklung noch gar nicht zu überschauen ist. Übrigens hat sich in dieser Frage besonders evident gezeigt, daß die Interessen und demzufolge die Ansichten der Vereinigten Staaten und der europäischen Länder nicht immer konform zu sein brauchen.

III

Ich komme zu der Frage des Europäischen Zusammenschlusses selbst. Bitte, verstehen Sie, daß ich hier nur Grundsätze, keine Einzelheiten erörtern kann.

Voran stelle ich die Forderung: Wir Europäer müssen klar erkennen, daß in Wirklichkeit seit dem letzten Kriege Entwicklungen und Verschiebungen politischer Natur eingetreten sind – ich habe sie kurz zusammengefaßt –, die uns nötigen, die Europäische Integration in erster Linie nicht mehr allein unter innereuropäischen politischen Gesichtspunkten sondern unter weltweiten politischen und wirtschaftlichen Gesichtspunkten zu sehen. Wenn wir das tun, so erscheint manche, aus nationalen Gründen uns bisher als groß erscheinende Hürde so klein, wie sie in Wirklichkeit ist.

Es hilft alles nichts, wir müssen manche auf nationalen Vorstellungen und Traditionen beruhenden Hemmungen angesichts der neuen Entwicklungen auf der Erde rücksichtslos über Bord werfen, und wir müssen *handeln.* Andere handeln auch. Eine Entwicklung, die wir Europäer nicht beeinflussen können, geht sonst einfach über uns hinweg. Wir Europäer fühlen uns m. E. viel zu sicher. Die politische und wirtschaftliche Vormachtstellung Europas, die zu Anfang dieses Jahrhunderts noch unbestritten war, ist lange dahin. Ob die europäische Kultur ihre führende Stellung behalten wird? Ich glaube nicht, wenn wir sie nicht verteidigen und den neueren Verhältnissen entsprechend entwickeln, denn auch Kulturen sind, wie die Geschichte zeigt, gefährdet.

Wir müssen noch ein weiteres lernen aus den Erfahrungen der letzten 10 Jahre: Die Verwirklichung der Europäischen Integration darf nicht unmöglich gemacht werden durch eine Krankheit unserer Zeit, den Perfektionismus. Die Europäische Integration darf nicht starr sein, sie muß so dehnbar und so elastisch sein wie eben möglich. Sie darf kein einschnürender Panzer sein für die europäischen Völker, sie muß vielmehr ihnen und ihrer Entwicklung ein gemeinsamer Halt, eine gemeinsame Stütze für eine gesunde, den berechtigten Eigenheiten eines jeden Einzelnen entsprechende Entwicklung sein. Ich halte deshalb supranationale Einrichtungen nicht für notwendig; sie schrecken nur vom Beitritt ab, sie tragen zur Verwirklichung der gemeinsamen Ziele nichts bei, weil ja hinter solchen supranationalen Einrichtungen keine Gewalt steht, die ihren Beschlüssen gegenüber dem Widerstreben einzelner Mächte Geltung zu verschaffen in der Lage ist.

Auf der anderen Seite darf das Wirken und das Wirksamwerden einer solchen Föderation nicht von dem Willen oder den vermeintlichen Interessen eines einzelnen Mitgliedes abhängen. Ich bin überzeugt, daß sich ein Mittelweg zwischen den beiden Extremen finden läßt.

Zwei Fragen muß ich in diesem Zusammenhang noch berühren: nämlich die Fragen, welche Völker sollen Mitglieder werden können, [und] wie soll das Gebiet der Föderation in sachlicher Hinsicht abgesteckt werden?

Nach meiner Meinung soll der Kreis der Teilnehmerstaaten an der Europäischen Föderation nicht begrenzt werden. Europas Geschick ist das Geschick eines jeden europäischen Staates.

Das Arbeitsgebiet sollte so umfassend wie möglich sein. Man sollte die ersten Planungen sowohl was die Zahl der Mitglieder wie das Arbeitsgebiet angeht, nicht von vorneherein zu weit gehen lassen, weil die Arbeit sonst sofort so kompliziert wird, so daß man nicht weiter kommt und stecken bleibt. Aber wenn der erste Start gemacht ist, dann sollte man in der Ausdehnung und Vergrößerung nicht ängstlich sein.

Das Werk erfordert auf politischem und auf wirtschaftlichem Gebiet Kühnheit und Weitblick. Die politischen Vorteile werden sich bald zeigen, die wirtschaftlichen vielleicht nicht sofort, aber nach Überwindung der ersten Schwierigkeiten werden die Wirtschaften aller Beteiligten große Vorteile haben und nur auf diese Weise ihre Konkurrenzfähigkeit gegenüber anderen schon bestehenden oder in der Entwicklung begriffenen großen Wirtschaftsräumen behaupten können.

Ich glaube nicht, daß eine solche Europäische Föderation die Wirksamkeit von NATO schädigen oder beeinträchtigen würde. Der Rahmen von NATO ist weiter gespannt als der einer europäischen Föderation. Örtlich wie sachlich ist der Rahmen von NATO anders und weiter, und wo sich die Aufgabenkreise berühren oder überschneiden, wird eine Regelung und eine Abstimmung auf einander leicht sein. NATO ist bestimmt zur Wahrung gewisser atlantischer Interessen, nicht zur Wahrung der gemeinsamen europäischen Interessen.

Ein besonderes Wort möchte ich noch zur Teilnehmerschaft Großbritanniens sagen. Großbritannien hat durch seinen Beitritt zur WEU im Jahre 1954 gezeigt, daß auch nach seiner Überzeugung wesentliche britische Interessen mit den Interessen der europäischen Länder auf dem Kontinent konform sind. Die Entwicklung seit 1954, insbesondere auch die Suezkrise hat diese Auffassung als richtig bestätigt. Die Haltung Großbritanniens ist von außerordentlich großer Bedeutung für die Zukunft Europas. Ich hoffe von Herzen, daß sie sich weiter entwickelt in der in den letzten Jahren eingeschlagenen Richtung.

Ich glaube, daß die baldige Gründung einer europäischen Föderation nicht utopisch ist. Wir haben schon bisher so viele Einzelregelungen, die man zusammenfassen kann und es harren so manche Gebiete einer gemeinsamen Regelung, daß man, wie ich glaube, bald zu einer lebensfähigen Institution kommen kann.

Die verschiedenen Zusammenschlüsse und Einzelregelungen rufen geradezu nach einer Zusammenfassung. Ich habe den Europarat und die Montan-Union sowie die Westeuropäische Union schon genannt. Ich weise hin auf die verschiedensten Vereinbarungen auf dem Gebiete des Verkehrs, auf die Liberalisierung des Handels, die den gemeinsamen

Markt vorbereitet hat. Die Euratom-Frage muß ebenfalls in Bälde geregelt werden. Vor allem aber lassen Sie mich hinweisen auf den Geist der Zusammenarbeit, der in den Brüsseler Konferenzen[1] und auf der Konferenz in Venedig[2] unter Vorsitz des Herrn Ministerpräsidenten Spaak geherrscht hat. Er ist, glaube ich, das wesentlichste und beste Ferment bei der europäischen Zusammenarbeit und Zusammenfassung.
Ich spreche hier auf der „Grandes Conférences Catholiques". Die katholischen Europäer müssen, wie mir scheint, bei dieser europäischen politischen Arbeit sich vor Augen halten, daß in Staaten, die bewußt atheistisch gerichtet und gelenkt sind, weil sie die Freiheit der Person, die tief verwurzelt im christlichen Geiste ist, nicht anerkennen gegenüber der Allmacht des Staates, auch nicht anerkennen wollen und können, eine Milliarde Menschen wohnen. In der atheistischen Lenkung von einer Milliarde Menschen auf der Erde liegt eine außerordentlich große Gefahr für unser christliches Denken und christliches Fühlen. Uns dieser Gefahr gegenüber zusammenzuschließen ist ein Gebot der Selbsterhaltung, ein Gebot des Gewissens, dem wir folgen müssen.
Ich bin am Ende meiner Ausführungen. Ich habe Ihnen die Notwendigkeiten und Möglichkeiten europäischer Einigung zu zeigen versucht, wie sie sich mir darstellen. Ich habe Ihnen den Ernst der Lage zu schildern versucht und die Hoffnungen, die sich uns bieten. An uns allen ist es, die Folgerungen zu ziehen. Die Kräfte des Verstandes allein reichen dazu nicht aus. „Die großen Gedanken kommen aus dem Herzen" sagt ein berühmtes Wort. Und auch uns muß der große Gedanke Europa aus dem Herzen kommen, wenn er sich verwirklichen soll. Nicht in dem Sinne, als ob die Einigung Europas eine Angelegenheit des Gemütsbedürfnisses, der Sentimentalität wäre. Aber in dem Sinne, daß nur ein festes, der großen Aufgabe hingegebenes Herz uns die Kraft verleiht, das, was wir mit dem Verstand erkannt haben, entgegen allen Schwierigkeiten durchzuführen. Wenn wir diese Kraft finden, dann werden wir den Notwendigkeiten, von denen ich sprach, gerecht werden. Dann werden wir das Werk der Einigung vollbringen, dessen jedes unserer Länder bedarf, dessen Europa bedarf, dessen die ganze Welt bedarf.

Quelle: ARh, maschinenschriftliches Redemanuskript (Durchdruck).

Anmerkungen

[1] Gemeint ist die Ausarbeitung des „Spaak-Berichts" vom 21. 4. 1956, der zur Grundlage der EWG-Verhandlungen wurde.

[2] Die Konferenz der Außenminister der Montanunion in Venedig am 29./30. 5. 1956 brachte wesentliche Fortschritte bei der Ausarbeitung der EWG- und der Euratom-Verträge.

1. Oktober 1956

Begrüßungsansprache beim 4. Kongreß des DGB in Hamburg

Grundsätzliche Ausführungen zur Aufgabe und Leistung der Gewerkschaften in der Bundesrepublik

Herr Vorsitzender! Meine sehr geehrten Damen und Herren!

Der Einladung des Vorstandes des Deutschen Gewerkschaftsbundes zur Teilnahme an Ihrem 4. Kongreß bin ich gerne gefolgt. Ich spreche Ihnen auch im Namen der Bundesregierung meine besten Wünsche aus.

Seit dem deutschen Zusammenbruch im Jahre 1945 haben Sie eine sehr große Organisation aufgebaut. Sie sind damit in den Besitz einer großen Macht gelangt. Macht und Verantwortung sind untrennbar miteinander verbunden. Wenn ich zurückblickend das Geschehen seit 1945 übersehe, so kann ich sagen, daß der wirtschaftliche und damit auch der staatliche Aufbau unseres Volkes nicht gelungen sein würde ohne das immer wieder gezeigte Verantwortungsbewußtsein der Gewerkschaften.

Bei einem solchen Rückblick denke ich immer wieder an meinen nun schon seit Jahren dahingegangenen Freund Böckler und seine ungeheure Arbeit als Ihr 1. Vorsitzender[1]. Wir kannten uns seit vielen Jahren aus der Zeit her, da er Mitglied der Stadtverordnetenversammlung in Köln und ich Oberbürgermeister war. In gemeinsamer Arbeit, die nicht immer ohne Reibungen verlief, waren zwischen ihm und mir freundschaftliche Beziehungen entstanden, so daß ich die Arbeit der Wiederaufrichtung der deutschen Gewerkschaften unter seiner Leitung immer mit Sympathie verfolgt habe.

Die Gewerkschaften sind ein wichtiger Bestandteil unseres gesamten wirtschaftlichen Organismus geworden. Sie sind nicht nur ein wichtiger Bestandteil, sie sind auch ein notwendiger Bestandteil. Ich kann mir ein gutes Funktionieren unserer Wirtschaft ohne die Gewerkschaften nicht vorstellen. Sie haben ein Recht darauf, auch von den staatlichen Stellen gehört zu werden in gleicher Weise, wie die Verbände der Unternehmer und der Wirtschaft und andere wirtschaftliche Verbände.

Die Erschütterungen der nationalsozialistischen Zeit, des Krieges und der ersten Nachkriegszeit sind an unserem Volke, wie das in der Natur der Sache liegt, nicht spurlos vorübergegangen. Ich habe oft das Empfinden, als ob manche, auch kluge Leute, aus allen Ständen, insbesondere aber die Jüngeren, nicht die Labilität unseres ganzen Seins kennten. Das Leben eines jeden einzelnen Menschen schließt in sich ein Auf und Ab. Dieses Auf und Ab gilt auch von der Wirtschaft, gilt auch vom politischen Leben. Manchmal scheint es mir, als ob man an die Möglichkeit eines Abwärtsgehens nicht denkt oder nicht denken will. Ein besonderes Anzeichen dafür scheint mir der abnehmende Sparwille des deutschen Volkes zu sein. Ansammlungen von Kapital, wie es die Folge auch des Sparens ist, ist notwendig, um der gesamten Wirtschaft, aber auch jedem Einzelnen einen Halt zu geben, der befähigt ist, Wechselfälle in größerer Ruhe zu überstehen. Ich glaube, daß wir versuchen müssen, noch andere Wege zu suchen, als bisher, um die Spartätigkeit zu beleben. Ich denke dabei an andere steuerliche Maßnahmen, die das Sparen begünstigen. Ich denke auch an Investment-Gesellschaften, die den weitesten Kreisen einen Anteil am Besitz sichern und daher zum Sparen anreizen und das Wissen um den Lauf der Wirtschaft vergrößern.

Das vornehmste Interesse der Gewerkschaften gilt naturgemäß der Arbeitnehmerschaft, den Lohnfragen, den Besitzfragen, den Fragen der Mitbestimmung und jetzt insbesondere der Frage der Verkürzung der Arbeitszeit. Eine Verkürzung der Arbeitszeit scheint mir ein berechtigtes Verlangen zu sein. Damit die Verkürzung der Arbeitszeit sich nicht gegen den Arbeitnehmer selbst und gegen den Konsumenten richtet, wird die Produktivität der Wirtschaft bei der Verkürzung berücksichtigt werden müssen. Ich weiß, daß das auch Ihre Ansicht ist. Ich hoffe, daß die Verhandlungen, die über diese Frage schweben oder eingeleitet werden, von allen Beteiligten geführt werden unter Berücksichtigung der Interessen des gesamten Volkes.

Zwei Gedanken, meine Damen und Herren, erlauben Sie mir noch vor Ihnen auszusprechen:

Ich bin kein Freund einer unnötigen Aufblähung der wirtschaftlichen Unternehmungen. Nur dort, wo aus zwingenden Gründen eine besondere Größe eines Unternehmens nötig ist, scheint sie mir angebracht zu sein. Ich bin gegen zu große Ansammlungen wirtschaftlicher Macht in wenigen Händen. Vor allem aber scheint mir eine unangebrachte Größe von Unternehmen, die Unpersönlichkeit der Arbeit in ihnen, die Freude an der Arbeit zu gefährden.

Wir befinden uns, wie Sie wissen, in einer technischen Umgestaltung unserer gesamten Produktion in einem Ausmaße, das wir jetzt noch nicht überschauen. Aber nicht nur diese technische Umgestaltung, auch die Schwierigkeiten, die das öffentliche und das politische Leben des Zeitalters kennzeichnen, in dem wir uns befinden, verlangen eine viel stärkere Begabtenförderung, als wir sie bis jetzt haben. Bei der Begabtenförderung denke ich nicht nur an die Jugend. Ich denke auch an Begabtenförderung für die schon in der Arbeit Stehenden. Es muß meines Erachtens unser Bestreben sein, Angehörigen aller Schichten der Bevölkerung, die begabt und fleißig sind, allen denjenigen, die Freude am Streben nach Erfolg haben, durch die Begabtenförderung größere Aufsteigmöglichkeiten zu geben.

Ich weiß, daß ich hier mich nicht in einer politischen Versammlung befinde. Aber ich bitte Sie, mir ein Wort noch zu erlauben, das, wenn es auch von manchen als ein politisches Wort angesehen werden könnte, kein politisches Wort ist, weil es sich um die erhabensten Güter der Menschheit dabei handelt: Ich möchte ein sehr herzliches Wort des Dankes dafür sagen, daß die deutsche Arbeiterschaft auch in den Tagen der Not eine solche politische Reife gezeigt und eine so klare und entschiedene Ablehnung gegenüber allen Verlockungsversuchen des Ostens bewiesen hat. Ich bin überzeugt, daß die spätere Geschichtsschreibung unserer Periode dieses große Verdienst der deutschen Arbeiterschaft um Freiheit und Persönlichkeit besonders würdigen wird.

Lassen Sie mich zum Schluß Ihnen einen guten Verlauf Ihrer Veranstaltung wünschen.

Quelle: ARh, maschinenschriftliches Redemanuskript (Durchdruck).

Anmerkungen

[1] Hans Böckler war seit April 1947 Vorsitzender des neugegründeten DGB in der britischen Zone und von 1949 bis 1951 Erster Vorsitzender des DGB. Adenauer schätzte an ihm vor allem, daß er den DGB im Geist weltanschaulicher und politischer Neutralität führte.

23. November 1956

Bericht zur politischen Lage auf der Sitzung des Bundesparteivorstands der Christlich-Demokratischen Union in Bonn (Palais Schaumburg)

Bisher unveröffentlichte Ausführungen zur Revolution in Ungarn und zur Lage im Ostblock, zur Suez-Intervention, zur Rolle der „nicht-weißen" Völker in der Weltpolitik und zu den Vereinten Nationen, zum Stand der Wiederaufsrüstung, zur SPD.

[....][1]

Ich möchte nun übergehen zu den Fragen der Außenpolitik. Lassen Sie mich an die Spitze einige Ausführungen über Ungarn stellen. Die Ungarn haben sich, wie ich glaube, als das heldenmütigste Volk der neueren Geschichte gezeigt. (Bravo-Rufe) Sie haben gekämpft für die Freiheit und für nichts anderes. Sie waren ohne jede Hilfe von außen. Es ist von außen nicht das Geringste geschehen – es konnte auch nichts geschehen –, um ihnen zu helfen, geschweige denn, daß sie von außen angestachelt worden wären, sich gegen ihre Unterdrücker zu erheben. Sie haben nur gekämpft um das primitivste Gut aller Menschen, um die Freiheit. Gerade die Jugendlichen haben sich dort hervorgetan und Gebrauch gemacht von den Methoden, die ihre Unterdrücker ihnen beigebracht hatten im Kampfe gegen – wie man damals glaubte – reaktionäre Kräfte, mit Molotow-Bomben und all dem Zeug.

Es ist ein tieftrauriges Kapitel für unsere ganze Situation in der Welt, daß diesem armen Volk keine Hilfe gebracht werden kann. Alle diejenigen, die sich in der UNO gegen irgendwelche Maßnahmen ausgesprochen haben, haben sich dadurch gekennzeichnet. Gleichzeitig ist aber auch dadurch die Schwäche der UNO gekennzeichnet. Als es sich um Ägypten und um das Öl handelte, da hat man eine ungeheure Aktivität entfaltet, aber hier, wo es sich um Menschen handelt, wo es sich darum handelt, die Deportationen nach Sibirien zu verhindern, wo es sich um ein hungerndes Volk handelt, das seine Freiheit haben will und sonst nichts, da hat es sich eben erwiesen, daß die UNO kein Gerichtshof ist, sondern daß die UNO nichts anderes ist als eine Vereinigung von Völkern,

wo jedes Volk seine eigene Sache zu vertreten versucht. Die UNO hat auch gar keine Machtmittel, um ihre Beschlüsse durchzusetzen. Sie kann sie auch nicht haben; es sei denn, man müßte ein Netz von Luftstreitkräften zur Verfügung der UNO über die ganze Welt spannen. Wenn man das täte, dann wüßte man nicht, wie das Ende vom Lied wäre, je nach dem, wer in der UNO die Mehrheit hat.
Machen Sie sich immer klar, daß in der UNO die nicht-weißen Völker bei weitem in der Mehrheit sind und daß wir in einer Periode leben, in der die nicht-weißen Völker der Auffassung sind, sie seien von den weißen Völkern jahrhundertelang unterdrückt worden und könnten infolgedessen nicht an dem Aufstieg der übrigen Menschheit teilnehmen; daran seien sie durch die weißen Völker verhindert worden. Ich möchte Ihnen vorschlagen, zum Schluß der Sitzung eine Resolution wegen Ungarn zu fassen; denn das Volk der Ungarn, das so um seine Freiheit gekämpft hat, verdient die Anerkennung der gesamten zivilisierten freien Welt.
Wir dürfen auch hier – ich muß das sagen – merkwürdige Vorgänge im deutschen Volk feststellen. Es gibt Leute, die an dem ganzen Elend, das sich ein paar hundert Kilometer von hier abspielt, einfach ruhig vorbeigehen, wie überhaupt das deutsche Volk fast versunken zu sein scheint im Materialismus, nicht im Sinne des kommunistischen Materialismus, sondern im nackten Materialismus; es will möglichst viel verdienen, möglichst gut leben, und all das andere ist ihm gleichgültig.
Ich möchte zur Suezkanalfrage kommen. Es war betrüblich, daß die deutsche öffentliche Meinung, soweit sie in der Presse zum Ausdruck gekommen ist, den Suezkanal und Ungarn eigentlich auf eine Stufe gestellt hat, daß z. B. einige Landtage – ich will sie nicht nennen – in einem Atemzug beschlossen haben, Sympathiekundgebungen an Ungarn und Ägypten zu veranstalten. Wenn es sich um zwei Dinge handelt, die sich in keiner Weise miteinander vergleichen lassen, dann sind es die Vorgänge im Vorderen Orient und die Vorgänge in Ungarn. Man sollte die historischen Vorgänge nicht von einem bestimmten Tage ab gut oder schlecht beurteilen, sondern man muß die ganze Kette der Ereignisse sehen. Wenn Sie das tun, dann haben Sie am Suez folgendes: Die Engländer hatten nach einem Vertrag mit Nasser das Recht, bis zum Jahre 1968 die Kanalzone mit ihren Truppen besetzt zu halten[2]. Sie haben dann – für meinen Geschmack unbegreiflicherweise – im Jahre 1954 freiwillig die Suezkanalzone geräumt und ihre Truppen zurückgezogen, obgleich damals in Ägypten die Dinge noch drunter und drüber gingen. Aber sie haben es getan; ich wiederhole, für meinen Geschmack unverständlich. Sie haben sich dann kurze Zeit darauf mit dem Sudan geeinigt und den Sudan ebenfalls ohne irgendwelche Zwischenfälle geräumt.
Ich führe diese beiden Tatsachen an, um Ihnen klarzulegen, daß es ganz falsch ist, wenn man jetzt behauptet, das seien bei den Engländern koloniale Instinkte gewesen, die sie dazu gebracht hätten, den Vorstoß in Ägypten zu machen. Denken Sie bitte an das Jahr 1954, an die freiwillige Räumung der Kanalzone. Denken Sie an die freiwillige Räumung des Sudans kurze Zeit danach. Dann ist es für jeden ganz klar, daß die Engländer nicht die Absicht gehabt haben, sich im Vorderen Orient eine Art koloniales

Einflußgebiet zu verschaffen.
Was Frankreich angeht, so denken Sie bitte daran, daß der Aufstand in Algier, der für Frankreich tödlich werden kann, von Ägypten aus unterstützt wurde und daß die Aufständischen in Algier von Nasser mit Waffen versehen wurden. Jetzt ist aber der Herr Nasser anderweitig beschäftigt; hoffentlich geht der Aufstand in Algier seinem Ende entgegen. Hinzu kommt etwas, was berücksichtigt werden muß, wenn man sich ein Urteil erlauben will, nämlich die Ablehnung des Kredites durch die Vereinigten Staaten und durch Großbritannien für den Bau des Assuan-Dammes. Die Verhandlungen waren schon fast bis zum Ende gediehen. Nasser konnte mit Fug und Recht damit rechnen, daß ihm die erforderlichen Kredite durch die Weltbank gewährt werden würden. Die Weltbank kann natürlich – ich habe vor wenigen Tagen mit dem Präsidenten der Weltbank über dieses Thema in Bonn gesprochen – nur Kredite nach kaufmännischen Gesichtspunkten geben. Aber dann hätten eben die Mächte, die ein Interesse daran haben, daß ein revolutionäres Volk und ein Diktator beschäftigt werden, in die Tasche greifen müssen, eventuell mit anderen freien Ländern zusammen, um es der Weltbank zu ermöglichen, die erforderlichen Kredite den Ägyptern zu den wirtschaftlichen Bedingungen zu geben, die nötig waren. Stellen Sie sich einmal dieses bettelarme und hungernde ägyptische Volk vor, das nicht genug Boden hat, um leben zu können. Es ist an sich ein aufgeregtes Volk, durch Revolutionen erschüttert; dazu kommt noch der Diktator Nasser, wenn auch ein kleiner, aber wir wissen doch, daß ein Diktator seinem Volk etwas aufweisen muß, sonst kann er sich nicht halten. Wenn Sie sich das alles vor Augen halten, werden Sie mit mir der Auffassung sein, daß diese plötzliche Ablehnung des Kredites für den Bau des Assuan-Dammes politisch einer der schwersten Fehler war, der überhaupt im Vorderen Orient gemacht werden konnte.
Und Nasser hat ja auch prompt reagiert. Genau eine Woche nach der ablehnenden Mitteilung des State Department hat er die Suezgeschichte gemacht. Man kann mit größter Wahrscheinlichkeit annehmen, wenn ihm die Möglichkeit gegeben worden wäre, den Assuan-Damm – der für Ägypten von geradezu ungeheurer Bedeutung gewesen wäre – zu bauen, dann hätte er seine Finger vom Suezkanal gelassen; denn in diesem Augenblick hätte er sich ja das Portemonnaie der Geldgeber verschlossen und seinem Lande den größten Schaden zugefügt. Wenn Sie sich weiter vorstellen, daß die Bauzeit für diesen Damm und alles das, was damit zusammenhängt, wie Bewässerung, Elektrizitätswerke usw., mindestens zehn Jahre gedauert hätte, dann kann man mit der größten Wahrscheinlichkeit annehmen, daß Nasser während dieser Zeit nichts gegen die freien Völker unternommen hätte. Man muß diese Dinge einmal in aller Ruhe im Hinblick auf die Vergangenheit und die Zukunft betrachten, und zwar hinsichtlich der Zukunft insofern, als wir uns alle darüber klar sein müssen, daß in solchen spannungsgeladenen Zeiten wie den unsrigen außenpolitische Entscheidungen unter Umständen etwas auslösen können, was für uns alle verderblich ist.
Man muß deswegen mit der größten Behutsamkeit und mit einem möglichst großen Überblick an eine solche Sache herangehen. Ich bin sicher nicht der Überzeugung, daß

die Vereinigten Staaten das nun absichtlich gemacht haben, aber es hat sich doch gezeigt, daß eben die Vereinigten Staaten über die Verhältnisse im Vorderen Orient und über die Bedeutung des Suezkanals für Europa nicht im klaren gewesen sind. Das ist ein Vorwurf, den ich der amerikanischen Außenpolitik schon wiederholt gemacht habe: sie ist nicht genügend unterrichtet und kennt zu wenig die anderen Völker. Das liegt zum Teil daran, daß bis zum Jahre 1914, als Amerika kaum eine Außenpolitik trieb, die Botschafter aus reichen Kaufmannshäusern, aus Bankiers- oder Gelehrtenkreisen oder sonst woher genommen wurden, aber es waren keine Leute, die nun das betreffende Volk wirklich verstanden.

Glauben Sie mir, es läßt sich über Außenpolitik natürlich sehr schön reden mit allen möglichen Redensarten, aber zur Außenpolitik gehört eine intensive Arbeit, ein genaues Studium der Zusammenhänge und eine historische Kenntnis der Dinge, sonst kann man keine gute Außenpolitik machen. Es trat zunächst ein Schwanken der Vereinigten Staaten nach der Londoner Konferenz ein. Dieses Schwanken der Vereinigten Staaten, das schließlich England und Frankreich zu diesem Schritt getrieben hat, ist wahrscheinlich auf die Präsidentenwahl in Amerika zurückzuführen; denn man hatte keine Zeit, sich mit anderen Dingen zu beschäftigen; vielleicht wollte man sich auch nicht mit anderen Dingen beschäftigen. Wahrscheinlich hat auch die Erkrankung des Staatssekretärs Dulles dazu beigetragen; denn daß diese Krebserkrankung schon vorher auf das Befinden von Dulles eingewirkt haben muß, wird Ihnen jeder Arzt bestätigen. Dann sind England und Frankreich zu dieser Selbsthilfe geschritten. Ich sage nicht, daß ich den Schritt der Engländer und Franzosen etwa als gerechtfertigt halte, aber ehe man ein Urteil darüber fällt, sollte man sich auch Klarheit darüber verschaffen, wie die ganzen Verhältnisse für diese beiden Länder waren. Das möchte ich sagen, daß die englische Wirtschaft, die englische Handelsflotte und die englische Kriegsflotte absolut abhängig sind von dem Öl aus dem Vorderen Orient. Nicht ganz so stark, aber doch zum großen Teil, gilt das auch von Frankreich. Außerdem kommt bei Frankreich die Geschichte in Nordafrika hinzu. Es ist nun einmal in der Welt so, wenn jemand nicht energisch handelt, wenn er etwas tut, dann sind sie alle hinter ihm her, und da ist den Franzosen und den Engländern – mal ganz objektiv gesprochen – der berechtigte Vorwurf nicht erspart geblieben, daß sie nicht schnell genug gehandelt haben.

Nach den Mitteilungen – und die scheinen wahr zu sein – hatte man einen Zeitplan aufgestellt, wonach man für die Niederkämpfung der ägyptischen Luftwaffe und der Flugplätze sechs Tage brauchen werde. Man war aber schon nach zwei Tagen damit fertig. Wenn man nun vier Tage zuwartet mit der Landung der Truppen, dann kann man sich vorstellen, daß das in der Welt natürlich nicht als eine Manifestation großer militärischer oder staatsmännischer Kraft angesehen wird. Und in unserer heutigen Welt – ich kann mir nicht helfen – wird Kraft einstweilen noch mehr respektiert als das Recht. So sind wir nun in diese schwierige Lage in Europa gekommen; denn die große Blamage, die Großbritannien und Frankreich erlitten haben, färbt ab auf alle europäischen Mächte.

Noch ein Wort über Israel! Wenn Israel einen Tag früher losmarschiert als die anderen, dann liegt auf der Hand, daß irgendein zeitliches Zusammengehen verabredet worden ist. Ich darf Ihnen hier sagen, daß ich schon im vorigen Dezember dem Unterstaatssekretär Hoover, der bei mir war, gesagt habe: Sie werden sehen, die Israelen schlagen im Laufe des Jahres 1956 los. Sie werden losschlagen, sobald die Russen die ägyptische Luftwaffe so stark gemacht haben, daß die Israelen nicht mehr dagegen ankommen. – Ich habe Monat für Monat in diesem Jahr erwartet, daß die Israelen losschlagen würden, und zwar aus dem reinen Selbsterhaltungstrieb heraus. Damals wurde mir von amerikanischer Seite gesagt: Wir haben die VI. Kriegsflotte in den dortigen Gewässern herumfahren, die werden für Ordnung sorgen. Die VI. Kriegsflotte hatte zwei Flugzeugträger mit soundsoviel Flugzeugen. Aber diese VI. Kriegsflotte hat zum größten Teil bei Neapel und nachher bei Zypern gelegen. Wir haben nichts davon gemerkt, daß das Vorhandensein dieser Kriegsflotte irgendwie beruhigend dort gewirkt hätte.

In einer alle Mächte überraschenden Weise ist nun entdeckt worden, daß im Laufe der letzten Monate Sowjetrußland den Vorderen Orient in einer Weise mit Waffen versehen hat, daß die Fülle und die Art dieser Waffen weit über den Bedarf der dortigen Armeen hinausgeht. Ganz offenbar waren diese Waffenlieferungen geplant, um im geeigneten Augenblick in die Hände von russischen Soldaten zu kommen, wie überhaupt konstatiert werden kann, daß die Russen ihren Druck aus Europa nach dem Vorderen Orient verlagert haben, einmal wegen der dortigen Ölbasen, die für ganz Europa von der größten Bedeutung sind, und zweitens wegen des Mittelmeerbeckens. Die Beherrschung des Mittelmeerbeckens durch Sowjetrußland wäre für Europa einfach das Ende. Auf der einen Seite des Mittelmeerbeckens liegen die mohammedanischen Staaten, die sofort auf die Seite der Russen treten würden. Auf der anderen Seite liegen Frankreich und Italien mit starken Kommunistischen Parteien. Wenn nun die kommunistische Kraft in das Mittelmeerbecken eingedrungen wäre, dann hätte das tatsächlich für Europa eine schreckliche Periode eröffnet.

Aber auch ein Gutes hat sich aus dem Vorstoß der Franzosen und Engländer im Vorderen Orient ergeben. Es scheint – wir können das nur sehr begrüßen –, als ob die Amerikaner aus ihrem Traum erwacht seien. Sie erinnern sich daran, daß ich im Juli dieses Jahres hier eine Botschafterkonferenz abgehalten habe, weil plötzlich in der New Yorker Times[3] die Nachricht erschien, daß die Amerikaner beabsichtigen, ihre konventionellen Waffen um 800000 Mann abzurüsten, dafür aber ihre nuklearen Waffen um so stärker aufzurüsten. Das wäre für uns verheerend gewesen. Sie wissen, daß ich mich damals mit allen mir zur Verfügung stehenden Mitteln dagegen gewendet habe. Man hat das zunächst in den Vereinigten Staaten von Nordamerika nicht gern gesehen, aber ich kann Ihnen jetzt sagen, daß die Leitung der Vereinigten Staaten von ihren damaligen Plänen, deren tiefster Untergrund Isolationismus war, abgekommen ist. Sie werden die Erklärungen des Staatssekretärs im Verteidigungsministerium in Washington gelesen haben, daß kein Soldat abgebaut würde. Sie werden auch die sonstigen Erklärungen über diese Fragen, die beruhigend lauten, gelesen haben. Ich war im Sommer um so beunruhigter über diese ganze Entwicklung in den Vereinigten Staaten, weil die dortige Regierung schon seit geraumer Zeit der NATO keine Bedeutung mehr schenkte. Der NATO-Botschafter – ich spreche sehr offen hier – war sehr häufig nicht in der Lage, im NATO-Rat zu irgendeiner Frage Stellung zu nehmen, weil er von seiner Regierung keine Anweisungen bekommen hatte. Wenn die führende Macht der freien Völker, die in der NATO vereinigt sind, zu wichtigen Fragen einfach keine Stellung nehmen kann, dann sinkt die ganze Geschichte ab und versandet schließlich.

Es war tatsächlich die NATO eine sehr wenig bewegliche Masse geworden, etwas ganz anderes, als sie früher gewesen ist. Aber auch hier kann ich zu meiner großen Genugtuung sagen, daß das in den letzten Wochen doch anders geworden ist. Amerika schenkt der NATO jetzt sehr große Aufmerksamkeit, und der Botschafter der NATO in Paris bekommt wieder seine Anweisungen. Amerika schickt sich also an, wieder seine führende Stellung einzunehmen. Ob der isolationistische Gedanke in den Vereinigten Staaten damit für längere Zeit erledigt ist, kann niemand prophezeien. Das hängt zum großen Teil davon ab, wie sich die anderen NATO-Mächte für den NATO-Gedanken einsetzen und betätigen. Wie groß die Gefahr aber war, muß Ihnen der Brief zeigen, den vor 14 Tagen Bulganin an Eisenhower gerichtet hat[4], in dem er nichts anderes vorschlägt als eine Teilung der Welt zwischen den Vereinigten Staaten und Sowjetrußland. Der Brief ist ziemlich lange, aber wenn Sie ihn in Ruhe lesen, namentlich den Schlußteil, kommen Sie zu der Auffassung, daß das ein glatter Vorschlag ist: Wir beiden sind die nuklearen Mächte, wir wollen für Frieden und Ordnung in der Welt sorgen. – Das würde in der Praxis bedeuten, der eine kriegt diese und der andere jene politische Einflußsphäre. Daß wir in die russische Einflußsphäre gekommen wären, versteht sich von selbst. Darüber ist kein Wort zu verlieren. Welche Konsequenzen sich daraus ergeben hätten, brauche ich Ihnen nicht weiter auszuführen.

Ich habe eben gesagt, ob die Vereinigten Staaten ihr Interesse für die NATO weiter verstärken, das hängt zum großen Teil von Europa ab. Dieses Europa hat sich nun jetzt, vom Standpunkt der Amerikaner, aber auch vom Standpunkt der Vernunft aus betrachtet, seit 1945 politisch so dumm benommen und eine Unklugheit nach der anderen begangen, daß man es verstehen müßte, wenn die Amerikaner sagten, mit den Europäern ist nichts zu machen. Denken Sie bitte daran, welche Haltung Großbritannien Jahre hindurch gegenüber den Bestrebungen zur Vereinigung Europas eingenommen hat. Denken wir bitte daran, daß es zwar gelungen ist, die Montanunion zu schaffen, daß aber dann Frankreich bei dem weiteren Schritt der Schaffung der Europäischen Verteidigungsgemeinschaft am 30. August 1954 in der schrecklichsten Weise versagt hat. Wir haben dann die Westeuropäische Union auf der Londoner Konferenz im Oktober 1954 geschaffen. Aber die Westeuropäische Union hat bisher geschlafen. Sie hat geschlafen, weil die Engländer wieder nicht mittun wollten. Die Amerikaner haben ungeheure Aufwendungen im Interesse der Freiheit der Welt gemacht. Sie sind es doch gewesen, die damals unter Truman in Korea eingegriffen haben. Wenn nun die Amerikaner dieses ganze Gezänke der Europäer dauernd sehen, dann kann man schließlich verstehen, wenn sie

sagen, wenn diesem Europa nicht zu helfen ist, wenn das ein Kontinent ist, der sterben will, dann können wir ihn auch nicht mehr am Leben erhalten.
Wir Deutschen der Bundesrepublik haben schwere Sünden gegenüber der NATO begangen. Wir haben vor allem auf dem Gebiete der Aufrüstung völlig versagt. Wenn wir einem Engländer, einem Franzosen, einem Italiener, einem Amerikaner sagen: Wir haben keine Kasernen, und infolgedessen können wir keine Leute einziehen, dann sagt uns jeder von denen: Fabriken der modernsten Art könnt ihr bauen, ihr könnt unendlich vieles andere tun auf dem Gebiet des Wohnungsbaues und der sonstigen öffentlichen Bauten, nur Kasernen wollt ihr nicht bauen können! Das glauben wir euch nicht, daß ihr das nicht könnt. – Ich mache diese Äußerung, weil sie jedem ohne weiteres klar wird. Kein Ausländer, der durch Deutschland reist und sieht, was alles an neuen Bauten hier geschaffen worden ist, nimmt uns die Entschuldigung ab, wir hätten keine Kasernen bauen können und seien infolgedessen nicht in der Lage gewesen, Leute einzuziehen.
Ich habe eben auf die Schwierigkeiten innerhalb der Bundesregierung hingewiesen. Ich fühle mich aber verpflichtet, auch darauf hinzuweisen, daß im Bundestag und in den Ausschüssen des Bundestages der Aufrüstung die denkbar größten Schwierigkeiten gemacht worden sind, und daß es für den armen Herrn Blank[5] geradezu ein Kreuzesgang war, wenn er in diese Ausschüsse hineingehen mußte. Stellen Sie sich vor, daß wir nach den Vorschriften des Bundestages – die nach meiner Meinung übrigens verfassungswidrig sind – nicht einmal eine Teekanne kaufen können für die Leute, die wir eingezogen haben, ohne daß das ausgeschrieben und hierfür ein unendlich kompliziertes Verfahren angewendet wird. (Zurufe: Hört! Hört!) Ich nehme das nur als Beispiel. Das ist doch für ein Volk wie wir, das doch – ich übertreibe nicht – auf den guten Willen seiner Freunde vollkommen angewiesen ist, geradezu ein Irrsinn, so etwas zu machen. Wie wir da noch durchkommen, weiß ich nicht. Ich hoffe, daß es dem Herrn Strauß – der viel robuster ist, als es Herr Blank war[6], nachdem er sich verbraucht hatte – gelingen wird, durch diese Schallmauer des Widerstandes, die wir im Parlament und auch in der Öffentlichkeit haben, durchzustoßen. Wir müssen ihm jedenfalls helfen, wo wir helfen können, damit er da durchstoßen kann. Aber es bleibt bestehen, daß das Vertrauen in Deutschland zur NATO in den letzten zwei Jahren rapide gesunken ist. Ich habe gestern mit unserem NATO-Botschafter Blankenhorn, der aus Paris kam, über diese Dinge gesprochen, und zwar wegen des Verhaltens der jetzigen Regierung und der Regierungskoalition und auch der öffentlichen Meinung in Deutschland. Man fängt auch dort jetzt an zu zweifeln, ob es uns bei unserer Lethargie und unserem Phlegma gelingen wird, die Bundestagswahl 1957 zu gewinnen.
Die SPD wird unentwegt an ihrem neutralistischen Standpunkt festhalten. Sie haben die Rede des Herrn Mellies[7] gehört, Sie haben auch von dem Beschluß gehört, den der DGB in Hamburg gefaßt hat, in dem er ausgeführt hat: Der DGB wird die Kräfte unterstützen, die willens und fähig sind, mit demokratischen Mitteln die Wiederbewaffnung im gespaltenen Deutschland und die Wehrpflicht wieder rückgängig zu machen[8]. – Bitte beachten Sie wohl, da steht nicht etwa drin, „die Wehrpflicht wieder rückgängig

zu machen", sondern es steht drin, die Wiederbewaffnung im gespaltenen Deutschland rückgängig zu machen. Vielleicht haben Sie überlesen, daß sich die Sozialdemokratische Partei offiziell zustimmend zu diesem Beschluß – der nie ohne die Zustimmung der Sozialdemokraten gefaßt worden wäre – geäußert hat. Daraus sehen Sie die ganze, mit keinem Wort scharf genug zu geißelnde Torheit der Sozialdemokraten. In einem Augenblick, wo die Geschichte in Polen und der Aufstand in Ungarn war, wo die amerikanische Luftwaffe mehrere Tage lang auf allerhöchster Alarmstufe gewesen ist, wo Nachrichten kommen über russische Truppenkonzentrationen auch nach dem Westen, zu sagen: Wir unterstützen jede Partei, die die Wiederbewaffnung verhindert, das ist nach meiner Meinung – ich unterdrücke das Wort, das mir auf der Zunge schwebt. Dann soll man doch lieber geradeaus nach dem Osten hinmarschieren; denn das ist genau dasselbe.

Erkennen Sie daraus bitte die Riesenbedeutung der Wahlen im nächsten Jahr. Wenn nämlich die Sozialdemokratie, die auf dieser Linie festliegt und sich jetzt erneut wieder festgelegt hat, nach der Bundestagswahl des Jahres 1957 einen irgendwie bestimmenden Einfluß auf die Politik der Bundesregierung bekommen sollte, dann ist es zu Ende mit der Freiheit des deutschen Volkes. (Zustimmung und Zurufe: Sehr richtig!) Das haben gerade die Erfahrungen der letzten Monate – wenn es überhaupt noch nötig war, das zu beweisen – mit einer solchen Klarheit und einer solchen Überzeugungskraft gezeigt, daß sich ihnen kein Mensch verschließen kann.

Nun werden Sie mich fragen, wie denkst du dir denn überhaupt die Entwicklung. Darauf will ich Ihnen eine Antwort geben. Ich habe seit Jahr und Tag den Glauben gehabt, daß schließlich dieser Ostblock soviel innere Risse bekommen würde, daß sich daraus sein Ende ergäbe. Es war immer meine Überzeugung, daß man den Menschen ein so unwürdiges Leben, wie es die Menschen in Sowjetrußland und in den Satellitenstaaten führen, auf die Dauer einfach nicht zumuten könne, und es werde einmal der Augenblick kommen, wo man sich gegen diese Unterdrückung auflehnen würde. Die Risse in diesem Block haben sich zuerst gezeigt im Jahre 1948 in Jugoslawien; sie haben sich dann gezeigt in Polen und jetzt in Ungarn. Wir wissen auch nicht, was im Kreml vor sich geht. Wir können nur das eine wissen, daß dort Machtkämpfe stattfinden, ob zum Guten oder zum Schlechten, das wissen wir nicht. Wenn ich sage, zum Schlechten, dann meine ich folgendes: Wenn in einem solchen diktatorisch regierten Staat Machtkämpfe stattfinden, dann ist es leicht möglich, daß schließlich die Leute zu einer Diversion nach außen übergehen, um das Augenmerk der eigenen Menschen von den inneren Auseinandersetzungen abzuleiten.

Das ist die große Gefahr, die vor uns steht und die noch eine geraume Zeit vor uns stehen wird. Es handelt sich jetzt – im Gegensatz zu den Diadochenkämpfen in Sowjetrußland nach dem Tode Lenins – nicht darum, welche Personen die Macht in die Hand bekommen, sondern es handelt sich offenbar um zwei Richtungen. Aber aus der Tatsache, daß diese Kämpfe zwischen zwei Richtungen stattfinden und daß man sich in den Satellitenstaaten gegen die Sklaverei auflehnt, können und dürfen wir auch mit Recht Hoffnung schöpfen. Es ist die einzige Hoffnung, die wir haben können. Keiner von uns will einen Krieg. Ein Krieg mit Wasserstoffbomben wäre für die gesamte Menschheit der Untergang. Kein Mensch kann das vorher wissen, jedenfalls würde unser Land schwer in Mitleidenschaft gezogen werden. Da diese innere Zersetzung im Ostblock weitergeht, muß der Westen einig und stark sein; denn der Staat, der in der heutigen Zeit schwach ist, der lädt seinen Nachbarn geradezu ein, ihn in Besitz zu nehmen.

Der Westen muß einig sein. Darum wollen wir Europa aufbauen und die NATO mit neuem Leben erfüllen. Durch die NATO binden wir die Vereinigten Staaten an uns; ohne die Vereinigten Staaten sind alle europäischen Länder gegenüber der Sowjetunion verloren. Die NATO können wir nur dann aufbauen, wenn wir selber alles tun, was wir tun können, während jetzt – man schämt sich fast, es zu sagen – unsere finanzielle Leistung für die NATO gleich ist der finanziellen Leistung, die das bettelarme Griechenland pro Kopf der Bevölkerung aufbringt. Dieses reiche Deutschland, von dem gestern wieder gemeldet wurde, daß es einen neuen Geldzuwachs von 600 Millionen hätte, bringt nicht mehr pro Kopf der Bevölkerung auf wie das bettelarme Griechenland, das das ärmste Land in Europa ist. Wir müssen uns eigentlich schämen, daß wir das tun.

Wir müssen Europa aufbauen! Wir müssen die NATO festigen, weil kein europäischer Staat allein dem russischen Druck gewachsen sein wird. Wenn wir aber durch die NATO die Vereinigten Staaten an uns binden, dann haben wir doch gerade nach den Erscheinungen, die wir in den letzten zwei Monaten wahrgenommen haben, die begründete Hoffnung, daß dieser Prozeß in Sowjetrußland und in den Satelliten weitergehen wird und daß die Sowjetrussen auch eines Tages bereit sein werden – mögen sie eine Staatsform haben, welche sie wollen, das ist ihre Sache –, mit den anderen Mächten zu einer Abrüstung zu kommen, die der Welt endlich wieder den Frieden und die Ruhe gibt, die wir alle seit vielen Jahren so schmerzlich entbehren müssen. (Lebhafter Beifall)

Quelle: Sitzung des Bundesparteivorstands der CDU am 23. 11. 1956. Maschinenschriftliches Wortprotokoll (Durchdruck).

Anmerkungen

1 Der ausführliche erste Teil des Berichts war der Innenpolitik gewidmet.

2 Ägyptisch-britisches Abkommen vom 19. 10. 1954.

3 Bericht der NEW YORK TIMES vom 13. 7. 1956 über eine Erklärung Admiral Radfords, Vorsitzender des Vereinigten Generalstabs der USA. Vgl. auch Erinnerungen III, S. 197-200.

4 Schreiben vom 5. 11. 1956 (Text in: Europa-Archiv 1956, S. 9444).

5 Bundesverteidigungsminister Theodor Blank wurde am 16. 10. 1956 von Franz Josef Strauß abgelöst.

6 Im Anschluß an Adenauers Ausführungen (in deren hier nicht abgedrucktem Teil Blanks Verdienste übrigens positiv gewürdigt wurden) protestierte der anwesende Blank gegen diese Charakterisierung; Adenauer entschuldigte sich mit der Bemerkung, er habe die Anwesenheit Blanks nicht bemerkt.

7 Wilhelm Mellies, Stellvertretender Vorsitzender der SPD.

8 Entschließung des DGB vom 9. 10. 1956. Text in: AdG 1956, S. 6015.

2. Februar 1957

„Im Lichte der Freiheit".
Rede bei einer Kundgebung des Deutschen Bauernverbandes zur „Grünen Woche" in Berlin

Grundsätzliche Ausführungen zur Landwirtschaft und Bekundung optimistischer Lagebeurteilung bezüglich der inneren Entwicklung im Ostblock.

Zuletzt bin ich auf der „Grünen Woche" bei Ihnen gewesen im Jahre 1953. Es war schon damals ein eindrucksvolles Bild, das sich dem Auge darbot, und ich habe manche beherzigenswerte Ausführungen, sei es landwirtschaftlicher, sei es auch allgemein politischer Art, gehört.

Vier Jahre sind seitdem verflossen. Auch die diesjährige „Grüne Woche" gibt einen ausgezeichneten Einblick in alle Aufgaben und Probleme eines besonders wichtigen Wirtschaftsgebietes. Die technische Revolution durchdringt heute auch den ländlichen Lebensbereich, wir erleben auch hier große Veränderungen. Aber wir erkennen deutlich, daß es nicht nötig ist, die Menschen aus allen Bindungen der Überlieferung und des eigenen Besitzes zu lösen und dem Zwang des Kollektivs zu unterwerfen. Das Gegenteil ist der Fall, wenn technische Vorteile gemeinschaftlich genutzt werden, so steht für unser Denken der freiheitliche Weg des genossenschaftlichen Zusammenschlusses und des Lohnunternehmers offen. Unsere Bauern und Gärtner liefern den Beweis dafür, daß man das Dorf modernisieren und dabei doch Selbständigkeit und Freiheit im eigenen Betrieb behalten kann.

Die unternehmerische Leistung der Bauern und Gärtner in der Bundesrepublik hat sich dem Kollektiv gegenüber als weit überlegen erwiesen. Dafür ist die Leistungsschau der „Grünen Woche" ein eindrucksvoller Beweis. Unsere selbständigen Betriebe erzeugen auf der begrenzten Fläche Westdeutschlands das Mehrfache der östlichen Großkollektive, und der Mangel an Nahrungsmitteln – insbesondere an hochwertigen Erzeugnissen des Gartenbaues und der tierischen Veredlungswirtschaft –, der noch heute die östliche Agrarpolitik beherrscht, ist bei uns ein längst überwundenes Problem: In Freiheit wird mehr produziert. Nicht allein die sozialen Belange der Menschen sind dabei besser zu erfüllen, sondern auch der wirtschaftliche Erfolg der Arbeit ist höher. So kann jeder Städter, jeder Industriearbeiter in der westlichen Welt zu jeder Zeit mit Nahrungsmitteln aller Art nach eigenen Wünschen reichlich versorgt werden, und besonders der Verbrauch an Qualitätserzeugnissen, von Milch und Fleisch bis zu den Erzeugnissen des Gartenbaus, wächst ständig.

Man sieht in der mit der „Grünen Woche" verbundenen Ausstellung in sehr einprägender Weise den Fortschritt, den die deutsche Landwirtschaft in den letzten Jahren gemacht hat. Sie hat diesen Fortschritt gemacht trotz vieler Schwierigkeiten wirtschaftlicher und sonstiger Art. Diese Schwierigkeiten kann die Landwirtschaft aus eigener Kraft nicht überwinden. Sie befindet sich wenigstens, was die Landwirtschaft der Bundesrepublik angeht, in den schwierigen Jahren der Umstellung auf den maschinellen Betrieb. Sie alle wissen, daß zu Zeiten der Vollbeschäftigung gerade die Landwirtschaft besonders unter Menschenmangel leidet. Sie wissen auch, daß die harte Arbeit auf dem Lande manchen jungen Mann und manches junge Mädchen abschreckt, den Beruf der Eltern zu ergreifen. Sie wissen, daß insbesondere die Bäuerin eine sehr schwere Arbeit zu leisten hat. Die Schwere der Arbeit wird der Natur der Verhältnisse nach zu einem Teil immer mit jeder landwirtschaftlichen Tätigkeit verbunden bleiben. Aber zu einem wesentlichen Teil kann diese Schwere gemildert werden durch Technisierung und Rationalisierung, durch Verbesserungen auf allen möglichen Gebieten, Konstruktion und Anschaffung von Maschinen, Wegebau, Verbesserung der Wasser- und Elektrizitätsversorgung usw.

Diesen Teil des Umstellungsprozesses der Landwirtschaft kann – wie ich schon sagte – die Landwirtschaft nicht allein aus eigener Kraft leisten. Darum muß hier die öffentliche Hand, der Staat, die Länder und die Kommunen das Ihrige tun, und sie werden das Ihrige tun. Ich brauche in diesem Zusammenhang nur die Worte auszusprechen „Landwirtschaftsgesetz“ und „Grüner Plan“. Das Landwirtschaftsgesetz wurde geschaffen, um die Landwirtschaft in ihrem Entwicklungsprozeß zu unterstützen. Bund und Länder haben im vergangenen Jahr außerhalb der normalen Haushaltsmittel mehr als eine Milliarde aufgewandt, um die Produktionsbedingungen in der Landwirtschaft zu verbessern. So konnte auch die Erzeugung weiter gesteigert werden, und im Zusammenhang mit der wachsenden Massenkaufkraft stiegen die Verkaufserlöse der westdeutschen Landwirtschaft innerhalb des Wirtschaftsjahres 1955/56 um 1,2 Milliarden. Infolgedessen wurde auch eine Erhöhung der Löhne möglich, und die Modernisierung der Betriebe konnte fortschreiten. Die Gesamtlage ist also weithin verbessert worden.

Der „Grüne Plan“ des Jahres 1956 hat zu meinem großen Bedauern in mancher Beziehung nicht durchgeführt werden können, weil ganz allgemein das Kapital zu teuer, die Zinssätze zu hoch wurden. In den weitaus meisten Teilen ist er durchgeführt worden und hat wesentlich der Landwirtschaft geholfen. Wir werden weiter helfen; über das Ausmaß der Hilfe für 1957 finden zur Zeit noch Verhandlungen statt. Der neue „Grüne Plan“, den wir dem Bundestag in wenigen Wochen vorlegen, wird die Fortsetzung unserer bisherigen Bemühungen zeigen.

Auch in diesem Jahr werden große Hilfsmittel für die Landwirtschaft zum Einsatz kommen. Wir hoffen besonders für die Erzeugung der bäuerlichen Familienwirtschaften mehr tun zu können, und auch die Verbesserung der Agrarstruktur und der ländlichen Arbeits- und Lebensverhältnisse verstärkt weiterführen zu können. Es ist unser Ziel, den Bauern zu einem rentableren Wirtschaften zu bringen, ohne die Preise für den Verbraucher zu erhöhen. Die Landwirte können davon überzeugt sein, daß wir durchdrungen sind von unserer gern geübten Pflicht, der Landwirtschaft gerade in diesen Jahren der Umstellung besonders beizustehen. Die bäuerliche Selbsthilfe ist eine Voraussetzung für das Gelingen auch des besten staatlichen Hilfsprogramms. Nur im Zusammenwirken der bäuerlichen Unternehmerleistung mit unseren Förderungsmaßnahmen können sich die Einkommens- und Lebensverhältnisse wirklich befriedigend entwikkeln.

Wenn ich jetzt von deutscher Landwirtschaft spreche, kann ich ja leider nicht die Landwirtschaft des von Sowjetrußland besetzten Gebietes einschließen, da wir die Verhältnisse dort nicht genügend kennen und da dort besondere Schwierigkeiten vorliegen. Die deutsche Landwirtschaft hat trotz aller Schwierigkeiten, trotz auch der Witterungsunbilden, der Überschwemmungen des letzten Jahres, in steigendem Maße größere Erträgnisse gebracht. Einige Zahlen sind besonders interessant, die Zahl der Milchkühe betrug 1949 5304000, die Milchproduktion 11319000 t, im Jahre 1956 war die Zahl der Milchkühe 5635000, die Milchproduktion 17008000 t, die Fleischproduktion betrug 1951 1810000 t, 1956 2280000 t.

Wenn ich davon sprach, daß nur ein Teil der Schwere der landwirtschaftlichen Arbeit durch Technisierung erleichtert werden kann und daß die landwirtschaftliche Arbeit immer schwer bleibt, so hat sie andererseits auch Vorzüge, die man nicht vergessen sollte. Sie läßt den Menschen in Verbindung mit der Natur, sie spannt ihn nicht ein in Fabriksäle oder Bergwerksschächte, sie spannt ihn nicht ein in das nervenzerstörende Tempo des Arbeits- und des Genußlebens in den Städten. Ich glaube, das sind äußerst wertvolle Begleitumstände der landwirtschaftlichen Arbeit, die man nicht geringschätzen darf. Die landwirtschaftliche Arbeit hat für den Eigenbesitzer, auch wenn der Besitz nicht groß ist, den großen Vorteil des Gefühls der Sicherheit. In unserer erschütterten Zeit ist der Mensch zu sehr geneigt, sein Urteil über Wert oder Unwert seiner Tätigkeit, ja, seines ganzen Seins abhängig zu machen von seinem Urteil über eine kurze Zeitspanne. Er ist sehr geneigt zu glauben, daß die Last immer so bleibt, wie sie gerade jetzt auf ihm lastet und daß auch die Annehmlichkeiten immer so bleiben, wie gerade jetzt. Aber das Leben auf der Erde unterliegt einem ständigen Wechsel, und nur wer diesen ständigen Wechsel ebenfalls beachtet, kann sich ein zutreffendes Urteil bilden über seinen Beruf, über seine Tätigkeit, über sein Leben und über das Leben seiner Frau und seiner Kinder. Es wird uns gelingen, die landwirtschaftliche Arbeit zu erleichtern und ertragreicher zu machen. Dann werden der noch verbleibenden Schwere der landwirtschaftlichen Arbeit gegenüberzustellen sein ihre von mir oben geschilderten guten Seiten. Ich glaube, daß dann die guten Seiten zum mindesten die schlechten aufwiegen.

Es mag sein, daß mancher von Ihnen, meine verehrten Anwesenden, meinen Worten nicht beipflichtet, daß er glaubt, es sei sehr leicht von den Vorzügen auch der landwirtschaftlichen Arbeit zu sprechen, ohne etwas von der Schwere zu wissen. Vielleicht weiß ich doch etwas davon, und vielleicht habe ich doch auf Grund der vielen Erfahrungen, die ich im Leben gemacht habe, die Möglichkeit, mir ein Urteil zu bilden. Jedenfalls bitte ich Sie, davon überzeugt zu sein, daß ich die Bedeutung und den Wert der landwirtschaftlichen und gärtnerischen Arbeit in vollem Umfange anerkenne, und daß ich mir auch bewußt bin ihrer Lasten und ihrer Schwere. Aber ich kenne auch ihre Vorzüge und versichere Ihnen, daß der Mensch in der Stadt und der Großstadt vielleicht viel einsamer ist und es oft viel schwerer hat als die Familie auf dem Dorfe.

Ich will den heutigen Anlaß, der ja in weitem Umfange das Interesse der deutschen Öffentlichkeit weckt, benutzen, um über die volkswirtschaftliche Bedeutung der Landwirtschaft etwas zu sagen. Ich beschränke mich auf sehr wenige Vergleichsziffern.

Der Produktionswert im Kohlenbergbau betrug im Jahre 1955 rd. 8,1 Mrd. DM, der Wert der Schlachtviehproduktion 7,5 Mrd. DM, der Wert des produzierten Rohstahls 7,3 Mrd. DM, der Wert der produzierten pflanzlichen Erzeugnisse 6,8 Mrd. DM, der Wert der produzierten Kuhmilch 4,2 Mrd. DM.

Die deutsche Öffentlichkeit wird daraus ersehen, daß die deutsche Landwirtschaft mit vollem Recht für sich beanspruchen darf, daß ihr Staat und Länder die gleiche Aufmerksamkeit und das gleiche Interesse widmen, wie der industriellen Produktion. Sie wird noch mehr davon überzeugt sein, wenn ich sage, daß der Umsatzwert der Ernährungsindustrie, d. h. der Industrie, die sich auf landwirtschaftliche Produkte stützt, im Jahre 1955 20 Mrd. DM betrug.

Ich habe die Freude, hier heute viele Landwirte aus Berlin und aus der sowjetisch besetzten Zone zu sehen. Wir wissen um die Schwere ihres Daseins, um ihre harte Arbeit, um ihre Unfreiheit und den Zwang, der auf sie ausgeübt wird. Es fällt dem, der im Besitz der Freiheit ist, wie wir in der Bundesrepublik, schwer, jemanden, der so leben muß wie sie, auf die Zukunft zu vertrösten. Nur zu leicht entsteht bei dem Bedrückten das Gefühl, „Du hast gut reden". „Wie würdest du das ertragen, was wir ertragen müssen, wo sehen wir den Anfang unserer Befreiung von dieser schrecklichen Last, die uns fast erdrückt?" Gerade weil ich um solche psychologischen Vorgänge weiß, fühle ich mich verpflichtet, sehr offen und rückhaltlos zu Ihnen zu sprechen. Ich komme zu Ihnen, meine lieben Landsleute, mit begründeterer Hoffnung auf Freiheit und Wiedervereinigung als je zuvor. Es war immer meine Ansicht, daß man die Lösung der Frage Berlins und der sowjetisch besetzten Zone nicht als ein für sich allein bestehendes und zu lösendes Problem betrachten dürfe. Ich halte es für ein Unrecht, Sie, meine Freunde das glauben zu machen, indem man ständig nach neuen Initiativen ruft, und das sogar ohne zu sagen, worin denn diese Initiative bestehen soll. Ich sage Ihnen ganz offen, daß ich die mehr oder weniger gut gemeinten Reden über besondere Initiativen, die man bei den Russen machen sollte, nicht für sehr glücklich halte. Man erweckt dadurch nicht erfüllbare Hoffnungen, und man verbraucht seine politischen Kräfte an einer falschen Stelle. Initiativen, die nur gemacht werden, damit etwas gemacht wird, richten Schaden an. Initiativen dürfen nur ergriffen werden, wenn Situationen sich ergeben, die Hoffnung auf Erfolg bieten.

Der ganze Prozeß der Schaffung der Satellitenstaaten einschließlich der sowjetisch besetzten Zone, meine lieben Freunde, ist ein Vorgang, der auf einer einheitlichen russischen Konzeption beruht. Sowjetrußland hat diesen Gürtel von Satellitenstaaten geschaffen teils zum Schutz, teils zum Angriff. Von einem Schutz gegenüber der freien Welt zu sprechen ist nach meiner tiefen Überzeugung von Sowjetrußland völlig unbegründet. Keine Macht will Sowjetrußland angreifen. Wenn die freien Völker sich zusammenschließen und wieder aufrüsten – sie hatten ja im Gegensatz zu Sowjetrußland vor Korea abgerüstet –, so tun sie es, um gegenüber einem etwaigen Angriff Sowjetrußlands verteidigungsbereit zu sein und sie haben allen Anlaß dazu, weil die Aggressionsabsichten Sowjetrußlands, die seit 1945 sich an den verschiedenen Punkten gezeigt haben, noch nicht aufgegeben sind. Die blutige Niederschlagung des Volksaufstandes in Ungarn zeigt, wie die Sowjetunion den Freiheitswillen kleiner Völker respektiert, und Sie selbst erfahren es ja täglich und stündlich am eigenen Leibe. Ganz abwegig ist es, etwa zu glauben, daß die Schaffung der Wehrmacht der Bundesrepublik irgendwie Sowjetrußland ängstigen könne. Jeder von Ihnen weiß, wie stark die Macht Sowjetrußlands ist und daß es lächerlich ist, von einer Bedrohung Rußlands durch die Bundesrepublik zu sprechen.

Trotzdem gibt es, und zwar jetzt mehr als je zuvor, untrügbare Anzeichen dafür, daß eine Wende in absehbarer Zeit eintreten wird oder schon eingetreten ist, aber Ungeduld und Unvorsichtigkeit dürfen diese Entwicklung nicht zerstören.

Ich erblicke diese Anzeichen in folgendem:

Erstens: Der Freiheitswille der Bewohner der Satellitenstaaten ist auf die Dauer nicht zu ersticken. Das haben in stärkster Weise die Ereignisse in Ungarn gezeigt. Ein heldenmütiges Volk hat sich in beispielloser Tapferkeit gegen die Unterdrückung zur Wehr gesetzt. Die Fackel der Freiheit, die Ungarn in den Satellitenstaaten angezündet hat, wird niemals wieder erlöschen. Sie hat die ganze Welt auf das Schreckliche und Entsetzliche hingewiesen, das dort vor sich gegangen ist. Die Geschichte wird einst die Tapferkeit und den Freiheitswillen Ungarns mit goldenen Lettern auf ihren Blättern verzeichnen und diese Empörung gegen Druck und Sklaverei als den Beginn einer neuen Epoche in der Nachkriegszeit ansehen. Auch in Polen hat sich der Freiheitswille des polnischen Volkes klar und eindeutig gezeigt. Das polnische Volk wird niemals wieder zurückgeworfen werden können in den Zustand der Unfreiheit, in dem es sich in den vergangenen Jahren befand. Dort wird die Entwicklung, wie wir alle hoffen, in unblutiger Weise – aber unaufhaltsam – weitergehen der Freiheit und Unabhängigkeit entgegen. Dieser Geist der Freiheit verbreitet sich weiter in den anderen Satellitenstaaten. Er wird auch im russischen Volk selbst immer stärker werden. Schließlich wird in dem ganzen Ostblock eine Veränderung vor sich gehen, die in der ganzen Welt, in erster Linie Ihnen, meine Freunde aus der sowjetisch besetzten Zone und aus Berlin, zugute kommen wird.

Ein zweites Anzeichen für eine beginnende Entwicklung zum Besseren erblicke ich in der stärkeren Entwicklung der Kräfte in der gesamten Welt, die keine Sklaverei und keine Unfreiheit ertragen will und kann.

Drei Fakten lassen Sie mich besonders hervorheben:

Die NATO, ein Verteidigungsbündnis der freien Völker des Westens unter Führung der Vereinigten Staaten, ist aus den Schwierigkeiten, die die Suez-Krise gebracht hat, gestärkt und erneuert hervorgegangen. Sie wird ein festeres Bollwerk gegenüber jeder Aggression werden als sie es je zuvor gewesen ist.

Der *Zusammenschluß Europas* wird fortschreiten. Auch hier hat die Suez-Krise und das Bestreben Sowjetrußlands, den Vorderen Orient seiner diktatorischen Herrschaft zu unterwerfen, für viele Europäer klärend gewirkt. Der Zusammenschluß Europas, gleichgültig in welcher Form er erfolgen wird, wird nicht nur allen Europäern größere politische und wirtschaftliche Macht bringen, er wird auch Sowjetrußland davon überzeugen, daß sein Bestreben, West-Europa in seine Hände zu bekommen, undurchführbar ist.

Die dritte Tatsache, die für eine Steigerung der Kraft des Willens zur Freiheit in der gesamten Welt spricht, ist das Erstarken der UNO unter Führung der Vereinigten Staaten. Die UNO hat eine große moralische Kraft und Bedeutung in der Welt gewonnen. Gerade auch die unterentwickelten Völker werden erkennen, daß auch sie schon im eigenen Interesse den Kolonialismus, den Sowjetrußland in der Form der Unterjochung anderer Völker betreibt, nicht ertragen können.

Lassen Sie mich ein Weiteres hinzufügen. Es besteht für mich kein Zweifel, daß der sowjetrussische Kommunismus von Anfang an Welteroberungspläne gehabt hat und sie auch noch hegt. Aber es besteht auch für mich kein Zweifel, daß diejenigen, die die Macht in Sowjetrußland haben, immer mehr zu der Erkenntnis gelangen, und zwar gerade durch die Vorgänge des letzten Jahres, daß derartige Pläne über die Kräfte Sowjetrußlands bei weitem hinausgehen. Sowjetrußland kann nicht den niedrigen sozialen Stand seiner Bevölkerung heben, gleichzeitig in stärkster Weise aufrüsten und die von ihm unterjochten Staaten, in denen sich der Freiheitswille regt, niedergedrückt halten. Das geht über seine Kraft.

So glaube ich, daß eine Wende in der Nachkriegsgeschichte, wie ich eben sagte, kommt. Alle großen historischen Ereignisse – und es handelt sich hier um eine große historische Entwicklung – treten fas nie in stürmischer Entwicklung von heute auf morgen ein. In der Geschichte wirken die plötzlich eintretenden Ereignisse wie Revolutionen und Kriege, mörderisch und zerstörend. Die auf Grund innerer Entwicklung mit Naturnotwendigkeit eintretenden Veränderungen sind zwar langsamer, aber erfolgreicher.

Nach meiner Überzeugung kann ich Ihnen, meine Freunde, sagen, daß Sie keinen Grund haben, mutlos zu sein, daß die Entwicklung zum Guten begonnen hat. Wir müssen diese Entwicklung fördern, aber mit Klugheit, mit Geduld und mit Beharrlichkeit. Ich mache Ihnen keine zeitlichen Versprechungen. Das ist unmöglich für jeden.

Der Zusammenbruch Deutschlands und damit seine Zerreißung ist ein Teil der Zerstörung der politischen und wirtschaftlichen Ordnung in weiten Teilen der Welt. Die Wiederherstellung der politischen und wirtschaftlichen Ordnung Deutschlands wird nicht die Endphase der Neuordnung der Welt sein, aber sie wird im Laufe dieser Neuordnung vor sich gehen, nicht getrennt von ihr, nicht als Einzelaktion. Die Regierung der Bundesrepublik Deutschland tut alles, was in ihren Kräften steht, um diese Neuordnung, die eine kontrollierte Abrüstung zur Grundlage haben muß, zu fördern. Darum ist jeder Teil ihrer Arbeit auf diesem Wege auch ein Schritt zur Wiedervereinigung unseres Vaterlandes in Frieden und Freiheit.

Sie, meine Freunde, sind aus hartem und zähem Holze geschnitzt und Sie sind treu. Auch wir sind treu, und wir werden niemals unser Ziel aus dem Auge verlieren. Recht und Gerechtigkeit, Frieden und Freiheit sind die stärksten Kräfte auf dieser Welt, und diese Kräfte sind auf seiten Deutschlands und seiner Freunde.

Quelle: Bulletin, 5. Februar 1957.

7. Februar 1957

Bericht über die politische Lage auf der Sitzung des Bundesparteivorstands der Christlich-Demokratischen Union in Bonn (Palais Schaumburg)

Die bisher unveröffentlichte Ansprache enthält eine Beurteilung der aktuellen Entwicklung im Ostblock, besonders in Polen.

[. . . .][1]

Mein Husten ist ein Raucherkatarrh. Ich will Ihnen sagen, wieso. Ich war am Sonntag abend in Berlin auf einer gesellschaftlichen Unterhaltung der Landwirte; hauptsächlich waren es Leute aus der Ostzone. Dort war ein Rauch, wie ich ihn noch nicht erlebt habe. Daher habe ich diesen „Raucherkatarrh". Wenn man diese „Qualität" genossen hat, merkt man einen großen Unterschied gegenüber dem, was bei uns geraucht wird. Im übrigen aber möchte ich betonen, daß mein Eindruck, den ich gerade bei den Leuten aus der Ostzone gewonnen habe, ausgezeichnet war, und zwar 1) über ihre offenkundige Sympathie für uns und 2) über ihre Schlichtheit und Bescheidenheit. Diese Leute können geradezu vorbildlich sein für uns in der Bundesrepublik.

Ich habe es übernommen, Ihnen einen kurzen Überblick über die politische Lage zu geben, und zwar deswegen kurz, weil nachher noch die Herren Meyers, Krone und Heck über den Stand der Arbeiten in der Partei und in der Fraktion sprechen werden und weil ich den dringenden Wunsch habe, möglichst viel auch von Ihnen zu hören, was bei Ihnen geschieht. Herr Heck hat zu meiner Freude gestern gesagt, daß ab 1. Januar ein allgemeines Erwachen, ich will nicht sagen, ein deutsches Erwachen, aber ein Erwachen in unserer Partei eingetreten sei. Darüber möchten wir gerne etwas hören.

Sie haben die Bundestagsdebatte der vergangenen Woche gehört oder auch am Fernsehen miterlebt. Ich muß sagen, daß bei dieser Bundestagsdebatte sowohl des ersten Tages, bei der es sich um die Außenpolitik handelte, als auch des zweiten Tages, bei der es sich um die Wehrpolitik handelte, eine völlige Defensive der SPD in Erscheinung getreten ist, wie man das nur ganz selten bisher erlebt hat. Man sah wirklich blasse Gesichter, man sah, wie die Leute verstummten; kurz und gut, es war ein anderes Bild als sonst. Umgekehrt war bei uns wirklich ein Offensivgeist zu spüren, der nicht

immer zu spüren ist. Da Sie, wie ich annehme, dieser außenpolitischen Debatte gefolgt sind, kann ich mich auf sehr wenige Worte über die außenpolitische Lage beschränken.
Der Vordere Orient ist nach wie vor ein Gebiet, das Sorge macht, wenn auch der Anschein da ist, daß sich im Laufe der letzten Wochen die Dinge dort stabilisiert haben. Was Ungarn angeht, so wissen Sie, daß Kadar[2] erklärt hat, er habe sich noch nicht in allen Provinzen des Landes durchsetzen können. Was Polen angeht, so sind die Nachrichten darüber zum Teil sehr gefärbt. Von Leuten, die in Polen waren, bekommt man ganz andere Berichte als die, die man in den Zeitungen liest. Die Kenner Polens sind der Auffassung, daß die Entwicklung in Polen zur Freiheit hin – ich meine jetzt nicht etwa vom Kommunismus; das ist eine zweite Frage und ein zweites Stadium der Entwicklung – unaufhaltsam sei. Wir können nur hoffen, daß sich diese Entwicklung nicht revolutionär, sondern evolutionär vollziehen wird. Polen mit seinen 36 Millionen Einwohnern und an die DDR anstoßend ist natürlich für Sowjetrußland von viel größerer Bedeutung als Ungarn.
Daher würde Sowjetrußland – es gehört keine besondere Weisheit dazu, um das festzustellen –, wenn man ihm die Handhabe dazu böte, in Polen mit Gewalt einzugreifen, dort viel grausamer zupacken und eingreifen, als es in Ungarn eingegriffen hat. Das ist auch der Grund, warum unser Außenministerium die ganze Frage der Herstellung der Beziehungen zu den Ostblockstaaten, insbesondere zu Polen, mit sehr viel größerer Vorsicht behandeln muß, als das im allgemeinen geschieht. Wir dürfen nichts tun in Polen, was etwa Gomulka nicht für taktisch richtig hielte. Ob etwas taktisch richtig ist, d. h. ob Gomulka gefährdet ist gegenüber Sowjetrußland, das kann er besser entscheiden als wir und insbesondere viel besser als unsere Bierbankpolitiker.
Daher müssen Sie verstehen, wenn wir an diese ganze Frage mit der größten Vorsicht und Behutsamkeit herangehen. Eine blutige Revolte in Polen wäre nicht nur eine Katastrophe für Polen selbst, sondern es würden auch zweifellos dann viele Flüchtlinge von Polen in die DDR kommen, und von der DDR kämen Flüchtlinge zu uns. Aus einem Aufstand in Polen könnte nur zu leicht eine große Katastrophe entstehen, die immer weiter um sich greifen würde. Daher bitte ich Sie, gegenüber Äußerungen in der Presse, insbesondere bei den Sozialdemokraten, die wegen dieser Frage kommen, die Situation klarzulegen, daß wir die Entwicklung in Polen zum Guten hin nicht stören dürfen.
Was allgemein die Entwicklung im Osten angeht, so kann man diese, da die Verhältnisse im einzelnen immer undurchsichtig sind, nur in einer großen Linie überzeugend klarlegen. Sie kennen die traurige wirtschaftliche Lage in der Sowjetzone und in Ungarn, die ja überhaupt erst die ganze Sache ausgelöst hat. Sie wissen auch von der traurigen wirtschaftlichen Lage in Polen. Dort ist diese katastrophale Lage eingetreten, obgleich in Polen das Kolchosensystem, überhaupt das kommunistische System, noch gar nicht in voller Stärke eingeführt worden war. Um wieviel schlimmer wird es in der Sowjetunion aussehen.
Die Lage hat sich für die Sowjetunion auch insofern geändert, als die Satellitenstaaten für sie keine Hilfe, sondern eine Belastung und ein Gefahrenherd sind. Es kommt weiter

hinzu die Hilfe Rotchinas durch Tschou-En-Lai. Es ist beschämend, daß ein Chinese nach Westeuropa kommen muß[3] – Polen gehört zu Westeuropa –, um dort den Menschen zu erklären, sie sollten und müßten am Kommunismus und an Moskau festhalten. Aber das wird der Chinese nicht getan haben, ohne sich dafür bezahlen zu lassen von Sowjetrußland. Man kann annehmen, daß die Belastung Sowjetrußlands durch Rotchina, über die früher schon Moskau geklagt hat, inzwischen noch stärker geworden ist. Alles das berechtigt zu der Annahme – die ich auch in Berlin zum Ausdruck gebracht habe –, daß die Lage hinsichtlich der Befreiung der Welt von den bestehenden Spannungen doch besser als je zuvor geworden ist. Vor einem müssen wir uns hüten, nämlich den Machthabern in Sowjetrußland auch nur den kleinen Finger oder die kleinste Möglichkeit zu geben, damit sie nicht zu einer Diversion nach außen kommen. Es liegt ja nur zu nahe, daß ein diktatorisches Regime, wenn es sieht, daß es im Innern nicht weiterkommt, alles auf eine Karte setzt, um zu einer Diversion nach außen zu kommen.

Deswegen müssen wir auch die Frage „Berlin" mit viel größerer Vorsicht und Zurückhaltung behandeln, als das die SPD und andere Fraktionen im Bundestag tun. Man sollte nicht die Russen in Berlin provozieren[4]. In diesem Kreise darf ich sagen, daß die Vertreter der drei Westmächte ausdrücklich gewarnt haben vor solchen Provokationen, vor einem Anrühren an den Viermächtestatus. Dieses Anrühren des Viermächtestatus – ich drücke mich sehr vorsichtig aus – läge sicher vor, wenn man den Berliner Abgeordneten das Recht gäbe, im Bundestag zu stimmen. Daran kann kein Zweifel sein. Ich halte es für leichtfertig – um keinen schärferen Ausdruck zu gebrauchen –, daß die SPD mit Berlin geradezu spielt, und zwar aus parteipolitischen Gründen uns gegenüber, gleichgültig, was dann schließlich dabei herauskommt und mit Berlin werden wird. Das halte ich für ein frivoles und leichtfertiges Spiel mit dem Geschick Berlins. Eigentlich sollte man das den Sozialdemokraten einmal im Bundestag – außerhalb des Bundestages wird es sicher im Wahlkampf geschehen – sehr nachdrücklich unter die Nase halten.

Unser Verhältnis zu den Vereinigten Staaten ist ausgezeichnet. Ich möchte Ihnen das sagen, damit Sie beruhigt sind. Die SPD klagt und weint darüber, daß wir die Vereinigten Staaten so „schlecht" behandeln und daß sich unsere europäische Integrationspolitik eigentlich gegen die Vereinigten Staaten richte. Sie schickt Ollenhauer nach drüben, um klarzulegen, wie treu und brav und gut sie sind. Wenn er sich dort bekehren läßt, soll es mir recht sein, – Ihnen hoffentlich auch. Er muß sich aber wirklich bekehren. Und dann muß er auch Buße tun; denn das muß man tun, wenn man gesündigt hat. [...][5]

Quelle: Sitzung des Bundesparteivorstands der CDU am 7. 2. 1957. Maschinenschriftliches Wortprotokoll (Durchdruck).

Anmerkungen

1 Zu Beginn verlas Adenauer die Liste der entschuldigten Mitglieder.

2 Janoś Kadar, seit der sowjetischen Intervention Anfang November 1956 Erster Vorsitzender der Kommunistischen Partei Ungarns.

3 Reise vom 7.-11. 1. 1957.

[4] Im Oktober 1956 schlug der Bundestagsabgeordnete Dr. Gerd Bucerius (CDU) vor, nach den Bundestagswahlen 1957 den Bundestag nach Berlin einzuberufen und die Bundesregierung (etwa mit Ausnahme des AA und des Verteidigungsministeriums) nach Berlin zu verlegen. SPD, FDP, GB/BHE und das Kuratorium „Unteilbares Deutschland" unterstützten diesen Plan, der am 28. 11. 1956 von der Bundesregierung unter Bezugnahme auf den Viermächtestatus Berlins abgelehnt wurde. Am 22. 1. 1957 brachte die SPD, unterstützt von FDP und GB/BHE, einen Antrag ein, „organisatorische Voraussetzungen" für die „stufenweise Vorbereitung" Berlins auf die Übernahme der Hauptstadtrolle am Tag der Wiedervereinigung zu treffen und bestimmte konkrete Maßnahmen in Gang zu setzen. Dieser wesentlich zurückhaltenderen Linie schloß sich auch die CDU/CSU-Fraktion bei der Abstimmung am 6. 2. 1957 an.

[5] Die folgenden, hier nicht wiedergegebenen Darlegungen befassen sich mit der Saarfrage, mit Medienfragen und mit anderen innenpolitischen Problemen.

11. Mai 1957

Bericht zur politischen Lage vor dem Bundesparteivorstand der CDU in Hamburg (Planten und Blomen)

Die erstmals veröffentlichte Ansprache enthält Ausführungen zur atomaren Bewaffnung der Bundeswehr und zur Wahlkampfstrategie für die Bundestagswahlen 1957.

Meine Damen und Herren! Der Bericht über die politische Lage steht natürlich auch unter dem Zeichen des kommenden Wahlkampfes. Darf ich zunächst feststellen, ob wir wirklich ganz unter uns sind und keine Photographen und niemand uns hören kann; denn nur dann kann man ruhig und offen miteinander sprechen. [...][1]

Die politische Lage werden wir, wie ich eben sagte, unter dem Gesichtspunkt des kommenden Wahlkampfes betrachten müssen. Hier möchte ich zunächst in Stichworten sagen: Das ganze Geschehen in der letzten Zeit wie europäische Verträge[2], NATO-Sitzung in Godesberg[3], Besuch des britischen Ministerpräsidenten in Bonn[4], das Schreiben oder der Aufruf der achtzehn Wissenschaftler und von Albert Schweitzer[5] sowie die gestrige Sitzung des Bundestages, alles das steht in einem engeren Zusammenhang. Von heute ab sind es nicht einmal ganz vier Monate bis zur Bundestagswahl. Wenn sich nicht etwas Unvorhergesehenes ereignet, kann man davon ausgehen, daß sich der Bundestagswahlkampf in erster Linie abspielen wird im Zeichen der Außenpolitik, und zwar im Hinblick auf die atomare Aufrüstung. Nach dem ersten Auftreten der achtzehn Wissenschaftler war nach den Berichten, die wir von der ADK[6] gehabt haben – die wahrscheinlich Hunderte von Versammlungen abgehalten haben mit Diskussionen usw. –, eine Wirkung dieser Erklärung der Wissenschaftler nicht vorhanden.

Das Bild hat sich aber schlagartig geändert durch den Aufruf von Albert Schweitzer.

Albert Schweitzer ist für die allermeisten Deutschen ein Begriff, auch für die jungen

Leute, man schätzt ihn sehr hoch, mit Recht; sie kennen die vielen Bücher, die über ihn geschrieben und in sehr vielen Exemplaren verbreitet worden sind. Was Albert Schweitzer gesagt hat, ist von einem Großteil der deutschen Bevölkerung als ein Evangelium hingenommen worden. Und dann hat Herr Ollenhauer in irgendeinem Interview sofort erklärt – ich weiß nicht, ob Sie es gelesen haben –, das wird unser Wahlschlager werden.

Ich gestehe Ihnen – deswegen habe ich eben gefragt, ob man hier unbehorcht sprechen könnte –, daß ich mit einer gewissen Besorgnis erfüllt war und vielleicht auch jetzt noch bin. Nach einer Rundfrage von Allensbach, die nicht veröffentlicht worden ist, haben 67 Prozent der Befragten sich gegen uns ausgesprochen. Die Frage lautete allerdings nicht so: Welche Partei ziehst du vor, oder: Sind Sie mit der Politik einverstanden? – sondern die Frage lautete: Sollen die atomaren Proben eingestellt werden oder nicht?

(Bundesminister Prof. Erhard: Soll die Bundeswehr damit ausgerüstet werden, – das war die Frage!)

– Ja, das war die Frage. Eine ähnliche Frage wurde im März des vergangenen Jahres gestellt. Meiner Erinnerung nach haben sich damals 36 Prozent der Befragten im Sinne dieser Frage, also gegen uns, ausgesprochen. Diesmal waren es 67 Prozent.

Meine Freunde! Ich muß Ihnen sagen, das war ein Schock, weil diese Frage nicht irgendwie rational, mit irgendeiner Überlegung, sondern einfach emotional beantwortet wurde. Und gegen solche Emotionen anzugehen, das ist außerordentlich schwer.

Der gestrige Tag, um das vorwegzunehmen, war nicht für die SPD, sondern es war für die Regierungskoalition ein wirklicher Erfolg; ich glaube, nach jeder Richtung hin kann man das sagen. Man sah es auch den Gesichtern der Sozialdemokraten an.

[...][7]

Wenn auch der gestrige Tag wirklich ein Erfolg für uns gewesen ist, so glaube ich doch, weil es sich hier nicht um rationale, sondern um emotionale Dinge handelt, daß wir noch eine große Aufklärungsarbeit vor uns haben, und zwar ist uns ganz unerwartet dieses Los auferlegt worden durch Albert Schweitzer. Hätte er nicht gesprochen, dann wäre die Sache ganz anders gekommen. Aber nun hat er es getan. Es wird zwar bestritten, daß das, was er gesagt hat, richtig und zutreffend sei, aber was er sagt, wird von den Menschen hier in Deutschland als ein Evangelium betrachtet, und das wird einfach geglaubt. Und nun werden wir, obwohl wir in den vergangenen Jahren eine sehr gute Arbeit geleistet haben, und alles das, was wir auf dem Gebiete der atomaren Aufrüstung gesagt haben und was völlig zu verantworten ist, uns mit dieser Frage in den kommenden Monaten auseinanderzusetzen haben.

Nun ist das Eigenartige dabei, daß die Frage der Ausrüstung der Deutschen mit atomaren Waffen noch gar nicht irgendwie spruchreif ist.

Es ist wohl gut, wenn ich in diesem Kreise, soweit meine Kenntnisse reichen, etwas über die atomaren Waffen sage. Es gibt große, es gibt kleinere. Man hat zuerst die großen Waffen die strategischen Waffen und die kleineren die taktischen Waffen genannt. Zu den kleineren gehört jetzt schon die Hiroshima-Bombe. Aber die Strategen sagen

mit Recht, man kann auch die kleineren Bomben strategisch benutzen. Deshalb sollte man nicht mehr den Unterschied zwischen „strategisch" und „taktisch" machen, sondern nur noch zwischen großen und kleineren. Gerade auf dem Gebiete der Verkleinerung der Bomben ist man erst in den Versuchen. Erst wenn die Versuche zu einem wirklichen Ergebnis geführt haben, dann steht die Frage zur Entscheidung: Soll die Bundeswehr mit diesen kleineren atomarischen Waffen ausgerüstet werden oder nicht?
Zur Zeit ist man in den Vereinigten Staaten dauernd damit beschäftigt, ein Geschütz von 17,5 cm für solche atomarischen Bomben zu konstruieren. Natürlich kann man auch Geschütze von 10 und 12 cm konstruieren, aber ob man Bomben mit einem so kleinen Durchmesser herstellen kann, die dann noch eine atomarische Wirkung haben, das ist die große Frage. Diese Frage ist überhaupt noch nicht gelöst. Der erste Versuch zu einer Lösung war die 28-cm-Kanone, von denen sechs, glaube ich, in der Bundesrepublik sind. Sie haben sich bei dem NATO-Manöver als völlig unmanövrierfähig erwiesen, weil sie viel zu schwer waren und kaum ihren Platz wechseln konnten, so daß sie eigentlich völlig abgeschrieben sind. Ob man in zwei oder drei Jahren eine zu verschießende Granate konstruiert hat, die die Konstruktion von kleineren Geschützen zuläßt, damit sie den Truppen gegeben werden können, kann mit Sicherheit heute überhaupt noch kein Mensch sagen.
Ich darf noch einmal, damit Sie die Entwicklungsmöglichkeiten sehen, folgendes sagen. Es hat zuerst auf die Möglichkeit einer Kettenreaktion nuklearer Spaltungen Einstein aufmerksam gemacht, und zwar in einem Brief an Roosevelt; er hat aufgefordert, eine solche Bombe herzustellen im Kriege gegen Deutschland. Dann haben sich die Amerikaner daranbegeben. Das Ergebnis dieses Briefes von Einstein war die Hiroshima-Bombe. Aber Einstein – und deswegen sage ich das – hat in demselben Brief, der abgedruckt ist und den jeder lesen kann, erklärt, diese Bombe würde so schwer und so groß sein, daß sie nicht einmal mit einem Flugzeug transportiert werden könnte, sondern nur mit einem Schiff. Wenn allerdings ein Schiff mit einer solchen Bombe in einen feindlichen Hafen gelange und die Bombe zur Explosion käme, würden der Hafen und alle Schiffe erledigt sein.
Man dachte also zu Anfang, man könne diese Kettenreaktion von nuklearen Spaltungen nur in einer Bombe erzeugen von einem Umfang, die nur durch ein Schiff transportiert werden könnte. Das hat sich im Laufe der Jahre geändert. Man transportiert sie heute mit Flugzeugen. Man kommt jetzt zu den Wasserstoffbomben, die auf einem ganz anderen physikalischen Prozeß beruhen. Ich will es nicht auseinandersetzen, damit Sie nicht meinen, ich wollte mich mit fremden Federn schmücken, die mir nicht zustehen. Es genügt, wenn ich sage: auf einem ganz anderen Prozeß. Soviel ich unterrichtet bin, sind auf dem Gebiete der Erzeugung atomarer Kraft, ganz allgemein ausgedrückt, noch große Überraschungen zu erwarten, so daß Atomphysiker schon jetzt das Uran als erledigt betrachten. Deswegen ist der Preis dafür außerordentlich stark gesunken. Wohin die Entwicklung gehen wird, kann kein Mensch sagen. Das ist auch gut so; denn wenn man das den Leuten sagt, verstärkt man noch die Furcht vor der ganzen Lage.

Das deutsche Volk ist eben nicht so wie die Engländer, denen ihre Regierung sagen konnte: Wir werden eine Wasserstoffbombe erzeugen, wir werden unsere ganze Rüstung darauf abstellen, ihr müßt euch sichern, so gut ihr könnt. Wir werden wohl dafür einiges tun, aber wir werden nur die Abschußstellen wirklich schützen. – Das hat das englische Volk ruhig hingenommen.
Ich komme nun zu einer weiteren Phase der Entwicklung; das ist die Entwicklung der Rakete. Die Rakete ist früher als Geschütz in großem Umfang verwendet worden. Sie ist erst ausgeschieden, als wir die gezogenen Kanonenrohre hatten. Noch im vorigen Jahrhundert haben die Inder bei einem Aufstand gegen die Engländer die Engländer mit Raketenwaffen geschlagen. Jetzt ist man zu den Raketen zurückgekehrt. Man will jetzt Raketen konstruieren, die eine Reichweite und eine Treffweite von etwa 6000 km haben. Das ist ungefähr die Entfernung von Moskau nach Washington.
Ob man dazu kommt, kann kein Mensch sagen. Wieweit man auf diesem Gebiete ist, wissen wir nicht. Wir vermuten aber – die Amerikaner vermuten das auch –, daß die Russen auf dem Gebiete der Raketenkonstruktion weiter sind als die Amerikaner, weil sich damals die Russen die Deutschen geschnappt haben, die mit der Konstruktion von solchen Waffen beschäftigt waren. Diese Rakete ist zunächst nichts anderes als ein Abschußgerät; aber wenn es gelingt, Raketen mit atomaren Sprengköpfen zu konstruieren, die tatsächlich auf eine Entfernung von 6000 km mit ziemlicher Sicherheit treffen, dann ist – wir müssen den Dingen ins Auge sehen – die Situation auch für die Vereinigten Staaten eine ganz andere, als sie jetzt ist. Die Vereinigten Staaten brauchen jetzt Europa zum Schutz der Vereinigten Staaten, darüber müssen wir uns völlig klar sein, und zwar insofern: Wenn das Kriegspotential der europäischen Länder und insbesondere der Bundesrepublik in die russische Hand kommt, dann werden sie mit den heutigen Waffen den Amerikanern gleichwertig sein. Wenn einmal die Konstruktion dieser Waffen so weit geht, daß sie von einem U-Boot oder von Rußland aus Amerika direkt angreifen und treffen können, dann ist natürlich die Situation für die Vereinigten Staaten eine völlig andere, als sie jetzt ist.
Ich halte mich verpflichtet, Ihnen das so ausführlich zu sagen, damit Sie den ganzen Ernst der Situation erkennen und damit wir auch gemeinsam beraten, wie wir uns in dieser Situation verhalten sollen. Obwohl erst in zwei oder drei Jahren die Frage akut werden wird, ob unsere Truppen kleinere Raketen oder kleinere Geschütze für atomare Waffen bekommen, ist diese Frage in aller Mund. Sie wird bei der Bundestagswahl eine entscheidende Rolle spielen. Es hilft nichts, daß wir die Augen davor verschließen. Man muß den Teufel mit Beelzebub austreiben. Wir können aber heute noch nicht – und im Parteiausschuß überhaupt nicht – in diesem Kreise definitiv dazu Stellung nehmen; wir müssen das alles nur einmal überlegen. Wir müssen unseren Leuten sagen: Ob nun die Bundeswehr einmal atomar aufgerüstet wird oder nicht, das ändert an unserem Schicksal gar nichts, im Gegenteil, wenn sie nicht atomarisch aufgerüstet wird, dann ist damit die NATO erledigt. – Das habe ich auch den fünf Vertretern der achtzehn Atomphysiker, die ich eingeladen hatte zu einem Vortrag der Generale Heusinger und

Speidel, klargemacht[8], daß innerhalb der NATO, wenn ein Teil von ihr – das würden die Deutschen sein – minderwertiger ausgerüstet ist, eine einheitliche Lenkung und Leitung überhaupt nicht mehr möglich ist, und daß selbstverständlich auch diese minderwertig ausgerüsteten Truppen, also die deutschen Soldaten, einen Minderwertigkeitskomplex gegenüber den anderen bekämen.
In den anderen europäischen Ländern sind die Menschen ganz anders. Auch der französische Verteidigungsminister hat gestern erklärt: Die französische Armee muß diese Waffen haben. Der Niederländer, der Schwede, der Däne, der Norweger, alle haben es erklärt, und die Bevölkerung steht hinter ihnen. Bei uns ist es anders. Und das ist eben eine wirklich große Schuld der SPD; denn die Hoffnung für die Menschheit besteht doch lediglich in der kontrollierten allgemeinen Abrüstung. Wenn sie nicht kommt, dann wird die Menschheit einer sehr, sehr ernsten Zukunft entgegensehen. Wenn man nun in diesem Augenblick, wie das die Sozialdemokraten versuchen, Erklärungen im Bundestag abgeben läßt, daß die zwölf deutschen Divisionen nicht die vollwertigen modernsten Waffen bekommen sollen, dann zerstört man die NATO. Und das ist das Entscheidende. Das ist auch gestern den Sozialdemokraten sehr deutlich gesagt worden. Man mindert dadurch die Erkenntnis der Russen, daß es auch für sie notwendig ist, abzurüsten. Also die Aussichten einer Abrüstung werden durch diese Agitation der Sozialdemokratie schlechter, nicht besser.Sie sagen, einer muß anfangen. Das haben auch diese Atomwissenschaftler gesagt. Nun gut, die Atomwissenschaftler in allen Ehren, aber wer einigermaßen die Geschichte der russischen Expansionen studiert hat und die Tendenzen, die aus dem Ganzen sprechen, der wird mir darin recht geben, daß man die Tendenz der Russen, abzurüsten, nicht dadurch stärkt, daß man Westeuropa einfach von Kampfmitteln entblößt.
Ich möchte Sie bitten, sich die Frage einmal durch den Kopf gehen zu lassen, welche Propaganda wir treiben müssen. Ich nehme an, auch an Sie wird diese ganze Situation, wie ich sie zu kennzeichnen versucht habe, etwas überraschend herantreten. Man muß darüber nachdenken. Wir werden nach meiner Meinung bei den Entschließungen des Parteitages nicht vorbeigehen können an den Beschlüssen, die gestern auf Verlangen der Koalition im Bundestag gefaßt worden sind. Es wird also schon auf diesem Parteitag eine kleine Diskussion notwendig sein, wie sie gestaltet werden sollen. Es müßte auch überlegt werden, wer darüber reden soll. [...][9]
Ich kann nur immer wieder betonen, ich halte diese Situation, wie sie plötzlich gekommen ist, für sehr ernst. Wir werden uns alle Mühe geben müssen, um dagegen anzugehen. Wenn auch im Laufe der nächsten Monate manches von dem, was jetzt gesagt wird, wieder dem Gedächtnis entschwindet, glauben Sie mir, die Angst vor der Atombombe ist etwas Emotionales, und dieses Emotionalen Herr zu werden, nachdem das deutsche Volk diesen letzten Krieg hat über sich ergehen lassen müssen, wird sehr schwer sein. Das kann nicht dadurch erreicht werden, daß man sagt: Es geht uns gut, wir sorgen für Sicherheit, wir haben eine blühende Wirtschaft, wir helfen der Landwirtschaft usw. – Dadurch bekommen wir das nicht aus der Welt. Es gibt Leute, die auf dem Standpunkt

stehen: Lieber rot als tot. – Das sprechen Leute aus – ich nenne absichtlich keine Namen –, von denen man das niemals für möglich gehalten hätte; denen sitzt augenblicklich die Furcht im Nacken. Sie sagen, wir wollen lieber Jahre der Unfreiheit über uns ergehen lassen, als daß wir und unsere Kinder und Kindeskinder ausgerottet werden. Das Unsinnige dabei ist, daß durch eine freiwillige Unterwerfung des deutschen Volkes, durch eine Preisgabe Europas, die Auseinandersetzung zwischen den Vereinigten Staaten und Sowjetrußland gar nicht aus der Welt geschafft wird. Der Spannungsherd zwischen den Vereinigten Staaten und Sowjetrußland kann nur dadurch aus der Welt geschafft werden, daß die Russen durch ihre innere Entwicklung zu der Überzeugung kommen: Wir können die Sache nicht durchhalten – nach meiner Überzeugung können sie sie auch nicht durchhalten –, oder aber wir müssen eine Verständigung zwischen den Vereinigten Staaten und uns suchen. –

Nun gibt es bei führenden Leuten in europäischen Ländern Tendenzen, die dahin gehen, daß sie sagen: Wir vertrauen zwar dem jetzigen amerikanischen Präsidenten und der jetzigen amerikanischen Regierung, wer aber wird nach drei Jahren Präsident sein, was für eine Regierung wird dann sein, und es ist unmöglich, daß wir das Wohl und Wehe unseres ganzen Volkes davon abhängig machen, was in Amerika geschieht oder geschehen wird. Das war einer der Hauptgesichtspunkte bei den Engländern, als sie sich entschlossen, die Wasserstoffbombe weiter zu betreiben und diese Versuche auf den Weihnachtsinseln durchzuführen. In Großbritannien ist dieser Zug, selbständig zu werden, also unabhängig in der Richtung von Amerika zu sein, sehr gefördert worden durch die Erfahrungen, die Großbritannien nach seiner Meinung mit der amerikanischen Politik im Nahen Osten gemacht hat. Diese Politik hat in England verheerend gewirkt und hat das Vertrauen der Briten zu den Amerikanern, das bis dahin außerordentlich groß war, stark erschüttert. Ob es sich wiederherstellen läßt, steht heute dahin. Sie werden gelesen haben, daß Macmillan eine sehr schwere Situation wegen der ägyptischen Vorgänge im Parlament haben wird. Das ist ein Moment, das auch von uns erwogen werden muß, wenn wir politische Entschlüsse fassen.

Ich bitte Sie, meine Damen und Herren, aus meinem absichtlich kurz gehaltenen Vortrag zu ersehen, daß die außenpolitische Situation in der Welt sehr gefährlich ist, daß sie allen innenpolitischen Problemen dabei voransteht, insbesondere was ihre Wirkung auf das Denken und Fühlen breiter Volksmassen angeht. Was die Sozialdemokraten in der Agitation tun werden, liegt klar zutage; sie werden sagen: Das ist sehr billig. Die Situation ist zwar schlecht, aber einer muß anfangen und ein Beispiel geben, und das muß die Bundesrepublik sein. Deswegen muß sie beschließen: Keine atomarischen Waffen für die Bundeswehr. – Ob dabei die NATO in die Binsen geht – sie waren von Anfang an gegen die NATO –, ist ihnen ganz gleichgültig. Das ist kein Argument, wenn sie sagen, einer muß anfangen. Die achtzehn Atomwissenschaftler haben dasselbe gesagt: Deutschland soll anfangen. – Das ist das Lächerlichste vom Lächerlichen – sagen Sie das den Atomwissenschaftlern nicht wörtlich wieder; durch die Blume habe ich es ihnen selbst gesagt –, weil es nämlich an der ganzen Situation überhaupt nichts ändert. Aber das wird die Taktik der Sozialdemokraten sein, auf die wir uns nun einstellen müssen. Im übrigen können wir alle mit unserer Arbeit sehr zufrieden sein. Wir haben wirklich etwas geschaffen, seitdem wir vor vier Jahren in Hamburg waren. Wir haben etwas geleistet; wir haben einen großen Aufschwung genommen an politischem Ansehen und an politischem Einfluß, an wirtschaftlichem Ansehen und an wirtschaftlichem Einfluß. Auch auf dem Gebiete des Wohnungsbaues haben wir Kolossales geleistet, so daß wir in der Lage sind, einen großartigen Propagandakampf zu führen. Nun ist diese leidige Geschichte dazwischen gekommen, von der ich eben sprach.

Was nun die Aussichten der Londoner Konferenz[10] angeht, so werden diese verschieden beurteilt. Sie wissen, daß ich in der vergangenen Woche einige Tage mit Macmillan und dem britischen Außenminister zusammen war. Die Engländer beurteilen die Aussichten sehr pessimistisch; die Amerikaner beurteilen sie optimistisch. Es spielt eine gewisse Rolle dabei, daß Eisenhower – Sie wissen, daß er nicht wiedergewählt werden kann – eingehen möchte in die amerikanische Geschichte als der Präsident, der in dieser entscheidenden Sache der allgemeinen Abrüstung wenigstens einen Anfangserfolg davongetragen hat. Auf der anderen Seite sind die Briten kolossal verstimmt. Ich habe es eben ausgeführt. Wir wissen nicht, was dabei herauskommen wird. Wir können nach meiner Meinung nur hoffen – das habe ich Dulles und Macmillan gesagt –, daß die Abrüstungskonferenz über unsere Wahlen hinaus andauert und daß sie nicht kurz vorher zu Bruch geht. Das wäre natürlich eine sehr unangenehme Sache. Wenn ich in zehn Tagen nach Amerika reise, werde ich das Dulles und Eisenhower sagen. Noch ein Wort zu Macmillan. Unser Verhältnis zu England ist durch den Aufenthalt Macmillans ganz ausgezeichnet geworden. Vielleicht ist es zu erreichen, daß die Londoner Konferenz mit gewissen Pausen hinausgezogen wird über den 15. September. Also, da werde ich alles tun, was ich kann, um das zu erreichen. Das wird vielleicht auch den Atomschreck bei unseren Leuten im Lande wenigstens etwas mildern; es wird ihn nicht beseitigen. Darüber müssen wir uns klar sein. Ich fürchte, daß dieser Atomschreck etwas auf die Frauen wirkt. Der Hauptteil unserer Wähler besteht aus Frauen, so daß eine solche Sache uns besonders schlimm treffen kann.

Es tut mir sehr leid, meine Damen und Herren, daß ich nicht mit freundlicheren Gesprächen hier beginnen kann, aber man muß die Dinge sehen, wie sie sind; denn sonst kommt man nicht zu vernünftigen Überlegungen darüber, was man nun machen soll.

Seitdem die achtzehn deutschen Atomphysiker ihren Aufruf an die Öffentlichkeit gerichtet haben, haben die deutschen Zeitungen behauptet, ich hätte diese Herren Gott weiß wie behandelt. Ich habe gestern eine Erklärung abgegeben – und da konnte von den Sozialdemokraten keiner mehr etwas sagen. Ich habe die Herren von vornherein, auch schon in Eichholz[11], sehr vorsichtig behandelt. Einer von ihnen hat mir nachher gesagt: Hätten wir doch früher mit Ihnen über die Sache gesprochen. – Sie waren aufgefordert, zu mir zu kommen, aber das haben sie nicht getan, damit die Sache nicht politisch aussehe. Ich habe zur Vorbereitung dieses Gespräches und zur Vorbereitung für die Verhandlung versucht, mir Material zu verschaffen über die Auswirkung der Versuchs-

bomben und der großen Bomben. Aber ein solch heilloses Durcheinander, wie ich es da angetroffen habe, hätte ich wirklich nicht für möglich gehalten; von den Herren hatte jeder seine eigene Meinung.
Deswegen begrüße ich es sehr, daß wir einen Ausschuß eingesetzt haben, der wenigstens versucht, das Material zu sammeln. Ich habe weiter eingeleitet, daß ich in Amerika mit dem besten Kenner dieser Frage der Abwehr ein längeres Gespräch haben werde, damit ich von diesem Mann etwas höre. Es gibt Amerikaner, die sagen, es ist alles Quatsch und dummes Zeug, was geschrieben wird. Andere sagen wieder, wenn man hundert Meter hochsteige, werde man kosmischen Strahlen ausgesetzt, die im Grunde genommen viel gefährlicher seien als die Strahlen, die von einer Atombombenexplosion kommen, wenn man nicht unmittelbar mit der Nase an der Bombe ist. Wieder andere sagen, es ist unberechenbar, man weiß es nicht genau usw. usw. Jedenfalls werden wir versuchen müssen, da Aufklärung hineinzubringen. Es scheint so, als ob maßlos übertrieben werde. Ich kann nur sagen, es scheint so. Aber wir müssen versuchen, unsere Bevölkerung darüber aufzuklären. Das werden wir von Amts wegen tun müssen. Ich sehe Herrn Kollegen Schröder dabei an, weil wir die Schutzmaßnahmen versprochen haben. Um Schutzmaßnahmen vorzubereiten, muß man wissen, welche Gefahren drohen. Ich gestehe Ihnen offen, das Bisherige genügt nicht. Wir müssen mehr aufklären. Man muß dankbar sein für jeden Rat, der einem hier gegeben wird.

Quelle: Sitzung des Bundesparteivorstands der CDU am 11. 5. 1957. Maschinenschriftliches Wortprotokoll (Durchdruck).

Anmerkungen

1 Zwei Sätze sind weggelassen.

2 Gemeint ist das Ratifikationsverfahren für die am 25. 3. 1957 unterzeichneten EWG- und EURATOM-Verträge.

3 Frühjahrstagung der NATO in Bonn am 2./3. 5. 1957.

4 Besuch Premierminister Macmillans vom 7. - 9. 5. 1957.

5 Text der „Göttinger Erklärung" vom 12. 4. 1957, in der 18 deutsche Atomforscher einen freiwilligen Verzicht der Bundesrepublik auf Atomwaffen jeder Art anregten und jede Beteiligung an möglicher Kriegsforschung ablehnten, in: FRANKFURTER ALLGEMEINE ZEITUNG vom 13. 4. 1957. Text der Botschaft Albert Schweitzers in: AdG 1957, S. 6397 ff. Zum Ganzen vgl. auch Adenauers Darstellung in den Erinnerungen III, S. 296-301.

6 ADK = Arbeitsgemeinschaft Demokratischer Kreise, die in der Öffentlichkeitsarbeit der CDU während der 50er Jahre eine erhebliche Rolle spielte.

7 Die nicht abgedruckte Passage enthält einige persönlich gezielte Bemerkungen zu Debattenrednern der SPD und der CDU/CSU.

8 Das Gespräch fand am 17. 4. 1957 im Bundeskanzleramt statt.

9 Die nicht abgedruckte Passage enthält Überlegungen, wer über die Atomfrage auf dem Bundesparteitag der CDU sprechen solle.

10 Gemeint ist die Londoner Abrüstungskonferenz.

11 Der Bundeskanzler traf zweimal mit einigen Unterzeichnern der „Göttinger Erklärung" zusammen: am 12. 4. 1957 anläßlich der Eröffnung der Politischen Akademie Eichholz und am 17. 4. 1957 im Bundeskanzleramt.

3. Juli 1957

Ansprache im Bayerischen Rundfunk

Grundsätzliche Ausführungen zur Abrüstungspolitik. Adenauer bringt hier die für diese Phase charakteristische Idee einer allgemeinen Koppelung der Abrüstung mit der Forderung nach Fortschritten in der Deutschlandfrage zum Ausdruck.

Während man in Deutschland über politische Dinge dieser und jener Art sich verzankt und streitet, geht die weltgeschichtliche Entwicklung ihren Gang weiter. Die weltgeschichtliche Auseinandersetzung, die ohne unser Zutun in Gang gekommen ist, von deren Ausgang aber letzten Endes das Schicksal Deutschlands völlig abhängt, nähert sich sogar in den nächsten Jahren einem entscheidenden Punkt. Deutschland ist durch seine geographische Lage, durch die Kraft und Intelligenz, das Potential seiner Bevölkerung, durch seine wirtschaftliche Macht mitten in dies Weltgeschehen hineingestellt und mit ihm unlöslich verbunden. Seine geographische Lage hat schon seit Jahrhunderten, besonders in den letzten 150 Jahren, Deutschland zu einem bestimmten Faktor geschichtlichen Geschehens gemacht. Diese schicksalhafte Bedeutung ist Deutschland verblieben trotz seiner Niederlage, trotz seines Zusammenbruchs und trotz der Veränderung der ganzen Weltlage. Man mag das begrüßen, man mag es beklagen. An der Tatsache selbst vorbeigehen, die Augen vor ihr zu verschließen, zu glauben, daß es für Deutschland ein politisch und wirtschaftlich isoliertes Dasein gebe, ungestört von den Spannungen und Auseinandersetzungen in der Welt, das ist aus realen Gründen unmöglich, das ist ein Wunschtraum, eine Illusion. Das heißt Deutschland nicht aus dem Weltgeschehen heraushalten, sondern Deutschland als Objekt mitten in dieses Weltgeschehen hineinstoßen. Das würde schließlich bedeuten, Deutschland zum Satelliten eines Europa beherrschenden Rußlands zu machen.

Zwei Riesenmächte sind aus dem Krieg hervorgegangen, *die Vereinigten Staaten und die Sowjetunion.* Alle anderen Mächte, auch die früheren Großmächte, haben diesen beiden gegenüber derartig an Macht verloren, daß keine von ihnen für sich allein den Gefahren der Weltlage die Stirn bieten kann. Die Gefahr der Weltlage aber hat sich entwickelt aus dem Gegensatz zwischen den Vereinigten Staaten, die Freiheit für alle wollen, und Sowjetrußland, das alle Völker seiner Diktatur unterwerfen will. Ich spreche nicht gern in diesen Tagen wirtschaftlicher Blüte so ernst zum deutschen Volke; aber ich fühle mich dazu verpflichtet. Ich fühle mich besonders dazu verpflichtet, wenn ich sehe, wie in der deutschen Öffentlichkeit, auch in den Parlamenten, nur zu leicht und zu gern dieser entsetzliche Ernst der ganzen Lage, auch unserer Lage, vergessen wird. Lassen Sie mich es noch einmal sagen: Wenn es zu scharfen Verwicklungen und Auseinandersetzungen zwischen den Vereinigten Staaten und Sowjetrußland kommt, dann sind wir mitten in einem Brennpunkt dieser Auseinandersetzung, mit allen furchtbaren Konsequenzen, die sich daraus ergeben. Eine deutsche Bundesregierung mag vorher erklärt haben: „Wir sind neutral, wir haben keine Wehrpflicht, auf unserem Gebiet sind keine atomaren Waffen“, – das alles würde uns gar nichts helfen. Ein großer Krieg würde unsere Grenzen nicht beachten, und wir können sie nicht schützen, weil wir dazu zu schwach sind. In einem großen Atomkrieg würden die radioaktiven Wolken, vom Winde, den wir doch wahrhaftig nicht aufhalten können, getrieben, auch über ein *neutralisiertes* oder sich für neutral erklärendes *Deutschland* hinweggehen.

Aber der große Krieg, der weite Gebiete der Erde verwüsten, ungezählte Millionen Menschenleben vernichten würde, ist nicht unvermeidbar. Er kann verhütet werden, und er muß verhütet werden. Und zwar durch eine *allgemeine kontrollierte Abrüstung*. Diese wird kommen, wenn die freien Völker des Westens sich fest zusammenschließen, wenn sie zusammengeschlossen so stark sind, daß Sowjetrußland einsieht: Diese Front steht fest; sie ist so stark, daß ein Angriff gegen sie Selbstmord für Sowjetrußland sein würde. Dann, aber auch nur dann wird es – daran glaube ich – zu einer allgemeinen kontrollierten Abrüstung kommen. Aber sie wird niemals erreicht werden, wenn Sowjetrußland glaubt, daß diese Abwehrfront der freien Völker schließlich doch sich auflösen wird. Darum muß alles geschehen in der deutschen Politik, um das Band, das uns mit den freien Völkern im NATO-Bündnis vereint, zu stärken und zu festigen. Und alles muß vermieden werden, was geeignet ist, dieses Band, das uns mit den freien Völkern umschließt, zu lösen oder zu schwächen.

Der größte Fehler, den man in der Politik machen kann, den man insbesondere in der Außenpolitik machen kann, weil die in ihr begangenen Fehler sich in der Regel nicht mehr korrigieren lassen, ist, seine Entscheidungen lediglich im Hinblick auf eine augenblickliche Situation zu fällen. Besonders in der Außenpolitik gibt es Entwicklungstendenzen und Entwicklungsreihen, die man niemals ungestraft außer acht läßt. Wenn man sie außer acht läßt, begeht man einen Fehler, der sich bitter rächen wird. Darum müssen wir bei unseren Entschließungen das beachten, was sich seit 1945 ereignet hat, wodurch es denn eigentlich zu dieser das Glück und den Frieden der Menschheit bedrohenden krisenhaften Spannung auf der Welt gekommen ist. Wir müssen uns immer wieder vor Augen halten, warum es notwendig war, uns mit den freien Völkern des Westens im *NATO-Bündnis* zu verbünden, und ob wir nicht alles tun müssen, jede Lockerung dieses Bündnisses zu verhüten.

Die heutige Entwicklung hat einen entscheidenden Anstoß bekommen durch die Vorgänge der Jahre 1946 bis 1951. 1946 waren die Vereinigten Staaten allein von allen Ländern der Welt im Besitz spaltbaren Materials, der Grundlage der Atombombe. Sie haben damals den Vorschlag gemacht, alles spaltbare Material an eine internationale Behörde zu übertragen, die allein über das spaltbare Material zu verfügen hätte. Es war ein Vorschlag von einer eindeutigen Großartigkeit und Selbstlosigkeit. Denn, wie ich sagte, allein Amerika war ja im Besitz dieses Materials. Und es war bereit, einen großen Teil seiner Macht – denn diese Macht beruhte wesentlich auf dem Besitz dieses Materials – freiwillig dahinzugeben. Die Verwirklichung dieses Vorschlages hätte der Menschheit unendlich viel Sorge und Angst erspart. Es wäre niemals zu der gefährlichen Lage von heute gekommen. Die ungeheuren Summen, die seitdem für atomarische Aufrüstung verbraucht worden sind, hätten für soziale, das Wohl aller Menschen fördernde Zwecke zur Verfügung gestanden. Dieser Vorschlag der Vereinigten Staaten aber ist abgelehnt worden, und zwar ist er abgelehnt worden durch die Sowjetunion. Es gibt für mich keinen schlagenderen und konkreteren Beweis für die wirklichen Tendenzen der beiden Weltmächte. Die Vereinigten Staaten machen einen selbstlosen Vorschlag, sie erklären sich bereit, diesen Teil, den entscheidendsten Teil ihrer Macht, aus den Händen zu geben. Die Sowjetunion aber lehnte diesen Vorschlag ab. Diese aggressive Tendenz, der Wille, andere Völker zu unterjochen hat sich dann in den folgenden Jahren durch die Unterjochung der Satellitenstaaten gezeigt, bis die Vereinigten Staaten, die nach 1945 abgerüstet hatten, durch die Tatsache einer neuen Aufrüstung dem weiteren russischen Vordringen in Europa Einhalt geboten haben.

Diejenigen, die später den russischen Versicherungen Glauben geschenkt haben, Stalin habe diese Politik der Aggression und Unterdrückung anderer Völker gewollt, mit seinem Tode sei es anders geworden, kann man nur auf das verweisen, was im letzten Jahr und was zur Zeit in Ungarn geschieht. Sie wissen, daß die UNO eine Untersuchungskommission über die Vorgänge in Ungarn eingesetzt hat. Diese Kommission hat ihren Bericht erstattet. Sie hat einstimmig festgestellt, daß das Eingreifen der Sowjets in Ungarn am 4. November 1956 eine offenbare Aggression gegenüber einem freien Volke und seiner von ihm gewollten Regierung gewesen ist. Sowjetrußland hat mit Gewalt und Terror dieses freie Ungarn zertrümmert und eine neue kommunistische Herrschaft dort eingesetzt, die unter dem Schutz der in Ungarn stehenden sowjetischen Divisionen die freiheitsliebende ungarische Bevölkerung weiter peinigt und terrorisiert. Nicht Reden, nicht Drohungen, nicht Reisen, nicht schöne Worte der Staatsmänner der Sowjetunion können an diesen Tatsachen etwas ändern.

Trotz dieses Verhaltens der Sowjetunion begrüßen wir es, daß die Verhandlungen der Unterkommission der Abrüstungskommission der UNO, die im März dieses Jahres in London begonnen haben, nach einer kurzen Unterbrechung nunmehr wieder in Gang gekommen sind. Die Vorschläge der Vereinigten Staaten, die im Einvernehmen mit ihren Verbündeten gemacht werden und die uns bekannt sind, sind sehr weitgehend und geeignet, durch eine allgemeine kontrollierte Abrüstung, und zwar sowohl auf dem Gebiete der Atomwaffen wie auf dem Gebiete der konventionellen Waffen, endlich der Welt wieder Ruhe zu geben.

Es ist später behauptet worden, daß die Bundesrepublik, daß speziell ich ein Hindernis sei für den Fortgang der Verhandlungen. Eine blanke Erfindung. Wir waren auch kein Hindernis in der Frage der Inspektion europäischer Gebiete. Ich habe schon früher öffentlich erklärt, daß wir nichts gegen eine Inspektion unseres Landes hätten. Im übrigen glaube ich, daß man sich daran erinnern sollte, daß wir schon einer Inspektion durch die Westeuropäische Union unterliegen. Man sollte sich auch daran erinnern, daß in der Bundesrepublik sich aus der Zeit des Viermächteabkommens eine russische Militärmission befindet – ihr Sitz ist Baden-Baden –, die genau sich darüber unterrichtet, was bei uns auf militärischem Gebiete vorgeht. Ich bin auch überzeugt, daß die Russen das Gebiet der Bundesrepublik aus irgendwelchen Flugzeugen heraus ständig kontrollieren und fotografieren.

Für den Entschluß der Vereinigten Staaten, zuerst eine Inspektion in der Arktis vorzuschlagen, nicht zuerst eine Inspektion der europäischen Länder, war maßgebend allein der Gedanke, daß man schneller vorankommen müsse, wenn man – wenigsten zunächst – die europäischen Gebiete zurückstellte, weil zu deren Kontrolle der Beschluß zahlreicher Parlamente notwendig ist. Ich erkläre ausdrücklich, daß wir zu jeder möglichen Unterstützung einer kontrollierten Abrüstung auf dem Gebiete der atomaren und konventionellen Waffen bereit sind. Wir gehen dabei von der Voraussetzung aus, daß gleichzeitig auch die Ursachen der verschiedenen Spannungen beseitigt werden. Dazu rechnen wir in erster Linie die *Wiederherstellung der Einheit Deutschlands*. Hierfür haben wir von unseren Partnern, insbesondere von den Vereinigten Staaten, Großbritannien und Frankreich, den drei früheren westlichen Besatzungsmächten, bindende Zusagen erhalten. Die Abrüstungsverhandlungen werden sehr lange dauern. Herr Dulles schätzt ihre Dauer auf ein bis zwei Jahre. Man wird dem beipflichten müssen, wenn man die Vielfalt und Schwierigkeit der zu regelnden Tatbestände und die Verhandlungstaktik Sowjetrußlands berücksichtigt. Wir dürfen da aber nicht die Geduld verlieren, und wir werden sie nicht verlieren. Dafür ist das Ziel, das es zu erreichen gilt, zu groß. Ich bin der festen und unerschütterten Überzeugung, daß Sowjetrußland zu einer solchen Abrüstung dann bereit sein wird, wenn es sich einer geschlossenen, festen und unerschütterlichen Front der westlichen freien Völker, in der NATO zusammengeschlossen, gegenübersieht. –

Quelle: ARh, maschinenschriftlicher Text des BPA (hektogr.).

Literatur: Helga Haftendorn: Abrüstungs- und Entspannungspolitik zwischen Sicherheitsbefriedigung und Friedenssicherung. Zur Außenpolitik der BRD 1955 - 1973. Düsseldorf 1974 (darin S. 29 - 60 zur damaligen Adenauerschen Abrüstungspolitik).

7. Juli 1957

Rede auf der Schlußkundgebung des Landesparteitags der CSU im Messehaus Nürnberg

Typisches Beispiel einer „hemdsärmeligen Wahlrede“ in entsprechend vereinfachendem polemischem Stil. Hier findet sich auch die Meinung formuliert, „daß mit einem Sieg der Sozialdemokratischen Partei der Untergang Deutschlands verknüpft ist“.

Meine verehrten Damen und Herren! Meine lieben Freunde! Der Einladung in die fränkische Metropole bin ich gerne gefolgt. Ich interessiere mich dafür, feststellen zu

können, welche Wandlungen hier vor sich gegangen sind, seitdem ich zum letzten Male bei Ihnen weilte. Ich gestehe aufrichtig, der Nürnberger Lebkuchen ist mir lieber als das, was ich damals bekommen habe.
Ich hatte leider wenig Zeit, wie immer, ich hatte mir aber etwas Zeit genommen, um einen Gang durch das Germanische Museum zu machen. Ich beglückwünsche Sie zu dem Aufbau, und ich beglückwünsche Sie von ganzem Herzen zu dem Germanischen Museum, das ein wirkliches Kleinod für Ihre Stadtgeschichte und für die Geschichte ganz Deutschlands ist.
Ich danke der CSU, an ihrer Spitze Herrn Minister Seidel, für die Einladung, hierher zu kommen. Ich bin hierher gekommen – und so fasse ich auch die Einladung auf – zum Zeichen der festen Verbundenheit der CDU/CSU durch die Gemeinsamkeit der christlichen Grundlage, durch die Übereinstimmung in den Zielen und durch das Gemeinschaftsgefühl, das ganz von selbst entsteht, wenn man viele Jahre hindurch, oft in harter, schwerer Arbeit, miteinander gearbeitet hat. Dieser feste Zusammenhalt zwischen CSU und der CDU hat eigentlich mit den Grundstein dazu gelegt, daß wir durch gemeinsame Arbeit Deutschland wieder aufbauen konnten. Darum ist es mir ein herzliches Bedürfnis, der CSU Bayerns auch in ihrer fränkischen Hauptstadt von ganzem Herzen zu danken, daß sie seit über acht Jahren, schon seit dem Parlamentarischen Rat, seit sie ihre Arbeit begann, trotz mancher Gegensätze, die notwendig sind, mit der CDU immer so treu und fest zusammengehalten hat. Ich hoffe bei Gott, daß das auch in Zukunft der Fall sein wird, zum Segen für das ganze deutsche Volk.
Wir haben in den acht Jahren seit 1949 viel und schwer gearbeitet. Ich brauche nur einige Worte zu sagen, dann entsteht vor Ihrem geistigen Auge wieder die ganze Fülle der Arbeit. Wenn ich an den Wiederaufbau unserer Wirtschaft denke, an die Beseitigung der Arbeitslosigkeit, an die Schaffung einer stabilen Währung, an den Wiederaufbau unserer Städte und Dörfer, an die Hilfe für die Landwirtschaft, die so schwer unter strukturellen Schwierigkeiten leidet, an unsere Sozialreform und, meine Damen und Herren, an die Wiederherstellung des Ansehens und der Ehre des deutschen Volkes, des Vertrauens für das deutsche Volk in den damals uns feindlich gegenüberstehenden Ländern, und wenn ich dann noch hinzufügen darf, an die Wiederherstellung der Freiheit und der Souveränität wenigstens für einen Teil Deutschlands, wenn man rückblickend vor einer Neuwahl das gesamte Arbeitsfeld übersieht, dann, meine Damen und Herren, glaube ich, stimmen Sie mit mir darin überein, daß jeder wird sagen müssen: Es ist eine ungeheure Arbeit geleistet worden und fast durchgehend mit großem Erfolg.
Drei Entscheidungen werden wir als besonders wesentlich bezeichnen müssen. Wenn die Geschichte dieser für die Zukunft Deutschlands, Europas und der Welt so bedeutungsvollen Nachkriegsjahre einmal geschrieben wird, dann werden die Geschichtsschreiber diese drei Entscheidungen als besonders wichtig hervorheben. Die eine war die Überwindung der konfessionellen Gegensätze und die Schaffung einer christlichen Grundlage für unsere gemeinsame Arbeit. Die zweite Entscheidung waren die Grundgedanken unserer beiden Parteien, die wohl darin am besten zum Ausdruck kommen, daß wir auf

Grund unserer christlichen Überzeugung immer für die Freiheit der Person und für die Freiheit der Völker eingetreten sind. Diese Grundsätze brachten uns ganz von selbst an die Seite der freien Völker des Westens. Daraus resultierte auch die europäische Politik, die wir gemacht haben und unser Eintritt in den Bund der freien Völker des Westens, in das Defensivbündnis der NATO gegenüber dem aggressiven russischen Kommunismus. Wir sind entschlossen, nach der Wahl – wenn die Wähler uns das Recht dazu geben, und wir hoffen darauf – unsere Rechte und Pflichten gegenüber den freien Völkern der Welt in vollem Umfange zu erfüllen, wie bisher.

Das dritte wesentliche Kennzeichen dieser Periode nach dem Zusammenbruch ist, daß wir diese ganze Arbeit in ständigem Gegensatz zur Sozialdemokratischen Partei haben leisten müssen. Das hat uns die Arbeit nicht erleichtert, aber es hat uns um so fester gemacht. Dieser Widerstand der Sozialdemokratischen Partei hat vor allem gegenüber dem Ausland unsere Lage ungemein erschwert, und zwar aus zwei Gründen. Erstens: Nach dem Zusammenbruch galt bei den Besatzungsmächten nur der noch als frei denkender Mensch, der entweder Sozialist oder – stellenweise – sogar Kommunist war. Wir haben uns unsere Position gegenüber dem Ausland, gegenüber der sozialistischen Partei, die als Partei des Fortschritts und der Freiheit galt, schwer erkämpfen müssen. Bis in die letzte Zeit hinein haben sich, ehrlich, meine Freunde, Politiker des Auslands gefragt: Wird denn nicht eines Tages diese Partei, die Sozialdemokratische Partei, an die Macht kommen, und ist dann nicht alles das vergebens gewesen, was wir zusammen mit dem deutschen Volke gemacht haben? (Zuruf: Niemals!) Wir sind fest entschlossen, daß die SPD niemals an die Macht kommt. Warum sind wir so fest dazu entschlossen? Nicht etwa – glauben Sie mir das – aus parteipolitischem Haß. Das ist nicht der Grund, sondern wir sind dazu so fest und zutiefst entschlossen, weil wir glauben, daß mit einem Sieg der Sozialdemokratischen Partei der Untergang Deutschlands verknüpft ist. (Lebhafte Zustimmung und anhaltender Beifall)

Es war nicht so leicht, das Vertrauen des Auslandes zu gewinnen. Sie wissen, was alles in Deutschland gewesen ist, und Sie wissen, was alles angerichtet worden ist. Daher ist das Vertrauen, das wir haben, eines der wertvollsten Besitztümer. Nicht nur im Leben des einzelnen, auch im Leben der Völker ist gegenseitiges Vertrauen die Grundlage aller gemeinsamen Arbeit und aller gemeinsamen Erfolge. Wenn nun plötzlich einmal – Gott, man muß auch das einmal sagen, aber ich glaube nicht daran – die Sozialdemokratie führend würde – (erneute Zurufe: Niemals!) – dann, meine Damen und Herren, würde das Ausland sagen: Also das deutsche Volk ist doch nicht zuverlässig! Die heutige Sozialdemokratie kennt bei allem nur das Interesse ihrer Partei. Wer aber in einer Zeit wie der unsrigen, in der sich Deutschland aus der schrecklichsten Situation von unten herauf wieder in die Höhe arbeiten mußte, nur an seine Partei denkt, der darf in der Politik niemals maßgebend werden. (Erneute Zustimmung)

Lassen Sie mich in dem Zusammenhang ein Wort zu Europa sagen. Eine der grundlegendsten Entscheidungen ist im Winter 1949 gefallen, als der Bundestag das Petersberger Abkommen bejahte. Dieses Petersberger Abkommen hatte nicht nur eine außerordentlich große wirtschaftliche Bedeutung; es hatte, was sogar noch wichtiger war, eine große außenpolitische Bedeutung, weil dieses Petersberger Abkommen eine Hinkehrung zum freien Westen enthielt. Damals ist die Entscheidung gefallen, in jener denkwürdigen Nacht, ob wir, die Deutschen, besiegt, mißachtet, verschmäht, uns zurückziehen sollten in uns selbst, in uns selbst verkrampfen, ob wir uns dem Osten zuwenden wollten oder ob wir uns, obwohl wir besiegt waren, obwohl die Besatzung wahrhaftig nicht immer gut gewesen ist, trotzdem den freien Völkern, dem Europarat, dem freien Westen zuwenden sollten. Das war die Wendung, die in jener Nacht gemacht worden ist[1]. Für das deutsche Volk, speziell für die Mehrheit des Bundestages ist es immer ein Lob, daß er damals so frei und so offen erklärt hat: Obwohl wir besiegt sind, wollen wir jetzt zum Westen hin.

Was hat die SPD getan? Sie hat mit allen Mitteln versucht, dagegen anzugehen. Als die Entscheidung dann gegen sie gefallen war, da hat sie – oh Lächerlichkeit der Weltgeschichte! – sich an den Bundesverfassungsgerichtshof gewandt und eine Klage angestrengt mit dem Feststellungsbegehren, daß die Bundesregierung dadurch die Verfassung gebrochen hätte. Da hat sie es nach Jahr und Tag schriftlich bekommen, die Bundesregierung hätte die Verfassung nicht gebrochen[2]. Ja, meine Damen und Herren, rückblickend erscheint es mit Recht lächerlich, wenn man solche weltpolitischen, für unser Volk entscheidenden Beschlüsse beim Bundesverfassungsgericht kaputt zu machen sucht. Sehr demokratisch scheint es übrigens auch nicht zu sein. Aber, meine Freunde, es ist so gewesen. Dann hat die SPD ein bißchen Buße getan. Sie hat vor einigen Tagen dem Gemeinsamen Markt und Euratom zugestimmt. Sicher, meine Damen und Herren, gut, ich erkenne das an, daß sie den Mut gefunden hat entgegen der öffentlichen Meinung des deutschen Volkes nicht mehr länger standzuhalten, zumal, wenn man vorher von den sozialistischen Parteien der anderen europäischen Länder derartig Prügel bekommen hat. Aber immerhin, sie hat es getan.

Aber, meine Freunde, man darf nicht vergessen; man kann vergeben, ja. Aber in der Politik und insbesondere in der Außenpolitik gibt es doch eine reine Entwicklung, die man beachten muß, um zu sehen, wie denn nun eine Partei, auch abgesehen von einer einzigen Entscheidung, im Grunde genommen denkt. Da möchte ich Ihnen doch einiges vorlesen. Ich habe eben schon gesagt, am 24. November 1949 hat die SPD zum Petersberger Abkommen nein gesagt. Im Juni 1950 hat sie sich gegen den Europarat ausgesprochen, im Jahre 1952 gegen den Schumanplan, im Jahre 1953 gegen den Vertrag der Europäischen Verteidigungsgemeinschaft, im Jahre 1954 gegen den Beschluß über die Schaffung der westeuropäischen Gemeinschaft[3], und im Jahre 1955 hat sie sich gegen die Pariser Verträge ausgesprochen. Daran muß man denken, und ich habe es mir sehr wohl aufschreiben lassen. Ja, das ist nun unser Fehler; wir von der CSU/CDU sind oft so christlich vergessend. Wie eine Partei, die immer stolz darauf war, daß sie international sei, so kurzsichtig die Augen verschließen konnte vor der Entwicklung in der Welt in allen den Jahren von 1949 bis 1956, das ist und bleibt mir vollkommen rätselhaft. Auch sie mußte doch einsehen, daß dieses Europa zertrümmert war, daß es keine europäische Großmacht mehr gab und daß dieses Europa, das doch wirklich wertvolle kulturelle und auch wirtschaftliche Werte in sich birgt, nur dann gegenüber Sowjetrußland und auch im Hinblick auf die Vereinigten Staaten wieder ein Wort mitsprechen konnte in der Geschichte, wenn es sich zu einer Einheit zusammenschließt. Ja, meine Freunde, wer das in allen den Jahren nicht erkannt hat, dem ist nicht zu helfen, auch wenn er einmal vor dieser Wahl plötzlich einen Stoßseufzer von sich geben konnte.

Ich tue es nicht sehr gern, meine Damen und Herren, an einem so sonnigen und schönen Tage so ernst zu Ihnen zu sprechen. Nun meint die Sonne es ja ein bißchen zu gut; aber da denke ich an den Rheinwein und an den Moselwein und an den Saarwein, den wir demnächst bekommen werden. Trotzdem glaube ich aber verpflichtet zu sein, Ihnen zu sagen, wie ernst die Lage in der Welt ist. Das vergißt man, weil es uns jetzt wieder besser geht, nach jeder Richtung hin, wenn auch noch das eine oder andere zu erfüllen übrig bleibt. Aber vergessen wir darüber nicht, daß es in der Welt draußen sehr schlecht aussieht, daß sich die Gegensätze zwischen den Vereinigten Staaten und Sowjetrußland, an deren Entstehen wir völlig unbeteiligt sind, im Laufe der Jahre immer mehr zugespitzt haben. Vergessen wir nicht, daß durch die Erfindung der atomaren Waffen und durch die Raketengeschütze, durch die man auch atomare Waffen viel, viel weiter schießen kann als man früher schießen konnte, doch die Gefahr in der Welt vor einem großen Zusammenstoß gewachsen ist. Lassen wir uns zunächst nicht abhalten durch die Hoffnung darauf, was augenblicklich in Moskau geschieht[4]. Was augenblicklich geschieht, wissen weder Sie noch ich, meine Damen und Herren. Aber es handelt sich wahrscheinlich um häusliche Zwistigkeiten, die die Herrschaften in etwas milderer Form, als sie das früher gemacht haben, [aber dennoch] in sehr entschiedener Form austragen. Ich glaube erst daran, daß dort wirklich eine Änderung eingetreten ist, wenn in der Londoner Abrüstungskonferenz[5] der russische Vertreter entsprechende Erklärungen abgibt; früher glaube ich nicht daran.

Die Gefahr ist, wie ich eben sagte, groß, und die Weltlage ist ernst. Durch die Entwicklung der atomaren Waffen und durch die Entwicklung des Schießens mit Raketengeschützen ist die Entfernung in der Welt zusammengeschrumpft. Lokale Auseinandersetzungen wird es kaum mehr geben. Wenn es nicht gelingt, zwischen den Vereinigten Staaten und der Sowjetunion – das sind ja die beiden großen Gegner, auf der einen Seite die Vereinigten Staaten, die die Freiheit für alle wollen, auf der anderen Seite die Sowjetunion, die die Knechtschaft für alle will – zu einem Abkommen zu kommen, dann ist es ganz gleichgültig, ob eine sozialdemokratische Regierung vorher gesagt hat: ich bin neutral. Es nutzt auch nicht, wenn eine sozialistische Regierung vorher gesagt haben sollte: Bei mir wird noch keine atomare Waffe angesammelt. Darum geht der Krieg, ein furchtbarer Krieg, doch erbarmungslos über die ganze Erde hinweg. Aber sehen Sie einmal, zu welchen Heilmitteln die Sozialdemokraten gekommen sind in einer solchen Situation. Sie haben ihre Thesen, nachdem sie sie hier entwickelt haben, auch auf dem Kongreß der Sozialistischen Internationale in Wien entwickelt. Dort ist dann am Freitag eine Resolution zur internationalen Lage und zur deutschen Wiedervereinigung mit 12 Stimmen bei Stimmenthaltung der SPD und der Labourparty angenommen worden. Stimmenthaltung ist nie ein Zeichen von Tatkraft. Ollenhauer[6] konnte sich nach diesem Bericht mit seinem Entwurf trotz Unterstützung der Engländer nicht durchsetzen, da die Mehrheit bei Errichtung des europäischen Sicherheitssystems nicht nur die Bundesrepublik und die Sowjetzone, sondern auch die Satellitenstaaten ihrer militärischen Paktverpflichtungen entbunden sehen will. Nun, meine Damen und Herren, diese Konzeption zu glauben, wenn die Sowjetzone und die Bundesrepublik, wieder vereinigt, sagten: Wir sind aus dem Spiel heraus – eine solche Konzeption kann doch Herr Ollenhauer nicht vor seinen Parteifreunden mit wirklicher Überzeugung vertreten haben; dazu sind die viel zu klug, um das zu glauben. Sie haben es ihm auch nicht geglaubt. In der angenommenen Entschließung wird gesagt, die Entspannung sei abhängig von der Abrüstung und der Wiedervereinigung Deutschlands. Die Wiedervereinigung müsse der Sicherheit der Staaten Rechnung tragen, die Militärbündnissen angehören, also allen Staaten, die der NATO angehören. Dagegen hieß es ursprünglich in der Resolution der SPD-Fraktion, die Bildung eines europäischen Verteidigungssystems, das die Verteidigung Europas zwar in kein militärisches Bündnis einbeziehe – da sehen Sie ja die Idee der Neutralisierung Deutschlands – stelle die wirkungsvollste Voraussetzung für die deutsche Wiedervereinigung dar. Ollenhauer sagte vor der Abstimmung, mit der neuen – später angenommenen – Formulierung würden die Grundsätze der SPD-Politik in Frage gestellt. Das scheint mir auch, meine Damen und Herren! Es gibt ein bekanntes Sprichwort: Wie man sich bettet, so liegt man. Wenn man so etwas sagt, kriegt man die Quittung. Und dann geht man nach Hause und sagt – nein, das sagt man eben nicht –: Die Nichtsozialisten sind sehr blöde Leute gewesen; denn sonst hätten ja alle andern es abgelehnt.

Nun, meine Damen und Herren, Außenpolitik verlangt vor allem eins: Stetigkeit und Zuverlässigkeit. Das gilt vor allem in bezug auf die deutsche Außenpolitik. Ich wiederhole den Satz noch einmal, den ich eben schon gesagt habe, weil er mir gerade in dem gegenwärtigen Augenblick von der entscheidendsten Bedeutung zu sein scheint für die politische Entscheidung des deutschen Volkes bei der Wahl am 15. September: Wir werden unsere Verpflichtungen erfüllen. Wir bleiben zuverlässig, wir bleiben stetig. Was will die SPD? Sie will aus der NATO heraus, sie will die NATO auflösen, wenn Herr Ollenhauer und die SPD an die Regierung kämen. In einem solchen Falle, wenn sie die allgemeine Wehrpflicht abschaffen würden, dann ist das dasselbe, als wenn sie sagten: Wir lösen die NATO auf. Denn alle anderen haben die allgemeine Wehrpflicht, und sie werden den Deutschen nicht gestatten, den Vorteil zu ziehen von der allgemeinen Wehrpflicht, die die anderen auf sich genommen haben. (Sehr starker Beifall) Wir wissen ja: ab 1951 war es ein mit Emphase und Leidenschaft verkündeter Grundsatz der SPD, daß sie die allgemeine Wehrpflicht verlangte. Sie hat damals gesagt: Wir haben in der Weimarer Republik erkannt, daß die Einführung der Reichswehr dazu geeignet war, einen Staat im Staate zu bilden. Das wollen wir nicht mehr, und deswegen verlangen wir Sozialdemokraten die allgemeine Wehrpflicht. Aber was sind solche Grundsätze vor den Wahlen, wenn man hofft, einige Stimmen mehr zu bekommen! So ist der

Wechsel der Auffassungen der SPD geradezu erschütternd, wenn man bedenkt, daß immerhin doch ein sehr erheblicher Prozentsatz des deutschen Volkes diese Partei wählt. Das führt zu ernsten Besorgnissen, auch außerhalb parteipolitischer Erwägungen. Ich darf Ihnen einiges darüber sagen. Über die Wehrpflicht habe ich gesprochen. Herr Mellies[7] kommt jetzt auf die gloriose Idee, daß die Sowjetzone, die SED, meine Wahl als Bundeskanzler wünscht. Ich war sehr erstaunt, als ich das las, denn ich hatte bisher geglaubt, es wäre anders. Herr Mellies hat mich auch nicht überzeugt, denn Herr Mellies weiß genau so gut wie ich, daß die SED den getarnten Kommunistenorganisationen bei uns anbefohlen hat, die SPD zu wählen. (Pfui-Rufe) Als wir Anfang der 50er Jahre, als es sich um die Frage der Europäischen Verteidigungsgemeinschaft handelte, erklärten, wir wollen uns mit den konventionellen Waffen begnügen, was hat damals die SPD gesagt? Sie sagte: Konventionelle Waffen? Wir verlangen für unsere Truppen die modernsten aller Waffen. Nun wirbt Herr Ollenhauer sehr eifrig, ob mit Erfolg, ob ohne Erfolg, ob mit einem halben oder mit einem viertel Erfolg – die Zukunft wird es lehren. Wenn man wirbt – das wissen alle Männer hier –, dann muß man doch schon ein Opfer bringen. Deswegen will auf einmal die Sozialdemokratie, insbesondere auch Herr Ollenhauer, von Sozialisierung nichts mehr wissen. Aber Herr Eichler[8], der anscheinend nicht darüber im Bilde war, ein sehr angesehener Sozialdemokrat, hat nun gerade im selben Augenblick eine Broschüre geschrieben, in der namens der Sozialdemokratie die Sozialisierung verlangt wird. Das ist ausgesprochenes Pech, das darf eigentlich einer Partei nicht passieren.

Herr Carlo Schmid und Herr Wehner und in Wien Herr Ollenhauer haben für das wiedervereinigte Deutschland die Neutralisierung verlangt. Herr Carlo Schmid, der seine Worte sehr gut zu setzen weiß und der sehr genau weiß, daß das deutsche Volk auf den Leim nicht gehen würde, wenn er sagen würde „Neutralisierung", gebraucht statt „Neutralisierung" das Wort Bündnislosigkeit – genau dasselbe, meine Damen und Herren. Und Herr Wehner, der führende Experte für außenpolitische Angelegenheiten in der SPD – (Pfui-Rufe) – Meine Damen und Herren, sie können nicht leugnen, daß Herr Wehner viele Erfahrungen im Ausland gesammelt hat. Aber er hat in einer Rede in Frankfurt am 17. Juni die sofortige Lösung für Deutschland aus der NATO verlangt, d. h. mit anderen Worten die Neutralisierung Deutschlands. Und Herr Ollenhauer, der, soweit ich das beobachten kann – aber man soll sich eigentlich nicht in die Familienzwistigkeiten hineinmischen; Herr Ollenhauer, der, glaube ich, mit dem einen Ohr mindestens auf Herrn Wehner hört und der mit dem anderen Ohr etwas auf Herrn Carlo Schmid hört – hat in Wien das gleiche verlangt, was Herr Wehner will – und ist damit abgeblitzt. Ich knüpfe an das an, was ich eben gesagt habe. Wenn es wirklich zu einem solchen ungeheuren Weg kommen würde, dann sitzt Deutschland, ob neutralisiert oder nicht neutralisiert, mitten im Brennpunkt des Geschehens. Und wenn man noch so brutal sagt: Ich habe es nicht gewollt – meine Damen und Herren, keiner hat es nachher gewollt! Aber wer dem deutschen Volk nicht die Möglichkeit gibt, sich vor einem solchen Unheil zu schützen, der sündigt gegen das deutsche Volk! Es gibt eine Möglichkeit, einen solchen Krieg zu verhindern. Das ist ein Erfolg der Londoner Abrüstungskonferenz. Darum müssen wir mit ganzer Kraft die Tendenzen dort verstärken, die zu einer allgemeinen, kontrollierten Abrüstung sowohl der atomaren wie der konventionellen Waffen führen. Das ist unsere Aufgabe. Das können wir aber nicht tun, wenn wir sagen: Wir stellen uns in die Ecke, macht, was Ihr wollt! Nein, meine Damen und Herren, wir wollen mitsprechen! Wenn es sich um unser Geschick, um das Geschick unserer Kinder und Kindeskinder handelt, dann sprechen wir mit!

Die Londoner Konferenz ist erst in den Anfängen. Wie Herr Staatssekretär Dulles mir neulich in Washington sagte, wird sie wahrscheinlich ein bis zwei Jahre dauern. Wenn Sie, meine Damen und Herren, nur einmal flüchtig überlegen, welche ungeheuren Komplexe und welche verwickelten Komplexe es dort zu regeln gilt, wenn Sie weiter daran denken, wie meisterhaft der Russe es versteht, Verhandlungen in die Länge zu ziehen, in der Hoffnung, daß der Gegner dann bald auseinandergeht, dann glaube ich, ist diese Schätzung richtig. Aber wir wollen Geduld haben. Unter gar keinen Umständen dürfen wir bei einem solchen Ziel wie diesem, der Menschheit wieder Ruhe zu geben, der Menschheit Frieden zu geben, unseren Kindern und Kindeskindern Freiheit und Frieden zu geben, die Geduld verlieren. Sie kennen die Tendenz der sowjetrussischen Politik. Sie sind nun einmal, trotz allem, was sich ereignet, überzeugt, daß ihre Ansicht der Welt das Evangelium bringe und daß wir allzumal Sünder sind und auf irgendeine Weise abgetan würden, und sie würden der Welt das Heil bringen. Niemals wird der Russe bereit sein, dieser seiner Ansicht dadurch zu entsagen, daß er die Waffen aus der Hand legt, wenn er glaubt, daß der Westen nicht einig und geschlossen und stark ist. Solange Sowjetrußland auch nur etwas Hoffnung hat, daß das Bündnis der freien Völker, die NATO, auseinanderfallen würde, wenn wir Deutschen, wie das die Sozialdemokraten wollen, hinausgehen, solange wird der Russe verhandeln und verhandeln in der Hoffnung, daß letzten Endes nichts herauskommt und er dann derjenige ist, der die Geschicke der Welt und die Geschicke Deutschlands und die Geschicke Europas bestimmt.

Dann möchte ich dem deutschen Volke sagen – und das deutsche Volk schließt ja auch die Sozialdemokraten ein, es gibt auch vernünftig denkende Leute darunter, und an die richte ich jetzt mein Wort –: Keine Partei in Deutschland darf etwas tun, auch nicht in einer Wahlagitation, was den Russen die Hoffnung gibt, die NATO fällt auseinander, wir müssen nur abwarten. Ich bedauere außerordentlich, daß die SPD mit diesem – na, ich muß es sagen – mehr als theoretischen Vorschlag an die Weltöffentlichkeit kommt und so die Hoffnung Sowjetrußlands stärkt. Aber ich bin überzeugt davon, das deutsche Volk hat politisch gelernt durch die Ereignisse der letzten Jahrzehnte. Ich bin überzeugt, das deutsche Volk weiß, was Sowjetrußland ist. Das deutsche Volk weiß, was die freien Völker sind. Das deutsche Volk weiß, daß nur ein Seite-an-Seite-stehen mit den freien Völkern der Welt unter Führung der Vereinigten Staaten der Welt Sicherheit und Frieden geben. Die Vereinigten Staaten sind weit, weit stärker als Sowjetrußland. Darum bin ich unbesorgt. Das deutsche Volk kriecht der Sozialdemokratie

nicht auf diesen Leim, nachdem sogar ihre sozialistischen Freunde in den anderen europäischen Völkern ihnen bescheinigt haben, daß das, was da getan wird, eine oberfaule Sache sei. Wenn wir fest bleiben, wenn wir stark bleiben, wenn wir unsere Pflichten erfüllen und damit auch von unseren Rechten Gebrauch machen, dann wird der furchtbare Krieg nicht kommen, und die Wiedervereinigung Deutschlands ist nichts anderes als eine Funktion der allgemeinen Entspannung und kontrollierten Abrüstung. Ich glaube, daß wir damit das Beste tun, ja das einzige tun, was wir tun können, um die Deutschen jenseits des Eisernen Vorhanges aus der russischen Sklaverei zu befreien. Ich bin fest überzeugt, wenn jetzt in der Sowjetzone frei abgestimmt werden könnte: Wollt ihr das tun, was die Sozialdemokratie sagt – oder wollt ihr das tun, was die CDU sagt: mindestens 95% würden sagen: Was die CDU sagt. (Sehr starker Beifall)
Es ist eine Lüge, wenn die SPD sagt, daß wir die Wiedervereinigung nicht wollten, weil wir dann die Mehrheit verlieren würden. (Pfui-Rufe) Im Gegenteil, wir würden eine glänzende Mehrheit bekommen. Ebenso ist es eine bewußte Verleumdung, wenn die SPD in ihrem SPD-Dienst sagt, ich wollte atomare Waffen herstellen. Ich bin derjenige gewesen, der auf der Londoner Konferenz, ohne jemanden zu fragen, aus mir heraus den anderen den Verzicht Deutschlands auf Herstellung atomarer Waffen angeboten hat. Meine Damen und Herren, es ist ja manchmal nahe beieinander, das Ernste und das Heitere. Wir armen Teufel! Wenn jemand wüßte, was es kostet, atomare Waffen herzustellen! Wir können es nicht. Es sei denn, die Sozialdemokraten hätten ein besonderes Patent für billige Herstellung. Wir haben es nicht.
Noch wenige Wochen trennen uns vom 15. September. Ich habe versucht Ihnen klarzumachen, daß das wirklich ein entscheidender Tag ist. Wenn am 15. September die Sozialdemokratie an die Führung der Regierung kommt, kann die Londoner Abrüstungskonferenz schließen. Dann ist es vorbei mit dieser Hoffnung. Aber ich sage Ihnen umgekehrt, und das ist meine feste Überzeugung: Wenn wir auch diesmal wieder in dem Umfange wie bisher die Stimmen der Wähler bekommen, dann wird es in der Arbeit zwischen den freien Völkern, mit den Vereinigten Staaten an der Spitze, und uns doch zu der kontrollierten Abrüstung kommen, dann hat die Atomwaffe ihre Schrecken verloren, und dann werden wir mit unseren deutschen Brüdern in Freiheit und Frieden wieder vereinigt sein!

Quelle: ARh, maschinenschriftlich, nach einer unkorrigierten stenographischen Nachschrift.

Anmerkungen

[1] Bundestagsdebatte am 24./25. 11. 1949.

[2] Zu der komplizierten verfassungsrechtlichen Auseinandersetzung vgl. Friedrich August von der Heydte (Hrsg.): Der Kampf um den Wehrbeitrag. 3 Bände. München 1952-1958.

[3] Gemeint ist der Vertrag über den Beitritt zur Westeuropäischen Union.

[4] Am 3. 7. 1957 wurde bekannt, daß Chruschtschow nach erbittertem Machtkampf eine „parteifeindliche Gruppe" (Malenkow, Kaganowitsch, Molotow, Schepilow) aus dem Präsidium der KPdSU bzw. aus dem Sekretariat des ZK ausgeschlossen hatte.

[5] Die am 11. 1. 1952 gebildete Zwölf-Mächte-Abrüstungskonferenz der UN hatte einen Fünf-Mächte-Unterausschuß (Großbritannien, Frankreich, Kanada, Sowjetunion, USA) eingesetzt,

der vom Januar bis zum 6. 9. 1957 in London verhandelte und sich dann ergebnislos vertagte, ohne je wieder zusammenzutreten. Zur gesamten Abrüstungsfrage vgl. Wilhelm Cornides (Hrsg.): Die internationale Politik 1956-1957. München 1961, S. 3-96.

[6] Erich Ollenhauer war 1952-1962 Erster Vorsitzender der SPD.

[7] Wilhelm Mellies war damals Stellvertretender Vorsitzender der SPD.

[8] Willi Eichler, Vorstandsmitglied der SPD.

23. November 1957

„Die Selbstbehauptung Europas"[1]. Rede bei der ersten Tagung der „Europäischen Kulturstiftung" in Amsterdam

Grundsätzliche Ausführungen zur europäischen Einigungspolitik, vor allem zur Zusammengehörigkeit von Ost- und Westeuropa.

I

Der Aufforderung, an dieser Stelle und zu diesem Kreise zu sprechen, bin ich mit Freude gefolgt. Sehr bewußt habe ich mich bereit erklärt, hier das Wort zu ergreifen. Der Politiker kommt allzu leicht in den Verdacht, daß er der Welt des Geistes und der Kultur zu wenig Bedeutung beimißt. Der politische Alltag wird zumeist von wirtschaftlichen und sozialen, innen- und außenpolitischen Problemen beherrscht. Tatsächlich kann aber der Politiker auch den Aufgaben der konkreten Realität nur dann gerecht bleiben, wenn er sich des Zusammenhanges *aller* Lebensäußerungen, einschließlich der kulturellen, bewußt bleibt.

Umgekehrt verfällt der sich vornehmlich mit geistigen Dingen beschäftigende Mensch leicht in den Fehler, über seinen höheren, oft abstrakten Zielen die praktische Wirklichkeit aus dem Auge zu verlieren. Ich begrüße es daher ganz besonders, daß sich hier nicht nur Wirtschaftler und Vertreter des kulturellen Lebens zur Erörterung gemeinsam interessierender Aufgaben zusammengefunden haben, sondern daß sie Wert darauf legen, auch aktive Politiker unter sich zu sehen und zu ihren Aufgaben sprechen zu lassen.

Aufgabe des Politikers ist es, der Wirklichkeit ins Auge zu sehen. Ich will hier deshalb ganz offen von den Sorgen und Überlegungen sprechen, die mich bewegen. Die Ereignisse der letzten Wochen geben dazu Veranlassung genug. Wir alle haben in letzter Zeit die sowjetischen Versuche erlebt, die Eintracht unter den westlichen Staaten zu stören und so die Grundlagen unseres Handelns zu erschüttern. Die Raketendiplomatie Moskaus zielt ja in der Tat auf nichts anderes ab, als das Empfinden für die tatsächlichen Kräfteverhältnisse in der Welt zu verwirren. Mit großer Befriedigung kann man heute feststellen, daß diese Methoden ihr Ziel nicht erreicht haben. Im Dezember werden, wie Sie wissen, die Mächte des Atlantischen Bündnisses, vertreten durch ihre Regierungschefs, in Paris Gelegenheit haben, eine gemeinsame Politik festzulegen, die der jüngsten Entwicklung auf dem Gebiet der Waffentechnik Rechnung trägt.

II

Man hat in den letzten Jahren viel über die Notwendigkeit des europäischen Zusammenschlusses gesprochen. Das ist nur verständlich. Die europäische Vergangenheit war zu sehr mit Zwietracht belastet, als daß sich der naturnotwendige Zusammenschluß der europäischen Völker an einem Tage und fast von selbst hätte vollziehen können. Auch heute noch regt sich mitunter der Zweifel: Gibt es denn wirklich ein Europa? Ist ein reibungsloser Zusammenschluß der europäischen Staaten möglich, ohne daß das eine oder andere Land eine Minderung seiner Lebensmöglichkeiten erfährt?

Ich stelle die Gegenfrage: „Sind solche Überlegungen heute noch am Platz?" – Sie mögen vor Jahrzehnten ihre Berechtigung gehabt haben. Ein verantwortungsbewußter Staatsmann wird aber heute die Schaffung einer auf Gleichberechtigung beruhenden Gemeinschaft der europäischen Völker nicht mehr für eine Utopie, sondern für ein realisierbares Ziel halten.

Vielleicht ist uns erst in der Erschütterung, die das Zeitalter der Weltkriege in Europa und in der Welt auslöste, klar geworden, wie stark die Bindungen der europäischen Völker untereinander sind. Sie sind stark trotz der ständigen Rivalitäten, die ja erst den Wunsch ausgelöst haben, an die Stelle des Gegeneinander das Miteinander zu setzen. Gewisse geschichtliche Grundlagen sind nun einmal für die meisten Völker Europas verbindlich. Selbst im Zeitalter der Nationalstaaten blieben diesem Europa gewisse politische und geistige Lebensgrundlagen gemeinsam. Ich denke hier an frühere Versuche einer europäischen Zusammenarbeit, so an die Einrichtung des Konzerts der europäischen Mächte, das aus den Wirren der Revolutions- und napoleonischen Zeit erwuchs und das den Versuch unternahm, die geschichtlich gewordene Ordnung Europas gegenüber allen Wechselfällen zu bewahren. Ich denke weiter an das Recht, das in den meisten europäischen Ländern auf den gleichen Grundsätzen beruht, an das Verfassungsleben und an das Bekenntnis zur freiheitlichen Demokratie.

So machen Vielfalt in der Eigenart und trotzdem Gemeinsamkeit in der Grundlage die entscheidenden Wesenszüge Europas aus. Die Vielfalt in der staatlichen Entwicklung, die die europäischen Nationen zur höchsten kulturellen und politischen Anstrengung zwang, ist schließlich die Voraussetzung für die ausschlaggebende Stellung gewesen, die Europa in der Zeit vor dem Ersten Weltkrieg in der Welt eingenommen hat. Das gemeinsame Bekenntnis zur Freiheit ist es heute, das uns wieder zusammenführt gegen diejenigen Kräfte, die das freie Selbstbestimmungsrecht des einzelnen und der Völker verneinen.

Dankbar erkennen wir an, daß wir uns in dieser Auseinandersetzung nicht allein befinden. An unserer Seite stehen die anderen freien Völker, die in ihrer Entstehung und Entwicklung ebenfalls weitgehend der europäischen Vergangenheit verbunden sind, ihnen voran die Vereinigten Staaten von Amerika. Wäre in Amerika das Gefühl der Zusammengehörigkeit mit Europa nicht so lebendig gewesen, so wäre das freie Europa auch ein Opfer östlicher Macht geworden und heute nur noch ein historischer Begriff. Dieses Gemeinschaftsgefühl der freiheitlichen Welt greift schon heute tief. Wir müssen klar erkennen, daß es unsere Aufgabe sein wird, das innige Verhältnis des Gebens und Nehmens, das zwischen unseren Kontinenten besteht, ständig weiter zu vertiefen.

III

Reicht aber das Bekenntnis zu gleichen politischen Idealen aus, um eine Selbstbehauptung Europas zu ermöglichen? Ich glaube kaum. Die Summe des Einflusses der europäischen Länder ist im großen und ganzen dem Einfluß Gesamteuropas gleichzusetzen. Fragen wir uns aber nach dem Umfang des europäischen Einflusses in der Welt, so ist die Machtminderung der europäischen Länder nun einmal eine Tatsache, an der wir nicht vorübergehen können. Noch zu Beginn dieses Jahrhunderts stand ihr Einfluß in der Welt fest gegründet. Heute, kaum ein halbes Jahrhundert später, führen die freien europäischen Staaten eine Existenz im Schatten der Atommächte, und sie tun das, obgleich ihr wirtschaftliches Potential nach wie vor größer ist, als dasjenige der Sowjetunion und obgleich die sozialen und wirtschaftlichen Verhältnisse in dem freien Europa in den letzten Jahren eine unerwartet günstige Entwicklung genommen haben.
Ich bin mir bewußt, daß für diese veränderte Stellung Europas in der Welt auch Ursachen verantwortlich gemacht werden müssen, die unserer unmittelbaren Einwirkung nicht mehr unterliegen. Unsere Zeit steht nun einmal im Zeichen eines unerbittlichen Emanzipierungsprozesses, der außerhalb Europas neue Machtzentren politischer und ideologischer Natur schafft.
Ich übersehe vor allem auch nicht die bittere Tatsache der Teilung Europas. Sie setzt unserer politischen Bewegungsfreiheit schwer übersteigbare Grenzen. Niemand kann uns, die wir hier versammelt sind, das Recht bestreiten, für das gesamte Europa zu sprechen. Handeln können wir zur Zeit aber nur für die freien europäischen Völker. Die Zerschneidung der europäischen Mitte und die ständige sowjetische Drohung bleiben bis auf weiteres Tatsachen von größter schicksalsschwerer Bedeutung für uns alle.

IV

Als Politiker eines durch die Teilung Europas besonders schwer getroffenen Landes sage ich mir, daß der Schnitt quer durch unseren Kontinent Anlaß sein sollte, um unserem politischen Lebenswillen neue Energie, neue Kraft zuzuführen. Wollen wir unseren politischen Vorstellungen treu bleiben, so bleibt – das ist meine feste Überzeugung – nichts anderes übrig, als unablässig auf die Beseitigung dieses Zustandes zu dringen. Es gibt politische Theoretiker, die meinen, man könne sich mit diesem Übel der Teilung Europas abfinden. Aber sie irren sich. Die Übernahme ihrer Behauptungen würde für uns den Verzicht auf die Erfüllung der uns gestellten Aufgabe in sich tragen, die Wiederherstellung Europas herbeizuführen und heute Treuhänder der Freiheit für diejenigen Teile Europas zu sein, die zur Zeit ganz oder teilweise des Selbstbestimmungsrechts beraubt sind. Hier ist ein Punkt, wo wir nicht mit uns diskutieren lassen. Denn finden wir uns innerlich mit der Zerreißung unseres Kontinents ab, dann wird uns die moralische und politische Widerstandskraft fehlen, derer wir bedürfen, um die schweren geistigen Auseinandersetzungen der kommenden Jahrzehnte zu bestehen. Nur das Bewußtsein, daß die Freiheit Europas unteilbar ist, kann der Europa-Idee die Schwungkraft geben, die im Interesse unserer Selbstbehauptung notwendig ist.

Es ist dieser Kleinmut, in dem ich die schwerste Belastung für unsere gemeinsame Zukunft erblicke. Die Trägheit, der wir oft in geistig-politischer Hinsicht begegnen, steht ja nicht allein. Die Lässigkeit auf wirtschaftlichem Gebiet, die Tendenz, mitunter zu früh die Hände in den Schoß zu legen, ist unser erster Feind. Sie kommt letztlich nur derjenigen Macht zugute, die die Kräfte des einzelnen skrupellos ausnutzt, um die große Auseinandersetzung zwischen Kommunismus und freier Welt auch auf wirtschaftlichem Gebiet zu gewinnen.

Ich könnte für diese Lässigkeit noch Verständnis aufbringen, wenn sie sich auf ein starkes Vertrauen in die eigenen Möglichkeiten gründete. Aber Hand in Hand mit ihr geht ja die Neigung, auch auf dem Gebiet der Selbstverteidigung nicht alle Möglichkeiten auszuschöpfen. Ich brauche hier nicht im einzelnen auf die Notwendigkeit einzugehen, die ausreichenden Verteidigungsmittel bereitzustellen. Diese Notwendigkeit ist uns angesichts der ständigen Drohung aus dem Osten sicher klar.

Gerade darum ist es nahezu unbegreiflich, daß das freie Europa mit seinem Wirtschafts- und Menschenpotential nicht in der Lage ist, politisch und militärisch den ihm zukommenden Platz zu behaupten. Hier liegt doch ein – um nicht mehr zu sagen – erstaunliches Phänomen vor: die Selbstverständlichkeit, mit der wir uns damit abzufinden scheinen, daß wir aus eigenen Kräften nicht in der Lage sind, das für unsere Existenz nun einmal so notwendige internationale Kräfteverhältnis zu sichern, geschweige denn zu unseren Gunsten zu beeinflussen.

V

Ich will mich nun nicht darauf beschränken, hier lediglich eine Philippika gegen den bei uns herrschenden Mangel an Selbstbehauptungswillen zu halten. Ich bin mir vollkommen bewußt, daß die unglückseligen Ereignisse der dreißiger und vierziger Jahre auch heute noch eine schwere psychologische Hypothek für die Bemühungen um eine europäische Integration darstellen. Auch dieses Land, in dem ich heute die Ehre habe zu sprechen, hat sehr Schweres durchgemacht. Auf der anderen Seite wird aber niemand daran vorübergehen können, daß die Lebensfähigkeit unseres Kontinents in erster Linie von unserer Fähigkeit abhängt, aus den trüben Erfahrungen der Vergangenheit die richtigen Folgerungen für eine bessere Zukunft zu ziehen.

Ich deutete vorhin bereits an, daß hierfür gute Voraussetzungen vorhanden sind. Unsere Wirtschaftskraft hält durchaus den Vergleich mit derjenigen der großen Weltmächte aus. Unsere Arbeitsfähigkeit und unsere wissenschaftliche Erfahrung sollten beide dafür bürgen, daß wir jeder Zeit in der Lage sind, aus dem, was die Natur uns gegeben, das beste zu machen.

Wir stehen ja schließlich nicht allein. Wenn auch die Emanzipation der überseeischen Völker eine Verschiebung in den Machtverhältnissen jenseits der Meere hervorgerufen hat, so enthält doch eine überlegte und verständnisvolle Politik der freien Welt gegenüber den aufstrebenden Völkern in Asien und in Afrika die Möglichkeit in sich, daß das, was dort europäische, asiatische und afrikanische Völker gemeinsam schufen, auch in Zukunft der gesamten Welt und der europäischen Wirtschaft zugute kommt.

Wenn ich das an einem Beispiel konkretisieren darf: Es genügt nicht, den sich neu industrialisierenden Ländern qualitativ hochwertige Investitionsgüter anzubieten und zu liefern, sondern es sollte damit auch zugleich das Angebot der kulturellen Ausgleichskräfte verbunden sein. Das heißt praktisch, daß wir dem technischen Führungsnachwuchs dieser Länder weitgehend den Besuch europäischer Ausbildungsstätten ermöglichen müssen.

Ich will nicht leugnen, daß die Entwicklung in Übersee an alle unmittelbar Interessierten gewisse Anforderungen an Geduld und politischem Takt stellt. Verstehen wir aber die Stunde richtig zu nutzen, so stehen uns auf wirtschaftlichem und kulturellem Gebiet große, auf freier Zusammenarbeit begründete Möglichkeiten außerhalb Europas auch weiterhin zur Verfügung. Sehen wir zu, daß diese Möglichkeiten nicht verlorengehen.

VI

Ganz besonders begrüße ich die Tatsache, daß das gute Verhältnis zu unseren Bundesgenossen in Nordamerika in den letzten Wochen eine weitere Vertiefung erfahren hat. Von der Festigkeit der Beziehungen zwischen den europäischen Staaten und den Vereinigten Staaten hängt schließlich die erfolgreiche Selbstbehauptung Europas ab. Denn die Tatsache dieser gegenseitigen Abhängigkeit gibt uns das, was uns allein gegenüber dem Ostblock fehlt: die Tiefe des Raumes, die uns im Zeitalter einer planetaren Politik erst die letzte Entfaltung aller unserer Kräfte erlaubt.

Diese gegenseitige Verbundenheit sollte uns aber nicht veranlassen, die Hände in den Schoß zu legen und die Hauptlast der gemeinsamen Verteidigung den Vereinigten Staaten zu überlassen. Wir sollten vielmehr versuchen, unsere Interessen so zur Geltung zu bringen, daß sich wirklich eine gemeinsame Politik auf der Grundlage der gleichen Verantwortung und gleichen Lasten entwickelt. Ohne größere Anstrengungen auf unserer Seite und ohne die Liquidierung unnötiger nationaler Meinungsverschiedenheiten wird das nicht gehen.

VII

Hier bleibt für uns noch manches zu tun. Zahlreiche nationale Gegensätze im europäischen Bereich sind zwar beseitigt. So ist es der Bundesrepublik bereits gelungen, die strittigen Fragen, die sich aus Kriegs- und Nachkriegszeit zwischen Deutschland und seinen Nachbarn ergeben haben, zum großen Teil zu lösen. Ich denke hierbei insbesondere

an die Lösung der Saarfrage, die eine erfreuliche Bereinigung des deutsch-französischen Verhältnisses gebracht hat, und an das deutsch-belgische Grenzabkommen vom 24. September 1956. Ich hoffe aufrichtig, daß es möglich sein wird, in absehbarer Zeit auch diejenigen Fragen, die zwischen Deutschland und seinen Nachbarn noch offenstehen, im Geiste der beiderseitigen Verständigung zu regeln.
Ich habe keinen Zweifel, daß wir uns diesen Aufgaben gewachsen zeigen werden. Wir haben ja in dem sowjetischen Imperialismus, wie das unser Freund Spaak vor kurzem gesagt hat, einen Bundesgenossen, wenn auch einen Bundesgenossen wider Willen. In den entscheidenden Augenblicken war es immer die Politik des Ostblocks selbst, die uns aus unserer Bequemlichkeit aufgerüttelt hat. Wir haben nach dem Tode Stalins viel von den Möglichkeiten einer friedlichen Koexistenz gehört. Je mehr wir uns mit diesen sowjetischen Erklärungen befaßt haben, desto mehr hat sich aber die Einsicht bei uns durchgesetzt, daß wir in unserer gemeinsamen Außenpolitik nicht auf Grund der sowjetischen Deklarationen, sondern auf Grund der sowjetischen Aktionen zu handeln haben. Und diese erlegen uns auf, in dem Bemühen um Verstärkung der europäischen und atlantischen Zusammenarbeit nicht nachzulassen.

VIII

Ich glaube, daß wir auf diesem Wege bereits eine gute Strecke hinter uns gebracht haben. Der Zusammenschluß der europäischen Staaten auf wirtschaftlichem Gebiet, wie er in der letzten Zeit erfolgt ist, findet kaum eine Parallele in der Geschichte. Gewiß haben die Bemühungen um die europäische Integration seit der Unterzeichnung des Vertrages über die Kohle- und Stahlgemeinschaft im Jahre 1951 auch Rückschläge in Kauf nehmen müssen. Nachdem aber der Ratifikationsprozeß der Vertragsprojekte des Gemeinsamen Marktes und der Europäischen Atomgemeinschaft allmählich seinem Ende entgegengeht, wissen wir, daß die von uns angestrebte Verschmelzung der europäischen Volkswirtschaften beginnen wird. Es ist einer der bedeutungsvollsten Vorgänge in der Geschichte dieses Jahrhunderts.
Diese Bemühungen um eine Vertiefung der europäischen Zusammenarbeit sollen sich nun nicht lediglich auf die Staaten der Sechsergemeinschaft beschränken. Die Beteiligung steht auch den anderen freien Staaten Europas offen. Ich habe es deshalb sehr begrüßt, daß ich in Ihrem Kreise auch einer Reihe von hervorragenden Vertretern Englands begegnen durfte. England nimmt unter den europäischen Nationen insofern eine Sonderstellung ein, als es im Laufe der Geschichte ganz besondere Erfahrungen in der Integrierung verschiedenartiger Interessen sammeln konnte, Erfahrungen, von denen wir alle hoffen, daß sie eines Tages auch einer engeren europäischen Zusammenarbeit zugute kommen.
Ich erblicke Möglichkeiten für eine solche Zusammenarbeit in einem erweiterten Kreis der europäischen Staaten gerade auch auf kulturellem Gebiet. Eine solche Zusammenarbeit sollte die kulturpolitische Selbständigkeit der europäischen Staaten in keiner Weise in Frage stellen. Nichts würde ich mehr bedauern als eine Gleichmacherei auf kulturellem

Gebiet. Aber es bleibt doch viel in dieser Frage noch zu tun. Wir bedürfen vor allem dringend der Einrichtungen, die es der europäischen Jugend ermöglichen, sich mit der kulturellen Eigenart aller europäischen Völker vertraut zu machen und diese wirklich verstehen zu lernen. Nur dann wird es uns möglich sein, den Impuls für die Arbeit an der europäischen Integration auch an die Generation weiterzugeben, die die europäische Katastrophe nicht mehr unmittelbar miterlebt hat. So lautet meine Bitte: Helfen Sie verhindern, daß die aus der Weltkatastrophe gewonnenen Erkenntnisse wieder im nationalen Boden versickern; helfen Sie mit, einen europäisch denkenden Führungsnachwuchs heranzubilden, der in der Vorstellung eines mit der westlichen Welt verbundenen, geeinten Europa lebt.

Und vor allem: Versuchen wir, uns tatkräftig einzusetzen auch für die Kulturgüter derjenigen Länder, die heute nicht im Besitze ihrer Freiheit sind. Setzen wir uns mit den geistigen Fragen, die in diesen Ländern aufgeworfen werden, so ernst auseinander, daß die Ergebnisse, zu denen wir gelangen, zu ihnen ausstrahlen und ihnen den Mut geben, ihre geistige Freiheit aufrechtzuerhalten.

IX

Das Gewicht, das wir durch eine Mobilisierung aller unserer Kräfte gewinnen können, wird – ich bin dessen gewiß – geeignet sein, um in der Welt jenes Gleichgewicht wieder herbeizuführen, von dem letztlich die Erhaltung des Friedens in unserer Zeit abhängen wird.

Der Weg, der vor uns liegt, wird nicht leicht sein. Er erfordert Härte gegen uns selbst, gute Nerven und eine Politik, die sich jeder Lage, ungeachtet der Schwierigkeit der anstehenden Probleme, elastisch anzupassen vermag. Ich denke dabei vor allem auch an das Abrüstungsproblem, dessen Lösung uns im Interesse des Friedens und im Interesse einer sorgenfreieren Zukunft so besonders am Herzen liegt. An einer Forderung sind wir jedoch gewillt unter allen Umständen festzuhalten, an der Forderung der Freiheit für alle Völker Europas. Nur dann wird sich Europa in der Auseinandersetzung der großen Mächte und angesichts des Aufkommens neuer und in ihrer Bedeutung noch nicht zu erfassender Machtgebilde die Eigenständigkeit und vor allem auch die kulturelle Eigenart bewahren können.

So lassen Sie mich noch einmal vor dem Geist des partikularen Eigensinns der europäischen Staaten warnen, denn darüber besteht kein Zweifel: Das Nebeneinander kleiner politischer Gebilde im Schatten der Großen verbürgt uns keine sichere Zukunft. Eine glückliche Zukunft ist uns nur dann gewiß, wenn wir in dem Bemühen nicht ablassen, schon in unserer Zeit das große Ziel der Bewahrung der Eigenständigkeit der europäischen Völker in einem frei geeinten Europa zu sichern.

Quelle: ARh, maschinenschriftliches Redemanuskript.

Anmerkungen

[1] Die Überschrift ist von Adenauer selbst formuliert worden.

29. Januar 1958

Rundfunkansprache des Bundeskanzlers

Antwort auf die Vorwürfe der Abgeordneten Dr. Dehler (FDP) und Dr. Heinemann (SPD) in der Bundestagssitzung am 23. 1. 1958, die Adenauer vorwarfen, er habe die Wiedervereinigung nie mit großem Nachdruck angestrebt.

Meine Damen und meine Herren!

Von vielen Seiten bin ich gefragt worden, warum ich auf die Vorwürfe und die Beschimpfungen des Abgeordneten Dr. Dehler in der Bundestagssitzung am 23. Januar nicht sofort geantwortet habe. Ich habe es nicht getan, weil das Niveau der Debatte vor und nach Mitternacht durch die Schuld der beiden früheren Bundesminister, die Abgeordneten Dehler und Heinemann, so tief gesunken war, daß eine ernsthafte Debatte nicht mehr möglich schien.[1] Der Gedanke daran, was die Deutschen in der sowjetisch besetzten Zone, die das schwere Los der Unfreiheit zu tragen haben, denken, wenn Vertreter der SPD und der FDP behaupten, die Bundesregierung und an ihrer Spitze der Bundeskanzler sowie die Mehrheit des Bundestages erstrebten nicht mit aller Kraft und mit heißem Herzen die Wiederherstellung der Freiheit aller Deutschen, erfüllt mich mit Schmerz und Sorge. Aus rein parteipolitischen Erwägungen und um der Regierungskoalition und dem Bundeskanzler zu schaden, haben die Abgeordneten Dehler und Heinemann sich nicht gescheut, eine Frage, die eine Herzensangelegenheit aller Deutschen ist, in maßloser Leidenschaft zu zügellosen Angriffen zu mißbrauchen. Ich bin seit 1949 im Bundestag. Ich habe noch keine Sitzung erlebt, die jeden Deutschen mit solcher Empörung und mit echtem Schmerz erfüllen muß.

In der ersten Zeit nach der Errichtung der Bundesrepublik war die Frage der Wiedervereinigung eine gemeinsame Angelegenheit aller Parteien des Bundestages mit Ausnahme der Kommunisten. Allmählich bemächtigte sich im Laufe der Jahre die Opposition bei parteipolitischen Auseinandersetzungen dieser Frage und warf der Bundesregierung und den hinter ihr stehenden Parteien vor, das Problem der Wiedervereinigung zu vernachlässigen und ihm mit Gleichgültigkeit gegenüberzustehen. In der Bundestagsdebatte der vorigen Woche bildeten diese Beschuldigungen den Hauptteil der Angriffe der Freien Demokraten und der SPD, die sich dabei auf Vorgänge stützten, die fast sechs Jahre zurückliegen, die aber festzuhalten sich lohnt, um einer Geschichtsklitterung vorzubeugen. Vorweg darf ich bemerken, daß zu dieser Zeit, im Jahre 1952, die Freie Demokratische Partei zur Regierungskoalition gehörte und durch Minister, darunter durch den Abgeordneten Dr. Dehler, im Kabinett vertreten war. Sie hat an allen getroffenen Entscheidungen mitgewirkt. Der Sprecher der FDP hat behauptet, die Sowjetunion habe in einer Note vom 10. März 1952, mit der sie den westlichen Besatzungsmächten einen Entwurf für den Abschluß eines Friedensvertrages übermittelte, für Gesamtdeutschland freie Wahlen angeboten. Diese Behauptung und diese Darstellung ist falsch. Der Redner der FDP hat es so dargestellt, als wenn wir damals von Stalin, der innere Schwierigkeiten gehabt habe, alles hätten bekommen können, was wir gewollt hätten. Das ist nicht richtig.

In der Note vom 10. März 1952, die Herr Dehler angeführt hat, und ebenso in einer späteren Note vom 9. April 1952 an die anderen Alliierten, verlangt Stalin

1. Neutralisierung Deutschlands;

2. Anerkennung des Potsdamer Abkommens;

3. Anerkennung der Oder-Neiße-Linie als östliche Grenze Deutschlands;

4. Verbot aller politischen Parteien, die von der Sowjetunion nicht ausdrücklich als demokratisch anerkannt würden;

5. Verbot aller Organisationen, die nach sowjetischer Terminologie friedensfeindlich, militaristisch oder nazistisch seien.

In der Note vom 10. März 1952, die Herr Dehler zur Grundlage seines Angriffs benutzt, spricht Stalin übrigens mit keinem Wort von freien Wahlen. Veranlassung zu den beiden Noten, sowohl zu der vom 10. März als auch zu der vom 9. April 1952, war für die Sowjetunion der unmittelbar bevorstehende Abschluß des Vertrages über die Europäische Verteidigungsgemeinschaft. Die Sowjetunion wollte die Eingliederung der Bundesrepublik in die westliche Welt verhindern. Die Sowjetunion verlangte die Bildung einer gesamtdeutschen Regierung *vor* freien Wahlen, eine Regierungsbildung zwischen der Bundesrepublik und der sogenannten DDR als gleichberechtigte Partner. Die auf diese Weise gebildete Regierung, an der also die sogenannte DDR unter kommunistischer Führung 50 zu 50 als gleichberechtigter Bestandteil beteiligt werden sollte, hätte nach dem Verlangen der Sowjetunion die Aufgabe gehabt, einen Friedensvertrag mit den Gegnern des letzten Weltkrieges abzuschließen. Dazu verlangte die Sowjetunion, daß ein Jahr nach Abschluß eines solchen Friedensvertrages alle Besatzungstruppen abzuziehen seien und ferner die Auflösung aller alliierten Stützpunkte auf deutschem Boden.

Meine Damen und Herren! Ich muß hier ganz klar und eindeutig erklären, daß die Annahme dieser Forderungen der Sowjetunion oder nur das Verhandeln auf der Grundlage dieser Forderungen im krassen Gegensatz zu allen Beschlüssen des Bundestages gestanden hätte, und zwar den Beschlüssen, die nicht nur von den jetzigen Koalitionsparteien, sondern auch von den Abgeordneten der FDP und der SPD, zum Teil in namentlichen Abstimmungen, gebilligt waren. Vom Jahre 1951 bis zum Jahre 1955 hat der Bundestag mehrfach einstimmig – sonst mit überwältigender Mehrheit – gegen die Stimmen der Kommunisten Entschließungen gefaßt, die vollkommen eindeutig und sehr bewußt die Reihenfolge festlegten, in der schrittweise die Wiedervereinigung mit der sowjetisch besetzten Zone vollzogen werden sollte. Noch in der Sitzung vom 26. Februar 1955 verlas der Abgeordnete Dr. Furler den einstimmigen Beschluß des Auswärtigen Ausschusses zur Wiedervereinigungsfrage, ein Beschluß, der dann vom Bundestag bestätigt wurde.

In diesem Beschluß heißt es im Punkt 4: „Der Deutsche Bundestag fordert daher Verhandlungen der vier Mächte mit dem Ziel

a) Wahl eines gesamtdeutschen Parlaments in allen Zonen auf der Grundlage eines

demokratischen, allgemeinen, freien und gleichen Wahlrechts;
b) Schaffung einer gesamtdeutschen Verfassung und Bildung einer gesamtdeutschen Regierung durch das gesamtdeutsche Parlament;
c) Durchführung der Wiedervereinigung auf der Grundlage einer solchen Verfassung und
d) alles dies unter internationalem Schutz."

Alle Entschließungen des Bundestages von 1951 bis 1955 haben den gleichen Inhalt. Eine Bundesregierung, die im Gegensatz zu diesen Entschließungen auf das Angebot der Sowjetunion vom Jahre 1952 eingegangen wäre, hätte einen Sturm der Entrüstung im Deutschen Bundestag von rechts bis links entfesselt und niemals die Zustimmung des Bundestages erhalten.

In den Antwortnoten der Westmächte – an sie waren ja die Noten der Sowjetunion gerichtet – wurden die Vorschläge der Sowjetunion nicht mit einem trockenen Nein beantwortet. Es wurde verlangt, daß die gesamtdeutsche Regierung, die über einen Friedensvertrag verhandeln sollte, durch freie Wahlen zustande kommen müsse – daß also die freien Wahlen am Anfang stehen müßten –, und daß es einer Kommission der Vereinten Nationen erlaubt sein sollte, festzustellen, ob die Abhaltung solcher freier Wahlen in ganz Deutschland möglich sei. Die Vereinten Nationen hatten die Bildung einer solchen Kommission beschlossen. Die Sowjetunion lehnte eine solche Kommission ab. Sie verlangte eine Kontrolle durch die Besatzungsmächte. Die Bundesrepublik hielt sich an die Beschlüsse der Vereinten Nationen und öffnete dieser Kommission ihre Grenzen. Die Sowjetunion hingegen verweigerte der Kommission die Einreise in die sowjetisch besetzte Zone.

Wie die heutige Opposition – also die Sozialdemokratische und die Freie Demokratische Partei – über die Vorschläge im Jahre 1952 dachte, geht aus zwei Erklärungen hervor, aus denen ich zwei Sätze hervorheben möchte. Die SPD erklärte: „Die sowjetische Note enthält keine Angaben über die Abhaltung freier Wahlen unter internationaler Kontrolle"; die FDP erklärte am 11. März 1952, „daß nur eine aus wahrhaft freien demokratischen Wahlen hervorgegangene gesamtdeutsche Regierung legitimiert sei, Deutschland bei etwaigen Friedensverhandlungen zu repräsentieren".

Meine Damen und Herren! Lassen Sie mich noch einmal zusammenfassen, was damals verlangt wurde von der Sowjetunion: *keine* freien Wahlen zur Bildung einer freien gesamtdeutschen Regierung, *keine* Kontrolle durch die UNO, *dagegen* Neutralisierung und – durch Ausmerzung aller der Sowjetunion nicht genehmen Parteien – die Bolschewisierung Deutschlands. So sah das Angebot aus, das jetzt von Herrn Dehler so gepriesen wird und dessen Nichtannahme Herr Dehler der heutigen Bundesregierung und der damaligen Bundesregierung, der er angehörte, als schwerste Schuld anrechnet.

Wenn wir uns dabei noch vergegenwärtigen, daß nach dem Vorschlag der Sowjetunion ein Jahr nach Abschluß des Friedensvertrages alle alliierten Truppen Deutschland verlassen sollten, daß es in der westdeutschen Bundesrepublik keinen einzigen deutschen Soldaten gab, dagegen in der „DDR" eine Volksarmee von rund 100000 Mann stand, hinter

denen unzählige russische Divisionen in Polen und den anderen Satellitenstaaten standen, so haben Sie ein reales Bild der Situation im Jahre 1952.
Glauben Sie im Ernst, meine Damen und Herren, daß irgendeine deutsche Bundesregierung solche Bedingungen hätte annehmen können? Ich sage Ihnen, *keine* deutsche Regierung – auch nicht eine Regierung, die aus den heutigen Oppositionsparteien bestanden hätte – hätte das tun dürfen und hätte es auch nicht getan. Ich denke da besser von der Sozialdemokratischen Partei und von der Partei der Freien Demokraten, als heute ihre Redner von sich selbst denken. Meine Damen und Herren, ich habe es als meine Pflicht empfunden, diese nun schon der Geschichte angehörenden Vorgänge in aller Klarheit darzustellen; denn nichts ist gefährlicher – wir haben es am eigenen Leibe gespürt – als eine Legendenbildung in der Politik, eine Legendenbildung, die die Geister verwirrt und ein ganzes Volk ins Unglück stürzen kann.
Ich möchte aber diese heutige Gelegenheit benutzen, nicht nur in die Vergangenheit zu schauen, sondern auch einen Blick auf die Gegenwart zu werfen. Nach der Bundestagsdebatte der vergangenen Woche, nach den Briefen Bulganins, hat jetzt Chruschtschow eine Rede gehalten, die alle Befürchtungen der Bundesrepublik bestätigt. Er hat unter anderem erklärt, die Sowjetunion habe *niemals* – auch nicht auf der Genfer Gipfelkonferenz 1955 – freie Wahlen angeboten. Diese Erklärung steht in offenem Gegensatz zu den Tatsachen. In der Direktive der Regierungschefs auf der Genfer Konferenz hat die Sowjetunion dieses Zugeständnis freier Wahlen gemacht[2]. Allerdings hat sie das Zugeständnis nur für 24 Stunden gehalten. Schon bei seiner Rückreise von Genf über Ost-Berlin zerstörte Chruschtschow in seiner dort gehaltenen Rede alle Illusionen. Ob ihn die deutschen Machthaber in der Ostzone dazu veranlaßt haben, weiß ich nicht; die Vermutung liegt natürlich nahe.
Wir müssen, meine Damen und Herren, die Vergangenheit mit der Zukunft verbinden. Wir müssen uns folgendes ins Gedächtnis zurückrufen: Durch die Zusammenfassung der drei Westzonen auf Grund des vom Parlamentarischen Rat beschlossenen Grundgesetzes kam es zu einem – wenn auch nicht endgültigen – Staatsgebilde, zur Bundesrepublik Deutschland. Aber nicht die Errichtung der Bundesrepublik hat die Spaltung Deutschlands verursacht, sondern sie machte sie erst ganz sichtbar. Schon vor dem Zusammentreten des Parlamentarischen Rates herrschte in der Sowjetzone der Kommunismus, wurden die Menschenrechte nicht geachtet, die freie Meinungsäußerung völlig unterbunden. Erst durch die Zusammenfassung der drei Westzonen zur Bundesrepublik gelang es, für ihre Bewohner Frieden und Freiheit zu retten.
Glauben Sie nicht, meine Damen und Herren – ich bitte Sie und ich flehe Sie an –, wiegen Sie sich nicht in der trügerischen Sicherheit, daß heute der Friede und die Freiheit der 52 Millionen Menschen in der Bundesrepublik bereits endgültig gesichert sei. Wir müssen nach wie vor unablässig daran arbeiten, Sicherheit und Frieden diesen 52 Millionen zu erhalten. Und nur, wenn die Bundesrepublik frei bleibt, eröffnet sich auch den 17 Millionen Deutschen, die in der Sklaverei der Sowjetzone leben, ein Weg zur eigenen Freiheit. Es wird das ein langer und mühseliger Weg schwierigster Verhandlungen sein.

Aber es ist nach meiner Überzeugung der einzige Weg, der zu diesem Ziele führen kann.

Um keine Möglichkeit zu vernachlässigen – und damit komme ich auf die augenblickliche Situation zu sprechen –, habe ich während der Pariser NATO-Konferenz den Vorschlag gemacht, auf diplomatischem Wege eine Annäherung zwischen der Bundesrepublik und der Sowjetunion zu versuchen. Die Sowjetunion hat auf diesen Vorschlag nicht reagiert, sondern nur eine neue Monstre-Konferenz vorgeschlagen und in ihren Briefen freie Wahlen strikte abgelehnt. Herr Chruschtschow hat dazu in der vergangenen Woche in einer Rede in Minsk[3] darüber hinaus verlangt, daß Gesamtdeutschland das kommunistische Wirtschaftssystem übernimmt. Machen Sie sich bitte klar, meine Damen und Herren, was das für die Einwohner der Bundesrepublik bedeuten würde!

Ich muß hier mit aller Deutlichkeit aussprechen, daß das Auftreten der FDP und der SPD in der letzten Bundestagsdebatte meinen Versuchen, zu ernsten Verhandlungen zu kommen, schweren Schaden zufügte, weil es in der Sowjetunion die Hoffnung nährt, durch eine Spaltung innerhalb der demokratischen Parteien des Bundestages doch noch zu ihrem Ziel, nämlich der Bolschewisierung ganz Deutschlands, zu kommen.

Meine Damen und meine Herren, so wie ich es Ihnen geschildert habe, sah die Vergangenheit aus und so ist die Gegenwart. Ich bleibe aber trotz der entmutigenden Äußerungen der Sowjetunion dabei, daß der Versuch gemacht werden *muß*, in stiller und zäher Arbeit eine Verständigung auf diplomatischem Wege mit dem Kreml zu suchen. Am Ende eines solchen Bemühens muß dann eine Konferenz auf hoher Ebene stehen, auf der die letzten Entscheidungen zu treffen wären. Solche Entscheidungen müssen aber vorbereitet werden, sonst können sie nicht zu segensreichen Entwicklungen, nicht zur Wiederherstellung der deutschen Einheit und nicht zu einem echten Frieden für alle führen!

Quelle: Bulletin, 30. Januar 1958.

Anmerkungen

[1] Text der Reden Thomas Dehlers und Gustav Heinemanns in: 3. Deutscher Bundestag. Stenographisches Protokoll der 9. Sitzung. Bonn, Donnerstag, den 23. Januar 1958, S. 384–406.

[2] Der die deutsche Frage betreffende Kernsatz der Direktive der Regierungschefs an die Außenminister vom 23. 7. 1955 lautet: „Die Regierungschefs sind in Erkenntnis ihrer gemeinsamen Verantwortung für die Regelung des deutschen Problems und der Wiedervereinigung Deutschlands mittels freier Wahlen übereingekommen, daß die Lösung der deutschen Frage und die Wiedervereinigung Deutschlands im Einklang mit den nationalen Interessen des deutschen Volkes und den Interessen der europäischen Sicherheit herbeigeführt werden soll."

[3] Text der Rede vom 22. 1. 1958 in Minsk, in: Dokumente zur Deutschlandpolitik. III. Reihe/Band 4. Erster Drittelband. Frankfurt 1969, S. 226ff.

28. November 1958

Bericht zur politischen Lage vor dem Bundesparteiausschuß der Christlich-Demokratischen Union in Bonn (Bundeshaus)

Bisher unveröffentlichte Ausführungen zur Energiepolitik, zur deutschen Frankreichpolitik nach der Regierungsübernahme durch General de Gaulle, zum Berlin-Ultimatum Chruschtschows.

[. . .][1]

Sehr ernst beurteile ich, und zwar aus politischen Gesichtspunkten, die Frage der Schaffung einer gewissen Ordnung unter den Energieträgern. Das sind insbesondere Kohle und Öl. Die Atomenergie spielt noch keine Rolle bei uns, aber sie wird eines Tages auch auf uns zukommen. Sie wissen von den großen Haldenbeständen und von den Feierschichten im Ruhrgebiet. Ich freue mich, wenn viel verheizt wird, aber ich finde es in diesem Saal doch etwas übertrieben geheizt. (Beifall) Ich wende mich deshalb an Herrn Krone, der hier der Hausherr ist. (Dr. Krone: Einverstanden!) Ich darf überhaupt in diesem Zusammenhang einmal sagen, in der Fraktion muß immer frische Luft sein! (Heiterkeit) Das fördert nur die Beratungen! (Beifall)

Nun zur Kohle zurück! Das Problem ist sehr ernst und geht weit hinaus über die anderen Wirtschaftsfragen, die auftauchen, wenn irgendwo eine nachlassende Konjunktur in Erscheinung tritt.

Das Problem der Kohle wird besser „Problem des nordrhein-westfälischen Industriegebiets“ genannt. (Zurufe: Sehr richtig!) Sie wissen, daß im Industriegebiet eine ungeheuer große Massierung von Menschen stattgefunden hat, aber nicht künstlich herbeigeführt, sondern naturgegeben dadurch, daß die Kohle in dieser Gegend zentral gelagert ist. Es ist Ihnen bekannt, daß in der Folge der Aufschließung dieser Kohlenfelder, die schon vor hundert Jahren angefangen hat, dort eine Agglomeration von Zubringerindustrien stattgefunden hat, wie sie kaum in einem anderen Land der Welt derart massiert vorhanden ist. Die 500000 Menschen, die im Bergbau dort tätig sind, arbeiten fast alle unter Tage, wodurch der Bergmann sehr früh invalide wird. Wir dürfen auch nicht vergessen, daß politische Umtriebe im Industriegebiet in ganz besonderer Weise seitens der Kommunisten und auch seitens linksgerichteter Sozialdemokraten sehr begünstigt werden. Unruhen im Industriegebiet – das wissen Sie aus der Vergangenheit –, die von wirtschaftlichen Fragen ausgehen, kommen sehr schnell in das politische Fahrwasser hinein. Von dort her werden auch die politischen Unruhen nur zu schnell nicht nur über Nordrhein-Westfalen, sondern auch über die ganze Bundesrepublik – früher über ganz Deutschland – verbreitet. Deshalb darf man die Frage „Industriegebiet“ nicht so betrachten wie eine Flaute in irgendeinem Wirtschaftszweig. Hier ist das politische Moment, das mitspielt, überaus bedeutungsvoll.

Wir alle haben es mit einer großen Freude begrüßt, daß es bei den Landtagswahlen in diesem Sommer in Nordrhein-Westfalen gelungen ist, zum ersten Mal eine CDU-Mehrheit für den Landtag zu erreichen, und zwar vornehmlich auch dank der Abstimmung im Industriegebiet. Bei aller Vorliebe für den Mittelstand – die ich auch habe –, müssen wir uns darüber klar sein, daß wir die Mehrheit bei Bundestagswahlen niemals erringen können, wenn die Arbeiterschaft in ihrer großen Mehrheit nicht für uns stimmt. (Sehr richtig!) Auch das bitte ich zu beachten bei einer Erörterung dieser Fragen. Es ist ein großer Erfolg für unsere Politik, daß bei einer Reihe von Befragungen durch das Emnid-Institut – nicht etwa aus Anlaß der Wahl, sondern ganz allgemein – von den befragten Arbeitnehmern 57 % für die CDU/CSU gestimmt haben. Das ist ein ganz großer Erfolg unserer Arbeit, und den müssen wir festhalten. Leider ist dieses Ergebnis nicht in der Tagespresse veröffentlicht worden, sondern nur in Zeitschriften, wo ich es gelesen habe. Lassen Sie mich noch folgendes hinzufügen. Wir haben nun, wie das auch notwendig war, seit Beginn unserer Arbeit in den Ländern den größten Wert darauf gelegt, die Bergwerke schnell wieder instand zu setzen und möglichst viel Bergarbeiter zu gewinnen. Für die Investitionen in den Bergwerken sind besonders große Summen gegeben worden. Die Bergarbeiter sind auch bei den Wohnungen bevorzugt worden. Man hat Bergarbeiter aus anderen Ländern, und zwar bis hinunter nach Sizilien, angeworben. Wir haben diese Gemeinschaftseinrichtungen für sie geschaffen, und nun können wir doch plötzlich unmöglich sagen: Jetzt ist das Heizöl auf den Plan getreten, und infolgedessen muß man eben rationell oder rational – Sie können beide Worte gebrauchen – denken.

Es ist nun einmal ein neuer Energieträger aufgetaucht, und das muß man eben hinnehmen! – Hier bin ich einer ähnlichen Auffassung, wie ich sie eben äußerte, als ich von der Landwirtschaft gesprochen habe.

Das Heizöl ist ein sehr wichtiger Energieträger, das möchte ich nachdrücklich betonen, und es wäre ganz falsch, wenn wir uns etwa dem verschlössen, daß das Heizöl eine große Zukunft hat. Ich möchte hier einfließen lassen, daß die Bergarbeiter-Gewerkschaft – ich habe Vertreter von ihr unter Führung des Herrn Gutermuth schon seit Jahren wiederholt empfangen – nicht etwa der Auffassung ist, eine Beschränkung des Verbrauchs von Heizöl in den Wohnungen vorzusehen; sie haben gesagt, das spiele gar keine Rolle. Aber es spielt für uns eine große Rolle, ob das Heizöl die Kohle in der Industrie immer mehr verdrängt. Es haben eine Reihe von ungünstigen Umständen mit dazu beigetragen, daß diese Krise im Bergbau so sinnfällig und so stark ist. Ich will sie kurz erwähnen, möchte aber vorausschicken, daß wir uns jetzt nicht in eine Diskussion darüber einlassen wollen, ob diesen oder jenen eine Schuld trifft. Es trifft manchen eine Schuld; vor allem haben sich die Sachverständigen bei ihrer Schätzung des Energiebedarfs verschätzt. Bei der Weltflaute, die zur Zeit besteht, ist nun das Angebot von ausländischer Kohle, insbesondere amerikanischer Kohle, erdrückend geworden. Das hat auch mit dazu beigetragen.

Aber wir wollen in die Zukunft sehen. Daß Maßnahmen getroffen werden, so gut das irgendwie möglich ist, um den akuten Druck zu mäßigen, kann ich Ihnen versichern. Ich kann Ihnen auch versichern, daß ich mich persönlich mit ganzer Kraft dafür einsetzen werde, daß diese Maßnahmen so schnell wie möglich getroffen werden.

Es ist nicht so, als wenn wir nun die Haldenbestände mit einem Schlag beseitigen könnten, aber der Bergbau soll sehen, daß auch die Bundesregierung dieser akuten Not ihre Aufmerksamkeit in besonderem Maße widmet. (Lebhafter Beifall)

Wichtig ist ein Programm für die Zukunft. Das kann ich Ihnen mit wenigen Worten darlegen. Nach einer Berechnung des Wirtschaftsministeriums würde im Jahre 1965, wenn die Förderung der Steinkohle und die Einfuhr von Heizöl weiter so steigen wie bisher, ein Überschuß an Energieträgern vorhanden sein, der etwa 16 Millionen t Steinkohle gleichkäme. (Abg. Diel: Hört, hört!) Ich darf noch einmal wiederholen: Es wäre völlig falsch und unsinnig von uns, wenn wir uns dem verschließen wollten, daß das Heizöl auch Vorteile und eine Zukunft hat und daß man sich in gewissem Maße auf Heizöl umstellt, aber ich darf Sie an die Suez-Krise erinnern und daran, daß das ganze Heizöl über See zu uns herangeschafft werden muß. Da wir in politisch sehr unruhigen Zeiten leben, darf unsere Wirtschaft keinesfalls in der Hauptsache auf Heizöl umgestellt werden.

Bei dem Bergbau im Ruhrgebiet, wo die Kohle sehr tief liegt – im Gegensatz zur amerikanischen Kohle und auch zur Braunkohle bei uns –, kann man nicht einen Bergwerksbetrieb schließen und ihn nach drei Monaten wieder eröffnen; denn dann ist die Grube versoffen; außerdem wäre auch das Geld, um die Grube wieder instandzusetzen und gebrauchsfähig zu machen, überhaupt nicht aufzubringen. Gerade der Bergbau erfordert Sicherheit und Stetigkeit wegen der Schwierigkeiten, die die Bergwerke bei solchen Tiefen mit sich bringen.

Nun hat das Heizöl – von seinem Standpunkt aus begreiflich – den Wunsch, den deutschen Markt zu erobern. Es sind auch, soviel ich weiß, nirgendwo so niedrige Heizölpreise wie bei uns. Gerade deswegen wird die Konkurrenz des Heizöls von der Kohle als so schwerwiegend empfunden. Ich möchte noch einmal betonen, wir sind keineswegs der Ansicht, nun das Heizöl irgendwie abzudrosseln, unter keinen Umständen, aber man muß diese ganze Frage doch im Zusammenhang sehen und eine Lösung suchen, die unserem Bergbau ein weiteres Bestehen ermöglicht und die gleichzeitig möglich macht, das Heizöl bei uns zu einem angemessenen Preis einzuführen. Das ist die Frage, um die es sich handelt.

Ich bin hier weder der Ansicht der Herren vom Bergbau, die sagen: Nieder mit dem Heizöl! – noch der Auffassung der Leute vom Heizöl, die ausrufen: Hoch das Heizöl! –, sondern wir müssen an die Lösung dieser für die Zukunft unserer Wirtschaft und für unsere nationale Unabhängigkeit außerordentlich wichtigen Frage herangehen mit kühlem Kopf und ruhiger Gelassenheit, damit jeder dieser Energieträger die Rolle spielen kann, die im deutschen Interesse liegt. Das ist mein Standpunkt in dieser Frage. (Lebhafter Beifall) Ich freue mich, daß auch Sie dem zustimmen.

Lassen Sie mich nun von dieser wirtschaftlichen Frage übergehen zu dem Zusammentreffen zwischen de Gaulle und seiner französischen Abordnung und uns in Kreuznach[2]. Ehe ich auf die wichtigsten Punkte der Gespräche komme, möchte ich vorausschicken, daß das Zusammentreffen mit de Gaulle an einer historischen Stätte stattgefunden hat,

nämlich in Kreuznach, wo der Sitz des Großen Hauptquartiers im ersten Weltkriege war. Jeder von Ihnen wird es eigenartig empfinden, daß just an derselben Stelle nun diese sehr freundlich gehaltene Aussprache zwischen der französischen und der deutschen Abordnung stattfand. Ich darf hier einflechten, daß ich im Zug mit Herrn de Gaulle eine Aussprache unter vier Augen geführt habe, die $2^1/_4$ Stunden in Anspruch genommen hat, wobei wir selbstverständlich nicht in allem der gleichen Meinung gewesen sind, aber doch sehr offen und sehr vertrauensvoll zueinander gesprochen haben; wie überhaupt auch das Zusammentreffen zwischen Ministerpräsident de Gaulle und mir schon in Colombey-les-deux-Eglises[3] – und jetzt wieder – von einer rückhaltlosen Offenheit in der Aussprache, aber auch von einer menschlichen Wärme begleitet war.
Die Zusammenkunft wurde in Kreuznach außerordentlich lebhaft begrüßt. Leider hat man auch versucht, das Zusammentreffen zu stören, und zwar dadurch, daß von sozialdemokratischer Seite – wie Sie wissen – etwas sehr provokatorisch ein Volkswagen eines SPD-Bundestagsabgeordneten rundgeschickt wurde mit einem Transparent „Hoch das freie Algerien". Man hat auch von seiten der Jungen Falken versucht, Zettel zu verteilen. Französische Journalisten – es waren 60 bis 70 anwesend – haben sich darüber sehr aufgeregt, und es ist fast zu einem Handgemenge auf der Straße gekommen. Ich möchte betonen, daß ich es im höchsten Maße für ungehörig halte, daß ausgerechnet dann, wenn der Ministerpräsident eines befreundeten Landes bei uns zu Gast weilt, derartige Demonstrationen veranstaltet werden, die sich auf französische Angelegenheiten beziehen. (Zurufe: Sehr richtig!)
Auch das zeigt wieder in evidenter Weise, daß radikale Strömungen in der Sozialdemokratie die Oberhand haben. Man soll sich also durch all das Gerede, was jetzt gemacht worden ist, daß man nämlich zusammengehen wolle usw. – ich komme noch darauf zurück –, nicht darüber täuschen lassen, daß doch die radikalen Strömungen in der Sozialdemokratie, gekennzeichnet durch die Namen Wehner und Brenner[4], weiter nach vorn gerückt sind. (Zurufe: Sehr richtig!) Bei der Zusammenkunft spielte die Frage des Gemeinsamen Marktes eine große Rolle. Von de Gaulle wurde ausdrücklich bekräftigt, daß Frankreich beim Beginn des Gemeinsamen Marktes am 1. Januar von den Schutzklauseln, die im Vertrag zugunsten der französischen Wirtschaft enthalten sind, keinen Gebrauch machen wolle. Die französische Wirtschaft ist seit vielen Jahren protektionistisch; sie wird auf alle mögliche Weise vom Staat unterstützt. Und jetzt soll die französische Wirtschaft in einen freien und offenen Wettbewerb mit den Wirtschaften der übrigen fünf Länder treten. Das ist natürlich sehr unbehaglich. Deswegen kam auch der große Widerstand gegen den Gemeinsamen Markt aus Frankreich, d. h. auch de Gaulle verlangte zuerst nach Schutzklauseln. Ich glaube, wir können nunmehr die Erklärung de Gaulles, daß Frankreich von diesen Schutzklauseln keinen Gebrauch machen wolle, als ein Zeichen dafür auffassen, daß Frankreich unter der Leitung de Gaulles ein wirklich ernsthafter europäischer Partner ist. (Beifall)
Was das bedeutet, das können Sie am besten erkennen, wenn Sie einmal daran denken, wie Rußland das empfindet, daß Frankreich unter de Gaulle ein ernsthafter europäischer

Partner und befreundet mit Deutschland ist. Die Enttäuschung in Sowjetrußland über de Gaulle ist sehr groß. Man dachte zurück an jene Zeit vor elf, zwölf Jahren, als de Gaulle eine antideutsche und eine prorussische Politik gemacht hat, und hatte gehofft, wenn de Gaulle zur Macht komme, werde das alte Spiel wieder beginnen. Was das aber für uns bedeutet hätte, kann man gar nicht genug schwarz ausmalen; denn dann wären unsere ganzen europäischen Bestrebungen erledigt gewesen, und wir, das geteilte Deutschland, hätten in der Zange gesessen zwischen Sowjetrußland auf der einen Seite und einer prorussisch gesinnten französischen Regierung auf der anderen Seite. Das also wäre für uns eine Katastrophe großen Ausmaßes gewesen, und zwar nicht nur für unsere europäische Politik, sondern auch für die Freiheit unseres Landes.

Ich bitte Sie also, unter diesem Gesichtspunkt die Entwicklung zu betrachten, die dazu geführt hat, daß man wirklich von einem befreundeten Frankreich und von einem sehr guten Verhältnis zu de Gaulle sprechen kann. Die Wahlen in Frankreich – der erste Wahlgang – haben mit einem großen Erfolg für de Gaulle geendet. Der zweite Wahlgang – die Stichwahl – findet am kommenden Sonntag statt. Nach dem, was mir Herr de Gaulle sagte – ich habe auch mit Herrn Pinay[5], der anwesend war, darüber gesprochen –, ist wohl kaum ein Zweifel möglich, daß die kommunistische Partei auf einen Bestand von 15 oder 16 Mandaten heruntersinken wird, daß aber auch das MRP wegen seiner unentschiedenen Haltung – die es schon seit Jahren zeigt – (Abg. Diel: Leider!) schwere Schläge bekommen wird. Die Stimmen der sogenannten Gemäßigten – ein sehr schöner Name für eine Partei oder Parteiengruppierung, der jetzt dort für die Reste der Radikalsozialisten und einige andere gebraucht wird – werden verhältnismäßig gering sein. Die Partei Pinays, die den schönen Namen „Unabhängige“ hat, wird nach Schätzung der Herren um die hundert Sitze erhalten. Die neue Partei unter Soustelle und Debré wird die stärkste Partei werden; man schätzt, daß sie 150 Mitglieder bekommen wird. Das ist natürlich eine etwas weniger angenehme Nachricht. Wir können nur hoffen, daß es de Gaulle – der ja dieser Partei verboten hat, auch seinen Namen zu führen – gelingen wird, diese Partei, in der sicher auch rechtsradikale Elemente sind, zu einer vernünftigen Partei zu erziehen. Bei dem großen Ansehen, das de Gaulle in Frankreich hat – das durch seinen Erfolg bei der Abstimmung über die Verfassung und jetzt durch diesen Wahlerfolg noch weiter gestiegen ist –, können wir das wohl hoffen.

Es ist wohl auch kein Zweifel daran erlaubt, daß Herr de Gaulle binnen kurzem Staatspräsident von Frankreich wird, und zwar mit all den Machtbefugnissen, die der Staatspräsident Frankreichs nach der neuen Verfassung haben wird. Alles in allem genommen kann man wohl folgendes sagen über die Entwicklung in Frankreich: Bis Herr de Gaulle kam, hat uns die Entwicklung in Frankreich sehr große Sorgen gemacht, weil dort eine stabile Regierung überhaupt nicht möglich war und deswegen echte politische Entschlüsse kaum gefaßt werden konnten. Alles war mehr oder weniger dem Zufall anheimgegeben. Insofern ist der stabile Kurs, der jetzt kommen wird, für uns alle ein Gewinn. Es ist auch – und das wird Sie vielleicht im ersten Augenblick befremden, wenn ich das sage – ein Gewinn, daß nunmehr Frankreich ein größeres politisches Gewicht haben wird als bisher. Der eine oder andere wird vielleicht sagen, das geht auf unsere Kosten. Ich sage, nein, das geht nicht auf unsere Kosten; denn letzten Endes werden auch wir einen Vorteil davon haben, daß das französische politische Gewicht stärker wird, als es bisher war, weil wir doch in erster Linie auch Europäer sind und weil dieses größere Gewicht Frankreichs ganz sicher nach der Entwicklung, die wir nun unter de Gaulle gesehen haben, der europäischen Sache zugute kommt.

Es war bei der Zusammenkunft auch viel die Rede von der sogenannten Freihandelszone. Wer dieses Wort erfunden hat, weiß ich nicht. Ich kann mir nichts darunter vorstellen – das muß ich ganz offen sagen –, wenn ich das Wort an sich lese. Ich weiß, was gemeint ist, aber das Wort an sich besagt doch gar nichts. In den offiziellen Dokumenten ist bisher ein anderer Ausdruck dafür gewählt worden, an den wir uns auch gewöhnen sollten; dort spricht man nämlich von einer wirtschaftlichen Assoziation. Darunter kann man sich, auch wenn dieses Wort schwer auszusprechen ist, etwas mehr vorstellen.

Sie kennen die Haltung Großbritanniens und wissen, daß der Maudling-Ausschuß[6] seine Verhandlungen abgebrochen hat; er hat sich aber nicht aufgelöst. Ein an führender Stelle stehender deutscher Wirtschaftler, der die französischen und englischen Verhältnisse sehr gut kennt, sagte mir: Das Unglück bei der ganzen Sache ist, daß fast nur Wirtschaftler dabei waren. Wenn man die Regelung einer Angelegenheit, die in erster Linie eine politische und erst in zweiter Linie eine wirtschaftliche Angelegenheit ist, den Wirtschaftlern allein überläßt, kommt nie etwas Vernünftiges dabei heraus, weil jeder nur an seine Wirtschaft denkt. – Ich meine, der Mann hat recht, auch wenn das mancher Wirtschaftler, vielleicht auch manches Wirtschaftsministerium oder auch mancher Staatssekretär eines Wirtschaftsministeriums – das möchte ich besonders unterstreichen –, wie ich gehört habe, bestreiten.

Nun war von den Franzosen ausgehend zunächst der Vorschlag gemacht worden, man solle unbeschadet dessen, daß der Ministerrat der sechs Länder die Entscheidung hat, zur Vorbereitung der Entscheidung die Kommission des Gemeinsamen Marktes unter Herrn Hallstein einsetzen. Zu diesem Ergebnis sind wir dann auch gekommen. Ich will die Einzelheiten nicht anführen; denn das würde zu lange aufhalten, aber das war das Ergebnis dieser Verhandlungen, daß die Kommission das Terrain sondieren und mit den Regierungen der sechs Länder und Großbritanniens eine lose Fühlung aufnehmen solle. Dann solle der Ministerrat der sechs Länder einen Bericht erstatten. Eventuell soll dann auch die Kommission unter Hallstein beauftragt werden, die ganzen Verhandlungen in die Hand zu nehmen. Ich glaube, daß das ein weiser und guter Beschluß ist und daß er jedenfalls viel mehr Aussicht auf Erfolg hat, zu einer Assoziation mit Großbritannien usw. zu kommen, als wenn man in der Weise wie bisher, nun schon seit zwei Jahren, weiter verhandelt. Dieser Beschluß, den wir gefaßt haben, ist natürlich nur ein Beschluß von Frankreich und Deutschland, und er muß nun dem Rat der sechs Länder unterbreitet werden; ob die anderen vier ihm zustimmen, wird sich finden.

Es ist also der Anfang einer Ordnung in den Verhandlungen, die wohl Erfolg bringen werden, gemacht. Sowohl de Gaulle wie auch wir haben bekräftigt, daß wir den europäischen Markt der sechs Länder nicht opfern wollen zuliebe einer Regelung der Freihandelszone; denn dieser Kern, den wir geschaffen haben, diese Gemeinschaft der sechs Länder, muß unter allen Umständen erhalten bleiben.

Herr von Brentano hat die Freundlichkeit, mich noch einmal darauf aufmerksam zu machen, Ihnen nachdrücklich zu sagen, daß alle diese Mitteilungen, die ich mache, absolut vertraulich gehalten werden müssen; sie dürfen unter keinen Umständen in die Presse kommen. Bitte tun Sie das! Ich vertraue darauf, daß Sie bei der Bedeutung dieser ganzen Angelegenheit die Vertraulichkeit wahren. Wir können uns auch unter Parteifreunden nicht offen aussprechen, wenn wir nicht ganz gewiß sind, daß die Vertraulichkeit auch wirklich gewahrt wird.

Nun möchte ich ein Wort zu Berlin sagen. Die ersten Nachrichten waren ja außerordentlich alarmierend. Ich kann nicht behaupten, daß die Situation jetzt entspannt sei; davon kann keine Rede sein, aber wir haben jetzt etwas mehr Zeit für uns selbst, um die ganze Frage zu durchdenken und auch um mit den drei Westalliierten die Frage in Ruhe zu besprechen. Ich habe es eigentlich nicht ganz für gut gehalten, daß jede Äußerung des Herrn Chruschtschow nun sofort einen Barometersturz herbeiführt, wie man ihn selten erlebt. Ich bin der Auffassung, daß man gerade wegen der großen Gefahr um so weniger voreilig sprechen und schreiben soll. (Lebhafter Beifall)

Das gilt nicht nur für die deutsche Seite, sondern auch für unsere Verbündeten. Auch da sollte man Ruhe bewahren und nicht zu schnell etwas sagen; denn gewöhnlich ist es doch so, daß man unter dem ersten Eindruck einer Nachricht etwas sagt, was man nach dreimal vierundzwanzig Stunden Überlegung nicht gesagt haben würde. Das gilt in diesem Fall besonders, weil wir ja die Chruschtschow-Note noch gar nicht kannten. Aber Herr Chruschtschow hat es wieder einmal verstanden, kurz vor seinem Parteitag die Aufmerksamkeit der ganzen Welt auf sich zu lenken. Das gilt für die Zeitungen aller Länder. Und Chruschtschow steht wieder da, als wenn von ihm, seinem Stirnrunzeln und seinen Gedanken nun das Schicksal der Welt abhinge. Selbstverständlich ist das von größter Bedeutung, was Rußland wirklich will, aber ein Amerikaner hat kurz danach, als die Krise begonnen hat, geschrieben, daß Chruschtschow der größte Schauspieler dieses Jahrhunderts sei. Wir sollten uns also abgewöhnen, nun sofort mit einer gewissen Siedehitze über alle diese Fragen herzustürzen und Kombinationen – ich drücke es deutsch aus – in der Öffentlichkeit auszusprechen, die sich hinterher als verfrüht erweisen. Sie wissen, wie die Sache jetzt steht. Die Note, die Chruschtschow gestern den drei westlichen Botschaftern hat übergeben lassen, umfaßt 24 Seiten. Wir haben eine von 18 Seiten, die DDR hat eine von 12 Seiten bekommen. Das ist keine Unterschätzung der DDR, sondern die waren sich schon lange einig. Zur Ausarbeitung einer solchen Menge Papiers gehört Ruhe und Besonnenheit. Erwarten Sie bitte nicht von Herrn von Brentano, daß er nun ausführliche Darstellungen darüber gibt. Dazu ist er nicht in der Lage, weil diese Note erst übersetzt und geprüft werden muß. Es wäre auch nicht richtig, jetzt schon zu prophezeien, was geschehen und was nicht geschehen soll.

Nehmen Sie die eine Versicherung entgegen, wir stehen absolut dafür ein, daß Berlin weiter unter dem Schutz der westalliierten Truppen bleibt. Das ist schließlich die Hauptsache! (Beifall) Ich gehe auch nicht zu weit, wenn ich Ihnen sage, daß die drei Westalliierten auf dem gleichen Standpunkt stehen. Das ist wirklich – ich unterstreiche es noch einmal – die Hauptsache: der Schutz der alliierten Truppen. Von einer freien Stadt zu reden und von einem Weihnachtsgeschenk für das deutsche Volk – wie Smirnow[7] gesagt hat –, das ist alles – ich habe den Ausdruck gestern gebraucht und möchte ihn auch heute gebrauchen – fauler Zauber, auf den wir nicht hereinfallen sollten. Daß diese Note sehr ernst zu nehmen ist, darüber kann man nicht zweifeln, aber die ganze Geschichte hat nach meiner Meinung schlagend bewiesen, daß das ganze Gerede der sozialdemokratischen Seite, um Gottes willen freundlich, freundlich, freundlich sein – einzelne Sozialdemokraten haben sogar gesagt, man solle nicht einmal mehr von der Wiedervereinigung sprechen, damit die Russen nicht verstimmt werden –, sinnlos, zwecklos und schädlich ist. Gerade ein solches Gerede von einer so großen Partei, wie die Sozialdemokratische Partei es ist, ermutigt doch die Russen, immer weiter voranzustoßen, weil sie glauben, hier in der Bundesrepublik doch Zeichen von Aufweichung zu sehen. (Zurufe: Sehr richtig!) Wer einmal die Zeit dafür hat, in die Protokolle des Bundestages zu sehen, wie sich nun seit 1949 der Ton und die Forderungen der Sozialdemokraten gegenüber Sowjetrußland immer mehr zu einem melodischen Plätschern gemildert haben, der sieht am besten daraus, daß die Sozialdemokratie auf einem falschen Wege ist, auf dem wir ihr nicht folgen werden. (Beifall) Ich glaube, ich habe Ihnen nun einen genügenden Überblick über die gesamte Entwicklung gegeben und bitte Sie, wenn Sie irgendwelche Fragen haben, sie nun an mich zu stellen.

Quelle: Sitzung des Bundesparteiausschusses der CDU am 28. 11. 1958 in Bonn (Bundeshaus). Maschinenschriftliches Wortprotokoll (Durchdruck).

Anmerkungen

1 Der nicht abgedruckte erste Teil der Ansprache enthält Ausführungen zur Landwirtschaftspolitik und zu anderen wirtschaftspolitischen Fragen.

2 Am 26. 11. 1958.

3 Am 14./15. 9. 1958. Vgl. Erinnerungen III, S. 424–436, und Charles de Gaulle: Mémoires d'espoir. Le renouveau 1958–1962. Paris 1970, S. 184–190.

4 Otto Brenner, von 1956-1972 Erster Vorsitzender der IG Metall.

5 Antoine Pinay war damals französischer Finanzminister und Stellvertretender Ministerpräsident im Kabinett de Gaulle.

6 Reginald Maudling, britischer Schatzminister, nahm zu dieser Zeit den Vorsitz eines im Oktober 1957 geschaffenen Interministeriellen Ausschusses der OEEC wahr, der eine Assoziation zwischen der EWG und den anderen europäischen OEEC-Staaten vorbereiten sollte. Zu den seinerzeitigen Verhandlungen vgl. Karl Kaiser: EWG und Freihandelszone. England und der Kontinent in der europäischen Integration. Leiden 1963.

7 Andrej A. Smirnow, 1957-1966 sowjetischer Botschafter in Bonn.

5. Dezember 1958

Wahlrede bei einer Kundgebung der CDU in der Deutschlandhalle in Berlin

Stellungnahme zum Berlin-Ultimatum Chruschtschows.

Meine lieben Parteifreunde!

Als ich im Oktober in Berlin war, versprach ich meinen Freunden, zum Wahlkampf im Dezember wieder hierher zu kommen. Von der Note Chruschtschows[1] war damals noch nichts bekannt, keiner dachte daran. Nun, nachdem diese Note da ist, wird sie und muß sie in der Auseinandersetzung dieses Wahlkampfes die Hauptrolle spielen. Es wird weiter nötig sein, daß ich als Bundeskanzler der Bundesrepublik, der ich die Ehre habe, heute hier zu sprechen – (Stürmischer Beifall) –, auch meine Meinung dazu sehr offen und sehr frei deutlich ausspreche. Wie Sie wissen, ist die Note sehr lang. Sie umfaßt mit der Begleitnote, mit der sie uns überreicht wurde, insgesamt 44 Schreibmaschinenseiten. Sie hat historische Rückblicke, damit beginnt sie, seitenlang. In dem historischen Rückblick sind natürlich die Deutschen die Friedensstörer in der gesamten Welt; es ist immer wieder die Rede davon, daß wir es sind. Bei einer Durchsicht habe ich nicht gefunden, daß darin der Pakt erwähnt war, den Herr Stalin und Herr Hitler über die Teilung Polens miteinander abgeschlossen haben. (Beifall) Ich finde, daß diese angeblich historische Darstellung in der Note völlig falsch ist. Ich habe darüber eine Aussprache mit einem prominenten sowjetischen Herrn gehabt, und ich habe ihn daran erinnert, daß doch die Reichswehr, das Hunderttausendmannheer – man stellt uns ja immer als Friedensstörer hin –, in Sowjetrußland die Gelegenheit bekommen habe, sich an schweren Waffen auszubilden. Ich habe ihm gesagt: Sie übersehen ganz, daß doch Stalin und Hitler diesen Vertrag abgeschlossen haben. – Er hat mir eine sehr einfache Antwort gegeben. Er hat gesagt, das wäre alles von Sowjetrußland geschehen, um Schlimmeres zu verhüten. (Lachen – Beifall)

Nun aber diese Note, meine Freunde! Diese Note ist ernst zu nehmen, weil sie Berlin die gesicherten Verbindungswege nach dem Westen nehmen will und weil sie den Abzug der Truppen der Westmächte verlangt, die zum Schutze Berlins hier sind. Ich brauche Ihnen nicht weiter auszuführen, daß es, wenn das geschehen würde, wenn die Verbindungswege zum Westen abgeschnitten würden, wenn, wie es darin heißt, die Sowjetzone und Sowjetrußland die wirtschaftliche Versorgung Berlins oder die Versorgung der Berliner Wirtschaft übernehmen würde – (Lachen) –, es in Westberlin sehr bald so aussehen würde, wie es im Ostsektor von Berlin leider aussieht. (Lebhafte Zustimmung) Es besteht gar kein Zweifel, daß die Folge davon sein würde, daß auch Westberlin und seine über zwei Millionen Einwohner, freie Deutsche, ihre Freiheit verlieren würden, wie das Herr Lemmer[2] eben sehr treffend auseinandergesetzt hat. (Zustimmung, Zurufe: Niemals!)

Wie kommt Sowjetrußland dazu, so etwas in diesem Augenblick zu verlangen? Als Herr Mikojan[3] im April dieses Jahres bei uns in Bonn war, haben wir mit ihm sehr ausführliche Gespräche gehabt. Sie hatten hauptsächlich zweierlei zum Ziele, nachdem der Handelsvertrag mit Sowjetrußland, den wir geschlossen hatten, von ihm unterzeichnet war, einmal, zu einer Abrüstungskonferenz zu kommen, um eine allgemeine kontrollierte Abrüstung der nuklearen und der konventionellen Waffen herbeizuführen. Zum andern hatten sie zum Gegenstand, eine Milderung der Not in der Sowjetzone herbeizuführen. In beiden Punkten verhielt sich Herr Mikojan absolut nicht ablehnend.

Dann kam plötzlich ein ganz anderer Wind auf vom Osten. Auf einmal verschärfte sich der Ton, die Maßnahmen verschärften sich, es wurde immer frostiger, immer heftiger. Warum? Man ist nur auf Vermutungen angewiesen, denn in die inneren Verhältnisse Sowjetrußlands hineinzusehen und namentlich in Herrn Chruschtschow und seine nächsten Berater, ist ja ganz ungewöhnlich schwer.

Aber zeitlich fiel damit zusammen, daß in Frankreich eine ganz neue Entwicklung einsetzte: entweder kam eine „Volksfront“, denn die Kommunisten waren die stärkste Partei, sie hatten etwa 150 Mandate im Abgeordnetenhaus; oder aber de Gaulle kam an die Spitze, und die Kommunisten in Frankreich, die ja besonders enge Verbindungen mit Moskau haben, haben dem Auftrage der Kammer an Herrn de Gaulle nichts entgegengesetzt. Warum wohl? Herr de Gaulle war ja früher schon einmal Ministerpräsident, vor 11 Jahren. Die besonderen Ziele seiner damaligen Politik waren die Teilung Deutschlands in mehrere Teile und ein Zusammengehen mit Sowjetrußland. Ich könnte mir vorstellen – man ist eben auf Vermutungen angewiesen –, daß die kommunistische Partei Frankreichs, dem Kommando Moskaus gehorchend, keinen Widerstand leistete gegenüber der Übertragung der Ministerpräsidentschaft an Herrn de Gaulle. Aber dann kam die große Enttäuschung, die schreckliche Enttäuschung für Herrn Chruschtschow und alle seine Leute. Das war, als ich auf Einladung von Herrn de Gaulle in Colombey-les-deux-Eglises in seinem Hause wohnte.[4] (Beifall) Als dann bekannt wurde, daß Herr de Gaulle mir gesagt hat, damals habe er diese Politik der Aufteilung Deutschlands verfolgt und des Anschlusses an Rußland, des Zusammengehens mit Rußland, weil das französische Volk damals geglaubt habe, eines Tages werde ein revanchelüsternes Deutschland da sein, und dagegen habe es sich schützen wollen. Er, de Gaulle, habe sich aber in der Zwischenzeit davon überzeugt, daß das heutige Deutschland ein anderes sei als das damalige Deutschland. (Sehr starker Beifall) Deswegen sei er für eine freundschaftliche Zusammenarbeit zwischen Frankreich und Deutschland und gegen das Streben Sowjetrußlands. (Erneuter Beifall) Das war natürlich eine herbe Enttäuschung in Sowjetrußland, und Herr Chruschtschow hat unmittelbar danach, nachdem unser gemeinschaftliches Kommuniqué von Colombey bekannt wurde, ja auch einen richtigen Wutausbruch gehabt und den in der ganzen Welt zur Kenntnis gebracht – was ich immer für falsch halte; man soll seine Enttäuschung niemals zeigen. (Lebhafter Beifall)

In einem Artikel der offiziösen PRAWDA von heute, vom 5. Dezember, aus dem ich Ihnen noch einiges zitieren werde, damit Sie sehen, was für ein Scheusal jetzt zu Ihnen spricht, heißt es auch – und das ist für mich ein sehr interessanter Satz –: Er – das bin ich! – strebe an, die Möglichkeiten einer Entwicklung normaler Beziehungen zwischen Sowjetunion und Frankreich zu vereiteln. – Sehen Sie, Nachtigall – – usw. (Starker Beifall) Aber das erklärt vielleicht, rechtfertigt jedoch nicht diesen Griff Chruschtschows nach Berlin. Sicher, es wird ihm nicht angenehm sein, wenn er auf seinem 21. Parteitag am 22. Januar[5] etwa vorgehalten bekommen würde, daß die kommunistische Partei in Frankreich bei den letzten Wahlen von 157 Mandaten auf 10 Mandate heruntergesunken sei.[6] Das ist natürlich, ich kann es verstehen, dann peinlich und unangenehm und wirklich kein Erfolg der Kommunisten in Europa. (Lebhafter Beifall) Aber trotzdem, diese Note hätte Herr Chruschtschow nicht schreiben sollen. Sie ist gegen alles Recht, und auch in der Note selbst werden die verschiedenen Absprachen aufgezählt und die Vereinbarungen mit den drei anderen Mächten, von denen er sich lossagt. Nur eine vergißt er zu erwähnen; das ist das Abkommen, das nach der Blockade Berlins zwischen Sowjetrußland, den Vereinigten Staaten, England und Frankreich abgeschlossen worden ist. Darin heißt es nämlich unter Ziffer 5: Die Regierungen Frankreichs, der Union der Sozialistischen Sowjetrepubliken, des Vereinigten Königreichs und der Vereinigten Staaten kommen überein, daß das New Yorker Abkommen vom 4. Mai 1949, das die Blockade aufhebt, in Kraft bleiben soll. Um die in den vorausgehenden Absätzen genannten Ziele weiterhin zu fördern, sowie diese und andere Abmachungen und Übereinkünfte bezüglich des Personen-, Güter- und Nachrichtenverkehrs zwischen der Ostzone und den Westzonen und zwischen den Sektoren Berlins bezüglich des Durchgangsverkehrs zu verbessern und zu vervollständigen, werden die Besatzungsbehörden darüber hinaus die Verpflichtung haben, in ihren eigenen Zonen die nötigen Maßnahmen zu ergreifen, damit ein normales Funktionieren und ein normaler Gebrauch der Schienen-, Wasser- und Straßenverbindungen für den Personen- und Güterverkehr sowie der Post-, Telefon- und Telegraphenverbindungen sichergestellt werden[7]. – Das, meine Damen und Herren, ist das letzte Abkommen, das über diese ganzen Fragen der Verbindungen Berlins geschlossen worden ist, und ich finde es nicht klug, wenn man ernst genommen werden will bei Vertragsverhandlungen – und das will doch Sowjetrußland, es will doch Frieden, wie es immer sagt –, daß man dann hingeht und in so eklatanter und rücksichtsloser Weise einfach alles annulliert, was man seit 1949 feierlich vereinbart hat.

Meine Freunde, ich hätte gedacht, die Aera Stalins wäre vorbei; sie scheint nicht vorbei zu sein. Seit 1945 – das fällt nämlich noch unter Stalin – hat die Sowjetregierung von 11 Nichtangriffspakten 10 gebrochen; von ihren Bündnissen hat sie nach 1945 11 gebrochen; nach 1946 hat sie von sechs Friedensverträgen, die sie abgeschlossen hat, drei gebrochen. (Zurufe: Hört, hört!) Das, nehme ich an, war unter Stalin. Aber die stalinistische Aera ist ja doch vorbei, und alle diese Leute wie Bulganin und Molotow und Malenkow, die Stalin anhingen, sind ja beseitigt, und heute kommt doch ein ganz lauterer Verhandler, Chruschtschow und seine Freunde – und jetzt fangen die auch so an, wie Stalin es gemacht hat. Sehen Sie, meine Freunde, das halte ich für unklug, das sollte man nicht tun, wenn man wirklich als ein zuverlässiger Partner genommen

werden will.
Aber dieser Griff schließt mehr in sich, als es auf den ersten Blick scheint. Er ist ein Test darauf, ob der Westen einig und geschlossen ist und ob er entschlossen ist, jeden Bruch eines Vertrages abzuwehren. (Stürmischer Beifall) Ich wiederhole nochmals: Viel mehr steht auf dem Spiele, als es auf den ersten Blick scheint. Sicher, der Griff nach Berlin ist schrecklich für uns, denn, wie ich schon mehrfach gesagt habe, Berlin und die Bundesrepublik und die Bundesrepublik und Berlin sind eins! (Erneut aufbrausender Beifall) Aber hier ist mehr beabsichtigt. Das ist ein Testversuch, und um den gleichen Versuch geht es, daß jetzt ununterbrochen von Sowjetrußland aus gegen die Bundesrepublik gehetzt wird als einen Aggressor. Man beschimpft uns in der übelsten Weise, weil wir aufrüsten, weil wir eines Tages nukleare Waffen haben würden usw. usw. Nun, meine Freunde, auch da ist doch Herrn Chruschtschow etwas passiert, was besser nicht passiert wäre! (Lachen) Er hat nämlich Herrn Lippman, dem bekannten amerikanischen Journalisten, noch im November ein Interview gegeben.[8] In diesem Interview hat er gesagt, niemals sei ein Zusammengehen, eine Vereinigung zwischen Deutschland und Rußland näher gewesen als jetzt, und zwar deswegen, weil die Deutschen wüßten, daß ein Angriff Deutschlands gegen Sowjetrußland Selbstmord bedeute. Meine Damen und Herren, es ist lächerlich, direkt lächerlich, anzunehmen, daß wir einen Angriff gegen das hoch aufgerüstete mächtige Sowjetrußland beabsichtigten. Also warum immer das Geschrei, warum diese ganze Geschichte? Aber wenn er Lippman sagt, ein Zusammengehen zwischen Deutschland und Rußland sei niemals näher gewesen als jetzt, dann sagt er das aus demselben Grunde, aus dem er Frankreich ständig vor uns warnt und gegen mich so loszieht, weil ich verhinderte, daß Frankreich und Rußland zusammengehen: er will uns herausziehen aus der Front der freien Völker! Warum will er das tun? Weil er genau weiß, wenn die Bundesrepublik aus der NATO herausgeht, dann ist NATO erledigt, dann fesselt auch nichts mehr die amerikanischen Truppen in Europa, und dann wird ganz Westeuropa eine Beute der Sowjets in verhältnismäßig kurzer Zeit. (Starker Beifall) Das ist das wahre Ziel dieser Note, die nur ein Anfang ist in all den Sachen, die wahrscheinlich noch kommen werden, in all den Hetzereien. Ich muß Ihnen doch einiges davon verlesen; ich werde Sie nicht lange damit amüsieren, ich habe Ihnen ernstere Sachen zu sagen.
Ich komme wieder zurück auf den PRAWDA-Artikel von heute. Darin heißt es, Kanzler Adenauer wirft die Maske ab. – Ich habe nie eine getragen, meine Damen und Herren! (Lachen) Die Appelle des Westdeutschen Kanzlers an die Westmächte, so heißt es dann weiter, sind vom Geist des Dritten Reiches, dem Geiste des Hasses und der Überheblichkeit gegenüber anderen Völkern, dem Geiste des Glaubens an die nackte Macht und nicht der Vernunft – Sowjetrußland und nackte Macht! –, dem Geiste der Revanche und der Aggression, vom Glauben an Hitlers These „Gewalt geht vor Recht", beseelt. – Ich habe Ihnen eben schon gesagt, meine Freunde, den Vertrag mit Hitler über die Teilung Polens hat Herr Stalin abgeschlossen und nicht ich. – Die Friedensbeteuerungen des Kanzlers seien ebenso betrügerisch wie die Hitlers usw. usw. Der Kanzler betreibe

eine Politik der Erpressungen und Drohungen, er habe sich sogar in Gegensatz zu Dulles gestellt. (Wiederholte Zwischenrufe) Und das heißt sehr viel, meine Freunde, denn in den Augen der Russen ist Dulles der Leibhaftige selbst! (Erneute Zwischenrufe und Störversuche – Gelächter) Ach, meine Damen und Herren, lassen Sie sie doch ruhig zuhören! (Beifall) Aber jetzt kommt ein Satz, meine Damen und Herren, den wir ernster nehmen müssen als die Beschimpfungen meiner Person. Da heißt es nämlich, alles das beweise die Berechtigung der sowjetischen Vorschläge, das Nest der Provokationen, des Revanchismus und des Krieges im Herzen Europas zu zerstören. Das, meine Damen und Herren, soll Berlin sein. Da sehen Sie, was mit der Berlin-Note wirklich beabsichtigt ist. Man kann wirklich nur sagen: manchmal erweist einem der Feind einen guten Dienst, indem er seinem Herzen mal Luft macht, damit man genau sieht, was darin vorgeht.

Nun, meine Freunde, die Verpflichtungen der drei anderen Mächte bezüglich Berlin sind eindeutig und klar, und ich glaube, nach den Erklärungen der drei Regierenden und nach der Stellungnahme der öffentlichen Meinung in den Ländern – mit wenigen Ausnahmen – können wir uns darauf verlassen, daß die drei Bundesgenossen zu dem stehen werden, was sie feierlich erklärt haben. (Sehr starker Beifall) Ich möchte betonen, daß auch unsere drei Bundesgenossen einsehen, daß das, was jetzt begonnen wird von Sowjetrußland, letzten Endes gegen sie selbst gerichtet ist. (Wiederholt starker Beifall) Denn wenn Sowjetrußland langsam dieses Ziel erreichen würde, Herr von Westeuropa zu werden, dann würde Sowjetrußland einen Zuwachs an wirtschaftlicher Macht und an Kriegspotential bekommen, daß es gefährlich wird, auch für die Vereinigten Staaten. (Lebhafte Zustimmung)

Darum glaube ich, meine Freunde, diese drei mit uns verbündeten Mächte werden einmal, weil sie feierlich ihr Wort gegeben haben, die Rechte Berlins zu wahren, und zweitens im eigenen Interesse gegen die sowjetrussische Drohung stehen. Die Frage wird behandelt werden zunächst Mitte Dezember auf einer *Beratung der drei Außenminister* unter Hinzuziehung des deutschen Außenministers *in Paris*. Ich habe den dringendsten Wunsch – und ich glaube, Sie werden mir darin zustimmen, meine Damen und Herren –, daß auf dieser Tagung in Paris sofort und ohne Zögern sehr klare Worte gesprochen werden.

Herr *Eden*, der ja lange krank war, ist zum erstenmal vor wenigen Tagen wieder öffentlich aufgetreten und hat in einer Rede gesagt, er warne vor den Gefahren unentschlossener Haltung zur Berlinfrage und er *fordere den Westen auf, der sowjetischen Drohung hart entgegenzutreten.* (Sehr starker Beifall) Unentschlossenheit sei der Erzfeind der Demokratie. Eden erklärte dann weiter: In der Außenpolitik muß ein demokratischer Staat vor gewissen Gefahren auf der Hut sein. Die bedrohlichste dieser Gefahren ist die Neigung, den leichteren Weg zu wählen, Entscheidungen hinauszuschieben und sich treiben zu lassen. Demokratien sollten sich bei jedem Schritt, den sie in der Weltpolitik unternehmen, die Frage stellen, ob sie dadurch nur vorübergehend der Entspannung dienen ober ob sie einen echten Beitrag zur Erhaltung des Friedens leisten. Das ist sehr richtig, meine Damen und Herren, (Starker Beifall) und ich glaube, wir alle können nur jene Worte unterstreichen, die Herr Eden in so klarer Weise gesagt hat. (Lebhafte Zustimmung)

Nun ist in anderen Ländern und auch bei der Sozialdemokratischen Partei Deutschlands der Gedanke angesprochen worden, es sollte mit der Behandlung der Berlinfrage die Behandlung anderer Fragen, die Deutschland betreffen, verbunden werden, eines Friedensvertrages oder ganz einfach der deutschen Frage. Damals, nach der Berlinblockade, war es ungefähr das gleiche. Auch damals handelte es sich darum, die Verbindungswege nach Berlin wieder zu öffnen und gleichzeitig in Beratungen einzutreten über Fragen, die Deutschland betreffen. Aber *damals hat man* – und *das ist* nach meiner Meinung *auch jetzt wieder das einzig Richtige – zuerst die Berlinfrage* entschieden, und dann erst Verhandlung von anderen Fragen! (Sehr starker Beifall) Wir können es uns unmöglich leisten, die Berlinfrage in der Schwebe zu lassen, während dann Gott weiß wie lange über andere Fragen diskutiert und verhandelt wird. (Erneut aufbrausender Beifall) Nein, meine Damen und Herren, vor allen anderen Fragen betreffend Deutschland muß die Berlinfrage klar und deutlich dem Rechte nach und zu Gunsten Berlins entschieden werden. (Wiederholt aufkommender Beifall) Die Welt verlangt von den Berlinern Entschiedenheit und festen Willen zu widerstehen, und wir wissen, daß die Berliner entschlossen sind, das zu tun. Aber diese Drohung Chruschtschows nun auf unbegrenzte Zeit, während unbegrenzt langer Verhandlungen über alle möglichen Fragen im Raume stehen zu lassen, das, meine Damen und Herren, wäre ein verdammter Nervenkrieg, und das geht einfach nicht! (Starker Beifall) Da würden wir doch einen Prüfstein dafür haben, ob die Sowjetunion überhaupt ernstlich bereit ist, über andere Fragen vernünftig, d. h. im Interesse einer allgemeinen Beruhigung zu verhandeln. *Lassen sie zuerst einmal diese Note fallen lassen*, dann wird sich das andere finden, aber *die Note muß zuerst weg!*

Wenn die Russen das einsehen und die Note vom Tisch herunterkommt, dann muß man sich überlegen, über welche andere Fragen man verhandelt und wie. Damals, nach der Aufhebung der Blockade Berlins war genau dasselbe. Da hat man auch über die deutsche Frage verhandelt, und dann hat man nach vier- oder fünfmonatiger Verhandlung die Verhandlungen eingestellt, weil das Verhalten Sowjetrußlands völlig ablehnend gewesen ist. Man kann es auch versuchen, meinetwegen – aber meine Damen und Herren, und nun muß ich gegen die Sozialdemokratie in Bonn etwas sagen – Sie können den Begriff Bonn sehr weit fassen nach dem, was Herr Kollege Lemmer eben gesagt hat – (Beifall) –: Ich halte es nicht für richtig, wenn man in diesem Augenblick einer wirklichen Gefahr davon spricht, daß man ein Sicherheitssystem für Europa behandeln müsse und daß man den *Rapackiplan*[9] behandeln müsse. Meine Freunde! Ein Sicherheitssystem in Europa! Als wenn ein Mensch von den freien europäischen Völkern überhaupt daran dächte, Polen oder Ungarn oder Sowjetrußland oder irgendjemanden anzugreifen! Das ist doch einfach lächerlich, daß da ein Sicherheitssystem notwendig wäre! (Sehr starker Beifall) Was ich da von dem Sicherheitssystem gesagt habe, das gilt auch von dem Rapackiplan. Wenn man jetzt zu den transkontinentalen Raketen kommt, die 10000 km und mehr schießen, was hat es dann für einen Zweck, wenn man hier in Europa einen Streifen von 600 bis 700 km macht, wo keine Atomwaffen sein sollen. Ich komme noch darauf zurück. Es gibt ja nur ein Mittel, der Welt den Frieden wiederzubringen, das ist die kontrollierte Abrüstung der nuklearen und konventionellen Waffen *für alle!* (Stürmischer, anhaltender Beifall) Das ist auch das Ziel der Bundesregierung, meine Freunde, und wir setzen uns überall, wo auch nur eine Möglichkeit sich dafür bietet, dafür ein, daß diese kontrollierte allgemeine Abrüstung kommt.

Der Spannungsherd, das eigentliche Feld der Spannung, das ist doch wahrhaftig nicht zwischen Sowjetrußland und Westeuropa, das ist zwischen Sowjetrußland und den Vereinigten Staaten, und da muß die Abrüstung einsetzen, aber nicht nur der nuklearen Waffen, auch der konventionellen Waffen, die Westeuropa bedrohen. Da müssen sie einsetzen, und wir dürfen uns durch keine Manöver, auch von Deutschen nicht, von dieser Forderung abbringen lassen. Die Welt darf sich nicht davon abbringen lassen, sie darf nicht auf Nebenwege gehen, nicht auf Abwege gehen und darüber das einzige Ziel, das überhaupt, wie ich eben schon sagte, der Welt den Frieden geben kann, die allgemeine Abrüstung, übersehen. (Lebhafte Zustimmung, starker Beifall) Ich brauche Ihnen nicht zu sagen, meine Damen und Herren, daß die freien Völker des Westens zu einer kontrollierten Abrüstung bereit sind. Auch die Amerikaner sind dazu bereit.

Woran sind alle Abrüstungsfragen bisher gescheitert? Auch da müssen wir einmal in der Vergangenheit zurückgehen und daran erinnern, daß die Vereinigten Staaten im Jahre 1951/52, 53, als sie allein auf der ganzen Welt im Besitze nuklearer Waffen waren, angeboten haben, ihre ganzen Waffen, ihr ganzes Material, ihre ganzen Erfahrungen, ihre ganzen Erkenntnisse einer internationalen Kommission zu übergeben, damit die atomaren Kräfte nur noch zu friedlichen Zwecken Verwendung fänden, wenn auch die anderen Völker bereit wären, sich zu demselben zu verpflichten. Das war ein großherziges Angebot, denn damals – ich wiederhole es – besaßen allein die Vereinigten Staaten nukleare Waffen, Rußland hatte noch keine. Sowjetrußland hat dieses Angebot der Vereinigten Staaten abgelehnt. (Zurufe: Hört, hört! – Pfui-Rufe) Hätte es damals dieses Angebot angenommen, wieviele Sorgen, wieviel Angst wäre der Welt erspart worden, und wieviele Milliarden hätten verwendet werden können für die Wohlfahrt aller Völker?! (Erneut starker Beifall)

Trotzdem glaube ich, daß Sowjetrußland wohl unter Umständen bereit ist zur Abrüstung. Ich habe gesagt „unter Umständen", und das will ich versuchen, Ihnen zu erklären. Sowjetrußland hält sich berufen, mit dem Kommunismus die gesamte Welt zu beherrschen. Das sprechen sie ganz unverhohlen aus – ob sie es gegen Mao Tse-Tung sagen, weiß ich nicht! – aber im übrigen sprechen sie es ganz offen aus. Solange sie auch nur die geringste Hoffnung haben, durch Mittel des Kalten Krieges, dadurch, daß sie Uneinigkeit unter den freien Völkern hervorrufen, zur Herrschaft über Westeuropa zu kommen, solange sind sie nicht bereit zu dieser Abrüstung. Darum glaube ich, daß eine entschlossene Haltung der freien Völker des Westens gegenüber Sowjetrußland eine wesentliche Voraussetzung ist, um die Schwelle des Friedensvertrages zu überschrei-

ten. (Beifall)
Warum glaube ich, daß Sowjetrußland im Grunde genommen, wenn es die Hoffnung nicht mehr hat, auf andere Weise die Herrschaft über die Welt zu bekommen, sich zu einer Abrüstung verstehen wird? Nun, weil es sehr viele innere Sorgen hat. Es hat unzweifelhaft auf manchen Gebieten große Leistungen vollbracht. Aber lassen wir uns dadurch nicht täuschen! Die russische Wirtschaft ist völlig unausgeglichen. Alle diese Arbeit, die sie für Raketengeschichten aufwenden, ob sie nun Raketen zum Mars oder zum Jupiter oder zum Saturn oder wer weiß wohin schicken, ist mir total gleichgültig, alles das muß bezahlt werden vom Schweiße des russischen Volkes. (Beifall) Sie dürfen nicht glauben, daß das russische Volk nicht doch allmählich wach wird und sieht, wie die anderen Völker in der Welt leben, und daß es das Bestreben hat, auch so zu leben.
Noch einen Umstand darf man nicht vergessen, wenn man die Aussichten einer Zustimmung Sowjetrußlands zur allgemeinen Abrüstung überlegt.
Hinter Sowjetrußland ist ein großer kommunistischer Bruder aufgestanden, Rotchina. Sowjetrußland hat 200 Millionen, Rotchina hat 650 Millionen Einwohner, und das Drängen des rotchinesischen Kommunismus ist noch stärker als das des sowjetrussischen Kommunismus. Darum glaube ich, daß auch mancher nachdenkende Mann in Sowjetrußland sich sagt: Wären wir doch einmal diese ganze Sache los und könnten in Ruhe und Frieden arbeiten für die Hebung auch des sowjetrussischen Volkes! Nun, wir wünschen nichts sehnlicher, meine Damen und Herren, als daß Sowjetrußland das tut. Unsere Haltung dazu möchte ich gerade nach diesem PRAWDA-Artikel doch auch hier sehr klar zum Ausdruck bringen: Wir wünschen dem russischen Volke alles Gute; es möge seine inneren Angelegenheiten ordnen wie es will, aber es möge nicht andere Völker bedrohen. (Beifall)
Sie wissen, meine Damen und Herren, wir leben im Zeitalter des Antikolonialismus. Sie wissen, daß eine Charta der Menschenrechte existiert, die von Rußland unterschrieben ist. Nun, wer hat denn in unserer Zeit neue Kolonialreiche geschaffen, die nur Satellitenstaaten heißen und nicht anders? Das ist doch allein Sowjetrußland. (Zurufe) Und wir wollen nicht, daß 17 Millionen Deutsche behandelt werden, wie niemals ein farbiger Mann in irgendeiner Kolonie behandelt worden ist! (Sehr starker Beifall, anhaltend, stürmisch) Wir können uns sehr leicht mit Sowjetrußland verständigen, wenn Sowjetrußland anerkennt, daß jedes Volk ein Recht hat, so zu leben, wie es will und nicht so, wie Sowjetrußland es will. (Erneuter Beifall) – Das zu Rußland. Ich glaube nicht, daß das so ein furchtbarer, abscheulicher Anschlag gegen Sowjetrußland ist, wenn ich sage, es soll seine eigenen Angelegenheiten ordnen, aber andere in Ruhe lassen. Mehr kann man nicht verlangen, und mehr verlangen wir nicht, aber das verlangen wir mit allem Nachdruck, dessen wir fähig sind. (Zustimmung)
Herr Kollege Lemmer hat von der Freiheit gesprochen. Freiheit, meine Freunde! Ich habe heute in der Universität vor Studentinnen und Studenten davon gesprochen. Freiheit, persönliche Freiheit und Freiheit eines Landes, das sind in Wahrheit die Güter, die

das Leben lebenswert machen. Freiheit beruht auf Recht, auf dem Recht, das jeder einzelne auch gegenüber dem Staate und der Staatsgewalt hat. Eine Staatsform wie die kommunistische, die die ganze Gewalt dem Staat zuspricht, eine Gewalt, der gegenüber der Einzelmensch sich einfach zu beugen hat ohne jedes Murren, gleichgültig, was ihm geschieht, eine solche Staatsform erkennen wir niemals an. (Anhaltend starker Beifall)

Meine lieben Berlinerinnen und Berliner! Ich weiß, daß Sie den kommenden Monaten mit einer gewissen Sorge entgegensehen. Es ist menschlich nur zu verständlich. Aber ich bitte Sie von Herzen: vertrauen Sie doch auf die freien Völker des Westens, und vertrauen Sie auf die Bundesrepublik. (Erneut starker Beifall)

Ich möchte Ihnen auch noch folgendes sagen: Ich habe in den 1 1/2 Tagen, die ich jetzt hier bin, sehr viele Besprechungen mit allen möglichen Kreisen gehabt, auch mit wirtschaftlichen Kreisen, fast unausgesetzt. Ich werde morgen früh noch eine Besprechung mit den Gewerkschaften haben und auch eine Besprechung mit der Industrie- und Handelskammer. Ich war heute bei Borsig und habe dort zu der Belegschaft gesprochen. (Starker Beifall) Ich war gestern im Wedding und habe dort in einer Versammlung gesprochen. (Erneuter Beifall) Ich möchte Ihnen allen sagen: die Bundesrepublik wird dafür sorgen, daß die Berliner Wirtschaft keinen Schaden leidet. (Anhaltend stürmischer Beifall) Sie können überzeugt sein, daß dieses Wort erfüllt wird, und ich glaube, nichts beweist besser, daß dieses Wort erfüllt werden wird, als die Tatsache, daß wir, die Bundesrepublik, seit dem Jahre 1950 13000 Millionen aus ihren Steuermitteln nach Berlin abgegeben haben. (Lebhafter Beifall) Nichts beweist besser das Gefühl der Verpflichtung, das wir gegenüber Berlin haben, als die Tatsache, daß wir von den ERP-Mitteln, die für alle bestimmt waren, 37% nach Berlin gegeben haben. (Erneuter Beifall) Darum glauben Sie mir, wir werden unsere Pflichten gegenüber Berlin, das auf dem äußersten Vorposten steht, das auf der Hut steht gegen ein weiteres Vordringen des Kommunismus nach Westeuropa, gern und willig erfüllen! (Stürmischer Beifall)

Ich habe eben gesagt, ich möchte etwas über die Sozialdemokratie in Bonn sagen. Herr Kollege Lemmer hat von den Abstimmungen der sozialdemokratischen Bundestagsabgeordneten in Bonn in entscheidenden Fragen gesprochen. Nun, was wir für Berlin getan haben, ist wirklich nicht auf eine Wirtschaft zurückzuführen, wie die Sozialdemokratie sie haben wollte; das ist nur zurückzuführen auf die Außenpolitik und die Wirtschaftspolitik, die wir unter Führung der CDU/CSU betrieben haben. Wenn wir uns jetzt mit Fug und Recht und mit Vertrauen darauf verlassen können, daß die drei Westmächte und die ganzen NATO-Mitglieder an der Seite Berlins stehen werden – wem verdanken wir das? Nicht der Außenpolitik, die die Sozialdemokratie haben wollte, sondern nur der Außenpolitik, die von uns getragen wurde. (Stürmischer Beifall)

Meine Freunde, ich habe in dieser schwierigen Situation versucht, mit der Opposition, mit den Sozialdemokraten und den Freien Demokraten zu einer gewissen Verständigung zu kommen und habe am Montag dieser Woche die Herren bei mir gehabt. Ich werde die Herren weiter zu mir bitten, und ich werde sie auch weiter unterrichten, aber die

Hoffnung auf eine gemeinsame Haltung ist sehr schwach geworden (Pfui-Rufe), wenn zwei Tage nach dieser Besprechung über den Ernst der ganzen Situation Herr Carlo Schmid im Südwestdeutschen Rundfunk und Herr Ollenhauer gestern in einem Vortrag vor seiner Fraktion davon gesprochen haben, daß das vereinte Deutschland weder zum Ostblock noch auch zum Westblock gehören dürfe. (Wiederholte Pfui-Rufe) Ich glaube nicht, daß man durch solche Erklärungen in diesem Augenblick, in dieser Situation, die so überflüssig sind wie denkbar, die Neigung bei den anderen stärkt, sich neben uns in die Bresche zu stellen. Man muß ja manchmal den Kopf schütteln, aber hier muß ich ihn sehr schütteln. Denn wenn Berlin ohne Verbindung mit dem Westen bliebe, würde Berlin verloren gehen. Wenn ganz Deutschland zwischen den beiden Blöcken liegt, die beide weiterbestehen, und wenn dieses Deutschland ohne Verbindung mit dem Westen ist, d. h. jetzt mit Amerika, das allein den freien Völkern den Frieden und die Freiheit bringen kann, dann ist es doch klar, daß auch dieses wiedervereinigte Deutschland verloren gehen wird. (Lebhafter Beifall)
Ich meine, die Analogie liegt auf der Hand. Wenn man nun neun Jahre eine Politik betrieben hat, die blind war und die nur getrieben worden ist, weil wir eine andere Politik wollten, dann kann man sich aber doch in einem solchen Augenblick wie dem gegenwärtigen einmal verkneifen, das noch einmal zu sagen; sie können es ja später noch einmal sagen, aber jetzt sollen sie den Mund halten und nicht die Verhandlungen mit dem Westen oder mit den Russen stören.
Herr Kollege Lemmer hat mit großem Nachdruck und tiefem Ernst gesagt und mir damit ganz aus dem Herzen gesprochen, daß bei dieser Wahl jede Stimme, die nicht für die SED abgegeben wird, ein Zeugnis für den Willen der Berliner ist, frei zu bleiben. Darum muß die Beteiligung an dieser Wahl so stark sein wie möglich.
Sorgen Sie aber bitte auch bei dieser Wahl dafür, daß das Ergebnis dieser Wahl ein Beweis dafür ist, daß auch Berlin unsere Außenpolitik als die richtige bewertet. (Lebhafte Zustimmung – Starker Beifall) Das müssen Sie auch tun. Beweisen Sie durch Ihre Stimmabgabe, daß Sie für NATO sind und daß Sie dadurch die freien Völker des Westens, insbesondere die Vereinigten Staaten, zu unserem Schutze hier haben wollen. (Erneut begeisterte Zustimmung)
Wie können führende Leute der Sozialdemokratie bei dieser Forderung Chruschtschows, die er jetzt gestellt hat, davon sprechen, daß die fremden Truppen abziehen müßten, die Amerikaner nach jenseits des Meeres – und die Russen, wo bleiben die?! (Zustimmung) Wie kann man so etwas sagen? (Zuruf: Idioten!) Man ist manchmal wirklich fast unglücklich darüber, daß dieser Standpunkt von der Opposition immer und immer wieder stereotyp betont wird. Nun, wir haben, innenpolitisch betrachtet, nichts dagegen. Denn [wir haben] bei der letzten Bundestagswahl durch unsere Außenpolitik und unsere Wirtschaftspolitik 279 Sitze im Bundestag bekommen und die Sozialdemokratie 157 Sitze. Also, innenpolitisch betrachtet, sollen sie nur so weitermachen. Wir haben ja auch bei der Landtagswahl in Nordrhein-Westfalen im vergangenen Sommer die absolute Mehrheit für die CDU bekommen, in Nordrhein-Westfalen, in dem Lande, das die

größten Industrien hat, dank der Stimmen der Arbeiter! (Stürmischer anhaltender Beifall) Ich wiederhole es, vom parteipolitischen Standpunkt aus können sie sagen, so oft sie wollen, daß ihre Außenpolitik die allein richtige sei; aber im gegenwärtigen Augenblick sollen sie es doch nicht sagen. Wie kann man denn dem Russen geradezu so die Karten da hinlegen? Das ist mir völlig unverständlich, das darf man auch nicht tun. (Lebhafte Zustimmung)

Nun, meine lieben Berlinerinnen und Berliner, ich möchte das nochmals betonen, was ich vorhin gesagt habe: Die Freiheit ist für uns alle das höchste Gut. (Starker Beifall) Sie werden am kommenden Sonntag ein weithin schallendes Votum abgeben für die Freiheit. (Erneute Zustimmung) Aber ich bitte Sie, noch etwas anderes zu tun, was ich ebenfalls schon ausgesprochen habe: Helfen Sie uns bei den Verhandlungen der kommenden Monate, helfen Sie uns bei den Verhandlungen mit unseren Freunden, helfen Sie uns bei den Verhandlungen, die gemeinschaftlich von unseren Freunden und uns mit Sowjetrußland zu führen sind, dadurch, daß Sie Ihre Stimme für die Fortsetzung unserer Außenpolitik abgeben. (Anhaltender stürmischer Schlußbeifall)

Quelle: ARh, maschinenschriftlich; nach einer unkorrigierten stenographischen Nachschrift.

Anmerkungen

1 Berlin-Ultimatum vom 27. 11. 1958 (Text in: Dokumente zur Berlin-Frage 1944-1962. München 2. Auflage 1962, S. 301-319).

2 Ernst Lemmer war Bundesminister für gesamtdeutsche Fragen von 1957-1962.

3 Zum Besuch des Ersten Stellvertreters des Vorsitzenden des Ministerrats der UdSSR, Mikojan, in Bonn vom 25.-28. 4. 1958 vgl. Adenauers Erinnerungen III, S. 380-395. Bundeskanzler Adenauer brachte dem sowjetischen Besucher gegenüber nochmals eine schon früher mit Botschafter Smirnow am 19. 3. 1958 besprochene Überlegung zur Sprache, der Sowjetzone den Status Österreichs zu geben (dazu vgl. Hans-Peter Schwarz: Das außenpolitische Konzept Konrad Adenauers. In: Adenauer Studien I, S. 102; ebenso Klaus Gotto: Adenauers Deutschland- und Ostpolitik 1954-1963. In: Adenauer Studien III, S. 34-40).

4 Am 14./15. 9. 1958, vgl. Erinnerungen III, S. 424-436.

5 21. Parteitag der KPdSU vom 27. 1. bis 5. 2. 1959.

6 Aufgrund einer Wahlrechtsreform erhielten die französischen Kommunisten bei den Wahlen zur Nationalversammlung im zweiten Wahlgang am 30. 11. 1958 trotz erheblicher Stimmenverluste noch 20,7% der Stimmen, aber nur 10 von 465 Sitzen.

7 Text des Kommuniqués vom 20. 6. 1949 in: Dokumente zur Berlin-Frage 1944-1962, a.a.O., S. 120f.

8 Text des Interviews mit Walter Lippman in: Die Welt, 12. 11. 1958.

9 Der von der Sowjetunion unterstützte Vorschlag des polnischen Außenministers Rapacki, in Mitteleuropa eine kernwaffenfreie Zone zu schaffen, hätte eine Entblößung der Bundesrepublik von Kernwaffen im amerikanischen Eigentum bedeutet und wurde von der Bundesregierung abgelehnt. Die SPD und andere nach Entspannung strebende Kräfte im Westen waren für die Idee prinzipiell aufgeschlossen und verlangten bis ins Jahr 1959 hinein ein militärisches Disengagement in Zentraleuropa, in dessen Zusammenhang auch die deutsche Frage lösbar wäre. Zur gesamten Kontroverse um ein Disengagement, die die Außenpolitik der Jahre 1957 bis 1959 stark bestimmte, vgl. die Überblicke in den Jahrbüchern der Deutschen Gesellschaft für Auswärtige Politik: Die Internationale Politik (= Die Internationale Politik 1956/57. Hrsg. von Wilhelm Cornides. München 1961. – Die Internationale Politik 1958-1960. Hrsg. von Wilhelm Cornides u. a. München und Wien 1971).

28. Juni 1959

„Recht auf die Heimat“.
Ansprache beim Schlesiertreffen in Köln

Zur Frage der deutschen Ostgebiete und zum Verhältnis zu Polen.

Meine lieben Schlesier!
Im Namen der Bundesregierung heiße ich Sie an diesem, Ihrem Tage von ganzem Herzen willkommen. Auch ich darf Ihnen dafür danken, daß Sie die Reise hierher nicht gescheut haben und so zahlreich gekommen sind. Denn nichts kann, glaube ich, im Inland und im Ausland Ihre Treue zur Heimat besser und mehr versinnbildlichen als dieses Treffen, das Hunderttausende besuchen.

Auf dem Schlesiertag ist von der völkerrechtlichen Lage gesprochen worden. Herr Botschafter Jänicke[1] hat über das Recht auf die Heimat gesprochen. Dieses Recht auf die Heimat und den Willen und das Recht, zu betonen, daß niemals ohne einen Vertrag ein Stück des geteilten Deutschen Reichs von uns genommen werden darf, muß ich hier nochmals der ganzen Welt gegenüber stark unterstreichen. (Starker Beifall)

Meine Freunde! Dieser Friedensvertrag, der eines Tages doch kommen muß, hängt eng zusammen mit der Regelung der Fragen, die zur Zeit die ganze Welt in Erregung halten, und dieser Zustand in der Welt verkrampft sich leider immer mehr. Die Verhandlungen in der ersten Phase der Genfer Konferenz[2] haben das jedem gezeigt. Hier möchte ich betonen, weil das ein Trost für uns alle ist, daß unsere westlichen Verbündeten in Genf die deutsche Sache und die deutschen Ansprüche in bezug auf Berlin ausgezeichnet vertreten haben. (Starker Beifall)

Mit einer gewissen Sorge, meine Freunde, beobachten wir die ausgedehnte Propaganda, die von russischer Seite in den Ländern der mit uns alliierten Mächte getrieben wird. Dort wird hingewiesen auf einen Krieg, der jetzt doch viele Jahre zurückliegt, und man versucht dort, gerade den Deutschen – bei dem Versuch, der Welt den Frieden zu bringen – wieder als den Störenfried darzustellen.

Nun, ich glaube, wir können in aller Kraft und in aller Offenheit darauf hinweisen, daß dieses neue Deutschland ein Deutschland des Friedens ist, und daß es nicht gesonnen ist, irgendwie den Frieden zu brechen, daß es auch nicht daran denkt, irgendwie eine Kriegspropaganda irgendwelcher Art zu unterstützen.

Ich greife auch das Wort auf, das Herr Botschafter Jänicke gesagt hat, und betone gerade auch vor Ihnen, daß dieses neue Deutschland mit dem polnischen Volk dereinst in gute, in nachbarschaftliche Verhältnisse zu treten wünscht. (Starker Beifall) Ich sage ausdrücklich mit dem polnischen Volke, denn wir wissen, daß die jetzigen Machthaber Polens unverbrüchliche Anhänger von Moskau sind. Wir wissen aber auch, daß das polnische Volk auf christlicher Grundlage und in Freiheit leben will so wie wir. (Starker Beifall)

Ich wünschte, ich könnte heute vor Sie hintreten und Ihnen sagen: das Ende Ihrer und das Ende unserer Prüfungszeit ist in Sicht. Es würde nicht meiner Überzeugung entsprechen, wenn ich das aussprechen würde, und kein Mensch auf der Erde ist in der Lage, irgend eine solche Prophezeiung heute auszusprechen.

Aber die stärkste Waffe des Besiegten ist und bleibt die Geduld. Die stärkste Waffe ist ein zuverlässiger ethischer Glaube an die Heimat und an das eigene Volk. (Starker Beifall) Ich hoffe, daß doch eines Tages eine Milderung der Gegensätze, der Schwierigkeiten der jetzt gezogenen Grenzen eintreten wird, wie sie in Westeuropa eingetreten ist, wenn die europäische Vereinigung auch übergreifen darf auf die osteuropäischen Völker. (Beifall)

Meine Freunde, glauben Sie mir, der Tag wird kommen, da dieses Europa in West und in Ost ein Zusammengehörigkeitsgefühl entwickeln wird, das Spaltungen und Gegensätze überwindet. Das Heimatgefühl, meine Freunde, hat Sie alle hierher geführt, die Liebe zu Ihrer schönen Heimat, und zu meiner sehr großen Freude sehe ich an dem zahlreichen Erscheinen der jungen Menschen, daß dieses Heimatgefühl auch in der schlesischen Jugend stark und lebendig ist.

Das Heimatgefühl beruht auf einer ethischen Grundlage, und letzten Endes sind die ethischen Grundlagen, die ethischen Werte, auch beim Ringen der Welt das Stärkste, und sie werden sich als das Stärkste auch in Zukunft erweisen. Wenn ich nicht vor Sie treten kann und Ihnen sagen kann, das Ende unserer Prüfungszeit kommt in naher Sicht, so darf ich Ihnen doch heute sagen: In diesen Jahren seit 1945 haben wir letzten Endes in einem Teile Deutschlands, in der Bundesrepublik, und damit auch dem größten Teil von Ihnen, Frieden und Freiheit gerettet. (Beifall)

Es wird nach meiner Überzeugung ein geschichtliches Verdienst des deutschen Volkes bleiben, daß es nach der Enttäuschung durch den Nationalsozialismus, nach diesem schrecklichen Kriege, nach diesem Zusammenbruch, nicht in das Gegenteil verfallen ist und auf ihn nicht geantwortet hat mit einem wilden, auch nicht mit einem kommunistischen Nationalismus. Ich glaube, die freien Völker des Westens müssen und werden dieses große Verdienst des neuen Deutschlands anerkennen.

Heimat, Frieden, Freiheit, Gerechtigkeit – das soll Ihre und unsere Losung sein bei der Arbeit der kommenden Jahre. Das walte Gott! (Starker, anhaltender Beifall)

Quelle: Bulletin, 30. Juni 1959.

Anmerkungen

[1] Botschafter Wolfgang Jänicke, 1945-1950 Staatskommissar bzw. Staatssekretär für das Flüchtlingswesen in Bayern, 1952-1957 Botschafter in Pakistan und beim Hl. Stuhl.

[2] Genfer Außenminister-Konferenz der Vier Mächte über Deutschland 1959.

31. August 1959

Rundfunkansprache zum zwanzigsten Jahrestag des Kriegsbeginns

Vor zwanzig Jahren, am 1. September 1939, begann der Krieg. Lange Jahre hindurch herrschten in Europa, auf den Meeren, in anderen Erdteilen Schrecken und Gewalt. Die Katastrophe des Schreckens wandelte sich nach Einstellung des Kampfes in eine Periode der Angst, hervorgerufen durch eine Aufrüstung, so furchtbar und schrecklich, wie sie nie zuvor die Menschheit gesehen hat. Ein gesicherter, ein wahrer Friede ist bis jetzt, nach 20 Jahren, auf die Erde nicht zurückgekehrt.

Ich will heute keine politische Rede halten, nur das möchte ich sagen: Die Aufgabe aller Menschen, gleich welchen Glaubens, gleich welcher Farbe, gleich welcher politischen Auffassung, muß sein, den Zustand der Friedlosigkeit und der bewaffneten Angst zu beenden, den gesicherten Frieden in die von Angst erfüllte Welt zurückzuführen, damit sich alle Völker dem wahren inneren und äußeren Fortschritt widmen können.

Ein besonderes Wort aber muß heute dem Volke gelten, das durch den Einfall der Truppen Hitler-Deutschlands und der Sowjetunion das erste Opfer des Krieges geworden ist, ich meine das polnische Volk. Weit länger als ein Jahrhundert hat dieses sympathische Volk, ohne daß es irgendeine Schuld traf, unter den politischen und kriegerischen Auseinandersetzungen in Europa gelitten; dreimal wurde es zerrissen und geteilt und vor zwanzig Jahren wurde es das erste Opfer dieses letzten Krieges, als Hitler-Deutschland und die Sowjetunion in das Land einfielen und es grausam zerstörten.[1]

Das heutige Deutschland ist ein anderes Deutschland als jenes unter Hitler. Der triumphale Einzug, der vor wenigen Tagen vom deutschen Volke dem siegreichen Heerführer gegen Hitler-Deutschland bereitet worden ist,[2] beweist schlagender als Worte es können, welch' tiefer Gesinnungswechsel gegenüber dem Nationalsozialismus, seiner Doktrin und seinen Taten bei den Deutschen stattgefunden hat. Darum sage ich aus innerer Überzeugung, daß dieses Deutschland, das neue Deutschland einmal ein guter Nachbar Polens werden wird.

Im Konzentrationslager im zweiten Weltkrieg war ich mit polnischen Soldaten und Offizieren zusammen. Uns verband mehr als die Schicksalsgemeinschaft des Konzentrationslagers, zwischen uns entstand im Lager eine Gemeinschaft, die auf dem Fundament einer tiefen, geistigen Übereinstimmung beruhte.

In den vergangenen zehn Jahren habe ich als Bundeskanzler der Bundesrepublik Deutschland öfter erklärt und wiederhole diese Erklärung heute: Unser Bestreben wird es sein, Verständnis, Achtung und Sympathie zwischen dem heutigen Deutschland und dem polnischen Volk zu begründen, damit auf diesem Boden dereinst eine wahre Freundschaft erwachse.

Quelle: Bulletin, 1. September 1959.

Anmerkungen

1 Die Ansprache war als Geste zur Entkrampfung des deutsch-polnischen Verhältnisses gedacht; die Anspielung auf den Hitler-Stalin-Pakt erleichterte aber der polnischen Führung eine negative Reaktion.

2 Gemeint ist der Besuch Präsident Eisenhowers in der Bundesrepublik am 26./27. 8. 1959.

20. September 1959

„Der Wohlfahrt, der Freiheit und dem Frieden gedient!" Rundfunkansprache zum zehnjährigen Bestehen der Bundesrepublik Deutschland

Ein Volk muß sich klar und bewußt darüber werden, daß es in weitem Umfang selbst sein Geschick formt. Es kann sich dessen aber nicht bewußt werden, wenn es seine Geschichte nicht kennt.

Die letzten fünf Jahrzehnte sind in einer atemberaubenden Flut über das deutsche Volk, über Deutschland hingegangen, alles hat sich für uns geändert, die Inwelt und die Umwelt. Entwicklungen und Umschichtungen sind in der Welt eingetreten, deren Ausmaß und deren auch nur vorläufiges Ende wir noch nicht erblicken können. Entwicklungen, die politisch begannen, sind übergesprungen auf das Gebiet der Physik und der Technik, haben dort gute Erfolge gehabt, aber auch ungeheure Gefahren heraufbeschworen.

Auch wenn die politischen Ereignisse in einer Zeit wie der unsrigen sehr schnell einander folgen, kann man doch erkennen, daß einige Fakten an Bedeutung die anderen überragen und daß sie kennzeichnend und richtunggebend für die ganze Entwicklung sind. In einer an sich so kurzen Zeitspanne, wie es zehn Jahre sind, ragen einzelne Fakten, einzelne Daten besonders hervor. Wir haben in diesem Jahre mehrere Ereignisse durch Gedenkfeiern besonders hervorgehoben und dabei auch den Wunsch gehabt, daß sich das deutsche Volk an ihnen geschichtlich orientieren möge.

Am 23. Mai haben wir die zehnjährige Wiederkehr des Tages festlich begangen, an dem der Parlamentarische Rat das Grundgesetz verabschiedet hat. Den 12. und 13. September haben wir besonders im staatlichen Leben hervorgehoben, weil in diesen Tagen der erste Bundespräsident nach zehnjähriger Amtsdauer ausschied und der zweite Bundespräsident sein Amt antrat. Am 20. September jährt sich zum zehnten Mal der Tag, an dem die Bundesregierung ins Leben trat. Am 20. September 1949 legte die erste Bundesregierung vor dem Ersten Bundestag den im Grundgesetz für sie vorgesehenen Eid ab. Damit begann das staatliche Leben der Bundesrepublik Deutschland; nunmehr war der Kreis der staatlichen Organe, so wie das Grundgesetz sie vorsieht, vollständig: der Bundestag, der Bundesrat, der Bundespräsident, die Bundesregierung.

Es sah schrecklich damals aus in Deutschland. Zwar war in den Jahren nach dem deutschen Zusammenbruch zuerst durch die Gemeinden, dann durch die neugeschaffenen Länder und den Zusammenschluß einzelner Besatzungszonen schon ein erster Anfang zur Heilung der Wunden gemacht. Aber in den ersten Jahren nach dem Zusammenbruch hatten wir keine Freiheit, keine unabdingbaren Rechte, und die Last der Besatzung war schwer. Nur allmählich und langsam glaubte sie, den bei ihr aus Krieg und Zusammenbruch entstandenen Geist aufgeben und ein Helfer für die Besiegten werden zu können.

Ich will mich hier nicht in einer langen Schilderung ergehen über die schrecklichen Zerstörungen Deutschlands durch den Krieg. Im gleichen Jahr, in dem die Bundesrepublik ihr Leben begann, ist ein Bildwerk erschienen, „Gesang im Feuerofen".[1] Ich kenne kein Buch, das so erschütternd wiedergibt, was dieser Krieg über Deutschland – und lassen Sie mich das hinzusetzen – auch über andere Länder gebracht hat. Ich habe den Wunsch, daß recht viele ein solches Buch hin und wieder zur Hand nehmen möchten, damit ihnen klar wird, was Krieg bedeutet, daß man eine Politik zur Verhütung des Krieges treiben muß; damit ihnen auch klar wird, welch' unendliche Fülle harter und schwerer Arbeit des deutschen Volkes notwendig gewesen ist, um nach der Zerstörung das heutige Deutschland zu schaffen. Das Grundgesetz gab uns – das ist die Bundesregierung und das Parlament – erst die Möglichkeit dazu, indem es die im deutschen Volk schlummernden guten Kräfte frei machte; die Hilfe, die uns unsere Kriegsgegner im Laufe der Jahre gewährten, und zwar in einer Weise, wie sie niemals zuvor nach einem furchtbaren mutwillig heraufbeschworenen Kriege der Sieger dem Besiegten gewährte, tat ein Übriges für unseren Aufstieg.

Das Grundgesetz, meine verehrten Zuhörerinnen und Zuhörer, spricht vom Schutz der Menschenwürde, von den Freiheitsrechten, der Gleichheit vor dem Gesetz, der Glaubens- und Bekenntnisfreiheit, dem Recht der freien Meinungsäußerung, es spricht von dem Bewußtsein der Verantwortung vor Gott und den Menschen, es sagt, daß das deutsche Volk von dem Bewußtsein beseelt sei, als gleichberechtigtes Glied in einem vereinten Europa dem Frieden der Welt zu dienen.

Seit dem Inkrafttreten des Grundgesetzes hat sich die staatliche Macht in der Welt in zwei großen Gruppen zusammengefunden: die eine Gruppe ist die der kommunistischen Staaten, die alles das verneinen, was unser Grundgesetz am höchsten stellt, was unser Grundgesetz als die Grundrechte des Menschen und als den entschlossenen Willen des deutschen Volkes bezeichnet; die andere Gruppe ist die der freien Völker, die alles das bejaht, was uns heilig, was in unserem Grundgesetz verankert ist.

In den zehn Jahren, die heute die Bundesrepublik Deutschland vollendet, haben wir deshalb Seite an Seite der freien Völker gestanden, dort, wo unsere innerste Überzeugung uns unseren Platz anweist, und wir haben dadurch der Wohlfahrt des deutschen Volkes, der Freiheit und dem Frieden in der Welt gedient.

Wir hoffen, meine verehrten Zuhörerinnen und Zuhörer, daß im zweiten Jahrzehnt der Satz in der Präambel des Grundgesetzes seine Erfüllung findet, der lautet: „Das gesamte deutsche Volk bleibt aufgefordert, in freier Selbstbestimmung die Einheit und Freiheit Deutschlands zu vollenden."

Quelle: Bulletin, 22. September 1959.

Anmerkungen

[1] Hermann Classen: Gesang im Feuerofen. Köln – Überreste einer alten deutschen Stadt. Düsseldorf 1949.

16. Januar 1960

„Im deutschen Volk hat der Nationalsozialismus keine Wurzel". Erklärung im Fernsehen zur Schändung der Synagoge in Köln

Die Schändung der Synagoge in Köln, übrigens einer Synagoge, an deren festlicher Einweihung ich als Bundeskanzler vor wenigen Monaten teilgenommen habe, die von denselben Tätern in der gleichen Nacht vorgenommene Schändung des Gedenksteins für die Opfer des Nationalsozialismus haben bei uns in Deutschland eine Welle der Empörung gegen die Täter, in manchen anderen Ländern eine Welle von Haß gegen die Deutschen überhaupt, insbesondere gegen das heutige Deutschland hervorgerufen. Dazu möchte ich Ihnen, meine Zuhörerinnen und Zuhörer im In- und Ausland, einige Worte sagen. Ich erachte mich als besonders befugt dazu. Meine Familie und ich sind selbst Opfer des Nationalsozialismus. Es genügt wohl, wenn ich Ihnen sage, daß ich viermal auf einer Todesliste der Nationalsozialisten gestanden habe, und daß es an ein Wunder grenzt, wenn ich diese Jahre lebend überstanden habe.

Und mein Verhältnis zum Judentum? Nun, zwei Juden waren es, die, als meine Familie und ich uns in der Zeit des Nationalsozialismus in großer finanzieller Bedrängnis befanden, als erste mir finanzielle Hilfe anboten. Sie wußten, wie ich zu den Juden immer gestanden habe.

Als ich Bundeskanzler geworden war, habe ich mit ganzer Kraft mich eingesetzt für das Wiedergutmachungsabkommen mit Israel. Ich wollte damit vor der ganzen Welt kund tun, daß das heutige Deutschland den Antisemitismus von Grund auf ablehnt.

Was in Köln an der Synagoge und an dem Denkmal geschehen ist, ist eine Schande und ein Verbrechen. Die Bundesregierung, für die ich spreche, hofft, daß die Organe der Justiz mit aller Schärfe hiergegen vorgehen.

Die Vorfälle, die dann folgten, bei uns wie auch in anderen Ländern, sind fast ausschließlich Flegeleien. Sie müssen, soweit strafbare Handlungen vorliegen, verfolgt und gesühnt werden. Aber sie scheinen in den allermeisten Fällen Flegeleien ohne politische Grundlage gewesen zu sein. Das ist auch, wie mir berichtet worden ist, durchweg die Ansicht der Leiter der Verfassungsschutzämter der Länder. Der Fall in Köln aber scheint politischer Natur zu sein. Das muß aufgeklärt werden, und eventuell sind die Folgerungen daraus zu ziehen.

An meine deutschen jüdischen Mitbürger wende ich mich heute und sage ihnen, sie können völlig unbesorgt sein. Dieser Staat steht mit seiner ganzen Macht hinter ihnen; ich bürge ihnen für dieses Wort.

Meinen deutschen Mitbürgern insgesamt sage ich: Wenn Ihr irgendwo einen Lümmel erwischt, vollzieht die Strafe auf der Stelle und gebt ihm eine Tracht Prügel. Das ist die Strafe, die er verdient.

Unseren Gegnern im Ausland und den Zweiflern im Ausland sage ich, die Einmütigkeit des gesamten deutschen Volkes in der Verurteilung des Antisemitismus und des Nationalsozialismus hat sich in der denkbar geschlossensten und stärksten Weise gezeigt. Das deutsche Volk hat gezeigt, daß diese Gedanken und Tendenzen bei ihm keinen Boden haben. Dem Nationalsozialismus hat der größere Teil des deutschen Volkes in den Zeiten des Nationalsozialismus nur unter dem harten Zwang der Diktatur gedient. Keineswegs war jeder Deutsche ein Nationalsozialist. Ich glaube, das sollte man allmählich doch auch draußen erkannt haben. In dem deutschen Volke hat der Nationalsozialismus, hat die Diktatur keine Wurzel, und die wenigen Unverbesserlichen, die noch vorhanden sind, werden nichts ausrichten. Dafür stehe ich ein.

Die Verurteilung des Antisemitismus und des Nationalsozialismus, die sich im deutschen Volke jetzt so spontan und einmütig offenbart hat, ist die gute Seite dieser abscheulichen Vorgänge.

Quelle: Bulletin, 19. Januar 1960.

20. Juni 1961

„Gesunde Mittelschicht: Schutzdach gegen Vermassung". Ansprache beim Deutschen Handwerkstag in Köln

Grundsätzliche Ausführungen zur Bedeutung des Mittelstandes.

Herr Präsident! Meine verehrten Damen und Herren!

Mein Herr Vorredner hat im ersten Teil seiner Rede von den staats- und wirtschaftspolitischen Aufgaben des Handwerks gesprochen. Er hat ausgeführt, daß er sie mit Absicht in den Vordergrund stelle, weil weit über das Handwerk hinaus alle Selbständigen in der Landwirtschaft, im Gewerbe und in den freien Berufen sich immer der Tatsache bewußt sein müßten, daß sie sich für die Dauer nur in einem Staat entfalten können, der die Freiheit der Person und die Freiheit und Unantastbarkeit des Eigentums achtet.

Das waren ausgezeichnete Worte. Diese Ausführungen des Herrn Präsidenten Wild umschreiben eine der wichtigsten, wenn nicht die wichtigste Aufgabe unserer Zeit. Ich möchte diese Aufgabe so kennzeichnen: Vermassung eines Volkes verträgt sich nicht mit der Freiheit und der Würde des Menschen. Der Widerstand gegen die Vermassung ist eine der Hauptaufgaben, die wir lösen müssen. Diese Vermassung hängt zusammen mit der Hast, ja mit der Hetze des Lebens, das wir führen.

Diese Hast und diese Hetze und auch diese Unsicherheit unseres Lebens sind, wenigstens zum Teil, eine Folge der Entwicklung der Technik – ich gebrauche das Wort „Technik" hier im weitesten Sinne des Wortes –, vielleicht würde man auch sagen können: der Nützung der Kräfte unseres Planeten. Hüten wir uns, diese Kräfte anzubeten! Das würde ein verfeinerter Materialismus sein. Das oberste in der Wissenschaft, in ihren Fortschritten und in der Wirtschaft und in der Politik ist und bleibt der Mensch, sein Geist und seine Seele. Eine gesunde Mittelschicht ist ein Schutzdach gegen diese drohende Vermassung, gegen die geistige Nivellierung unseres Volkes.

Sie ist aber nicht nur ein Schutzdach, sie ist auch ein Fluß, der den gesamten Volkskörper immer neu mit frischem und gesundem Blut erfüllt. Darum ist nicht nur aus wirtschaftlichen, sondern auch aus sozialen, aus soziologischen und ethischen Gründen die Erhaltung einer gesunden und widerstandsfähigen Mittelschicht eine der dringendsten Pflichten aller derjenigen, die Entscheidungen zu treffen haben, insbesondere des Parlaments und der Bundesregierung.

Ein überzeugendes Beispiel von der Notwendigkeit des Kampfes gegen diese Vermassung bietet der Ostsektor von Berlin. Noch vor wenigen Tagen haben mich Ausländer, deren Heimatland dem Kommunismus nicht so unbedingt ablehnend gegenübersteht wie wir, nach einem Besuch in Berlin, nachdem sie die Westsektoren und den Ostsektor gesehen hatten, gefragt, wie es denn komme, daß der Ostsektor von Berlin und die drei Westsektoren so vollendete Gegensätze zeigten. Sie sagten mir, es wohnten doch in dem einen Teil von Berlin und in dem anderen Teil von Berlin Deutsche mit denselben Gaben und mit denselben Fähigkeiten.

Ob denn wirklich, so fragten sie, die Staatsform den Menschen so unfähig mache zu schöpferischer produktiver Arbeit, wie sie das bei einem Vergleich des Ostsektors mit den übrigen Teilen Berlins wahrgenommen hätten. Ich habe den Herren diese Frage bejaht. Ich glaube in der Tat, daß nichts die Entfaltung des menschlichen Geistes so beeinträchtigt wie der Mangel an Selbstverantwortung, und das ist ja das dem sozialistischen Kommunismus Eigentümliche.

Herr Präsident Wild hat noch ein weiteres sehr kräftiges Wort gesagt. Er hat gesagt, eine freiheitliche Demokratie bedürfe des freien Bürgers, der gewohnt sei, Verantwortung für sich und seine Mitbürger zu tragen. Auch das ist ein gutes Wort, an das man oft denken muß. Aber ich erblicke nicht nur in dieser soziologischen Wirkung des

Handwerks, das ein so wesentlicher und so bedeutender Teil dieser notwendigen Mittelschicht ist, die Bedeutung des Handwerks. Herr Präsident Wild hat darauf hingewiesen – und ich kann das nur noch unterstreichen –, daß das Handwerk eine sehr große Bedeutung in der gesamten deutschen Wirtschaft hat.
Manchmal erinnere ich mich noch daran, wie in den allerersten Jahren nach unserem Wiederanfang doch gerade das Handwerk große Sorgen hatte, ob es bei dieser Umwertung des Wirtschaftsprozesses bestehen könne. Und das Handwerk kann bestehen! Es hat bestanden, es hat mehr als bestanden, es hat sich in einer ganz ausgezeichneten Weise entwickelt. Wenn auch bedauerlich ist, daß ein Teil von Handwerksbetrieben schließen mußte, die Produktionsziffern, die Herr Präsident Wild uns eben genannt hat, sind doch der klarste und beste Beweis dafür, welche große Bedeutung das Handwerk in unserer gesamten Volkswirtschaft hat.
Ich weiß, daß noch nicht alle Wünsche des Handwerks, auch nicht alle unbedingt berechtigten Wünsche, erfüllt sind. Ich glaube aber – und Herr Wild hat es ja gerade auch erwähnt –, daß die Verabschiedung des Steueränderungsgesetzes eine große Erleichterung für das Handwerk bringen wird. Mit Recht beschwert sich meiner Ansicht nach das Handwerk über die jetzige Form der Umsatzsteuer. Der neue Bundestag wird diese Frage regeln müssen. Auch die Frage des Kindergelds wird im neuen Bundestag anders geregelt werden müssen, als sie heute geregelt ist.
Die Förderung des handwerklichen Nachwuchses halte ich für besonders wichtig. Der Bund, die Länder und die Gemeinden und das Handwerk selbst müssen bei dieser Förderung des Nachwuchses zusammenarbeiten. Ich bin auch der Auffassung, daß Einrichtungen geschaffen werden müssen, die es dem jungen Handwerker ermöglichen, Darlehen zu billigem Zinsfuß zu bekommen, damit er seinen Handwerksbetrieb anfangen kann. Die Kosten für die Einrichtung eines modernen Handwerksbetriebs sind ja heute viel größer, als sie früher gewesen sind, und man kann verstehen, daß der junge Mensch, der einen Handwerksbetrieb anfangen will, zurückschreckt, wenn er an die Kosten denkt; das müssen wir ihm erleichtern.
Mit großer Freude habe ich die Ausführungen über die europäische Zusammenarbeit gehört. Es war vielleicht etwas optimistisch zu sagen, daß der Brückenschlag zwischen EWG und EFTA schon gelungen sei. Aber hoffen wir, daß dieser handwerkliche Anfang schließlich auch der Anfang zu einem solchen Brückenschlag zwischen EWG und EFTA ist.
Ich begrüße auch sehr die Ausführungen des Herrn Wild über die Mitarbeit des deutschen Handwerks in den Entwicklungsländern. Ich teile durchaus seine Meinung, daß man diesen Ländern nicht damit helfen kann, daß man Mammutfabriken und -einrichtungen dort schafft. Ich glaube vielmehr wie er, daß diesen Ländern am besten dadurch geholfen wird, wenn man bei den Ansätzen, die dort vorhanden sind, ein gutes Handwerk und kleinere Unternehmungen errichtet.
Mit großer Freude bin ich hierher gekommen, weil gerade die Umsatzziffern, die Herr Präsident Wild eben genannt hat und die wir natürlich auch schon vorher kannten,

ein so ausgezeichneter Beweis dafür sind, welch' starke und gesunde Kräfte im deutschen Handwerk vorhanden sind. Verlassen Sie sich darauf, daß wir alles tun werden, damit diese Kräfte zur vollen Auswertung gelangen!

Quelle: Bulletin, 23. Juni 1961.

14. August 1961

Wahlrede auf einer Großkundgebung in Regensburg[1]

Der hier zum ersten Mal veröffentlichte, unkorrigierte und auch nicht autorisierte Text dieser seinerzeit stark umstrittenen Wahlrede am Tag nach der Sperrung der Berliner Sektorengrenze ist vor allem unter zeitgeschichtlichem Aspekt von Interesse.

Meine verehrten Damen und Herren, ich bitte sehr um Entschuldigung für mein spätes Kommen, aber die Ereignisse in Berlin haben meinen ganzen Tagesplan für heute vollkommen durcheinander gebracht; es war nicht anders zu schaffen. Die Vorgänge in Berlin gehen uns allen, das weiß ich, allen Deutschen zutiefst zu Herzen. Die Zone ist jetzt ein großes Gefängnis geworden, und wenn wir uns einen Augenblick in die psychischen Vorgänge, die dort in den Herzen der Menschen vor sich gehen, versetzen, dann sind wir von tiefstem Bedauern erfüllt.

Das Gefängnis ist in der Zwischenzeit noch mehr geschlossen worden. Der Durchgang am Brandenburger Tor ist geschlossen, und sämtliche Fernmeldeverbindungen mit der Bundesrepublik sind unterbrochen. Was eigentlich dort beabsichtigt ist, das können wir nur ahnen. Aber, meine verehrten Damen und Herren, das dürfen wir doch wohl sagen: diese Zustände, die dort herrschen, sind alle für das kommunistische Regime ein Schandfleck, wie er in unserem Jahrhundert mitten in Europa nicht mehr möglich sein sollte. Diese Menschen haben alles verlassen, Heimat, Freunde und Besitztum, nur um der Freiheit willen, und wir alle gedenken ihrer in herzlichster Teilnahme.

Das Viermächteabkommen, das im Jahre 1945 geschlossen wurde, ist durch diese Absperrung Berlins zerrissen und zerbrochen worden, und das just in dem Augenblick, in dem Herr Chruschtschow uns vorschlägt, wir und unsere Partner sollten darin einwilligen, daß Berlin zur Freien Stadt mitten in der Zone herabgewürdigt würde, und durch die Zone solle die Verbindung zwischen Berlin und Westdeutschland hergestellt werden.

Meine Damen und Herren, diese Vorgänge in Berlin sind eine Illustration und ein Kommentar zu dieser Forderung der Sowjetunion: Berlin – Freie Stadt!

Wer herrscht eigentlich dort in der Sowjetzone, die SED oder Chruschtschow? Meine

Damen und Herren, man sollte sich wahrhaftig diese Frage stellen, denn was jetzt in Berlin geschieht, ist doch ein Abwürdigen [Abwürgen?] der in Aussicht genommenen Verhandlungen fast von der ersten Minute an.

Heute haben in Bonn zwischen unserem Außenminister und den drei Botschaftern der Vereinigten Staaten, Großbritanniens und von Frankreich Verhandlungen stattgefunden, und diese Botschafter haben ihren Regierungen Bericht erstattet. Morgen wird sich auch der NATO-Rat mit der Angelegenheit befassen. Ich weiß, daß große Einigkeit unter allen herrscht, mit sehr empfindlichen Maßnahmen gegen die Zone vorzugehen, und wir Deutschen werden ebenfalls die Beziehungen, die durch das Interzonenabkommen zwischen der Zone und uns hergestellt sind, einer Nachprüfung unterziehen müssen. Wir wollen aber die Hoffnung, daß es schließlich doch noch zu vernünftigen Verhandlungen kommt, nicht aufgeben.

Natürlich werden die militärischen Vorbereitungen, wie sie unter den NATO-Partnern beschlossen sind, intensiv fortgeführt werden. Aber daneben haben wir noch eine andere starke Waffe. Wir müssen die militärischen Vorbereitungen fortführen, weil die Sowjetunion nur mit einem starken Gegner verhandelt. Über Verhandlungen zwischen der Sowjetunion und einem nichtstarken Gegner brauchen wir gar nicht zu sprechen; sie rollt dann einfach über den Betreffenden hinweg. Aber die Waffe, die wir noch haben, ist eine wirtschaftliche Maßnahme.

Wenn die ganze Frage mit Sowjetrußland nicht in Ordnung kommt, dann wird höchstwahrscheinlich eines Tages der Zeitpunkt gekommen sein, da ein vollständiges Embargo von allen NATO-Partnern über den Ostblock verhängt wird. Glauben Sie, meine Damen und Herren, daß das eine sehr empfindliche Waffe ist, auch für die Sowjetunion, und glauben Sie mir, daß die Wirtschaft der Sowjetunion lange nicht so stark ist, wie sie uns dargestellt wird. Nicht nur hat die Sowjetunion in einigen Sparten große Erfolge erreicht, namentlich auf militärtechnischem Gebiete; aber der Durchschnittsstand der Wirtschaft in der Sowjetunion ist alles andere als gut. Die besten Beweise dafür sind die Zustände in der Sowjetzone. Wenn die Sowjetunion in der Lage gewesen wäre, diese Zustände zu ändern, dann würde sie das getan haben, denn die Sowjetzone ist ja das Schaufenster der Kommunisten gegenüber der Welt.

Meine Damen und Herren, auch die Tatsache, daß von seiten der Sowjetunion, von ihrem Kommunistenkongreß, im Oktober ein 20-Jahres-Wirtschaftsplan vorgelegt wird, ist ein schlagender Beweis dafür, daß die Wirtschaft der Sowjetunion noch sehr viel Arbeit zum Aufbau erfordert. Diese Aufbauarbeit wollen wir nicht unterstützen dadurch, daß wir Exporte dahin geben, wenn die Sowjetunion sich nicht in vernünftige Verhandlungen mit den NATO-Partnern und mit uns einläßt. (Starker Beifall)

Ich habe letzten Donnerstag mit dem Außenminister der Vereinigten Staaten, Rusk, gesprochen. Auch er hat diesen Gedanken der wirtschaftlichen Maßnahmen sehr gern aufgegriffen; das wird jetzt im einzelnen ausgearbeitet. Ich zweifle nicht, daß die ganzen NATO-Partner dem zustimmen werden. Dann haben wir eine Waffe gegen den Sowjetblock auf dem Felde, auf dem wir unendlich viel stärker sind als der Sowjetblock,

auf dem wirtschaftlichen Gebiet.
Meine Damen und Herren, ich muß schnell sprechen wegen des Regens; wir sitzen hier geschützt, Sie Armen sind grausam ungeschützt; ich danke Ihnen aber, daß Sie trotzdem ausharren. –
Meine Damen und Herren, die FDP hat am 8. August in ihrem amtlichen Veröffentlichungsblatt eine Mitteilung gebracht des Inhalts, daß zwischen Rusk[2] und unserem Außenminister auf der Pariser Außenministerkonferenz starke Uneinigkeiten zutage getreten wären, und daß die amerikanische Regierung uns nicht mehr gestatten wollte, gewisse Fragen und gewisse Gebiete einfach für tabu zu erklären.
Ich sage Ihnen, meine Damen und Herren, diese Mitteilung der FDP war von Anfang bis zu Ende falsch und eine Lüge. (Hört! Hört!-Rufe) Es ist unerhört, daß eine Partei, die überall mit unserem, d. h. mit dem Adler der Bundesrepublik plakatiert und sich dadurch als die besondere nationale Partei vorstellen will, in einer Zeit wie der augenblicklichen den Russen vorspiegelt, daß zwischen den Vereinigten Staaten und uns Uneinigkeit herrsche. (Pfui-Rufe)
Meine Freunde, die Einigkeit unter den freien Völkern des Westens ist unser bester Schutz und unsere beste Stärke für die ganze freie Welt, und die Hoffnung Chruschtschows ist, daß diese Einigkeit nicht gewahrt bleibt. Und wenn dann eine Partei wie die Freien Demokraten eine solche Nachricht verbreitet, dann ist das ein Schlag gegen das nationale Interesse des deutschen Volkes. (Starker Beifall)
Nun, meine Damen und Herren, wir sind ja mitten im Wahlkampf, und obgleich wir in manchen Punkten, wie ich wenigstens hoffe, mit den beiden Oppositionsparteien ähnliche Gedanken haben – vollkommene Übereinstimmung nicht, das werde ich Ihnen nachher noch klarlegen –, so muß der Wahlkampf durchgefochten werden, und ich möchte gerade zwei Punkte an die Spitze meiner Ausführungen stellen.
Das eine ist die konfessionelle Hetze der FDP gegen uns, meine Freunde. Wir alle müssen, und jeder Deutsche muß doch im deutschen Interesse froh und glücklich sein, daß zwischen den beiden Konfessionen auf politischem Gebiet volle Eintracht besteht. (Starker Beifall)
Der FDP paßt das nicht. Herr Mende, der Vorsitzende der FDP, hat mir einen Brief geschrieben, weil ich mehrfach – und auch Freunde von uns – in allen möglichen Versammlungen sich bitter beklagt haben über die konfessionelle Hetze der FDP. Er hat mir einen Brief geschrieben und mich gebeten, daß das abgestellt wird. Aber, meine Damen und Herren, dieser Brief ist eine Anschuldigung gegen uns, die wir alle mit Empörung zurückweisen müssen.
Was wirft er uns vor? Als konfessionellen Fehler von uns: daß wir in der Stahlindustrie die Sonntagsruhe eingeführt haben. Meine Damen und Herren, diese Sonntagsruhe haben wir eingeführt in vollem Einvernehmen mit den maßgebenden Leuten der Eisen- und Stahlindustrie, und die FDP wirft uns diese Einführung der Sonntagsruhe im Stahlgewerbe als eine konfessionelle Übertreibung vor.
Ein weiteres tat sie. Sie wirft uns als konfessionelle Übertreibung vor, daß der Bundestag

durch die Stimmen [der] CDU/CSU in einer seiner letzten Sitzungen das Gesetz über das Ehescheidungsrecht mit Stimmenmehrheit verabschiedet hat. Leute von ihm (Mende) gehen sogar so weit zu sagen, hier habe die katholische Kirche mit ihren dogmatischen Ansichten sich durchgesetzt. Der Mann, der das geschrieben hat, meine Freunde, hat keine Ahnung von den Vorstellungen der katholischen Kirche über die Ehe.

Ich will Ihnen aber doch mit einigen Sätzen auseinanderlegen, worum es sich gehandelt hat. Nach der bisherigen Ehegesetzgebung konnte durch einen Paragraphen, der unter Hitler eingeführt worden ist, ein Ehegatte, auch wenn er der Schuldige war, auf die Dauer die Ehe[scheidung] durchsetzen. Meine Damen und Herren, das haben wir ausgemerzt, und zwar insbesondere im Interesse der Ehefrauen und vor allem der Kinder. (Starker Beifall) Bei jeder Ehescheidung tragen doch die armen Kinder die Hauptlast für ihr ganzes Leben, und deswegen glaube ich, es war notwendig und richtig, daß wir das Ehescheidungsrecht insoweit wieder in Ordnung gebracht haben. (Starker Beifall)

Aber, meine Freunde, da hat sich bei der Abstimmung und bei der Diskussion im Bundestag gezeigt, daß die FDP und die SPD in diesen Fragen an einem Strick ziehen. Beide haben übereinstimmend gesprochen, beide Fraktionen haben übereinstimmend abgestimmt. Und das wollen wir auch bei dieser Wahl nicht vergessen, meine Damen und Herren, weder der FDP, noch der SPD.

Neuerdings gesellt sich nun eine sozialdemokratische Stimme aus Bremen zu diesen Meinungsäußerungen der FDP. Sie hat in Bremen heftige Angriffe gegen die katholische Kirche in einer öffentlichen Versammlung erhoben und hat behauptet, bei den neuen Sozialgesetzen habe die katholische Kirche der deutschen Bevölkerung ein katholisches Sozialprinzip, die Subsidiarität, aufgezwungen; die katholische Auffassung über die staatliche und freie Wohlfahrtspflege, so betonte sie, komme aus einem tiefen Ressentiment gegen den Staat und sei der jungen Demokratie Deutschland in höchstem Maße schädlich, die katholischen Sozialprinzipien seien staatsgefährdend.

Meine Damen und Herren, es ist unerhört, daß sich eine Vertreterin der Sozialdemokratischen Partei derartige Beschimpfungen erlaubt. Aber lassen Sie mich noch etwas hinzusetzen. Es ist geradezu albern, was sie gesagt hat. Sie hat keine Ahnung davon, was die Subsidiarität bedeutet, und gerade auf dem Gebiet der sozialen Gesetzgebung sind doch wir von der CDU/CSU führend. Wenn wir nicht alles in diesem Bundestag erreicht haben, der jetzt zu Ende geht, was wir erreichen wollten, so liegt das daran, daß durch die ständige Opposition der Sozialdemokraten und der Demokraten die Zeit dahingeflossen ist – so bei der Krankenversicherung und anderen Gesetzen –, daß wir nicht mehr damit fertig geworden sind.

Meine Freunde, wir müssen dafür sorgen, daß wir in dem zukünftigen Bundestag wiederum die Mehrheit bekommen und daß nicht etwa die FDP, die höchstens 8 bis 9 Prozent der Stimmen erhalten wird, das Zünglein an der Waage wird zwischen der CDU/CSU und der Sozialdemokratie. (Starker Beifall) Es wird gegen uns behauptet, daß wir unsere Majorität mißbraucht hätten. Nun, meine Damen und Herren, wenn wir eines getan haben, dann haben wir folgendes getan: Wir haben viel zu selten und viel zu viel zu rücksichtsvoll von unserer Majorität Gebrauch gemacht. (Starker Beifall) Wenn die Sozialdemokratie jemals die Mehrheit bekommen würde, dann wollen wir einmal sehen, wie mit der Minorität umgesprungen wird.

Nun die Außenpolitik – noch eins möchte ich Ihnen sagen: Die Sozialdemokratie schreibt von einem neuen Stil, den sie in die Politik einführen wollte. Ich habe von dem neuen Stil bisher, nichts, aber auch gar nichts gemerkt, auch nicht bei dem so vornehm tuenden Herrn Brandt nichts gemerkt. Wenn z.B. Herr Brandt in Nürnberg uns vorwirft, daß infolge unserer Außenpolitik die Sowjetunion nicht schwächer geworden sei – ja, meine Damen und Herren, das ist doch – also ich verstehe das nicht, ich kann da nicht mehr mit. Wenn Sie es verstehen, dann wünsche ich Ihnen Glück dazu – ich kann es nicht. Dann hat er uns vorgeworfen, wir hätten es an den nötigen Ideen und Initiativen fehlen lassen, um der Isolierung Berlins entgegenzuwirken. Er hat dann weiter behauptet, die CDU/CSU ersetze das Argument durch aufregende Diskussionen und Verleumdungen, erschöpfe sich im Götzendienst vor dem eigenen Hochmut und fliehe in den Appell an die Denkfaulheit und Dummheit. Nun, das ist wahrhaftig starker Toback, und wenn Herr Brandt sich etwas Derartiges erlaubt und das den neuen Stil nennt, dann sage ich: unter keinen Umständen diesen neuen Stil! (Rufe: Sehr gut! und starker Beifall) Wenn ich noch etwas hinzufügen darf, meine Damen und Herren, ich bin der Auffassung, wenn einer mit der größten Rücksicht behandelt worden ist von seinen politischen Gegnern, dann ist das der Herr Brandt alias Frahm. (Starker Beifall)

Meine Freunde, ich gebe ja zu, die SPD ist [in] einer schwierigen politischen Lage. Sie hat drei Bundestagswahlen verloren. Bei der vierten Bundestagswahl ist es auch nicht so gut um sie bestellt, und sie sucht nach allem Möglichem. Sie hat im Jahre 1959 in Godesberg ein neues Programm gemacht, das bei genauem Zusehen das alte Programm ist. Aber die Teste, die von den Ihnen bekannten Meinungsuntersuchungsinstituten angestellt werden, ergaben immer wieder ungünstige Ziffern für die SPD, und in dieser Not hat sie dann auf einmal etwas ganz Neues gemacht: Während noch in Godesberg immer die Rede davon war: Gegen die EWG, gegen den Eintritt in NATO usw., hat man in Hannover im November vergangenen Jahres plötzlich einen Appell gemacht. Man kann ja nicht jedes Jahr ein neues Programm machen; das vertragen auch nicht einmal die sozialdemokratischen Wähler, denen ich nur das Zeugnis ausstellen kann, daß sie eine Lammesgeduld mit ihren führenden Persönlichkeiten haben. (Starker Beifall) Also Appell von Hannover[3] – unter Appell – das Wort kommt aus dem militärischen Sektor – versteht man: die Mannschaft tritt an, sie bekommt die nötigen Weisungen, rechts um, kehrt, ab! In der Tat, so haben sie es in Hannover gemacht. Sie haben plötzlich erklärt, als neue Außenpolitik: Anschluß an den Westen. Und nun sitzen sie da, meine Damen und Herren, Anschluß an den Westen – aber ihre Leute tun nicht mit. So kann man in ihren Reden im Laufe dieses Wahlkampfes feststellen, daß immer mehr dieser Anschluß an den Westen bei ihnen ins Hintertreffen kommt.

Ich möchte Ihnen aus der Vergangenheit vorlesen, ich will alles möglichst kurz machen wegen des Regens –, was sie früher gesagt haben. Sie haben z.B. erklärt – Bundestagsvizepräsident Professor Carlo Schmid – im Jahre 1952: Wir sind fest entschlossen, unsere Opposition gegen eine deutsche Wiederbewaffnung strikte aufrecht zu erhalten.

Der Parteivorstand der SPD hat im Jahre 1955 ein Flugblatt veröffentlicht, von dem ich Ihnen doch einen Teil vorlesen möchte: Man bewaffnet Deutschland, weil Washington es im Jahre 1950 am Tage nach der Aggression in Korea so gewollt hat und weil die ungeheure Maschinerie der amerikanischen Diplomatie noch nicht dazu gekommen ist, das Steuer herumzureißen. Man bewaffnet Deutschland, weil Großbritannien sich wegen der wirtschaftlichen Konkurrenz von Bonn beunruhigt fühlt. Das ist die Wahrheit.

Meine Damen und Herren – so der Vorstand der SPD im Jahre 1955, und nun muß ich sagen: Wie denkt denn die SPD, wenn sie, was nicht der Fall sein wird, aber sie muß sich doch das erhoffen und wenigstens so tun, wie denkt die SPD ihre neue Außenpolitik, die sie mit den Vereinigten Staaten und gegenüber Großbritannien vorhat, zu rechtfertigen, wenn sie noch im Jahre 1955 eine solche Erklärung über die deutsche Wiederbewaffnung abgegeben hat?

Meine Damen und Herren, so geht die Sache unentwegt weiter. Im Jahre 1959 noch hat auf dem SPD-Parteitag in Bad-Godesberg der Parteitagsdelegierte Dr. Müller unter Beifall erklärt: Ich wiederhole noch einmal den scharfen Satz: Die allgemeine Wehrpflicht heute ist staatliche Nötigung zur Sünde![4]

Meine Damen und Herren, von Herrn Ollenhauer ist im SPD-Pressedienst am 26. September 1957 folgendes erklärt worden. Zu den zahlreichen in der Öffentlichkeit im Augenblick über die Sozialdemokratie geführten Diskussionen meinte er, es gebe hierbei wie bei allem immer gute und schlechte Ratschläge. Wenn man z.B. rät, uns, der SPD, wir sollten uns auf die NATO-Politik Adenauers gleichschalten, so ist das ein schlechter Rat. Das wäre der Anfang vom Untergang der SPD und damit vom Untergang der Demokratie in Deutschland.

Nun, meine Damen und Herren, SPD gleichzusetzen mit Demokratie in Deutschland, das ist doch wirklich für die Demokratie und für alle demokratischen Parteien eine Beleidigung. (Starker Beifall)

Meine Damen und Herren, auch hier kann ich nur noch einmal sagen: Wie will man es dann eigentlich seinen eigenen Anhängern und unseren Bündnispartnern glaubhaft machen, daß die SPD nun wirklich aus innerer Überzeugung ihre Außenpolitik geändert hat? Meine Damen und Herren, sie hat es auch nicht getan!

Herr Erler hat noch im Juli 1958 im Bundestag erklärt: Wir sind weder für den Eintritt in die NATO noch für die EWG, zu keiner Stunde, das ist die Wahrheit.

Das bleibt auch die Wahrheit, meine Damen und Herren, ausnahmsweise ist da von der Sozialdemokratie mal ein wahres Wort gesagt worden.

Nun, meine Freunde, noch im Juni dieses Jahres hat die Sozialdemokratie im Bundestag in namentlicher Abstimmung den Verteidigungshaushalt abgelehnt, in einer Zeit wie der unsrigen, wo doch jeder herankommen sah, daß die Schwierigkeiten zwischen dem

Ostblock und dem Westblock sich von Monat zu Monat verschärfen werden.
Man hat in Nürnberg jetzt, wie die FRANKFURTER RUNDSCHAU sagte, der ganzen Sozialdemokratie den letzten Schliff gegeben und hat ihr beigebracht, wie sie den Wahlkampf zu führen hat. Ich kann nur sagen, meine Damen und Herren – und ich habe diesen Artikel der FRANKFURTER RUNDSCHAU sehr genau gelesen –, was da gesagt worden ist, ist ganz dünner kalter Kaffee und weiter nichts. (Starker Beifall) Und damit, glauben Sie mir, wird die SPD niemals die Mehrheit im Bundestag erringen. Ich habe den Artikel hier; wenn der Regen nicht wäre, würde ich daraus vorlesen. Aber lesen sie doch die FRANKFURTER RUNDSCHAU von heute, ein sozialdemokratisches Blatt, was sie über den Schluß des sozialdemokratischen Parteitages in Nürnberg geschrieben hat.
Meine Damen und Herren, und die Katze aus dem Sack gelassen hat Herr Heinemann – Herr Dr. Heinemann, der ja früher bei der CDU war –, ein sehr fanatischer Mann, aber auch manchmal auch ein fanatisch die Wahrheit sprechender Mann über das, was in der SPD an Gedankengut ist. Er hat heute – am 14. ist das durch dpa mitgeteilt worden – folgendes gesagt: Dr. Heinemann bezeichnete den 13. August als eine neue nationale Katastrophe, die eine Ablösung des Bundeskanzlers verlangt. Deshalb müßte am 17. September eine neue Mannschaft an die Regierung kommen, die ohne Furcht vor der Zukunft – jetzt kommt etwas sehr Wesentliches – eine neue Zuordnung Deutschlands zu den westlichen und östlichen Nachbarn ermöglichen könnte. Allein mit der NATO oder den Washingtoner (Warschauer?) Paktstaaten sei die Wiedervereinigung des geteilten Deutschland nicht zu erreichen. Dr. Heinemann sagte, die NATO dürfe für die deutsche Politik nie Endstation oder [sondern] nur Durchgangsstation sein.
Meine Damen und Herren – ein sehr ernstes und sehr gefährliches Wort. Ich habe schon eben betont, die Einheit und die Einigkeit des Westens ist der stärkste Schutz gegen Sowjetrußland und wenn wir [hier?] von einem prominenten Mitglied der SPD etwas derartiges erklärt wird, dann muß das in sowjetrußischen Ohren wie Freudengeläut klingen. (Beifall) Aber Herr Heinemann hat auch ganz richtig durchblicken lassen, was denn der Sinn der ganzen sozialdemokratischen Außenpolitik in den letzten zwölf Jahren gewesen ist; von den Diskussionen und dem Beschluß über das Petersberger Abkommen im November 1949 angefangen bis jetzt schwebt der Sozialdemokratie vor: die Neutralisierung Deutschlands. Sie hat den geradezu irrsinnigen Gedanken, man werde dem zwischen den beiden Blöcken liegenden Deutschland – der Bundesrepublik – gestatten, neutral zu bleiben und das Zünglein an der Waage zu sein.
Meine Damen und Herren, das ist ein so vollkommen irrealer Gedanke und ein Gedanke, der von einem solchen Größenwahnsinn zeugt, daß man Angst und Bange haben könnte davor, daß ein Mann, der solche Ansichten hat, jemals in eine irgendwie entscheidende Stellung in Deutschland gelangen könnte. (Starker Beifall) Meine Freunde, wer etwas Derartiges sagt, der untergräbt geradezu das Vertrauen insbesondere der Vereinigten Staaten zu uns und auch das Vertrauen Großbritanniens und Frankreichs zu uns.
Der Isolationismus hat einmal in den Vereinigten Staaten eine große Rolle gespielt,

das war vor vier, fünf Jahren, und darüber muß sich doch jeder von uns vollkommen klar sein, daß in dem Augenblick, in dem die Vereinigten Staaten Europa verlassen, West-Europa eine Beute Sowjetrußlands werden wird. (Sehr richtig! und starker Beifall) Darum ist es, vom deutschen Standpunkt aus, so gefährlich, infam geradezu, wenn in solcher Weise von der Sozialdemokratie mit dem Gedanken des Neutralismus gespielt wird. Das ist unser sicherer Untergang, meine Damen und Herren.

Ich möchte noch ein Wort zur Außenpolitik sagen. Außenpolitik ist etwas völlig anderes als Innenpolitik. In der Innenpolitik kann ich ein Gesetz machen, das kann ich nach einem Jahr oder nach zwei Jahren, wenn sich zeigt, daß das Gesetz nicht ausreicht oder nicht mehr zeitgemäß ist, ändern. Anders ist es mit der Außenpolitik, meine Damen und Herren. Außenpolitik beruht auf dem Vertrauen, das die freien Länder zu Deutschland haben, und es war eine schwere Aufgabe in den zwölf hinter uns liegenden Jahren, nach der nationalsozialistischen Zeit das Vertrauen der freien Völker für Deutschland zurückzugewinnen. (Starker Beifall)

Herr Brandt hat gesagt, die Wiedervereinigung sei uns nicht gelungen, infolgedessen müßten wir zurücktreten. Nun, ich möchte Herrn Brandt und der SPD folgendes sagen: Wenn wir – die CDU/CSU – nicht diese Politik, den Anschluß an die freien Völker des Westens, mit allen Konsequenzen die ganzen zwölf Jahre hindurch verfolgt hätten, dann, meine Damen und Herren, wäre Berlin und wären wir schon lange in der russischen Sphäre, (Beifall) und dann gäbe es keinen Regierenden Bürgermeister von Berlin namens Brandt.(Sehr richtig! und stürmischer Beifall) Wir halten an dieser Politk, die wir zwölf Jahre mit solchem Erfolge durchgeführt haben, fest. (Erneuter stürmischer Beifall) Die Erfolge, meine Freunde, die wir erreicht haben, dürfen nicht verloren gehen. Sie sind dadurch erreicht worden, daß es uns gelungen ist, zwölf Jahre lang in einer Zeit wie der unsrigen eine konsequente, eine starke, eine stetige, eine klare Außenpolitik zu führen. (Starker Beifall)

Ich habe im Jahre 1957 in Nürnberg gesagt, wer die Sozialdemokratie wählt der trägt zum Untergang des freien deutschen Volkes bei. Ich bin gefragt worden, ob das noch immer mein Standpunkt sei und ich kann Ihnen jetzt, wo der Wahlkampf doch schon fortgeschritten ist, nur das eine sagen: die Sozialdemokratie mit ihrer Außenpolitik würde Deutschland den Russen ausliefern, meine Damen und Herren (starker Beifall), und zwar deswegen, weil das Vertrauen zum deutschen Volk wieder verloren ginge bei den freien Völkern. Das ist langsam gewonnen; aber Vertrauen kann man sehr schnell verlieren. (Zurufe: sehr richtig!)

Darum, meine Freunde, bitte ich Sie von ganzem Herzen, sorgen Sie dafür, daß wir in der kommenden Bundestagswahl womöglich noch besser abschneiden als bei der Wahl des Jahres 1957. (Starker Beifall)

Meine Damen und Herren, ich bin auch gefragt worden, ob wir zu einer Koalition mit der FDP bereit wären, darüber kann ich Ihnen nur folgendes sagen: Über Koalitionen vor einer Wahl zu sprechen, lehne ich rundweg ab. Das hat ja gar keinen Sinn, und wenn die FDP so weitermacht wie bisher, dann werden wir niemals mit ihr eine Koalition

abschließen. (Bravo-Rufe und starker Beifall)
Ich bin dann gefragt worden, ob wir bereit wären, unter Umständen eine Koalition mit der Sozialdemokratie abzuschließen, auch darauf kann ich aus innerster Überzeugung nach wie vor nur sagen: Nein! (Bravo-Rufe und starker Beifall)
Meine Freunde, auf innen- und auf außenpolitischem Gebiete trennt uns ein so tiefer Graben von den Anschauungen der Sozialdemokratie, daß eine Überbrückung dieses Grabens unmöglich ist. Wenn die Sozialdemokraten in Zukunft – die Sozialdemokratie, die das Peterberger Abkommen ablehnte, das den Anschluß an den Westen mit sich brachte, das den Eintritt in den Europarat mit sich brachte, das dann in der Folge die EWG, die Montan-Union, EURATOM, kurz und gut diese ganzen europäischen Institutionen schuf und schließlich NATO, die atlantische Organisation schuf –, wenn die SPD in Zukunft, falls solche ähnlichen Vorlagen vor das Parlament kommen, für sie stimmen würde à la bonheur, würde es mich freuen. Aber wir wollen doch mal abwarten, was sich tut. Ich glaube noch nicht daran.
Und nun, was wird unsere Politik nach der Wahl sein, wenn wir wieder – was wir hoffen dürfen, wenn wir unsere Pflicht tun, meine Damen und Herren – die Mehrheit haben? Nun, dann werden wir ein großes Feld der Arbeit vor uns sehen, und wir werden dann nach meiner Meinung gerade die schwierigen Aufgaben zunächst nehmen müssen und nicht die leichteren. Wir werden dann aber auch wirklich entschiedenen Gebrauch machen müssen von unserer Mehrheit, meine Damen und Herren, (starker Beifall) und wir werden uns namentlich auch bei sozialen Gesetzen nicht durch die endlosen Redereien der Sozialdemokratie die Zeit stehlen lassen, um die Gesetze zu verabschieden. (Starker Beifall) Das Krankengesetz muß unbedingt schnellstens gemacht werden, auch das Unfallversicherungsgesetz, auch die Kindergesetze müssen durchgesehen werden; es müssen auch die Steuergesetze durchgesehen werden, meine Freunde.
In der Europa-Politik kommen jetzt entscheidende Beschlüsse, einmal die Überführung der Landwirtschaft in den Bereich der EWG. Ich weiß, daß in landwirtschaftlichen Kreisen Sorge deswegen besteht, ich glaube, die landwirtschaftlichen Kreise brauchen nicht besorgt zu sein. Die Landwirtschaft, meine Freunde, ist für uns nicht ein Wirtschaftszweig wie irgendein anderer. Sie hat auch eine große nationale Bedeutung. Es kann immer wieder die Zeit kommen, da wir froh sein werden, wenn wir unser Volk zu einem sehr erheblichen Teil aus den Erträgnissen der eigenen Scholle ernähren können. (Starker Beifall)
Meine Freunde, wir, die wir doch für die breite Streuung des Eigentums sind, werden es nicht zulassen, daß der kleinbäuerliche Besitz nicht mehr Ertrag abwirft und dann verloren geht. Gerade auch der kleinbäuerliche Besitz ist für uns eine sehr wesentliche Frage des soziologischen Aufbaues bei uns. (Starker Beifall) Wir wollen nicht zu einem Volk mit einer kleinen oberen Schicht von Leitern der Wirtschaft und einem ungeheurem Heer von Arbeitnehmern werden. Nein, meine Damen und Herren, die Sicherheit eines Staates, das gute Gedeihen eines Volkes, das Wachsen und Blühen eines Volkes beruht vor allem auf einer guten mittleren Schicht. (Starker Beifall) Darum wird unsere ganze

Arbeit dem gewerblichen Mittelstand gelten. Aber auch den freien Berufen, alles das, was man im weitesten, im soziologischen Sinne als Mittelschicht ansehen muß. Was unseres besonderen Schutzes bedarf, soll diesen Schutz haben.

Meine Freunde, wir wollen auch in der Europa-Politik unseren Mann stehen. Sie wissen, daß Großbritannien jetzt um den Eintritt in die EWG nachgesucht hat. Wir wünschen, daß Großbritannien Mitglied wird mit vollen Rechten, aber auch mit vollen Pflichten. (Starker Beifall)Ein so großes Land wie Großbritannien mit all seinen Verbindungen und Bindungen zu den Commomwealth-Staaten kann nicht nur assoziiertes Mitglied von [der] EWG werden, es muß volles Mitglied von der EWG werden und muß auch die politischen Ziele der EWG, d.h. die stärkere Zusammenfassung Westeuropas bejahen. Und das soll unsere Aufgabe sein, im kommenden Bundestag dafür zu sorgen, daß das geschaffen werden kann.

Nun, meine Freunde, unser oberstes Ziel ist und bleibt die kontrollierte Abrüstung. Es wird auf der Welt keinen Frieden geben, wenn man nicht mit der kontrollierten Abrüstung sowohl der nuklearen Waffen wie der konventionellen Waffen einen wirklichen und ernsthaften Anfang macht. (Starker Beifall)

Meine Freunde, Friedensverträge sind von der Sowjetunion auch seit dem Jahre 1945 in einer ganzen Anzahl geschlossen und gebrochen worden. Das hilft uns nicht, die Furcht von der Erde zu bannen – ein Friedensvertrag. Die Furcht von der Erde kann nur dann gebannt werden, wenn wirklich die kontrollierte Abrüstung ernst wird und durchgeführt wird. (Starker Beifall) Dann werden auch Friedensverträge ihre Bedeutung haben, und dann, wenn das mit der kontrollierten Abrüstung gelungen ist, kommt auch die Wiedervereinigung unseres Vaterlandes.

Bitte denken Sie einmal zurück, welche Beweggründe Stalin dazu gebracht haben, sich diese ganzen Satellitenstaaten vor Sowjetrußland hinzulegen, Jugoslawien, Bulgarien, Rumänien, Ungarn, Polen, Tschechoslowakei bis zur DDR. Weil er fürchtete, daß eines Tages Rußland von Westen her angegriffen werden würde, wollte er dafür sorgen, daß in diesen Ländern und nicht in Sowjetrußland die entscheidenden Schlachten eines solchen Krieges sich abspielen.

Denken Sie daran, daß damals Sowjetrußland noch keine nukleare Bewaffnung hatte, die ja das ganze Bild verändert hat, das ganze Bild eines etwaigen zukünftigen Krieges total verändert hat. Wenn durch eine kontrollierte Abrüstung diese Gebiete den Zweck, den Stalin ihnen beigelegt hat, nicht mehr zu erfüllen brauchen, dann meine Damen und Herren, das ist meine feste Überzeugung, ist auch der Zeitpunkt gekommen, da unser Land Deutschland von seiner Zweiteilung erlöst und wieder ein einiges, ein großes Deutschland wird. (Stürmischer Beifall) Das ist unser Ziel. Wir müssen uns darüber klar sein, daß viel Geduld und Energie dazu gehört, um dieses Ziel zu erreichen, und daß es bei dem Zustand auf der Erde nicht von heute auf morgen gehen kann.

Nach meiner Überzeugung will Chruschtschow keinen Krieg weil er weiß, daß bei dem heutigen Zustand der Rüstungen auf der Welt es in einem nuklearen Krieg weder Sieger noch Besiegte geben wird, weil das entsetzliche Unheil eines solchen Krieges dann über ganze Erdteile hinweggehen wird.

Ich glaube nicht, daß wir zu einem solchen Kriege kommen. Aber warum? Ich glaube, daß wir unsere Freiheit behalten. Aber warum, meine Damen und Herren? Ich glaube auch, daß wir zu einer konventionellen Abrüstung kommen werden. Aber warum? Daher: weil wir mindestens so stark sein müssen, wie Sowjetrußland. Dann wird Sowjetrußland auch bereit sein, vernünftige Verhandlungen mit dem Westen zu führen und vernünftig zu einer kontrollierten Abrüstung zu schreiten.

Das ist unser Ziel, und dieses Ziel mit unserer Politik zu erreichen, darum bitten wir Sie, und wir bitten vor allem, unsere Partei. Die CDU/CSU hat ein Recht, das deutsche Volk darum zu bitten, weil wir doch diesem Teil des deutschen Volkes – der Bundesrepublik – mit seinen 52 bis 53 Millionen Deutschen die Freiheit von der Besatzung wieder verschafft haben. Und die Freiheit im internationalen und im nationalen Leben, das haben wir erreicht, das hat nicht die Sozialdemokratie erreicht. (Starker Beifall)

Darum soll auch diese Bundestagswahl uns helfen, auf dem Wege, den ich Ihnen vorzeichnen konnte und der ein guter Weg ist, meine Freunde, auf diesem Wege voranzuschreiten, an dessen Ende steht: Frei von Furcht und Wiedervereinigung Deutschlands! (Stürmischer, anhaltender Beifall)

Quelle: ARh, maschinenschriftlich, nach einer unkorrigierten stenographischen Nachschrift.

Anmerkungen

1 Die Ansprache wurde am Abend des 14. August nach einem Tag pausenloser Besprechungen im Bundeskanzleramt gehalten. Adenauer hatte sich am 13. August nach längerer Überlegung dagegen entschieden, sofort nach Berlin zu fliegen, obwohl ihm unter anderem auch klar war, daß die Entscheidung zum Flug nach Berlin unter wahltaktischen Gesichtspunkten günstig wäre. Er entschied sich aber vor allem deshalb dagegen, weil er befürchtete, bei seinem Eintreffen und einem dann unvermeidlichen öffentlichen Auftritt könnte die Situation in Berlin außer Kontrolle geraten. Die Rede in Regensburg wurde aus der Überlegung heraus nicht abgesetzt, daß ein Signal dieser Art die starke Erregung im Lande nur noch verstärken würde. Hingegen paßte die Fortsetzung der Wahlkampagne in Adenauers Krisen-Taktik jener Tage, die darauf hinauslief, eine Dramatisierung und Verschärfung im Interesse der Friedenserhaltung (aber auch mit Blick auf die Einwirkungen der westlichen Regierungen) möglichst zu vermeiden. Der persönliche Angriff auf den sozialdemokratischen Kanzlerkandidaten und damaligen Regierenden Bürgermeister von Berlin, der vielerorts als unangebracht empfunden wurde, ist vor allem durch auszugsweise Berichte von einer Wahlrede Brandts hervorgerufen worden, die dieser am 11./12. 8. 1961 auf dem Deutschlandtreffen der SPD in Nürnberg gehalten hatte.

2 Dean Rusk war amerikanischer Außenminister von 1961–1969.

3 Text des vom SPD-Parteitag beschlossenen „Appell von Hannover" in: AdG, 1960, S. 8778.

4 Vgl. Protokoll der Verhandlungen des Außerordentlichen Parteitages der Sozialdemokratischen Partei Deutschlands vom 13.–15. 11. 1959 in Bad Godesberg. Bonn o. J., S. 134.

18. August 1961

Wahlrede auf einer Großkundgebung in Essen

Die Rede zeigt den Bundeskanzler bei dem Versuch, die öffentliche Enttäuschung über die Untätigkeit des Westens beim Mauerbau aufzufangen und die Leidenschaften abzuwiegeln.

Meine lieben Parteifreunde! Es sind ereignisvolle Tage, die wir jetzt durchleben. Sie kennen den Tatbestand. Sie wissen, daß vor knapp einer Woche die kommunistische Sowjetzone durch Betonpfähle und durch Stacheldraht Berlin in zwei Teile geteilt hat, und die Erregung des Volkes, namentlich auch der Bevölkerung von Berlin, aber des ganzen deutschen Volkes können wir verstehen. Meine Freunde, es ist an sich ein gutes Zeichen dafür, daß in unserem Volk das politische Leben, das politische Wollen so stark ist. Viele sind durch den Vorgang überrascht worden, und aus dieser Überraschung heraus sind sie enttäuscht, weil ihnen gesagt worden ist, es hätten insbesondere die Vereinigten Staaten – der Präsident Kennedy –, aber auch Großbritannien und Frankreich mehr tun müssen, als papierne Erklärungen abzugeben. Dazu möchte ich Ihnen einige Worte sagen.

Glauben Sie mir folgendes: Es wäre ein verhängnisvoller Irrtum, wenn tatsächlich im deutschen Volke der Glaube Platz griffe, daß Amerika enttäuschte. Meine Freunde, warum hat Ulbricht mit Genehmigung von Chruschtschow und des gesamten Ostblocks diese Teilung vorgenommen? Vor allem wegen der in der Flucht von Zehntausenden zutage tretenden Bankrotterklärung des kommunistischen Zonenregimes. Vielleicht spielte auch die Absicht dabei eine Rolle, namentlich auf seiten Sowjetrußlands, sich für die Verhandlungen über Westberlin und die von der Sowjetunion geforderte Anerkennung der Sowjetzone als Staat eine Basis zu schaffen.

Die Westmächte haben zunächst durch ihre Kommandanten in Berlin Protest einlegen lassen und dann durch Noten, die gestern der sowjetischen Regierung in Moskau übergeben worden sind, die Rückgängigmachung der von dem Zonenregime getroffenen Anordnungen verlangt. Das ist der Tatbestand.

Es gibt – ich habe das eingangs ja gesagt, und man darf die Augen nicht davor verschließen – in Deutschland Stimmen der Unzufriedenheit und Enttäuschung. Aber ich glaube, daß die Westalliierten, an der Spitze die Vereinigten Staaten, gar nicht anders hätten handeln dürfen, wie sie gehandelt haben. Und von all den zahlreichen Kritikern hat noch niemand, auch nicht der Bürgermeister von Berlin, bisher gesagt, was denn die Alliierten hätten tun sollen.

Ich möchte versuchen, Ihnen die Lage in der Welt und in Europa klarzulegen, damit Sie selbst sich ein Urteil darüber bilden können, ob die Alliierten richtig gehandelt haben oder nicht. Ich lege dieser Aufklärung ein außerordentlich großes Gewicht bei. Denn Chruschtschow, meine Damen und Herren, würde einen ganz ungeahnten Erfolg durch diese Maßnahme erreichen, wenn es ihm dadurch gelingen würde, innerhalb des Westblocks zwischen Amerika, Großbritannien, Frankreich und uns Zweifel und Enttäuschung hervorzurufen. (Starker Beifall)

Ich bedauere eigentlich, daß auch politisch denkende Menschen, auch Zeitungen, in ihrer Kritik des Vorgehens der drei Westalliierten so außerordentlich scharf, ja verletzend geworden sind. Ich meine, daß gerade diejenigen, die sich mit Politik beschäftigen, doch in erster Linie wissen müssen, daß unsere beste Waffe gegenüber dem Ostblock die Einigkeit ist, (Starker, anhaltender Beifall) und daß man sich darum sehr sorgfältig hüten muß, ehe man derartige Mitteilungen der Öffentlichkeit übergibt, wie wir sie leider erlebt haben[1].

Meine Freunde, zwischen dem Ostblock und dem Westblock bestehen mehrere Differenzen bezüglich Deutschlands. Sie wissen, daß Berlin noch immer eine besetzte Stadt ist. Die Besatzungsmächte, die Vereinigten Staaten, England und Frankreich und die Sowjetunion, übten zunächst ihre Macht in Berlin durch den von ihnen gebildeten Viermächte-Kontrollrat gemeinsam aus, obwohl Berlin in vier Besatzungszonen geteilt war.

Im Laufe der Jahre wurde dieser Kontrollrat immer mehr seiner Bedeutung entkleidet. Die drei Besatzungszonen der Westmächte wurden gemeinsam von den drei westlichen Besatzungsmächten, die sowjetische Besatzungszone von den Russen verwaltet. Es blieb eine Viermächte-Verwaltung für gewisse Sparten bestehen, z.B. für den Verkehr zwischen dem Ostsektor und den Westsektoren und zwischen der Zone und den Westsektoren von Berlin.

Diese Bestimmung, die auf vertraglichen Abmachungen beruht, ist am 13. August von Ulbricht einseitig und brutal gebrochen worden. Gegen die Teilung Berlins hat damals unser Freund Friedensburg Protest eingelegt; er war damals der Bürgermeister von ganz Berlin. Als diese Teilung eintrat, im Kontrollrat und in der ganzen Verwaltung der Stadt, bestand die Bundesregierung überhaupt noch nicht, meine Damen und Herren. Sie konnte also auch nichts dagegen tun.

Warum sage ich Ihnen das? Weil z.B. die „Zeit“ sich einen Artikel geleistet hat, der hanebüchener Unsinn ist, aber sehr schädlich, und der davon spricht, daß wir alle geschlafen hätten. Mir scheint, daß die „Zeit“ geschlafen hat[2]. (Starker Beifall)

Nun, meine Damen und Herren, in den Jahren nach dem deutschen Zusammenbruch im Jahre 1945 haben sich zwischen dem von der Sowjetunion geführten kommunistischen Ostblock und dem demokratischen unter der Führung der USA stehenden Westblock in verschiedenen Teilen der Welt Gegensätze herausgebildet und sich immer weiter verschärft. Einen entscheidenden Einfluß auf die ganze politische Lage in der Welt übte die Entwicklung der nuklearen Waffen aus. Durch die Entwicklung der nuklearen Waffen hat sich überhaupt die ganze Politik, die ganze Außenpolitik völlig verändert. Die nuklearen Waffen können zur Vernichtung ganzer Länder in kürzester Zeit führen. Ein mit nuklearen Waffen geführter Krieg würde eine Zerstörung und ein Verderben über die Erde bringen, wie es bisher noch niemals gewesen ist. Das, meine Freunde, muß in dem Zusammenhang gesagt sein, weil mit diesem Hintergrund gesehen die

heutige Lage auf der Erde wirklich erkannt werden kann.
In der heutigen Sitzung des Bundestages, die sich mit Berlin beschäftigte, haben die Sprecher aller drei Fraktionen mit Recht verlangt – und es war auch unsere Meinung, die Meinung der Bundesregierung –, daß der Versuch gemacht werden muß, im Wege von Verhandlungen mit der Sowjetunion eine Lösung der Spannungen und auch des deutschen Problems zu finden.
Herr Ollenhauer, der Sprecher der Sozialdemokratischen Fraktion, hat diesem Verlangen noch die Worte hinzugefügt „angesichts der drohenden Kriegsgefahr". Das war ein wahres Wort, meine Damen und Herren, und daher bitte ich zunächst von mir anzunehmen, daß man bei einer solchen Lage in der Welt jeden Schritt sehr sorgsam überlegen muß, damit man im Wege der Verhandlungen die Spannung löst und nicht einen Krieg auf der Erde heraufbeschwört, bei dem alles vernichtet wird, bei dem es weder Sieger noch Besiegte gibt. (Stürmischer, anhaltender Beifall)
Lassen Sie mich jetzt noch einmal den Satz wiederholen, den ich zu Anfang gesagt habe: Eine Vertrauenskrise unter den Völkern des Westens, Enttäuschung bei uns gegenüber den USA würde eine katastrophale Schwächung des Westblocks gegenüber dem Ostblock zur Folge haben. Es würde das ein Erfolg der Sowjetunion von dieser Aktion sein, den auch Chruschtschow, glaube ich, niemals sich hätte träumen lassen. Damit sollten unsere Kritiker und die Leute, die Transparente herumführen, und die Leute, die sich den dummen Witz erlauben, dem amerikanischen Präsidenten Kennedy einen Regenschirm zu schicken[3], zunächst mal bei sich selbst überlegen, in welch schauerlicher Verfassung und in welch schauerlicher Gefahr die ganze Erde ist, insbesondere auch wir Deutschen sind. (Starker Beifall)
Wir, meine Freunde, wollen keinen Krieg. Darum müssen und wollen wir verhandeln mit Sowjetrußland. Aber jede Verhandlung muß eingeleitet werden durch diplomatische Noten. Die Noten, die in Moskau übergeben sind, sind in ungewöhnlicher scharfer Form gehalten. Und jetzt müssen wir das Weitere in Ruhe und Entschlossenheit abwarten.
Daneben, meine Freunde, müssen wir stark sein auf militärischem Gebiet. Darum begrüße ich, daß die Kräfte von NATO zusammengerafft werden, und auch wir müssen dabei mithelfen, nicht, weil ich wünsch[te] oder überhaupt glaubte, daß es zum Krieg kommen würde; nein, meine Freunde, weil Sowjetrußland niemals mit einem Gegner verhandelt, der schwach ist. (Starker, anhaltender Beifall)
Wir müssen auch – und diese Seite der Sache ist sowohl auf der Pariser Außenministerkonferenz[4] wie in einer langen Unterredung, die ich beim Besuch des amerikanischen Außenministers Rusk bei mir in Cadenabbia hatte[5], besprochen worden – auch wirtschaftliche Maßnahmen vorsehen, wenn die Verhandlungen mit Sowjetrußland nicht beginnen sollten, oder wenn sie von Sowjetrußland in einer Weise geführt werden, daß versucht werden müßte, Sowjetrußland klarzumachen, daß wir ihm auf wirtschaftlichem Gebiet turmhoch überlegen sind. (Starker Beifall) Diese Maßnahmen auf wirtschaftlichem Gebiet müssen in der richtigen Reihenfolge angewandt werden, und sie müssen im richtigen

Augenblick beginnen, nicht zu früh, aber auch nicht zu spät. Der Ostblock – davon bin ich zutiefst überzeugt – würde empfindlich von diesen Maßnahmen getroffen werden und der Aufbau der Wirtschaft Sowjetrußlands würde durch diese Maßnahmen stark gedämpft, wenn nicht unmöglich werden.

Lassen Sie mich ein Wort sagen zu dem Stand der Wirtschaft im Ostblock. Sie wissen, wie es in der Sowjetzone seit Monaten aussieht. Sie haben gelesen, wie es in Polen aussieht, in der Tschechoslowakei, in Rumänien. Und wenn auch die Sowjetunion in manchen Sparten ihrer Wirtschaft, insbesondere auf militärisch-technischem Gebiet, große Erfolge erreicht hat – im Durchschnitt gesehen, meine Freunde, ist die russische Wirtschaft weit hinter der europäischen und der amerikanischen Wirtschaft zurück. Denn sonst würde Sowjetrußland es nie zulassen, daß die Verhältnisse in der Ostzone so sind, wie wir sie nun alle kennen. Es würde dann auch kein Plan für 20 Jahre gemacht werden. Also, wie in 20 Jahren die Wirtschaft aussieht – und jetzt einen Plan zu machen für die Wirtschaft nach 20 Jahren –, na, meine Freunde, ja ich will nur die Achseln zucken und das Meine dazu denken.(Starker Beifall)

Meine Freunde, Präsident Kennedy hat seinen Vizepräsidenten Johnson nach hier geschickt, und morgen vormittag um 10 Uhr werde ich in Bonn eine Besprechung mit Johnson, der übrigens ein alter Freund von mir ist, über die gesamte Lage haben. (Starker Beifall) In Begleitung von Johnson befindet sich der General Clay, den wir ja auch alle kennen und der uns kennt. Ich glaube, meine Damen und Herren, diese Tatsache, daß Johnson, der ein sehr tatkräftiger Mann ist, nach hier geschickt wird, die sollte doch auch die Transparente-Leute usw. davon überzeugen, daß Kennedy fest entschlossen ist, mit uns zusammenzuarbeiten und zu handeln. (Starker Beifall)

Heute vormittag bis spät über mittag war, wie Sie wissen, diese Bundestagssitzung in Bonn. Die Bundesregierung hat durch meinen Mund eine Erklärung abgegeben, und dann haben die Vertreter der drei Fraktionen gesprochen. Ich habe eben schon gesagt, daß die Bundesregierung fest entschlossen ist, jeden Ansatz zu Verhandlungen zwischen den vier für Berlin maßgebenden Mächten und uns herbeizuführen.

Sie wissen, meine Damen und Herren, daß in dieser Woche am Mittwoch der russische Botschafter Smirnow im Auftrage von Chruschtschow bei mir war, und daß ich mit ihm ein mehr als einstündiges Gespräch gehabt habe. Es mag etwas auffällig gewesen sein, daß ich gerade einige Tage, nachdem das in Berlin passiert ist, eine solche Unterredung gehabt habe. Aber, meine Damen und Herren, ich habe die Frage Berlin natürlich bei ihm zur Sprache gebracht; er hat mehr über die allgemeine Weltlage gesprochen. Das Gespräch verlief ohne jede Schärfe, und ich glaube, es war richtig von mir, daß ich seiner Bitte um ein Gespräch nachgekommen bin, auch in diesem Zeitpunkt[6]. (Starker Beifall)

Meine Damen und Herren, ich bin – und mit mir sind es wohl alle diejenigen, die die Dinge näher kennen – eigentlich doch sehr berührt dadurch, daß die Sowjetunion, die ja die führende Macht des Ostblocks ist, diese Aktion durch Ulbricht hat starten lassen. Aber diese Aktion – auch das muß man einmal aussprechen, darüber muß man

mal nachdenken – hat einige gute Seiten. Sie hat gezeigt, und hat der ganzen Welt gezeigt, daß wir nicht die Militaristen sind, wie immer behauptet wird, sondern daß die Kommunisten in der Sowjetzone die Militaristen sind. (Starker Beifall)
Meine Damen und Herren, ich hoffe, daß diese Aktion in der gesamten Welt, auch in der Welt der Neutralen, diese Aktion, die da ausgeführt worden ist mit Volkspolizei und mit Volkssoldaten, mit Panzern mit allem möglichen, in der Welt zeigt, welcher von den beiden Teilen Deutschlands der Aggressive ist und wer es nicht ist.
Meine Freunde, es ist ja auch doch vielleicht nicht ohne Bedeutung, daß, wenn in die Verhandlungen über die Zukunft West-Berlins eingetreten wird, die Chruschtschow ja seit drei Jahren verlangt, und wenn eingetreten wird in Verhandlungen über die Frage, daß die Sowjetzone als ein selbständiger Staat anerkannt wird, man dann vorher doch sieht an dem, was jetzt vor sich gegangen ist, was man auf etwaige Garantien der Sowjetzone für eine Freie Stadt Berlin geben darf. (Starker Beifall)
Meine Freunde, ich glaube, daß das vielleicht Folgen dieses Vorgehens der Zone sind, die sich die Urheber vorher nicht so sehr überlegt haben. Wir aber, wir Deutschen in der Bundesrepublik, wir fühlen zutiefst mit den Deutschen in Ost-Berlin und in der Sowjetzone, und wir bitten sie von ganzem Herzen, auszuhalten und die Hoffnung nicht dranzugeben. (Starker Beifall)
Meine Freunde, diese Betonpfeiler und dieser Stacheldraht machen schließlich nicht Weltgeschichte. Das Selbstbestimmungsrecht der Völker hat im Laufe von wenigen Jahren einen Siegeszug über die ganze Welt angetreten, und ich bin der festen Überzeugung, daß das, was man jeder Kolonie in Afrika gewährt – das Selbstbestimmungsrecht –, den Deutschen im Herzen Europas nicht auf die Dauer verwehrt werden kann. (Stürmischer, anhaltender Beifall) Und dann, meine Freunde, ist der Tag gekommen, der Tag der Wiedervereinigung in Freiheit, an den ich glaube mit aller Kraft und in vollster Überzeugung. Denn gegen das Recht und gegen die Prinzipien, wie das Prinzip der Freiheit und der Selbstbestimmung der Völker, kann auf die Dauer auch kein kommunistischer Staat an. (Starker Beifall)
Wir hoffen, meine Freunde, daß die Verhandlungen mit der Sowjetunion bald aufgenommen werden, und wir würden es begrüßen, wenn dann als erster Punkt auf der Tagesordnung stünde, daß die alten Verhältnisse in Berlin wiederhergestellt werden. Darin würden wir ein Zeichen dafür sehen, daß auch die Sowjetunion in Wirklichkeit Frieden in der Welt will. (Starker Beifall)
Nun, meine Freunde, wir stehen vor einer Bundestagswahl, und mancher fragt sich vielleicht, ist es richtig, in solchen Zeiten eine Wahl abzuhalten. Und wenn es unbedingt sein muß, kann man es dann nicht nett miteinander machen! (Heiterkeit) Ja also, meine verehrten Damen und Herren, das Grundgesetz verlangt eine Wahl, weil die Wahlperiode dieses Bundestages abläuft, und ich glaube nicht, daß etwa die SPD bereit wäre, einer Abänderung des Grundgesetzes zuzustimmen, wonach die Legislaturperiode dieses Bundestages um weitere vier Jahre verlängert wird. (Lachen und Beifall)
Aber, meine Damen und Herren, wenn sie das will, Gott, dann werden wir einverstanden

sein. (Heiterkeit und Beifall)

Nun Wahlen – Bundestagswahlen; vier Wochen stehen noch vor uns, meine Freunde. Ich will Sie, namentlich nach den ausgezeichneten Ausführungen des Landtagspräsident[en] Johnen, nicht mit großen parteipolitischen Ausführungen jetzt hier noch festhalten – aber ich sage doch folgendes: Ist es nicht klüger, in einer so schwierigen Lage, wie es die Lage Deutschlands jetzt und in den nächsten Monaten, sicher in den nächsten zwölf Monaten sein wird, die Kräfte, die jetzt 12 Jahre lang in der Außenpolitik positiv gearbeitet haben, die Erfahrungen gesammelt haben, die Anknüpfungsstellen gefunden haben, dort zu belassen, als es mit einer neuen Gesellschaft, die bisher doch völlig versagt hat, auf dem Gebiet der Außenpolitik, zu versuchen? (Stürmischer, anhaltender Beifall) Ich glaube, das ist ein Argument, das eigentlich jeder verstehen muß, und das ist doch überzeugend. Was brauche ich Ihnen denn heute abend im einzelnen viel darüber vorzutragen? Sehen Sie, Herr Präsident Johnen hat alle die Neins der Sozialdemokratie vorgetragen, inklusive des Neins vom Herrn Regierenden Bürgermeister Brandt, und ich muß sagen, wenn ich mir jetzt ein Haus bauen lassen wollte, und es steht ein Architekt da, der schon Häuser für mich gut und preiswürdig gebaut hat, und dann käme ein anderer Architekt, dem ein Haus nach dem anderen eingefallen ist, (Heiterkeit und stürmischer Beifall) – sehen Sie, die Wahl wäre schnell bei mir getroffen.

Aber wir wollen bei der Wahl am 17. September, meine Freunde, eine möglichst große Mehrheit haben, und wir wollen wieder eine absolute Mehrheit haben. (Stürmischer Beifall) Es soll uns doch mal einer nachweisen, daß wir von der absoluten Mehrheit einen schlechten Gebrauch gemacht haben. Nach meiner Meinung – das sage ich als Fraktionsmitglied – haben wir manchmal zu wenig Gebrauch davon gemacht. Wenn es nach mir gegangen wäre, hätte man schneller davon Gebrauch gemacht. Denn, meine Damen und Herren, die Lebenszeit eines Parlaments beträgt vier Jahre, das ist eine kurze Zeit. Sehen Sie, in einem Parlament sind präter propter nach der Wahl 25% Neue, und die ganzen Ausschüsse werden neugewählt, die Vorsitzenden der Ausschüsse. In den Fraktionen müssen sich die Neuen zurechtfinden, und die Fraktionen, die zum Teil ein anderes Gesicht bekommen, untereinander sich auch abtasten. Das hat zur Folge, daß fast ein Jahr für die wirklich ernste Arbeit verlorengeht, und wenn dann drei Jahre vorüber sind, meine Freunde, dann sieht jeder schon auf die Neuwahl, dann wird die Sache auch schlecht im Parlament. Dann wird doch vielleicht von dem einen oder anderen bei einer Abstimmung zu sehr daran gedacht: Sorge dir, daß du Freunde unter den Wählern hast. Und darum bin ich dafür, daß man, wie uns das bei der Krankenversicherung durch die Sozialdemokraten vorgemacht worden ist, nicht endlose Reden macht. Natürlich muß geredet werden, in den Ausschüssen; es muß gesprochen werden – ich will nicht sagen geredet werden, aber es muß gesprochen werden –, und das Für und Wider muß klargelegt werden, aber dann, meine Damen und Herren, muß abgestimmt werden. Die Hauptsache ist nicht das Reden, sondern das Abstimmen.

Und nun Koalitionen. Da hat die FDP gesagt, sie wolle mit uns eine Koalition machen. Ich muß Ihnen sagen, die Botschaft höre ich, doch mir fehlt der Glaube, denn sehen

Sie, wenn ich mit einer anderen Partei eine Koalition abschließen kann, dann trete ich der doch nicht vor der Wahl ständig auf sämtliche Hühneraugen, das hat keinen Zweck. (Heiterkeit)

Ich habe namentlich den Demokraten übel genommen, daß sie hier in Nordrhein-Westfalen und in Bayern – da sind mir die größten Klagen gekommen – konfessionelle Hetze getrieben haben, und das ist etwas sehr Böses. Wir in Deutschland werden, und namentlich unsere Partei wird sich niemals nehmen lassen, daß die beiden christlichen Konfessionen zusammenarbeiten. (Starker, anhaltender Beifall)

Aber ich will Ihnen nur ein Beispiel erzählen von den Demokraten in den letzten Sitzungen des Bundestages – das war die Eherechtsgesetzgebung. Hitler hat in die Eherechtsgesetzgebung einen Paragraphen hineinsetzen lassen, durch den es einem böswilligen Ehegatten, wenn er auch schuldig war, möglich wurde, daß die Ehe getrennt wurde, auch gegen den Willen des unschuldigen Teils. Und diese Bestimmung wollten wir weghaben, weghaben, meine Freunde, weil doch bei einer Ehescheidung die Kinder diejenigen sind, die die Hauptlast zu tragen haben. Deswegen haben wir dieses Gesetz verabschiedet und haben dabei allerdings von unserer Mehrheit Gebrauch gemacht, Gott sei Dank! (Starker Beifall) während die Freien Demokraten zusammen mit der Sozialdemokratie stimmten, wie überhaupt, meine Freunde, die Verwandtschaft, die Affinität wollte ich sagen – das Wort gibt es nicht genau wieder, Verwandtschaft ist nicht genau dasselbe, aber es ist etwas Ähnliches, lassen Sie mich diesen Ausdruck gebrauchen – die Affinität zwischen der FDP und der SPD ist manchmal überraschend groß. Ich sehe darüber weg, meine Damen und Herren, daß die Sozialdemokraten in diesem Wahlkampf überhaupt keine roten Plakate mehr kleben. Aber es ist doch interessant, daß die FDP nur rote Plakate hat! Und so gibt es doch allerhand Absprachen, meine Damen und Herren, nicht zwischen Herrn Mende und Herrn Ollenhauer, wenn Herr Mende sagt, wir haben keine Absprache getroffen, so glaube ich das dem Herrn Mende. Wenn er mir aber sagen würde, auch hinter meinem Rücken sind keine Absprachen getroffen, so würde ich ihm sagen: Lieber Herr Mende, das weißt Du doch nicht. (Heiterkeit) Daher bitte ich Sie sehr, sorgen Sie dafür, daß am 17. September der letzte Wähler zur Wahlurne geht, damit wir mit einer möglichst großen Stimmenzahl aus der Wahl hervorgehen. Das hilft unserer Politik gegenüber dem Ausland, und, meine Freunde, es hilft uns auch, wenn die FDP kommt und eine Koalition mit uns machen will. (Lachen) Dann ist das Gespräch sehr viel einfacher, als wenn sie wirklich das Zünglein an der Waage wären, was sie niemals sein werden. Ich bitte Sie also sehr herzlich um folgendes zunächst: Beobachten Sie die außenpolitischen Vorgänge jetzt mit großer Aufmerksamkeit, aber auch mit Zurückhaltung, und lassen Sie sich nicht verleiten von Leuten, die vielleicht schlechten Willens sind, Zwietracht zu säen zwischen uns und den Vereinigten Staaten und Frankreich und Großbritannien. Denken Sie immer daran, daß nur die Einigkeit der freien Völker uns alle schützt und daß, wenn wir nicht einig sind, wir alle miteinander verloren sind.

Ich bitte Sie also, geben Sie am 17. September durch eine möglichst große Wahlbeteiligung und durch eine möglichst große Stimmenzahl für die CDU/CSU vor der ganzen Welt Zeugnis davon, daß Sie zufrieden sind mit unserer Arbeit und daß Sie wollen, daß in den kommenden vier Jahren die Arbeit im gleichen Geiste und mit derselben Klarheit und derselben Geradheit fortgeführt wird. (Stürmischer, lang anhaltender Schlußbeifall)

Quelle: ARh, maschinenschriftlich, nach einer stenographischen Nachschrift des BPA.

Anmerkungen

[1] Anspielung auf die vor allem von Willy Brandt, dem Regierenden Bürgermeister von Berlin und Kanzlerkanditaten der SPD, an der alliierten Untätigkeit öffentlich geübte Kritik (in einer Rede am 16. 8. vor dem Schöneberger Rathaus, Text in: DER TAGESSPIEGEL 17. 8. 1961).

[2] Gemeint war der Leitartikel von Marion Gräfin Dönhoff: „Quittung für den langen Schlaf. Die Politik des Nichtstuns kommt uns teuer zu stehen". In: DIE ZEIT, 18. 8. 1961.

[3] Bonner Studenten sandten dem amerikanischen Präsidenten einen „Appeasement-Regenschirm" und erinnerten damit an den britischen Prmierminister Chamberlain, der 1938 die Tschechoslowakei an Hitler preisgegeben hatte.

[4] Das Treffen der Außenminister der drei Westmächte und der Bundesrepublik Deutschland fand vom 5. – 7. 8. 1961 in Paris statt (Erklärung von Bundesaußenminister von Brentano dazu in: Europa-Archiv 1961, D 535 f).

[5] Dean Rusk hatte den Bundeskanzler am 10. 8. 1961 in Cadenabbia aufgesucht.

[6] Adenauer erklärte sich dabei auf Vorschlag Smirnows mit einem Kommuniqué einverstanden, in dem die Bundesregierung versicherte, sie werde keine Schritte unternehmen, „welche die Beziehungen zwischen der Bundesrepublik und der UdSSR erschweren und die internationale Lage verschlechtern würden" (Wortlaut im Bulletin, 17. 8. 1961).

7. Februar 1962

Bericht zur politischen Lage vor dem Engeren CDU-Bundesparteivorstand in Bonn (Palais Schaumburg)

Die bisher unveröffentlichte Ansprache zeigt, wie ernst Adenauer damals die Gefahr eines Atomkriegs in Deutschland aufgrund der sowjetischen Berlinpolitik eingeschätzt hat. Weiter finden sich hier Überlegungen zum sowjetisch-chinesischen Verhältnis und zur deutschen Innenpolitik.

Meine Damen und Herren! Diese Sitzung ist die erste Sitzung des Engeren Bundesvorstandes seit der Bundestagswahl. Das braucht aber kein Versäumnis zu sein; denn wir haben bereits 2 Sitzungen des Bundesparteivorstandes seit der Bundestagswahl abgehalten. Als Termin für die heutige Sitzung hatten wir zunächst den 30. Januar vorgesehen. Dieser Termin mußte aber verschoben werden, weil ich an einer Griippe erkrankt war. Lassen Sie mich dazu ein persönliches Wort sagen. Meine Damen und Herren! Sie können das weitergeben, wenn Sie wollen. Man darf 'Bundeskanzler sein, man darf alle möglichen Scherereien auf seinem Buckel haben, aber ein Recht auf Grippe hat man nicht! Das ist unter gar keinen Umständen erlaubt.

Nun bin ich, sobald ich gewählt worden war, nach Washington gefahren, weil in etwa die Sache gefährlich für uns aussah, um die Verbindung durch eine Aussprache mit Präsident Kennedy zu pflegen. Ich hatte damals schon Fieber. Ich hatte also die Grippe. Sie wurde natürlich in Washington nicht besser. Ich habe zwar versucht, sie auszukurieren, aber es gelang mir nicht. Bei mir sind die Nebenhöhlen entzündet. Jeder Arzt wird Ihnen sagen, das wird erst wieder in Ordnung kommen durch eine andere Temperatur und ein besseres Klima. Ansonsten bekommt man immer wieder Husten, Schnupfen usw. Daran ist nun leider nichts zu ändern.

Ich möchte Ihnen aber noch folgendes sagen: Mein letzter Urlaubstag – wenn Sie das überhaupt Urlaubstag nennen wollen – war am 10. August. Aber auch das war insofern kein Urlaubstag, als ich damals Verhandlungen mit Fanfani und Segni in Mailand hatte. Am Tage vorher habe ich mit Rusk verhandelt, eine Verhandlung, die sehr wichtig war. Rusk war damals in Bellaggio am Comer See, um die Rockefeller-Stiftung – ein wundervolles Besitztum –, deren Präsident er ist, zu revidieren. In dieser glücklichen Rockefeller-Stiftung gibt es 5 Professoren und 53 Angestellte. Ich empfehle jedem von Ihnen, wenn er es erreichen kann, Präsident der Rockefeller-Stiftung zu werden.

Also, seit dieser Zeit bin ich keinen Tag mehr in Urlaub gewesen, auch nicht zwischen Weihnachten und Neujahr. Ich habe also keinen Tag Urlaub mehr genommen nach der Bundestagswahl, während diejenigen Damen und Herren, die im Wahlkampf tätig waren, mit Recht einen Urlaub eingelegt haben. Und wenn ich nun die Grippe habe, dann heißt es in gewissen Kreisen: Er ist fertig. – Ich glaube sogar, man wollte Kränze bestellen. (Bewegung und Unruhe)

Deshalb bitte ich Sie, wenn Sie mit irgendwelchen Leuten sprechen, zu bedenken, daß diese doch parteipolitische Esel sind. Denn sie wollen uns auseinandermanövrieren. Sie wollen einfach so tun, als ob wir manövrierunfähig und regierungsunfähig seien. Aber davon kann keine Rede sein; denn ich habe auch, während ich zu Hause sein mußte, Tag für Tag meine Arbeit verrichtet. Auch die Herren Krone und Globke habe ich zu einer längeren Aussprache gebeten. Herr Krone wird wahrscheinlich sagen, daß das eine sehr interessante, aber auch anstrengende Aussprache gewesen ist. (Bundesminister Dr. Krone: 5 Stunden lang!)

Seit dem zunächst festgesetzten ersten Termin der Sitzung des Engeren Bundesvorstandes bis heute hat sich sowohl die außenpolitische wie auch die innenpolitische Situation und auch innerhalb unserer Arbeit wiederum etwas geändert. Deshalb möchte ich Ihnen einen Überblick über die Lage geben und meine Ansicht dartun, wie ich die ganze Situation sehe. Ich möchte das in diesem kleinen Kreis tun, weil ich Ihnen ganz bestimmte Dinge sagen muß, die nicht an die Öffentlichkeit kommen dürfen. Das ist ja die große Gefahr überhaupt in der heutigen Zeit, meine Damen und Herren, der Mangel an Diskretion, der gang und gäbe ist, aber nicht nur bei uns Deutschen, sondern überhaupt in der Welt, der sehr viel Schaden anrichtet, namentlich aber für uns Deutsche. Ich will nicht sagen, Sie dürfen überhaupt kein Wort verwenden von dem, was ich Ihnen jetzt vortrage – ich werde auch einen Teil davon nachher bei dem größeren Kreis des

Bundesparteivorstandes vortragen –, aber ich bitte Sie doch dringend, jeden von Ihnen, Fingerspitzengefühl dafür zu zeigen, was man weitergeben kann und was man nicht weitergeben kann.

Zunächst zur außenpolitischen Lage! Die Verhandlungen über Berlin sind minus: minus. Nicht der geringste Erfolg ist auf der amerikanischen Seite zu verzeichnen. Ob die Verhandlungen weitergeführt werden oder nicht, das wissen die Amerikaner zur Zeit selber nicht. Ich will gar nicht auf die Einzelheiten eingehen, sondern will versuchen, Ihnen mit wenigen Sätzen das Bild der Lage vom November 1958 und vom Februar 1962 zu zeichnen. Im November 1958 war die sowjetrussische Berlin-Note das wichtigste Ereignis. Die westlichen Mächte, insbesondere die Amerikaner – auch die frühere Administration –, haben es als einen Gewinn betrachtet, daß sich die Verhandlungen über Berlin hinausgezögert haben. Wenn Sie aber daran denken, wie die Situation in der Welt im November 1958 war und wie sie heute ist, dann werden Sie wohl mit mir darin übereinstimmen, daß die Zeit für die Russen gearbeitet hat, daß sie aber nicht gearbeitet hat für den sogenannten freien und geschlossenen Westen. Das „sogenannte" bezieht sich nicht auf „freien", sondern auf „geschlossenen".

Nehmen wir zunächst Sowjetrußland! Sowjetrußland hat in diesen fast 4 Jahren rüstungsmäßig kolossal aufgeholt. Es ist nach meiner Meinung müßig, hier etwa zu sagen, die Amerikaner sind nuklear stärker bewaffnet, oder: die Russen sind nuklear stärker bewaffnet. Wenn diese Waffen gebraucht werden, bleibt von Europa nichts mehr übrig. Denn der Angriff mit nuklearen Waffen wird wahrscheinlich nicht von Amerika ausgehen, sondern den ersten Schlag wird höchstwahrscheinlich Sowjetrußland tun, weil es aggressiver ist, und weil eine Demokratie wie die Vereinigten Staaten – namentlich eine Demokratie, die überhaupt noch nie einen ernsthaften Krieg im eigenen Land gehabt hat – sich nicht so leicht dazu entschließen kann, einen solchen Schlag zu tun.

Ich darf Sie darauf aufmerksam machen, daß Präsident Kennedy wiederholt erklärt hat, Amerika könne erst dann in den nuklearen Krieg eintreten, wenn das amerikanische Volk über die Notwendigkeit dieses Schrittes aufgeklärt worden sei. Das ist natürlich von seiten Kennedys verständlich. Wie aber nun diese Feststellung, daß das amerikanische Volk über die Notwendigkeit zum Eintritt in einen nuklearen Krieg genügend aufgeklärt sei, getroffen werden soll, das weiß ich nicht.

Ein Zweites möchte ich Ihnen sehr nachdrücklich sagen: Auf dem Gebiete der konventionellen Waffen ist Sowjetrußland der ganzen Nato weit überlegen. Die Russen haben die Herbstmanöver des vergangenen Jahres dazu benutzt, um in der weiteren Umgegend von Berlin und der Zone eine Streitmacht zu versammeln, die die ganzen Nato-Divisionen, wenn sie versammelt wären, einfach hinwegputzen würde. Das sind Dinge, meine Damen und Herren, denen man nun wirklich ins Gesicht sehen muß. Was ich Ihnen jetzt ausführe, das beruht auf recht zuverlässigen Feststellungen unserer Abwehr. [. . .]

Unsere Abwehr ist über die Vorgänge in der Zone wohl besser unterrichtet als die amerikanische. (Dr. Gradl: Ich bezweifle es!) Ich bezweifle es nicht. Aber lassen wir uns nicht darüber streiten, wer besser unterrichtet ist. Zwischen den Amerikanern und uns haben sich, als ich damals in Washington war, Differenzen ergeben, die in meiner Gegenwart nicht aufgeklärt worden sind. Jedenfalls meine ich, daß wir verpflichtet sind, auf die Ergebnisse der Feststellungen unserer Abwehr – solange es nicht offensichtlich Fehler da gibt – unsere Politik aufzubauen und nicht auf die Ergebnisse der amerikanischen Abwehr, die doch unter ganz anderen Gesichtspunkten eingesetzt wird als unsere Abwehr.

Die Russen haben diese Herbstmanöver benutzt, um in der Zone, in Polen, in der Tschechoslowakei und in den sich hieran anschließenden Teilen der Sowjetunion so viel konventionelle Truppen zusammenzuziehen, daß sie uns einfach glatt überlegen sind. Sie haben zum erstenmal diese Herbstmanöver nicht, wie es sonst üblich ist, in Schwarz und Weiß gemacht, sondern als eine Vorbereitung angesehen für einen Einbruch in die Bundesrepublik mit Stoßrichtungen nach Hamburg, nach dem Industriegebiet und bis nach Frankfurt. Dazu möchte ich sagen, die russischen Truppen sind besser bewaffnet als alle anderen Truppen. Die russischen Divisionen bei den konventionellen Truppen sind zwar, was die Zahl der Soldaten angeht, kleiner als die Nato-Divisionen, aber sie haben vielmehr Panzer. Sie haben ausgezeichnete Panzer. Sie haben viel bessere Maschinengewehre, Maschinenpistolen und Panzergeschütze. Sie sind sogar besser als die neuesten amerikanischen Geschütze.

Darüber, was die französische Nato-Armee wert ist, brauche ich nichts zu sagen. Die englische ist auch nicht stark; auch die amerikanischen konventionellen Truppen sind in einer Umrüstung begriffen, die voraussichtlich erst im Jahre 1964 abgeschlossen sein wird. Daraus folgt, daß ich Ihnen die Situation einmal sehr klar darstellen muß, die so ist, daß, wenn es um Berlin zu kriegerischen Handlungen kommen sollte, sie vom ersten Augenblick an mit nuklearen Waffen ausgefochten werden müssen, wenn der Westen überhaupt eine Aussicht haben soll, dort zu siegen. So müssen Sie die Situation sehen. Dann sehen Sie die Situation, wie sie jetzt ist, richtig. Ich darf wiederholen, diese vier Jahre seit dem November 1958 waren kein Gewinn für den Westen; sie waren ein Gewinn für die Sowjetunion.

Nun sehen Sie sich einmal die Nato-Front an. Sie wissen, wie es in Frankreich aussieht. Gott gebe es, daß de Gaulle bleibt. Wenn er getötet würde oder wenn er auf irgendeine Weise zum Rücktritt gezwungen werden könnte, dann käme Frankreich entweder unter eine militärische Diktatur oder unter eine kommunistische Diktatur. Die Kommunistische Partei in Frankreich ist nach wie vor ausgezeichnet organisiert. Wie es mit der OAS[1] aussieht, das wissen Sie. Für mich ist eigentlich eine der bezeichnendsten Nachrichten, die neulich durch die ganze Presse gegangen sind, die, daß 3 Militärdepots mit Uniformen, Waffen und Munition in Versailles ausgeräumt worden sind, ohne daß der OAS der geringste Widerstand geleistet worden ist. Das ist zur Zeit Frankreich!

In den letzten Tagen kam nun die Meldung von der Wendung in Italien[2]. Ich gehe noch nicht soweit, nun zu sagen, was in Italien geschehen ist, ist eine Katastrophe; aber was in Italien geschehen ist, das ist eine außerordentlich ernste Angelegenheit, deren Ausgang kein Mensch jetzt überschauen kann. Dabei ist Togliatti, der Führer der Kommunistischen Partei in Italien, ein hervorragender Organisator; er ist der Vertrauensmann Moskaus, nicht nur für Italien, sondern auch für einen großen Teil von Europa. Es ist unmöglich, etwa prophezeien zu wollen, wie nun diese ganze Geschichte dort ausläuft. Daß aber diese sogenannte Apertura [a] sinistra große Gefahren in sich schließt, auch für die Nato-Politik Italiens, das kann man auch bei dem größten Wohlwollen für Fanfani nicht von der Hand weisen.

Wenn Sie an die weitere Nato-Front denken, brauche ich nur auf die Türkei hinzuweisen mit einer politisierten Armee. Und die politisierte türkische Armee ist ein sehr wenig brauchbares Instrument. Mir hat vor 3 Monaten [...][3], mit dem ich über diese Angelegenheit gesprochen habe, gesagt, politisierende Generale müssen erschossen werden. Das gilt auch für französische Generale. Das ist als Prinzip durchaus richtig. Man muß sie nur haben, ehe man sie erschießen kann.

Dazu kommt noch – auch das muß ich mit aller Vorsicht sagen –, daß die neue Administration in den Vereinigten Staaten außerordentlich schwierige innenpolitische Probleme hat, die leider in unserer Presse nicht entsprechend gewürdigt werden. Über einen Teil dieser innenpolitischen Probleme hat Präsident Kennedy mit mir gesprochen, als ich im Herbst in Washington war, und zwar über die sozialen Probleme. Auf sozialem Gebiet will er – und jeder kann das nur begrüßen und ihm wünschen, daß er Erfolg hat – in Amerika eine ganz neue Basis schaffen; denn die Amerikaner haben uns gegenüber nur sehr wenige soziale Fortschritte zu verzeichnen. Hinzu kommt das wirtschaftliche Element. Sie wissen, daß Präsident Kennedy in seiner Botschaft an den Kongreß davon gesprochen hat, daß die EWG nun eine sehr große wirtschaftliche Macht geworden sei. Deshalb verlangt er von dem Kongreß große Vollmachten auf dem Zollgebiet, um die Ausfuhr in den Vereinigten Staaten in das Gebiet der EWG forcieren zu können.

Daß nun demgegenüber ein Teil unserer Presse laut Hurra schreien kann und sogar in Reden von einer Atlantischen Union gesprochen wird, ist mir völlig schleierhaft. Man muß sich doch darüber klar sein, daß die forcierte amerikanische Einfuhr von uns eine forcierte Ausfuhr verlangt. Wie sollen wir sonst bestehen können! Die ganze ökonomische – ich gebrauche das Wort ökonomisch mit Absicht – Situation Deutschlands ist doch die: Wir haben keine Naturschätze mehr von Bedeutung, seitdem die Kohle entthront ist. Das Industriegebiet wird uns in den kommenden Jahren sehr große Sorgen machen und sehr viel Geld kosten. Unsere Landwirtschaft hat – wenn man es sehr wohlwollend ausdrücken will – ein mittleres Klima mit mittlerer Höhe in einem großen Umfang. Es ist jedenfalls keine Landwirtschaft, die auf eigenen Füßen stehen kann. Das kann sie eben nicht. Was haben wir also? Wir haben lediglich die Arbeitskraft und die Kenntnisse der deutschen Menschen. Das ist unser einziger Besitz.

Nun gehe ich nicht soweit zu sagen, die deutsche Wertarbeit ist ein Märchen geworden; aber weitgehend ist sie doch ein Märchen geworden. Das können Sie zum Beispiel in der Neuen Zürcher Zeitung lesen. Der einzige Trost ist uns geblieben, daß die anderen Völker auch nicht viel besser arbeiten als wir. Es ist jedenfalls so, daß unsere Arbeit nicht mehr als besondere Wert- und Markenarbeit im internationalen Verkehr gilt.

Und was sehen wir jetzt? Denken Sie an die Forderungen der Gewerkschaften. In der Zwischenzeit ist auch der Tarif der Behördenangestellten gekündigt worden. Das sind die Angestellten der Bundespost und der Bundesbahn. Das ist alles gekündigt worden. Sie wissen, daß auch die Beamten hohe Forderungen stellen. Sie wissen, daß es dem Bundeskabinett gelungen ist, den Haushaltsplan für das Jahr 1962 – er ist inzwischen beim Bundesrat – mit Müh und Not auf die Beine zu stellen. Wenn nun diese Forderungen bei den Beamten und Behördenangestellten erfüllt werden müssen, dann liegt unser Haushaltsplan glatt auf der Nase. Dann werden wir möglicherweise zu einer Steuererhöhung gezwungen werden.

Ich habe den Eindruck, als ob jetzt die Auseinandersetzung mit den Gewerkschaften eine politische Auseinandersetzung geworden sei. Ich kann nicht beweisen, daß jede Gewerkschaft sich als ein politisches Instrument fühlt. Aber daß die Gewerkschaft unter der Führung von Herrn Brenner sich als ein politisches Instrument fühlt, das tritt doch klar zutage. Ich kenne Herrn Brenner persönlich und weiß, wie er denkt und wie er ist. Und das ist eine politische Situation. Man hat anscheinend von der IG-Metall nun die anderen Gewerkschaften zu Hilfe gerufen hinsichtlich der Tarifkündigungen, so daß wir jetzt in dieser sehr schwierigen Situation stehen, eine Situation, die auch für unsere Wirtschaft, die auf den Export angewiesen ist, äußerst gefährlich werden kann.

Viele von uns wollen das nicht sehen, meine Damen und Herren, es ist aber so. An der Schweizer Grenze werden zum Beispiel die Bauten, auch von Industriegebäuden, schlüsselfertig an Schweizer Firmen vergeben, weil sie viel billiger arbeiten und herstellen als die deutschen Firmen. Am Niederrhein hat man Angebote angefordert für die schlüsselfertige Herstellung einer großen Fabrik. Dabei hat eine holländische Firma, die auch zu einem Angebot aufgefordert worden war, ein Angebot gemacht, das um 20% niedriger lag als das billigste Angebot von deutscher Seite.

Sie wissen, daß gerade beim Bau die Arbeitskraft eine große Rolle spielt. Die holländischen Arbeiter arbeiten 6 Tage, und zwar jeweils 8 Stunden. Ich weiß – ein anderes Beispiel – vom Volkswagenwerk, daß dort für die italienischen Arbeiter eine besondere Abteilung eingerichtet worden ist, weil die Leute ebenfalls 6 Tage in der Woche mit je 8 Stunden arbeiten wollen. Deswegen mußten sie beschäftigt werden in einem Teil des Riesenunternehmens, der ziemlich für sich abgeschlossen ist.

So ist es auch in den anderen Ländern, die uns Konkurrenz machen. Sie wissen, daß die französische und die italienische Industrie einen unerwarteten Aufschwung genommen haben.

Vor einigen Tagen war Herr Blessing[4] bei mir – er kommt von Zeit zu Zeit zu mir, um mir einen allgemeinen Bericht über die Situation sowie über die Bundesbank zu geben –, der mir sagte, die Konjunktur habe sich ganz allgemein abgeflacht, die Spaltung zwischen dem Angebot und der Nachfrage sei geringer geworden. Daß nun diese erheblichen Lohnforderungen auf breiter Ebene uns im Blick auf die Wirtschaft und den Export sehr große Sorgen machen, liegt auf der Hand.

Ein besonderes Wort zum Baumarkt! Der Baumarkt hat in den Jahren von 1959 bis jetzt eine Steigerung von insgesamt 25% erfahren. Unsere Partei hat immer wieder zum Bausparen aufgerufen, und zwar mit Recht. Ein großer Teil dieser Bausparer kann aber nun nicht mehr erwarten, mit den gesparten Beträgen ihr Ziel, nämlich ein eigenes Haus zu bauen, zu erreichen. Es mehren sich auch – ich weiß nicht, ob Sie das in der Presse gelesen haben – die Aufrufe zum Sparen in Sachwerten. Ich meine jetzt: nicht in Aktien, sondern etwa folgendes: Ich habe gestern im Wirtschaftsteil der „Welt" gelesen, daß eine Gesellschaft, die Grundbesitz erworben hat, auf diesen Grundbesitz Zertifikate ausgibt, weil sie sagt, so ist das Geld sicher. Das ist natürlich tödlich für unsere Sparkassen. Diese ganzen Zusammenhänge muß man sich natürlich klar machen. Deshalb werden Sie vielleicht doch mit mir darin übereinstimmen, daß die Situation in der Welt sowohl außenpolitisch wie innenpolitisch und auch wirtschaftlich alles andere als normal ist.

Lassen Sie mich etwas einschieben. Sie haben sicher in der Zeitung gelesen, daß ich gestern eine Besprechung mit einigen Herren von der FDP gehabt habe. Ich habe die Gelegenheit der Zusammenkunft benutzt – die nicht zu dem Zweck angesetzt war, um das zu besprechen, was ich Ihnen jetzt sage –, um über Verhandlungen zwischen Sowjetrußland und uns zu sprechen. Ich möchte auch hier an die Spitze stellen, was ich da gesagt habe. Ich werde morgen und übermorgen eine längere Aussprache mit Herrn Kroll[5] haben, und ehe ich Herrn Kroll gesprochen habe, kann ich zu der Frage solcher Verhandlungen nicht abschließend Stellung nehmen. Das liegt auf der Hand. Meine Damen und Herren! Warum in aller Welt soll Chruschtschow bei direkten Verhandlungen mit uns entgegenkommender sein als bei den Verhandlungen mit den Amerikanern? Das kapiere ich nicht! Warum denn? Er braucht doch vor uns keine Angst zu haben! Chruschtschow hat seinerzeit dem amerikanischen Journalisten Lippman gesagt: Deutschland kann ich in einer Stunde wegputzen! – Darin hat er recht. Deshalb verstehe ich nicht, warum die Idee, wir sollten auf die direkten Verhandlungen mit Sowjetrußland eingehen, einen Vorteil für uns haben soll. Uns kann nur eines retten, das ist die Einigkeit und die Einheit des Westens. Noch vorgestern habe ich Nachricht aus Frankreich, aus England und insbesondere aus Amerika darüber bekommen, daß man wieder anfängt, uns wegen des Redens über Direktverhandlungen mit Sowjetrußland doch sehr mißtrauisch zu betrachten.

Lassen Sie mich dazu einen allgemeinen Satz sagen. Wer glaubt, daß wir Deutschen im Ausland beliebt seien, daß man auf unser Wort Häuser baut, der ist verdammt schief gewickelt. Überhaupt gilt doch in der ganzen Außenpolitik – das muß man sich immer vor Augen halten – nur eines: der Nutzen des eigenen Landes. Wenn Außenminister – auch verbündete Außenminister – an einem Tisch sitzen, dann sitzen keine Menschenfreunde zusammen; alles andere, sondern da sitzen Leute zusammen, die naturgemäß – das wissen Sie – an das Interesse ihres Landes denken und das auch an die Spitze ihrer ganzen Erwägungen stellen. Das ist doch der Sinn einer jeglichen Außenministerkonferenz.

Nun zu den Unterredungen mit der Sowjetunion! Ich will von dem Formellen einmal ganz absehen. Aber rufen Sie sich ins Gedächtnis zurück, wie sich die Sache mit Herrn Kroll abgespielt hat[6]. Kroll wird in das Außenministerium in Moskau gerufen. Der Vertreter des Ministers gibt ihm ein Schriftstück von 22 Schreibmaschinenseiten, keine Adresse, keine Unterschrift, sondern lediglich ein beschriebenes Papier, und sagt: Das gebe ich Ihnen. Da sind Gedanken Chruschtschows drin. Das gebe ich Ihnen privat. Was Sie damit tun wollen, das ist Ihre Sache. – Herr Kroll schickt es uns. Wir lassen es übersetzen. Ich will Ihnen sagen, was im großen und ganzen darin stand. Wenn ich alle Phrasen weglasse, dann stand darin: Die Franzosen sind Halunken, denn die wollen euch niederhalten. Die Engländer sind Halunken, die haben euch in die Nato gebracht, damit ihr wirtschaftlich nicht zu stark werdet. Die Amerikaner sind Erzhalunken, denn die wollen euch doch nur ausnutzen, um die amerikanische Macht auf der Erde zu stabilisieren. Ihr Deutschen, ihr müßt mal unter die Vergangenheit einen Strich machen. Ihr müßt in die Zukunft sehen. Und hier in Sowjetrußland, da habt ihr ein unbegrenztes Feld für wirtschaftliche Tätigkeit. Stellt euch also mit uns gut. Ihr braucht nicht mit den anderen zu brechen, aber so müßt ihr euch einstellen. –

Nun, meine Damen und Herren, haben aber die Russen nicht einmal das Geld, um die Lieferungen zu bezahlen, die sie jetzt nach dem Handelsvertrag bekommen. Sie denken auch nicht daran, die deutschen Lieferungen zu bezahlen, sondern sie sollen kreditiert werden von Deutschland für eine Zeit von mindestens 10 Jahren. Nun bitte ich Sie, einige Jahrzehnte zurückzudenken. Das ist nun dasselbe Spiel wie damals zwischen Frankreich und Sowjetrußland. Die Franzosen mußten damals auch Geld pumpen, aber sie haben natürlich nie einen Franken oder einen Rubel wiederbekommen. Wenn nun ein Gläubiger einem Schuldner wie Sowjetrußland jemanden an den Hals schicken will, dann muß dieser einen sehr guten Gerichtsvollzieher haben, um sich da durchsetzen zu können. Das ist also diese Geschichte, die ich am liebsten nicht veröffentlicht hätte. Es hat aber die russische Botschaft hier an die Presse – zum Beispiel die Kölnische Rundschau – Teile daraus bekanntgegeben, wodurch wir gezwungen worden sind, auch unsererseits etwas zu sagen.

Wir hatten vorher unseren Bündnispartnern Mitteilung von der ganzen Geschichte gemacht. Man hat uns also gezwungen, Überlegungen anzustellen, was und wie sollen wir etwas veröffentlichen? Dazu eine Kleinigkeit! Damit will ich dem Auswärtigen Amt nicht zu nahe treten. Mir war vorgeschlagen worden, einen Auszug aus dem ganzen Bericht im Bulletin zu veröffentlichen. Ich habe erklärt, um Gottes willen, wenn dieser Auszug veröffentlicht wird, dann werden unsere guten deutschen Geschäftsleute wild und rufen: Ran ans Geschäft! Deswegen habe ich also gesagt, man kann es nicht veröffentlichen. Wenn es schon veröffentlicht werden soll, dann der ganze Klumpatsch, aber nicht etwa nur die angeblichen Rosinen!

Im übrigen möchte ich Ihnen sagen, wenn von den Russen erklärt wird, die Franzosen wollen euch niederhalten, die Engländer wollen so und die Amerikaner wollen so, dann wird bei den anderen dasselbe über uns gesagt. Von einem Fall weiß ich es, daß Chruschtschow dort genau dasselbe von uns gesagt hat. Das ist doch klar. Er hat dort

Vorwürfe gemacht: Wie kannst du überhaupt so gegenüber Deutschland sein; dieses Deutschland, das deinem Land und meinem Land so schrecklich viel angetan hat? Man vergißt immer eines, fürchte ich, daß ein Diktator kein Gewissen hat und die Dinge ganz anders beurteilt und ansieht, wie wir sie vom moralischen und rechtlichen Standpunkt aus ansehen. Das ist eine Frage, über die ich gerade in diesem kleinen Kreis einmal ausführlicher sprechen wollte. Im größeren Kreis muß ich zurückhaltender sein. Aber Sie sehen, meine Damen und Herren, wie unsere Aussichten sind.

Nun steht vor uns die Wahl des Jahres 1965. Wir haben jetzt 3 Parteien – mit den kleinen Splitterparteien brauchen wir nicht zu rechnen –, die CDU/CSU, die SPD und die FDP. In Parenthese möchte ich sagen, daß die Zusammenarbeit mit der FDP bis auf weiteres ganz gut ist. Wir haben bisher keinen Grund zu klagen. Natürlich haben wir nicht mehr allein zu sagen. Daran muß man sich gewöhnen. Wir haben die uns fehlenden 8 Sitze nicht erobern können. Damit haben wir nicht mehr die absolute Mehrheit, und damit verändert sich die ganze innenpolitische Situation. Wir müssen gegenseitig Rücksicht nehmen. Bei der FDP genügt es, noch einmal darauf hinzuweisen, daß kein einziger Abgeordneter von ihnen direkt gewählt ist, sondern sie sind alle über die Landesliste gewählt worden. Das zeigt also, daß sie wahrscheinlich auch in Zukunft nicht über die Landesliste hinauskommen werden, jedenfalls nicht in einem solchen Maße, daß man sagen könnte, nach 1965 hat die FDP Aussicht, die Politik mittragende Partei zu werden.

Es bleiben übrig die SPD und die CDU/CSU. Sie wissen, daß die SPD große Anstrengungen gemacht hat, um die Wahl zu gewinnen. Das ist ihr nicht gelungen. Aber sie haben einen erheblichen Zuwachs bekommen. Bisher sind keine Zeichen dafür vorhanden, daß trotz der Beschlüsse in Godesberg und in Hannover die SPD in Arbeitnehmerkreisen eine nennenswerte Einbuße erlitten hat. Es gibt da große Auseinandersetzungen, aber diese Auseinandersetzungen sind nicht so, soweit man das bisher beurteilen kann, daß man glauben dürfte, die SPD werde auseinanderfallen. (Bundesminister Blank: Sie kann nicht weiter nach links ausweichen!)

Eine Kommunistische Partei haben wir nicht. Ich sehe also nicht die Möglichkeit, daß die SPD auseinanderfällt. Sie hat Zuwachs bekommen in Kreisen, in denen sie früher keine Wähler hatte. Wenn aber die SPD, was Gott verhüten möge – das sage ich aus tiefster Überzeugung –, bei der Wahl des Jahres 1965 die stärkste Partei werden sollte, dann weiß ich nicht – ich bitte Sie, das wirklich in aller Ruhe zu überlegen –, was aus der CDU/CSU werden soll. Unsere Partei umfaßt alle Schichten der Bevölkerung, Arbeitgeber, Arbeitnehmer, den Mittelstand und die Landwirte. Wenn Sie sich die Bundestagsfraktion betrachten, dann sehen Sie ganz deutlich, daß dort ein gewisses ständisches Prinzip vorhanden ist. Eine Partei aber, die keine weltanschauliche Grundlage hat, wird in der kommenden großen Auseinandersetzung mit dem atheistischen Kommunismus, die nach meiner Überzeugung Jahrzehnte dauern wird, nicht bestehen. Wenn die Sozialdemokratie die stärkste Partei werden sollte, dann wird sich in dem Kern der Sozialdemokraten – damit müssen wir rechnen – die Affinität, die Verwandtschaft mit dem Kommunismus, wieder geltend machen. Der Deutschlandplan der Sozialdemokraten ist noch nicht aufgegeben. Dann werden auch Mitglieder der SPD wie Brenner usw. viel mehr zu sagen haben. Dann laufen wir Gefahr, daß wir im Laufe der weiteren Entwicklung in den russischen Sog kommen werden.

Zu Rußland möchte ich noch ein Wort sagen. Ich weiß – ich betone auch hier, ich weiß das –, daß sich gerade Chruschtschow wegen der Entwicklung in Rotchina ernste Sorgen macht. Ich habe schon früher einmal davon gesprochen, daß im September der Figaro 3 bebilderte Artikel gebracht hat über die riesigen Arbeiten, die Sowjetrußland in Ostsibirien nach der rotchinesischen Grenze zu macht. Sie haben im Bau das größte Kraftwerk der Welt. Sie haben riesige Fabriken dort gebaut. Sie bauen Städte und Straßen, und sie treffen auch militärische Vorbereitungen. Die Gefahr, die Sowjetrußland vom Osten her droht, ist nicht nur evident, sondern sie wird auch von den Russen erkannt. Chruschtschow hat davon angefangen, als ich im Jahre 1955 mit ihm gesprochen habe. Dann habe ich 3 Jahre später mit Mikojan gesprochen, als er in Bonn war. Sie sagen sich ganz klar, 200 Mill. Russen stehen weit über 600 Mill. Chinesen gegenüber; da kann man nicht durchhalten, wenn man sich nicht stark macht. Ich spreche jetzt von Rußland.

Nun war neulich bei mir Herr Reston[7] von der New York Times. Sie werden ihn sicher kennen, denn er ist ein sehr bekannter amerikanischer Journalist. Er kam aus Paris und sprach mit mir über das Thema und sagte: Teilen Sie die Ansicht von hohen französischen politischen Kreisen, daß Rußland ein irregeleiteter europäischer Bruder sei, dem man die Rückkehr offenhalten müsse? Ich habe Herrn Reston gesagt, diese Ansicht teile ich nicht. Ich bin davon überzeugt, daß Sowjetrußland, bevor es sich gegen Rotchina stellt, den Versuch machen wird, den europäischen Westen in seine Hände zu bekommen, namentlich die Bundesrepublik Deutschland, weil es dadurch gegenüber Rotchina viel stärker würde. Ich habe dem Herrn Reston gesagt, wir werden nach meiner Meinung eher diese Wende der sowjetrussischen Politik, die sich andeutet, erleben, und zwar Gott sei Dank, denn es ist unsere einzige Rettung. Sonst ist ganz Europa auf die Dauer verloren. Wenn man daran denkt, die Russen und die Chinesen gingen zusammen, was wollen wir armen Europäer dagegen machen? Ehe also Sowjetrußland diese Kehrtwendung machen wird, wird es zunächst einmal den Versuch unternehmen, Westeuropa an sich heranzuziehen, um stärker zu werden gegenüber Rotchina. Ich nehme an, in dieser Situation sind wir jetzt. Ich habe damals bei den Gesprächen mit Chruschtschow und Mikojan nicht daran gedacht, daß diese Entwicklung so schnell kommen werde. Ich habe vielmehr geglaubt, es würden noch 10 oder 20 Jahre darüber hinweggehen.

Diese Front Sowjetrußlands gegenüber Rotchina, die jetzt aufgebaut wird, ist viel schneller und früher gekommen. Aber das bringt uns zunächst keine Entlastung. Unsere Entlastung beruht nur auf der Einigkeit des Westens. Chruschtschow lebt davon – und jeder andere, der an seiner Stelle säße, hätte wohl die gleiche Hoffnung, die Chruschtschow überall verkündet hat –, daß eines Tages der kapitalistische Westen doch auseinanderfällt. Wenn das geschehen sollte, dann hat er allerdings bis auf weiteres gewonnenes Spiel. Das vornehmste Ziel unserer Politik ist und bleibt also nach meiner Meinung, die Einheit des Westens soweit wie möglich herbeizuführen. Das ist in großen Zügen die gegenwärtige Situation, wie sie mir erscheint. Sie sehen daraus, daß es eine ernste ist.

Lassen Sie mich nun zur Innenpolitik übergehen. In diesem Jahr finden 4 Landtagswahlen bei uns statt, und zwar die ersten am 8. Juli in Nordrhein-Westfalen. Nordrhein-Westfalen umfaßt präter propter ein Drittel aller Wähler der Bundesrepublik. Am 23. 9. folgen die Wahlen in Schleswig-Holstein, dann kommen die Wahlen in Hessen und in Bayern. Das Ergebnis dieser Landtagswahlen wird maßgebend sein für den Verlauf der nächsten Bundestagswahl. Im Frühjahr des kommenden Jahres werden sich die Landtagswahlen von Niedersachsen und die Wahl von Berlin anschließen. Nun entsteht die Frage, haben wir unser Rüstzeug wirklich beisammen, um diese Landtagswahlen zu beginnen? Wir werden nachher einen Vortrag von Herrn Kraske[8] darüber hören, der eine Analyse über die letzten Bundestagswahlen ausgearbeitet hat. Sie ist sehr interessant. Ich bin aber nicht in allen Punkten damit einverstanden, (Ministerpräsident Dr. Röder: Ich auch nicht!) namentlich nicht mit den Schlußfolgerungen. Ich bin da anderer Auffassung. Vor einiger Zeit war Herr Even, der Vorsitzende der Jungen Union, mit zwei seiner Herren bei mir. Wir haben uns dabei sehr ausführlich über die Zukunft unserer Partei ausgesprochen. Interessant in dieser Wahlanalyse ist die Feststellung, daß Wähler, die in der ersten Bundestagswahl 1949 teilgenommen haben, jetzt nur noch zu einem Drittel oder Viertel gewählt haben. (Dr. Even: Ein Drittel, nicht mehr!) Das ist für mich die eindrucksvollste Zahl gewesen. Wenn Sie zurückdenken, dann werden Sie sich erinnern, daß wir in den ersten Jahren unserer Tätigkeit völlig unter dem Leitgedanken der Abwehr gegen die Ideen des Nationalsozialismus standen, nämlich gegen die Diktatur, gegen die Unfreiheit usw. Das war unser tragender Leitgedanke. Und ich fürchte, daß das unsere heutige Jugend nicht mehr versteht, daß das die Lebensessenz für uns und unsere Partei ist. Sie versteht es deshalb nicht mehr, weil sie die Freiheit als etwas Selbstverständliches betrachtet, das man gar nicht zu verteidigen brauchte. Auf diesem Gebiet werden wir also noch viel tun müssen, insbesondere in diesem Jahr mit seinen 4 Landtagswahlen. [...][9]

Quelle: Sitzung des Bundesparteivorstands der CDU am 7. 2. 1962. Maschinenschriftliches Wortprotokoll (Durchdruck).

Anmerkungen

1 Die Organisation de l'Armée Secrète (OAS) hatte sich aus einer Selbstschutzorganisation der europäischen Siedler in Algerien zu einer im Untergrund arbeitenden Terrororganisation entwickelt, die die Ermordung Präsident de Gaulles anstrebte.

2 Auf ihrem Parteitag Ende Januar 1962 hatten die italienischen Christlichen Demokraten dem Drängen nach einer Linkskoalition mit den Nenni-Sozialisten nachgegeben.

3 Name eines englischen Gesprächspartners.

4 Dr. Karl Blessing, Präsident der Deutschen Bundesbank von 1958-1970.

5 Dr. Hans Kroll, Botschafter der Bundesrepublik Deutschland in Moskau.

[6] Zu dem Vorgang vgl. Hans Kroll: Lebenserinnerungen eines Botschafters. Köln und Berlin 1967, S. 537-540. Text des Memorandums im Bulletin, 10. 1. 1962.
[7] Gemeint ist James B. Reston von der New York Times.
[8] Dr. Konrad Kraske, Bundesgeschäftsführer der CDU.
[9] Es folgen Ausführungen zu organisatorischen und personellen Fragen in der CDU.

8. Juli 1962

Tischrede in der Präfektur von Reims beim Staatsbesuch in Frankreich

Herr Staatspräsident! Meine Damen und Herren!
Fast eine Woche, Tage, erfüllt mit Beratungen, Besprechungen. Alles das galt den schwebenden Problemen, die die politische Lage in der Welt für unsere beiden Völker, für Europa, für die atlantischen Länder, für ihr Bündnis geschaffen hat. Wir sind überzeugt davon, daß die Gefahren, die diese Lage in der Welt mit sich bringt, nur dann überwunden werden können, wenn die freien Völker einig und geschlossen sind. Das gilt in besonderem Maße von den beiden Völkern, die als Nachbarn im Herzen Europas liegen, von Frankreich und Deutschland. Aber diese beiden Länder haben in Gegensätzen, in Uneinigkeit, in Streit, in bitterer Fehde gelebt. In den letzten hundert Jahren haben Millionen und Abermillionen von Franzosen und Deutschen in schweren Kämpfen ihr Blut vergossen, ihr Leben verloren, um dieser Gegensätze willen, die immer wieder zwischen ihren beiden Völkern herrschten.
Ich habe am Grabe des „Unbekannten Soldaten" am Arc de Triomphe in Paris gestanden, ich habe an den zahllosen Gräbern deutscher und französischer Soldaten in Versailles gestanden. Meine Gedanken gingen zurück in jene schrecklichen Zeiten, da sie für uns starben. Immer wieder bekräftigen sich in mir die Gedanken des Friedens, der Entschluß, auch die letzte Kraft einzusetzen für den Frieden, insbesondere für den Frieden zwischen unseren beiden Völkern. Wenn unsere beiden Völker, das französische und das deutsche Volk, nicht zusammenarbeiten, wenn sie nicht zusammenarbeiten in enger Gemeinschaft, in vollem Vertrauen zueinander, in Verbundenheit und Freundschaft, wird es keinen Frieden geben, weder für Frankreich und Deutschland, noch für Europa, noch für die Welt. Wir werden, in dieser engen Freundschaft verbunden, allen unseren Partnern der Atlantischen Gemeinschaft die Kraft und die Stärke geben, die wir besitzen.
Aber ach, welche Berge von Schutt, welche Opfer, welches Leid hatten die vergangenen Jahre zwischen uns aufgehäuft. Wir haben diese Hügel abgetragen, wir haben die Gräben zugeworfen, wir haben das Gelände geebnet. Und auf diesem Gelände haben wir den Baum des Friedens und der Freundschaft zwischen dem französischen und deutschen

Volk errichtet. Im Schatten dieses Baumes, der seine Äste und Zweige weit hinausstreckt, werden wir, das französische und das deutsche Volk, fortan leben.
Ich kehre heute tief beglückt in meine Heimat zurück. Ich habe – Ihr Präsident hat es eben geschildert – an den Straßen und Wegen, über die ich in diesen Tagen gefahren bin, in Paris, in Rouen, in Bordeaux, in Reims Tausende und Abertausende von frohen Menschen gesehen, von Franzosen und Französinnen, von Männern, Frauen und Kindern, die dem deutschen Bundeskanzler zuwinkten, zujubelten, wie einem Freunde. Diese enge Freundschaft, diese enge Verbundenheit des französischen und des deutschen Volkes, die sich gegen niemanden richtet, die den Frieden will und nur den Frieden, ist, wie Sie, Herr Staatspräsident, vor kurzem sagten, ein Wunder des Himmels. Es ist in Wahrheit eine Schenkung des Himmels. Das, was der Himmel unseren Völkern geschenkt hat, wollen wir ehrfürchtig und dankbar pflegen und erhalten.
Die beiden Völker, in allen Schichten und Berufen, in allen Ständen, in allen Altersgruppen, Männer und Frauen und Kinder, müssen das tun. Vor allem aber muß es die Jugend, die junge Generation beider Völker tun, und wir wollen ihr dabei helfen. In ihre Hände wird dereinst die Verantwortung und die Macht gelegt sein; sie soll vorbereitet sein, die Verantwortung zu tragen. Sie soll vorbereitet sein, dieses Werk, das wir begonnen haben, weiterzuführen. Wir waren heute morgen auf einer Parade französischer und deutscher Truppen. Wir wollen, wie Sie, Herr Staatspräsident, mit Recht in Ihrer Ansprache hervorgehoben haben, insbesondere zwischen unseren beiden Armeen, die so oft gegeneinander gekämpft haben, ein gutes und enges Verhältnis herstellen.
Wir haben dann dem feierlichen Gottesdienst in einer der schönsten und ehrwürdigsten Kathedralen Frankreichs beigewohnt. Jetzt haben wir uns versammelt, um der historischen Bedeutung unseres Austausches entsprechend uns zu verabschieden, in Freundschaft und Brüderlichkeit zwischen unseren Staaten, der freien Welt zu beiden Ufern des Atlantiks. An dem Werk der Versöhnung und der Freundschaft zwischen Frankreich und Deutschland haben wir lange Jahre gearbeitet. Sie, Herr Staatspräsident, haben in der Ihnen eigenen Weisheit und Kraft das Werk vollendet. Das ganze Deutschland dankt Ihnen dafür. Sie kennen, Herr Staatspräsident, alle die guten Wünsche, die ich für Sie und das französische Volk hege.
Ich erhebe mein Glas und bitte Sie, Ihre Gläser zu erheben auf das Wohl des Staatspräsidenten Charles de Gaulle.

Quelle: Bulletin, 10. Juli 1962.

20. Januar 1963

Erklärung des Bundeskanzlers bei der Ankunft auf dem Flughafen Orly zur Unterzeichnung des deutsch-französischen Vertrages

Meine verehrten Damen und Herren!
Ich komme zum 18. Male, so ist mir von meinen Herren gesagt worden, nach Paris. Aber der Anlaß zu dieser Reise nach Paris ist ein besonderer. Wir wollen ja in den nächsten Tagen den *Vertrag zwischen Frankreich und Deutschland* unterzeichnen, der sich in seinen Elementen langsam entwickelt hat und der jetzt vollendet werden soll. Das ist ein weltgeschichtliches Ereignis. Ich möchte den Wert sehr nachdrücklich betonen: Es ist ein weltgeschichtliches, ein historisches Ereignis. Wenn wir unsere Zeitungen zur Hand nehmen, so sehen wir die großen Balkenüberschriften über alles, was jetzt gewesen, und was jetzt ist. Nun, es gibt überall Schwierigkeiten in der Welt. Sie werden so oder so sich lösen[1]. Aber heute, in diesem Vertrage, wird eine Periode des Streites, der Gegensätze und der Kriege, eine Periode, die über 400 Jahre gedauert hat, beendet, und zwar für immer beendet.

Das Besondere dieses Vertrages wird sein, daß er nicht akute Schwierigkeiten, Differenzen oder dergleichen zu Ende führt und sie aus dem Wege räumt, sondern das Besondere ist, daß er Vorsorge dafür trifft, daß niemals wieder solche Spannungen entstehen können, und zwar durch die gemeinsame Arbeit der beiden Völker, eine Arbeit des französischen Volkes mit dem deutschen Volke für eine unbegrenzte Zukunft. Es handelt sich nicht in erster Linie um eine Arbeit zwischen zwei Regierungen in der Zukunft, sondern um eine Arbeit zwischen den beiden Völkern in der Zukunft. Der Besuch des deutschen Bundespräsidenten Lübke im Jahre 1961, der Besuch des Staatspräsidenten de Gaulle in Deutschland und mein Besuch in Frankreich im Sommer 1962 haben bewiesen, daß beide Völker das bejahen, was geplant war und was jetzt vollendet werden soll.

Ich möchte heute abend ein besonders herzliches Wort auch an Ihren Herrn Staatspräsidenten de Gaulle richten. Er ist das, was so selten ist. Er hat einen geschichtlichen Sinn. Er überschaut weite Vergangenheiten und er überschaut zukünftige Räume. Er hat erkannt, was Frankreich und Deutschland für Europa, für die Welt, für das französische und das deutsche Volk bedeuten. Die Folgen dieser engen Verbundenheit zwischen den beiden Völkern, die mitten in Europa als Nachbarn liegen, sind auch für die beiden Völker nicht so leicht, weil sie große Verantwortung von ihnen verlangen werden, eine Verantwortung nicht nur für das Wohlergehen des französischen und des deutschen Volkes, sondern auch eine Verantwortung für Europa und für den Frieden in der Welt. Und ich weiß, daß die beiden Völker bereit sind, diese Verantwortung zu übernehmen, und daß sie ihr entsprechend handeln werden.

Quelle: Bulletin, 23. Januar 1963.

Anmerkungen

[1] Anspielung auf das kurz zuvor – am 14. 1. 1963 – von General de Gaulle auf einer Pressekonferenz angedeutete Veto gegen den Beitritt Großbritanniens zur EWG, das den Abschluß des deutsch-französischen Vertrages sowie dessen Ratifizierung im Deutschen Bundestag stark belastete. Vgl. Erinnerungen IV, S. 199–211.

24. Mai 1963

„Ohne die deutsch-französische Freundschaft wird es niemals ein Europa geben". Ansprache vor der 7. deutsch-französischen Konferenz in Bad Godesberg

Grundsätzliche Ausführungen zur Bedeutung der deutsch-französischen Beziehungen.

Herr Präsident, meine verehrten Damen und Herren! Das Hauptthema Ihrer diesmaligen Konferenz lautet: „Die deutsch-französische Freundschaft und Europa." Dazu möchte ich in aller Kürze etwas sagen.

Ohne eine deutsch-französische Verständigung wird es niemals ein Europa geben. Sicher, der Lauf der Zeit heilt manche Wunden. Es wird natürlich im Jahre 1963 nicht mehr dieselbe Stimmung zwischen Frankreich und Deutschland sein, wie sie im Jahre 1945 war. Damit sind aber die Wunden nicht geheilt und vernarbt. Ohne daß die Wunden, die diese beiden Völker sich gegenseitig im Laufe von vielen Jahrhunderten geschlagen haben, geheilt und vernarbt sind, gibt es eben keine Verständigung, und würde es kein Europa geben.

Die europäischen Einrichtungen, die nach dem Kriege geschaffen sind, haben in erster Linie einen politischen Zweck gehabt. Das wird meist zuwenig berücksichtigt. Ich habe dabei besonders die Gründung der Montan-Union im Auge und denke an den Brief, den mir der damalige französische Außenminister Robert Schuman schrieb und in dem er dem Sinne nach etwa ausführte, das Mißtrauen zwischen dem französischen und dem deutschen Volke müsse aus der Welt geschafft werden. In Frankreich fürchte man, daß sich Deutschland eines Tages, wenn es sich erholt habe, an Frankreich rächen werde. Er schlage deswegen folgendes vor: Da – das gilt natürlich für die damalige Zeit – gegenseitige Aufrüstung oder Aufrüstung überhaupt sich am ehesten auf dem Gebiet der Stahl- und Kohlenproduktion zeige, solle eine Vereinigung geschaffen werden, vor allem zwischen Frankreich und Deutschland, die es gestatte, daß Frankreich die deutsche Kohlen- und Stahlproduktion kontrolliere, und die umgekehrt Deutschland gestatte, die französische Kohlen- und Stahlproduktion zu kontrollieren. Damit sei die beste Grundlage dafür gegeben, um das gegenseitige Mißtrauen aus der Welt zu schaffen.

Ich glaube, wir sind auch jetzt noch Robert Schuman von Herzen dafür dankbar, daß er damals diese kühne Initiative ergriffen hat, die der Anfang des ganzen Versöhnungswerks zwischen Frankreich und Deutschland darstellt[1].

Was den Wert dieser Aussöhnung angeht, so muß ich doch noch etwas weitergehen, und zwar muß ich auf das Verhältnis dieser beiden Länder zum zaristischen Rußland zurückgehen. Wir müssen daran denken, daß lange Jahre eine Verbindung zwischen dem Deutschen Reich und dem zaristischen Rußland gegen Frankreich bestanden hat. Wir dürfen nicht vergessen, daß schon ein Jahr, nachdem Bismarck entlassen wurde, der historische Besuch der französischen Flotte in Kronstadt stattfand, wonach in verhältnismäßig kurzer Zeit ein Vertrag zwischen Frankreich und dem zaristischen Rußland und später dem sowjetischen Rußland gegen Deutschland geschlossen wurde. Wenn ich auch nicht glaube oder es nicht für wahrscheinlich halte, daß es zu einem Kriege zwischen den großen nuklearen Mächten kommen wird, so wird auf alle Fälle der politische Druck von Osten her auf Westeuropa und in erster Linie auf die Bundesrepublik Deutschland sich für eine gar nicht abzusehende Zeit fortsetzen und auswirken und damit indirekt auch Frankreich dem großen Druck aussetzen.

Daher war es so besonders wichtig, daß gerade die beiden Nachbarländer, Frankreich und Deutschland, diesen Freundschaftsvertrag schlossen, der es ausschließt, daß in Zukunft wieder Sowjetrußland mit Deutschland gegen Frankreich oder mit Frankreich gegen Deutschland Politik treibt. Ich glaube, daß Sowjetrußland die Bedeutung gerade dieses Vertrags im Hinblick auf die Rolle Sowjetrußlands sehr gut verstanden hat. Sie wissen, daß die Sowjetregierung gegen den Abschluß des Vertrags protestiert hat. Sie hat aus Anlaß der Unterzeichnung des deutsch-französischen Vertrags bei der französischen Regierung erneut Protest eingelegt. In diesem Protest befindet sich ein Satz, der in den offiziellen Veröffentlichungen nicht enthalten ist, den ich Ihnen aber verlesen möchte: Die geographische Lage und die Geschichte – so sagt man in Moskau – machten aus Frankreich und Rußland natürliche Verbündete, die sich in der Vergangenheit zu verständigen wußten und im Kampf gegen den deutschen Angreifer nie eine Rivalität kannten. Es wäre nicht übertrieben, zu behaupten, daß, wenn Frankreich und die Sowjetunion als die wichtigsten Mächte des europäischen Kontinents gemeinsam handelten, es niemand wagen könnte, die Karte Europas zu revidieren. Die freundschaftlichen Beziehungen Frankreichs und der Sowjetunion könnten ein Bindeglied zwischen West- und Osteuropa werden und zur Schaffung einer internationalen Zusammenarbeit beitragen[2]. Sie ersehen daraus, meine Damen und Herren, daß dieser Vertrag, den Deutschland und Frankreich geschlossen haben, in dem ganzen politischen Gefüge, solange dieses in der bisherigen Weise beeinflußt wird durch den Druck der Sowjetunion oder ihrer Satellitenstaaten, also weit über die Grenzen unserer beiden Länder hinaus, von großer Bedeutung ist.

Es war daher ein wirklich großer Tag, als der Deutsche Bundestag fast einstimmig diesem Vertrag zugestimmt hat. Es ist davon gesprochen worden, daß der Vertrag zunächst kritisiert worden sei und daß Befürchtungen laut geworden wären. Nun, der

Abschluß dieses Vertrages verdient in Wahrheit die Kennzeichnung, ein geschichtlicher Vorgang zu sein. Man darf geschichtliche Vorgänge nicht mit gleichen Maßstäben messen wie politische Tagesereignisse. Ich meine z. B. das rein zufällige ungefähr zeitliche Zusammentreffen der Unterzeichnung des Vertrags in Paris durch Staatspräsident de Gaulle und mich mit den Schwierigkeiten, die im Verlauf der Verhandlungen über den Beitritt Englands zur EWG entstanden waren. Diese völlige Aussöhnung ist nach meiner tiefen Überzeugung, einer Überzeugung, die nach dem Kriege 1914–1918 in mir entstanden ist, wirklich ein Ereignis von sehr großer geschichtlicher Tragweite. Ich glaube, daß niemand in der Welt Sorge zu haben braucht, daß durch den Abschluß dieses Vertrags oder durch die sich daraus ergebenden Folgerungen irgendwelche Schwierigkeiten für ein anderes Land entstehen werden. Dieser Vertrag dient dem Frieden zwischen Frankreich und Deutschland, dem Frieden in Europa und damit dem Frieden in der ganzen Welt. Das können wir nicht oft genug betonen. Ich bin überzeugt davon, daß der Verlauf der Ereignisse und der Ablauf der Geschichte mir darin recht geben werden.
Ich habe gestern einen Brief von Staatspräsident de Gaulle erhalten und möchte Ihnen einen Satz daraus vorlesen: „Obwohl die französische Regierung von der Verfassung tatsächlich nicht dazu verpflichtet ist, hat sie es für ratsam gehalten, unseren Vertrag dem Parlament zur Zustimmung vorzulegen, um damit die Tragweite und die Bedeutung auf die feierlichste Weise hervorzuheben.“ Diese Auffassung, die Präsident de Gaulle hier wiedergegeben hat, ist auch unsere Auffassung. Darum war es wirklich ein beglückender Tag, als der Deutsche Bundestag fast einstimmig diesem Vertrag seine Zustimmung gab.
Meine Damen und Herren, da ich die Ehre habe, zu Ihnen zu sprechen, lassen Sie mich ein Wort zur EWG sagen. Als wir – ich kann hier auch von mir persönlich sprechen, da ich zu den Hauptinitiatoren der Römischen Verträge gehöre – diesen Vertrag schlossen, waren die Wirtschaften der EWG-Länder und der europäischen Länder überhaupt anders, als sie jetzt sind. Sie waren nicht so stark wie jetzt, und sie waren nicht so differenziert wie jetzt. Wenn sich dann bei Verhandlungen über eine weitere Harmonisierung dieser sechs Wirtschaften hier oder da Schwierigkeiten ergeben, so sollte man das nicht für eine Katastrophe halten, sondern es als eine natürliche Folgeerscheinung der ganzen Entwicklung ansehen. Dies darf aber das große Ziel nicht gefährden, und wird es auch nicht gefährden. Man wird diese Schwierigkeiten mit Ruhe und Geduld zu überwinden suchen, und man wird sie überwinden.
Es ist eben schon – ich glaube von Herrn Furler – auf das hingewiesen worden, was bei der Unterzeichnung dieses Vertrags in Paris erklärt worden ist. Aus der gemeinsamen Erklärung des Präsidenten der Französischen Republik und des deutschen Bundeskanzlers möchte ich nur einige Sätze hier verlesen:
„– in der Überzeugung, daß die Versöhnung zwischen dem deutschen und dem französischen Volk, die eine jahrhundertealte Rivalität beendet, ein geschichtliches Ereignis darstellt, das das Verhältnis der beiden Völker zueinander von Grund auf neugestaltet,
– in dem Bewußtsein, daß eine enge Solidarität der beiden Völker sowohl hinsichtlich

ihrer Sicherheit als auch hinsichtlich ihrer wirtschaftlichen und kulturellen Entwicklung miteinander verbindet ...
– in der Erkenntnis, daß die Verstärkung der Zusammenarbeit zwischen den beiden Ländern einen unerläßlichen Schritt auf dem Wege zu dem vereinigten Europa bedeutet, welches das Ziel beider Völker ist, ..."[3]
Meine Damen und Herren, diese sehr überlegten Worte sollte man nie vergessen, wenn man über den deutsch-französischen Vertrag redet oder schreibt. Das Ziel ist, dieses Europa aufzubauen. Doch seien wir uns darüber klar, daß das nicht so schnell gehen wird, wie wir uns das im Jahre 1955 vorgestellt haben, weil alles viel komplizierter und viel differenzierter geworden ist. Aber vergessen wir auch niemals, daß zu allem großen politischen Geschehen Geduld gehört, und daß gerade wir Europäer, die wir ein vereintes Europa schaffen wollen, dieser Geduld bedürfen. Dann, glaube ich, wird das Werk fortschreiten. Sie, meine verehrten Damen und Herren, haben in Zukunft die Aufgabe, den Regierungen dabei zu helfen, damit diese Aussöhnung eine Aussöhnung der Völker wird. Das wird in Zukunft Ihre große Aufgabe sein, und ich bitte Sie von Herzen um Ihre Mitarbeit bei diesem großen Werk.

Quelle: Bulletin, 25. Mai 1963.

Anmerkungen
[1] Vgl. Konrad Adenauer: Erinnerungen I, S. 328.
[2] Inhalt der sowjetischen Note an die französische Regierung vom 7.2. 1963 in: AdG 1963, S. 10410.
[3] Text der gemeinsamen Erklärung in: Europa-Archiv 1963, D 83.

23. Juni 1963

Tischrede beim Essen zu Ehren von Präsident Kennedy beim Staatsbesuch in der Bundesrepublik Deutschland

Herr Präsident! Meine sehr verehrten Herren!
Zum ersten Male weilen Sie, Herr Präsident, als Präsident der Vereinigten Staaten von Amerika in unserem Lande. Es ist dem deutschen Volke, für das ich spreche, ein von ganzem Herzen kommendes Bedürfnis, Ihnen als dem obersten Repräsentanten des amerikanischen Volkes von Herzen für die Menschlichkeit, für die Großherzigkeit und die Klugheit zu danken, die die Vereinigten Staaten nach dem Zusammenbruch Deutschlands gezeigt haben. Die Vereinigten Staaten traten damals, an der Spitze der Sieger im Weltkrieg stehend, für die Ideale der Freiheit und der Menschlichkeit schlechthin ein. Ihr Volk hat damals erkannt, daß Frieden und Freiheit auch für die besiegten Völker gelten

müssen, wenn dem Frieden und der Freiheit auf der Erde wieder eine dauernde Heimstatt bereitet werden sollte. Der damalige Entschluß Ihres Volkes wird in der Geschichte der Menschheit mit goldenen Lettern verzeichnet werden. Uns Deutschen ist es dadurch ermöglicht worden, unser zerstörtes Land wieder aufzubauen. Uns ist aber dadurch auch die Möglichkeit geschenkt worden, unseren Teil beizutragen zur Ächtung des Krieges, zur Herbeiführung eines wahren Friedens auf unserer so leidgeprüften Erde. Seien Sie überzeugt, Herr Präsident, daß diese Gedanken die Leitgedanken des deutschen Volkes bei seiner Arbeit in dem Zeitraum seit 1945 waren und daß sie es immer bleiben werden.

Noch ist das Ziel nicht erreicht. Noch durchziehen Spannungen, unerhört verschärft und gefährlicher gemacht durch die unvorstellbare Reichweite und die unvorstellbar fürchterliche Wirkung der nuklearen Waffen, fast die ganze Erde. Ich verschließe nicht die Augen vor den Gefahren, die einem jeden Volke auf der Erde drohen. Aber die Völker und vor allem ihre Führer haben diese Gefahren erkannt. Diese Erkenntnis sollte ein Schutz vor diesen Gefahren sein, und sie wird ein Schutz sein.

Ihr großes Land, Herr Präsident, hat die Führung in dem Ringen um wirkliche Sicherheit, um den wirklichen Frieden auf der Erde übernommen. Seien Sie überzeugt, daß das deutsche Volk weiß, daß gerade ihm die Pflicht obliegt, für den Frieden einzutreten, und seien Sie überzeugt, daß das deutsche Volk, dieser Pflicht eingedenk, alles tun wird, um zu dem Ziel, diesem gemeinsamen großen Ziel, zu gelangen.

Es war ein wahrhaft schöner Tag heute, Herr Präsident, von der Landung in Wahn angefangen über Köln, über die Feier im Rathaus in Köln, über Ihre Ansprache zu der großen Volksmenge vor dem Rathaus, vom Gottesdienst im Dom, von der Fahrt nach Bonn, und dann in Bonn diese für Bonn ganz ungeheuer große Volksmenge, die dort vor dem Rathaus Ihre ausgezeichneten Worte angehört hat.

Herr Präsident, Sie haben die Gesichter und die Augen der Menschen gesehen, die die Wege und Straßen einsäumten und die Ihnen zugehört haben. Sie haben – ich glaube, das habe ich wahrgenommen – einen tiefen Eindruck bekommen von der Aufgeschlossenheit und von der Zuversicht und von dem festen Willen dieser Bevölkerung, mit Ihnen, Herr Präsident, zusammenzuarbeiten, damit wir diese gemeinsamen Ziele, von denen Sie auch gesprochen haben, erreichen.

Ich glaube, Herr Präsident, Sie haben bei diesen Gelegenheiten, bei dieser Fahrt und bei den Feiern – so wie ich das empfunden habe – den Eindruck einer großen Unmittelbarkeit des Gefühls gehabt, die Ihnen entgegenschlug, einer wahren Woge der Wärme und der Freundschaft. Sie galt Ihrem Lande; aber, glauben Sie mir, sie galt heute in erster Linie Ihrer Person. Vor Ihrer Tätigkeit hat das deutsche Volk einen großen Respekt bekommen, und diesen Respekt zusammen mit der Freundschaft gegenüber dem Volke der Vereinigten Staaten haben Sie heute gesehen.

Für mich ist dieser Tag unvergeßlich. Ich möchte meinen deutschen Freunden noch sagen, daß gerade dieser Tag für uns Deutsche die größte Anerkennung unserer bisherigen Politik ist, die uns überhaupt gegeben werden konnte. Und ich bin dem Himmel dankbar,

Herr Präsident, daß er die Sonne hat scheinen lassen. Ich bin dem Himmel um so mehr dankbar, weil gestern die Presse geschrieben hatte, gegen Abend würden Eintrübung und Regenwetter kommen. Nun, die Presse hat in ihren Berichten nicht immer absolute Sicherheit des Empfindens, des Gefühls und des Wissens. Ich will der Presse keinen Vorwurf machen, daß sie das Wetter nicht im voraus bestimmen kann; Gott sei Dank kann sie es nicht. Meine verehrten Herren, uns ist der Himmel gnädig gewesen. Die Sonne hat heute auf uns geschienen und nicht nur die Sonne vom Himmel, sondern auch die Sonne in den Herzen der Menschen.
Ich bitte Sie, meine verehrten Herren, Ihr Glas zu erheben in Verehrung und Dankbarkeit für unseren Gast, den Präsidenten der Vereinigten Staaten.

Quelle: Bulletin, 25. Juni 1963.

4. Juli 1963

Tischrede beim Abendessen in Bonn zu Ehren von Staatspräsident de Gaulle

Sehr verehrter Herr Staatspräsident, verehrter General, lieber Freund! Meine verehrten Damen und Herren!
Wir haben heute zum erstenmal aufgrund des deutsch-französischen Vertrages miteinander beraten. Ich habe, ehe wir uns hier versammelten, eine Bilanz des heutigen Tages gezogen, und ich kann nur sagen, daß ich mit dem Ergebnis sehr zufrieden bin. Wir haben, was sowohl den französischen Herren wie den deutschen Herren besonders am Herzen liegt, miteinander überlegt, wie wir dafür sorgen können, daß die französische Jugend und die deutsche Jugend sich immer mehr einander kennenlernen und daß sie sich als Nachbarn lieben und achten lernen.
Wir haben dann über die Verhandlungen gesprochen – es sind nämlich einige Herren von der Presse unter uns, deswegen muß ich sehr vorsichtig sein –, die zwischen Herrn Messmer und Herrn v. Hassel[1] stattgefunden haben. Beide haben nicht über irgendwelche Mahlzeiten gesprochen, das können Sie sich denken, sondern sie haben über uns sehr am Herzen liegende Fragen gesprochen, und auch auf diesem Gebiet wurde eine vollkommene Übereinstimmung erzielt. Dann kamen wir in das Gebiet, das immer schwierig ist, bei dem es sich um Mein und Dein, um Geld und Gut usw. usw. handelt. Das ist ein sehr schwieriges Kapitel, auch unter guten Freunden, und man soll daraus, daß man diese Dinge ernsthaft besprochen hat, nicht etwa schließen, daß wir keine Freunde seien. Meine verehrten Anwesenden, soweit Sie verheiratet sind, ich glaube, das ist

sogar ein Thema, das unter Eheleuten oft eine Rolle spielt – und warum sollte es nicht unter Freunden eine Rolle spielen! Diese Verhandlungen werden morgen fortgesetzt werden, und es ist ganz klar, daß man bei so schwierigen Fragen, namentlich, wenn sie an letzter Stelle stehen, an einem drückenden Gewittertag nicht ohne weiteres zu einem Ergebnis kommt. Aber gerade bei solchen Fragen – das ist meine Erfahrung – ist es sehr gut, wenn die Befreundeten sich einmal aussprechen. Ob das alles richtig ist, was sie sagen, das steht auf einem ganz anderen Blatt, aber daß sie sich einmal aussprechen können, das ist schon ungemein wertvoll.

Nun, meine verehrten Anwesenden, möchte ich Ihnen sagen, daß der heutige Tag, an dem wir, Frankreich und Deutschland, zur gemeinsamen Arbeit zusammengekommen sind, für mich ein Tag großer Freude ist. Ich möchte Ihnen auch sagen, wann bei mir der Gedanke lebendig wurde, daß unter allen Umständen zwischen Frankreich und Deutschland ein gutes Einvernehmen geschaffen werden müßte. Das war in den ersten Jahren nach Ende des ersten Weltkrieges, in den zwanziger Jahren. Da wurde mir so völlig klar, welcher Wahnsinn das ist, wenn zwei Nachbarvölker, die miteinander verwandt sind, die aus demselben Boden gewachsen sind, die in allen ihren Anschauungen so ähnlich sind, sich einander befehden. Ich gebe immer viel auf Physiognomie. Ich habe eben meinem Nachbarn gesagt, wenn ich die Köpfe auf beiden Seiten der Tische besehe – ich kann nicht so weit sehen, daß ich die Köpfe erkenne –, dann kann ich keinen großen Unterschied erkennen. Während ich sonst doch immer bei internationalen Zusammenkünften schon an der Kopfform und am Gesichtsausdruck den Unterschied der Völker erkenne, hier kann ich ihn nicht erkennen. Deswegen ist es für mich wirklich ein Tag sehr großer Genugtuung und sehr großer Freude, daß wir hier zusammengekommen sind.

Ich habe heute in zwei deutschen Zeitungen etwas gelesen, was sie angeblich aus LE MONDE übernommen hatten. Ich kann nur sagen, wenn das in LE MONDE gestanden hat, daß weder LE MONDE eine Ahnung davon hat, was eine Rose ist, noch die deutschen Zeitungen, die es übernommen haben. Da steht, Rosen und junge Mädchen hätten ihre Zeit[2]. Ja natürlich haben sie ihre Zeit, aber die Rose – und davon verstehe ich nun wirklich etwas, das lasse ich mir von niemandem bestreiten – ist die ausdauerndste Pflanze, die wir überhaupt haben. Sie hat hier und da Dornen, sicher, meine Damen und Herren, dann muß man sie mit Vorsicht anfassen. Aber sie hält jeden Winter durch. So haben z. B. die Rosen in meinem Garten drüben in Rhöndorf den harten Winter, den wir hinter uns haben, glänzend überstanden. Deswegen möchte ich das aufgreifen und sagen, jawohl, diese Freundschaft zwischen Frankreich und Deutschland ist wie eine Rose, die immer wieder Blüten bringt, die immer wieder Knospen treibt und wiederum Blüten bringt und die alle Winterhärte glänzend übersteht. Ich greife dieses Beispiel auf und bin sehr glücklich darüber. Sehen Sie die Blumen, die hier sind; sie würden das gar nicht überstehen, was eine Rose übersteht. Aber lassen Sie mich einmal ein ernstes Wort hinzufügen.

Ich glaube, daß diese enge Freundschaft, diese enge Verbundenheit zwischen Frankreich und Deutschland, in Europa wie ein neuer Kraftimpuls wirkt. Stellen Sie sich bitte vor, wenn diese Freundschaft nicht bestünde, wäre jeder Versuch, Europa zu schaffen, von vornherein zum Tode verurteilt. Daher glaube ich, wenn wir, Franzosen und Deutsche, zusammenarbeiten, daß wir für unsere Länder arbeiten, das ist unsere erste Pflicht, daß wir aber auch arbeiten für Europa und für den Frieden in der Welt. Daher glaube ich weiter, daß wir alle, die wir heute hier versammelt sind, Franzosen und Deutsche, darüber glücklich sein können, daß dieser französisch-deutsche Freundschaftsvertrag seine Wirkungen auszustrahlen beginnt.

Ich möchte ein besonderes Wort des Dankes an den Staatspräsidenten von Frankreich, an Herrn General de Gaulle richten. Wenn Sie zurückdenken, meine Damen und Herren, ich glaube, Sie werden mit mir übereinstimmen: Niemand anderem wäre es gelungen, diese Freundschaft wirklich zu erwecken und zu fassen, und darum glaube ich, daß das ein großes geschichtliches Verdienst des Generals de Gaulle ist.

Vor kurzer Zeit war ein alter Freund von mir – ich möchte den Namen nicht nennen – aus einem der Beneluxstaaten bei mir. Der sagte mir, es wäre niemals gelungen, einen Freundschaftsvertrag zu schließen zwischen Belgien und Deutschland, zwischen Holland und Deutschland, auch nicht zwischen Luxemburg und Deutschland. Daß es gelungen ist, zwischen Frankreich und Deutschland einen solchen Freundschaftsvertrag zu schließen, ist ganz sicher auch das große Verdienst des Generals de Gaulle. Dafür sind wir ihm dankbar, dafür ist die Welt ihm dankbar, dafür ist sogar Amerika ihm dankbar; das kann ich Ihnen auch sagen, meine Damen und Herren. Aber wir Deutschen sind ihm besonders dankbar, und darum bitte ich Sie, sich zu erheben und mit mir zu trinken auf das Wohl des Generals de Gaulle, des Staatspräsidenten von Frankreich, auf das Wohl des französischen Volkes.

Quelle: ARh, maschinenschriftlicher (hektogr.) Text des BPA Nr. 834/63.

Anmerkungen

[1] Französische und deutsche Verteidigungsminister.

[2] Sie brachten eine skeptische Äußerung de Gaulles, die er bei einem zwanglosen Gespräch mit französischen Parlamentariern am 2.7. 1963 fallen ließ: „Die Verträge, wissen Sie, die sind wie die jungen Mädchen und wie die jungen Rosen. Sie dauern ihre Zeit. Wenn der deutsch-französische Vertrag nicht zur praktischen Anwendung käme, dann wäre es nicht der erste Fall in der Geschichte“ (nach Ernst Weisenfeld: de Gaulle sieht Europa. Reden und Erklärungen 1958–1966. Frankfurt/Main 1966, S. 110).

15. Oktober 1963

Abschiedsansprache auf der Sondersitzung des Deutschen Bundestages

Herr Bundestagspräsident! Meine Damen und Herren! Ich bin Ihnen, Herr Bundestagspräsident, von Herzen dankbar für Ihre Worte, und ich bin Ihnen, meine verehrten Mitglieder, Kolleginnen und Kollegen im Bundestag, von Herzen dankbar dafür, daß Sie die Schlußworte des Herrn Bundestagspräsidenten in dieser markanten Weise durch ihr Aufstehen gutgeheißen und unterstrichen haben.
Wenn ich am heutigen Tage zu Ihnen spreche, dann bin auch ich von Dank erfüllt, von *Dank für das deutsche Volk*. Sicher, meine verehrten Damen und Herren, wenn wir an das Jahr 1949 zurückdenken, wenn wir von den Trümmerfeldern hören, von denen der Herr Präsident soeben gesprochen hat, dann wollen wir auch den Blick noch hinausgehen lassen über die Grenzen unseres Landes und wollen daran denken, wie der deutsche Name damals in der Welt gewertet wurde und wie es heute anders geworden ist. Wenn wir vieles, nicht alles, wiederaufgebaut haben und wenn der deutsche Name im Ausland wieder seinen Klang hat, dann, meine Damen und Herren, wäre das nicht möglich gewesen ohne das deutsche Volk selbst. (Beifall im ganzen Haus)
Es ist wahr, meine Damen und Herren: jedes Volk bedarf einer Staatsform und bedarf auch innerhalb dieser Staatsform einer gewissen Lenkung. Aber wir sind uns doch gerade in diesen Zeiten der Not, die hinter uns liegen, darüber klar geworden, daß ohne das Mitgehen des Volkes, ohne daß das Volk mit handelt, ohne daß das Volk mit die Last auf sich nimmt, ohne daß das Volk sich müht weiterzukommen, der Erfolg für jedes Parlament und für jede Regierung versagt bleibt.
Und darum bin ich stolz auf das deutsche Volk – ich darf das wohl auch mit dem Blick über unsere Grenzen hinaus heute sagen –: ich bin stolz auf das, was das deutsche Volk in dieser verhältnismäßig kurzen Spanne Zeit geleistet hat. Wir Deutschen dürfen unser Haupt wieder aufrecht tragen, denn wir sind eingetreten in den Bund der freien Nationen und sind im Bund der freien Nationen ein willkommenes Mitglied geworden. (Beifall bei den Regierungsparteien)
Es ist wahr, Herr Präsident, wir haben nicht alles erreicht. Ich würde sogar noch weitergehen und würde sagen: wir haben vieles noch nicht erreicht. Wir müssen uns doch immer klarbleiben darüber, daß das ständig flutende Leben immer neue Aspekte gibt, immer neue Forderungen hervorruft, aber auch dem Menschen immer neue Lasten auferlegt. Deswegen muß man Tag für Tag daran denken, bemüht zu sein, dem Volke in seiner Allgemeinheit zu helfen weiterzukommen, aber auch die Last, die der moderne Fortschritt auf den Menschen legt, zu erleichtern.
Lassen Sie mich einige Worte sagen über unser *Verhältnis zum Ausland*. Der Herr Präsident hat es schon gekennzeichnet, und ich möchte es wiederholen: wir haben die *Wiedervereinigung* noch nicht erreicht, obgleich ich glaube, daß wir am Horizont Möglichkeiten einer Wiedervereinigung kommen sehen, wenn wir achtsam und vorsichtig

und geduldig sind, bis der Tag gekommen ist. Ich bin fest davon überzeugt, daß dieser Tag einmal da sein wird. Denn man kann einem Volke wie dem deutschen Volke nicht widersprechen und man kann ihm keinen Widerstand leisten, wenn es in Frieden seine Einheit wiederherstellen will. (Beifall bei den Regierungsparteien und bei der SPD)
Aber, meine Damen und Herren, seien wir uns auch darüber klar, daß die Bundesrepublik heute ein wertvolleres Land für den Gegner vom Osten ist als vor zwanzig Jahren dank unseres wirtschaftlichen Emporsteigens, dank auch der ganzen Kraft, die das deutsche Volk durch den Wiederaufbau gezeigt hat.
Und über eines seien wir uns klar: mehr denn je zuvor ist Deutschland ein Angelpunkt der weltpolitischen Spannungen, die über die Kontinente hinweggehen. Daher dürfen wir nicht etwa glauben, diese unsere Last der Trennung werde von uns genommen werden, ohne daß gleichzeitig die Last der Spannungen auch von den anderen Völkern genommen wird. Das erfordert von uns um so größere Achtsamkeit, um so größere Sorge und um so größere Geduld.
Vergessen wir doch nicht, meine Damen und Herren, was Herr Präsident Gerstenmaier soeben gesagt hat: Eine Lösung der deutschen Frage ist nicht möglich allein zwischen uns und dem Gegner, der uns bedrückt; eine Lösung dieser Frage ist nur möglich mit Hilfe unserer Freunde. Und wir danken Gott, daß wir wieder Freunde in der Welt gefunden haben. (Beifall bei der CDU/CSU und bei Abgeordneten der FDP und der SPD)
Wenn Sie sich vorstellen, meine Damen und Herren, wir hätten diese Freunde nicht wieder gefunden; was wäre in der Zwischenzeit aus Deutschland geworden oder was würde jetzt aus Deutschland! Gerade diese Freundschaft in Europa, außerhalb Europas, mit den Vereinigten Staaten, mit allen freien Völkern der Welt gibt uns erst ein Recht, mit Sicherheit zu erwarten, daß eines Tages auch die Wiedervereinigung in Freiheit erfolgen wird. (Beifall bei der CDU/CSU und bei Abgeordneten der FDP)
Meine Damen und Herren, es sind für mich bewegte Tage, und ich möchte danken. Ich möchte Ihnen danken, Herr Präsident, für Ihre Worte; ich möchte denjenigen Mitgliedern dieses Hauses, die mit mir gearbeitet haben, dafür danken, daß sie die ganzen 14 Jahre hindurch mit mir gearbeitet haben, und ich möchte auch der *Opposition* dafür danken, daß sie da war und die Pflicht einer parlamentarischen Opposition erfüllt hat. (Beifall bei den Regierungsparteien)
Diese Opposition in parlamentarisch regierten Staaten, diese Pflicht der Opposition ist notwendig für das Parlament, für das Volk und für dessen Regierung.
Wir brauchen alle eine Kontrolle, eine Kontrolle, ob wir auf dem richtigen Wege sind. Und es ist wirklich nicht so – das darf ich in diesem Augenblick sagen –, als ob ich allen und jeden Satz, der von der linken Seite des Hauses gekommen ist, ohne weiteres beiseite geschoben hätte. (Heiterkeit)
Keineswegs, meine Damen und Herren! Erstens ist das Dasein der Opposition prophylaktisch. (Heiterkeit)
Dieses prophylaktische Wirken der Opposition wird leider in der Öffentlichkeit zu wenig

veranschlagt. Aber es ist da. Das Vorhandensein einer Opposition äußert sich nicht nur in Zeitungsartikeln oder etwa in Reden hier im Parlament, sondern jeder Regierungschef, der ein Volk führen will, muß sowohl darauf achten, daß er eine Mehrheit hat, wie auch darauf, daß er eine Opposition hat. (Heiterkeit)

Meine verehrten Damen und Herren, es wird in diesen Tagen so viel vom *konstruktiven Mißtrauensvotum* gesprochen. Dieses konstruktive Mißtrauen ist allerdings eine der wertvollsten Errungenschaften unseres Grundgesetzes. Es ist nicht jedem von uns bekannt, daß das Wort von den Richtlinien der Politik – wer sie bestimmt – wörtlich aus der Weimarer Verfassung abgeschrieben ist. Aber nicht aus der Weimarer Verfassung abgeschrieben ist das Wort über das konstruktive Mißtrauen. Die Kollegen, die mit mir zusammen im Parlamentarischen Rat tätig gewesen sind, möchte ich hier besonders bitten, daran zu denken, daß sich unser so früh verstorbener Kollege Katz[1] gerade um das konstruktive Mißtrauen besonders bemüht hat.

Gerade für ein geschlagenes Volk, wie wir es waren, nach einem Krieg, der von Deutschen vom Zaun gebrochen war, ist die *Stetigkeit in der Politik* eine Grundbedingung. Nichts, meine Damen und Herren, ist dem Ansehen eines Volkes und namentlich unserem Volke nach alledem, was hinter uns liegt, abträglicher als der Ruf der Unstetigkeit. Die Stetigkeit in der Politik ist die Voraussetzung für das Ansehen eines Volkes. (Beifall bei der CDU/CSU)

Ein gut Teil des Erfolges ist auch darauf zurückzuführen, daß die Opposition milder geworden ist (Heiterkeit) – auch das, meine Damen und Herren, ist ein Erfolg des Parlaments – und daß sich die Parlamentsmehrheit auch daran gewöhnt hat, zuzuhören, wenn die Opposition spricht. (Erneute Heiterkeit) Denn nur vom Sprechen und vom Zuhören kann etwas Gutes werden, nicht vom Sprechen allein; das Zuhören gehört dazu. (Beifall)

Ich werde ja wieder in Ihre Reihen zurückkehren – da ist mein Platz –, und ich werde zuhören. Ich hoffe, wenig zu sprechen.

(Abg. Dr. Mommer: Na, na! – Heiterkeit.)

– Ja, meine Herren, wenn Sie mich auffordern, (erneute Heiterkeit) dann werde ich sprechen; hoffentlich gut sprechen. Meine Damen und Herren, man soll nicht zuviel sprechen. Wer immer spricht, dessen Wort wird wenig geachtet. (Sehr gut! bei der SPD)

Man soll nur dann sprechen, wenn es absolut notwendig ist und wenn man glaubt, man müßte es tun.

Ich werde dort auf diesen Platz zurückkehren und bin dann von manchen Fesseln frei, die ich jetzt habe; (Heiterkeit) denn der Platz da oben fesselt auch, der gestattet einem nicht immer, freien Schrittes zu gehen und frei zu sprechen. Aber wenn ich zu Ihnen zurückkehre, dann – lassen Sie mich das wiederholen – werde ich mich befleißigen, gut zuzuhören.

Nun, meine verehrten Damen und Herren, möchte ich Ihnen nochmals danken, wie ich das zu Eingang meiner Ausführungen getan habe, Ihnen allen ausnahmslos, dem einen mehr und dem anderen weniger natürlich. (Heiterkeit) Ich möchte Ihnen allen danken. Vor allem aber wollen wir unserem deutschen Volke dankbar sein. Ich sage bewußt und gewollt nicht: dem deutschen Volke, sondern: unserem deutschen Volke. (Beifall auf allen Seiten des Hauses. – Die Abgeordneten erheben sich. Bundeskanzler Dr. Adenauer begibt sich auf seinen Abgeordnetenplatz.)

Quelle: 4. Deutscher Bundestag. Stenographisches Protokoll der 86. Sitzung. Bonn, Dienstag, den 15. Oktober 1963, S. 4165–4167.

Anmerkungen

1 Dr. Rudolf Katz war ein sozialdemokratisches Mitglied des Parlamentarischen Rates.

1964–1967

23. Juni 1964

Rede vor dem Industrieklub und dem deutsch-französischen Kreis in Düsseldorf

Außenpolitischer tour d'horizon.

Meine verehrten Damen und Herren! Ich danke den Herren Vorrednern für die freundlichen Worte, die Sie an mich gerichtet haben, und danke Ihnen, meine Damen und meine Herren, dafür, daß Sie so zahlreich hierher gekommen sind. Es ist ja eine eigenartige Zuhörerschaft, vor der ich spreche. Sie haben einen bestimmten Stempel. Ich glaube, gerade bei dieser Zuhörerschaft ist es am richtigsten, wenn ich die ganze Situation so nüchtern und so ernst, wie ich sie wenigstens zur Zeit in der Welt sehe, darlege.

Ich glaube zunächst nicht, daß wir einer politischen längeren Sommerpause in der Welt entgegensehen. Dafür ist die Unruhe in der Welt zu groß, als daß sie sich plötzlich legen könnte. Vor allem stehen die Präsidentenwahlen in den Vereinigten Staaten bevor. Sie wissen, die Wahlen finden am 8. November statt. Im Herbst, wahrscheinlich im Oktober wird auch das englische Unterhaus neu gewählt. Naturgemäß sind diese Wahlen nach den Präsidentenwahlen in den Vereinigten Staaten sehr emotional. Sie fesseln so das Interesse der Politiker, obwohl das Ergebnis feststeht, daß jedenfalls für außenpolitische Fragen dort kein besonderes Klima besteht.

Dann folgen die Wahlen in Amerika. Da von Amerika die stärksten politischen Impulse ausgehen, wirkt sich das, was jetzt dort vor sich geht, auch auf die Atmosphäre in der ganzen Welt aus. Der Ausgang der Wahlen in den Vereinigten Staaten ist wohl ziemlich sicher, wenn man das Wort „ziemlich" überhaupt noch gebrauchen will. Sie scheinen so sicher zu sein wie der Ausgang der Wahlen in Großbritannien. Er wird wahrscheinlich dort mit einem Sieg der Labour Party enden, und es wird dort eine neue Regierung das Steuer in die Hand nehmen. Wie sich die Politik dann im kommenden Winter gestalten wird, das kann man naturgemäß nur vermuten. Man kann annehmen, daß Johnson, der bisher und während der Wahlzeit in der Politik in demselben Gleis wie sein Vorgänger Kennedy fährt, klar und deutlich zu erkennen geben wird, welche Politik die Vereinigten Staaten in Zukunft zu führen gedenken. Ich glaube, wir können davon überzeugt sein, daß die Vereinigten Staaten bei der politischen Aktivität niemals vergessen werden, daß sie die Führung der nichtkommunistischen, der freien Welt innehaben. Ob, meine verehrten Damen und Herren, sich dann, nach dem 8. November das außenpolitische Klima, das sehr lau ist, verändern wird, das halte ich für unwahrscheinlich.

Nun möchte ich mich an Sie wenden und Ihnen, wenn ich von der politischen Lage spreche, die Bitte vortragen, Ihr Augenmerk auf die für uns Deutsche wichtigsten Vorgänge in der Welt zu richten. Ich beschränke mich dabei

auf die Vereinigten Staaten,

auf die Sowjetunion,
auf die NATO,
auf die Bedeutung der europäischen Einigung und
auf die Beziehungen zwischen Deutschland und Frankreich.

Die Vereinigten Staaten von Amerika werden zur Zeit stark von der Rücksicht auf die eben von mir gekennzeichnete Wahlatmosphäre beeinflußt, die natürlich jetzt dort von Woche zu Woche zunimmt. Aber ich wiederhole nochmals:

Wir müssen Vertrauen darauf haben, daß die Vereinigten Staaten auch nach dem 8. November eine gute Politik für die Völker in der freien Welt betreiben werden!

Die Vereinigten Staaten sind zweifellos das stärkste Land auf der Welt. Aber gerade weil sie das stärkste Land auf der Welt sind, sind sie auch an zahlreichen Stellen empfindlich, nicht nur in ihrem großen Territorium, sondern auch außerhalb ihres Territoriums, dort, wo von Rotchina her kommunistische Einflüsse in die Sphären hineingehen, die die Amerikaner als die von ihnen zu beeinflussenden Sphären ansehen. Ich denke da an Vietnam, um einen Namen zu nennen. Ich brauche Sie nur daran zu erinnern, was in der Presse stand, dann haben Sie wohl die Möglichkeit, die es dort vielleicht geben kann, obgleich ich nicht glaube, daß es dort zu einem wirklich heißen Krieg kommen wird.

Die Vereinigten Staaten, meine Damen und Herren, verlangen von den europäischen Ländern die Aufwendung größerer Mittel für Verteidigungszwecke als bisher. Die Vereinigten Staaten sind in Asien verwundbar. Aber, meine verehrten Anwesende, sie sind nach meiner Auffassung in Europa am allerverwundbarsten. Darüber möchte ich Ihnen gern einige Ausführungen machen. Ich möchte auch über die Außenpolitik ganz allgemein einiges sagen. Die Außenpolitik eines jeden Landes – Sie mögen ein Land nehmen, welches Sie wollen – wird in erster Linie von den eigenen Interessen des betreffenden Landes geleitet. Auch Zusammenschlüsse und Bündnisse haben nur dann Kraft und Bestand, wenn sie im wesentlichen dem gemeinsamen Interesse aller dem Bündnis angehörenden Partner dienen. Ich meine hier nicht materielle Interessen, sondern ich meine das Wort „Interessen“ ganz allgemein. Zur Erhärtung dessen möchte ich ein Wort von John Foster Dulles zitieren. Er hat einmal gesagt:

Wir Amerikaner treiben in Europa keine französische Politik, wir treiben keine deutsche Politik, wir treiben in Europa amerikanische Politik!

Das war ein sehr offenes, ein sehr klares und ein sehr richtiges Wort. Gerade diejenigen, die sich mit Politik und insbesondere mit Außenpolitik beschäftigen – das trifft auf diesen Kreis ganz sicher zu –, müssen sich immer darüber klar sein, daß die Außenpolitik in der Hauptsache von den Interessen des betreffenden Landes getragen wird und nicht etwa aus Liebe zu den anderen, auch wenn es sich um ideelle Motive oder soziologische Ansichten wie kommunistisch und nichtkommunistisch handelt.

Es liegt mir daran, das in einem solchen Kreise, wie er hier versammelt ist, ganz klar und deutlich auszusprechen, damit man nicht in Illusionen verfällt, die nachher große Enttäuschungen hervorrufen. (Beifall) Nur wenn man die Außenpolitik so betrachtet,

schützt man sich vor großen Enttäuschungen und schützt sich vor einer falschen Außenpolitik.
Ich möchte meine Ausführungen dazu verwenden, die Politik aller Länder, auch die Außenpolitik unseres Landes, der Bundesrepublik, unter dem Gesichtspunkt zu betrachten, den ich eben gekennzeichnet habe.
Nun, meine Damen und Herren, warum sind die Vereinigten Staaten in Europa am verwundbarsten? Es ist, glaube ich, völlig falsch, anzunehmen, daß etwa Sowjetrußland im Innersten seines Herzens gewillt ist, mit Amerika Frieden zu halten. Meine Herren! Der Kommunismus ist eine aggressive Weltanschauung. Es kommt hinzu, daß der sowjetrussische Kommunismus besonders aggressiv ist, weil er nationalistisch ist. Es kann gar kein Zweifel bestehen, daß Sowjetrußland in den Vereinigten Staaten von Amerika seinen größten Gegner, seinen größten Feind, erblickt. Es sieht zwar mit einem Auge schon auf Rotchina – ich komme darauf noch zurück –, aber unmittelbar sind die Vereinigten Staaten der größte Gegner des sowjetrussischen Kommunismus.
Sowjetrußland ist nun tief in Westeuropa vorgedrungen. Sowjetrußland hat sich schon unter Stalin, insbesondere bei den Verhandlungen in Potsdam und bei den Verhandlungen, die vor Potsdam stattgefunden haben, gegen eine Zerstückelung Deutschlands gewehrt. Aber, meine Damen und Herren, es ist dafür eingetreten, daß Deutschland so schwach gemacht wird, daß dieses Deutschland wegen seiner politischen und wirtschaftlichen Schwäche seinem großen Nachbarn – das ist in diesem Falle Sowjetrußland, von den Satellitenstaaten ganz abgesehen – anheimfallen würde und der Führung und dem Einfluß seines großen Nachbarn, des russischen Reiches, unterliegen würde. Das war auch die wohl überlegte Politik Sowjetrußlands bei der Befreiung der von Hitler unterworfenen Länder. Diese Länder – ich brauche nur insbesondere an Polen zu erinnern –, die die Westmächte zur Freiheit führen wollten, sind sofort, nachdem sie erobert waren, von Sowjetrußland in einer sehr genau überlegten und vorbereiteten Methode zu russischen Satellitenstaaten gemacht worden. Das gilt, wie ich schon sagte, für Polen, das gilt für Ungarn, das gilt auch für die Tschechoslowakei. Es ist gar kein Zweifel möglich, daß die siegreichen Westmächte, damals repräsentiert durch Winston Churchill und durch Truman, diese Staaten der Freiheit zuführen wollten. Aber Sowjetrußland hat so geschickt paktiert und so überraschend gehandelt, daß es gelungen ist, seine Mitkämpfer bei dieser ganzen Auseinandersetzung zu überrunden und diese Länder zu Satellitenstaaten zu machen.
Dadurch ist insbesondere Winston Churchill über die große Gefahr, die Europa, wenn das so weitergehen würde, durch Sowjetrußland droht, aufgeklärt worden. Winston Churchill und Truman haben sich dieser russischen Methode, soweit Deutschland in Frage kam, widersetzt. Sie haben, nachdem nun einmal – leider Gottes – die Sowjetzone in dieser Größe den Russen übergeben war, dem weiteren Vordringen der Russen Halt geboten und haben mit Erfolg dafür gesorgt, daß der größere Teil Deutschlands, die Bundesrepublik, nun wirklich zu einem Staat geworden ist, der seiner ganzen Mentalität, seiner ganzen Ideologie nach zu den freien Völkern des Westens gehört. Aber damals

schon war das schwer.

Sowjetrußland hat diesen Willen, auch das freie Deutschland in seinen Sog zu bekommen, bis jetzt niemals aufgegeben. Warum? Nun, das ist sehr klar zu erkennen. Wenn es Sowjetrußland gelingen würde, eines Tages die Bundesrepublik in ihren Sog zu bekommen, dann würden Frankreich und Italien bald folgen müssen. Die Macht, die sich dann bilden würde – Sowjetrußland und Westeuropa –, wäre unbedingt die stärkste Macht auf der Welt, viel stärker als die Vereinigten Staaten. Durch die Kraft, die dann Sowjetrußland haben würde, würden auch seine Aussichten, gegenüber Rotchina bestehen zu können, außerordentlich wachsen. Rotchina wächst nur langsam zu einer wirklichen Kraft heran. Das wird wahrscheinlich Jahrzehnte dauern. Wenn Sowjetrußland die westeuropäischen Staaten in seinem Kielwasser hätte, dann würden die Aussichten Sowjetrußlands, daß es die stärkste kommunistische Macht bliebe und China sich einordnen würde, sehr viel größer. Sie sehen daraus, daß die russische Politik auf weite Sicht berechnet ist, daß sie aggressiv und die Gefahr noch lange nicht vorüber ist und immer noch hofft, daß eines Tages doch die Vorhaben gelingen werden. Von Rußland aus gesehen ist eine solche Politik in Wahrheit die einzige Politik, die Rußland aus seiner schwierigen Lage heraushelfen kann und gleichzeitig – wie ich eben schon sagte – Sowjetrußland an die Spitze der Kräfte in der Welt stellen würde.

Das ist auch der Grund, warum Sowjetrußland die Zone mit aller Gewalt zu einem Satellitenstaat gemacht hat und es dort jede Freiheit unterdrückt. Denn das ist das Podium für seine Arbeit. Unterschätzen Sie bitte nicht die Tätigkeit, die von dortaus auch bei uns entfaltet wird. Nach dem, was unsere maßgeblichen Stellen festgestellt haben, arbeiten mehrere tausend Agenten der Sowjetzone in der Bundesrepublik. Glauben Sie auch nicht, daß nun dadurch, daß seinerzeit das Bundesverfassungsgericht die Kommunistische Partei als im Widerspruch mit unserer Verfassung stehend erklärt hat, die Kommunisten in Deutschland vom Erdboden verschwunden wären. Bitte, denken Sie auch daran – immer vom russischen Standpunkt aus gesehen –, daß die Kommunistische Partei in Frankreich die stärkste nach der UNR ist, sie sehr gut organisiert und sehr kampffreudig ist. Denken Sie, bitte, in diesem Zusammenhang auch daran, daß in Italien ein sehr starker Sog nach links eingetreten ist. Hoffentlich wird das alles wieder aufgefangen und hoffentlich wird es nicht irgendwo in Westeuropa im Laufe der Zeit zu kommunistischen Erfolgen kommen.

Aber, es liegt mir daran, mit Ihnen nachzugehen, welches die Absicht und der Sinn der sowjetrussischen Politik ist. An sich kann ja bei weiterem Nachdenken niemand erwarten, daß Sowjetrußland bereit ist wegen der 17 Millionen Deutscher in der Sowjetzone, von denen ein gewisser Prozentsatz kommunistisch eingestellt ist – kein großer, aber immerhin ein gewisser Prozentsatz – nun die Gegensätze – um mich zart auszudrükken – mit der ganzen freien Welt aufzugeben. Sowjetrußland möchte unsere aus dem Innersten kommende Sehnsucht nach Wiedervereinigung benutzen, um auf diese Weise seinen Einfluß nach Westeuropa eines Tages weiter auszudehnen. Während das Selbstbestimmungsrecht von Sowjetrußland sonst ganz allgemein anerkannt worden ist – wenigstens in Worten anerkannt worden ist –, streitet es dem deutschen Volke das Selbstbestimmungsrecht ab. Chruschtschow hat noch unlängst erklärt, hier handele es sich nicht um eine politische Frage, sondern um eine soziologische Frage, um ein soziologisches System, und darüber könne man nicht abstimmen. Nun, meine Damen und Herren, ich brauche Ihnen nicht auseinanderzusetzen, daß das einfach dumme Ausreden sind. Aber hier beachten Sie bitte das Wesentliche, daß Sowjetrußland, um den Fuß dort in Deutschland zu halten, wo es steht, auch den Unwillen aller freien Völker ruhig auf sich nimmt und auch seine sonstigen Prinzipien in aller Seelenruhe verleugnet.

Ich habe Ihnen gesagt, der Ausbau der Sowjetzone zu einem Satellitenstaat erfolgte, um weiter nach dem Westen zu kommen. Alle Vorschläge, die wir Sowjetrußland gemacht haben, wurden abgelehnt. Es wird immer behauptet, sogar von deutschen Parteien, daß wir niemals Vorschläge gemacht hätten. Nun, wir haben Chruschtschow, als ich noch Bundeskanzler war, Vorschläge gemacht[1]. Ich habe ihm mitteilen lassen, wenn nur den Deutschen in der Zone eine bessere, eine humanere Behandlung zu teil würde, wären wir zu größtem Entgegenkommen bereit. Ich habe weiter der russischen Regierung gesagt, daß wir im Falle der Wiedervereinigung von der evtl. Stärkung des Kriegspotentials, die damit verbunden wäre, keinen Gebrauch machen würden. Er hatte gegenüber allen Vorschlägen nur ein Nein. Er bleibt bei dem Nein, weil er dieses weitergehende Ziel im Auge hat, das für ihn ein sehr großes Ziel ist. Darum habe ich gesagt, daß Amerika in Europa am verwundbarsten ist. Da nun, wie ich eingangs sagte, Außenpolitik überall auf den eigenen Interessen basiert, glaube ich, daß die Vereinigten Staaten recht daran tun, wenn sie hier in Europa diese militärische Kraft, die sie hier entfaltet haben, belassen.

Vor einiger Zeit ist in den Vereinigten Staaten sehr ernst erwogen worden, ob man nicht in stärkerem Maße konventionelle Truppen aus Europa zurückziehen könnte. Etwas, was in unserer Presse sehr wenig beachtet worden ist: Man stellt in Amerika amtliche Untersuchungen darüber an, ob es möglich ist, trotz ihrer Machtentfaltung die allgemeine Wehrpflicht aufzuheben. Es ist wahr, daß bei dem außerordentlich großen Kriegspotential, das Amerika für die ganze freie Welt, aber auch für sich selbst, trägt, Sicherheit darüber haben muß, daß es die Ausgaben und die persönlichen Lasten, die mit der Wehrpflicht verbunden sind, auch tragen *muß*. Deswegen habe ich gar nichts gegen eine solche Untersuchung. Das Ergebnis wird Ihnen jeder Fachmann voraussagen können. Man wird genug junge Leute für die Flugwaffe, für die nuklearen Waffen, auch ohne die allgemeine Wehrpflicht bekommen, weil die Soldaten, die bei diesen Waffen gedient haben, später gute Aussichten haben, in der Industrie weiterzukommen. Man wird aber nicht genügend Freiwillige bekommen, um die Zahl der konventionellen Truppen auf der jetzigen Höhe zu halten. Ich glaube, Rußland wird sich gefreut haben, als es gehört hat, daß man in den Vereinigten Staaten eine Untersuchung darüber anstelle, ob man ohne die Wehrpflicht auskommen könne. Aber ich glaube, wir brauchen keine Sorge zu haben, denn diese Untersuchung, die etwa ein Jahr dauern wird, wird nach Meinung unserer militärischen Fachleute, auch der Kenner der Verhältnisse in Amerika,

zu dem Ergebnis kommen, daß die Vereinigten Staaten nicht ohne die allgemeine Wehrpflicht auskommen können.
Das entbindet natürlich uns Europäer niemals von der Verpflichtung, unsere Aufgaben zu erfüllen. Auch ich bin der Auffassung, daß in einigen europäischen Staaten – vielleicht auch in der Bundesrepublik – auf diesem Gebiete mehr geleistet werden muß, als zur Zeit dort geleistet wird.
Ich glaube, meine Damen und Herren, eben Ihren Gesichtern angesehen zu haben, daß Sie über meine Ausführungen, bzw. über die Tendenz meiner Ausführungen etwas erstaunt sind, da ich Ihnen nachgewiesen habe, daß die Vereinigten Staaten in Europa am verwundbarsten sind. Lassen Sie mich das nochmals betonen und erhärten. Stellen Sie sich bitte vor, daß Chruschtschow immer davon gesprochen hat, daß Sowjetrußland stärker werden müsse als die Vereinigten Staaten. So sagte er immer. Stellen Sie sich weiter vor, daß nun Sowjetrußland mitten in Europa, mitten in Deutschland steht. Übrigens, Bismarck hat schon den Angsttraum gehabt, daß Rußland einstmals an der Elbe stehen könne. Die Russen stehen jetzt an der Elbe. Wenn Sie sich das ganze Bild vor Augen halten, dann werden Sie die Gedanken, die ich Ihnen da entwickelt habe, durchaus beachtlich finden. Ich will mich da ganz vorsichtig ausdrücken.
Nun, Westeuropa an sich zu ziehen, ist in der Tat bei Sowjetrußland die einzige Möglichkeit sowohl gegenüber den Vereinigten Staaten wie in späterer Zeit einmal gegenüber Rotchina zu bestehen. Um so mehr ist es nötig, daß wir Westeuropa zu einer großen Einheit zusammenführen. Alle freien Völker in Westeuropa und auch die Menschen in Osteuropa, die sich im Grunde ihres Herzens die Freiheit wünschen, sind verpflichtet, alles, was sie tun können, zu tun, damit dieser Traum Sowjetrußlands, den ich dargelegt habe, nicht in Erfüllung geht.
Ehe ich dieses Kapitel meiner Ausführungen verlasse, möchte ich Ihnen noch zwei Vorgänge aus der letzten Zeit darlegen, die die Richtigkeit dieser meiner These, daß Sowjetrußland diese Absicht hat, beweisen. Der frühere französische Ministerpräsident Guy Mollet war mit einigen seiner Freunde im Oktober eine Reihe von Tagen zu Gesprächen mit Chruschtschow in Moskau. Es haben sehr zahlreiche Gespräche stattgefunden. Guy Mollet hat darüber berichtet. Man hat dort auch die deutsche Frage besprochen. Guy Mollet hat sich in den Gesprächen mit Chruschtschow absolut auf unsere Sache eingestellt. Chruschtschow hat nun erklärt: Berlin und die Zone sind geschichtliche Tatsachen, über die zu sprechen sich überhaupt nicht mehr lohnt. Er hat dann weiter ausgeführt – darauf ist bei uns in Deutschland etwas wenig Wert gelegt worden –, er denke sich die Entwicklung etwa so:
Im Laufe der Zeit werden immer mehr Menschen in Deutschland zu der Überzeugung kommen, daß der Sozialismus – er meinte: Kommunismus – die stärkste Macht der Erde werden würde, und sie werden daraus die Konsequenzen ziehen. Er hat weiter gesagt, daß die Deutschen ein sehr gutes Gefühl dafür hätten, wo viel Geld zu verdienen sei, und beim Aufbau Sowjetrußlands sei viel Geld zu verdienen. So nehme ich an, daß im Laufe einer gewissen Entwicklung, die man eben geduldig abwarten müsse,

auch die Bundesrepublik in das Kielwasser Sowjetrußlands einlenken werde. Er hat das Guy Mollet und seinen Herren gesagt. Als er die erstaunten Gesichter der französischen Herren gesehen hat, erklärte er: Ja, meine Herren, wenn Sie das nicht wünschen, dann müssen Sie zu der früheren französischen Politik zurückkehren, dann müssen Sie sich mit Sowjetrußland gegen Deutschland verbünden.

Meine Damen und Herren! Das zweite, was in dem Zusammenhang zu sagen ist, das hat sich in allerletzter Zeit ereignet. Sie wissen, daß Ulbricht genau an dem Tage, an dem unser Bundeskanzler Erhard in Washington war, in Moskau weilte[2]. Das Ganze war also von Sowjetrußland aus geplant, um gleichzeitig eine Demonstration gegen das Treffen in Washington zu veranstalten. Bei dieser Zusammenkunft in Moskau ist ein 20jähriger Freundschaftsvertrag abgeschlossen worden. Ich habe diesen Vertrag zwischen Sowjetrußland und der Zone sehr ernst genommen. Aber nicht alle Beurteiler der Politik haben das getan. Nach einem Artikel in der führenden SED-Zeitung ist Ulbricht nach seiner Rückkehr nach Berlin gefragt worden, ob er es in der Tat nicht habe erreichen können, daß ein Friedensvertrag mit der Zone abgeschlossen werde. Neues Deutschland, das SED-Organ, hat das Gespräch veröffentlicht, in dem Ulbricht gefragt worden war, ob er es tatsächlich nicht erreicht habe, daß mit der Zone ein separater Friedenvertrag abgeschlossen werde. Darauf hat laut Neues Deutschland Ulbricht erklärt:

Aber, das wollen wir ja gar nicht!

Er begründete diese seine Ansicht mit dem Hinweis: Wir wollen nicht, daß Westdeutschland den Militaristen überlassen bleibt; wir wollen, daß die DDR so gestärkt wird, daß eine Politik im Interesse des Abschlusses eines Friedensvertrages mit beiden deutschen Staaten durchgeführt werden kann[3]. Der Vorgang, daß entgegen dem früheren Verlangen der Zone kein Friedensvertrag abgeschlossen worden ist, sondern dieser Freundschaftsvertrag und damit der Friedensvertrag in Reserve gehalten wird, ist, glaube ich, nur zu verstehen, wenn man sich das Ziel vor Augen hält, das Chruschtschow hat, nämlich auch die Bundesrepublik in das kommunistische Kielwasser zu bekommen.

Nun, die Sowjetunion, weil sie, wie Sie wissen, in schweren wirtschaftlichen Verhältnissen ist, hinsichtlich der Agrarstruktur sitzt sie vollständig fest, ist gleichzeitig unermüdlich tätig, um dem Westen zu schaden, wo sie ihm schaden kann. Sie hat ihre Hände in Zypern, wo es hoffentlich nicht zu einem Kriege zwischen zwei NATO-Mitgliedern, zwischen der Türkei und Griechenland, kommen wird. Und die Reise des Herrn Chruschtschow in die nordischen Länder, die Gott sei Dank auf eine sehr kühle Temperatur stößt und die drei Wochen dauern soll – das ist für einen so viel beschäftigten Mann wie Chruschtschow eine sehr lange Zeit –, hat den Zweck, auch dort durch betonte Freundlichkeit und durch betonte Übereinstimmung der beiderseitigen Interessen, da die Frage des Ausscheidens aus der NATO sehr akut werden kann, eine Lockerung der Beziehungen zur NATO herbeizuführen. Ich glaube, daß dieser Versuch keinen Erfolg haben wird. Sie haben ja schon gelesen, wie der Besuch in Dänemark von statten gegangen ist. Sie haben auch gelesen, daß in Schweden, das nicht zur NATO gehört, die Aufnahme wegen der Spionageaffäre Wennerström besonders kühl ist. Sie werden auch sehen, daß in Norwegen die Aufnahme Chruschtschows auch nicht besonders warm sein wird. Aber, er gibt sich die größte Mühe, überall dort, wo es möglich ist, den Versuch zu machen, die NATO zu schwächen.

Nun komme ich zur NATO. Wenn man von NATO spricht, denkt man gewöhnlich an die militärische Seite. Daran denke ich jetzt nicht. Ich denke jetzt an die politische Aufgabe, die die NATO hat. Die Frage, die zur Zeit für Sowjetrußland von größter Bedeutung ist, lautet: Kann jetzt Sowjetrußland Kredite in Form von Lieferungen, die es unbedingt braucht, erhalten? Da gibt es eine ganz offensichtlich starke Meinungsverschiedenheit. Es wäre wirklich an der Zeit, wenn gerade in der NATO die Führungsmacht, die Vereinigten Staaten, von ihrer Stellung einen stärkeren Gebrauch machen würde, als das zur Zeit geschieht. Im Senat der Vereinigten Staaten ist diese Frage gerade vor kurzem eingehend untersucht worden, bei der ja die wirtschaftliche Lage eine besondere Rolle spielt. dpa hat heute eine Depesche herausgegeben, die ich Ihnen auch vorlesen möchte. Sie lautet:

Eine einheitliche Handelspolitik der NATO gegenüber den Ostblockstaaten forderte am Montag der demokratische Senator Thomas Dodd. Dazu solle eine Konferenz der Verbündeten einberufen werden. Senator Dodd stützt sich auf die Studie des Senatsausschusses für innere Sicherheit und warnte einem am Montag veröffentlichten ausführlichen Bericht zufolge den Westen davor, auf seine beste diplomatische Waffe zu verzichten. Die Krise der sowjetischen Wirtschaft werde Moskau auf lange Sicht dazu zwingen, politische Konzessionen einzugehen. Als Beispiel nennt Dodd den Abbau der Berliner Mauer und die Wiedervereinigung Deutschlands nach freien Wahlen.

Falls Chruschtschow an einer Entspannung wirklich interessiert sei, könne er mit den Westmächten über freie Wahlen in den besetzten Staaten als Gegenleistung für einen europäischen Sicherheitspakt, freizügigeren Handel und langfristige Kredite verhandeln. Die Studie des Senatsausschusses kommt zu dem Ergebnis, daß die sowjetische Wirtschaft unter einer dreifachen Krise leidet. Sowohl die industrielle Produktion als auch die Qualitätskontrolle würden von Werk zu Werk schlechter. Dazu kommt ein Mangel an Rohmaterialien; Kupfer, Zinn, Nickel und Blei seien ausgesprochen knapp.

In der Tat, meine Damen und Herren, die einzige reelle Möglichkeit, mit Sowjetrußland ohne einen Krieg fertig zu werden, besteht darin, daß man ihm unter der Bedingung wirtschaftliche Hilfe anbietet, daß es seine Aggressionspolitik radikal ändert. Mit dieser Frage habe ich mich, als ich noch Bundeskanzler war, sehr eingehend beschäftigt und habe die wirtschaftliche Entwicklung in Sowjetrußland in den letzten Jahren verfolgt. In der Tat, dieser Ausschuß des amerikanischen Senats hat völlig recht. Sowjetrußland befindet sich in einer ausgesprochen schweren Krise, die es aus eigener Kraft nicht überwinden kann. Deswegen müssen sich die – verzeihen Sie den Ausdruck – kapitalistischen Länder der freien Welt zusammenschließen und dafür sorgen, daß Sowjetrußland nur dann die von ihm benötigten Kapitalien und fabrikatorischen Einrichtungen geliefert werden, wenn es durch die Tat zeigt, daß es seine Aggressionspolitik, die Politik, dem

Kommunismus die Weltherrschaft zu verschaffen, darangibt. (Beifall) Jede Form von NATO, meine Damen und Herren, ist wirklich eines der dringendsten Gebote der jetzigen Zeit. Sie brauchen nicht die Berichte zu lesen – Sie werden sie gar nicht in der Presse vorfinden –, die darüber Aufschluß geben, wie wenig Einigkeit im NATO-Rat und bei den NATO-Regierungen herrscht. Es ist geradezu ein Jammer, wenn man sieht – ich kann nur den Ausdruck wiederholen, den der Ausschuß des Senats in Washington gebraucht hat –, daß von der einzigen Waffe, der diplomatischen Waffe, die die freien Völker haben, gegenüber der Aggression Sowjetrußlands kein Gebrauch gemacht wird. Von allen NATO-Ländern sind die kontinental-europäischen Länder diejenigen, die zuerst einem russischen Druck ausgesetzt sind und am meisten ausgesetzt sind. An der Spitze steht die Bundesrepublik Deutschland. Sie würde einen solchen Druck am meisten zu fühlen bekommen. Deshalb hat unsere Regierung – sie hat das mit Recht getan – immer den Standpunkt vertreten, den ich eben entwickelt habe, daß nur dann Sowjetrußland langfristige Kredite gegeben werden dürften, wenn es in der Tat von seiner Politik abläßt. Es ist sehr zu hoffen, daß sich die Überzeugung, daß das das einzige Mittel ist, um die Freiheit in der Welt ohne Blutvergießen zu retten, durchsetzt. Ich hoffe, daß die deutsche Regierung zusammen mit der amerikanischen Regierung und der französischen Regierung da an der Spitze stehen.

Ich habe dann eingangs von der Einigung Europas gesprochen. Es ist da einerlei, ob wir bei der Einigung Europass mit einer Föderation oder einer Konföderation anfangen. Ich will Ihnen ganz offen sagen: Für mich ist die Hauptsache, daß etwas geschieht. (Beifall) Aber wie es jetzt ist, ist es einfach unverständlich. Wenn man die Akten über die vorhandenen Einigungspläne durchblättert, dann faßt man sich an den Kopf und fragt sich: Wie ist überhaupt ein solcher Wirrwarr möglich? Wenn wir nicht zu der politischen Union kommen, dann werden auch in der EWG Schwierigkeiten bestehen [entstehen ?], weil schließlich die Arbeit der EWG nicht ohne politische Unterstützung aller Länder getan werden kann. Ziel ist nicht nur die politische Union und damit ein Zeichen der Einheit und der Kraft Europas, sondern auch die europäische Wirtschaftsgemeinschaft in ihrer Funktion.

Aber ich wiederhole nochmals, und es ist gut, wenn ich Ihnen etwas Näheres darüber sagen kann, damit Sie den Sinn erkennen, in dem ich Ihnen das vorgetragen habe. Zunächst:

Es ist ein völliger Irrtum, wenn angenommen wird, daß Amerika an dieser Einigung Europas kein Interesse hat. Amerika hat ein sehr großes Interesse an dieser Einigung Europas. Sie werden erstaunt sein, wenn Sie von mir hören, daß Frankreich am 19. Oktober 1961 den Entwurf eines Vertrages zur Gründung einer europäischen politischen Union den sechs EWG-Staaten vorgelegt hat. Gegen den französischen Plan wurden Bedenken erhoben. Es waren im wesentlichen folgende:

Das Fortbestehen der bisherigen europäischen Institutionen muß gewährleistet sein. Frankreich hat dem zugestimmt, und zwar Anfang 1962. Dann hat im April 1962 der italienische Ministerpräsident Fanfani verlangt, daß die Zusammenarbeit in der NATO gesichert wird. Auch über diesen Punkt wurde eine Einigung erzielt. Dann kam die ganze Sache zu einem völligen Stillstand, weil Holland und hinter ihm Belgien am 22. Januar [17. April 1962 ?] erklärten, daß nicht ohne Großbritannien ein solcher Vertrag von ihnen abgeschlossen würde. Auch ich wünsche, daß Großbritannien in den Vertrag hineinkommt. Jeder, der weitherzig denkt, muß den gleichen Wunsch haben. Ich möchte überhaupt betonen, weder die EWG noch diese politische Union ist ein Exklusivclub. Aufgenommen soll jedes europäische Land werden, das bereit ist, die Rechte und Pflichten zu erfüllen, die wir uns gesetzt haben. Sie sollen dann auch die gleichen Rechte bekommen. (Beifall)

Aber man darf nicht verkennen – man muß auch da objektiv sein –, daß Großbritannien Schwierigkeiten hat. Diese Schwierigkeiten sind in der Hauptsache die beiden folgenden: Großbritannien hat eine besonders enge Freundschaft mit den Vereinigten Staaten. Großbritannien hat mit den Commonwealth-Staaten ebenfalls Verträge. Wenn man in Großbritannien nun Überlegungen anstellt, ob man nicht durch den völligen Beitritt zur EWG und zur politischen Union dieser besonderen Vorzüge, die man durch die Zugehörigkeit zum Commonwealth hat, verlustig geht, dann kann das jeder nur verstehen. Im Herbst, im Oktober, sind Parlamentswahlen in Großbritannien. Ich sprach davon. Zur Zeit kann man keiner der beiden Parteien, die um den Sieg kämpfen, weder den Konservativen noch der Labour Party, mit dem Beitritt zur EWG oder zur späteren politischen Union kommen. Beide Parteien wollen sich jetzt nicht festlegen. Wenn die Wahlen zugunsten der Labour Party ausgehen, wird es sicherlich noch eine gewisse Zeit dauern, bis das neue Kabinett gebildet ist und bis das neue Kabinett, das natürlich zu anderen großen Fragen auch Stellung nehmen muß, sich mit der Frage des Beitritts zur EWG oder zur politischen Union befaßt. Ich würde es deswegen außerordentlich begrüßen, wenn man wenigstens einen Anfang machte, namentlich jetzt, da am 3. und 4. Juli der französische Staatspräsident in Bonn sein wird. Ich würde es außerordentlich begrüßen, wenn man da den Anfang mit der Verwirklichung des Gedankens des Zusammenschlusses Europas machte. (Lebhafter Beifall) Sie wissen, daß Bundeskanzler Erhard bei den Antrittsbesuchen, die er auch in den EWG-Staaten gemacht hat, den Versuch unternommen hat. Er hat auch erklärt, er wolle in der Entwicklung der europäischen Union einen neuen Anstoß geben. Ich meine, man sollte am 3. und 4. Juli in Bonn über diese Frage nicht etwa schon beschließen. Das kann man nicht. Aber man sollte doch durch gemeinsame Beratungen zwischen Deutschland und Frankreich den Anfang machen, damit man endlich von dem Auf-der-Stelle-Treten wegkommt und anfängt zu gehen. (Lebhafter Beifalll)

Ich werde jedenfalls diesen Standpunkt dort, wo ich Gehör habe, mit allem Nachdruck vertreten.

Nun möchte ich noch ein Wort zum deutsch-französischen Vertrag sagen. Dieser deutsch-französische Vertrag ist von der übrigen Welt mit einer gewissen Zurückhaltung begrüßt worden, zuerst in den Vereinigten Staaten. Die Vereinigten Staaten haben aber den Standpunkt, den sie zuerst eingenommen haben, schon lange aufgegeben und begrüßen den deutsch-französischen Vertrag als ein Zeichen der Stabilität und des Friedens in Europa. Auch die übrigen europäischen Länder haben nicht die geringste Veranlassung, wegen dieses deutsch-französischen Vertrages irgendein Mißtrauen zu hegen. Der deutsch-französische Vertrag enthält Bestimmungen, die geradezu dazu da sind, ein neues Vorwärtsgehen zu ermöglichen. In der Präambel des deutsch-französischen Vertrages wird ausdrücklich gesagt, daß jedes europäische Land, das zu dem Kreis der Sechs gehört, von den deutsch-französischen Verhandlungen unterrichtet werden soll. Weiter wird dann gesagt, daß dieser deutsch-französische Freundschaftsvertrag den Weg für eine Einigung Europas ebnen soll, weil ohne eine Freundschaft zwischen Frankreich und Deutschland keine Einigung in Europa geschaffen werden könne. Jeder, der unvoreingenommen die ganze Sachlage übersieht, wird darin zustimmen: Dieses deutsch-französische Abkommen ist geradezu die Grundlage einer Einigung Europas. Wenn Sie sich vorstellen, es würde zwischen Frankreich und Deutschland auch nur ein Teil dieser früheren Feindschaft bestehen, wäre es unsinnig, daran zu denken, eine Einigung Europas zustande zu bringen. Zunächst mußte doch reine Bahn gemacht werden.

Dann, meine Damen und Herren, wiederhole ich noch einmal: Geht heran an die Arbeit und nicht immer auf der Stelle treten. Ich las heute zufällig in einem Buch über Bismarck einen Spruch. Bismarck sagte da folgendes:

Die allerschlechteste Regierung ist diejenige, die nichts tut. (Beifall)

Das ist ein sehr hartes, aber sehr treffendes Wort. Es gilt doppelt und dreifach in einer Periode der Entwicklung, in der wir uns jetzt in der ganzen Welt, insbesondere in Europa befinden. Der französische Botschafter hat gerade in diesen Tagen einen ausgezeichneten Artikel geschrieben, wonach nach wie vor die deutsch-französischen Beziehungen für Frankreich ein entscheidender Teil seiner außenpolitischen Tätigkeit seien. Das muß es auch für uns sein. Betrachten Sie nur die geographische Lage. Sowjetrußland ist – ich wiederhole – weiter in Deutschland vorgedrungen. Wir kämen zunächst daran, dann Frankreich. Wir beide zusammen, Frankreich und Deutschland, haben über 100 Millionen Menschen. Wir können kraft unserer Wirtschaften und unseres politischen Einflusses einen wirksamen Damm bilden gegenüber einem weiteren Vordringen Sowjetrußlands. Wir wären geradezu blind, wenn wir das nicht sähen und nicht danach handelten. Ich hoffe bei Gott, daß wir danach handeln werden.

Meine Damen und Herren, es hat unlängst in der Neuen Zürcher Zeitung – ich glaube es war im April[4] – ein Leitartikel gestanden, der in der von der Neuen Zürcher Zeitung bekannten, ausgezeichneten objektiven Weise die ganze Entwicklung in der Welt schilderte und ein treffendes Bild davon gab, wie es zur Zeit in der Welt aussieht. Der Artikel war mit „Trügerische Flaute" überschrieben. Das ist auch nach meiner Meinung die beste Kennzeichnung der augenblicklichen Periode, in der wir uns alle miteinander befinden. Die Flaute ist trügerisch. Die Gefahren bestehen nach wie vor. Wir müssen hell und wachen Geistes bleiben, um die Gefahren zu sehen und dementsprechend zu handeln. (Lang anhaltender lebhafter Beifall)

Quelle: ARh, maschinenschriftlicher, handkorrigierter Text einer stenographischen Nachschrift.

Anmerkungen

[1] Zu diesen Vorschlägen vgl. Klaus Gotto: Adenauers Deutschland- und Ostpolitik 1954–1963. In: Adenauer-Studien III, a.a.O.

[2] Walter Ulbricht hielt sich vom 29. 5.–13. 6. 1964 in Moskau auf; der Freundschafts- und Beistandspakt zwischen der Sowjetunion und der DDR wurde am 12. 6. 1964 geschlossen. Am gleichen Tag fand der Besuch Bundeskanzler Ludwig Erhards im Weißen Haus statt.

[3] Text in: NEUES DEUTSCHLAND, 22. 6. 1964.

[4] NEUE ZÜRCHER ZEITUNG vom 5. 4. 1964.

17. November 1964

Ansprache bei der Trauerfeier für Heinrich von Brentano in Bonn (Bundeshaus)

Herr Bundespräsident!
Verehrte Trauerversammlung!
Meine Damen und meine Herrren!

Hier in diesem Saale, von dem der politische Lebensstrom des deutschen Volkes nach seinem Zusammenbruch ausgegangen ist, steigt mit zwingender Gewalt die Gestalt des politischen Führers Heinrichh von Brentano vor unserem geistigen Auge auf. In diesem Saale haben wir alle ihn so oft gehört, wenn er den Willen seiner Fraktion, ihre Erwägungen, ihre Beweggründe zum Ausdruck brachte. Er sprach klar und bestimmt, manchmal geschliffen und scharf, aber niemals verletzend. Seine Sprache entsprach seinem Charakter: klug, bestimmt, aber immer auch respektierend echte Argumente des Gegners. Er kämpfte gern, aber seine Waffen waren immer blank und sauber. Es war eine Freude, ihm zuzuhören, seinen Argumenten und Schlüssen zu folgen. So wirkte er als Redner überzeugend. Damit schuf er sich eine feste Basis für sein Wirken als Parlamentarier und als Vorsitzender und Führer seiner Fraktion.

Nach seinem Eintritt in das politische Leben, nach dem Zusammenbruch Deutschlands lenkte seine politische Begabuung bald die Aufmerksamkeit seiner Parteifreunde auf ihn, so daß er von ihnen in schneller Folge mit immer größeren und schwereren Aufgaben betraut wurde. In Hessen, seinem Heimatlande, trat er in die vorderste politische Reihe. Im Parlamentarischen Rat, der im Jahre 1948 zusammentrat, nahm er, von allen anerkannt, eine führende Rolle ein. Nach dem Zusammentritt des ersten Deutschen Bundestages im Jahre 1949 wurde er von seiner Fraktion zum Vorsitzenden gewählt. Die Aufgabe, eine so große Fraktion zu leiten, ist schwer, doppelt schwer, weil es ja der erste Deutsche Bundestag war und daher sich noch keine Tradition in der Gestaltung seiner Arbeit gebildet hatte. Schon in den ersten Monaten nach dem Zusammentreten des Bundestages hat Herr von Brentano als Fraktionsvorsitzender zu den schwersten Fragen Stellung nehmen müssen. Ich nenne nur folgendee Beispiele: die Saarfrage, das deutsch-französische Verhältnis, den Beitritt in den Europarat, den Schuman-Plan, den deutschen Verteidigungsbeitrag; welche Fülle von Fragen in kurzer Zeit, in der er als Vorsitzender der großen Fraktion der CDU/CSU für den Zusammenklang des Willens seiner Fraktion mit der Bundesregierung sorgen und dann später in diesem Saale die Führungsrolle übernehmen mußte.

Die Führung einer so großen Fraktion war nicht immer leicht, zumal, da er auch auf die Zustimmung seiner Koalitionsfreunde bedacht sein mußte. Seinem liebenswerten Wesen, durch das aber immer das innere Zielstreben hindurch schimmerte, seiner großen Geschicklichkeit in der Menschenbehandlung, seinem klaren Verstand, gelang es, auch bei ursprünglichen Meinungsverschiedenheiten seine Fraktion auf den schwierigen, manchmal so steinigen Wegen zu großen Zielen zu führen.

Die Bundesregierung dieser Jahre schuldet ihm besonders für seine Hilfe, den richtigen Weg zum Wiederaufstieg Deutschlands von Anfang an einzuschlagen, großen und herzlichen Dank. Denn der Anfang des Weges, seine Richtung war ja entscheidend für das Schicksal unseres Landes.

Als im Jahre 1951 von den Hohen Kommissaren der Bundesrepublik die Einrichtung eines Außenministeriums gestattet wurde, lag es in der Natur der Sache, daß der Bundeskanzler vom Bundespräsidenten zum Außenminister ernannt wurde und das Außenministerium zunächst selbst führte, damit die gradlinige Weiterführung der deutschen Außenpolitik, wie sie im Zusammengehen mit der Hohen Kommission und der Bundestagsfraktion der CDU/CSU entwickelt worden war, gewahrt blieb.

Als das gesichert war und als die ständig wachsende Fülle der Arbeit einen Außenminister erforderte, der sich ganz der Außenpolitik widmen konnte, wer kam da für dieses so wichtige Amt in Frage, nur Herr von Brentano. Er hatte sich auch in seiner Eigenschaft als Vorsitzender seiner Fraktion immer für Außenpolitik interessiert, er hatte auch in seiner Eigenschaft als Fraktionsvorsitzender maßgebend an der Außenpolitik mitgearbeitet, er war durch große Auslandsreisen, die er als Fraktionsvorsitzender unternommen hatte, im Ausland bekannt geworden und hat sich dort einen ausgezeichneten Ruf erworben. Niemand war geeigneter, Außenminister zu werden als er. Nach seiner Ernennung hat er in einer Botschaft an die Angehörigen seines Ministeriums deren Aufgabe wie folgt zusammengefaßt: Der deutsche Auswärtige Dienst hat die Aufgabe, das Verhältnis Deutschlands zu den anderen Nationen im Sinne der von der Bundesregierung verfolgten Politik so zu entwickeln und zu formen, daß wir die Zielsetzung des Grundgesetzes verwirklichen können: in einem geeinten Europa dem Frieden der Welt zu dienen.

Das Außenministerium hat er diesen Worten entsprechend geführt.

Er war ein guter Deutscher, er war ein guter Europäer, er war ein Freund des Friedens. Es war für mich als damaligen Bundeskanzler im Jahre 1961 bei der Bildung des Kabinetts nach den Wahlen 1961 ein Rätsel, warum er das Außenministerium, das er so liebte, in dem er so ausgezeichnet gearbeitet hatte, um dessen Übernahme ich ihn immer und immer wieder gebeten hatte, in einem plötzlich bekanntgegebenen Entschlusse rigoros

ablehnte.
Diese Ablehnung traf mich wie ein Schlag. Wir hatten 6 Jahre so ausgezeichnet zusammengearbeitet, wir hatten die gleichen politischen Grundsätze, wir hatten die gleichen Ziele. Wir waren Freunde im wahren Sinne des Wortes, ich verstand ihn damals nicht. Erst später, als die Krankheit, der er erlegen ist, offenbar wurde, habe ich ihn verstanden. Dieser Verzicht auf ein Amt, das er von ganzem Herzen liebte, in dem er so Großes geleistet hatte, zeigt die ganze Größe dieses Mannes, der uns nun für immer verlassen hat. Wie ein Held hat er gegen die Krankheit gekämpft, hat er versucht, seine Kraft, soweit die Krankheit es ihm erlaubte, seinen Idealen, seinen Freunden, seiner Fraktion, seinen Zielen zu widmen.
Fürwahr: er war ein Mann, ein lauterer Mann, ein Kämpfer, ein stiller Dulder. Gott wird ihm helfen. Wir aber danken ihm, danken ihm von ganzem Herzen.
Wir werden sein Andenken in hohen Ehren halten.

Quelle: ARh, maschinenschriftliches Redemanuskript.

Literatur: Arnulf Baring: Sehr verehrter Herr Bundeskanzler! Heinrich von Brentano im Briefwechsel mit Konrad Adenauer 1949–1964. Hamburg 1974.

19. Januar 1965

Erklärung im Deutschlandfunk zum 90. Geburtstag von Hans Böckler

Am 26. Januar 1965 würde Hans Böckler 90 Jahre alt werden. Unser Land hat durch seinen Tod in ihm eine Persönlichkeit verloren, die zu den großen Gestalten der deutschen Nachkriegsgeschichte gehört.
Hans Böckler, seit 1920 Wahl-Kölner, habe ich als aufrechten, stets dem Ganzen verpflichteten Mann mit hervorragenden Charaktereigenschaften sehr geschätzt. Die Aufgaben, die das Leben ihm und mir stellte, haben uns oft zusammengeführt, so schon in den 20er Jahren im Rat der Stadt Köln, später im Zonenbeirat für die britische Besatzungszone und dann bei den Verhandlungen zwischen Bundesregierung und Gewerkschaften um die Gestaltung des Mitbestimmungsrechts.
Er hat die Arbeiterschaft nach dem Nationalsozialismus, Krieg und Zusammenbruch gesammelt, hat den Aufbau eines freien, demokratischen Gewerkschaftswesens maßgeblich bestimmt und bei der Abwehr der Demontage, später bei dem Durchbruch zu modernen Formen der Mitbestimmung der Arbeitnehmer in der Wirtschaft überragendes Verständnis und Verantwortungsbewußtsein für die Belange des Ganzen bewiesen. Das deutsche Volk schuldet ihm, den ich Freund nennen durfte und darf, immerwährenden Dank.

Quelle: ARh, maschinenschriftliches, handkorrigiertes Redemanuskript.

24. Januar 1965

Rundfunkerklärung zum Tod von Sir Winston Churchill

Der Tod Sir Winston Churchills ist für das englische Volk ein sehr großer und schwerer Verlust. Er ist aber auch ein solcher Verlust für die ganze freie Welt und insbesondere auch für das deutsche Volk. Immer wieder hat Churchill während seiner politischen Tätigkeit nach dem Kriege betont, wie notwendig es sei, Europa zu schaffen. Er hat das zum ersten Mal ausgesprochen in Zürich im Jahre 1946. Ich bin ihm in einer deutschen Delegation zuerst begegnet auf der Europakonferenz im Haag im Jahre 1948.
Churchill hat dort uns Deutsche in sehr freundlicher, ja liebenswürdiger und aufgeschlossener Weise begrüßt. Auch in der Folge, den folgenden Jahren, in denen ich wiederholt mit ihm zusammengetroffen bin, war er von der gleichen Freundlichkeit beseelt gegenüber dem deutschen Volke und auch gegenüber meiner Person.
Ich habe ihn zuletzt gesprochen im Frühjahr 1958 an der Riviera, in einer großen, ganz freundschaftlichen und internen Besprechung, die sich wohl über alle damals schwebenden Probleme in der Welt erstreckte. Seine Arbeit, seine Person ist in der Geschichte unserer Zeit nicht fortzudenken.
Die Lady Churchill und die Familie des Heimgegangenen grüßen wir in dieser Stunde in Ehrfurcht und in Beileid und Teilnahme. Ich tue das für das deutsche Volk, ich darf es aber auch tun für meine Person, weil ich während der ganzen Jahre hindurch von Sir Winston Churchill nur Freundlichkeit und Liebenswürdigkeit empfangen habe.

Quelle: ARh, maschinenschriftlicher Text des BPA (hektogr.).

21. März 1966

Rede vor dem 14. CDU-Bundesparteitag in Bonn

Stellungnahme zu außen- und innenpolitischen Grundsatzfragen.

Meine lieben Parteifreunde! Ich bewundere Ihre Geduld. (Heiterkeit und Beifall) Es tut mir sehr leid, daß ich jetzt auch noch komme, um Ihre Geduld in Anspruch zu nehmen. Das war kein Kompliment zwischenrein, sondern der Mensch kann über ein bestimmtes Maß hinaus nicht zuhören. Das ist nun einmal so, das kann man nun einmal nicht schaffen. Trotzdem bitte ich Sie, mir doch in Geduld zuzuhören, weil ich der letzte Redner bin – für heute. (Heiterkeit)
Meine Freunde, überall in deutschen Landen ist jene Zeit festlich begangen worden,

in der – in dem einen Orte heute, in dem anderen morgen – die Christlich Demokratische Union gegründet worden ist. Ich war Sonntag vor acht Tagen in Neheim-Hüsten, jener Stadt, die für die Entwicklung der CDU der britischen Zone besonders wichtig gewesen ist. Ich muß sagen „der britischen Zone", weil damals nach der Ordnung der Besatzung keine Partei gegründet werden durfte, die über die Zonengrenzen hinausging. Aber die britische Zone war die volkreichste, sie war auch wirtschaftlich sehr stark, und daher hatte das, was in der britischen Zone geschah, große Bedeutung für die Bundesrepublik überhaupt.

Wir waren im Jahre 1946 vier Tage in Neheim-Hüsten, um ein Programm aufzustellen[1]. Wir haben sehr redlich miteinander gearbeitet und versucht, ein Programm fertigzustellen. Dabei, meine Damen und Herren, haben uns in der Hauptsache zwei Gesichtspunkte gelenkt. Einmal: wir wollten eine große Volkspartei gründen, eine Volkspartei, in die jeder eintreten konnte, gleichgültig, welche Konfession er hatte, gleichgültig auch, welchen Beruf er ausübte. Denn wir wußten, daß Deutschland nur von einer großen Volkspartei wiederaufgebaut werden konnte. Wir wollten die Fehler der Weimarer Republik mit ihrer Vielfalt von Parteien verhüten, der Weimarer Republik, die infolgedessen ständig von einer Krise in die andere geriet. Und, meine Damen und Herren, wir wollten eine christliche Partei gründen. Denn wir alle, die wir damals zusammen waren, hatten doch miterlebt, wohin ein Volk, wohin eine Partei kommt, wenn sie, wie das der Nationalsozialismus getan hat, die Religion verneint, die ethischen Grundlagen verneint und dem Staat die Allmacht in die Hand gibt. Das wollten wir unter gar keinen Umständen wieder über Deutschland kommen lassen, und es war uns sehr ernst damit. Ich glaube und hoffe, meine Freunde, daß es der CDU und der Christlich Sozialen Union, die mit uns zusammenging, mit diesem Willen auch heute noch so ernst ist, eine große christliche Volkspartei zu sein. (Beifall)

Meine Damen und Herren, alle diejenigen von Ihnen, die damals schon lebten und all das bewußt erlebten, was über das deutsche Volk hinweggegangen war, zuerst durch die Greuel und Schandtaten des Nationalsozialismus und dann durch den Krieg, der von den Nationalsozialisten freventlich heraufbeschworen worden war, wissen auch, daß die Würde und die Freiheit der Person ein ganz hohes Gut ist, das durch nichts anderes ersetzt werden kann. (Beifall) Dieser Begriff der Würde der Person ist ja im Laufe der Jahrhunderte europäisches Eigentum, Eigentum der europäischen Christenheit geworden. Darum wollten wir, daß dieses ethische Fundament unsere Partei tragen sollte, auch um die Spannungen auszugleichen, die sich ganz von selbst in einer Partei, die keine Klassenpartei sein wollte, ergeben, einer Partei, in der Mittelständler, Intellektuelle, Arbeitnehmer, Arbeitgeber miteinander vereint sein konnten. Sie brauchte einen großen, starken Boden, um darauf das Gebäude zu errichten, damit die Spannungen in der Partei nicht im Laufe der Zeit zu stark würden.

Das, meine Freunde, waren die beiden tragenden Gedanken, die sich glücklicherweise miteinander vereinten: eine große Volkspartei und eine Partei, die auf den ethischen Grundsätzen des Christentums beruhte.

Nun, meine Damen und Herren, es war keine leichte Aufgabe, damals eine ganz neue Partei zu gründen; es war unendlich schwer. Aber, meine Damen und Herren, ich will mich nicht in Einzelheiten verlieren. Im wirklichen Sinne des Wortes aber waren wir froh über jeden Bleistift, den wir erhielten, weil es nichts mehr gab.

Meine Freunde, nun stand uns als eine große Konkurrenzpartei die Sozialdemokratische Partei, eine Klassenpartei, meine Damen und Herren, gegenüber, und sie ist es auch heute noch insofern, als sie in der Gewerkschaft ein ganz festes Fundament hat.

Meine Freunde, wissen Sie, warum wir keine christlichen Gewerkschaften haben? – Die englische Besatzungsbehörde hatte verboten, zweierlei Gewerkschaften zu schaffen. Infolgedessen gab es nur diese eine Gewerkschaft, die freie Gewerkschaft, und das war der feste Boden, und es ist tatsächlich auch jetzt noch ein sehr fester Boden für die Sozialdemokratie. Meine Damen und Herren, ich sage, auch jetzt noch ein sehr fester Boden, denn es ist erstaunlich und bewundernswert, wie die Sozialdemokratische Partei fünf verlorene Bundestagswahlen überstanden hat. (Heiterkeit und Beifall)

Meine Damen und Herren, das beweist doch, daß uns da auch jetzt noch eine starke Kraft gegenübersteht. Ich sage das, meine Damen und Herren, im Hinblick auf die kommende Wahl von Nordrhein-Westfalen, auf die folgenden Landtagswahlen und auch im Blick auf die Bundestagswahl im Jahr 1969.

Meine Damen und Herren, die Grundsätze, auf denen wir, die die Partei gegründet haben, stehen, müssen und werden auch in Zukunft unsere tragenden Grundsätze sein. (Lebhafter Beifall)

Herr Ministerpräsident Dr. Meyers, unser verehrter Präsident dieser Versammlung möge mir nicht böse sein, wenn ich sage, daß der von ihm geprägte Satz, daß mit meinem Ausscheiden eine politische Epoche zu Ende sei, nicht richtig ist. (Lebhafte Heiterkeit und Beifall) Damit geht keine politische Epoche zu Ende. (Beifall) Das wäre doch verdammt schlimm, meine Damen und Herren! (Heiterkeit und Beifall)

Meine Damen und Herren! Man muß noch etwas an Feuer in sich haben. Deswegen verzeihen Sie mir das Wort „verdammt"; (Heiterkeit und lebhafter Beifall) aber glauben Sie mir, es kam von Herzen. (Heiterkeit und Beifall)

Wir mußten damals, meine Freunde, auch einen festen Damm nicht nur gegen die Sozialdemokratie, sondern auch gegen die kommunistische Gefahr errichten, die uns von Osten her drohte; (Beifall) diese Gefahr war sehr groß, und es mußte alles geschehen, um ihrer Herr zu werden. Man hat uns später getadelt – auch wohlmeinende Beurteiler unserer Arbeit haben dies getan –, wir seien auf sozialem Gebiet zu weit gegangen. Meine lieben Freunde! Wir mußten so weit gehen, wie wir konnten, (Beifall) und wir sind so weit gegangen, um uns, um unser Volk vor der kommunistischen Gefahr zu retten. (Lebhafter Beifall) – Ich meine, das sollten uns unsere Tadler doch zugute halten. Diejenigen, die uns seinerzeit tadelten, wir seien damals zu weit gegangen, sollten sich, meine Damen und Herren, vor Augen halten, was die kommunistische Gefahr damals bedeutete, die das aggressive Rußland für uns darstellte.

Meine verehrten Damen und Herren! In der Lage nach 1945 – das hat Herr Kollege

Strauß mit einer mich fast überwältigenden Kraft gesagt – konnte das deutsche Volk die Not nur unter der Führung der Christlich Demokratischen und der Christlich Sozialen Partei überwinden.

Wenn wir in großen Zügen an uns vorübergehen lassen, was wir, nachdem im Jahre 1949 der Bundestag kam, gegen die Opposition der Sozialdemokraten geleistet haben, dann muß ich auch jetzt noch sagen, meine Damen und Herren: Hut ab vor all den Männern und Frauen, die damals zusammengestanden haben wie ein Mann, um den Kampf durchzufechten. (Lebhafter Beifall)

Meine Freunde, ich erinnere mich einer Episode, als der Zonenausschuß der britischen Zone, der von den Besatzungsstellen einberufen war, in Hamburg zusammenkam. Der Ministerpräsident Kopf machte mich damals mit Herrn Dr. Schumacher bekannt. Er sagte, es wäre doch sehr gut, wenn Herr Dr. Schumacher und ich uns kennenlernten, um einmal unsere Meinungen auszutauschen. Nun, meine Damen und Herren, das haben wir noch am selben Abend getan, und wir waren in sehr vielen wesentlichen Punkten einig. Zum Schluß sagte Herr Dr. Schumacher folgendes:

„Ich habe noch etwas, was wir in Ordnung bringen müssen. Sie werden zugeben, daß Sie eine junge Partei sind, während wir eine alte Partei sind, und Sie werden zugeben müssen, daß wir große Erfahrungen haben und daß wir eine große Partei sind. Deshalb werden Sie doch mit mir darin übereinstimmen, daß wir, die Sozialdemokraten, die Führung in der Politik übernehmen."

Ich sagte ihm:

„Sie sind eine alte Partei; das gebe ich Ihnen ohne weiteres zu. (Heiterkeit) Sie sind eine große Partei; auch das gebe ich Ihnen ohne weiteres zu; aber ob wir nicht die größte Partei sind, das wissen wir ja noch nicht. (Lebhafte Heiterkeit) Deswegen wollen wir doch den Ausgang der bevorstehenden Bundestagswahl" – das war die erste Wahl im Jahre 1949 – „abwarten, und dann können wir uns wieder einmal sprechen."[2]

Sie wissen, daß wir zusammen mit der CSU aus dieser Bundestagswahl im Jahre 1949 als die stärkste Partei hervorgegangen sind, und unser Gespräch von damals hat mir Herr Dr. Schumacher leider nicht vergessen. Ich hatte ihn zutiefst damit gekränkt, daß ich nicht anerkannte, daß die Sozialdemokratische Partei, das heißt er, die Führung haben sollte.

Meine Damen und Herren, auch für uns selbst war der Erfolg, den wir als junge Partei nach dem Kriege, nach dem Nationalsozialismus, bei diesen schrecklichen Zuständen, die noch herrschten, eine freudige Überraschung, und so ist es dann auch geblieben, meine Damen und Herren. Fünf Bundestagswahlen haben wir gewonnen.

Das ist ein Zeichen für die Treue unserer Wählerschaft, aber auch ein Zeichen dafür, daß unsere Partei etwas geleistet hat. (Beifall)

Meine Freunde! Wir müssen das auch einmal unserem Volke sagen. Wir müssen ihm sagen, was namentlich auf dem Gebiete der Außenpolitik von uns geleistet worden ist.

Aber lassen Sie mich noch einmal zurückkehren zu der Frage, Volkspartei oder nicht.

– Ich habe hier eine Statistik, die kurz vor den Bundestagswahlen im Jahre 1965 fertiggestellt worden ist. Danach gab es folgende Zahlen:

Arbeitnehmer	CDU/CSU	28 Prozent
	SPD	52 Prozent
Angestellte	CDU/CSU	14 Prozent
	SPD	16 Prozent
Selbständige	CDU/CSU	15 Prozent
	SPD	6 Prozent
Landwirte	CDU/CSU	11 Prozent
	SPD	2 Prozent

Es war uns also gelungen – wie wir jetzt mit Freude feststellen können –, eine große und breit gelagerte Volkspartei zu werden für alle Berufe und alle Stände.

Meine Damen und Herren! Über die wirtschaftliche Lage, die damals war, möchte ich Ihnen auch einige Ziffern geben, aber fürchten Sie nicht, daß es viele sind, es werden sehr wenige sein. Als wir im Jahre 1949 nach der gewonnenen Bundestagswahl mit unserer Arbeit anfangen konnten, hatten wir 1,6 Millionen Arbeitslose. Heute haben wir 1,2 Millionen Gastarbeiter und dazu noch über eine halbe Million unbesetzter Arbeitsstellen. Diese Ziffern müssen für jeden, der nachdenkt, ein überwältigender Beweis dafür sein, wie gut unsere Wirtschaftspolitik und Sozialpolitik gewesen ist; denn beide gehören zusammen.

Meine Damen und Herren! Man darf eines nicht aus dem Auge lassen, worin wir offenbar Fehler gemacht haben und nachlässig gewesen sind. Das ist in der Gemeindepolitik gewesen. (Zurufe: Sehr richtig!) Wir haben eine Großstadt nach der anderen an die Sozialdemokraten verloren. Wir haben auch im übrigen an die Sozialdemokratie in den Gemeinden im Laufe der Zeit sehr stark verloren. Gerade die Arbeit in der Gemeinde ist ja so besonders wichtig, weil hier der Wähler unmittelbar sieht, was die Führung leistet und was sie nicht leistet. Deshalb müssen wir das in den kommenden Jahren aufholen. Wir müssen uns der Gemeindepolitik mit großer Energie zuwenden, sonst fürchte ich, daß die Einbußen in der Gemeindepolitik nichts anderes sind als der Anfang von Einbußen auch bei anderen Wahlen. (Beifall) Meine Freunde! Was wir im Inneren geleistet haben, sehen Sie und wissen Sie im allgemeinen. Ich habe Ihnen ja auch diese Ziffern genannt, die Ihnen ein klares Bild davon geben, wie unsere Wirtschaft ist.

Aber die Außenpolitik! Was haben wir in der Außenpolitik geleistet? Nun, Hitler hatte den Krieg frevelhafterweise vom Zaune gebrochen. Hitler und seine Leute hatten die schamlosesten Verbrechen gegen die Menschlichkeit begangen. Darum war der deutsche Name im Ausland geschändet, und die anderen Völker haben in den ersten Jahren nach dem Kriege nur immer daran gedacht, was die Deutschen unter dem Regime von Hitler begangen haben. Darum mußten wir Vertrauen gewinnen – das ist eine der wesentlichsten Grundlagen jeder Außenpolitik – bei den anderen Völkern, insbesondere auch Vertrauen gewinnen in unsere Stetigkeit. Und aus dem Grunde, meine Damen und Herren, müssen wir unter allen Umständen die Wahl 1969 gewinnen. (Starker Beifall)

Die Vereinigten Staaten waren eigentlich die ersten, die Vertrauen zu uns gewonnen haben. Ich denke manchmal mit tiefer Rührung an jenen Tag auf dem Ehrenfriedhof in Arlington bei Washington zurück, als ich einen Kranz niederlegte am Grabe des Unbekannten Soldaten und von amerikanischen Behörden eine große Parade von Truppen aufgestellt war und, als ich zum Grabmal schritt, hinter mir her gingen drei junge amerikanische Offiziere, von denen der mittlere die deutsche Fahne trug. Und ich sah Tränen im Auge von unserem Begleiter. Es war wirklich ein erhebender Anblick, dieses Schauspiel zu sehen, zu sehen, wie unsere Flagge dort wieder zu Ehren gekommen ist[3]. (Beifall)

Meine Freunde! Der erste Außenminister, der uns hier in Bonn besuchte, war Acheson, der Außenminister der Vereinigten Staaten unter Truman. Truman hat uns und unserer Lage großes Verständnis entgegengebracht. Vor allem aber waren es Eisenhower und John Foster Dulles, (Starker Beifall) die ein solches Vertrauen zu uns und unserer Politik gewannen, mit denen man alles besprechen konnte, was einem am Herzen lag. Man konnte sicher sein, daß man angehört würde mit Wohlwollen und daß geschwiegen wurde über das, was man sagte.

Entscheidend für uns – es ist das eben schon erwähnt worden –, für unsere Stellung in der Welt überhaupt war das Verhältnis zu Frankreich. Schon in den Jahren der Weimarer Republik habe ich – ich war damals als Präsident des Preußischen Staatsrates[4] in mancherlei Dinge eingeweiht – gesehen, wie groß doch das Ansehen Frankreichs in der ganzen Welt war und wie man uns verargte, daß wir Frankreich mit Krieg überzogen hatten.

Schon damals habe ich mir vorgenommen, dann, wenn ich jemals wirklich in der Politik tätig sein würde, alles daran zu setzen, um ein gutes Verhältnis zu Frankreich herzustellen. (Lebhafter Beifall) Das, meine Damen und Herren, ist gelungen. Wir haben das Vertrauen nicht nur de Gaulles, wir haben das Vertrauen des französischen Volkes gewonnen. (Erneuter Beifall)

Ich habe dieser Tage zufällig eine Statistik in die Hand bekommen – leider war sie nicht veröffentlicht worden –, eine Statistik auf Grund einer Rundfrage, welches Volk andere Völker am liebsten hätten. Es war im vorigen Jahr, und, was glauben Sie, meine Damen und Herren: Die Franzosen erklärten, sie hätten das deutsche Volk am liebsten. (Beifall) Lieber als alle anderen Völker, meine Damen und Herren!

Als ich vor zwei Wochen in Paris war und mir sehr viele Herren vorgestellt wurden – nicht Beamte –, (Heiterkeit) Mitglieder der Akademie, Journalisten, Schriftsteller, kurz und gut, das, was wir unter geistigen Persönlichkeiten verstehen – (Heiterkeit) – ja, meine Damen und Herren, ich schlucke hinunter, was ich jetzt sagen wollte. (Erneute Heiterkeit) Als ich also, wie gesagt, in Paris war und mir zahlreiche Herren vorgestellt wurden, geschah etwas, was mir noch nie in Paris oder in Frankreich passiert war: Eine ganze Anzahl von Herren, die mir unbekannt waren, sagten mir bei der Vorstellung:

Ich bin Europäer! – Hat das, meine Damen und Herren, schon einmal ein Deutscher einem Franzosen gesagt? Ich weiß es nicht; aber daraus bitte ich zu ersehen, daß die Freundschaft zwischen Frankreich und Deutschland und daß der Gedanke an Europa auch in Frankreich so lebendig sind wie bei uns. (Lebhafter Beifall)

Von entscheidender Bedeutung für unser Ansehen in der Welt schien mir aber auch vom ersten Tag an das Verhältnis zum Judentum zu sein. Hier handelt es sich um eine eminente moralische Angelegenheit. Ich habe alles darangesetzt, was ich konnte, um die Versöhnung mit dem Judentum, insbesondere aber auch mit dem Staat Israel herbeizuführen. (Beifall) Ich hoffe sehr, daß die Verhandlungen, die augenblicklich zwischen den Vertretern Israels und dem Auswärtigen Amt geführt werden, einen guten Verlauf nehmen und zu einem guten Ende kommen. (Zustimmung) Ich wünsche das aus moralischen Gründen, aber auch, meine Damen und Herren, aus Gründen der praktischen Politik. Denn glauben Sie mir: Das Judentum ist in der Welt außerordentlich mächtig. (Beifall)

Unser Hauptleitsatz bei der ganzen Außenpolitik war der Anschluß an die freien Völker des Westens. Dabei hatten wir, meine Freunde, immer wieder gegen die Opposition zu kämpfen, die dagegen massiven Widerstand leistete. Wir haben uns nicht daran gestört; wir haben unseren Weg weiterverfolgt, gegen die Sozialdemokratie. Wenn Sie sich einmal eine ruhige Stunde gönnen und ein Buch zur Hand nehmen, werden Sie sehen, wie eine Epoche nach der anderen eine engere, immer enger werdende Verknüpfung der Bundesrepublik mit den freien Völkern des Westens brachte. Obgleich ich vorhin bei der ausgezeichneten Rede des Kollegen Strauß ein bißchen errötet bin – soweit ich das überhaupt kann –, (Heiterkeit) so glaube ich doch, auch feststellen zu dürfen, daß, falls im Jahre 1945 irgendwer prophezeit hätte, welchen Weg die Bundesrepublik gehen würde, niemand diese Prophezeiung geglaubt hätte, ich selbst wahrscheinlich auch nicht.

Aber, meine Damen und Herren, es hat auch Rückschläge gegeben. Der Rückschlag, der uns am empfindlichsten getroffen hat und der mir wirklich etwas Schreckliches war, war die Behandlung der Europäischen Verteidigungsgemeinschaft durch die französische Nationalversammlung. Wäre es damals anders gekommen, dann hätten wir viele, viele derjenigen Schwierigkeiten, die sich nachher in der Außenpolitik ergaben, schon überwunden gehabt. (Zustimmung und Beifall)

Meine Damen und Herren, Kollege Strauß hat, wie ich heute in irgendeiner Zeitung las, davon gesprochen, man solle diese Frage der EVG wieder anschneiden. Ein guter Gedanke; denn vieles war damals überwunden, und vergessen Sie nicht, daß die damalige französische Regierung Pleven zugestimmt hatte, der Europäischen Verteidigungsgemeinschaft zugestimmt hatte! Vergessen Sie aber auch nicht, was unsere Sozialdemokratie getan hat! (Erneute Zustimmung und Beifall) Vergessen Sie nicht, daß sie eine Klage beim Bundesverfassungsgericht angestrengt hatte, weil wir eben auf Grund der Europäischen Verteidigungsgemeinschaft wieder wehrfähig gemacht werden sollten und die Sozialdemokratie diese Wiederwehrfähigmachung des deutschen Volkes für verfassungswidrig erklärte. Erinnern Sie sich daran und stellen Sie dem gegenüber, was heute häufig in der Zeitung steht! Nun, mir tut es sehr leid, daß diese Herren nicht früher schon so klug gewesen sind. (Heiterkeit und Beifall)

Aber, meine Damen und Herren, unsere Arbeit ist noch nicht getan.

Wir müssen weiterarbeiten, so wie bisher, stetig, das gleiche Ziel verfolgend, nicht wankend und mit großer Geduld. Denn Geduld ist und bleibt die stärkste Waffe des Besiegten – und wir sind doch immer noch ein besiegtes Volk.

Meine Damen und Herren, betrachten Sie doch einmal die Verhältnisse in der Welt, denken Sie einige Jahrzehnte zurück: Da war Deutschland die stärkste Landmacht der Erde, da war England die stärkste Seemacht der Welt. Heute gibt es keine europäische Großmacht mehr. Aber es gibt Supermächte; das ist auf der einen Seite die Sowjetunion, das sind auf der anderen Seite die Vereinigten Staaten, und dahinter steht Rotchina. Das sind die Supermächte, gegen die kein europäischer Staat irgendwie ankommen kann, auch politisch nicht. Deswegen muß, damit wir Europäer nicht durch die Reibungen, die sich zwischen diesen Supermächten ergeben, zerrieben werden, Europa endlich geschaffen werden, meine Freunde. (Beifall)

Man hat von meinem Testament gesprochen, von meinem letzten Willen. Es ist wahr, ich muß ihn eines Tages machen. (Heiterkeit) Ich habe aber keine Zeit dazu. (Anhaltende Heiterkeit)

Aber ich will Ihnen sagen, was unsere größte Aufgabe jetzt ist: Europa muß geschaffen werden, und Europa wollen wir schaffen. (Lebhafter Beifall) Wenn wir nicht sofort das Ideal erreichen, nun, dann erreichen wir eben das Mögliche, (Sehr gut!) und das Weitere wird sich dann finden. (Beifall)

Wenn einmal nicht alle Sechs mittun wollen – nun, wenn fünf es tun wollen, in Gottes Namen, dann fünf! (Lebhafter Beifall)

Im Jahre 1962 waren wir unter den sechs Außenministern ganz nahe daran in der EWG-Geschichte. (Heiterkeit) Von den Staaten, die sich in der EWG zusammengeschlossen haben, waren fünf dafür, und Holland war dagegen. Seit der Zeit ruht die Sache. Es waren dafür: Deutschland, Frankreich, Italien, Belgien, Luxemburg; und Holland war dagegen.

Meine Damen und Herren, ich spreche das sehr frei aus – ich bin ja kein Beamter mehr, das heißt, das war ich nie –. (Heiterkeit) Ich spreche das ganz frei aus: Wenn es nicht sechs sind, dann sind es fünf, und wenn es nicht fünf sind, dann sind es vier. Aber die anderen werden dann nachkommen; darauf können Sie sich verlassen, meine Damen und Herren!

Meine Freunde, ich bitte unseren Bundeskanzler von ganzem Herzen, diese Frage als die Hauptaufgabe unserer Außenpolitik in die Hand zu nehmen. (Beifall)

Über die Frage der Schaffung Europas habe ich vor vierzehn Tagen auch mit Herrn de Gaulle gesprochen. Er war vollkommen meiner Meinung. (Heiterkeit)

Meine Damen und Herren, es ist an der Zeit. Glauben Sie mir, die Verhältnisse spitzen sich zu. Wenn man sieht, daß die Europäer wirklich ernsthaft wieder an die Schaffung

Europas gehen und daß die Sache vorankommt, dann bringen wir einen ganz neuen Akzent in die Weltpolitik hinein. (Beifall) Ich gehe so weit, zu sagen – weil eben nicht alles auf einmal gemacht werden kann –: wenn es dann nun kein integriertes Europa ist, so ist es ein nichtintegriertes Europa. Aber Europa muß geschaffen werden, und es wird dann von selbst in sich zusammenwachsen.

Ich denke oft an jene Atmosphäre, wie sie kurze Zeit nach dem Kriege war, wie da in den sechs EWG-Mächten, die eigentlich per Zufall in eine nähere Verbindung kamen, alles dafür war, eine europäische politische Union zu schaffen. Denn die EWG allein hilft uns nichts; wir Europäer müssen gemeinsame Außenpolitik machen, nur sie kann uns helfen. (Beifall) Und wenn man dann sieht, wie jetzt durch diese Streitigkeiten und Streitereien um die Pfennige der Geist entschwindet, dann kann man sehr traurig sein.

Daher nochmals, Herr Bundeskanzler, meine sehr herzliche Bitte: Nehmen Sie dieses Problem, das Problem der Schaffung Europas, in die Hand. Wenn wir es fertigbekommen, dieses Problem zu lösen, dann hat unsere Partei etwas geleistet – für Deutschland, für Europa und für die ganze Welt –, was uns die Weltgeschichte einmal sehr hoch anrechnen wird. (Beifall)

Meine Freunde, lassen Sie mich ein Wort zur NATO-Krise sagen. Sie werden es wahrscheinlich von mir erwarten, weil ich unlängst in Paris war; aber versprechen Sie sich nicht zuviel. (Heiterkeit) Ich möchte nur ganz allgemein sagen: Krisen wird man niemals mit Noten lösen, Krisen löst man durch Sprechen. Man muß miteinander sprechen! Herr de Gaulle muß sagen, was er will, (Zustimmung) und die anderen müssen sagen, wenn sie etwas dagegen einzuwenden haben, was sie dagegen einzuwenden haben. Aber, meine verehrten Damen und Herren, so Noten, alle paar Stunden eine Note, (Heiterkeit) das ist nicht gut. Vielmehr muß man sprechen miteinander. – Das möchte ich zur NATO-Krise sagen, und ich hoffe, daß diese Worte auch in Paris und in Washington gehört werden. (Beifall)

Etwas, meine Freunde, ist uns in all den Jahren nicht gelungen, und das ist sehr schmerzlich: Wir haben die Wiedervereinigung mit den von uns getrennten Brüdern nicht weitergebracht. Das ist sehr traurig. Aber wir dürfen den Mut nicht sinken lassen und müssen das Vertrauen in die Zukunft bewahren. Wir bleiben dabei, daß Deutschland im Frieden wiedervereinigt werden muß.

Was in Afrika jedem Volk bewilligt wird – das Recht der freien Selbstbestimmung –, muß auch uns Deutschen gegeben werden. (Lebhafter Beifall) Ich gebe die Hoffnung nicht auf: Eines Tages wird auch Sowjetrußland einsehen, daß diese Trennung Deutschlands und damit die Trennung Europas nicht zu seinem Vorteil ist. Wir müssen aufpassen, ob der Augenblick kommt. Aber wenn ein Augenblick naht oder sich zu nahen scheint, der eine günstige Gelegenheit bringt, dann dürfen wir ihn nicht ungenutzt lassen.

Ich bin auch der Auffassung – vielleicht teilt nicht jeder von Ihnen diese Auffassung –, daß wir uns Sowjetrußland gegenüber wie gegenüber einem Volk verhalten müssen, das uns sehr weh getan hat, dem wir vorher aber auch großes Leid zugefügt haben.

Ich habe neulich mit einem Russen darüber ein Gespräch gehabt und habe ihm gesagt: Sie können mir doch nicht weismachen, daß sich Ihre Regierung bei Ihrer nuklearen Rüstung in der Tat vor uns fürchtet. Darauf hat mir der betreffende Herr gesagt: Nicht die russische Regierung fürchtet sich, wohl aber das russische Volk. Er hat mir weiter erklärt: Wir haben im Kriege 15 Millionen Tote und 5 Millionen Schwerverwundete gehabt. Dadurch wurden Wunden in die russischen Familien im weitesten Umfange geschlagen, die noch vorhanden sind. Deswegen ist in der Tat – so sagte er mir – das russische Volk Ihnen gegenüber voll Sorge.

Neulich ist etwas in der Weltgeschichte passiert, was nach meiner Meinung von allen Zeitungen sehr hätte hervorgehoben werden müssen. Aber, meine Freunde, unsere Zeitungen haben es offenbar nicht verstanden. Es war die Friedensvermittlung der Sowjetunion zwischen Indien und Pakistan[5]. Ich muß ganz offen sagen, das war eine überraschende Entwicklung für jeden von uns, der die Verhältnisse zwischen Pakistan und Indien früher gekannt hat. Khan[6] war vorher bei mir und hat mir gesagt, wieviel Truppen er und wieviel Indien ihm gegenüberstehen habe. Daß da die Sowjetunion den Frieden zwischen diesen beiden Völkern vermittelte, das ist für mich ein Beweis dafür, daß die Sowjetunion in die Reihe der Völker eingetreten ist, die den Frieden wollen. (Beifall und Bewegung) – Ich weiß, daß ich damit ein kühnes Wort gesprochen habe. Aber, meine Damen und Herren, die Tatsache liegt vor, daß die Sowjetunion zwischen diesen beiden, sich mit bewaffneter Faust gegenüberstehenden Mächten den Frieden herbeigeführt hat.

Ich möchte zum Schluß ein Wort über unsere Jugend sagen. Ich habe in der letzten Zeit Gelegenheit gehabt, gerade mit der jüngeren Jugend – sagen wir einmal von 25 Jahren abwärts – aus den verschiedensten Städten und Orten zusammenzukommen. Ich kann Ihnen nur versichern: Ich war hocherfreut über den Geist, den ich in dieser Jugend gefunden habe. Und das kann einem wieder Mut geben zu neuer Arbeit, meine Freunde, zu neuer Arbeit für den Frieden, zu neuer Arbeit für die Wiedervereinigung und zu neuer Arbeit für Europa. (Anhaltender lebhafter Beifall).

Quelle: 14. CDU-Bundesparteitag Bonn 21.-23. März 1966, Niederschrift, Bonn o. J., S. 31-42.

Anmerkungen

1 Text des Programms von Neheim-Hüsten bei Leo Schwering: Frühgeschichte der Christlich Demokratischen Union. Recklinghausen 1963, S. 223-227. Diesem Programm lag ein eigenhändig verfaßter Entwurf Adenauers zugrunde. Vgl. generell Gerhard Schulz: Die CDU – Merkmale ihres Aufbaus. In: Parteien in der Bundesrepublik. Stuttgart und Berlin 1955, S. 3-154.

2 Vgl. die Darstellung dieses Treffens am 6. 3. 1946 bei Paul Weymar: Konrad Adenauer, a.a.O., S. 312-317.

3 Vgl. den Bericht über die Kranzniederlegung am 8. 4. 1953 in den Erinnerungen I, S. 588f.

4 Adenauer war von 1920 bis 1933 Präsident des Preußischen Staatsrates gewesen.

5 Der sowjetische Ministerpräsident Kossygin vermittelte in Verhandlungen vom 4. - 10. 1. 1966 in Taschkent einen Waffenstillstand zwischen Indien und Pakistan.

6 Ayub Khan war damals Staatspräsident Pakistans.

2. Juli 1966

Ansprache bei Verleihung einer Gedenkmedaille für Robert Schuman in Metz

Ich freue mich über die mir zuteil gewordene Ehrung, denn ich sehe darin eine Anerkennung meiner Arbeit, die ich der Sache Europas gewidmet habe. Ich denke in Dankbarkeit an das, was Robert Schuman für das gemeinsame Anliegen getan hat. Schließlich begrüße ich jede Gelegenheit, um auf die große Bedeutung hinzuweisen, die einer Einigung Europas für Deutschland, für Frankreich, ja für alle europäischen Staaten zukommt.
Mit Recht wurde eine Gesellschaft gegründet, die sich als Ziel gesetzt hat, in den europäischen Völkern den Gedanken an Europa wachzuhalten. Mit Recht wurde auch dieser, für Europa wirkenden Vereinigung der Name Robert Schuman's gegeben. Mit ihm, der vor wenigen Tagen, am 29. Juni, 80 Jahre alt geworden wäre, bin ich zum ersten Male im August 1949 in Koblenz zusammengetroffen[1]. Er war damals Außenminister Frankreichs. Wir hatten eine Aussprache von Mensch zu Mensch ohne jeden protokollarischen Zwang. Ich schlug ihm damals eine engere wirtschaftliche Verbindung zwischen Frankreich und Deutschland vor. Mir schwebte vor, daß eine solche Zusammenarbeit, zum Beispiel mit dem Austausch elektrischer Energie zwischen der Saar und Lothringen eingeleitet werden könnte. Zehn Monate später, am 9. Mai 1950, legte Robert Schuman seinen Plan zur Bildung einer europäischen Montan-Union vor, der 1951 zur europäischen Wirtschaftsgemeinschaft für Kohle und Stahl führte.
Für Robert Schuman hatte dieser Plan nicht in erster Linie wirtschaftliche Bedeutung. Er war für ihn von Anfang an politisches Instrument. Er sah in der Möglichkeit, daß die beiden großen Nachbarvölker Deutschland und Frankreich durch diesen Vertrag die für eine Kriegsführung wichtigsten Grundstoffbereiche Kohle und Stahl gegenseitig kontrollieren könnten, ein Element, um die Furcht voreinander zu bannen. Zwischen diesen beiden Völkern sollte niemals mehr ein Krieg möglich sein. Das aber wäre gewährleistet, wenn Kohle und Stahl gemeinsam produziert und unter gegenseitiger Kontrolle verwaltet würde. Er sah aber auch in der Vereinigung der Erzeugung von Kohle und Stahl eine unmittelbare Vorstufe für Fortschritte auf dem Wege zu einer europäischen Föderation. Er hat später in seinem politischen Testament diesen Gedanken, daß eine gemeinsame politische Kraft Europa geschaffen werden müsse, mit geradezu beschwörenden Worten ausgedrückt. „Europa weiß, daß es seine Zukunft in seinen eigenen Händen hält. Gott gebe, daß es seine Schicksalstunde nicht ungenutzt vorbeigehen läßt, die vielleicht die letzte Chance für sein Heil ist."
Robert Schuman hat auch nach seinem Ausscheiden aus der Regierung als Abgeordneter des französischen Parlaments und später als Präsident des Europäischen Parlaments in Straßburg mit der ganzen Hingabe seiner Persönlichkeit der Sache Europas gedient. Für sein Wirken schulden ihm alle Europäer Dank. Wir Deutsche haben aber auch noch einen besonderen Grund, Robert Schuman dankbar zu sein. Er hat als verantwort-

licher Politiker seines Landes für die Probleme des zerrissenen Deutschland großes Verständnis gezeigt. Entschieden hat er die Idee einer Neutralisierung unseres Vaterlandes abgelehnt und die Wiedervereinigung aufgrund freier Wahlen und im Rahmen konstitutioneller Prinzipien gefordert. Er gehörte vor allem aber auch zu den französischen Politikern, die als erste uns Deutschen ohne Haß und Vorurteil begegnet sind, und die das Eis zwischen Franzosen und Deutschen gebrochen haben. Dank gebührt dem Staatsmann und Politiker Robert Schuman, aber auch dem Menschen. Wie ich schon eingangs schilderte, ist schon meine erste Aussprache mit Robert Schuman in großer Herzlichkeit verlaufen. Ich habe die Aufrichtigkeit, die gerade und gewinnende Art dieses in seinem Auftreten schlichten, aber mit einem durchdringenden lebhaften Geist begabten Mannes zu schätzen gewußt, mit dem mich auch das gemeinsame Fundament, auf dem wir standen, das Fundament der christlichen Grundsätze verbunden hat.
Die Europäer ehren sich selbst, wenn sie Robert Schuman ehren.

Quelle: ARh, maschinenschriftliches Redemanuskript.

Anmerkungen

[1] Die erste persönliche Begegnung fand im Oktober 1948 statt (vgl. Erinnerungen I, S. 296, und die Rede am 16. 2. 1967).

Literatur: William Diebold: The Schuman Plan. New York 1959. – Robert Rochefort: Robert Schuman. Paris 1968.

16. Februar 1967

Rede im Ateneo in Madrid

Grundsätzliche Überlegungen zur Notwendigkeit einer europäischen Union.

Über europäische Geschichte, über europäische Kultur zu sprechen, würde gerade in Spanien so verlockend sein, weil Spanien eine große Geschichte hat, weil es Jahrhunderte hindurch mit den übrigen europäischen Ländern durch Politik, durch Kunst und Kultur auf das engste verbunden war, weil es europäische Kultur weithin ausgestrahlt hat. Aber die erste Hälfte dieses Jahrhunderts hat eine Entwicklung gebracht, die die Freiheit der europäischen Völker und damit die europäische Kultur in ihrem innersten Bestand bedroht, die eine völlige Entmachtung Europas, aller seiner Staaten, zur Folge haben kann.
Darum möchte ich sprechen von dieser Gefahr und von dem, was wir tun müssen, um Europa zu retten.
Wenn ich von Europa spreche, so meine ich damit alle in Europa liegenden Staaten,

mit Ausnahme Sowjetrußlands. Sowjetrußland, ohne seine westwärts liegenden Satellitenstaaten, ist ein Großkontinent für sich.
Wenn man von der Einigung Europas spricht, so kann man damit nicht an eine Vereinigung mit Sowjetrußland denken in der Art, wie die übrigen europäischen Staaten miteinander verbunden werden müssen. Sowjetrußland liegt teils in Europa, teils in Asien. Es ist mit seinen 22 Millionen qkm der Fläche nach der größte Staat der Erde, mehr als doppelt so groß wie Rotchina oder wie die Vereinigten Staaten. Eine Vereinigung der europäischen Länder mit Sowjetrußland würde einem Aufgehen Europas in Sowjetrußland gleichzusetzen sein, eine Vereinigung nur mit dem westlich vom Ural liegenden Teil Sowjetrußlands würde sofort die Frage aufwerfen, was dann mit den in Asien liegenden Gebieten Sowjetrußlands werden solle, ob man etwa die Sowjetunion teilen wolle? Wir Europäer denken nicht daran, der SU etwas Derartiges zuzutrauen. Die Einigung Europas kann also nur die übrigen Länder Europas umfassen. Sie sind es auch, die in der größten Gefahr schweben, ihre Freiheit zu verlieren.
Die Gefahr, in der die europäischen Völker schweben, wird klar, wenn man die Verteilung der Macht auf der Erde prüft und dabei feststellen muß, mit welcher Schnelligkeit der Verlust der europäischen Länder an Macht schon fortgeschritten ist.
Ich werde versuchen, in einigen Sätzen die Machtverteilung in der Welt zu Beginn dieses Jahrhunderts, also etwa um 1900, zu schildern und dem die Lage in der Welt um 1960 gegenüberzustellen.
Um 1900 wurde das politische Geschehen der Welt von Europa aus geleitet. Die europäischen Großmächte Großbritannien, Frankreich, Deutschland, Österreich-Ungarn, Italien, Spanien und andere europäische Länder waren maßgebend für den Lauf dieser Politik. Die Vereinigten Staaten hatten zu Beginn dieses Jahrhunderts keine Außenpolitik. Das zaristische Rußland war am Geschehen in Europa wohl interessiert, aber es hatte für sich allein keinen bestimmenden Einfluß auf die Geschichte Europas. Die großen Völker in Asien und Afrika, wie Indien, Japan, China und andere, beschäftigten sich kaum mit europäischen Angelegenheiten, oder sie waren europäische Schutzgebiete oder Kolonien.
Auch die europäischen Völker hatten Differenzen untereinander, aber sie hatten immer doch auch ein Empfinden und ein Gefühl für die Bedeutung Europas und hüteten sich davor, diese Bedeutung Europas durch ihre Politik zu beeinträchtigen.
Und nun die Machtverteilung auf der Erde sechzig Jahre später, etwa um 1960? An Macht und Einfluß stehen nunmehr an der Spitze die Vereinigten Staaten von Nordamerika. Sie haben eine Bevölkerungszahl von 179,3 Millionen, ein Gebiet von 9,3 Millionen qkm. Sie haben eine Truppenstärke von insgesamt 2,5 Millionen Mann. Ihnen folgt Sowjetrußland. Es hat ein Gebiet von 22,4 Millionen qkm. Es ist der bei weitem größte Staat der Erde. Seine Bevölkerungszahl ist 210 Millionen. Seine Streitkräfte betragen 2,7 Millionen Mann. Diesen beiden Riesenländern folgt als dritte Supermacht Rotchina. Ich muß hier betonen, daß bei Rotchina die Zahlenangaben zum Teil auf Schätzungen beruhen. Rotchina hat eine Fläche von 9,7 Millionen qkm, etwas mehr als die Vereinigten

Staaten und viel weniger als die Hälfte der Fläche von Sowjetrußland. Seine Bevölkerung schätzt man auf ca. 630 Millionen, seine Truppen auf 3 Millionen Mann.
Wie sieht es in Europa aus? Sein gesamtes Gebiet, abgesehen von dem sowjetrussischen Teil, ist klein, insgesamt etwa 4,9 Millionen qkm. Aber Europa ist sehr dicht besiedelt, im Jahre 1960 von 425 Millionen Menschen. Für die Schätzung des Wertes der Bevölkerung möchte ich Ihnen den Anteil Europas, der Vereinigten Staaten und der restlichen Welt an der industriellen Weltproduktion anführen. Im Jahre 1960 war der Anteil Europas an der Weltproduktion 27 Prozent, der Anteil der Sowjetunion 18 Prozent, derjenige der Vereinigten Staaten 33 Prozent und derjenige der restlichen Welt 22 Prozent.
Wenn man auch an der materiellen Produktion die geistige Produktion nicht ohne weiteres ablesen kann, so kann man doch aus der immensen Produktion Europas auf eine den Europäern eigene große geistige Kraft schließen. Die körperliche und geistige Arbeit, die in Europa geleistet wird, ist für das Gedeihen und die Entwicklung der gesamten Welt unentbehrlich.
Gegen Ende des großen Krieges trat ein neuer Faktor auf, der wie kein anderer die Machtverhältnisse in der Welt bestimmt und damit auch den politischen und wirtschaftlichen Einfluß der Mächte oder Mächtegruppen. Das ist die Verwendung der Atomkraft im Kriege in ihrer unvorstellbaren Zerstörungsfähigkeit und weiter die Entwicklung der Trägermittel für diese schreckliche Waffe, seien es nun Raketen oder Flugzeuge. Zwei von den drei Supermächten, die Vereinigten Staaten und Sowjetrußland, verfügen über ein riesiges Arsenal an nuklearen Sprengsätzen, an Trägermitteln für den Einsatz der Sprengsätze über Meere und Kontinente hinweg. Frankreich besitzt als einzige kontinental-europäische Macht eine atomare Rüstung, die aber nicht sehr groß ist. Das gleiche gilt von Großbritannien. Rotchina baut eine Nuklearmacht auf. Ihre jetzige Stärke können wir nicht zuverlässig schätzen, ebensowenig wie wir zuverlässig beurteilen können, wie schnell sie in Rotchina weiter aufgebaut werden kann. Zwischen den beiden Weltmächten, den Vereinigten Staaten und Sowjetrußland, finden nun Verhandlungen statt mit dem Ziele, die Produktion und den Besitz solcher Waffen zum ausschließlichen Privileg Sowjetrußlands und der Vereinigten Staaten zu machen. Darin liegt die größte Gefahr für die übrigen Völker in der ganzen Welt, insbesondere aber für das produktiv so außerordentlich wertvolle Europa, die Gefahr, politisch und wirtschaftlich machtlos und einflußlos zu werden. Wegen seiner für die Welt unentbehrlichen Produktionskraft stehen die europäischen Länder, steht Europa in Gefahr, die Beute von Gegensätzen zwischen den Weltmächten oder infolge seiner geographischen Lage und seiner dichten Besiedlung im Kampfe zerstört zu werden. Die Gefahr für Europa ist viel größer, als die meisten Menschen sich vorstellen. Die Entwicklung seit dem letzten Kriege, insbesondere die Entwicklung der atomaren Waffen, und in ihrem Gefolge die Verhandlungen zwischen Sowjetrußland und den Vereinigten Staaten können für die europäischen Völker das Ende ihres politischen und wirtschaftlichen Einflusses bedeuten. Sie zwingen daher Europa zu einer politischen Einigung. Die Supermächte können über den Widerspruch eines einzelnen europäischen Landes hinweggehen. Die Stimme eines geeinten Europa

muß von ihnen auch im eigenen Interesse beachtet werden.

Was ist bisher geschehen, um unser Ziel, eine politische Einigung Europas zu erreichen? Ich beschränke mich bei der Beantwortung dieser Frage auf die Zeit nach 1945, obwohl schon in den zwanziger Jahren viele die Notwendigkeit eines europäischen Zusammenschlusses erkannt hatten. Ich denke dabei an Briand. Ich erinnere mich meiner eigenen Überlegungen, die mich aus dem Erlebnis des Ersten Weltkrieges, an dessen Ende Deutschland völlig isoliert, ohne Freunde dastand, zu der Erkenntnis führten, daß Deutschland und Frankreich zusammenfinden müßten, um eine Einigung der europäischen Staaten vorzubereiten und zu ermöglichen, wenn Europa Glück und Gedeihen finden solle. 1946 hat Winston Churchill in Zürich die Vereinigten Staaten von Europa und enge Partnerschaft zwischen Frankreich und Deutschland gefordert. Im Oktober 1948 traf ich zum ersten Mal mit Robert Schuman, dem damaligen französischen Außenminister, zusammen, der im Mai 1950 den Plan einer europäischen Gemeinschaft für Kohle und Stahl vorschlug. Sie wurde im April 1951 Wirklichkeit. Die Tage des Scheiterns der Europäischen Verteidigungsgemeinschaft im Jahre 1954 gehören zu den tragischsten Stunden Europas nach dem Kriege, weil die Europäische Verteidigungsgemeinschaft, wäre sie zustande gekommen, uns damals schon die politische Einigung Europas gebracht haben würde. Nach ihrem Scheitern mußte von vorne begonnen werden.

Die im März 1957 unterzeichneten „Römischen Verträge" brachten dann die Europäische Wirtschaftsgemeinschaft und die Europäische Atomgemeinschaft, denen die sechs Vertragspartner der Montanunion angehören. Diese Verträge, die ihre große Bedeutung auf dem wirtschaftlichen, zum Teil auch auf dem politischen Gebiete haben, sind von den sechs Partnern abgeschlossen worden in dem Bewußtsein, daß diese Verträge nicht die europäische *politische* Einigung ersetzen könnten.

Allerdings hat sich schon 1950 bei den Verhandlungen über die Montanunion und später auch bei den EWG-Verhandlungen gezeigt, daß Großbritannien aufgrund seiner Verbindungen zu den Commonwealth-Ländern nicht bereit und in der Lage war, einem echten Anschluß an Europa, mit der Übernahme aller damit verbundenen Pflichten, zuzustimmen.

Sie wissen, daß der englische Premierminister Wilson zur Zeit mit den einzelnen Regierungen der sechs EWG-Staaten über die Bedingungen des Beitritts Großbritanniens in die EWG verhandelt. Wir müssen das Ergebnis dieser Verhandlungen abwarten. Eintritt in die EWG ist aber nicht dasselbe wie die Schaffung einer europäischen politischen Union. Ich möchte das sehr nachdrücklich betonen und ferner betonen, daß wir die politische Union vor allem brauchen.

Aufgrund der Bonner Erklärung der sechs Regierungschefs vom 18. Juli 1961, mit der eine Kommission zur Ausarbeitung eines europäischen politischen Statuts eingesetzt wurde, entstand der sogenannte Fouchet-Plan I. Im Januar 1962 lag ein neuer Entwurf vor, Fouchet-Plan II, bei dem eine Einbeziehung und Unterstellung der schon bestehenden wirtschaftlichen europäischen Institutionen unter die politische Gemeinschaft vorgesehen war. In diesem Punkt wurde der Plan später revidiert. Die Außenminister der Sechs haben sodann im April des gleichen Jahres über den neugefaßten Fouchet-Plan II in Paris verhandelt. Vier der sechs Außenminister stimmten ihm zu. Die Vertreter Hollands und Belgiens verlangten für ihre Zustimmung die sofortige Einbeziehung Großbritanniens in die Verhandlungen. Um die dadurch eingetretene Stockung zu überwinden, hat der französische Staatspräsident im Einvernehmen mit dem deutschen Bundeskanzler dem damaligen italienischen Ministerpräsidenten, der turnusmäßig dem Kreis der Regierungschefs präsidierte, vorgeschlagen, die sechs Regierungschefs zur Beratung und Beschlußfassung nach Rom einzuladen. Italien lehnte ab, auf diesen Vorschlag einzugehen.

Seit dem Jahre 1962 ruhen die Verhandlungen über die europäische politische Union, aber der Gedanke der europäischen Einigung und damit die damalige Vorlage ist nicht tot. Dafür hat die Entwicklung seit 1962 reichlich gesorgt. Ich meine, es müßte jedem, der an verantwortlicher Stelle steht, im Laufe dieser Jahre klargeworden sein, wie groß die Gefahr für Europa ist, und daß Europa nicht mehr die Zeit hat, geruhsam abzuwarten, bis vielleicht einmal die perfekte Lösung, die allen Partnerstaaten gleichermaßen gefiele, zustande kommt. In unserer Epoche dreht sich das Rad der Geschichte mit ungeheurer Schnelligkeit. Wenn der politische Einfluß der europäischen Länder weiterbestehen soll, muß gehandelt werden. Wenn nicht gleich die bestmögliche Lösung erreicht werden kann, so muß man eben die zweit- oder drittbeste nehmen. Wenn nicht alle mittun, dann sollen die handeln, die dazu bereit sind. Ich glaube, daß Frankreich und Deutschland den Kern der politischen Union Europas in Zusammenarbeit bilden können. Man sollte nicht allzu großen Wert auf die juristische Form eines solchen Zusammenschlusses legen. Ob nun eine Föderation oder Konföderation entsteht, oder welche Rechtsform es immer sein mag: Handeln, Anfangen ist die Hauptsache. Ich bin nicht ohne Hoffnung. Gerade die letzten Wochen haben gezeigt, daß der deutsch-französische Vertrag, neu belebt, von beiden Partnern genutzt, ein Instrument sein kann, die europäische politische Einigung voranzubringen.

Unser Ziel kann – das ist meine feste Überzeugung – nicht ein Europa der Sechs bleiben. Auch Spanien muß dazukommen. Spanien muß wegen seiner geographischen Lage, wegen seiner Geschichte, seiner Tradition, seines unersetzlichen Beitrags zur europäischen Kultur ein wesentlicher Bestandteil auch des kommenden geeinten Europa sein.

Aber auch nach Osten müssen wir blicken, wenn wir an Europa denken. Zu Europa gehören Länder, die eine reiche europäische Vergangenheit haben. Auch ihnen muß die Möglichkeit des Beitritts gegeben werden. Europa muß groß sein, muß Kraft haben, muß Einfluß haben, um seine Interessen in der Weltpolitik zur Geltung bringen zu können.

Was seit einiger Zeit in Rotchina vor sich geht, ist, so glaube ich, eine letzte ernste Mahnung für Europa.

Was dort auch geschehen mag, es wird eine ernste Bedrohung für die Sowjetunion sein und auch für das Rußland westlich des Ural. Die Gefahr für Europa, die aus dem Fernen Osten herüberleuchtet, ist wahrscheinlich viel näher, als die meisten von uns glauben. Als ich noch Bundeskanzler war, habe ich mich immer wieder mit dem

Problem Sowjetrußland-Rotchina beschäftigt, und zwar aufgrund von Gesprächen, die ich bei meinem Besuch in Moskau im Jahre 1955 mit Chruschtschow hatte; Chruschtschow hielt schon damals die chinesische Gefahr für sehr groß und nahm sie sehr ernst[1].

Die durch die moderne Waffentechnik verursachte Überwindung auch sehr weiter Entfernungen bringt die Gefahren, die im Fernen Osten vorhanden sind, uns unheimlich schnell nahe. Ich glaube, eine Karte würde zeigen, daß die Entfernungen des Gebiets, in dem die Chinesen den nuklearen Krieg vorbereiten, zu den europäischen Großstädten, in der Luft gemessen, erschreckend wenig Sicherheit mehr bedeuten, wenn man sich den Aktionsradius der modernen Fernlenkwaffen vor Augen hält. Nach Zeitungsnachrichten hat die amerikanische Luftwaffe in den letzten Tagen die Entwicklung eines Flugzeuges in Auftrag gegeben, das jeden Punkt der Erde innerhalb einer Stunde erreichen soll.

Man darf nicht glauben, daß die politische Einigung Europas uns in Gegensatz zu den Vereinigten Staaten bringen würde. Das Gegenteil ist der Fall. John Foster Dulles und sein Nachfolger, Staatssekretär Herter, haben immer wieder gedrängt, daß die politische Einigung Europas zustande käme. Die Interessen Europas und die der Vereinigten Staaten sind nicht immer identisch, und die europäischen Staaten müssen durch die Einigung Europas in die Lage versetzt werden, auch ihre Interessen zur Geltung zu bringen. Das Wesentliche und Grundsätzliche, die Erhaltung der Freiheit und des Friedens als die höchsten Güter der Menschheit, sind in den Vereinigten Staaten und in Europa in gleicher Weise Ziel der Politik.

Lassen Sie mich zum Schluß zusammenfassend noch einmal eindringlich hinweisen auf die außerordentliche Gefährlichkeit der politischen Epoche, in der wir leben. Die Gefährlichkeit beruht einerseits in der Schnelligkeit, mit der sich umwälzende Machtverschiebungen vollzogen haben und noch vollziehen. Sie liegt weiter in dem Vorhandensein von Supermächten, deren Bestehen die Gefahr in sich birgt, daß die übrigen Mächte zu mehr oder weniger Bedeutungslosigkeit verurteilt werden, sie werden Werkzeuge des Willens der ganz Großen. Sie liegt schließlich in der Unübersehbarkeit der Entwicklung Rotchinas.

Diese Gefährlichkeit der Lage, die außerordentliche Schnelligkeit der Entwicklungen, zwingt Europa zu schnellem, entschlossenem Handeln, zwingt es zur schnellen politischen Einigung, um seine besonderen Interessen zu wahren, und damit seine Existenz als Faktor des Weltgeschehens zu erhalten.

Wir sollten aber nicht nur diesen Zwang zum Handeln sehen, sondern auch die Chance, mit unserem Handeln Erfolg zu haben. Es ist zum Beispiel ermutigend zu beobachten, wie sich die immer noch im Werden und Entwickeln begriffene wirtschaftliche Zusammenfassung europäischer Länder zum Besten Europas ausgewirkt hat. Wenn die europäischen Länder oder auch nur ein großer Teil von ihnen in einer politischen Union geeint sind, wird ihre Stimme in der Weltpolitik gehört werden auch in den Fragen, die mit der nuklearen Waffe und der Verwendung der Atomkraft für friedliche Zwecke zusammenhängen.

Die Verhandlungen, die zur Zeit zwischen den Vereinigten Staaten und der Sowjetunion geführt werden, sind für Europa, für alle Länder Europas lebenswichtig[2]. Ein nuklearer Krieg würde ein Flächenkrieg sein, der Europa wegen seiner großen Bevölkerungsdichte am meisten und verheerendsten treffen würde. In Europa wohnen im Durchschnitt 89 Menschen auf einem qkm, gegenüber 10 Menschen je qkm in der Sowjetunion, 21 Menschen je qkm in den Vereinigten Staaten von Amerika sowie 70 Menschen je qkm in Rotchina.

Europa will helfen, die Gefahr eines nuklearen Krieges zu beseitigen. Ehe Bindungen erfolgen, muß aber Europa wissen, worum es sich handelt: Im Interesse Europas ist es aber nicht möglich, ja geradezu absurd, daß nur nichtnukleare Mächte kontrolliert werden sollen, nukleare Mächte aber nicht. Wir können nicht kontrollierte Objekte der herrschenden nuklearen Staaten werden.

Zu den gegenwärtigen Verhandlungen zwischen den Vereinigten Staaten und der Sowjetunion wegen der Nichtverbreitung von Atomwaffen ist noch folgendes zu sagen: Im Jahre 1954 auf der Londoner Neunmächte-Konferenz hat sich die Bundesrepublik Deutschland gegenüber acht Mächten verpflichtet, keine Atomwaffen herzustellen, sie hat sich verpflichtet, sich einer Kontrolle der Innehaltung dieser Verpflichtung durch die anderen Mächte, mit denen die Bundesrepublik Deutschland diesen Vertrag geschlossen hat, zu unterstellen[3]. Der Vertrag ist geschlossen worden. Es ist eine Behörde mit dem Sitz in Brüssel geschaffen worden, die diese Kontrolle wahrnimmt. Der Vertreter der Vereinigten Staaten bei dieser Behörde hat die Zufriedenheit der USA mit der Art der Durchführung dieser Kontrolle erklärt.

Warum wollen die Vereinigten Staaten auf das Verlangen der Sowjetunion nach einer Kontrolle aller nichtnuklearen Mächte durch die Sowjetunion eingehen? Warum stellt die Sowjetunion ein derartiges, vollkommen unberechtigtes Verlangen? Nun, als der dänische Ministerpräsident Krag im vergangenen Jahr im Kreml mit Kossygin die Frage des damals schon diskutierten Vertrages besprochen hat, erklärte ihm Kossygin unverblümt, ihn interessiere an diesem Vertrag nur die Unterschrift der Deutschen. Der Grund ist nach Angabe deutscher Stellen für wissenschaftliche Forschung klar. Sowjetrußland will über das gesamte atomare Gebiet in Deutschland die Kontrolle erhalten, weil es damit die Kontrolle jeder Herstellung von atomarer Kraft in der Bundesrepublik erhält und damit bei der rapiden Steigerung der Verwertung von Atomkraft im wirtschaftlichen Leben auch die Kontrolle in größtem Umfang über die deutsche Wirtschaft.

Die Deutschen würden dadurch in wirtschaftliche Abhängigkeit von der Sowjetunion geraten und nicht nur die Deutschen, sondern große Teile von Westeuropa. Das würde das Ende eines freien geeinten Europa sein.

Von welchem Geiste dieser Plan getragen ist, zeigen folgende Bestimmungen, die der Vertrag, soweit bisher erkennbar, haben soll:

„Die *Kontrolle* der Einhaltung und Durchführung des Vertrages soll dadurch gesichert werden, daß sich nichtnukleare Staaten mit ihrer Unterschrift verpflichten, ihre friedliche Atomforschung einer weltweiten Kontrolle zu unterstellen.“

„*Änderungen* des Vertrages können auf einer Konferenz aller Unterzeichnerstaaten mit Stimmenmehrheit, allerdings nicht gegen die Stimme eines Atomstaates, beschlossen werden."

Das bedeutet also eine Herrschaft der sogenannten nuklearen Staaten über die ganze Welt, und zwar auch über die Wirtschaft der übrigen Welt. Wenn man sich vor Augen hält, daß nach der wohlbegründeten Ansicht der europäischen Wissenschaftler nach einigen Jahren, etwa nach zehn Jahren, elektrischer Strom durch Atomkraft zu einem Drittel der Kosten hergestellt werden kann, zu dem der elektrische Strom unter Verwendung von Kohle oder Öl herzustellen ist, so wird klar, daß hier beabsichtigt ist, die Herrschaft der sogenannten nuklearen Staaten über alle anderen Staaten dieser Welt aufzurichten.

Bemerkenswert ist, daß amerikanische Wissenschaftler an deutsche Wissenschaftler herangetreten sind, um diese zu überzeugen, daß die Sowjetunion durch eine ihr zufallende Kontrolle keinen Einfluß auf das Wirtschaftsleben in Deutschland und in Europa erhalten würde.

Nichts ist bezeichnender für die ganze Lage, als daß die Sowjetunion für sich die Kontrolle in größtem Umfange fordert, aber jede Kontrolle der Sowjetunion ablehnt.

Die Europäer stehen in Gefahr, unter die Kontrolle der Russen hinsichtlich der Herstellung atomarer Kraft für friedliche Zwecke zu kommen. Diese Gefahr zeigt, wie dringend nötig die Schaffung einer europäischen politischen Union für alle europäischen Länder ist. Darum muß alles getan werden, so schnell wie möglich ein europäisches Statut, eine europäische politische Union zu schaffen, an deren Stimme auch die Superstaaten und das Weltgewissen nicht achtlos vorübergehen können.

Ich glaube – ich beschäftige mich übrigens seit vielen Jahren mit der Außenpolitik –, daß die außenpolitische Gefahr für Deutschland, für Europa, so groß ist wie noch nie zuvor. Für das ganze wirtschaftliche Leben in der Welt. Und darüber ist sich der Russe völlig klar: daß ein unterdrücktes und verarmtes Europa sich Moskau anschließt. Ich wünsche von ganzem Herzen, daß die Vereinigten Staaten dies erkennen. Wir gehen schweren Zeiten entgegen. Jeder, der an verantwortlicher Stelle sich mit Politik beschäftigt, muß die Augen offenhalten, damit die Freiheit auf der Welt bestehenbleibt.

Quelle: ARh, maschinenschriftliches Redemanuskript und stenographische Nachschrift.

Anmerkungen

[1] Vgl. Konrad Adenauer: Erinnerungen II, S. 527f.

[2] Zu den Verhandlungen und zur Bedeutung von Adenauers scharfer Kritik vgl. Beate Kohler: Der Vertrag über die Nichtverbreitung von Kernwaffen und das Problem der Sicherheitsgarantien. Frankfurt/Main 1972.

[3] Vgl. dazu die informative Darstellung in den Erinnerungen II, S. 346-348.

28. Februar 1967

Ansprache in München bei einem Festakt der Deutschlandstiftung

Gedanken über das deutsche Volk.

Ich glaube, die Deutschland-Stiftung ist heute in einer glanzvollen Weise an die breite Öffentlichkeit getreten, und ich glaube, sie hat klar zum Ausdruck gebracht, was sie will.

Lassen Sie mich jetzt ein Wort sagen für das deutsche Volk. Das deutsche Volk, meine Damen und Herren, und das möchte ich auch dem Ausland sagen, hat seit dem Jahre 1914 so viel über sich hinweggehen sehen und ertragen müssen, daß man nicht verlangen kann, daß es das alles schon überwunden hat und wieder gesund geworden ist. Sie sehen: 1914 bis 1918, der Erste Weltkrieg, der damit schloß, daß die ganzen obersten Autoritäten hinweggefegt wurden. Dann kam die Zeit zwischen 1918 und 1932, 1933, Zeit der Versuche und – die wenigsten denken daran – eine Zeit namenlosen Elends, des Hungers; und wer, wie das mir verschiedentlich begegnet ist, gesehen hat, wie aufständische Arbeiter erschossen wurden, von der Polizei erschossen werden mußten, denn die Polizei tat ihre Pflicht – aber immerhin, es waren doch Deutsche, die auf der Straße lagen – wer das erlebt hat, der wird das niemals vergessen.

Und was kam dann über das deutsche Volk? Der Nationalsozialismus! Meine Damen und Herren: eine schreckliche Sache. Und ich habe genug durch ihn erfahren, um mein Urteil fällen zu können. Ich will hier jetzt kein Reuebekenntnis ablegen für das deutsche Volk, aber ich will nur in das Gedächtnis zurückrufen, was der Nationalsozialismus uns auch geistig geschadet hat. Vor wenigen Wochen sprach ich einen amerikanischen Journalisten, der schon seit Jahren hier in München lebt, einen Mann, den ich sehr achte und schätze seit Jahren. Und er sagte mit etwas, was mit bis dahin noch niemand gesagt hat: Er sagte, daß die Deutschen gegeneinander nicht mehr ehrlich seien. Ich habe ihm darauf erwidert: Wenn das richtig ist, dann ist es eine Folge des Nationalsozialismus, der so manchen gezwungen hat, sein wahres Gesicht zu verbergen. Und nach dem Nationalsozialismus kam der völlige Zusammenbruch Deutschlands im Jahre 1945, und bis wir schließlich wieder zu einem staatlichen Zusammenfassen kamen im Jahre 1949, waren vier weitere bittere und ernste Jahre vergangen. Das sage ich aus zwei Gründen, einmal – und das richtet sich auch an das Ausland, was ich jetzt sage –, daß man über das deutsche Volk nicht so hart urteilen darf, und zweitens sage ich das, weil ich möchte, aus ganzer Seele möchte, daß das deutsche Volk von der Jugend an bis zum Alter wieder gesundet.

Und dazu, meine verehrten Anwesenden, soll auch die Deutschland-Stiftung ihr Scherflein beitragen, und ich glaube, der heutige Abend zeigte, daß sie dazu imstande ist. Aber ich glaube, wir alle müssen aus dem heutigen Abend lernen unsere Pflichten gegenüber dem Volk, damit das deutsche Volk wieder in die Höhe kommt – nicht in die materielle Höhe, daran denke ich nicht, sondern in die geistige Höhe.

Meine verehrten Damen und Herren, ich begrüße hier insbesondere die Worte, die hier erklungen sind gegen den Materialismus. Er ist in der Tat der größte Feind des deutschen Volkes. Und ihm müssen wir zu Leibe gehen, wo wir können, und müssen überall sagen, daß das Materielle nicht das Entscheidende ist. Sicher, es hat seine große Bedeutung, aber es ist nicht entscheidend. Das Entscheidende ist die Liebe zum Nächsten und die Liebe zu unserem Volk.

Quelle: ARh, maschinenschriftliches Redemanuskript.

Personenregister